千葉県

〈収録内容〉

2024 年度 ……………………………… 思考力を問う問題

2023 年度 ……………………………… 数・英・理・社・国
思考力を問う問題

2022 年度 ……………………………… 数・英・理・社・国
思考力を問う問題

2021 年度 ……………………………… 数・英・理・社・国
（サンプル問題） 思考力を問う問題

2020 年度 …………… 前期選抜 数・英・理・社・国
後期選抜 数・英・理・社・国

DL 2019 年度 …………… 前期選抜 数・英・理・社
後期選抜 数・英・理・社

⇒ 

※データのダウンロードは 2025 年 3 月末日まで。
※データへのアクセスには、右記のパスワードの入力が必要となります。 ⇒ 198460

〈 各教科の受検者平均点 〉

	数 学	英 語	理 科	社 会	国 語	合 計
2023年度	47.0	47.6	60.7	54.5	47.9	257.7
2022年度	51.5	58.7	52.7	56.3	47.7	266.7
2021年度	59.3	61.7	54.6	57.7	52.8	286.2
2020年度	51.4	54.6	48.8	60.7	46	261.6
	59	51.5	59.7	62.1	54.7	287.2
2019年度	54.5	53.6	60.6	56.6	54.2	279.6
	61	61.9	61.6	65.8	59.2	309.5

※各100点満点。※2019～2020年度 上段=前期選抜、下段=後期選抜。
※最新年度は、本書発行の時点で公表されていないため未掲載。

本書の特長

POINT 1　解答は全問を掲載、解説は全問に対応！

POINT 2　英語の長文は全訳を掲載！

POINT 3　リスニング音声の台本、英文の和訳を完全掲載！

POINT 4　出題傾向が一目でわかる「年度別出題分類表」は、約 10 年分を掲載！

実戦力がつく入試過去問題集

▶ 問題 …………… 実際の入試問題を見やすく再編集。
▶ 解答用紙 …… 実戦対応仕様で収録。
▶ 解答解説 …… 重要事項が太字で示された、詳しくわかりやすい解説。
※採点に便利な配点も掲載。

合格への対策、実力錬成のための内容が充実

▶ 各科目の出題傾向の分析、最新年度の出題状況の確認で、入試対策を強化！
▶ その他、志願状況、公立高校難易度一覧など、学習意欲を高める要素が満載！

解答用紙ダウンロード　解答用紙はプリントアウトしてご利用いただけます。弊社ＨＰの商品詳細ページよりダウンロードしてください。トビラのＱＲコードからアクセス可。

リスニング音声ダウンロード　英語のリスニング問題については、弊社オリジナル作成により音声を再現。弊社ＨＰの商品詳細ページで全収録年度分を配信対応しております。トビラのＱＲコードからアクセス可。

famima PRINT　原本とほぼ同じサイズの解答用紙は、全国のファミリーマートに設置しているマルチコピー機のファミマプリントで購入いただけます。※一部の店舗で取り扱いがない場合がございます。詳細はファミマプリント（http://fp.famima.com/）をご確認ください。

UD FONT　見やすく読みまちがえにくいユニバーサルデザインフォントを採用しています。

～2025年度千葉県公立高校入試の日程（予定）～

☆一般入学者選抜

入学願書提出期間	2／4・5・6
↓	
志願又は希望の変更受付期間	2／12・13
↓	
学力検査等の期日	2／18・19
↓	
追検査受付期間	2／21・25
↓	
追検査の期日	2／27
↓	
入学許可候補者の発表	3／4

※海外帰国生徒の特別入学者選抜、外国人の特別入学者選抜、中国等帰国生徒の特別入学者選抜、成人の特別入学者選抜、通信制の課程の入学者選抜の一期入学者選抜及び定時制の課程で学力検査を3教科で実施する一部の高等学校の検査は、令和7年2月18日（火曜日）のみ実施。

☆第２次募集

入学願書提出期実	3／7
↓	
志願又は希望の変更受付期間	3／10
↓	
検査の期日	3／12
↓	
入学許可候補者の発表	3／14

2024年度/千葉県公立高校受検状況(一般入学者選抜等本検査)

【県立全日制】

学校名	学科名	募集人員	志願者確定数	受験者数	受験倍率
千葉	普通	240	356	345	1.44
※千葉女子	普通	240	253	251	1.05
※	家政	40	41	41	1.03
千葉東	普通	320	418	410	1.28
千葉商業	商業・情報処理	320	360	357	1.12
京葉工業	機械	80	70	69	0.86
	電子工業	80	83	79	0.99
	設備システム	40	36	36	0.90
	建設	40	36	35	0.88
千葉工業	電子機械	80	53	51	0.64
	電気	40	36	35	0.88
	情報技術	40	48	46	1.15
	工業化学	40	13	13	0.33
	理数工学	40	26	24	0.60
千葉南	普通	320	359	355	1.11
検見川	普通	320	404	396	1.24
千葉北	普通	320	350	346	1.08
若松	普通	320	384	384	1.20
千城台	普通	320	383	379	1.18
生浜	普通	80	87	86	1.08
磯辺	普通	320	439	436	1.36
◎泉	普通	160	101	99	0.62
幕張総合	総合	680	1039	1010	1.49
	看護	40	54	54	1.35
柏井	普通	240	278	275	1.15
土気	普通	280	276	274	0.98
千葉西	普通	320	383	374	1.17
犢橋	普通	240	374	368	1.53
八千代	普通	240	323	318	1.33
	家政	40	40	40	1.00
	体育	40	54	54	1.35
八千代東	普通	280	268	260	0.93
八千代西	普通	200	93	92	0.46
津田沼	普通	320	463	457	1.43
実籾	普通	320	398	395	1.23
船橋	普通	320	641	600	1.88
	理数	40	87	86	2.15
薬園台	普通	280	423	418	1.49
	園芸	40	49	49	1.23
船橋東	普通	320	508	499	1.56
船橋啓明	普通	320	391	385	1.20
船橋芝山	普通	320	501	494	1.54
船橋二和	普通	280	286	282	1.01
◎船橋古和釜	普通	240	234	231	0.96
船橋法典	普通	240	204	200	0.83
船橋豊富	普通	160	63	61	0.38
船橋北	普通	200	182	182	0.91
市川工業	機械	80	50	50	0.63
	電気	80	69	69	0.86
	建築	40	26	26	0.65
	インテリア	40	38	38	0.95
国府台	普通	320	390	381	1.19
国分	普通	320	399	397	1.24
行徳	普通	160	87	85	0.53
市川東	普通	320	390	383	1.20
市川昴	普通	320	382	376	1.18
市川南	普通	280	264	260	0.93
浦安	普通	200	183	178	0.89
浦安南	普通	160	78	77	0.48
鎌ヶ谷	普通	320	459	457	1.43
鎌ヶ谷西	普通	200	142	141	0.71
松戸	普通	200	228	227	1.14
	芸術	40	45	45	1.13
小金	総合	320	523	516	1.61
松戸国際	普通	200	279	274	1.37
	国際教養	120	176	161	1.34
松戸六実	普通	320	407	405	1.27
松戸向陽	普通	200	211	208	1.04
	福祉教養	40	35	34	0.85
松戸馬橋	普通	320	369	364	1.14
東葛飾	普通	240	466	445	1.85
柏	普通	280	360	352	1.26
	理数	40	65	63	1.58
柏南	普通	360	551	543	1.51
柏陵	普通	320	409	407	1.27
柏の葉	普通	240	355	351	1.46
	情報理数	40	65	55	1.38
柏中央	普通	320	425	417	1.30
沼南	普通	160	70	69	0.43
沼南高柳	普通	240	219	216	0.90
流山	園芸	120	118	118	0.98
	商業・情報処理	80	77	77	0.96
流山おおたかの森	普通	320	399	395	1.23
	国際コミュニケーション	40	61	54	1.35
流山南	普通	280	269	266	0.95
◎流山北	普通	240	176	171	0.71
野田中央	普通	320	343	341	1.07
清水	食品科学	40	40	40	1.00
	機械・電気・環境化学	120	84	84	0.70
関宿	普通	120	34	33	0.28
我孫子	普通	320	382	381	1.19
我孫子東	普通	240	136	134	0.56
白井	普通	240	314	313	1.30
印旛明誠	普通	200	212	210	1.05
成田西陵	園芸	80	38	37	0.46
	土木造園	40	17	16	0.40
	食品科学	40	38	38	0.95
	情報処理	40	40	39	0.98
成田国際	普通	200	308	304	1.52
	国際	120	175	150	1.25
成田北	普通	280	318	317	1.13
下総	園芸	40	11	11	0.28
	自動車	40	19	19	0.48
	情報処理	40	16	16	0.40
富里	普通	200	194	189	0.95

学校名・学科名		募集人員	志願者確定数	受験者数	受験倍率
佐倉	普通	280	435	431	1.54
	理数	40	68	61	1.53
佐倉東	普通	160	139	138	0.86
	調理国際	40	51	51	1.28
	服飾デザイン	40	38	38	0.95
佐倉西	普通	160	159	158	0.99
八街	総合	160	157	156	0.98
四街道	普通	320	353	350	1.09
四街道北	普通	240	270	270	1.13
佐原	普通	240	254	253	1.05
	理数	40	37	35	0.88
佐原白楊	普通	200	202	201	1.01
小見川	普通	160	146	146	0.91
多古	普通	80	58	58	0.73
	園芸	40	20	20	0.50
銚子	普通	160	130	130	0.81
銚子商業	商業・情報処理	200	203	202	1.01
	海洋	40	16	16	0.40
旭農業	畜産	40	22	22	0.55
	園芸	40	28	27	0.68
	食品科学	40	34	34	0.85
東総工業	電子機械	40	38	38	0.95
	電気	40	30	30	0.75
	情報技術	40	39	39	0.98
	建設	40	26	25	0.63
匝瑳	総合	240	214	214	0.89
松尾	普通	120	126	126	1.05
成東	普通・理数	240	250	247	1.03
東金	普通	160	165	164	1.03
	国際教養	40	43	41	1.03
東金商業	商業・情報処理	120	92	92	0.77
大網	普通	40	32	32	0.80
	農業	40	20	20	0.50
	食品科学	40	35	35	0.88
	生物工学	40	35	35	0.88
九十九里	普通	120	28	27	0.23
長生	普通・理数	280	321	318	1.14
茂原	普通	160	151	151	0.94
茂原樟陽	農業	40	40	43	1.08
	食品科学	40	39	39	0.98
	土木造園	40	35	35	0.88
	電子機械	40	47	46	1.15
	電気	40	27	26	0.65
	環境化学	40	19	18	0.45
一宮商業	商業・情報処理	160	132	132	0.83
大多喜	普通	160	130	129	0.81
大原	総合	160	98	98	0.61
長狭	普通	160	146	146	0.91
安房拓心	総合	160	125	125	0.78
安房	普通	240	238	233	0.97
館山総合	工業	40	13	13	0.33
	商業	40	22	22	0.55
	海洋	40	13	13	0.33
	家政	40	12	12	0.30

学校名・学科名		募集人員	志願者確定数	受験者数	受験倍率
天羽	普通	120	74	73	0.61
君津商業	商業・情報処理	200	172	168	0.84
木更津	普通	280	405	400	1.43
	理数	40	56	51	1.28
木更津東	普通	120	121	119	0.99
	家政	40	37	36	0.90
君津	普通	240	275	267	1.11
	園芸	40	40	40	1.00
君津青葉	総合	120	60	60	0.50
袖ヶ浦	普通	240	292	289	1.20
	情報コミュニケーション	40	53	51	1.28
市原	普通	80	30	29	0.36
	園芸	40	20	20	0.50
京葉	普通	120	135	135	1.13
市原緑	普通	120	108	108	0.90
姉崎	普通	160	164	163	1.02
市原八幡	普通	200	210	206	1.03

【市立全日制】

学校名・学科名		募集人員	志願者確定数	受験者数	受験倍率
市立千葉	普通	280	425	421	1.50
	理数	40	71	70	1.75
市立稲毛	普通	120	136	133	1.11
	国際教養	40	56	55	1.38
市立習志野	普通	240	293	292	1.22
	商業	80	121	121	1.51
市立船橋	普通	240	286	284	1.18
	商業	80	107	104	1.30
	体育	80	82	82	1.03
市立松戸	普通	280	457	449	1.60
	国際人文	40	61	61	1.53
市立柏	普通	280	348	337	1.20
	スポーツ科学	40	42	42	1.05
市立銚子	普通・理数	240	255	255	1.06

(注) 1．「受検倍率」は「予定人員」に対する倍率。
2．※は女子のみ募集。
3．◎は地域連携アクティブスクールの入学者選抜を実施。
4．千葉商業高校の「商業科」「情報処理科」はくくり募集。
5．流山高校の「商業科」「情報処理科」はくくり募集。
6．清水高校の「機械科」「電気科」「環境化学科」はくくり募集。
7．銚子商業高校の「商業科」「情報処理科」はくくり募集。
8．東金商業高校の「商業科」「情報処理科」はくくり募集。
9．一宮商業高校の「商業科」「情報処理科」はくくり募集。
10．君津商業高校の「商業科」「情報処理理科」はくくり募集。
11．市立銚子高校の「普通科」「理数科」はくくり募集。

数学 ●●●● 出題傾向の分析と合格への対策 ●●●●

出題傾向とその内容

〈最新年度の出題状況〉

本年度の出題数は，大問4題，小問にして26問であった。中学数学の各分野から標準レベルの問題が出されており，基本事項に対する理解度と，それらを活用できる能力を試す内容となっている。

出題内容は，大問1が数・式の計算，平方根，二次方程式，標本調査，展開図，線分の長さ，関数・グラフと確率，角度，円の性質，作図，大問2は図形と関数・グラフの融合問題，大問3は平面図形の問題で，合同の証明，相似の性質，面積，大問4はスクリーンに投影される影を題材とした，相似の性質を利用する平面図形の問題であった。

なお，今年度からマークシート方式となった。

〈出題傾向〉

例年，前半の大問が基本的な計算能力を問う問題と数と式，方程式・不等式，関数，図形，資料の活用に関する基礎的な数学能力を問う小問群，後半が図形と関数・グラフの融合問題，証明をふくむ平面図形の応用，空間図形の応用などといったような構成になっている。本年度は大問2で図形と関数・グラフの融合問題，大問3で証明を含む平面図形の問題が出題された。与えられた問題の特徴を的確につかみ，関数的な考えと図形的な考えを柔軟に使って解く能力が要求された。作図は難問というほどではないが，慣れていないと時間をとられてしまう分野なので，教科書レベルの作図問題はしっかり学習し，十分に対策を立てておきたい。

来年度の予想と対策

来年度も問題の量，レベル，形式に大きな変化はないだろう。出題範囲は広いが，標準レベルの問題が中心であり，基礎力が身についていれば十分対応できるだろう。ただし，より高得点を狙うには，日々の学習で，問題に応じて効率的な解法ができるようにしておきたい。

毎年，前半で出されているような計算問題，基本問題は，短時間で正確に解けるようにしておくこと。作図にも十分慣れておきたい。後半の対策としては，まず，平面図形の基本事項を完璧におさえておく必要がある。合同，相似，三平方の定理，円の性質の使い方はもちろんのこと，規則性を考える問題や，数の性質の応用問題などの新傾向の問題にも戸惑うことなく取り組めるようにしておきたい。関数とグラフは，直線の式や座標の求め方のほか，図形との融合問題にも挑戦して慣れておこう。

⇨学習のポイント

- 授業や学校の教材を中心に全分野の基礎力を身につけよう。
- 過去問や問題集を使って図形と関数・グラフとの融合問題への対策を立てよう。

年度別出題内容の分析表　数学

※Aは前期，Bは後期／▇▇は出題範囲縮小の影響がみられた内容

	出題内容		27年	28年	29年	30年	2019年	2020年	2021年	2022年	2023年	2024年
数と式	数の性質		A	AB	A	AB	B	A	○	○	○	
	数・式の計算		AB	AB	AB	AB	AB	AB	○	○	○	○
	因数分解		B	A	B	A	B	A			○	
	平方根		AB	AB	AB	AB	AB	AB	○	○	○	○
方程式・不等式	一次方程式		B	AB	A	A	AB	AB	○	○	○	○
	二次方程式		A	AB	A	B	AB	AB	○	○		○
	不等式							B	○			
	方程式の応用		B	AB	A		AB	AB	○	○	○	○
関数	一次関数		AB	AB	AB	AB	B	AB	○	○	○	○
	関数 $y=ax^2$		AB	AB	AB	AB	AB	AB	○	○	○	○
	比例関数		B			A	A	B			○	○
	関数とグラフ		AB	AB	AB	AB	AB	AB	○	○	○	○
	グラフの作成		B							○		
図形	平面図形	角度	B		B		B	B		○		○
		合同・相似	AB	AB	AB	AB	AB	AB	○	○	○	○
		三平方の定理	A	A	AB	A	AB	AB	○	○	○	○
		円の性質	AB	A	A	A	B	AB	○		○	○
	空間図形	合同・相似										
		三平方の定理			B					○		
		切断										
	計量	長さ	AB	A	AB	A	AB	B	○	○	○	○
		面積	B	AB	AB	AB	AB	AB	○	○		○
		体積	A	A	B	AB	AB	AB		○	○	○
	証明		AB	AB	AB	AB	AB	AB	○	○	○	○
	作図		AB	AB	AB	AB	AB	AB	○	○	○	○
	動点		AB					B		○		
データの活用	場合の数										○	
	確率		AB	AB	AB	AB	AB	AB	○	○	○	○
	資料の散らばり・代表値(箱ひげ図を含む)		A	AB	AB	A	AB	AB	○	○	○	
	標本調査								▇▇			○
融合問題	図形と関数・グラフ		AB	AB	AB	AB	AB	AB	○	○	○	○
	図形と確率		A	A	B		B					
	関数・グラフと確率											○
	その他			B								
その他			AB	AB	A	AB	B	A	○	○	○	○

英語 ●●●• 出題傾向の分析と合格への対策 •●●●

出題傾向とその内容

〈最新年度の出題状況〉

本年度の大問構成は，リスニングが4題，文法問題(会話形式)が1題，条件英作文が1題，長文問題が2題，会話文問題が1題の9題であった。

リスニングテストは，内容に合った受け答え・質問の答えを絵・グラフや選択肢から選ぶもの，要約文を完成させるものがあった。配点は100点満点中，27点だった。

文法問題は語形変化と語句の並べ換えが出題された。条件英作文の語数は，10語程度である。

読解問題では，語句・文の補充，英問英答，内容真偽などが出題された。「資料」としての英文が出題されるのが特徴的である。

小問数は32問で，文法知識と読解力の双方が必要となる出題であった。

なお，今年度からマークシート方式となった。

〈出題傾向〉

小問レベルでは毎年，若干の変化が見られる。年によって難易度が大きく変化することもあるため，注意してほしい。

リスニングは特に変わったタイプの問題ではないが，設定が複雑である場合があるので，質問の内容を注意して聞き取ること。

文法は語句の並べ換えを中心に，独立して出題された。

読解問題に関しては選択肢などにまぎらわしいものもあるので，注意が必要である。とはいえ，英文自体はおおむね中学の教科書の範囲内にとどまっているので，あわてずに答えを出すことを心がけよう。また，時間配分も要注意。

来年度の予想と対策

求められる英語力は一貫している。英語の基本知識をまんべんなく確実に身につけた上で，読解力を高めることが大切である。

リスニング問題はあらかじめ問題用紙に目を通し，選択肢から設問を想定しておくとよい。「いつ・どこで・だれが・何をした」や「数」については注意深く聞き取り，メモを取ること。

語句問題はつづりに注意。文法問題の対策は多くの例文に触れることを心がけよう。

読解問題は全体の傾向として内容把握と空所補充の設問が多いので，あまり長くなくてよいから，まとまった英語の文章を読んでその内容や話の流れをつかむ訓練をするのがよい。高得点を目指すならば，(公立高校入試の範囲内で)ハイレベルな問題にもどんどん挑戦すべきだ。

⇨学習のポイント

・まんべんなく，かつ正確に語句・文法の知識をつけよう。

・合否の鍵となるのは読解問題。論理的かつすばやく答えを導く訓練をすること。

年度別出題内容の分析表　英語

※Aは前期，Bは後期

		出題内容	27年	28年	29年	30年	2019年	2020年	2021年	2022年	2023年	2024年
設問形式	リスニング	絵・図・表・グラフなどを用いた問題	AB	AB	AB	AB	AB	AB	○	○	○	○
		適文の挿入	A	A	A	A	A	A	○	○	○	
		英語の質問に答える問題	AB	AB	AB	AB	AB	AB	○	○	○	○
		英語によるメモ・要約文の完成				AB	AB	AB	○	○	○	○
		日本語で答える問題										
		書き取り			B	B	B					
	語い	単語の発音										
		文の区切り・強勢										
		語句の問題	A	A	A	AB	A	A	○	○	○	○
	読解	語句補充・選択（読解）	AB	AB	AB	AB	AB	AB	○	○	○	○
		文の挿入・文の並べ換え	AB	AB	AB	AB	AB	AB	○	○	○	○
		語句の解釈・指示語								○		
		英問英答（選択・記述）	AB	AB		AB	AB	AB	○	○	○	
		日本語で答える問題										
		内容真偽	AB	AB	AB	AB	AB	AB	○	○	○	○
		絵・図・表・グラフなどを用いた問題	A	AB	AB	AB	AB	AB	○	○	○	○
		広告・メール・メモ・手紙・要約文などを用いた問題	AB	AB	B	AB	AB				○	
	文法	語句補充・選択（文法）	A	A								
		語形変化	AB	AB	A	A	A	A	○			
		語句の並べ換え	AB	AB	AB	AB	AB	AB	○	○	○	○
		言い換え・書き換え										
		英文和訳										
		和文英訳										
		自由・条件英作文	AB	AB	AB	AB	AB	AB	○	○	○	○
文法事項		現在・過去・未来と進行形	AB	A	AB	B	AB	AB	○	○		○
		助動詞	AB		B	AB	AB	AB	○	○	○	○
		名詞・冠詞・代名詞	A	AB	AB	AB	AB	B				
		形容詞・副詞	A	A	A	B	AB	B	○	○		
		不定詞	AB	AB	A	AB	AB	AB	○	○	○	○
		動名詞	B	B			AB	AB	○	○	○	○
		文の構造（目的語と補語）	A	B	B		A	AB	○			
		比較	AB	A	AB	AB	AB	AB	○	○	○	○
		受け身	B	A		A	A	B	○	○	○	○
		現在完了	A	B		A		AB		○	○	○
		付加疑問文										
		間接疑問文		B	B	B	A	A	○	○	○	○
		前置詞	B		AB	B	AB	AB				○
		接続詞	B		B	A	B	AB	○	○	○	○
		分詞の形容詞的用法	B	AB	A		B	B	○		○	○
		関係代名詞	B	A	A	AB	B	AB	○	○	○	○
		感嘆文									○	
		仮定法									○	

―千葉県公立高校―

理科 ●●●● 出題傾向の分析と合格への対策 ●●●●

出題傾向とその内容

〈最新年度の出題状況〉

大問は9題で，大問1は物理・化学・生物・地学から1問ずつ計4問の小問集合，あとの大問8題も各分野から2題ずつ出題されている。大問1題につき小問3～4題の構成で，それぞれ10～12点の配点となっている。資料の意味するものを読み取り，分析し，理解する力が問われた。

なお，今年度からマークシート方式となった。

〈出題傾向〉

出題形式は選択式，用語や計算結果の記述，理由や実験結果の説明・作図などである。文章による記述は比較的論点を絞りやすいため，著しい長文にはなりにくい。また，グラフや表を読み解く設問が多い。

各学年の教科書の第1分野・第2分野からバランスよく出題されており，多くは教科書に載っている図や実験をもとにして問題が展開されているが，独自のテーマのものもある。標準的な知識や理解力で十分に対処できる。全体的に比較的解きやすい構成となっているが，分析力を問われる問題もある。また，作図問題が出題される傾向が高いので，事前に類題を多く解いておくと良いだろう。

物理的領域　教科書に載っている実験・観察で良いので，その実験や観察の方法，あるいは手順から問われやすい内容を理解しておくとよい。過去問を解いていくと，1つの実験から求められる要素がいくつかあることがわかるであろう。

化学的領域　いずれも基本的な実験が出題されており，実験結果の分析や考察をともなう標準的な問題が多い。実験を行う際の基本的注意事項の知識は必ずおさえておきたい。結果の処理(計算)をともなう練習問題には，積極的に取り組むようにしよう。

生物的領域　実験をもとに考察したり，資料から考察する問題が見られた。詳細な知識力を問われるので，実験や資料の多い類題を解いて，練習しておこう。

地学的領域　いろいろな資料を理解・把握した上で解かなければ正解にたどりつかないパターンの問題である傾向が強い。そのため，資料やデータを多く取り入れた問題を練習するようにしたい。

来年度の予想と対策

来年度も出題形式や問題の分量は今年と同じで，内容も教科書に載っている図や実験に関連した内容の出題がなされると思われる。

第1分野(化学分野，物理分野)，第2分野(生物分野，地学分野)の全分野から均等に出題されているので，どの単元も確実に知識を習得しておく必要がある。理由や説明などの文章による記述式の問題も必ず数問は出題されるので，簡潔に説明する練習をしておこう。標準レベルの問題を数多く解き，まちがえた問題は解けるまでくり返し学習すること。

教科書に書かれている図や実験・観察についての十分な知識や考察を身につけるために，授業で行う実験・実習には積極的に参加しよう。

⇨学習のポイント

- 文章による説明等の問題では，短く，簡潔に記述するための練習をしておこう。
- 教科書に載っている図や実験を参考に，基礎事項をしっかり把握しておこう。

年度別出題内容の分析表　理科

※Aは前期，Bは後期。□・★は大問の中心となった単元／（網掛け）は出題範囲縮小の影響がみられた内容

分野	学年	出題内容	27年	28年	29年	30年	2019年	2020年	2021年	2022年	2023年	2024年
第一分野	第1学年	身のまわりの物質とその性質		AB	B		A	A[B]		○		
第一分野	第1学年	気体の発生とその性質	AB	[B]	AB	A[B]	A	A				★
第一分野	第1学年	水溶液	A	[A]	B	[A]	B		★		○	
第一分野	第1学年	状態変化	[A]		B		[B]			○		
第一分野	第1学年	力のはたらき（2力のつり合いを含む）	B	A	[A]	A	A	A		○	○	○
第一分野	第1学年	光と音	[A]	A	[B]	[A]		A[B]				○
第一分野	第2学年	物質の成り立ち	A	B		B		A[B]		○	○	○
第一分野	第2学年	化学変化，酸化と還元，発熱・吸熱反応		B	A	AB		[A]	○		○	○
第一分野	第2学年	化学変化と物質の質量	A[B]	B	A	B	[A]	A	○		○	★
第一分野	第2学年	電流（電力，熱量，静電気，放電，放射線を含む）	A[B]	[A]	[A]	[B]	[A]	[A]	○	★		○
第一分野	第2学年	電流と磁界		[B]		A	[B]		★		★	★
第一分野	第3学年	水溶液とイオン，原子の成り立ちとイオン			A[B]	A	B	A	○		○	○
第一分野	第3学年	酸・アルカリとイオン，中和と塩	A[B]		[A]		[A]					
第一分野	第3学年	化学変化と電池，金属イオン	A	[A]		A	[B]			★	★	
第一分野	第3学年	力のつり合いと合成・分解（水圧，浮力を含む）	[B]	[A]B	AB	A	AB	AB	★	○	○	★
第一分野	第3学年	力と物体の運動（慣性の法則を含む）	A	B	B	A	B	[B]			○	
第一分野	第3学年	力学的エネルギー，仕事とエネルギー	[A]	A	[B]	[B]	[B]	A	○	★		
第一分野	第3学年	エネルギーとその変換，エネルギー資源			A	A						
第二分野	第1学年	生物の観察と分類のしかた						A			○	
第二分野	第1学年	植物の特徴と分類	B	AB	A	A[B]		A			★	
第二分野	第1学年	動物の特徴と分類		[B]		B		A		○	○	○
第二分野	第1学年	身近な地形や地層，岩石の観察		A	A		B	B			○	○
第二分野	第1学年	火山活動と火成岩	[B]			[A]	A		★			○
第二分野	第1学年	地震と地球内部のはたらき			A	A		[A]		○		
第二分野	第1学年	地層の重なりと過去の様子	A	[A]	A[B]		[B]	[B]	○	○	★	★
第二分野	第2学年	生物と細胞（顕微鏡観察のしかたを含む）	A		B	[A]	[B]	A	○		○	○
第二分野	第2学年	植物の体のつくりとはたらき	[A]B	[B]	[A]	AB	[A]		★		○	★
第二分野	第2学年	動物の体のつくりとはたらき	[A]	[A]	[B]		[B]	A[B]		★		
第二分野	第2学年	気象要素の観測，大気圧と圧力	[A]		AB	[A]	[A]	AB	○	○		
第二分野	第2学年	天気の変化	B	B		[B]			★	○		○
第二分野	第2学年	日本の気象	B	AB	[B]			[B]		○	○	
第二分野	第3学年	生物の成長と生殖		[A]	[B]	[B]	B			○		
第二分野	第3学年	遺伝の規則性と遺伝子	[B]	A			[A]	A				
第二分野	第3学年	生物の種類の多様性と進化			[A]					○	○	
第二分野	第3学年	天体の動きと地球の自転・公転		[A]	[A]		[B]	[A]			★	
第二分野	第3学年	太陽系と恒星，月や金星の運動と見え方	[A]	[B]	A	[B]	[A]		○	★	○	★
第二分野	第3学年	自然界のつり合い				[A]	A	[B]	★			★
自然の環境調査と環境保全，自然災害												
科学技術の発展，様々な物質とその利用							B				
探究の過程を重視した出題			AB	AB	AB	AB	AB	AB	○	○		○

社会 ●●●• 出題傾向の分析と合格への対策 •●●●

出題傾向とその内容

〈最新年度の出題状況〉

本年度の出題数は，大問8題，小問32題である。解答形式は記号選択が24題と語句記入が5題である。短文の記述問題は，各分野1題ずつ計3題出題されている。大問は，日本地理1題，世界地理1題，歴史2題，公民3題，地理分野・歴史分野・公民分野の小問で構成される大問1題である。小問数は，各分野のバランスがほぼとれている。内容的には細かい知識を問う問題はなく，基礎・基本の定着と，資料を活用する力を試す総合的な問題が出題の中心である。

地理的分野では，略地図を中心に，表・グラフ等の統計資料を用い，諸地域の特色・地形・気候・産業などを問うている。歴史的分野では，生徒の調べ学習の形式をとり，略年表・写真等をもとに，日本の歴史を総合的に問うている。世界史の問題も出題されている。公民的分野では，グラフや模式図等の資料を読み取る形で，政治・経済分野その他の基礎知識を問うている。

なお，今年度からマークシート方式が導入され，解答の4分の3がマークシート方式である。

〈出題傾向〉

地理的分野では，地形図や略地図・表・グラフ・雨温図などの資料を読み取らせ，知識が活用できるかを確認している。

歴史的分野では，テーマ別通史という形で出題することにより，歴史の流れをしっかり把握しているかを確認している。また，短文記述を通して，知識の暗記だけではなく，歴史全体を大きくつかむ力も重要視していると言える。

公民的分野では，政治・経済を軸にして，今日の日本社会や，国際社会の問題に対する理解の程度を問う出題が見られる。また，裁判・財政に関する出題もあり，基礎知識を幅広く問う内容となっている。

来年度の予想と対策

来年度も，今年度と同様に，基礎的なものを中心としながら，資料を活用させる問題が数多く出題されると思われる。また，短文記述が出題されることも確実なので，重要事項の説明を簡潔に文章にまとめる練習をしておくことが大切である。

地理的分野では，各種統計資料を読み取る力を鍛えることが必要である。また，地図を見て都道府県や各国の位置を理解することと併せて，日本や世界の諸地域の特色を，都市・気候・産業などの面から理解することも大切である。

歴史的分野では，時代の特色を大きな歴史の流れと結び付けて把握することが大切である。その際に，各種資料と関連付けていくと，さらに理解は深まるだろう。また，歴史上の重要事項同士の関連も資料をもとに説明できるようにしておくことが重要である。世界史の基礎を押さえておくことも必須である。

公民的分野では，基本的用語の理解を徹底することが必要である。統計資料の読みとり力をつけることも重要である。また，新聞・テレビ等の報道で，政治・経済の動きや，時事的な内容に注目しておくことも大切である。マークシート方式問題は練習が必要であろう。

⇨学習のポイント

- 地理では，各種の地図に慣れ，統計資料の正確な読み取り力をつけよう！
- 歴史では，教科書で基礎的事項を確認し，テーマ別に整理して，解答力をつけよう！
- 公民では，政治・経済一般・国際社会等の基礎を整理し，ニュースにも注目しよう！

年度別出題内容の分析表　社会

※Aは前期，Bは後期／▓▓は出題範囲縮小の影響がみられた内容

		出題内容	27年	28年	29年	30年	2019年	2020年	2021年	2022年	2023年	2024年
地理的分野	日本	地形図の見方	AB	AB	AB	AB	AB	AB	○	○	○	○
		日本の国土・地形・気候	AB	AB	B	A	AB	AB	○	○	○	○
		人口・都市	AB	B	AB	AB	A	AB	○	○	○	○
		農林水産業	A	AB	AB	B	B	B		○	○	○
		工業	B	A	A	B	AB	AB			○	○
		交通・通信						A				
		資源・エネルギー		B			B			○		
		貿易		B			A					○
	世界	人々のくらし・宗教	A	A	A		B	AB			○	○
		地形・気候	AB	AB	AB	AB	AB	AB	○	○	○	○
		人口・都市	B		A			B		○	○	○
		産業		AB	AB	AB	AB	AB	○	○	○	
		交通・貿易	AB	AB			A	AB	○	○		
		資源・エネルギー			B	AB	A			○		○
	地理総合											
歴史的分野	日本史―時代別	旧石器時代から弥生時代	A		AB						○	
		古墳時代から平安時代	AB	AB	AB	AB	AB	AB	○	○	○	○
		鎌倉・室町時代	AB	AB	B	A	AB	AB	○	○	○	○
		安土桃山・江戸時代	AB	AB	AB	AB	AB	AB	○	○	○	○
		明治時代から現代	AB	AB	AB	AB	AB	AB	○	○	○	○
	日本史―テーマ別	政治・法律	B	AB	B	AB	AB	AB	○	○	○	○
		経済・社会・技術		AB	B	A		AB	○		○	○
		文化・宗教・教育	A	AB	B	AB	AB	AB		○	○	○
		外交	AB	AB	AB	B	AB	AB	○	○	○	○
	世界史	政治・社会・経済史	AB	AB	AB	AB	AB	AB	○	○		○
		文化史	B			A	AB				○	
		世界史総合										
	歴史総合											
公民的分野		憲法・基本的人権			A	AB	A	AB	○		○	
		国の政治の仕組み・裁判	AB	AB	B	AB	AB	AB	○	○	○	○
		民主主義										
		地方自治		A		A	B		○	○		
		国民生活・社会保障		B	A	A	AB	A	○	○		
		経済一般	AB	AB	AB	AB	AB	AB	○	○	○	○
		財政・消費生活	AB	AB	AB	AB	AB	AB	○	○	○	○
		公害・環境問題			B		AB				○	○
		国際社会との関わり	AB	AB	A	A		AB	▓▓	○	○	○
時事問題			AB	A								
その他					A	A						

国語 出題傾向の分析と合格への対策

出題傾向とその内容

〈最新年度の出題状況〉

今年度は，大問が7題で，第1問が聞き取りの問題，第2・3問が漢字の読みと書き取り，第4問が論説文，第5問が小説，第6問は古文，第7問は作文という構成であった。

論説文の読解は内容理解が多く見られ，脱語補充や，要旨をつかむものが出題された。小説の読解は，心情の読み取りが中心で，他に脱語補充が出題された。記述問題は，30～40字程度のものであった。古文は，内容を問うものが中心だった。20～25字の記述問題や漢文の返り点の問題もあった。作文は，200字以内で考えを述べるものだった。それぞれ条件があり，それに従って書く課題であった。二段落構成にして，与えられたテーマについて自分の意見を述べるという課題だった。

なお，今年度からマークシート方式となった。

〈出題傾向〉

聞き取る力，読み取る力，表現力，知識と，総合的な国語能力が求められていると言える。

文学的文章は心情理解，説明的文章は内容理解が中心で，それについての記述問題も出題されるので，文章を正確に読み取り，また，それを端的にまとめる力が必要になる。

古文は要旨を正確にとらえて答えるという問いが出題されやすい。

漢字や語句に関する知識問題は，幅広く学習しておくとよいだろう。四字熟語の知識が必要だ。また，文法に関しても，活用や品詞，敬語など，広範囲に渡って出題される。ことわざや慣用句もおさえておきたい。

作文は，表現力だけではなく，資料を読み取る力と自分の考えを端的にまとめる力も必要だと言えるだろう。

来年度の予想と対策

聞き取り問題の形式や，作文の指定文字数などは例年と同じパターンであり，来年度も出題内容に大きな変更はないと思われる。

論説文の読解問題では，接続語や指示語に注意しながら，段落相互の関係を正しくとらえられるようにしておくこと。物語文の読解問題では，登場人物の心情やその理由を読み取る練習をしておくことが望まれる。

古文・漢文は基本的な古語や文法の知識を整理するとともに，問題集などでできるだけ多くの作品に触れ，文章に慣れておきたい。

聞き取り問題への対応としては，放送内容を正確に聞き取り，ポイントをつかむ訓練として，テレビやラジオの聞き取りを心がけるとよい。作文は，短時間で自分の考えをまとめる訓練を積むことが大切である。

⇨学習のポイント

・テレビやラジオなどで，聞き取りの練習をしよう。
・多くの読解問題に取り組み，問題に慣れよう。
・写真や資料が提示される作文問題に取り組むとよい。

年度別出題内容の分析表　国語

※Aは前期，Bは後期

		出題内容	27年	28年	29年	30年	2019年	2020年	2021年	2022年	2023年	2024年
内容の分類	読解	主題・表題			A	A		A	○			
		大意・要旨	B	AB	AB	AB	AB	AB	○	○	○	○
		情景・心情	AB	AB	AB	AB	AB	AB	○	○	○	○
		内容吟味	AB	AB	AB	AB	AB	AB	○	○	○	○
		文脈把握	AB	AB	AB	A	AB	AB	○	○	○	○
		段落・文章構成	A		B	A					○	○
		指示語の問題	B	AB	A							
		接続語の問題	B	B		B						
		脱文・脱語補充	AB	AB	AB	AB	AB	AB	○	○	○	○
	漢字・語句	漢字の読み書き	AB	AB	AB	AB	AB	AB	○	○	○	○
		筆順・画数・部首										
		語句の意味	A		A				○	○		
		同義語・対義語										
		熟語	A									
		ことわざ・慣用句・四字熟語	AB		A	A				○		
		仮名遣い	B	AB	AB	AB	AB	AB		○	○	○
	表現	短文作成										
		作文（自由・課題）	AB		A	A	AB	AB	○	○	○	○
		その他	B	A								
	文法	文と文節	B				A	A				
		品詞・用法	AB	AB	AB	AB	B	B	○	○	○	○
		敬語・その他	A	A	A	A	A	A				
	古文の口語訳											
	表現技法・形式		A	A	B	B			○			
	文学史											
	書写			A			A					
問題文の種類	散文	論説文・説明文	AB	AB	AB	AB	AB	AB	○	○	○	○
		記録文・実用文										
		小説・物語・伝記	AB	AB	AB	AB	AB	AB	○	○	○	○
		随筆・紀行・日記										
	韻文	詩										
		和歌（短歌）										
		俳句・川柳		A								
	古文		AB	AB	AB	AB	AB	AB	○	○	○	○
	漢文・漢詩			A			A	A	○	○	○	○
	会話・議論・発表		A	A	A	A	A	A				
	聞き取り		AB	AB	AB	AB	AB	AB	○	○	○	○

千葉県公立高校難易度一覧

目安となる偏差値	公立高校名
75 ~ 73	 千葉① 船橋②
72 ~ 70	東葛飾③ 船橋②(理数)，佐倉④ 千葉東①，薬園台②，佐倉④(理数)
69 ~ 67	市千葉市立千葉①(普／理数) 木更津⑨(理数) 小金②(総合)，船橋東②，八千代②，柏③，長生⑦(普・理数)，木更津⑨
66 ~ 64	市千葉市立稲毛①(普／国際教養) 柏③(理数) 幕張総合①(総合)，佐原⑤(普／理数)
63 ~ 61	国府台②，柏南③，鎌ヶ谷③，成田国際④ 成田国際④(国際)，成東⑥(普・理数) 千葉西①，匝瑳(総合)⑤
60 ~ 58	津田沼②，松戸国際② 検見川①，国分②，松戸国際②(国際教養)，柏中央③，市銚子市立銚子⑤(普・理数)，安房⑧ 千葉南①，千葉女子①，幕張総合①(看護)，柏の葉③，君津⑨
57 ~ 55	佐原白楊⑤ 千葉北①，千葉女子①(家政)，市習志野市立習志野②，東金⑥ 磯辺①，市川東②，船橋芝山②
54 ~ 51	我孫子③，柏の葉③(情報理数)，袖ヶ浦⑨ 船橋啓明②，成田北④，東金⑥(国際教養)，茂原⑦ 市船橋市立船橋②，松戸六実②，大多喜⑦ 千葉商業①(商業・情報処理)，市松戸市立松戸②(国際人文)，八千代②(体育)，流山おおたかの森③，四街道④，袖ヶ浦⑨(情報コミュニケーション)
50 ~ 47	千城台①，千葉工業①(理数工学)，市習志野市立習志野②(商業)，八千代②(家政)，八千代東②，印旛明誠④ 千葉工業①(情報技術)，土気①，市原八幡②，松戸②(普／芸術)，市松戸市立松戸②，流山おおたかの森③(国際コミュニケーション)，柏陵③，銚子⑤，長狭⑧ 柏井①，千葉工業①(電子機械／電気)，若松①，市川昴②，実籾②，市柏市立柏③，佐倉東④(調理国際)，富里④，銚子商業⑤(商業・情報処理)，一宮商業⑦(商業・情報処理) 市船橋市立船橋②(商業)，佐倉東④，東金商業⑥(商業・情報処理)，木更津東⑨，君津商業⑨(商業・情報管理)，京葉⑨
46 ~ 43	千葉工業①(工業化学)，船橋二和②，佐倉東④(服飾デザイン)，東総工業⑤(電子機械／電気／情報技術／建設)，松尾⑥，茂原樟陽⑦(電子機械／電気／環境化学)，館山総合⑧(工業／商業)，木更津東⑨(家政) 京葉工業①(機械／電子工業／設備システム／建設)，市川南② 生浜①，市川工業②(インテリア)，薬園台②(園芸)，流山③(商業・情報処理)，野田中央③，佐倉西④，小見川⑤，茂原樟陽⑦(土木造園)，館山総合⑧(家政) 犢橋①，市川工業②(機械／電気／建築)，市船橋市立船橋②(体育)，松戸向陽②(福祉教養)，松戸馬橋②，市柏市立柏③(スポーツ科学)，白井④，多古⑤，九十九里⑥，茂原樟陽⑦(農業／食品科学)，姉崎⑨
42 ~ 38	船橋北②／鎌ヶ谷西③／流山南③／四街道北④／大網⑥／大原⑦(総合) ／安房拓心⑧(総合) 市原緑②，松戸向陽②，成田西陵④(情報処理)，多古⑤(園芸) 市原②，浦安②，船橋豊富②，下総④(自動車／情報処理)，成田西陵④(園芸／土木造園／食品科学)，八街④(総合)，君津青葉⑨(総合) 泉①，船橋法典②，我孫子東③，清水③(食品科学／機械・電気・環境化学)，沼南③，沼南高柳③，流山③(園芸)，流山北③，旭農業⑤(畜産／園芸／食品科学)，銚子商業⑤(海洋)，大網⑥(農業／食品科学／生物工学)，館山総合⑧(海洋)，天羽⑨ 市原②(園芸)，浦安南②，行徳②，船橋古和釜②，八千代西②，関宿③，下総④(園芸)，君津⑨(園芸)
37 ~	

＊①~⑨は，学区(第１学区~第９学区)を表します。全日制普通科以外の学科と千葉女子・木更津東は学区の制限がない全県学区の高校ですが，通学の目安のために学区表示を付けています。市は市立を意味します。。
＊データが不足している高校，または学科・コースなどにつきましては掲載していない場合があります。
＊公立高校の入学者は，「学力検査の得点」のほかに，「調査書点」や「面接点」などが大きく加味されて選抜されます。上記の内容は想定した目安ですので，ご注意ください。
＊公立高校入学者の選抜方法や制度は変更される場合があります。また，統廃合による閉校や学校名の変更，学科の変更などが行われる場合もあります。教育委員会などの関係機関が発表する最新の情報を確認してください。

2024年度

★★★★★★★★★★★★★★★★★★★★★★★★

入　試　問　題

●くわしい解説……57ページ

＜数学＞

時間 50分 満点 100点

【注意】

1 **マーク式で解答する問題は，◯ の中を正確に塗りつぶしなさい。**

良い例	悪い例
●	⦸ 線 ⊙ 小さい はみ出し ◎ 丸囲み ✓ レ点 ◌ うすい

2 答えに分数が含まれるときは，**それ以上約分できない形で答えなさい。**

3 答えに根号が含まれるときは，**根号の中を最も小さい自然数とした形で答えなさい。**

4 □ の中の「**あ**」,「**い**」,「**う**」, …にあてはまるものを答える問題については，下の例のように，あてはまる符号（－）や数字（0～9）を**それぞれ１つずつ**選び，その符号や数字の◯の中を正確に塗りつぶしなさい。

例 あいう に－18と答える場合

あ	●	⓪	①	②	③	④	⑤	⑥	⑦	⑧	⑨
い	⊖	⓪	●	②	③	④	⑤	⑥	⑦	⑧	⑨
う	⊖	⓪	①	②	③	④	⑤	⑥	⑦	●	⑨

$\frac{\text{え}}{\text{お}}$ に $\frac{3}{7}$ と答える場合

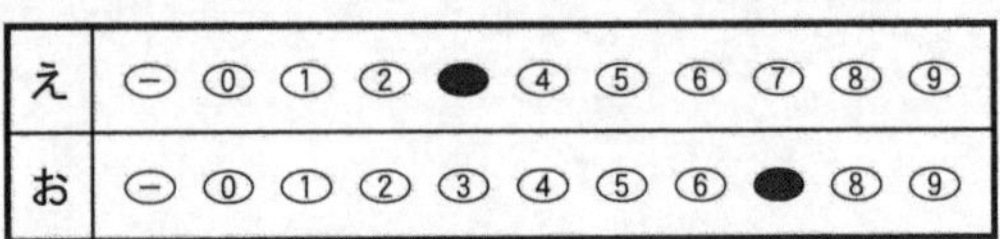

え	⊖	⓪	①	②	●	④	⑤	⑥	⑦	⑧	⑨
お	⊖	⓪	①	②	③	④	⑤	⑥	●	⑧	⑨

1 次の(1)～(7)の問いに答えなさい。

(1) 次の①～③の計算をしなさい。

① $-4+12\div 2$

② $a^2b\div 3ab\times(-9a)$

③ $(\sqrt{7}+\sqrt{3})(\sqrt{7}-2\sqrt{3})$

(2) ある数 x を２乗した数と，x を２倍した数との和は５である。
このとき，次の①，②の問いに答えなさい。

① x についての方程式として最も適当なものを，次の**ア**～**エ**のうちから１つ選び，符号で答えなさい。

ア $x^2+2x+5=0$ **イ** $x^2-2x+5=0$

ウ $x^2+2x-5=0$ **エ** $x^2-2x-5=0$

② 次の「**あ**」～「**う**」にあてはまるものをそれぞれ答えなさい。

ある数 x は **あい** $\pm\sqrt{\text{う}}$ である。

(3) 次の①，②の問いに答えなさい。

① 次の**ア**～**エ**のうち，標本調査を行うことが最も適しているものを１つ選び，符号で答えなさい。

ア 国勢調査　　**イ** 川の水質検査

ウ 学校で行う生徒の歯科検診　　**エ** Ａ中学校３年生の進路希望調査

② 次の「**え**」「**お**」にあてはまるものをそれぞれ答えなさい。

袋の中に，同じ大きさの白い卓球の球だけがたくさん入っている。この白い球の個数を推定するために，色だけが違うオレンジ色の球30個をその袋に入れてよくかき混ぜ，そこから無作為に10個の球を抽出したところ，オレンジ色の球が３個含まれていた。

はじめに袋の中に入っていた白い球は，およそ［**えお**］個と推定できる。

(4) 次の①，②の問いに答えなさい。

① 立方体の展開図として**正しくないもの**を，次の**ア**～**エ**のうちから１つ選び，符号で答えなさい。

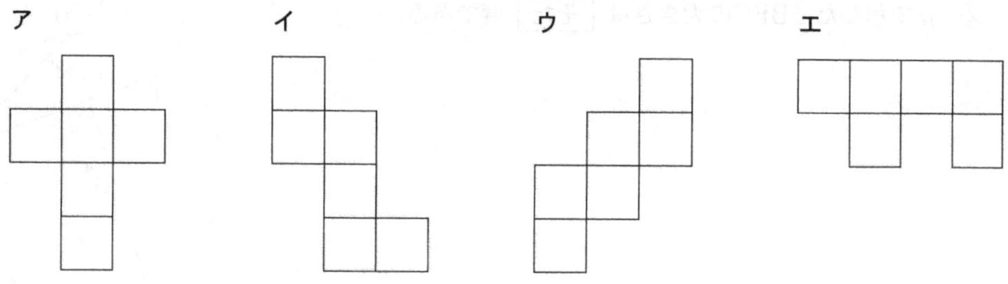

② 次の「**か**」～「**く**」にあてはまるものをそれぞれ答えなさい。

右の図のように，１辺が３㎝の立方体がある。この立方体の表面に，頂点Ａから頂点Ｈまで，辺BFと辺CGを通るようにひもをかける。ひもの長さが最も短くなるときのひもの長さは［**か**］$\sqrt{［きく］}$ ㎝である。

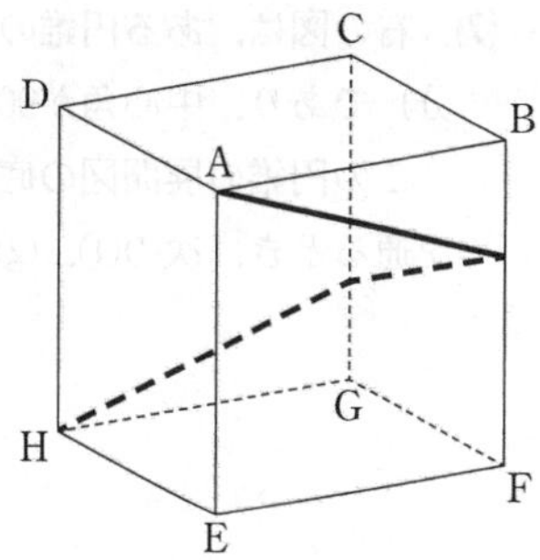

(5) 大小２つのさいころを同時に投げ，大きいさいころの出た目の数を a，小さいさいころの出た目の数を b とし $(a,\ b)$ を座標とする点Ｐをとる。

例えば，次のページの図の点Ｐは，大きいさいころの出た目の数が３，小さいさいころの出た目の数が４のときの座標（３，４）を表したものである。

このとき，次の①の「**け**」「**こ**」，②の「**さ**」「**し**」にあてはまるものをそれぞれ答えなさい。ただし，原点Ｏから点（１，０）までの距離及び原点Ｏから点（０，１）までの距離をそれぞれ１㎝とする。

また，さいころを投げるとき，1から6までのどの目が出ることも同様に確からしいものとする。

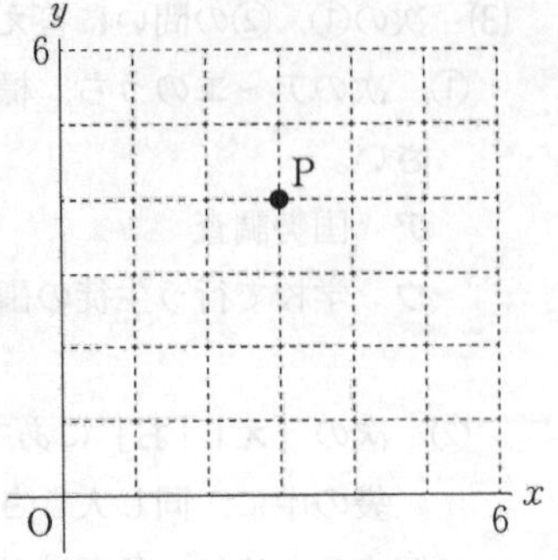

① 点Pが直線 $y = x$ 上の点となる確率は $\frac{\boxed{け}}{\boxed{こ}}$ である。

② 線分OPの長さが4㎝以下となる確率は $\frac{\boxed{さ}}{\boxed{し}}$ である。

(6) 下の図のように，4点A，B，C，Dが円Oの円周上にあり，弦BAを延長した直線と弦CDを延長した直線の交点をE，線分ACと線分BDの交点をFとする。

∠BEC＝38°，∠BDC＝63° であるとき，次の①の「す」「せ」，②の「そ」「た」にあてはまるものをそれぞれ答えなさい。

① x で示した∠BACの大きさは $\boxed{すせ}$ 度である。

② y で示した∠BFCの大きさは $\boxed{そた}$ 度である。

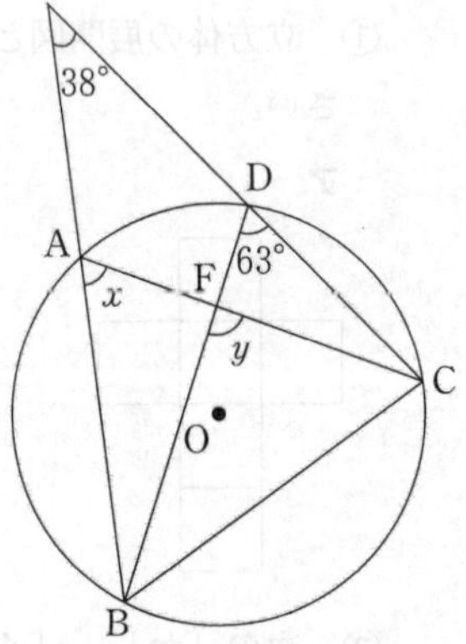

(7) 右の図は，ある円錐の展開図の一部（側面の部分）であり，中心角が90°のおうぎ形である。

この円錐の展開図の底面の部分である円が点Aを通るとき，次の①，②の問いに答えなさい。

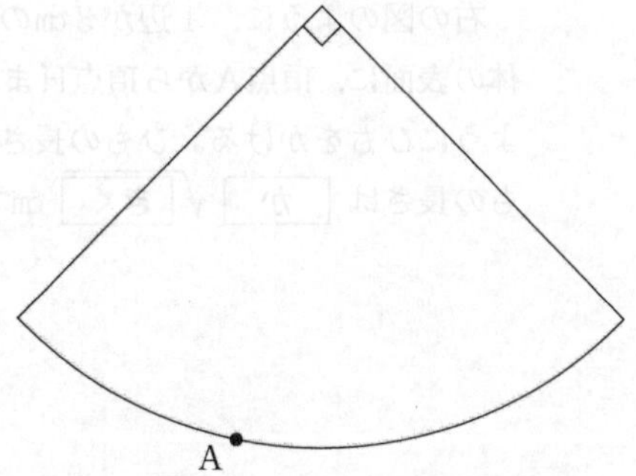

① 次の「ち」にあてはまるものを答えなさい。

側面の部分であるおうぎ形の半径は，底面の部分である円の半径の $\boxed{ち}$ 倍である。

② 底面の部分である円の中心Oを作図によって求めなさい。また，中心Oの位置を示す文字Oも書きなさい。

ただし，三角定規の角を利用して直線をひくことはしないものとし，作図に用いた線は消さずに残しておくこと。

2　下の図のように，関数 $y=\frac{1}{2}x^2$ のグラフ上に x 座標が p である点Pがあり，点Pを通り x 軸に平行な直線と関数 $y=\frac{1}{2}x^2$ のグラフとの交点をQとする。また，関数 $y=\frac{1}{2}x^2$ のグラフ上に点Rを，y 軸上に点Sを，四角形PRSQが平行四辺形となるようにとる。

このとき，次の(1)，(2)の問いに答えなさい。

ただし，$p>0$ とする。

(1)　$p=3$ のとき，次の①の「つ」「て」，②の「と」～「に」にあてはまるものをそれぞれ答えなさい。

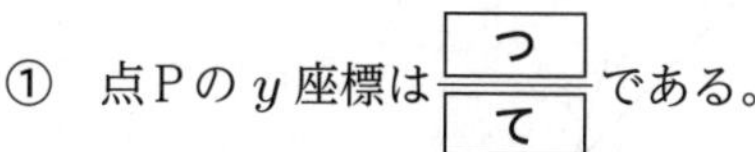

①　点Pの y 座標は $\frac{\boxed{つ}}{\boxed{て}}$ である。

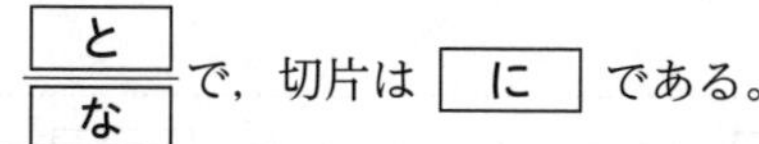

②　2点Q，Rを通る直線の傾きは $\frac{\boxed{と}}{\boxed{な}}$ で，切片は $\boxed{に}$ である。

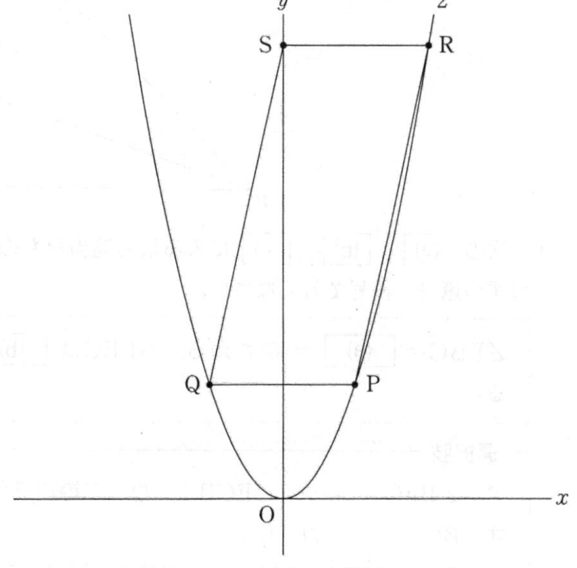

(2)　直線PQと y 軸との交点をHとするとき，次の「ぬ」「ね」にあてはまるものをそれぞれ答えなさい。

SH＝2PQとなるのは，$p=\frac{\boxed{ぬ}}{\boxed{ね}}$ のときである。

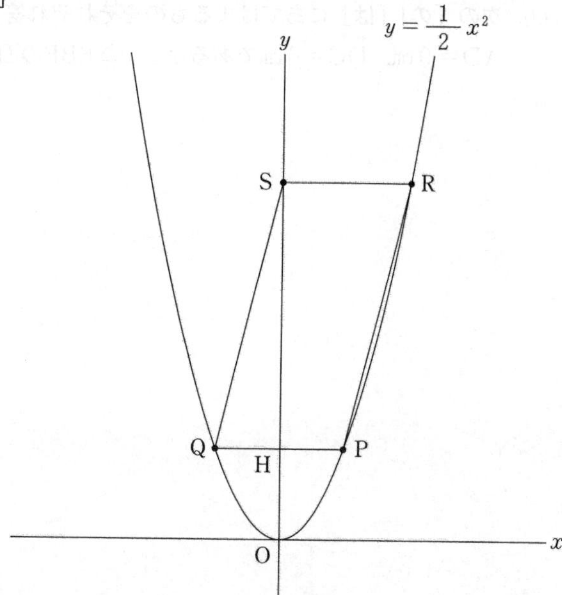

3 下の図のように，∠ABC＝45°の鋭角三角形ABCがある。点Bから辺ACに垂線BDを，点Cから辺ABに垂線CEをひき，線分BDと線分CEの交点をFとする。
このとき，次の(1)～(3)の問いに答えなさい。

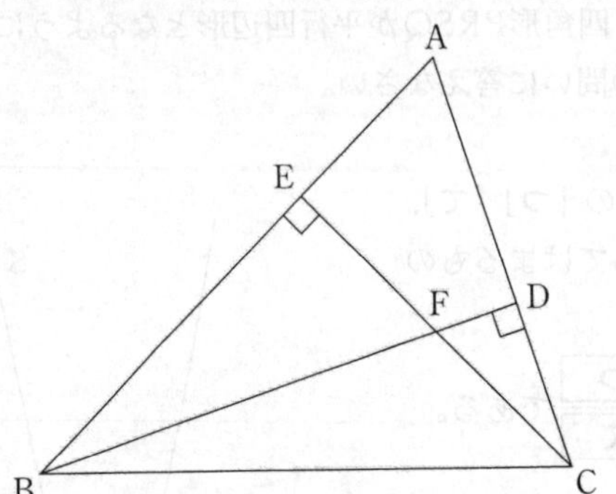

(1) 次の (a) ，(b) ，(c) に入る最も適当なものを，**選択肢のア～カ**のうちからそれぞれ1つずつ選び，符号で答えなさい。

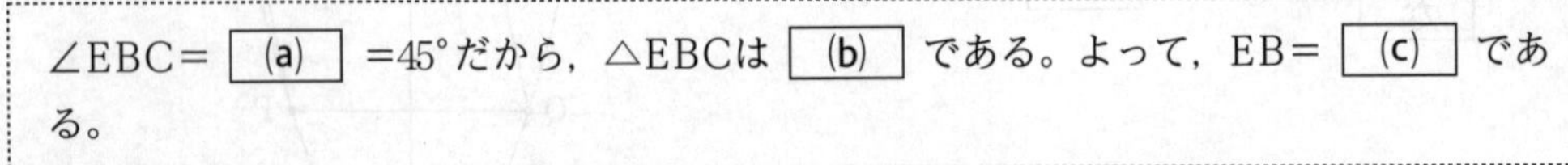
∠EBC＝ (a) ＝45°だから，△EBCは (b) である。よって，EB＝ (c) である。

選択肢

ア	∠BEC	**イ**	∠ECB	**ウ**	二等辺三角形	**エ**	正三角形
オ	BC	**カ**	EC				

(2) △EBF≡△ECAとなることを証明しなさい。
ただし，(1)の [ ] のことがらについては，用いてもかまわないものとする。

(3) 次の「の」「は」にあてはまるものをそれぞれ答えなさい。
AD＝9㎝，DC＝6㎝であるとき，△EBFの面積は **のは** cm^2である。

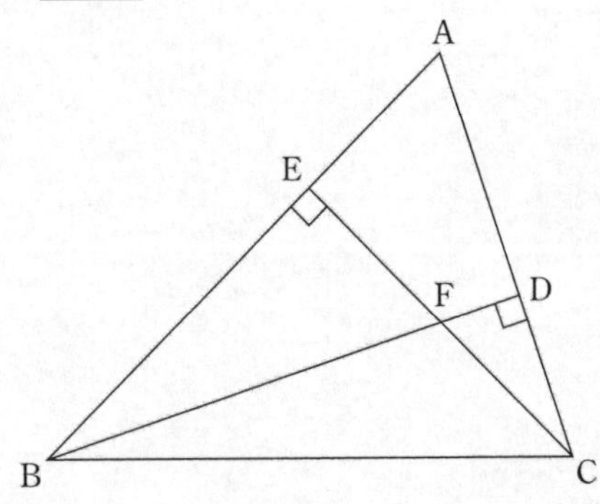

4　次の**会話文**を読み，あとの(1)~(3)の問いに答えなさい。

会話文

教師T：今日はスクリーンに投影される影について，簡略化したもので考えましょう。
図1のように，光源を点O，スクリーンを直線ℓとし，直線ℓと平行な線分ABを，光源からの光を遮（さえぎ）る物体として考えます。
物体の上端を点A，下端を点Bとし，光源からの光の道すじを表したものを，それぞれ半直線OA，OBとします。また，この２つの半直線と直線ℓとの交点を，それぞれP，Qとします。

図1

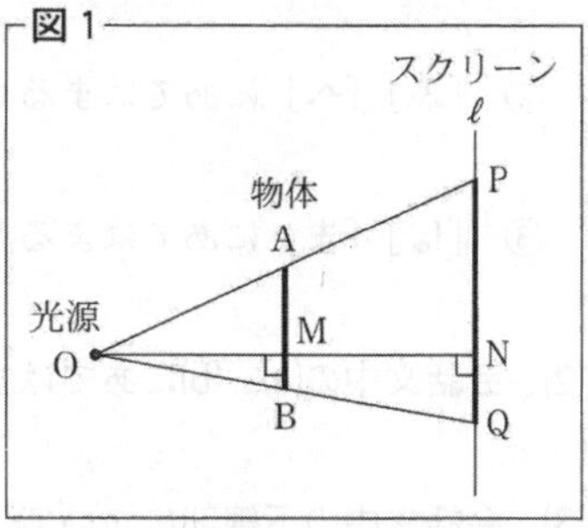

生徒X：線分PQがスクリーンに投影された影であると考えればよいのですね。

教師T：そのとおりです。また，点Oから線分PQに垂線をひき，線分ABとの交点をM，線分PQとの交点をNとします。ただし，ここでは必ず交点Mができるように物体ABがあるものとします。
ではOM＝MNのとき，線分PQの長さは線分ABの長さの何倍になりますか。

生徒X：△OABと△OPQは相似になるので，［ひ］倍です。

教師T：そうですね。この考え方を利用すると，物体ABが平行移動したとしても，スクリーンに投影される影の長さPQを求めることができますね。
では，線分PQの長さを線分ABの長さの４倍にしたいとき，線分OMと線分MNの長さの比をどのようにすればよいでしょうか。

生徒X：最も簡単な整数比で表すと，OM：MN＝［ふ］：［へ］です。

教師T：そのとおりです。次に，光を遮る物体を，線分ではなく正方形としてみましょう。わかりやすくするために，座標平面上で考えてみます。**図2**のように，光源を表す点Oを原点，物体を表す正方形EFGHの頂点の座標をそれぞれ，E（4，1），F（4，－1），G（6，－1），H（6，1）とし，スクリーンを直線$x=10$とします。スクリーンに投影される影を線分PQとし，座標をP（10，p），Q（10，q）とします。ただし，$p>q$とします。

図2

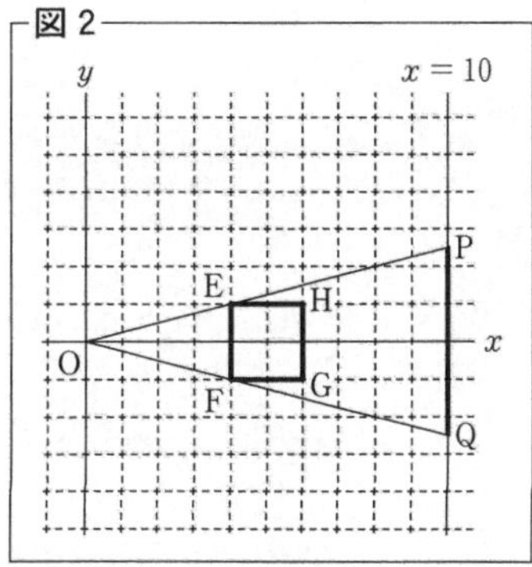

生徒X：点Pは直線OEと直線$x=10$との交点だから$p=\dfrac{［ほ］}{［ま］}$になるということですね。

教師T：そうですね。では，光源を点Oからy軸上の正の整数部分に動かしてみましょう。
nを自然数とし，動かした後の光源を表す点の座標をO′（0，n）とします。
点Pは直線O′Hと直線$x=10$との交点，点Qは直線O′Fと直線$x=10$との交点になるので，点P，Qのy座標をそれぞれ求めることができますね。

生徒X：nを用いて表すと，$p=$［(a)］，$q=$［(b)］となります。

教師T：正解です。この結果を利用すると，<u>線分PQの長さが周期的に整数になること</u>がわかりますね。

(1) 会話文中の「ひ」～「ま」について，次の①～③の問いに答えなさい。

① 「ひ」にあてはまるものを答えなさい。

② 「ふ」「へ」にあてはまるものをそれぞれ答えなさい。

③ 「ほ」「ま」にあてはまるものをそれぞれ答えなさい。

(2) 会話文中の(a)，(b)にあてはまる式をそれぞれ書きなさい。

(3) 会話文中の下線部について，次の「み」～「め」にあてはまるものをそれぞれ答えなさい。

線分PQの長さが100㎝となるのは，$n=$ みむめ のときである。

ただし，原点Oから点（1，0）までの距離及び原点Oから点（0，1）までの距離をそれぞれ1㎝とする。

＜英語＞

時間　60分　　満点　100点

1　英語リスニングテスト（**放送**による**指示**に従って答えなさい。）

No. 1	**A**. Yes, I do. **C**. No, there isn't.	**B**. Yes, I did. **D**. No, there wasn't.
No. 2	**A**. Thirty students. **C**. At two o'clock.	**B**. On Sunday. **D**. At the city culture center.
No. 3	**A**. It's my bed. **C**. I have already checked there.	**B**. There was a watch. **D**. I'm looking for it.

2　英語リスニングテスト（**放送**による**指示**に従って答えなさい。）

No. 1

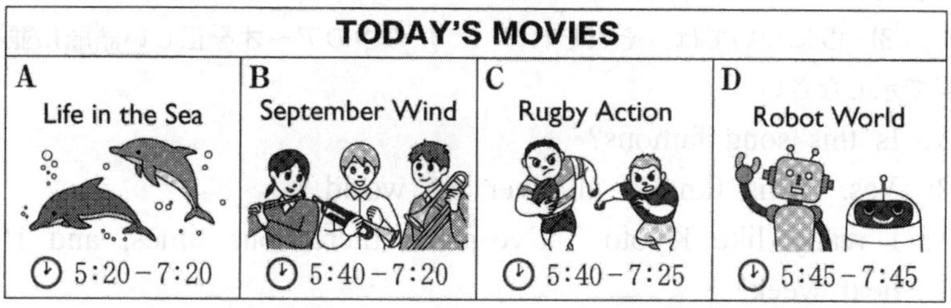

TODAY'S MOVIES

A	B	C	D
Life in the Sea	September Wind	Rugby Action	Robot World
5:20−7:20	5:40−7:20	5:40−7:25	5:45−7:45

No. 2

A	B	C	D
Ski Trip			

3　英語リスニングテスト（**放送**による**指示**に従って答えなさい。）

No. 1	**A**. In the computer room. **C**. In the gym.	**B**. In the classroom. **D**. In the music room.
No. 2	**A**. He didn't like some of the food in Australia. **B**. He couldn't cook with the family. **C**. The mother didn't eat the food he made. **D**. The mother made too much food for him.	

4 英語リスニングテスト（放送による指示に従って答えなさい。）

Summer vacation should be ...
Yuka → longer
Reason : Trying things we cannot do at school → （ ① ）
Miki → shorter
Reason :（ ② ）many different people at school ＝ important

①	A．We can help people. C．We can grow.	B．We can have fun. D．We can go camping.
②	A．Communicating with C．Going out with	B．Taking care of D．Talking about

5 次の⑴～⑸の対話文を完成させなさい。

⑴，⑵については，それぞれの（ ）の中の語を最も適当な形にしなさい。ただし，英単語1語で答えること。

また，⑶～⑸については，それぞれの（ ）の中のア～オを正しい語順に並べかえ，その順序を符号で示しなさい。

⑴ A: Is this song famous?
B: Yes. It is (know) all over the world.

⑵ A: I really like Kyoto. I've been there four times, and I'm going again next week!
B: Wow! It will be your (five) trip there.

⑶ A: What is（ア of イ the ウ all エ most オ popular ）the animals in this zoo?
B: The koalas. There are only a few zoos which have koalas in this country.

⑷ A: Can you tell（ア should イ which ウ I エ me オ bus ）take to go to the aquarium?
B: Sure. You should take Bus No. 3.

⑸ A: Today, I'm going to（ア you イ the book ウ me エ told オ buy）about.
B: I hope you like it.

6 次のページの⑴，⑵のイラストについて，（ ）に入る適当な言葉をそれぞれ英語で書きなさい。ただし，語の数はそれぞれ10語程度（.，?! などの符号は語数に含まない。）とし，2文以上になってもかまいません。なお，会話は①，②の順に行われています。

(1)

(2)

7　あとの(1)，(2)の英文を読んで，それぞれの問いに答えなさい。

(1)　ヒカリ（Hikari）とエレン（Ellen）は，２人の住むみなみ市（Minami City）について調査し，英語でプレゼンテーションを行いました。ヒカリがスライド（slide）を使って発表をしています。

Hello, everyone. Do you like Minami City? We love this city. This city has many great places and things. Look at Slide 1. This shows the number of people who visited Minami City from 2000 to 2020. The number suddenly started to go up in 2010. We think it is because a large shopping mall opened in that year. The number has been slowly increasing since then. Ellen and I went to the tourist center and asked why people visited our city. Some people visited here to go shopping at the shopping mall, and others came to enjoy nature. We have a beautiful river and many people enjoyed fishing there. Also, there were people who came to buy local crafts and eat local food.

However, we found one problem. Look at Slide 2. This shows how many people work in agriculture by age group. Slide 3 shows the number of the young people who want to work in this industry in the future. If the situation (A), we may not be able to sustain it. This is one of the biggest problems for our city.

To solve this problem, we think it is important for more people to understand the industry. Our city has many kinds of work experience programs for agriculture. My brother joined one of the programs and became interested in agriculture. Now, he is studying it in university and planning to start an agriculture company. This made me interested in it, too. Now, Ellen and I are thinking about joining some of the programs and learning more. Why don't you join one of these programs with us? You will be able to learn something new about agriculture.

We love this city, and we want more people to love it, too. So, we want to find ways to keep it wonderful in the future.

Slide 2

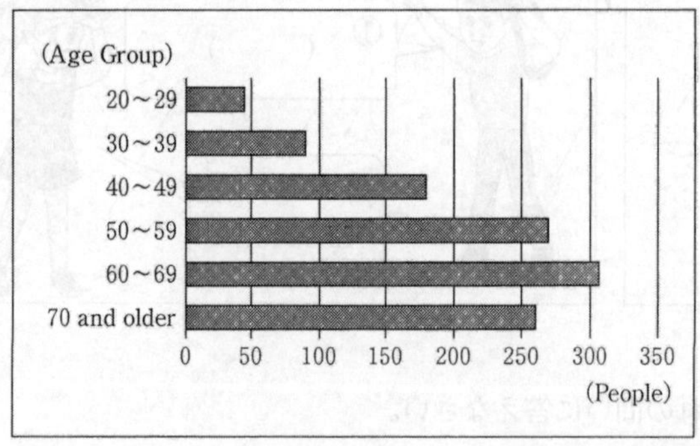

Slide 3

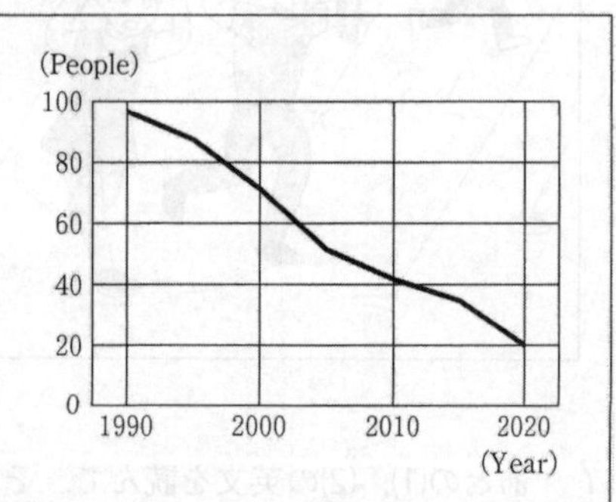

(注) crafts 工芸品　agriculture 農業　industry 産業　sustain ～を持続させる

① 本文の内容に合うように，Slide 1 のグラフとして最も適当なものを，次のページのア～エのうちから一つ選び，その符号を答えなさい。

ア
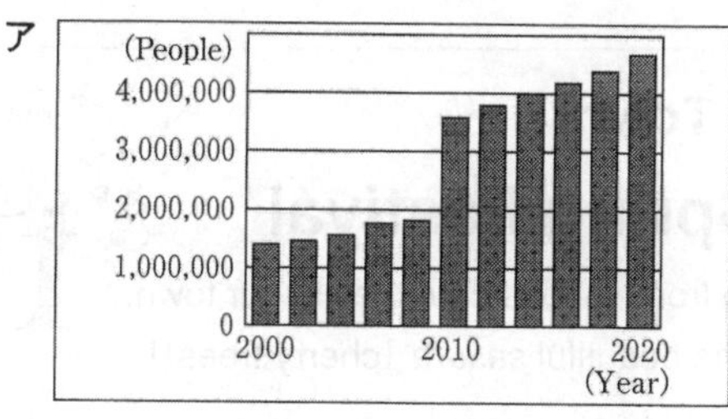

イ
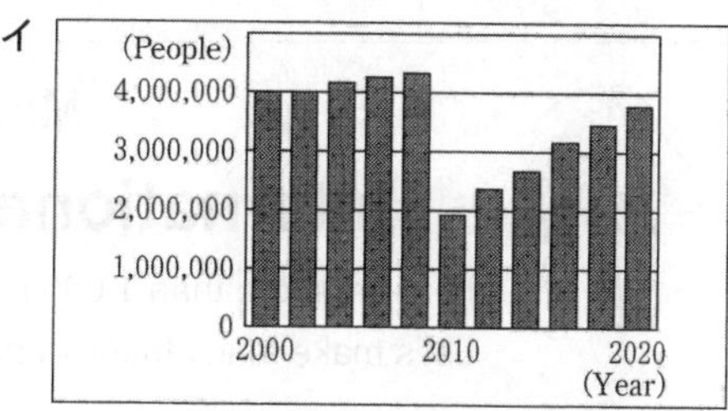

ウ
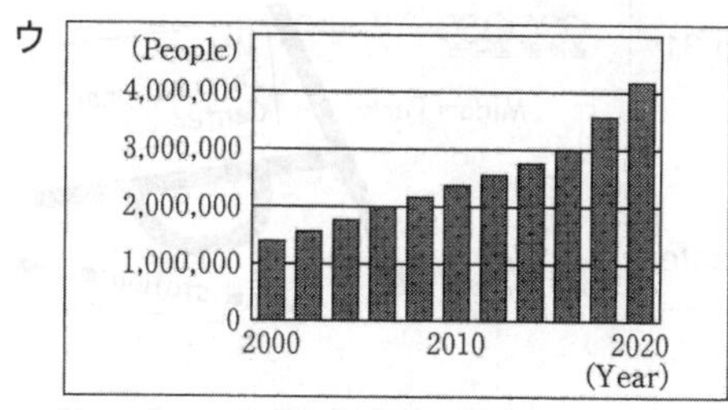

エ
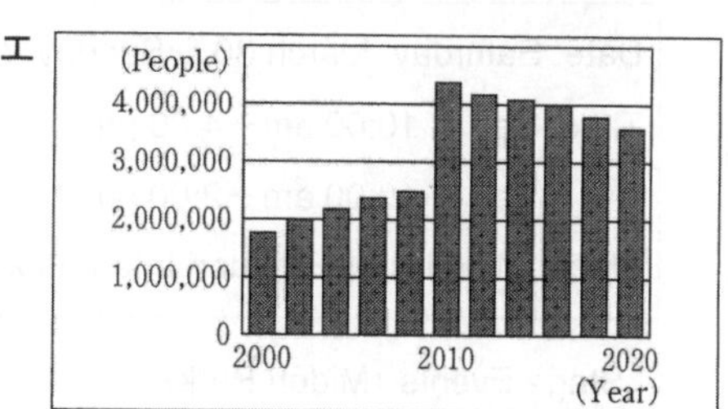

② 本文中の（A）に入る語として最も適当なものを，次のア～エのうちから一つ選び，その符号を答えなさい。

ア happens　イ continues　ウ improves　エ changes

③ プレゼンテーションを聞いたタロウ（Taro）がエレンと話をしています。次の会話中の（ ）に入る最も適当な英単語１語を書きなさい。

Taro:	Thank you for your presentation. I have a question. You said, "This is one of the biggest problems" in your presentation. Could you explain what you meant?
Ellen:	Thank you, Taro. That's a good question. The problem is about the number of young people who want to work in agriculture. Look at Slide 3 again. We can see that the number is going ( ) quickly. I'm afraid that agriculture may disappear in our city in the near future.
Taro:	Thank you. I want to do something with you to change the situation.

④ 本文の内容に合っている英文として最も適当なものを，次のア～エのうちから一つ選び，その符号を答えなさい。

ア Minami City is famous for its fishing industry and seafood.
イ Young people in Minami City must join many work experience programs.
ウ Hikari's brother started a company while he was in university.
エ Hikari and Ellen want many people to understand the job of farming.

(2) 次は，みどり町（Midori Town）で開催されるイベントのお知らせです。

(お知らせは次のページ)

Midori Town
International Spring Festival

There are more than 1,000 people from various countries in our town.
Let's make many friends under the beautiful *sakura* (cherry trees)!

Date: Saturday, March 30 & Sunday, March 31
Time: Day 1 10:00 am－4:00 pm
Day 2 10:00 am－2:00 pm
Place: Midori Park & Midori International Center

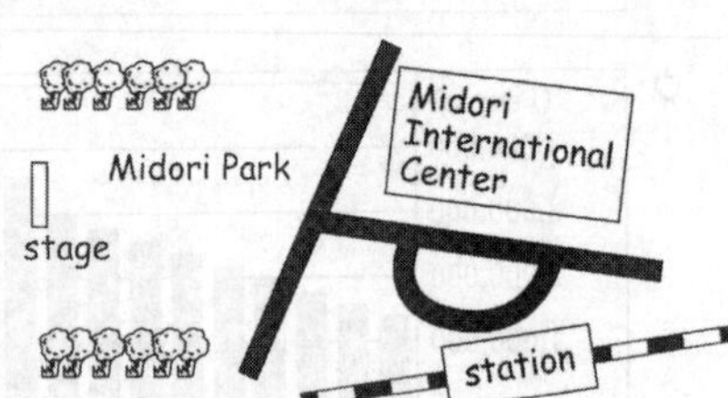

Stage Events (Midori Park)

Day 1 World Dance Performances
10:30－11:15 Spain
1:30－ 2:15 Hawaii
3:00－ 3:30 Thailand

Day 2 World Music
10:30－11:00 Japan (Japanese drums)
11:30－12:00 Brazil
1:00－ 1:30 Spain

Culture Events (Midori International Center－Room 101)

Day 1 English *Haiku* Experience
10:30－12:00
Teachers from the international school will teach you.

Day 2 Making *Origami* Flowers!
11:00－12:00
Try making beautiful paper flowers with *origami!*

- Enjoy delicious foods from various countries! → Midori Park
- Buy beautiful hand-made goods from various countries! → Midori Park
- Try wearing traditional clothes from various countries! (Day 1 only)
(You can try on Japanese *kimono*, too.) → Midori International Center

◇ **We need volunteers!**

Volunteers at this event can get **¥100 OFF** at the curry shop & the American hot dog shop.
If you are interested in volunteering,
please check the information on our website. →

Midori International Center (☎000-111-2222)

(注) *haiku* 俳句　　hand-made 手作りの

① このお知らせを見て，ヒロコ (Hiroko) と留学生のボブ (Bob) が話をしています。次の会話中の（　）に入る最も適当なものを，あとのア～エのうちから一つ選び，その符号を答えなさい。

Bob: I want to try on a Japanese *kimono*.
Hiroko: You can do it at the International Center. It's in front of the station.
Bob: I see. Can we go together?
Hiroko: Sure. I'm very interested in clothes from other countries. Also, I want to watch the Spanish dance performance.
Bob: Me, too. Let's meet at the station (　　).

ア at 10:00 on Saturday　　イ at 1:00 on Saturday
ウ at 10:00 on Sunday　　エ at 12:30 on Sunday

② このお知らせの内容に合うように，次の英文の（　）に入る最も適当なものを，あとのア～エのうちから一つ選び，その符号を答えなさい。

If you want to volunteer at this event, you should (　).

ア call Midori International Center
イ visit Midori International Center's website
ウ go to the curry shop or the hot dog shop
エ take lessons on how to make *origami* flowers

③ このお知らせの内容に合っている英文として最も適当なものを，次のア～エのうちから一つ選び，その符号を答えなさい。

ア More than 1,000 people from other countries will come to the festival.
イ You can enjoy making paper flowers under the cherry trees.
ウ You can learn English *haiku* from the international school teachers.
エ Volunteers can get an American hot dog for 100 yen.

8 次のファストファッション (fast fashion) に関するジュン (Jun) のスピーチと，それについて，エミ (Emi) のグループが話し合った内容を読んで，あとの(1)～(5)の問いに答えなさい。

Do you often buy fast fashion? Fast fashion clothes are popular around the world these days because they are not only cheap but also fashionable. Fast fashion companies make a lot of cheap products quickly just like fast food. New fashionable products are sold one after another in a short time. Though many people like fast fashion, it causes serious problems for the environment.

First of all, we throw away a lot of clothes and create a large amount of waste. According to research, in Japan, each person throws away twelve pieces of clothing every year. What do you think about this? Actually, this means that about 1,300 tons of clothes are thrown away in one day. People throw away fast fashion clothes especially often. [ア]

Next, a large amount of water is used to produce clothes. Actually, about 2,300 liters of water is used to make only one shirt. How much water do you drink in one year? [イ] Research shows that one person drinks about 440 liters of water in one year. This means that it takes about five years for one person to drink 2,300 liters of water. Also, the water used in factories makes rivers and oceans dirty. [ウ]

Making clothes causes air pollution, too. The companies give off a lot of carbon dioxide. Of course, carbon dioxide is given off while making clothes, but there are other reasons, too. For example, many fast fashion clothes are made in Asian countries and carried to other countries by trucks and ships, and this produces a lot of carbon dioxide. [エ]

Fast fashion companies are trying to find solutions to these problems. For example, some companies recycle old clothes to make new ones. Others reduce the amount of water they use. However, it will still take time to solve these problems.

There are many things we can do to help. What can you do now?

Emi:	I often buy fast fashion. I'm shocked to learn that fast fashion has many problems. Why do people throw away fast fashion clothes so easily?
Tom:	I think it is because (A).
Mari:	I agree, Tom. We usually do not throw away expensive things easily because we cannot buy them easily. I think the most important thing is to buy only clothes which are really necessary.
Emi:	What else can we do?
Mari:	I think we should recycle clothes instead of throwing them away when we do not want them anymore.
Tom:	You're right, but (B)?
Mari:	Some clothes shops have recycling boxes, so we can use them.
Tom:	I see. Buying used clothes is good for the environment, too. By doing so, we can (C).
Emi:	That's a good idea. I will not throw away my clothes anymore.

(注) fashionable 流行の　waste 廃棄物　clothing 服　liters リットル
give off ～を排出する　carbon dioxide 二酸化炭素

(1) 次の英文を入れるのに最も適当な場所を，本文中の［ア］～［エ］のうちから一つ選び，その符号を答えなさい。

About 20% of the world's water pollution is related to the fashion industry.

(2) 話し合いの内容に合うように，本文中の（**A**）に入る言葉を英語で書きなさい。ただし，語の数は10～15語（，などの符号は語数に含まない。）とすること。

(3) 本文中の（**B**）に入る最も適当なものを，次のア～エのうちから一つ選び，その符号を答えなさい。

ア how do we recycle them　イ where are the shops
ウ who has the recycling boxes　エ when should we do it

(4) 本文中の（**C**）に入る最も適当なものを，次のア～エのうちから一つ選び，その符号を答えなさい。

ア buy used clothes　イ choose clean energy
ウ reduce waste　エ sell fashionable clothes

(5) 本文の内容に合っている英文として最も適当なものを，次のア～エのうちから一つ選び，その符号を答えなさい。

ア Many people buy fast fashion clothes to protect the environment.
イ Five people's drinking water for about one year is needed to make one shirt.
ウ Most fast fashion clothes are sent to Asian countries from other areas.
エ Some fast fashion companies are trying to produce clean water.

9 中学生のケン（Ken）がALTのジュディ先生（Judy）と話をしています。この対話文を読んで，(1) ～ (4) に入る最も適当なものを，それぞれあとのア～エのうちから一つずつ選び，その符号を答えなさい。

Judy: Hi, Ken. I heard you had a soccer game yesterday. How was it?
Ken: Not good. I didn't score any goals again. I missed the goal three times and our team lost because of me.
Judy: Cheer up, Ken. I know you are practicing hard every day. I'm sure you can do well next time.
Ken: (1) I can't play soccer well these days. I haven't scored a goal for two weeks. I can't trust myself anymore.
Judy: Ken, don't be so disappointed. Trust yourself.
Ken: How do I trust myself?
Judy: Do you know the words "No rain, no rainbow"? Have you ever heard this before?
Ken: No. What is it?
Judy: It's a famous proverb from Hawaii. It's my favorite.
Ken: (2)
Judy: We often see a beautiful rainbow after it rains.
It means that good things often come to you (3).
Ken: I see. I have had many rainy days, so maybe I will see a rainbow soon. You made me feel better. Thank you.

Judy: You're welcome. I'm glad to hear it.
Ken: I will practice harder for the next game. (4)
Judy: Good! You can do it for your team. Do your best, Ken!

（注） score goals ゴールを決める proverb ことわざ

⑴ ア I think so, too. イ I don't think so.
ウ I like to practice. エ I don't like to practice.

⑵ ア What does it mean? イ Why do you know it?
ウ What do you see? エ Why does it happen?

⑶ ア after you use an umbrella
イ after you see a rainbow
ウ after you find a beautiful thing
エ after you have a difficult time

⑷ ア I really want you to join us.
イ I have been on the team for three years.
ウ I believe I can score goals if I try hard.
エ I will try my best to join the team.

<理科> 時間 50分 満点 100点

1 次の(1)~(4)の問いに答えなさい。

(1) 光や音について説明した文として最も適当なものを，次の**ア**~**エ**のうちから一つ選び，その符号を答えなさい。

ア 空気中を伝わる音の速さは，光の速さに比べて速い。

イ 太陽の光は，いろいろな色の光が混ざっている。

ウ 音の振動数(しんどう)が大きい（多い）ほど，音は低い。

エ 音は，水中では伝わらない。

(2) 砂糖やエタノールのように，水にとかしたとき，水溶液に電流が流れない物質を何というか，答えなさい。

(3) 無脊椎(せきつい)動物（無セキツイ動物）として**適当でないもの**を，次の**ア**~**エ**のうちから一つ選び，その符号を答えなさい。

ア メダカ　**イ** マイマイ　**ウ** イカ　**エ** ミミズ

(4) 図のような低気圧において，Aの前線は何というか，その名称を答えなさい。

図

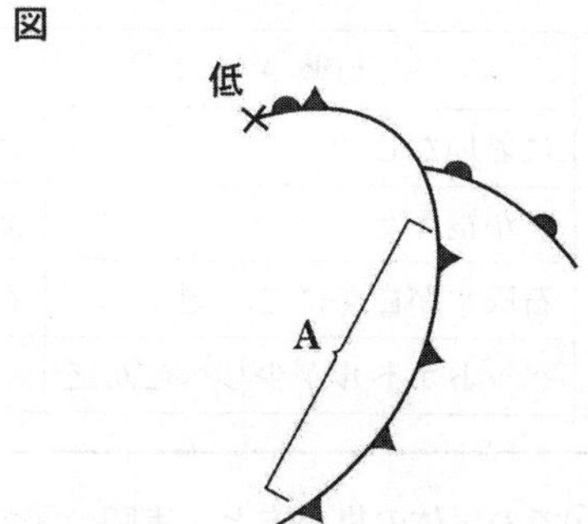

2 身近な気体の性質を調べるため，次の**実験**を行いました。これに関して，あとの(1)~(4)の問いに答えなさい。

実験

① 図1のような装置を用意し，三角フラスコに香りの出ない発泡入浴剤(はっぽうにゅうよくざい)と約60℃の湯を入れて，発生した気体Aを水上置換法(すいじょうちかんほう)で集めた。はじめに，三角フラスコ内にあった空気を多く含(ふく)む気体は捨て，引き続き出てきた気体Aを試験管2本に集め，ゴム栓(せん)をした。また，ペットボトルにも気体Aを半分ほど集め，ふたをした。

図1

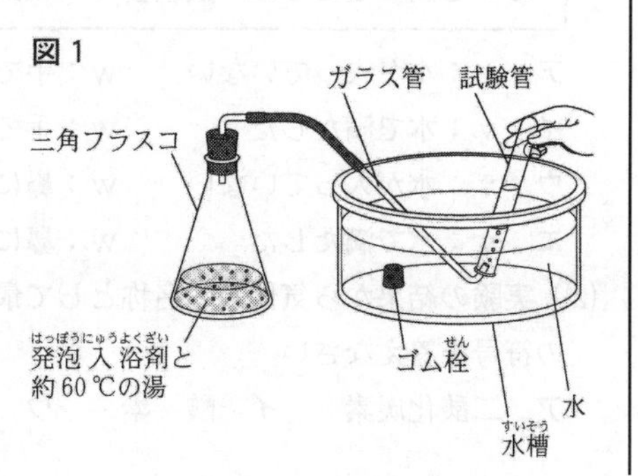

② 別の三角フラスコに二酸化マンガンを入れ，さらに，うすい過酸化水素水を加えて，気体Bを発生させた。①と同様に，水上置換法で，気体Bを試験管２本に集め，ゴム栓をし，ペットボトルにも気体Bを半分ほど集め，ふたをした。

③ 試験管に集めた気体A，Bのにおいを調べたあと，図２のように，気体Aの入った試験管と気体Bの入った試験管に，それぞれ火のついた線香を入れた。

④ 図３のように，③で使った試験管とは別の気体Aの入った試験管と気体Bの入った試験管に，それぞれ石灰水を加え，ゴム栓をして，よく振った。

⑤ 図４のように，気体Aと水の入ったペットボトルと，気体Bと水の入ったペットボトルを，それぞれよく振ったあと，ペットボトルの形状が変化するかを調べた。

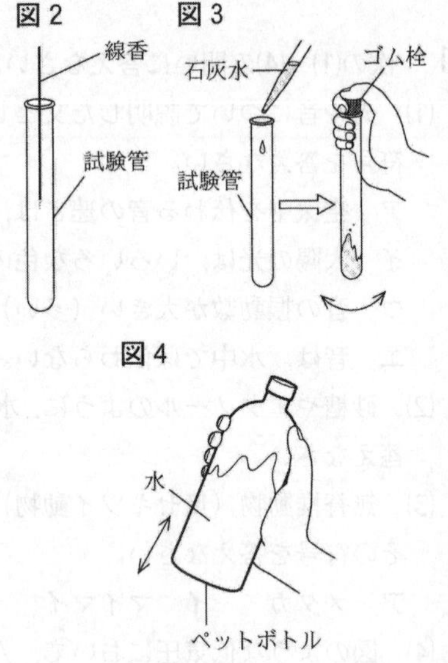

表は，実験の結果をまとめたものである。

表

	気体A	気体B
気体のにおい	においなし	においなし
火のついた線香を入れる	火が消えた	激しく燃えた
石灰水を加えてよく振る	石灰水が白くにごった	石灰水の色は変化しなかった
ペットボトルを振る	ペットボトルが少しへこんだ	ペットボトルはへこまなかった

(1) 次の文章は，実験の①，②での気体の集め方と，実験の③でのにおいの調べ方について説明したものである。文章中の v ， w にあてはまる内容の組み合わせとして最も適当なものを，あとのア～エのうちから一つ選び，その符号を答えなさい。

> 水上置換法で気体を集めるときは，はじめに v 試験管に集める。集めた気体のにおいを調べるときは，試験管の口の部分を w においをかぐ。

ア v：水が入っていない　w：手であおいで
イ v：水で満たした　w：手であおいで
ウ v：水が入っていない　w：鼻につけて
エ v：水で満たした　w：鼻につけて

(2) 実験の結果から気体Aの名称として最も適当なものを，次のア～エのうちから一つ選び，その符号を答えなさい。

ア 二酸化炭素　イ 酸 素　ウ アンモニア　エ 水 素

⑶　次の文章は，気体Aの性質について説明したものである。文章中の x ， y にあてはまる内容の組み合わせとして最も適当なものを，あとのア～エのうちから一つ選び，その符号を答えなさい。

> 実験の⑤の結果から，気体Aには，水に x 性質があることがわかる。また，気体Aは，空気よりも y ので，下方置換法でも集めることができる。

ア　x：とけない　y：密度が大きい　　イ　x：少しとける　y：密度が小さい
ウ　x：少しとける　y：密度が大きい　　エ　x：とけない　y：密度が小さい

⑷　実験で発生した気体Bと同じ気体を発生させる操作として最も適当なものを，次のア～エのうちから一つ選び，その符号を答えなさい。

ア　うすい塩酸に石灰石を入れる。　　イ　水を電気分解する。
ウ　うすい塩酸に亜鉛を入れる。　　エ　炭酸水素ナトリウムを加熱する。

3　Sさんたちは，オオカナダモを用いて光合成の実験を行いました。これに関する先生との会話文を読んで，あとの⑴～⑷の問いに答えなさい。

Sさん：図1のように，試験管に水とオオカナダモを入れて光を当て，光合成のしくみを調べる実験を行いました。表は実験の手順をまとめたものです。実験の結果，試験管内に気体が発生しました。

図1

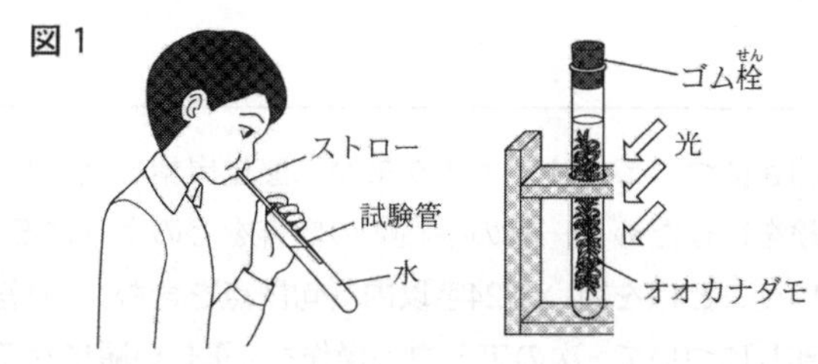

表

手順①	ストローで水に息をふきこむ。
手順②	オオカナダモを入れ，ゴム栓でふたをする。
手順③	光を当てる。

先　生：発生した気体は何でしょうか。
Tさん：この気体を調べたところ，酸素だということがわかりました。
Sさん：ということは，オオカナダモが二酸化炭素を吸収して酸素を排出したのですね。
Tさん：そうだと思いますが，そのことを確かめるには，a 表の手順①～③を行う試験管と，表の手順②の内容のみを変えた別の条件の試験管をそれぞれ用意し，対照実験をすることが必要です。
先　生：そうですね。次は，実際に光合成を行ったオオカナダモの葉を顕微鏡で観察してみましょう。

Tさん：観察する前に，熱湯につけて取り出したオオカナダモの葉に，ヨウ素液（ヨウ素溶液）を１滴落としておきました。

Sさん：低倍率でピントを合わせて観察したところ，図２のように見えました。Aの部分の細胞をもっと詳しく観察するために対物レンズの倍率を上げてみます。

先　生：そのまま対物レンズの倍率を上げるとAの部分は観察できなくなります。b今の低倍率でピントが合っている状態から，正しい順で操作をして高倍率で観察しましょう。

Sさん：高倍率にして観察すると，図３のようになりました。黒っぽい小さな粒（つぶ）がたくさん見えます。

Tさん：cその粒のところで，ヨウ素によるデンプンの反応が起きたということですね。

先　生：そのとおりです。

Tさん：この実験の結果を参考に，図４のように，陸上でよく見る植物の葉で起こる光合成での物質の出入りを模式図に表してみました。

先　生：よくできましたね。

図２

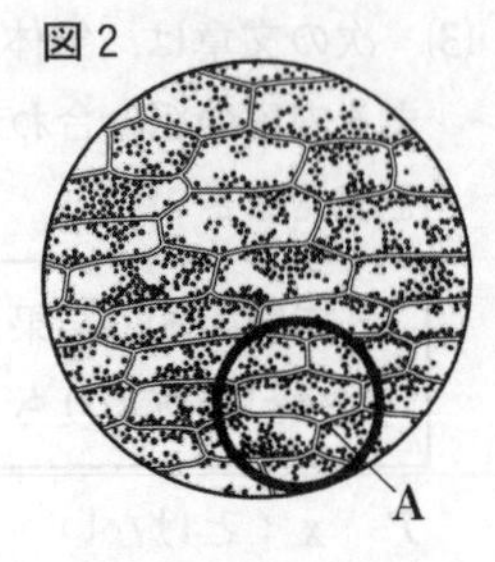

図３

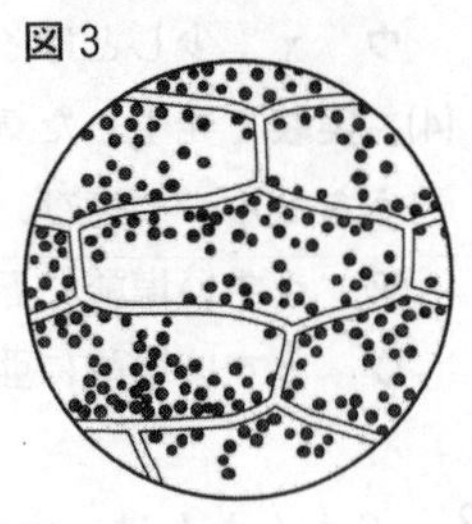

図４

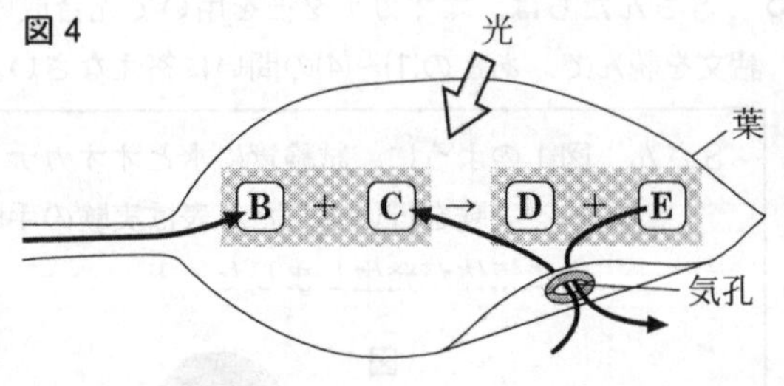

(1) 会話文中の下線部aについて，オオカナダモが二酸化炭素を吸収して酸素を排出していることを調べる対照実験を行うために，表の手順②の内容をどのように変更すればよいか。その内容を「ゴム栓」ということばを用いて**24字以内**（句読点を含（ふく）む。）で答えなさい。

(2) 会話文中の下線部bについて，次のア～ウの操作を，**正しい順**になるように左から右へ並べ，その符号を答えなさい。

ア　レボルバーを回し，対物レンズを高倍率にする。
イ　Aの部分が視野（しや）の中央にくるようにプレパラートを動かす。
ウ　調節ねじをまわし，ピントを合わせる。

(3) 会話文中の下線部cについて，葉の細胞内にある粒の名称を答えなさい。

(4) 図４について，B～Eにあてはまる物質名の組み合わせとして最も適当なものを，次のア～エのうちから一つ選び，その符号を答えなさい。

	B	C	D	E
ア	水	二酸化炭素	デンプン	酸　素
イ	水	二酸化炭素	酸　素	デンプン
ウ	二酸化炭素	水	デンプン	酸　素
エ	二酸化炭素	水	酸　素	デンプン

4 電流と磁界の関係を調べるため，コイルや磁石を使って，次の**実験１**，**２**を行いました。これに関して，あとの(1)～(4)の問いに答えなさい。ただし，導線やコイル，電流計の電気抵抗はないものとします。

実験１

① **図１**のように，コイルやＵ字磁石を使った装置を組み立て，スイッチを入れ，電源装置の電圧を6.0Ｖにしたところ，コイルのＢからＣの向きに電流が流れた。コイルの動きを調べて記録したところ，**図２**のようになり，15°振れて，コイルは静止した。

② **図１**の抵抗器を交換し，さらに，**図１**の回路を改めてつなぎ直し，電源装置の電圧を6.0Ｖにして電流を流した。コイルの動きを調べて記録したところ，**図３**のようになり，20°振れて，コイルは静止した。

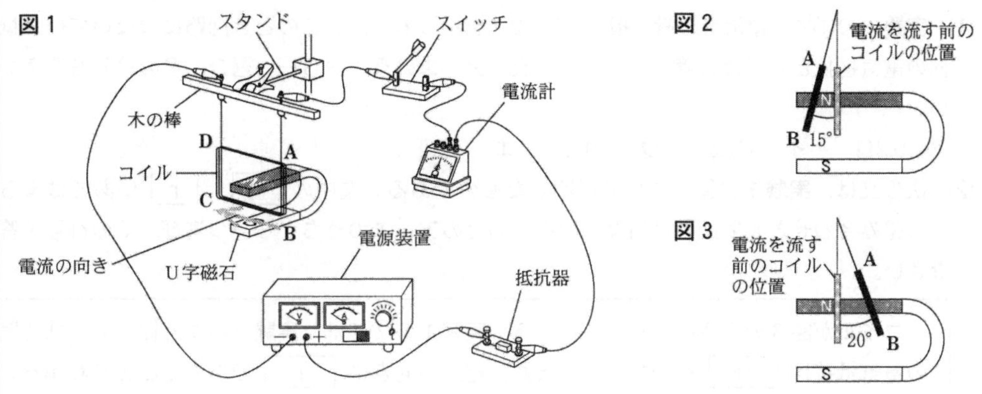

実験２

① **図４**のように，テープで机に固定したコイルと検流計をつないで，棒磁石のＮ極をコイルに近づけたり，遠ざけたりした。このときの検流計の針（指針）のようすを**表**にまとめた。

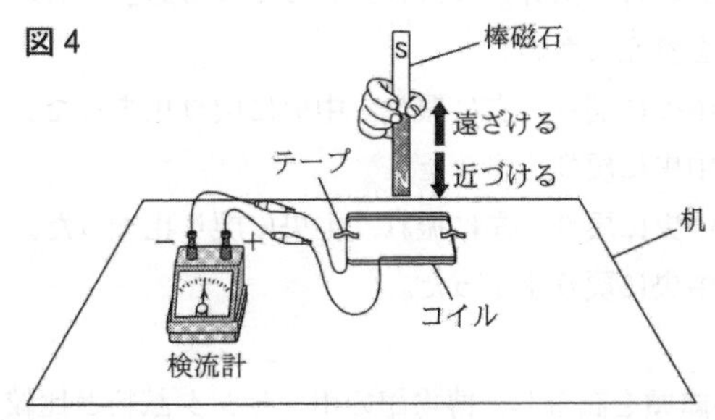

表

棒磁石のＮ極	近づける	遠ざける
検流計の針（指針）	左に振れた	右に振れた

② 図5のように，棒磁石のS極をコイルのすぐ上で，EからFへ水平に動かし，Fで止めたときの検流計の針（指針）のようすを調べた。

図5

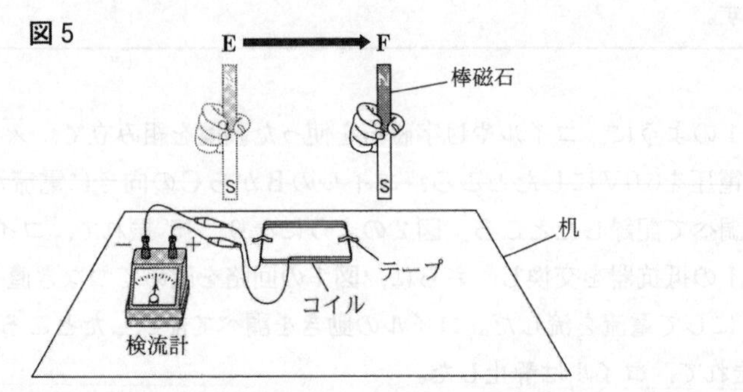

(1) **実験1**の①で，電流計の針（指針）は1.2Aを示していた。このとき回路につないでいた抵抗器の電気抵抗として最も適当なものを，次の**ア**～**エ**のうちから一つ選び，その符号を答えなさい。

ア 0.2Ω　**イ** 4.8Ω　**ウ** 5.0Ω　**エ** 7.2Ω

(2) 次の文は，**実験1**の②について説明したものである。文中の q ， r にあてはまるものの組み合わせとして最も適当なものを，あとの**ア**～**エ**のうちから一つ選び，その符号を答えなさい。

> コイルが図3のようになったことから，**実験1**の②では，**実験1**の①と比べて，抵抗器の電気抵抗は q ものであり，また，電流の向きは r であったことがわかる。

ア q：大きい　r：同じ向き　**イ** q：大きい　r：逆向き
ウ q：小さい　r：同じ向き　**エ** q：小さい　r：逆向き

(3) **実験2**の①で，コイルの中の磁界を変化させたときに電圧が生じて，コイルに電流が流れた。この現象を何というか，答えなさい。

(4) **実験2**の②で，検流計の針（指針）の振れ方として最も適当なものを，次の**ア**～**エ**のうちから一つ選び，その符号を答えなさい。

ア 左に振れたあと，中央に戻（もど）り，右に振れ，中央に戻り止まった。
イ 左に振れたあと，中央に戻り止まった。
ウ 右に振れたあと，中央に戻り，左に振れ，中央に戻り止まった。
エ 右に振れたあと，中央に戻り止まった。

5 Sさんは，ある地域の露頭（ろとう）を調査し，博物館のボーリング試料と比較して，この地域の地層の重なりを調べました。これに関して，あとの(1)～(4)の問いに答えなさい。ただし，この地域には，しゅう曲，断層，地層の上下の逆転やずれはなく，各地層は場所によって厚さが異なることがないものとします。

調べたこと

① 図1（次のページ）は，調査をした地域を示しており，各地点を結んだ図形は長方形

で，地点Xは地点Wの真北の方向にある。

② 地点Wでは，図2のように，地層の南北方向の断面を観察できる。この地点では，下から順に，凝灰岩(ぎょうかい)の層，泥(でい)岩の層，れき岩の層，砂岩の層が重なり，その上の地層は草や木におおわれているため，直接観察することができなかった。

れき岩の層を調べた結果，化石を含(ふく)む [u] のれきが見つかった。

砂岩の層からは [v] の化石が見つかったことから，新生代に堆積(たいせき)した地層であることがわかった。

③ 博物館には，地点Xと地点Yのボーリング試料があり，これらをもとに，図3のような柱状(ちゅうじょう)図を作成した。博物館の資料によると，この地域では凝灰岩の層が2層見つかっており，地点Wにある凝灰岩の層は，地点Yのボーリング試料にあった凝灰岩の層と同じものである。また，この地域の地層は，南北方向には水平であるが，東西方向には傾(かたむ)いていることがわかった。

④ 地点W，地点X，地点Yでの地層の観察をもとに，地点Zの地下にある地層のようすを考察し，博物館の先生に確認してもらいながら柱状図を作成した。この地域の地層の重なりが，詳しくわかった。

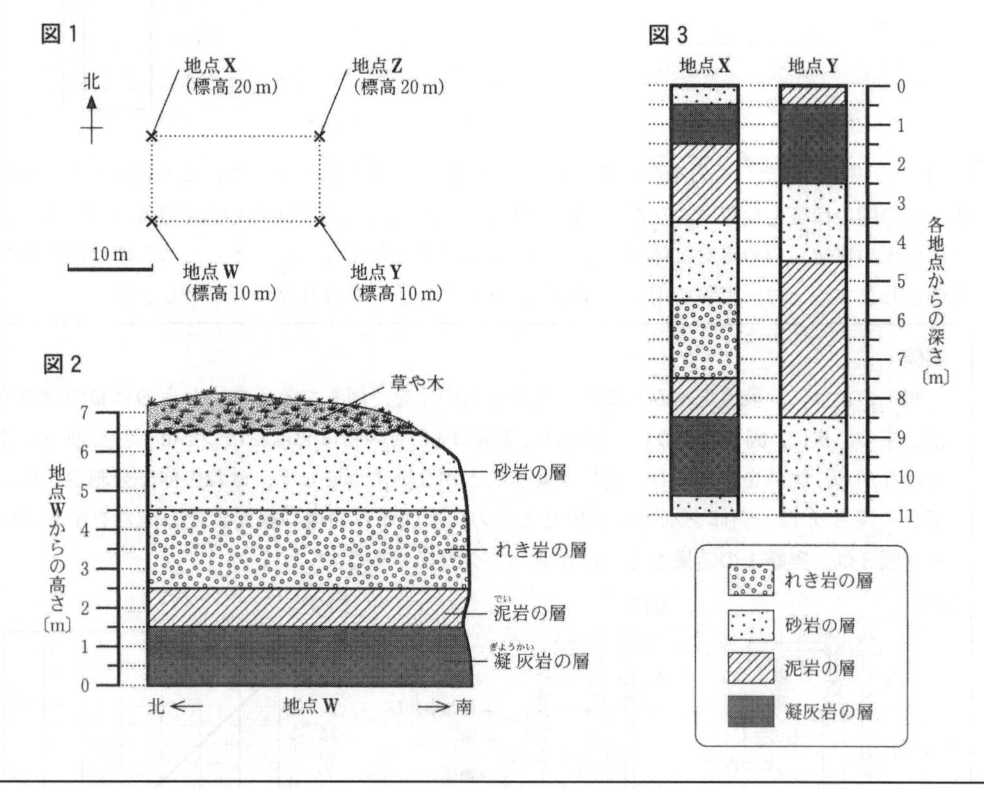

(1) 調べたことの [u] にあてはまる堆積岩の名称として最も適当なものを，次のア～エのうちから一つ選び，その符号を答えなさい。

ア　玄武(げんぶ)岩　　イ　石灰岩　　ウ　流紋(りゅうもん)岩　　エ　花こう岩

(2) 調べたことの v にあてはまる生物の名称として最も適当なものを，次のア～エのうちから一つ選び，その符号を答えなさい。

ア フズリナ　イ サンヨウチュウ　ウ アンモナイト　エ ビカリア

(3) 前のページの図２で，露頭をおおっている草や木を取りはらったとき，地点Wからの高さ７mの位置にある地層として最も適当なものを，次のア～エのうちから一つ選び，その符号を答えなさい。

ア 泥岩の層　イ 砂岩の層　ウ れき岩の層　エ 凝灰岩の層

(4) 調べたことの下線部について，地点Zの地下にある凝灰岩の層を解答用紙の図中に，前のページの図３のように塗りつぶしなさい。

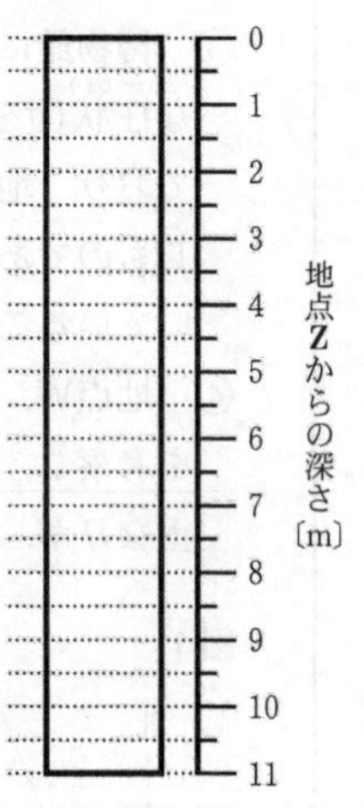

6 水中の物体にはたらく力を調べるため，次の**実験１**，**２**を行いました。これに関して，あとの(1)～(3)の問いに答えなさい。ただし，質量100ｇの物体にはたらく重力の大きさを１Ｎとし，ばねと動滑車(かっしゃ)の質量，糸の質量と体積，糸と動滑車の摩擦(まさつ)は考えないものとし，糸の伸(の)び縮みはないものとします。なお，実験で用いたばねは，フックの法則が成り立つものとします。

実験１

図１のように，装置を組み立てた。ものさしの印を，何もつるさないときのばねの端(はし)の位置とする。次に，図２のように，直方体で質量が140ｇの物体をばねにつるし，台をゆっくり上げながら，物体を水に入れ，物体が傾(かたむ)くことがないようにして，ばねの伸びを測定した。図２の深さ x は，物体を水中に沈(しず)めたときの，水面から物体の底面までの深さを示している。図３は，**実験１**の結果をもとに作成したグラフである。

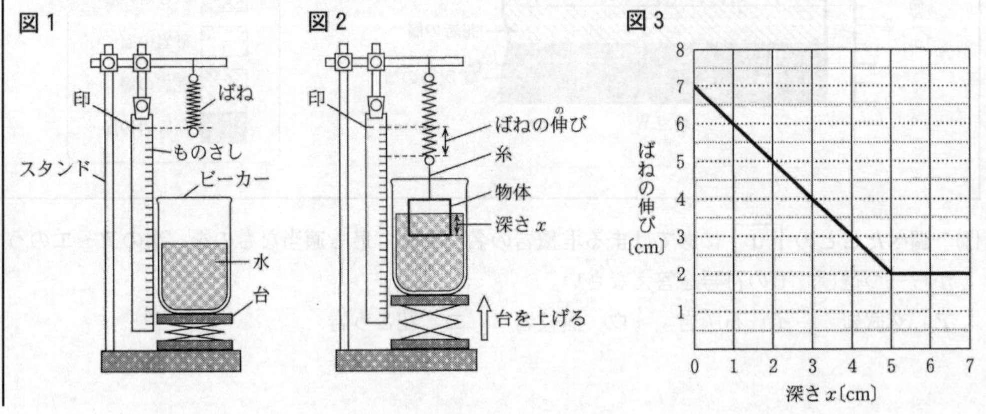

実験２

図４のように，**実験１**と同じばねと物体を用い，さらに動滑車と糸を用いて，装置を組み立てた。図５のように，**実験１**と同様の操作を行い，物体が傾くことがないようにして，ばねの伸びを測定した。図５の深さ y は，物体を水中に沈めたときの，水面から物体の底面までの深さを示している。

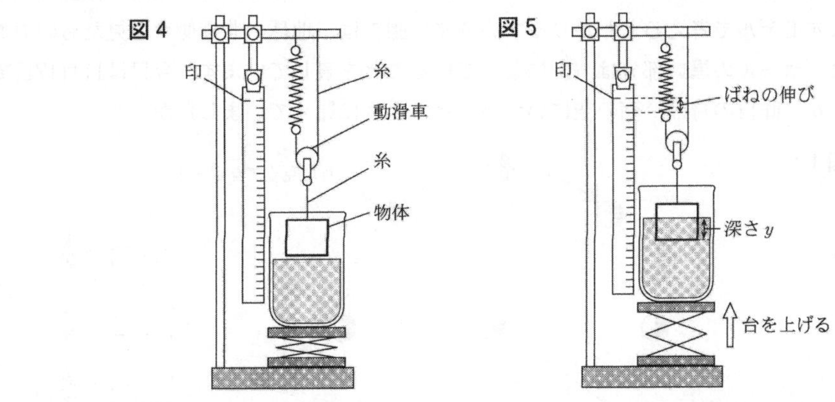

(1)　**実験１**で，物体を水中に完全に沈めたとき，物体にはたらく水圧のようすを表した模式図として最も適当なものを，次の**ア**～**エ**のうちから一つ選び，その符号を答えなさい。ただし，矢印の向きは水圧のはたらく向きを，矢印の長さは水圧の大きさを表すものとする。

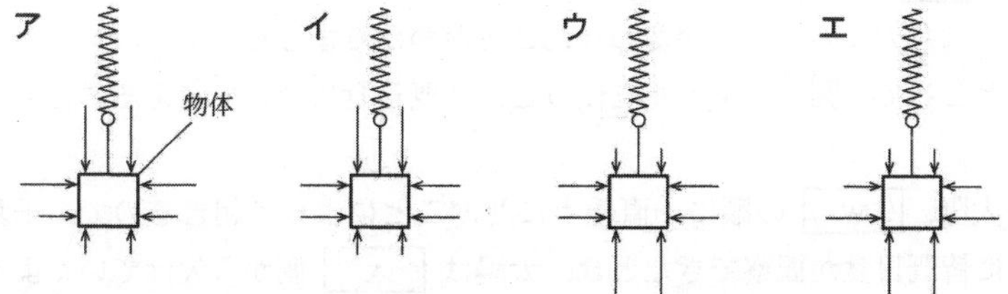

(2)　**実験１**について，次の①，②の問いに答えなさい。

①　**実験１**で用いたばねを，1.0㎝伸ばすときに必要な力の大きさは何Nか，答えなさい。

②　**実験１**で，深さ x が4.0㎝のとき，物体にはたらく浮力の大きさは何Nか，答えなさい。

③　**実験２**について，ばねの伸びと深さ y の関係を表すグラフを，解答用紙の図中に，前のページの**図３**のように実線で書きなさい。ただし，y の範囲は０㎝から７㎝までとする。

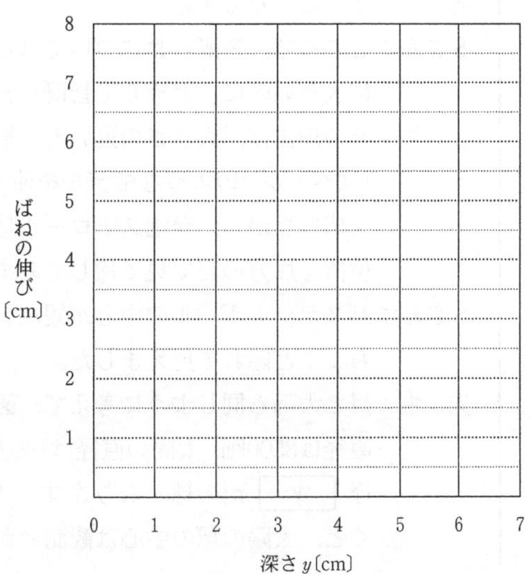

7 Sさんは，2022年11月8日に，千葉県で皆既月食を観察しました。これに関する2022年11月17日の先生との会話文を読んで，あとの(1)～(4)の問いに答えなさい。

Sさん：11月8日の皆既月食は，よく見えて感動しました。

先　生：そうですね。月は地球の［ t ］であり，地球のまわりを［ u ］しています。皆既月食や，月の満ち欠けのようすは，図1のような，地球，月，太陽の位置関係を表すモデルで考えるとわかりやすいです。図1は，地球の北極側から見たものであり，ボールの黒い部分は，影になっていることを表しています。今日は11月17日ですが，昨日の月は，南の空にいつ頃，どのように見えていましたか。

図1

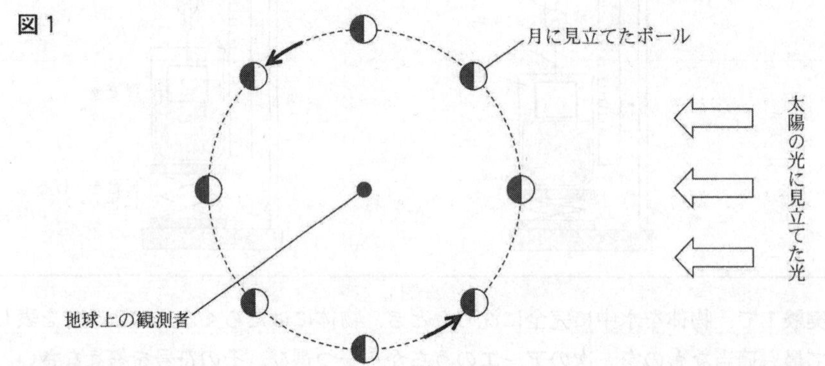

Sさん：南の空には，［ v ］を見ることができました。図1から，皆既月食のあと，月の位置が変わり，満ち欠けのようすが変わったことがわかりました。

先　生：そうですね。ところで，図1のモデルを使うと，皆既日食について考えることもできます。

Sさん：皆既日食は，太陽，［ w ］の順に一直線上に並ぶことによって起きるので，千葉県で正午ごろに皆既日食が観察できたとき，太陽は［ x ］側から欠けていくように見えるのでしょうか。

先　生：そのとおりです。

Sさん：ところで，皆既日食については不思議に思うことがあります。太陽は月よりはるかに大きいのに，どうして皆既日食が起こるのでしょうか。

先　生：その理由は，大きさの違いと，地球，月，太陽の間の距離が関係しています。図2（次ページ）のようなモデルを使って，発泡スチロール球とバスケットボールの間隔を広げながら，発泡スチロール球のうしろに，ちょうどバスケットボールが隠れる位置を片方の目で見て探してみましょう。

Sさん：バスケットボールの中心が観測者から55㎝離れた位置で，バスケットボール全体がちょうど隠れて見えました。

先　生：月と太陽も同じように考えて，図2を参考にモデルをつくることができます。月の直径は3500㎞，太陽の直径は140万㎞として，月を直径2㎝の球とすると，太陽は直径［ y ］mの球となります。また，月の球の中心を観測者から220㎝の位置に置くと，太陽の球の中心は観測者から［ z ］mの位置に置くことになります。

Ｓさん：大きさと距離が関係して，皆既日食が起こることがよくわかりました。

図２

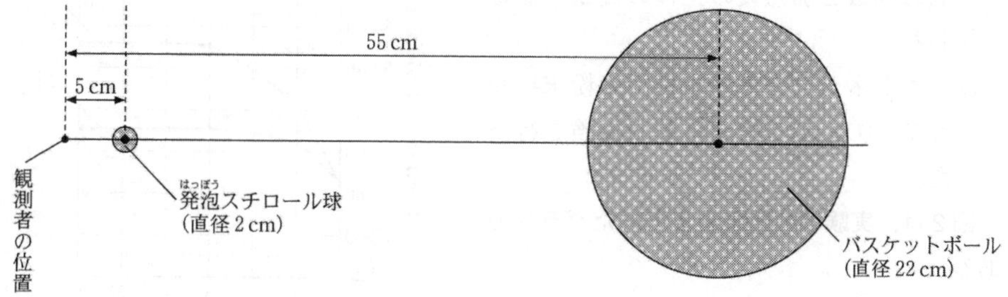

55 cm
5 cm
観測者の位置
発泡スチロール球
(直径 2 cm)
バスケットボール
(直径 22 cm)

(1)　会話文中の［ t ］，［ u ］にあてはまるものの組み合わせとして最も適当なものを，次のア～エのうちから一つ選び，その符号を答えなさい。

ア　t：衛　星　u：自　転　　イ　t：小惑星　u：公　転

ウ　t：衛　星　u：公　転　　エ　t：小惑星　u：自　転

(2)　会話文中の［ v ］にあてはまる内容として最も適当なものを，次のア～エのうちから一つ選び，その符号を答えなさい。

ア　夕方に上弦の月　　イ　明け方に上弦の月

ウ　夕方に下弦の月　　エ　明け方に下弦の月

(3)　会話文中の［ w ］，［ x ］にあてはまるものの組み合わせとして最も適当なものを，次のア～エのうちから一つ選び，その符号を答えなさい。

ア　w：月，地球　x：西　　イ　w：地球，月　x：西

ウ　w：月，地球　x：東　　エ　w：地球，月　x：東

(4)　図２をもとに，会話文中の［ y ］，［ z ］にあてはまる数値を，それぞれ答えなさい。

8　金属が空気中の酸素と結びつくとき，金属の質量と酸素の質量との間にどのような関係があるかを調べるため，次の**実験１**，２を行いました。これに関して，あとの(1)～(4)の問いに答えなさい。ただし，加熱によるステンレス皿の質量の変化はないものとします。

実験１

①　マグネシウムの粉末1.00 g をステンレス皿にうすく広げ，ステンレス皿を含めた全体の質量を測定すると，33.86 g であった。

②　**図１**のように，①のマグネシウムの粉末を５分間，加熱した。

③　加熱をやめ，ステンレス皿が十分に冷めてから，加熱後の全体の質量を測定したところ，加熱後の質量は加熱前の質量より大きくなっていた。質量を測定したあと，粉末をよくかき混ぜた。

図１

ステンレス皿
マグネシウムの粉末
三脚
三角架
ガスバーナー

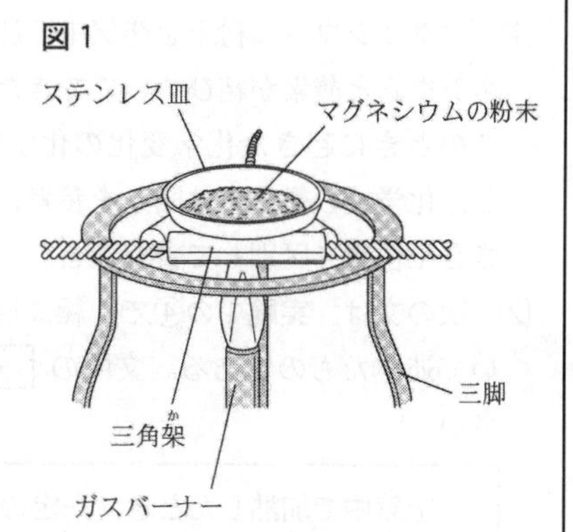

④ ②，③の操作を繰り返すと，全体の質量が変化しなくなった。このときの加熱の回数と加熱後の全体の質量を記録した。

⑤ マグネシウムの粉末を銅の粉末にかえて，①～④と同じ手順で実験を行った。

図２は，実験１の結果をまとめたグラフである。

図２

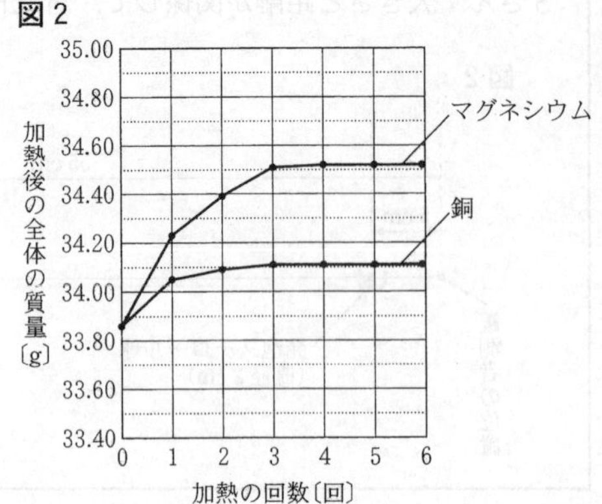

実験２

実験１と同じステンレス皿を用いて，質量が，0.40 g，0.60 g，0.80 g，1.20 g のマグネシウムの粉末を用意し，実験１と同じ手順で実験を行った。また，銅の粉末についても同様の実験を行った。

実験１の結果とあわせて，マグネシウムの粉末を用いた結果を表１に，銅の粉末を用いた結果を表２にまとめた。

表１

マグネシウムの粉末の質量〔g〕	0.40	0.60	0.80	1.00	1.20
加熱前の全体の質量〔g〕	33.26	33.46	33.66	33.86	34.06
質量が変化しなくなったあとの全体の質量〔g〕	33.52	33.86	34.19	34.52	34.86

表２

銅の粉末の質量〔g〕	0.40	0.60	0.80	1.00	1.20
加熱前の全体の質量〔g〕	33.26	33.46	33.66	33.86	34.06
質量が変化しなくなったあとの全体の質量〔g〕	33.36	33.61	33.86	34.11	34.36

(1) マグネシウムの粉末を空気中で加熱してできた物質は，マグネシウムと酸素が結びついてできた酸化マグネシウムである。このときに起きた化学変化の化学反応式を答えなさい。ただし，化学式の書き方は図３を参考に，文字や数字について，大きさや位置を区別して書くこと。

図３

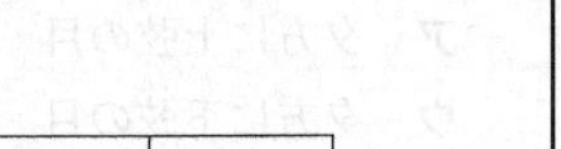

(2) 次の文は，実験１の④で，繰り返し，十分に加熱を行うと質量が変化しなくなった理由について述べたものである。文中の x にあてはまる内容を12字以内（読点を含む。）で答えなさい。

空気中で加熱したとき，一定の質量のマグネシウムや銅と結びつく x からである。

⑶　**実験２**の**表１**から，反応するマグネシウムと酸素の質量の比として最も適当なものを，次の**ア**～**エ**のうちから一つ選び，その符号を答えなさい。ただし，最も簡単な整数の比で表すものとする。

ア　２：１　**イ**　３：２　**ウ**　４：３　**エ**　５：２

⑷　**実験１**で，銅の粉末の質量を5.00ｇにかえて，加熱した。加熱を途中でやめて質量を測定したところ，ステンレス皿を除いた質量は5.80ｇであった。このとき，酸素と反応していない銅の質量は何ｇか，**実験２**の**表２**をもとに答えなさい。

このときできる酸化銅は，全ての銅原子と酸素原子とが１：１の割合で結びついた化合物であるとする。

9　Ｓさんたちは，ある地域の生態系について学習しました。これに関する先生との会話文を読んで，あとの⑴～⑷の問いに答えなさい。

先　生：**図１**は，ある地域の生態系における，食べる，食べられるという関係の一例を表したものです。

Ｓさん：食べられる生物から食べる生物に矢印が向かっていますね。

先　生：そうです。１種類の生物が２種類以上の生物に食べられたり，逆に食べたりして，矢印が複雑にからみあっています。このつながりを［　　　］といいます。

図１

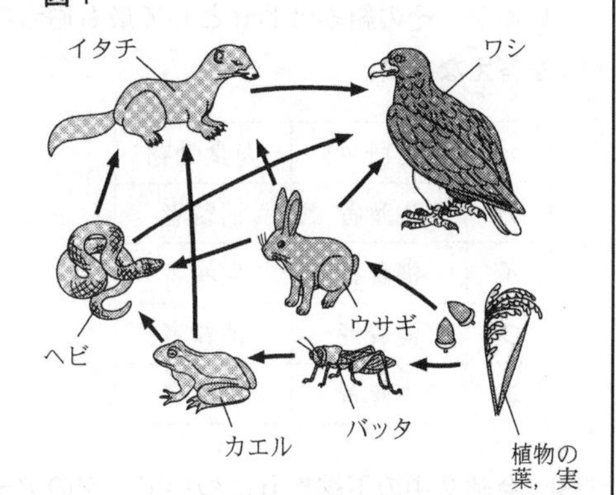

Ｔさん：矢印の出発点は，植物になっていますね。**図１**をみると，植物は，ウサギやバッタに食べられています。

先　生：そうです。ａ植物を食べる生物を草食動物，動物を食べる生物を肉食動物といいます。**図２**は，生態系での生物の数量の関係を模式的に示したものです。

図２

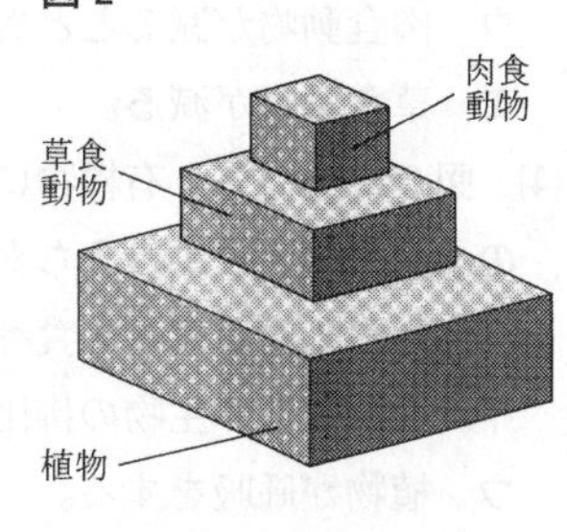

Ｔさん：生態系の中では肉食動物の数量が少ないですね。

Ｓさん：もし，肉食動物が増えたとしたら，そのあとに**図２**の数量の関係はどうなりますか。

先　生：そのあと，ｂ肉食動物に食べられる生物が減り，さらに，食べる生物と食べられる生物の一時的な増減が起こりますが，再び**図２**のような数量の関係に戻（もど）ります。つまり，生態系において，生物の数量のつり合いは保たれることになります。

Ｔさん：ところで，生物の体をつくる炭素は循環（じゅんかん）していることを学びましたが，食べる，食べられるの関係で移動したあとの炭素はどのように循環するのですか。

先　生：次のページの**図３**のように，炭素は有機物や無機物に変化し，生物の活動によって，生物の体とまわりの環境との間を循環しています。

図 3

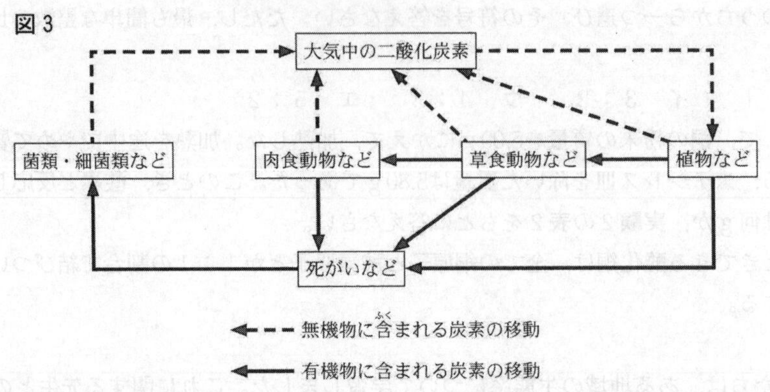

(1) 会話文中の □ にあてはまる適当なことばを答えなさい。

(2) 会話文中の下線部aについて，生態系において草食動物と肉食動物はそれぞれ何とよばれているか。その組み合わせとして最も適当なものを，次のア～エのうちから一つ選び，その符号を答えなさい。

	草食動物	肉食動物
ア	生産者	消費者
イ	消費者	生産者
ウ	消費者	消費者
エ	生産者	生産者

(3) 会話文中の下線部bについて，次のア～エを，肉食動物が増えたあとに起こる**変化の順**になるように左から右へ並べ，その符号を答えなさい。

ア 草食動物が増える。

イ 植物が減るとともに，肉食動物が増える。

ウ 肉食動物が減るとともに，植物が増える。

エ 草食動物が減る。

(4) 図3について，有機物に含まれる炭素の移動が起こる活動を説明した文として**適当でないもの**を，次のア～エのうちから一つ選び，その符号を答えなさい。

ア 草食動物が植物を食べる。

イ 菌類が他の生物の排出物に含まれる有機物をとりこむ。

ウ 植物が呼吸をする。

エ 肉食動物が他の動物を食べる。

＜社会＞　時間　50分　満点　100点

1　次の会話文は，社会科の授業で，こうきさんたちが，千葉県の海岸について話し合っている場面の一部である。これに関して，あとの(1)~(4)の問いに答えなさい。

先　生：千葉県の海岸の特色やそれに関連することがらについて，調べてきたことは，ありますか。

こうき：千葉県は，半島の地形上，三方を海に囲まれ，海とともに発展してきました。

みつき：下の地図を見てください。太平洋側の黒く示したXでは，単調な海岸線が続く［Ⅰ］が見られます。また，Yの沖合は，暖流の黒潮と寒流の親潮がぶつかる［Ⅱ］となっており，豊かな漁場となっています。

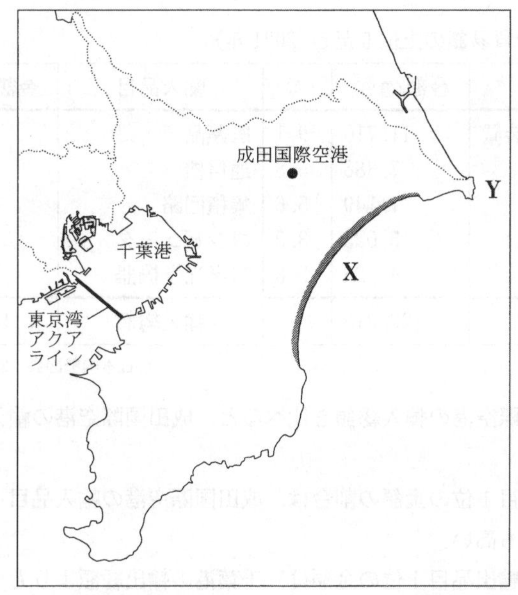

よしき：東京湾沿いの北部では，海岸が埋め立てられ，a 千葉港の整備，大きな工場の建設が行われました。その後，b 1960年代以降，大規模な住宅団地や娯楽施設の建設が行われ，1997年には，千葉県と神奈川県を橋と海底トンネルで結ぶ c 東京湾アクアラインが完成しました。この建設工事では，事前に環境への影響を評価する［Ⅲ］が行われました。

こうき：千葉県の海岸は，太平洋側と東京湾沿いとで違った風景が見られるのですね。

(1)　会話文中の［Ⅰ］，［Ⅱ］にあてはまる語の組み合わせとして最も適当なものを，次のア～エのうちから一つ選び，その符号を答えなさい。

ア　Ⅰ：砂浜海岸　　Ⅱ：海溝
イ　Ⅰ：リアス海岸　　Ⅱ：海溝
ウ　Ⅰ：リアス海岸　　Ⅱ：潮境（潮目）
エ　Ⅰ：砂浜海岸　　Ⅱ：潮境（潮目）

(2) 会話文中の下線部aに関連して，次の表は，よしきさんが，千葉港と成田国際空港の貨物の取り扱いについてまとめたものである。表から読み取れることとして適当なものを，あとのア～エのうちから**すべて**選び，その符号を答えなさい。

千葉港の貿易額の上位5品目(2021年)

輸出品目	金額(億円)	%	輸入品目	金額(億円)	%
石油製品	2,372	30.6	石　油	18,605	54.5
鉄　鋼	1,630	21.0	液化ガス	5,170	15.1
有機化合物	1,311	16.9	自動車	2,344	6.9
プラスチック	523	6.7	鉄　鋼	1,396	4.1
鉄鋼くず	491	6.3	鉄鉱石	1,045	3.1
輸出総額	7,753		輸入総額	34,133	

(「日本国勢図会　2023/24」より作成)

成田国際空港の貿易額の上位5品目(2021年)

輸出品目	金額(億円)	%	輸入品目	金額(億円)	%
半導体等製造装置	11,710	9.1	医薬品	25,606	15.9
科学光学機器	7,386	5.8	通信機	22,196	13.8
金(非貨幣用)	7,149	5.6	集積回路	14,561	9.0
集積回路	5,025	3.9	コンピュータ	12,947	8.0
電気計測機器	4,926	3.8	科学光学機器	9,068	5.6
輸出総額	128,215		輸入総額	161,145	

(「日本国勢図会　2023/24」より作成)

ア　千葉港と成田国際空港の輸入総額を比べると，成田国際空港の輸入総額は，千葉港の5倍以上である。

イ　千葉港の輸入品目1位の金額の割合は，成田国際空港の輸入品目1位から5位までの金額の割合の合計よりも高い。

ウ　成田国際空港の輸出品目1位の金額は，千葉港の輸出総額よりも多い。

エ　成田国際空港では，輸入総額が輸出総額より3兆5千億円以上多くなっている。

(3) 会話文中の下線部bに関連して，次の**ア**～**ウ**の文は，1960年代以降に起こったことがらについて述べたものである。**ア**～**ウ**を年代の**古いものから順**に並べ，その符号を答えなさい。

ア　中国とソ連が支援する北ベトナムとアメリカが支援する南ベトナムの間で，ベトナム戦争が始まった。

イ　アメリカのブッシュ大統領とソ連のゴルバチョフ共産党書記長がマルタで会談し，東西冷戦の終結が宣言された。

ウ　イラクのクウェート侵攻をきっかけに，アメリカを中心とする多国籍軍とイラクとの間で，湾岸戦争が起こった。

(4) 会話文中の下線部cに関連して，**Ⅲ** にあてはまる適当な語を**8字**で答えなさい。

2　かおるさんたちは，次の図を使って学習した。これに関して，あとの(1)～(4)の問いに答えなさい。

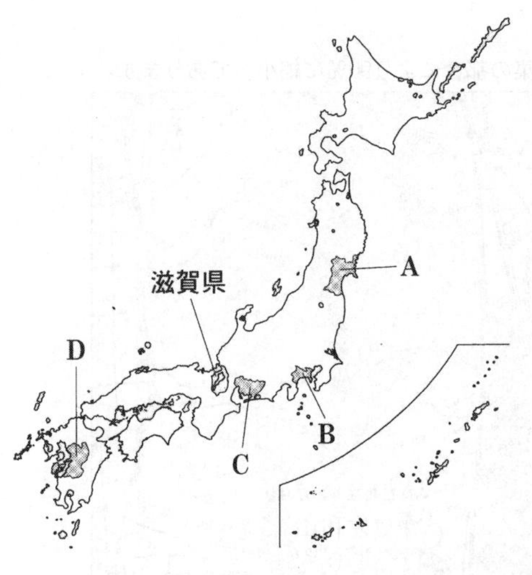

(1)　次の文章は，かおるさんが，図中のA～Dの県の県庁所在地についてまとめたレポートの一部である。文章中の Ⅰ ， Ⅱ にあてはまる数字の組み合わせとして最も適当なものを，あとのア～エのうちから一つ選び，その符号を答えなさい。

> これら四つの県庁所在地は，政府によって指定された人口 Ⅰ 万人以上の都市である政令指定都市となっている。また，四つの県庁所在地のうち，県名と県庁所在地名が異なる都市が Ⅱ つある。

ア　Ⅰ：50　　Ⅱ：2
イ　Ⅰ：50　　Ⅱ：3
ウ　Ⅰ：100　　Ⅱ：2
エ　Ⅰ：100　　Ⅱ：3

(2)　次の表は，図中のA～Dの県の人口，人口密度，製造品出荷額等，農業産出額及び海面漁業漁獲量をまとめたものである。表中のア～エは，図中のA～Dの県のいずれかである。図中のAとCの県を示す最も適当なものを，表中のア～エのうちからそれぞれ一つずつ選び，その符号を答えなさい。

県　名	人　口 (千人) (2022年)	人口密度 (人/km²) (2022年)	製造品出荷額等 (億円) (2020年)	農業産出額 (億円) (2021年)	海面漁業漁獲量 (千t) (2021年)
ア	7,495	1,448.8	441,162	2,922	53
イ	9,232	3,820.9	159,161	660	25
ウ	1,718	231.9	28,311	3,477	12
エ	2,280	313.1	43,853	1,755	184

(「日本国勢図会　2023/24」より作成)

(3)　次の文章は，さとしさんが，図中のDの県の自然についてまとめたレポートの一部である。文章中の □ にあてはまる適当な語を**カタカナ4字**で答えなさい。

> Dの県といえば，阿蘇山(あそさん)が有名です。九州の中央部にある阿蘇山には，噴火による陥没(かんぼつ)などによってできた □ と呼ばれる大きくくぼんだ地形が見られます。

(4) 次の地形図は，図中の**滋賀県**のある地域を示したものである。また，あとの会話文は，地形図を見て，あみさんたちが話し合っている場面の一部である。これらを見て，下の①，②の問いに答えなさい。

※編集の都合により90％に縮小してあります。

(国土地理院　令和２年発行　1：25,000「彦根東部」原図より作成)

先生：地形図から，街の様子についてわかることを話し合ってみましょう。 あみ：やはり街の中心にある彦根城跡が，大きな存在感を示しているね。 たく：彦根城跡から彦根駅までの間の地域には，ア寺院より神社が多く建ち並んでいるよ。 あみ：彦根駅の近くにある市役所は，彦根港の地点Aから見てイほぼ南東の方向にあるね。 たく：佐和山（さわやま）の山頂からは，街並みや琵琶湖が一望できるみたいだよ。 あみ：佐和山の山頂から松原町（まつばらちょう）の方向を見るとウ水田地帯の先に畑が広がっているね。 たく：その先の湖岸にある地点Bと佐和山の山頂との標高差はエ200m以上あるよ。 あみ：彦根城跡の周囲を囲むお堀の内側は，どのくらいの広さなのだろう。 たく：地形図上に１辺が１cmの方眼を示して考えるとXだいたいの広さがわかるよ。 先生：一枚の地形図から，いろいろなことを読み取ることができましたね。

① 会話文中の下線部**ア**～**エ**のうち，内容が正しいものを**すべて**選び，その符号を答えなさい。

② 会話文中の下線部Xについて，地形図中の**━━**で囲んだ部分の面積は，約何km²か。地形図

に描かれている，1辺が1cmの方眼を参考に，次のア～エのうちから最も適当なものを一つ選び，その符号を答えなさい。

ア　約0.75km²　　イ　約1.5km²　　ウ　約2.25km²　　エ　約3.0km²

3　しげるさんたちは，緯線と経線が直角に交わる次の地図を使って学習した。これに関して，あとの(1)～(5)の問いに答えなさい。

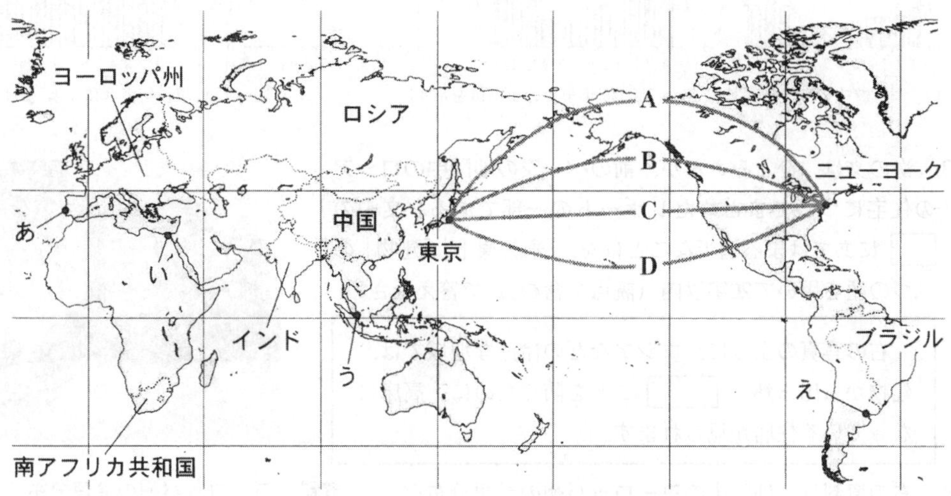

（注）　島等は省略したものもある。また，国境に一部未確定部分がある。

(1)　次の文章は，しげるさんが，世界地図についてまとめたレポートの一部である。文章中の［Ⅰ］にあてはまる最も適当なものを，上の地図中のA～Dのうちから一つ選び，その符号を答えなさい。また，［Ⅱ］にあてはまる語として最も適当なものを，あとのア～エのうちから一つ選び，その符号を答えなさい。

> 緯線と経線が直角に交わる地図で，東京からニューヨークまでの最短ルートは，［Ⅰ］になります。その理由は，右の中心（東京）からの距離と方位が正しい地図で，東京からニューヨークまでの最短ルートを示した直線を見るとわかります。また，この地図では，Xで示した［Ⅱ］大陸が大きくゆがんだ形で表されています。

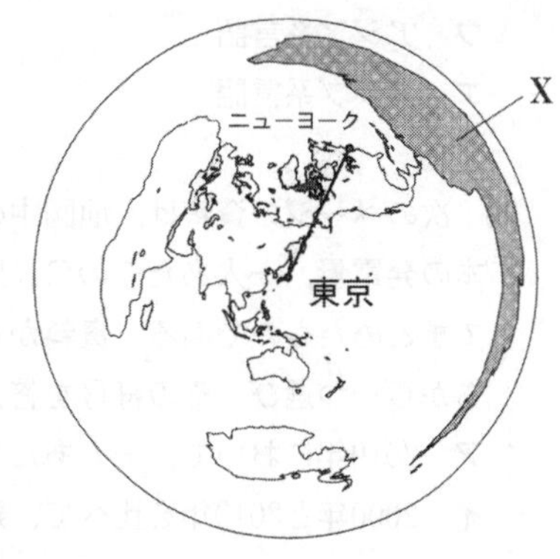

ア　北アメリカ
イ　南アメリカ
ウ　アフリカ
エ　南　極

(2)　次のページのア～エのグラフは，地図中のあ～えのいずれかの都市における月平均気温と月降水量の変化の様子を示したものである。これらのうち，地図中のあの都市のものはどれか。最も適当なものを一つ選び，その符号を答えなさい。

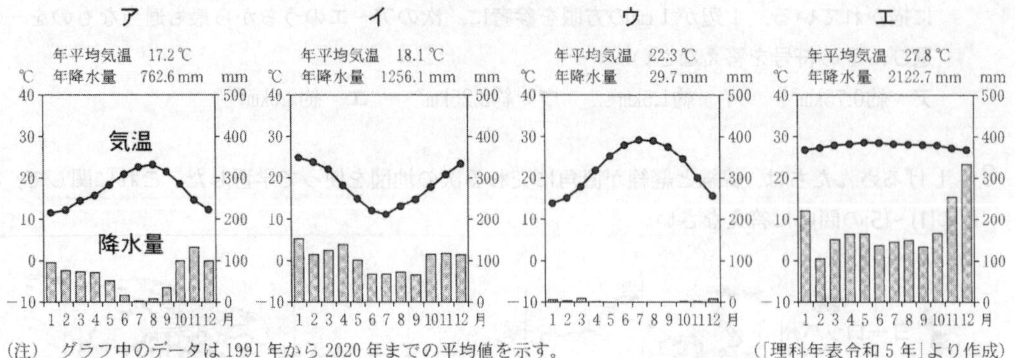

(注) グラフ中のデータは1991年から2020年までの平均値を示す。 (「理科年表令和5年」より作成)

(3) 次の文は，ひとみさんが，前のページの地図中のロシアの住宅についてまとめたレポートの一部である。文中の □ にあてはまる適当なことばを，「永久凍土」「建物」の二つの語を用いて20字以内（読点を含む。）で答えなさい。

> 右の写真のように，ロシアなどの冷涼な地域では，建物から出る熱が □ ことを防ぐために，高床になっている住居が見られます。

(4) 右の資料は，地図中のヨーロッパ州の言語分布を示したものである。資料中のBで示した地域で使われる主な言語として最も適当なものを，次のア～エのうちから一つ選び，その符号を答えなさい。

資料 ヨーロッパ州の言語分布

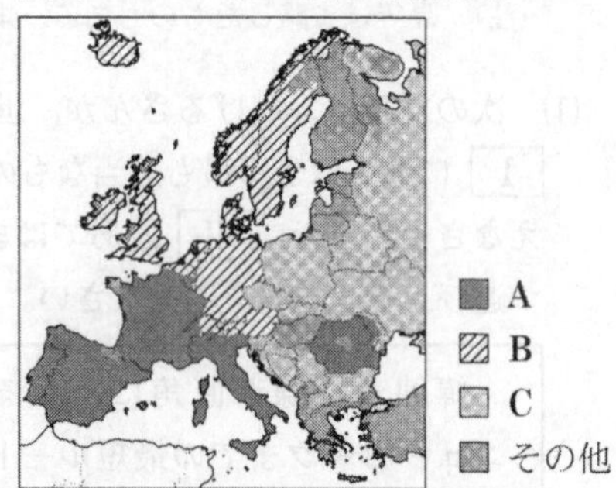

ア ラテン系言語
イ ゲルマン系言語
ウ アジア系言語
エ スラブ系言語

(5) 次のページの資料は，地図中のロシア，中国，インド，ブラジル，南アフリカ共和国及び日本の発電量，一人あたりのGNI，温室効果ガスの排出量及び一人あたりのCO_2排出量についてまとめたものである。資料から読み取れることとして最も適当なものを，あとのア～エのうちから一つ選び，その符号を答えなさい。

ア 2019年において，一人あたりのGNIが高い国ほど，一人あたりのCO_2排出量が多い。

イ 2000年と2019年を比べて，発電量が2倍以上になっている国は，一人あたりのGNIが5倍以上になっている。

ウ 2000年と2019年を比べて，日本より温室効果ガスの排出量の多い国が減少した。

エ 2000年と2019年を比べて，一人あたりのGNIが，最も増加したのはロシアであり，増加の割合が最も大きいのは中国である。

資料　ロシア，中国，インド，ブラジル，南アフリカ共和国及び日本の発電量，一人あたりのGNI，温室効果ガスの排出量及び一人あたりのCO_2排出量

国　名	発電量（億kWh）		一人あたりのGNI（ドル）		温室効果ガスの排出量（百万t）		一人あたりのCO_2排出量（t）
	2000年	2019年	2000年	2019年	2000年	2019年	2019年
ロシア	8,778	11,215	1,738	11,201	1,927	2,209	11.36
中　国	13,557	75,041	929	9,936	3,426	10,619	7.07
インド	5,611	16,237	446	2,095	960	2,422	1.69
ブラジル	3,489	6,263	3,642	8,697	317	451	1.95
南アフリカ共和国	2,107	2,526	2,962	5,832	318	477	7.40
日　本	10,915	9,708	38,874	41,403	1,162	1,071	8.37

（「世界国勢図会　2022/23」より作成）

4　次のA～Dのパネルは，社会科の授業で，ちさとさんたちが，「歴史上の人物が詠(よ)んだ和歌」についてまとめたものの一部である。これに関して，あとの(1)～(5)の問いに答えなさい。

A

誰(たれ)も見よ　満つればやがて　欠く月の
いざよふ空や　人の世の中
（甲陽軍鑑(こうようぐんかん)）

この歌は，武田信玄(たけだしんげん)が詠んだ歌である。信玄は『甲州法度之次第(こうしゅうはっとのしだい)』という［　Ⅰ　］により人々の行動を取り締まり，国を統治した。

B

この世をば　わが世とぞ思ふ　望月(もちづき)の
欠けたることも　なしと思へば
（小右記(しょうゆうき)）

この歌は，平安時代(a)に藤原道長(ふじわらのみちなが)が詠んだ歌である。道長の子である頼通(よりみち)は極楽浄土(ごくらくじょうど)の姿を表した［　Ⅱ　］を宇治に造営した。

C

東山　弓張月(ゆみはりづき)は　てらせども
むかしの城は　いまくさの原
（会津会会報(あいづかいかいほう)19号）

この歌は，会津出身の新島八重子(にいじまやえこ)が詠んだ歌である。会津藩は，徳川家に仕え，戊辰戦争(ぼしんせんそう)(b)を戦った。

D

命(かぎり)あれば　茅(かや)が軒端(のきば)の　月もみつ
知らぬは人の　行くすえの空
（遠島御百首(えんとうおんひゃくしゅ)）

この歌は，後鳥羽上皇(ごとばじょうこう)が晩年に詠んだ歌である。後鳥羽上皇は，承久(じょうきゅう)の乱を企(くわだ)て，鎌倉幕府(c)を倒すため兵を挙げた。

(1) パネルA中の Ⅰ ，パネルB中の Ⅱ にあてはまる語の組み合わせとして最も適当なものを，次のア～エのうちから一つ選び，その符号を答えなさい。

ア Ⅰ：分国法　Ⅱ：平等院鳳凰堂　イ Ⅰ：分国法　Ⅱ：厳島神社
ウ Ⅰ：公事方御定書　Ⅱ：平等院鳳凰堂　エ Ⅰ：公事方御定書　Ⅱ：厳島神社

(2) パネルB中の下線部aに関連して，次の文章は，国風文化について述べたものである。文章中の □ にあてはまる語として最も適当なものを，あとのア～エのうちから一つ選び，その符号を答えなさい。

> 唐風の文化を基に，日本の生活などに合った国風文化という独自の文化が生まれた。その中で，紫式部は，貴族社会を描いた長編小説である □ を，漢字を書き崩して日本語の音を表した仮名文字で書き上げた。

ア 枕草子　イ 古事記　ウ 徒然草　エ 源氏物語

(3) パネルC中の下線部bと同じ19世紀に起こったことがらとして最も適当なものを，次のア～エのうちから一つ選び，その符号を答えなさい。

ア 絶対王政が行われていたフランスで革命が起き，国民議会は人権宣言を発表した。
イ ワシントンは，独立戦争において東部13植民地の総司令官を務めた。
ウ リンカン大統領は，南北戦争中に奴隷解放宣言を発表し，北部を勝利に導いた。
エ イギリスでは，名誉革命が起こり，新たな王が選ばれ権利章典が定められた。

(4) パネルD中の下線部cに関連して，次の資料は，はるとさんが，鎌倉幕府の衰退についてまとめたレポートの一部である。資料中の □ にあてはまる適当なことばを，レポートから読み取れる相続の仕方にふれながら20字以内（読点を含む。）で答えなさい。

資料　はるとさんがまとめたレポートの一部

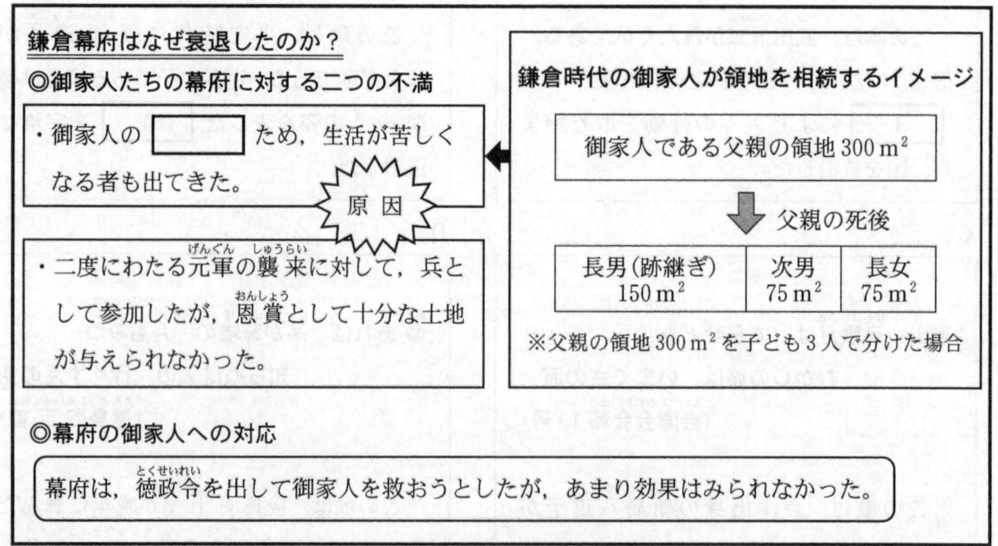

(5) 次のページの資料は，こうへいさんが，授業で学習した和歌であり，あとの文は，和歌についてまとめたレポートの一部である。文中の □ にあてはまる適当な語を答えなさい。

資料　こうへいさんが授業で学習した和歌

我が妻は　いたく恋ひらし　飲む水に　影さえ見えて　よに忘られず （万葉集）

この歌は，７～８世紀に九州北部の沿岸を３年間の任期で守る□という兵役(へいえき)の義務を負った男性が，詠んだものである。

5　次のＡ～Ｄのスライドは，あおいさんが，「経済の混乱と人々の姿」をテーマに作成したものの一部である。これに関して，あとの(1)～(5)の問いに答えなさい。

A

ドイツでは，第一次世界大戦(a)の戦費や，1919年のパリ講和会議で結ばれた□条約による賠償金(ばいしょうきん)の支払い義務で経済が破(は)たんした。通貨の価値は暴落し，紙幣は紙くず同然になった。

B

1929年，ニューヨークのウォール街で株価が暴落し，多くの人々が証券取引所前に集まった。この混乱は，世界中の国々にも広がり，世界恐慌(せかいきょうこう)(b)となった。

C

第二次世界大戦後(c)，日本の都市では，食料不足が深刻となった。都市の人々は，買い出し列車に乗って農村へ出かけ，衣類などを米やいもなどの食料と交換した。

D

1973年，石油危機によって日本では，トイレットペーパーなどが不足するとの情報が流れ，生活品売り場が大混乱となった。石油危機によって，日本の高度経済成長(d)は終わりを告げた。

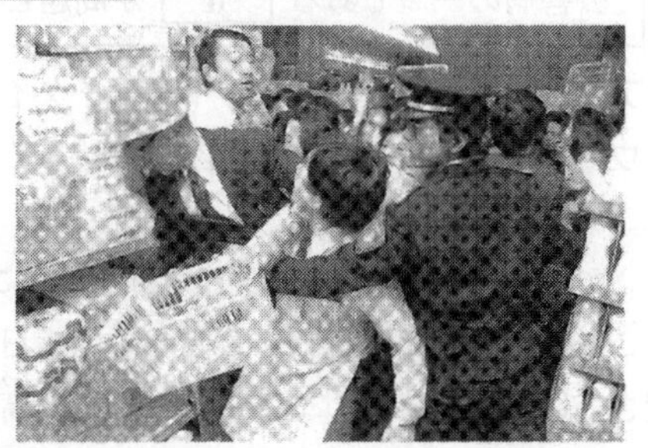

(1) スライドA中の下線部aに関連して，第一次世界大戦中のことがらとして最も適当なものを，次のア～エのうちから一つ選び，その符号を答えなさい。

ア 陸軍青年将校が大臣らを殺傷(さっしょう)した，二・二六事件が起こった。

イ 内閣制度が創設され，伊藤博文(いとうひろぶみ)が初代内閣総理大臣となった。

ウ 官営の八幡製鉄所(やはたせいてつじょ)が建設され，鉄鋼の生産が始まった。

エ 日本は，中国に対して二十一か条の要求を示した。

(2) スライドAの文章中の [　　] にあてはまる適当な語を**カタカナ**で答えなさい。

(3) スライドB中の下線部bに関連して，次の文章は，各国の世界恐慌への対策について述べたものである。文章中の [Ⅰ]，[Ⅱ] にあてはまる語の組み合わせとして最も適当なものを，あとの**ア～エ**のうちから一つ選び，その符号を答えなさい。

> アメリカでは，ローズベルト大統領が，[Ⅰ] を行い，積極的に公共事業をおこして失業者を助けた。それに対して，イギリスやフランスは [Ⅱ] を行い，植民地との貿易を拡大する一方，それ以外の国からの輸入に対する関税を高くした。

ア Ⅰ：ニューディール（新規まき直し）政策 Ⅱ：ブロック経済

イ Ⅰ：ニューディール（新規まき直し）政策 Ⅱ：ファシズム

ウ Ⅰ：五か年計画 Ⅱ：ブロック経済

エ Ⅰ：五か年計画 Ⅱ：ファシズム

(4) スライドC中の下線部cに関連して，第二次世界大戦後のことがらを，次の**ア～エ**のうちから**三つ**選び，年代の**古いものから順**に並べ，その符号を答えなさい。

ア 佐藤栄作(さとうえいさく)内閣のときに，沖縄の日本への復帰が実現した。

イ 朝鮮民主主義人民共和国が大韓民国に侵攻し，朝鮮戦争が始まった。

ウ 東京でアジア初のオリンピック・パラリンピックが開催された。

エ 世界平和の維持と国際協力を目的とした国際連盟が発足した。

(5) スライドD中の下線部dに関連して，次の文章は，高度経済成長の光とかげについて述べたものである。文章中の [Ⅰ]，[Ⅱ] にあてはまる語の組み合わせとして最も適当なものを，あとの**ア～エ**のうちから一つ選び，その符号を答えなさい。

> 高度経済成長期に成立した [Ⅰ] 内閣は，「所得倍増」政策を掲げ，経済成長を促進させた。一方で，生産と利益を優先させたことにより，公害の問題が各地で発生した。三重県では，石油化学コンビナートから排出される有害物質が原因となって発生した，四大公害病の一つである [Ⅱ] が問題となった。

ア Ⅰ：池田勇人(いけだはやと) Ⅱ：イタイイタイ病　　イ Ⅰ：池田勇人 Ⅱ：四日市(よっかいち)ぜんそく

ウ Ⅰ：田中角栄(たなかかくえい) Ⅱ：四日市ぜんそく　　エ Ⅰ：田中角栄 Ⅱ：イタイイタイ病

6 次の文章を読み，あとの(1)～(3)の問いに答えなさい。

ここ数年，世界情勢(じょうせい)が不安定な中で，日本では生活に必要なモノやサービスの a価格の変動が起きています。特に，エネルギー価格の高騰(こうとう)が深刻で，これに対しては，b政府が補助金を支出しています。

モノやサービスの価格は，バブル経済崩壊以降，大きく変動しなかったことから，c 経済成長率も低く推移し，賃金の上昇も抑えられてきましたが，現在では変わりつつあります。

(1) 下線部aに関連して，次の**資料**は，しんいちさんが，市場のしくみについてまとめたレポートの一部である。**資料**中の Ⅰ ， Ⅱ にあてはまる語の組み合わせとして最も適当なものを，あとの**ア**～**エ**のうちから一つ選び，その符号を答えなさい。

資料　しんいちさんがまとめたレポートの一部

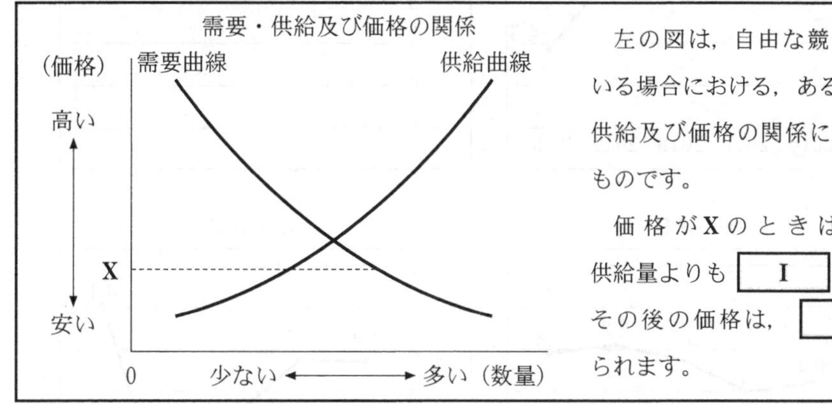

左の図は，自由な競争が行われている場合における，ある商品の需要と供給及び価格の関係について表したものです。

価格がXのときは，需要量が供給量よりも Ⅰ ため，一般にその後の価格は， Ⅱ と考えられます。

ア　Ⅰ：多い　　Ⅱ：上がる
イ　Ⅰ：多い　　Ⅱ：下がる
ウ　Ⅰ：少ない　Ⅱ：上がる
エ　Ⅰ：少ない　Ⅱ：下がる

(2) 下線部bに関連して，次の文章は，あいさんが，財政政策についてまとめたレポートの一部である。文章中の □ にあてはまる適当なことばを，「税」の語を用いて，**20字以内**（読点を含む。）で答えなさい。

> 政府が行う経済活動を財政といいます。財政には，景気の安定化を図る役目があり，好景気の時は，社会資本整備のための □ ことで景気をおさえます。

(3) 下線部cに関連して，次の文章は，社会科の授業で，やすこさんが日本の経済成長率の変化について発表した内容の一部である。次のページのカードA～Cの年代の組み合わせとして，最も適当なものを，あとの**ア**～**エ**のうちから一つ選び，その符号を答えなさい。

> 日本の経済成長率について，2001年から2020年まで，5年ごとに次のページの4枚のカードにまとめてみました。
> まず，最近の2016年から2020年までのグラフは，2016年が0.8%，2020年が−4.3%の経済成長率を示しています。年表を参考にすると，残りのカードAからカードCが，どの年代にあてはまるかがわかりますか。

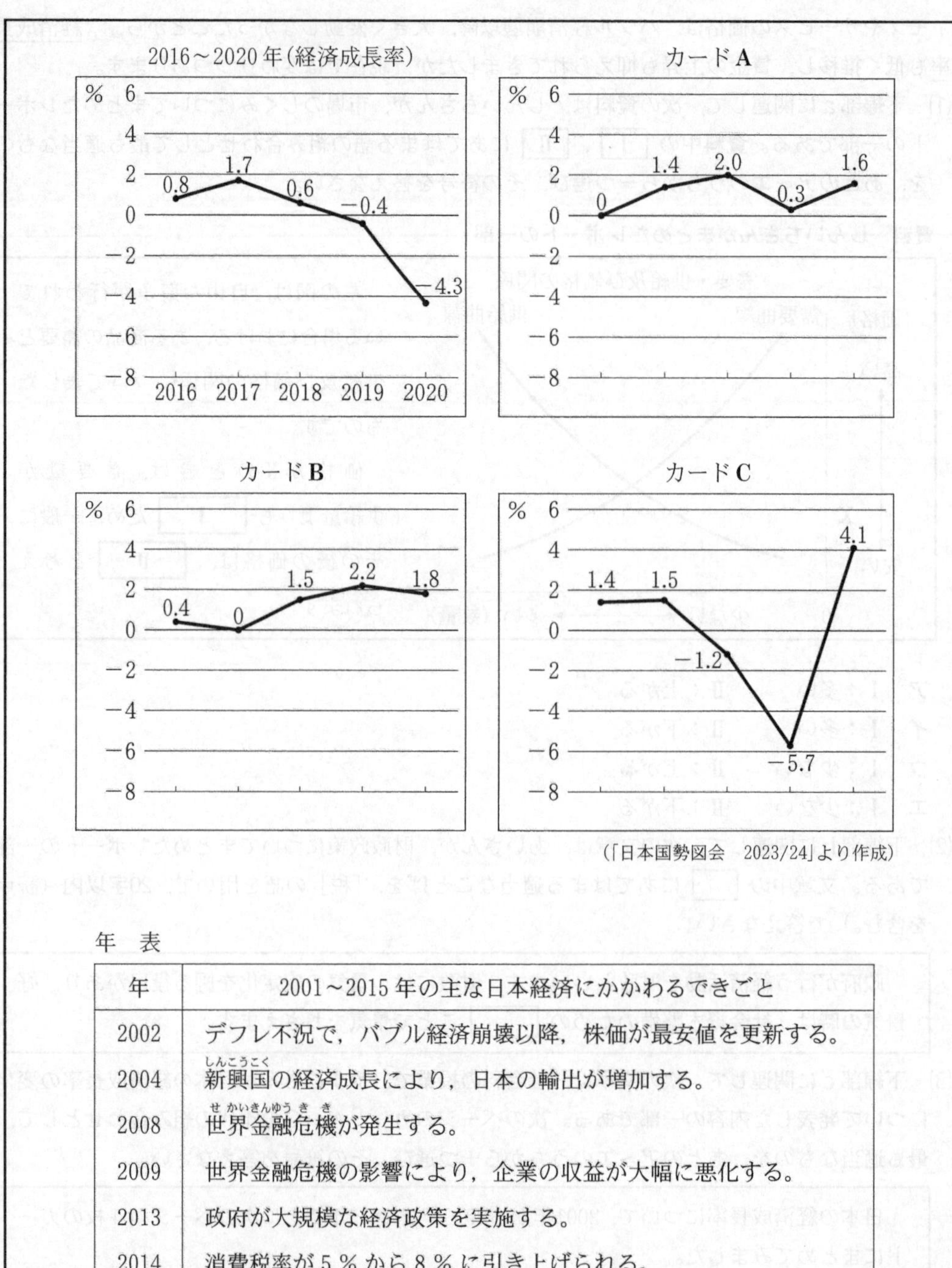

(「日本国勢図会　2023/24」より作成)

年　表

年	2001～2015年の主な日本経済にかかわるできごと
2002	デフレ不況で，バブル経済崩壊以降，株価が最安値を更新する。
2004	新興国(しんこうこく)の経済成長により，日本の輸出が増加する。
2008	世界金融危機(せかいきんゆうきき)が発生する。
2009	世界金融危機の影響により，企業の収益が大幅に悪化する。
2013	政府が大規模な経済政策を実施する。
2014	消費税率が５％から８％に引き上げられる。

年　代	ア	イ	ウ	エ
2001～2005年	カードA	カードB	カードB	カードA
2006～2010年	カードB	カードA	カードC	カードC
2011～2015年	カードC	カードC	カードA	カードB

7　次の**資料**は，社会科の授業で，みなみさんが，刑事裁判についてまとめたレポートの一部である。これに関して，あとの(1)～(3)の問いに答えなさい。

資料　みなみさんがまとめたレポートの一部

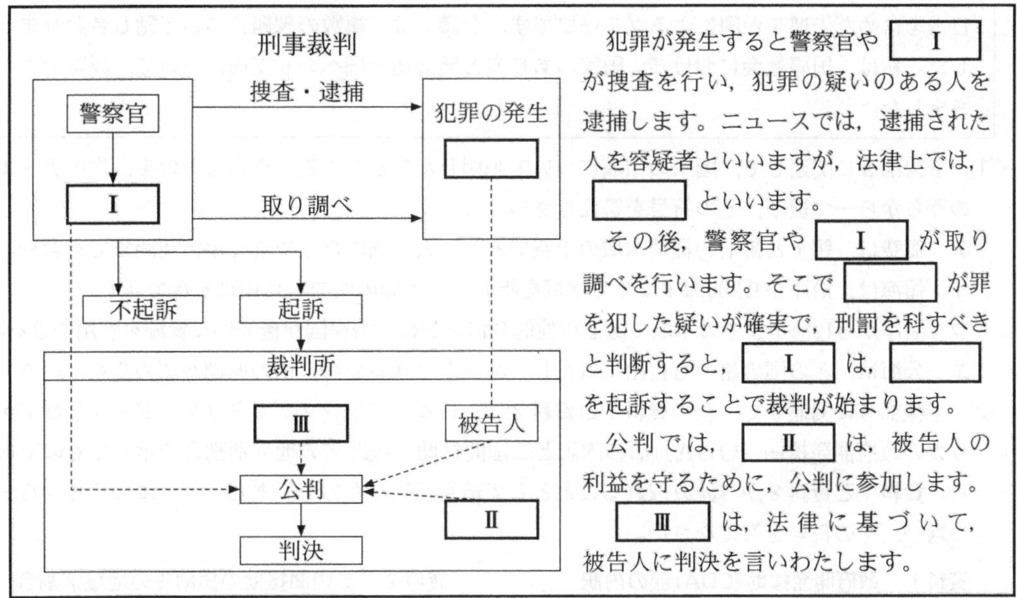

(1)　**資料**中の Ⅰ ～ Ⅲ に共通してあてはまる語の組み合わせとして最も適当なものを，次の**ア**～**カ**のうちから一つ選び，その符号を答えなさい。

	ア	イ	ウ	エ	オ	カ
Ⅰ	裁判官	検察官	弁護人	裁判官	弁護人	検察官
Ⅱ	弁護人	弁護人	検察官	検察官	裁判官	裁判官
Ⅲ	検察官	裁判官	裁判官	弁護人	検察官	弁護人

(2)　**資料**中の □ に共通してあてはまる適当な語を**漢字3字**で答えなさい。

(3)　日本の司法制度について述べた文として最も適当なものを，次の**ア**～**エ**のうちから一つ選び，その符号を答えなさい。

ア　裁判官は，裁判にあたり，自らの良心に従い，憲法，法律にのみ拘束(こうそく)されることから，辞(や)めさせられることはない。

イ　被害者参加制度が設けられ，すべての裁判において，犯罪の被害者が，被告人に質問することができるようになっている。

ウ　国民の中から選ばれた裁判員が裁判官とともに，有罪か無罪かを判断し，有罪の場合は，どのような刑罰にするかを決定する裁判員制度が導入されている。

エ　日本では，慎重な手続きにより裁判が進められることから，無実の罪であるえん罪が，起こったことはない。

8 次の文章は，わたるさんが2023年に開催されたＧ７サミットについてまとめたレポートの一部である。これを読んで，あとの(1)，(2)の問いに答えなさい。

> 2023年５月，Ｇ７サミット（主要国首脳会議）が広島県広島市で開催されました。Ｇ７は，日本を含めた先進７か国によるグループです。会議では，複数の課題について話し合われました。私は，国際社会における$_{a}$国家のあり方と発展途上国への$_{b}$支援について，興味をもちました。

(1) 下線部ａに関連して，国家の領域について説明した文として最も適当なものを，次のア～エのうちから一つ選び，その符号を答えなさい。

ア 領空は，領土と排他的経済水域の上空であり，大気圏内だけでなく宇宙空間までを含む。
イ 領海は，沿岸から200海里までの水域を指し，どの国の船でも自由に航行できる。
ウ 沿岸から12海里までの水域である排他的経済水域は，沿岸国が優先的に資源を利用できる。
エ 公海は，どの国の船でも自由に航行し，漁業ができる公海自由の原則が認められている。

(2) 下線部ｂに関連して，次の資料１と資料２は，日本，フランス，イギリス，ドイツ及びアメリカの政府開発援助（ＯＤＡ）額の内訳と二国間援助の援助先の地域別割合を示したものである。資料１と資料２から読み取れることとして最も適当なものを，あとのア～エのうちから一つ選び，その符号を答えなさい。

資料１ 政府開発援助（ODA）額の内訳

（2020 年）

	二国間援助	国際機関への拠出・出資
日本	102	34
フランス	107	53
イギリス	122	70
ドイツ	227	66
アメリカ	297	57

0 50 100 150 200 250 300 350 400 （億ドル）

資料２ 二国間援助の援助先の地域別割合

（2019～2020 年）

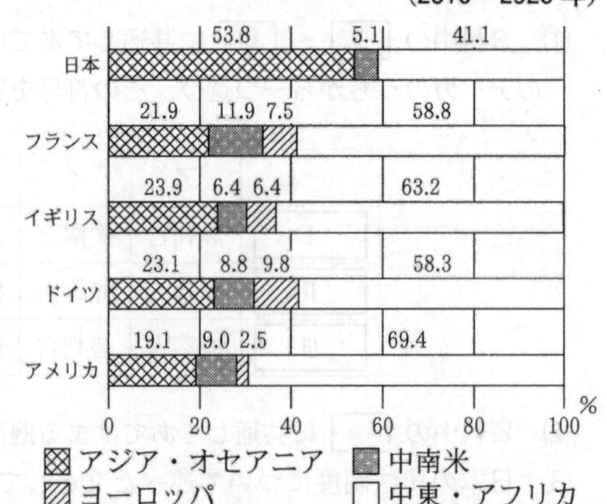

（注） 資料２は，数値を合計しても 100 % とならない場合がある。

（資料１，資料２「世界の統計 2023」より作成）

ア 日本は，５か国のうち，国際機関への拠出・出資額の割合が最も高く，二国間援助の援助先としてアジア・オセアニアへの割合が最も高い。

イ ドイツは，５か国のうち，二国間援助額でアメリカに次いで二番目に多く，二国間援助の援助先として中南米への割合が，資料中のヨーロッパ諸国の中で最も高い。

ウ アメリカは，５か国のうち，二国間援助額が最も多く，二国間援助の援助先として中南米への割合が最も高い。

エ イギリスは，５か国のうち，国際機関への拠出・出資額が最も多く，二国間援助の援助先としてアジア・オセアニアへの割合が，資料中のヨーロッパ諸国の中で最も高い。

ア　既ニ平ラゲテ二隴ヲ一復タ望ムレ蜀ヲ
イ　既ニ平ラゲテレ隴ヲ復タ望ムレ蜀ヲ
ウ　既ニ平ラゲテ二隴ヲ一復タ望ム二蜀ヲ一
エ　既ニ平ラゲテレ隴ヲ復タ一望ムレ蜀ヲ二

(b)　□に入る言葉を、**三十字以上、三十五字以内**で書きなさい。

七

次に示すのは、「知識」と「知恵」という言葉の意味です。これを読み、あとの〈条件〉にしたがい、〈注意事項〉を守って、「知恵」についてあなたの考えを書きなさい。

[言葉の意味]

> 「知識」
> 物事についてよく知っていること。また、知っている内容。

> 「知恵」
> 物事の筋道をよく知り、それをうまく使う力のこと。

〈条件〉

① **二段落構成**とし、**十行以内**で書くこと。
② 前段では、「知恵」とはどのようなものかを、「知識」という言葉を使って、説明すること。
③ 後段では、「知恵」に対するあなたの考えを、具体例を挙げながら、説明すること。

〈注意事項〉

① 氏名や題名は書かないこと。
② 原稿用紙の適切な使い方にしたがって書くこと。
ただし、～や═══などの記号を用いた訂正はしないこと。

（注4） 文＝昔の貨幣の単位。
（注5） 廿疋＝「疋」は昔の貨幣の単位。「廿疋」は二百文。
（注6） 施主＝僧や寺に物品を施す人。

(1) 文章中の みへたり を現代仮名づかいに改め、ひらがなで書きなさい。

(2) 文章中に Aあら不審(ふしん)や とあるが、どのようなことを「不審」だと思ったのか。その説明として最も適当なものを、次のア～エのうちから一つ選び、その符号を答えなさい。

ア 施主が、経を読む前に渡すはずの布施を後にしたこと。
イ つつみ方の間違いから、布施の向きが逆になったこと。
ウ 童子が、長老と同宿の前へ布施を置いてしまったこと。
エ 自分よりも、同宿のもらった布施の方が多かったこと。

(3) 文章中に B同宿めいわくなるふりをするに とあるが、何に対して同宿はそのような態度を取ったのか。最も適当なものを、次のア～エのうちから一つ選び、その符号を答えなさい。

ア 同宿は自分がもらった貴重なろうそくを譲れないと思うけれど、長老が言葉巧みに奪おうとしていること。
イ 長老は修行での形式や手順を重んじるため布施の交換の後で、施主にやり直しを命じようとしていること。
ウ 施主が渡すべき布施を取り違えたと考えて、長老が同宿にお互いのものを交換しようと提案していること。
エ どちらの布施も最後には寺のものになるのに、面倒で全く意味のない交換を長老が無理強いしていること。

(4) 文章中の Cいよ〳〵ほしく思ひ の主語にあたるものとして最も適当なものを、次のア～エのうちから一つ選び、その符号を答えなさい。

ア 童子　イ 同宿　ウ 長老　エ 亭主

(5) 次の文章は、畑さんと丸さんがこの作品について話し合っている場面の一部です。これを読み、あとの(a)、(b)の問いに答えなさい。

畑さん　この作品は、長老の取った欲深い行動を中心に書かれているね。
丸さん　そうだね。このお話から、「隴(ろう)を得て蜀(しょく)を望む」という言葉が浮かんだよ。もとは、「既に隴を平らげて復(ま)た蜀を望む」という言葉で、隴の土地を手に入れて、さらに蜀の地を望むという、欲を言えばきりがないという中国のたとえだよ。
畑さん　なるほど。私は、イソップ童話の「欲張りな犬」の話を連想したよ。肉をくわえた犬が、橋の上で川の水面に映った自分の姿を見て、相手の肉の方が大きいと思い、ほえて自分の肉を落としてしまうという話だったかな。
丸さん　どちらも欲について考えさせるものだね。そうすると、この作品の結末はどう描かれているだろう。
畑さん　「我分をなげ出し」という長老の行動と、「ろうそく二丁ありけり」という最後の部分で、欲の深い長老が、同宿から［　　］ことになってしまった結果を見事に表現しているね。

(a) 既に隴を平らげて復(ま)た蜀を望む について、そのように訓読する場合、返り点の付け方として正しいものを、次のページのア～エのうちから一つ選び、その符号を答えなさい。

(6) 次は、この文章を読んだあとに、牧さんと谷さんが新吉の人物像について話し合っている場面の一部です。これを読み、あとの(a)、(b)の問いに答えなさい。

牧さん　新吉は、どうして昨日と違って、柿をつけずに売ろうとしたんだろうね。
谷さん　それは、［Ⅰ］があったからじゃないかな。
牧さん　なるほど。新吉の鮨が本当においしかったら、柿をつけなくてもお客さんはまた買いにきてくれるということか。新吉は自分の仕事にまっすぐに向き合っているんだね。
谷さん　そうだね。新吉らしさが表れているね。
牧さん　もう一つ、気になったことがあるよ。新吉が、女から代金を受け取った理由は何だろう。
谷さん　女の様子を見て、柿と鮨を快く受け取ってもらえるように配慮したのではないかな。
牧さん　あとね、読み返してみて気づいたのだけれど、新吉と女との会話から、新吉の考えを読み取れると思うんだ。
谷さん　あ、そうか。女に対して「［Ⅱ］」と言っている部分だね。そういう面から、新吉は仕事だけじゃなく、他者にもまっすぐに向き合う人物なのかもしれないね。

(a) ［Ⅰ］、［Ⅱ］に入る言葉を、［Ⅰ］は**五字以上、十字以内**で書き、［Ⅱ］は52ページ・51ページの文章中から**十五字**で**抜き出して、はじめの五字**を書きなさい。

(b) 牧さんの言葉に代金を受け取った理由とあるが、新吉が代金を受け取った理由について説明した、次の文の［　］に入る言葉を、「情け」、「見下す」という言葉を使って、**三十字以上、四十字以内**で書きなさい。

新吉は、［　］と考えているから。

六 次の文章を読み、あとの(1)～(5)の問いに答えなさい。

欲ふかき長老（住職が）、同宿（注1）をつれて囉齋（注2）に出し（出かけた）。齋料に布施をつゝみ（注3）童子にもたせ、長老の前に置き、是は百文（百文のつつみ）とみへたり（注4）。後に亭主（家の主人が）廿疋（注5）つゝみけるをもちて出、同宿が前に置。長老、「Aあら不審や、前後失念に（間違えたのであろう）てこそあらめ」と、寺へかへりて、同宿にむかひ、「最前（さきほど）の布施は、施主（注6）取ちがへたると覚たり（思われる）。おれがのをそちへやり、其方がのをこちへとらん」といふ。B同宿めいわくなるふりをするに、Cいよ〳〵ほしく思ひ、我分をなげ出し、かの二百文つゝみを取あげて見たれば、ろうそく二丁ありけり。

（『軽口露がはなし』による。）

（注1）同宿＝長老と同じ寺に住む下位の僧。
（注2）囉齋＝僧が修行のため家々の前に立ち、食物をもらうこと。
（注3）齋料に布施をつゝみ＝（そこの家人が）僧の食事のために金銭や品物を渡すこと。

ウ 父親のために、好物である柿の実をどうしても食べさせたかったから。

エ 柿の実を買うことで、鮨を安く手に入れることができると思ったから。

(2) 文章中にB戸惑いとあるが、このときの新吉の心情を説明したものとして最も適当なものを、次のア〜エのうちから一つ選び、その符号を答えなさい。

ア 女の父親の事情を聞いたが、柿はもともと添え物であり、職人として精進を重ねて作り上げた鮨を売ろうか迷っている。

イ 女の父親の事情を聞いたうえに、身なりの貧しそうな女から、柿の代金としてお金を受け取ってよいものか迷っている。

ウ 女の父親の事情を聞いたが、時季外れの柿は高価なので、女のお金では足りず、さらに代金を要求しようか迷っている。

エ 女の父親に対する思いに心を打たれたが、女からのお金は柿を譲るには多過ぎるので、竹をもう一本渡すか迷っている。

(3) 文章中にC強く差し出した、D澄んだ目が強く光ったとあるが、この部分の女の様子を説明した、次の文の□に入る言葉として最も適当なものを、あとのア〜エのうちから一つ選び、その符号を答えなさい。

> どれほど貧しい暮らしだとしても、商品を得るには相応の対価を払うことが□が表れている。

ア 自分自身の心の充足に結びつく、という純粋さ

イ 良好な関係を築くことにつながる、という思惑

ウ 父親の情に報いることになる、という感謝の念

エ 人として当たり前のことである、という自負心

(4) 文章中にEがってんだ。待っててくだせえとあるが、このときの新吉の心情を説明したものとして最も適当なものを、次のア〜エのうちから一つ選び、その符号を答えなさい。

ア 昼時に訪れる客のことを考えて、女への対応を急いでいたが、丹念に作った自分の鮨を女に求めてもらえたことで、鮨職人としての喜びを感じている。

イ 今日はつけないと決めていた柿を渡してしまって、自分自身をひどく責めていたが、女が鮨を求めたので、堂々と品物を渡せることに心が弾んでいる。

ウ 柿だけを求めてくる女に対して、職人としての未熟さを感じていたが、自分の鮨も求めていることがわかって、早く食べてほしいと胸を躍らせている。

エ 最初に柿を求めたうえに、厚かましくも柿の添え物のように鮨を求める女に対して腹立ちを覚えていたが、自分の鮨が褒められて得意げになっている。

(5) 文章中にF二本の差しは、いずれも細縄が古びていたとあるが、このことを説明したものとして最も適当なものを、次のア〜エのうちから一つ選び、その符号を答えなさい。

ア 父親の好物である若柿を買える時季に備えて、事前に父親から預かっていた貨幣だということ。

イ 貧しい暮らしを送りながらも、いざという時のためにこつこつとためてきたものだということ。

ウ 父親の看病に追われていたので、使う暇がなくそのまま古くなってしまった貨幣だということ。

エ 高い身分ではないので、銭売りから買うことのできるのは安価で汚れた細縄だけだということ。

手渡された女の顔が明るくなった。

「ありがとうございます。おとっつぁんが、どんなに喜ぶことか……」

女が百文差し二本を差し出した。

「これしか持ち合わせがありません」

新吉は受け取るかどうかを、つかの間思案した。そのB戸惑いを見て、女がC強く差し出した。

「足りないかもしれませんが、受け取ってください」

女のD澄んだ目が強く光った。

「ありがてえが、二百文は多過ぎやす」

「もしそうでしたら、厚かましいお願いですが、お鮨を分けていただけませんか」

「姐（ねえ）さんは鮨が好きなんで？」

女がまた、こくりとうなずいた。

川風が、女のうなじのおくれ毛に触れて過ぎ去った。

「柿を自慢していたひとが、とってもおいしいお鮨だって言いふらしてました。うちの暮らしではぜいたくで手が出ませんが、この子とひと切れずついただければ……」

「Eがってんだ。待っててくだせえ」

土間に駆け戻った新吉は、二折り(注6)の柿鮨(注7)（こけらずし）を手にして戻った。

「鮨が二折りで百四十文、柿は六十文てえことにしやしょう。姐さんにほどこしをするわけじゃねえんだ、ここは素直に受け取ってくだせえ」

「ありがとうございます」

女は柿鮨を布袋に仕舞ってから、竹をこどもに持たせた。

「この竹、すごく重たい」

「なかに大事なものが、いっぱい詰まってるからでしょう」

こどもと一緒にあたまを下げてから、親子は川べりを離れた。

百文差し二本を手にしたまま、新吉はふたりを見送った。一文銭九十六枚が、細縄で縛られた差しである。新吉は、この差し二本をどんな思いで持ってきたかを考えて、その場からしばらくは動けなかった。

F二本の差しは、いずれも細縄が古びていた。どう見ても、昨日今日に銭売りから買った差しではなさそうだ。

なにかのときのために、ずっと蓄えてきた差しにちげえねえ……。

（山本一力（やまもといちりき）『銀しゃり』による。）

（注1）口開け＝最初。

（注2）百文差し＝一文銭九十六枚を、細縄を通してまとめた銭。一文銭は江戸時代の貨幣の一つ。

（注3）浅葱色＝薄い藍色。

（注4）端切れ＝裁断した後の残りの布。

（注5）仙台堀＝現在の東京都江東区を流れる河川。

（注6）二折り＝「折り」は箱型の鮨の単位。

（注7）柿鮨＝薄く切った魚肉などを飯の上にのせた箱型の鮨。新吉は、酢飯に柿の風味をつける工夫をしていた。

(1) 文章中にA傷物でもかまわないんですが、一個だけでもないでしょうか とあるが、女はなぜこのように言ったのか。最も適当なものを、次のア～エのうちから一つ選び、その符号を答えなさい。

ア　柿の実を買うことが、貧しい中で味わえる唯一のぜいたくだったから。

イ　小さいこどもに、柿の実を食べさせて満足感を味わわせたかったから。

ア「他者」に期待される　イ「ちがい」をもつ
ウ「るつぼ」の中にいる　エ「社会性」を守る

(b) Ⅱ に入る言葉を、「自己」、「他者」、「社会」という言葉を使って、三十字以上、三十五字以内で書きなさい。

(6) この文章の構成について説明したものとして最も適当なものを、次のア〜エのうちから一つ選び、その符号を答えなさい。

ア 前半は具体的な例を用いて「社会的自己」を説明し、後半は「I」と「me」を比較することで社会の問題点を明らかにしている。

イ 前半は人間が「I」と「me」両方の側面をもつ「社会的存在」だと説明し、後半は「I」の側面をより重視する立場で論じている。

ウ 前半は社会学の視点から人間存在の二面性について説明し、後半は他者との関係から築かれる「me」の重要性を説いている。

エ 前半はシカゴに代表される多様性を抱える社会の問題を説明し、後半は創造性・創発性を欠いた日本人を問題視している。

五

次の文章を読み、あとの(1)〜(6)の問いに答えなさい。

〔江戸の名店で修業を終えた鮨職人の新吉は、念願の店を開くが、なじみのない土地で開業したことや、安売りをしないという親方の教えを忠実に守ったため、売れ行きがよくない。しかし、三月のある日、鮨に時季外れの若柿をつけて販売すると、すぐに売り切れた。〕

口開け(注1)の客は、水を撒き終えたころにあらわれた。こどもの手を引いた、三十見当の女だった。

「柿の実を売っていただけるお店は、こちらでしょうか」

こどもの手を放した女は、左手にさげた布袋から百文差し(注2)二本を取り出した。

「あいにくでやすが、柿をつけたのは昨日一日きりなんでさ」

「もうないんですか」

女が肩を落として問いかけた。

「申しわけねえが、仕舞いなんで」

「A傷物でもかまわないんですが、一個だけでもないでしょうか」

着ているのは、色の褪せた浅葱(注3)色の木綿のあわせである。粗末な着物だが手入れは行き届いており、汚れた感じはしなかった。

こどもが着ているのは、何枚もの端切れを縫い合わせたもの(注4)だ。襟元には大きな四角い端切れが用いられており、菖蒲が茎の部分だけ描かれていた。

「なにか、わけでもあるんですかい？」

女の差し迫った顔つきが気になった新吉は、早口で問うた。いまにも、昼飯を求める客が押しかけてきそうに思ったからだ。

「もう三年も寝たっきりの、おとっつあんがいるんです。きのう長屋のひとが、まだ若い柿が手に入ったって自慢していたのを、おとっつあんが聞いてしまって……」

「食いてえと？」

話の途中で、新吉が先を引き取った。

女がこくりとうなずいた。身なりは貧しそうだが、襟足も髪もきれいに調えられていた。

「すまねえが、店のわきに回ってくだせえ」

親子を、仙台堀(注5)の川べりにいざなった。客の目から遠ざけるためである。百文差し二本を手にしている女に、新吉は一本の竹を手渡した。

「こんなかに柿がへえってまさ」

を抱えながらも、一つの街として成り立っていること。

エ　都市社会学を発展させてきたシカゴでは、言葉や生活習慣などの壁がなくなり、皆が協力しあって生きていること。

(3) 文章中のB人間はどのようにして「社会的な存在」となるのでしょうかを説明した、次の文を完成させなさい。ただし、Ⅰ～Ⅲに入る言葉として最も適当なものを、あとの**ア**～**オ**のうちから一つずつ選び、その符号を答えなさい。なお、**同じ符号を何度使ってもよい。**

> 人間は、［Ⅰ］との出会いの中で［Ⅱ］の言動を受け入れ、求められている［Ⅲ］の役割に気づき、演じ、変化しながら成長していく存在である。

ア　他者　**イ**　社会　**ウ**　多様な文化
エ　社会の構成員としての自己　**オ**　圧倒的多数としての自己

(4) 文章中にC出会いとあるが、この文章では「出会い」をどのように捉えているか。その説明として適当なものを、次の**ア**～**オ**のうちから**二つ選び**、その符号を答えなさい。

ア　様々な役割を互いに共有する他者との出会いや、その場に応じて役割を演じ分けていく他者との出会い。
イ　長い時間を共有する他者との出会いや、短い時間、あるいはほとんど関わることのない他者との出会い。
ウ　良好な信頼関係が保たれていく他者との出会いや、これから関係の構築を目指していく他者との出会い。
エ　嬉しい楽しいという肯定的感情がわき上がる他者との出会いや、苦手意識を持つような他者との出会い。
オ　自己の生き方に影響を与える他者との出会いや、精神的な結びつきがあまりないような他者との出会い。

(5) 文章中の【「自己」の創発性や創造性……】について、筆者が著した次の文章をふまえて、あとの問いに答えなさい。

> 政治や社会に参加する「主体」をつくりあげるうえで、必要な力や知識はさまざまに考えられるでしょう。しかし、そのなかで欠けてはいけない力があります。それは、これまで犯した過ちも含め、自らがもつ負の側面をしっかりと見据え、それを今後生きていくうえでどのようにプラスに転化できるのかを考え、新たな何かを作り出す力です。私は、これを「批判する力」と考えています。
> 私たちが、国家や社会のメンバーであると主張する時、まさに「公共」的存在としての自分の姿を想像し、創造する必要があるでしょう。
>
> （好井裕明『「今、ここ」から考える社会学』による。）

問い　『自己』の創発性や創造性」と「批判する力」との関わりについて、次のようにまとめます。これを読み、あとの(a)、(b)に答えなさい。

> 私たちが「自己」をつくりあげるためには、「批判する力」が必要だ。「批判する力」を持たない「私」は、［Ⅰ］だけの存在になってしまう。
> 私たちは社会や日常を「批判する力」を持つことで、［Ⅱ］ことができる。

(a) ［Ⅰ］に入る言葉として最も適当なものを、次のページの**ア**～**エ**のうちから一つ選び、その符号を答えなさい。

介護をしてくれる人、そして自分が生きている間で一度も出会うことがない圧倒的多数の他者の存在など、まさに私という人間は、多様な他者とさまざまなグラデーション(注6)があるC出会いを繰り返しながら成長し、社会化し、老いていくのです。

圧倒的な量と質がある「他者との出会い」を私が生きていくとき、他者の態度を引き受け、期待される役割をその場で判断し、適切に役割を演じ、上手に他者との関係性を維持していくことは、とても重要だと思います。たとえばこうした「出会い」をうまく乗り切るためのマニュアル本(注7)がこんなに売れていますと私たちに訴えかける通勤通学電車で見かける広告が、そのことを象徴しているでしょう。

ミードの「自己」論で、私がとても興味深く思うのは、「I」という「自己」がもつ側面です。ミードの説明を読んでいても、「me」に比べ、「I」は、はっきりこうだと理解しづらいことは確かです。しかし、社会を生き、自分を生きていくために、私たち人間はつねに新しい何かを生み出す可能性を秘めています。「社会性」を守ること以上に、私たちが「自己」をつくりあげ、「自己」を生きるうえで、新しい何かを創造するその力が大切だと唱えるミードの考えは、確実に伝わってきます。

「自己」は「社会性」を盛るためだけの器ではありません。それは「社会性」をどのように受容するか、その検討ができる力をもった人間存在の重要な側面なのです。またそれは「社会性」がもつさまざまな問題や歪(ゆが)みをいったん受容し、そのうえでより気持ちよい「社会性」を実現するために、その中身を修正し変革し、あらたな形として、他者へと示していける力をもった「生きていくプロセス(注8)」にもなり得るのです。

【「自己」の創発性や創造性という主張はまた、私たちが社会や日常を批判する力を持っていることを考えるうえで、導きの糸であり、魅力的なものです。】

（好井裕明(よしいひろあき)『「今、ここ」から考える社会学』による。）

（注1）ミード＝ジョージ・ハーバート・ミード。アメリカの社会心理学者。
（注2）ダイナミクス＝物事の動作の状態や変化の過程。
（注3）創発的＝先行する条件からは予測や説明ができない、新しい特性が生み出されるようなこと。
（注4）ダイナミック＝力強く生き生きと躍動すること。
（注5）端的＝明白なさま。
（注6）グラデーション＝濃度の段階的な変化。
（注7）マニュアル本＝物事の手順などをまとめた手引き。
（注8）プロセス＝進める方法や手順。過程。経過。

(1) 文章中の はっきり と同じ品詞であるものを、次のア～エのうちから一つ選び、その符号を答えなさい。

ア やがて日が昇ってくるだろう。
イ 美しい海辺の集落を散策する。
ウ 雪のような毛色の子猫を見た。
エ 予約が確実にできる日を選ぶ。

(2) 文章中にA人種の坩堝（るつぼ）とあるが、この文章では、どのように説明しているか。最も適当なものを、次のア～エのうちから一つ選び、その符号を答えなさい。

ア 都市社会の象徴とも言えるシカゴが、さまざまな社会問題を乗り越えて、今や世界中に存在感を誇示していること。
イ 大量の移民が仕事を求めて集まってくるシカゴでは、個別の問題を調査する余裕がないほど、人口が過密であること。
ウ 多様な人種や民族が集住するシカゴが、言葉や文化などの違い

二　次の(1)～(4)の――の漢字の読みを、ひらがなで書きなさい。

(1) 最後まで粘りをみせる。
(2) 友人に惜別の情を述べる。
(3) 示唆に富む話を聞く。
(4) 試案を会議に諮る。

三　次の(1)～(4)の――のカタカナの部分を漢字に直して、楷書で書きなさい。

(1) 紙をタバねる。
(2) 空が夕日にソまる。
(3) 人のオウライが絶えない。
(4) 一日センシュウの思いで待つ。

四　次の文章を読み、あとの(1)～(6)の問いに答えなさい。

ミード(注1)はアメリカのシカゴ大学で哲学と社会心理学を教えていました。当時のシカゴには、ヨーロッパから大量の人々が移り住み、仕事を求めて労働者たちも集まっていました。多様な人種や民族が集住し、シカゴという都市で懸命に生きていたのです。

「A人種の坩堝（るつぼ）」という言葉があります。「るつぼ」とは何でしょうか。社会学史の講義で学生に聞いても、最近は知らない人がかなり多くなっています。「るつぼ」とは化学実験などでいろいろな物質を溶かすのに使う白い陶器のことです。私たちの世代では、小学校や中学校であたりまえのように使っていた道具でした。多様な人種や民族を溶かしてしまう器、それはミードが生きたシカゴそのものの姿でした。都市社会学の原点であるシカゴを語る時、この言葉は象徴的に使われます。

語る言葉も生活習慣も文化も異なる人々が同じ街で暮らすとして、そこには当然のようにさまざまな社会問題が発生します。こうした問題をどのように考え、どのように解決すればいいでしょうか。実践的な問題関心のもと、シカゴ大学に初めて社会学部ができたのです。そして個別の問題について、具体的に調査し、質的にせよ量的にせよ経験的なデータを収集し、分析するという社会学という知的実践の基本が、シカゴ大学で創造されていきます。

ミードも、社会学の創造に大きな貢献をしたのですが、ここで私が伝えておきたい彼のテーマは「社会的自己」論です。さまざまな「ちがい」をもつ人々があふれかえり、さまざまな問題も沸騰している日常を生きるなかで、数え切れないくらいの刺激を受けながら、B人間はどのようにして「社会的な存在」となるのでしょうか。ミードはこの問いに対して、他者の態度を内面化することによる社会化と「I」と「me」のダイナミクス(注2)による自己の形成という答えを出しました。

「I」とは、主我とも訳されていますが、私という人間がもつ創発的(注3)で創造的な営みの源とでもいえる側面です。他方「me」は、客我とも訳されますが、私という人間が他者の態度を引き受け、状況に適切なようにふるまうためにもつ規範的な部分です。そしてミードは、「I」と「me」が絶えずダイナミック(注4)に交流することで初めて、私という人間が「社会的自己」として無数の他者に対して立ち現われることができると語っています。

少し考えればわかるのですが、生まれてから死ぬまで、どの人間にも共通し避けられない端的(注5)な事実があります。それは「他者と出会うこと」です。母親や父親のような最も親密な他者との出会いから始まり、学校での友人や部活仲間、同じ職場で働く仕事仲間、コンサートやイベントで共に盛り上がる人々、街ですれ違う人々、老いて自らの

＜国語＞

時間 五〇分 満点 一〇〇点

【注意】各ページの全ての問題について、解答する際に字数制限がある場合には、句読点や「 」などの符号も字数に数えること。

一 これから、織田さんが鈴木さんに、自分が驚いた体験について話す場面と、それに関連した問いを四問放送します。よく聞いて、それぞれの問いに答えなさい。

(放送が流れます。)

(1) (問いを放送します。)

〔選択肢〕

ア 撮影する人の技術が低いと、焦点が定まらない写真になるから。
イ 同じ写真を見ても、注目する点や解釈は人によって異なるから。
ウ 一枚の写真だけでは、情報があまりに少なくて伝わらないから。
エ 気持ちを伝えるには、写真より言葉の方が誤解を生じないから。

(2) (問いを放送します。)

〔選択肢〕

ア 受け手が対象に抱く思いを、あらかじめ決めてしまっている点。
イ 感情をゆさぶる体験を、相手にも体験するよう強制している点。
ウ 言葉を軽視し、言葉をつくして説明することに力を注がない点。
エ 受け手の興味や関心を考えずに、強引に感想をせまっている点。

(3) (問いを放送します。)

〔選択肢〕

ア 鈴木さんは、泣けない自分を冷徹だと考え、織田さんは、物事に動じない冷静さが、客観的なものの見方をもたらすと考えている。
イ 鈴木さんは、思いを素直に出せないことを自信のなさと考え、織田さんは、強い自制心が、正確な分析を可能にすると考えている。
ウ 鈴木さんは、他人と同じ思いを抱けない点を未熟と考え、織田さんは、他人と違う見方が作品の魅力発見につながると考えている。
エ 鈴木さんは、他人と同じにはなりたくない自分を頑固だと考え、織田さんは、他人には安易に同調しない点が個性だと考えている。

(4) (問いを放送します。)

〔選択肢〕

ア 「泣きました」を、悲嘆の思いだと断定するのではなく、感嘆の思いも含むものだという感情の複雑性を受け入れる姿勢に変わった。
イ 「泣きました」という言葉に読者の感動を読み取るのではなく、他の思いが隠されており、言葉の背景を探っていく見方に変わった。
ウ 「百人」を、多い人数と捉えるのではなく、むしろ世界的視野に立つならば、一握りの考え方に過ぎないという捉え方に変わった。
エ 「百人」という人数によって、抱く思いをひとくくりにするのではなく、個々の背景を考えて、多様性を見いだす思考に変わった。

聞き取り検査終了後、次ページ以降も解答しなさい。

2024年度

解答と解説

《2024年度の配点は解答用紙集に掲載してあります。》

<数学解答>

1　(1)　①　2　②　$-3a^2$　③　$1-\sqrt{21}$
(2)　①　ウ　②　$-1\pm\sqrt{6}$　(3)　①　イ
②　70(個)　(4)　①　エ　②　$3\sqrt{10}$(cm)
(5)　①　$\frac{1}{6}$　②　$\frac{2}{9}$　(6)　①　63(度)
②　88(度)　(7)　①　4(倍)　②　右図

2　(1)　①　$\frac{9}{2}$　②　傾き　$\frac{3}{2}$　切片　9
(2)　$p=\frac{8}{3}$

3　(1)　(a)　イ　(b)　ウ　(c)　カ
(2)　解説参照　(3)　45(cm²)

4　(1)　①　2倍　②　1：3　③　$p=\frac{5}{2}$　(2)　(a)　$p=-\frac{2}{3}n+\frac{5}{3}$
(b)　$q=-\frac{3}{2}n-\frac{5}{2}$　(3)　$n=115$

A
O

<数学解説>

1　(数・式の計算，平方根，二次方程式，標本調査，展開図，線分の長さ，関数・グラフと確率，角度，円の性質，作図)

(1)　①　四則をふくむ式の計算の順序は，乗法・除法→加法・減法となる。$-4+12\div2=-4+6=(-4)+(+6)=+(6-4)=2$

②　$a^2b\div3ab\times(-9a)=a^2b\times\frac{1}{3ab}\times(-9a)=-\frac{a^2b\times9a}{3ab}=-3a^2$

③　**乗法公式$(x+a)(x+b)=x^2+(a+b)x+ab$**より，$(\sqrt{7}+\sqrt{3})(\sqrt{7}-2\sqrt{3})=(\sqrt{7}+\sqrt{3})\{\sqrt{7}+(-2\sqrt{3})\}=(\sqrt{7})^2+\{\sqrt{3}+(-2\sqrt{3})\}\times\sqrt{7}+\sqrt{3}\times(-2\sqrt{3})=7+(-\sqrt{3})\times\sqrt{7}-6=1-\sqrt{21}$

(2)　①　ある数xを2乗した数x^2と，xを2倍した数$2x$との和x^2+2xが5に等しいから，$x^2+2x=5$より，xについての方程式$x^2+2x-5=0$が成り立つ。

②　xについての2次方程式$x^2+2x-5=0$に**解の公式**を用いて，$x=\frac{-2\pm\sqrt{2^2-4\times1\times(-5)}}{2\times1}=\frac{-2\pm\sqrt{4+20}}{2}=\frac{-2\pm\sqrt{24}}{2}=\frac{-2\pm2\sqrt{6}}{2}=-1\pm\sqrt{6}$

(3)　①　**標本調査**は，**全数調査**を行うと多くの手間や時間，費用などがかかる場合や，工場の製品の良否を調べるのに製品をこわすおそれがある場合で，集団全体の傾向が把握できればいい場合に行う。アの国勢調査は，国内の人口，世帯構成，産業などを調べる目的で，5年ごとに行われる全数調査。イの川の水質調査は，川の水質がおおまかに推測できればよく，全数調査を行うと多くの手間や時間，費用などがかかるので標本調査。ウの学校で行う生徒の歯科検診と，エのA中学校3年生の進路希望調査は，生徒全員の健康状況や進路希望を調べるので全数調査。

② 標本における白い球とオレンジ色の球の比率は，(10−3)：3＝7：3。よって，母集団における白い球とオレンジ色の球の比率も7：3と推定できる。母集団における白い球の個数をx個とすると，x：30＝7：3　$x=\dfrac{30\times7}{3}=70$　よって，はじめに袋の中に入っていた白い球は，およそ70個と推定できる。

(4) ① エの展開図は，組み立てたときに，右図1の面Aと面Bが重なってしまい，面Aあるいは面Bに平行な面がない。

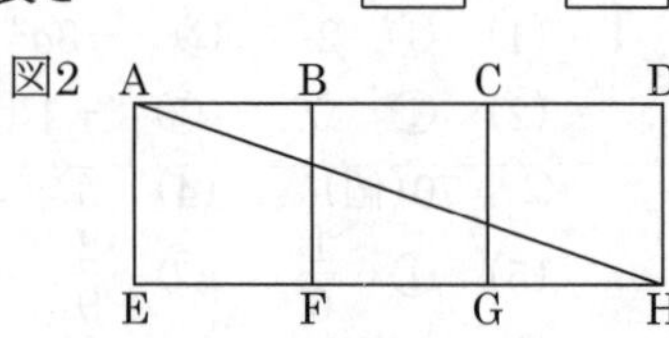

② 右図2に1辺が3cmの立方体の展開図の一部を示す。ひもの長さが最も短くなるのは，展開図上でひもが直線になるときであり，ひもの最短の長さは，線分AHの長さに等しい。よって，求めるひもの最短の長さは，△ADHに三平方の定理を用いて，$\mathrm{AH}=\sqrt{\mathrm{AD}^2+\mathrm{DH}^2}=\sqrt{9^2+3^2}=3\sqrt{10}$(cm)である。

(5) ① 大小2つのさいころを同時に投げるとき，全ての目の出方は6×6＝36(通り)。このうち，点Pが直線$y=x$上の点となるのは，右図3の△印を付けた6通り。よって，求める確率は$\dfrac{6}{36}=\dfrac{1}{6}$である。

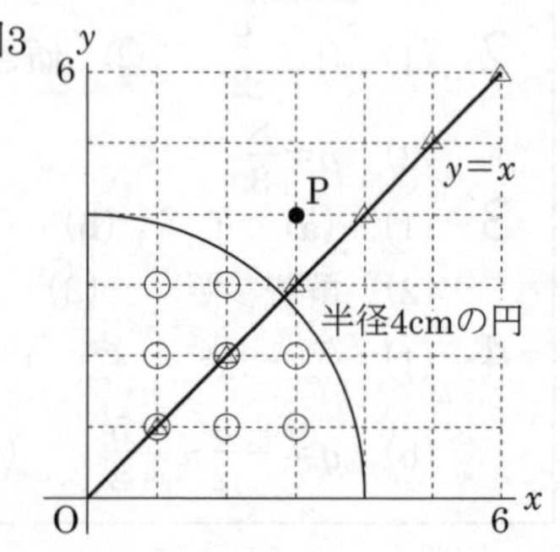

② 線分OPの長さが4cm以下となるのは，点Pが原点Oを中心とした半径4cmの円の円周上かその内部にあるときで，右図3の○印を付けた8通り。よって，求める確率は$\dfrac{8}{36}=\dfrac{2}{9}$である。

(6) ① $\overset{\frown}{\mathrm{BC}}$に対する円周角の大きさは等しいから，∠BAC＝∠BDC＝63°

② △ACEの内角と外角の関係から，∠ACE＝∠BAC−∠AEC＝63°−38°＝25°　△CDFの内角と外角の関係から，∠BFC＝∠CDF＋∠DCF＝63°＋25°＝88°

(7) ① 側面の部分であるおうぎ形の半径をR，底面の部分である円の半径をrとすると，側面の部分であるおうぎ形の弧の長さと，底面の部分である円の円周の長さは等しいことから，$2\pi\mathrm{R}\times\dfrac{90^\circ}{360^\circ}=2\pi r$　$\dfrac{\mathrm{R}}{r}=4$　これより，側面の部分であるおうぎ形の半径は，底面の部分である円の半径の4倍である。

② (着眼点) 底面の部分である円が点Aを通るということは，底面の部分である円と側面の部分であるおうぎ形が点Aで接するということであり，側面の部分であるおうぎ形の中心をPとすると，3点P，A，Oはこの順で一直線上にある。また，前問①より，PA：AO＝4：1である。(作図手順) 次の①～④の手順で作図する。① 半直線PAを引く。② 点A，Pをそれぞれ中心として，交わるように半径の等しい円を描き，その交点を通る直線(線分APの垂直二等分線)を引き，半直線PAとの交点をQとする。③ 点A，Qをそれぞれ中心として，交わるように半径の等しい円を描き，その交点を通る直線(線分AQの垂直二等分線)を引き，半直線PAとの交点をRとする。④ 点Aを中心として，半径ARの円を描き，半直線PAとの

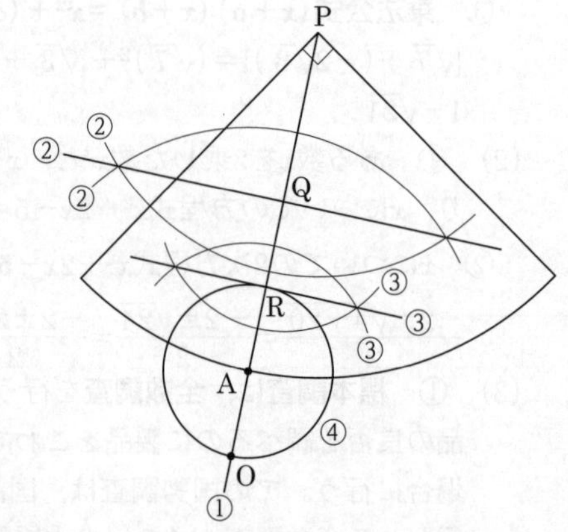

交点のうち点Rと異なる方をOとする。(ただし，解答用紙には点P，Q，Rの表記は不要である。)

2 (図形と関数・グラフ)

(1) ① $y=\frac{1}{2}x^2$について，$p=3$，つまり，$x=3$のとき，点Pのy座標は$y=\frac{1}{2}\times3^2=\frac{9}{2}$

② 前問①より$P\left(3,\ \frac{9}{2}\right)$であり，**放物線は$y$軸に関して線対称**だから，$Q\left(-3,\ \frac{9}{2}\right)$である。また，四角形PRSQは平行四辺形であることから，$SR=QP=3-(-3)=6$であり，点Sがy軸上の点であることから，点Rのx座標は6である。そのy座標は$y=\frac{1}{2}\times6^2=18$で，R(6, 18)である。以上より，2点Q，Rを通る直線の傾きは$\frac{18-\frac{9}{2}}{6-(-3)}=\frac{9}{2}$　直線QRの式を$y=\frac{3}{2}x+b$とおくと，点Rを通るから，$18=\frac{3}{2}\times6+b$　$b=9$　直線QRの切片は9である。

(2) 点Pのx座標がpのとき，$P\left(p,\ \frac{1}{2}p^2\right)$である。このとき，点Qの$x$座標は$-p$だから，$SH=2PQ=2\{p-(-p)\}=4p$　点Sのy座標は，$SO=HO+SH=\frac{1}{2}p^2+4p$　また，$SR=QP=p-(-p)=2p$より，$R\left(2p,\ \frac{1}{2}p^2+4p\right)$である。点Rは$y=\frac{1}{2}x^2$のグラフ上にあるから，$\frac{1}{2}p^2+4p=\frac{1}{2}\times(2p)^2$　整理して，$3p^2-8p=0$　$p(3p-8)=0$　$p>0$より，$p=\frac{8}{3}$

3 (平面図形，合同の証明，相似の性質，面積)

(1) △EBCについて，仮定より，∠BEC＝90°，∠EBC＝∠ABC＝45°…①　△EBCの内角の和は180°であることから，∠ECB＝180°－∠BEC－∠EBC＝180°－90°－45°＝45°…②　①，②より，∠EBC＝∠ECB＝45°だから，△EBCは(直角)二等辺三角形であり，EB＝ECである。

(2) (証明) (例1)△EBFと△ECAにおいて，EB＝EC…①　∠BEF＝∠CEA＝90°…②　対頂角は等しいので，∠EFB＝∠DFC…③　また，∠BEF＝∠CDF＝90°　**三角形の内角の和は180°**だから，∠EBF＝180°－∠BEF－∠EFB＝90°－∠EFB…④　∠ECA＝∠DCF＝180°－∠CDF－∠DFC＝90°－∠DFC…⑤　③，④，⑤より，∠EBF＝∠ECA…⑥　①，②，⑥より，1組の辺とその両端の角がそれぞれ等しいので，△EBF≡△ECA　(例2)△EBFと△ECAにおいて，EB＝EC…①　∠BEF＝∠CEA＝90°…②　4点B，C，D，Eについて，D，Eが直線BCの同じ側にあって，仮定より，∠BEC＝∠BDC＝90°だから，**円周角の定理の逆**より，この4点は1つの円周上にある。したがって，∠EBD＝∠ECDより，∠EBF＝∠ECA…⑥　①，②，⑥より，1組の辺とその両端の角がそれぞれ等しいので，△EBF≡△ECA

(3) ∠ADB＝∠FDC＝90°，∠ABD＝∠FCDより，△DBA∽△DCF　これより，FD＝$x$cmとおくと，AD：BD＝FD：CD…①　ここで，BD＝FB＋FD＝AC＋FD＝9＋6＋x＝15＋xだから，①は9：(15＋x)＝x：6　$x(15+x)=54$　$x^2+15x-54=0$　$(x-3)(x+18)=0$　$x>0$より，$x=3$　△DCFに三平方の定理を用いて，$FC=\sqrt{CD^2+FD^2}=\sqrt{6^2+3^2}=3\sqrt{5}$ (cm)　△DCF∽△ECAであり，**相似比**はFC：AC＝$3\sqrt{5}$：(9＋6)＝$\sqrt{5}$：5だから，**面積比**は$(\sqrt{5})^2:5^2=1:5$　以上より，$△EBF=△ECA=△DCF\times5=\left(\frac{1}{2}\times DC\times FD\right)\times5=\left(\frac{1}{2}\times6\times3\right)\times5=45(cm^2)$である。

4 (平面図形，相似の利用)

(1) ① △OAB∽△OPQであり，相似比はOM：ON＝OM：(OM＋MN)＝1：(1＋1)＝1：2だ

から，AB：PQ＝1：2より，線分PQの長さは線分ABの長さの2倍になる。

②　線分PQの長さを線分ABの長さの4倍にしたいとき，AB：PQ＝OM：ON＝1：4であればよいから，OM：MN＝OM：(ON－OM)＝1：(4－1)＝1：3にすればよい。

③　E(4，1)より，直線OEの式は$y=\frac{1}{4}x$だから，点Pのy座標は，$x=10$を代入して，$p=\frac{1}{4}\times10=\frac{5}{2}$になる。

(2)　直線O'Hは2点O'(0，n)とH(6，1)を通る直線だから，その切片はn　直線O'Hの式を$y=ax+n$とおくと，点Hを通るから，$1=a\times6+n$　$a=\frac{1-n}{6}$　よって，直線O'Hの式は$y=\frac{1-n}{6}x+n$…(a)であり，点Pのy座標は，(a)に$x=10$を代入して，$p=\frac{1-n}{6}\times10+n=-\frac{2}{3}n+\frac{5}{3}$　同様にして，直線O'Fは2点O'(0，n)とF(4，－1)を通る直線だから，その切片はn　直線O'Fの式を$y=bx+n$とおくと，点Fを通るから，$-1=b\times4+n$　$b=\frac{-1-n}{4}$　よって，直線O'Fの式は$y=\frac{-1-n}{4}x+n$…(b)　であり，点Qのy座標は，(b)に$x=10$を代入して，$q=\frac{-1-n}{4}\times10+n=-\frac{3}{2}n-\frac{5}{2}$となる。

(3)　線分PQの長さは，$p-q=\left(-\frac{2}{3}n+\frac{5}{3}\right)-\left(-\frac{3}{2}n-\frac{5}{2}\right)=\frac{5}{6}n+\frac{25}{6}=\frac{5}{6}(n+5)$だから，線分PQの長さが100cmとなるのは，$\frac{5}{6}(n+5)=100$　これを解いて，$n=115$のときである。

＜英語解答＞

1　No. 1　B　No. 2　D　No. 3　C　**2**　No. 1　B　No. 2　B

3　No. 1　A　No. 2　D　**4**　①　C　②　A

5　(1)　known　(2)　fifth　(3)　イ，エ，オ，ア，ウ　(4)　エ，イ，オ，ウ，ア　(5)　オ，イ，ア，エ，ウ

6　(1)　(例)Excuse me. Please do not take pictures in this room.

(2)　(例)Let's wait in the library until the rain stops.

7　(1)　①　ア　②　イ　③　down　④　エ　(2)　①　ア　②　イ　③　ウ

8　(1)　ウ　(2)　(例)they are cheap and people feel it is easy to buy new ones　(3)　ア　(4)　ウ　(5)　イ

9　(1)　イ　(2)　ア　(3)　エ　(4)　ウ

＜英語解説＞

1・2・3・4　(リスニング)

放送台本の和訳は，67ページに掲載。

5　(語句の問題，語句の並べ換え，受け身，完了，進行形，比較，関係代名詞，間接疑問文，助動詞，不定詞，未来)

(1)　A：この歌は有名ですか？／B：はい。世界中で知られています。　受け身＜**be**動詞＋過去分詞＞「～される，されている」の文となるので，know を過去分詞形(known)にする。all over「～じゅう」

(2)　A：私は本当に京都が好きです。4回そこへ行ったことがあり，来週再び行く予定です。／B：わぁ！　そうなると，あなたにとってそこへの5回目の旅になりますね。　単に個数を表す基数の five を，順序を表す序数 fifth にする。have been there ← <**have[has]been to**>「**～へ行ったことがある，行ってきたところだ**」X times「X回」I'm going ～ 進行形[be動詞＋原形＋-ing]で，確定的な「予定」や「約束」を表すことがある。

(3)　(What is)the most popular of all (the animals in this zoo?)　A：この動物園の全ての動物の中で，最も人気があるのは何ですか？／B：コアラです。この国ではほんのわずかの動物園にしか，コアラはいません。<**the ＋最上級＋ of ＋複数名詞[in ＋単数名詞]**>「**～の中で最も……**」<all ＋ the ＋名詞> only a few「ほんのわずか[少数]だけ」zoos that have ～ ← 主格の関係代名詞 that

(4)　(Can you tell)me which bus I should(take to go to the aquarium?)　A：水族館へ行くには，どのバスに乗るべきか教えていただけますか？／B：もちろんです。3番のバスに乗るべきです。　**疑問文が他の文に組み込まれる[間接疑問文]と，<疑問詞＋主語＋動詞>の語順になる。should「～すべきである」不定詞[to ＋原形]の副詞的用法(目的)「～するために」**

(5)　(Today, I'm going to)buy the book you told me(about.)　A：今日，あなたが話していた本を買うつもりです。／B：気に入ってくれればいいなあ。<**be動詞＋ going ＋不定詞[to ＋原形]**>「**～するつもりだ，しようとしている**」**関係代名詞が前置詞の目的語になる場合<①前置詞＋関係代名詞／②関係代名詞～前置詞／③～前置詞：目的格の関係代名詞の省略>**

6 (条件英作文)

(全訳：解答例含む)　(1)　①すみません。この部屋では写真を撮らないでください。／②あっ，すみません。知りませんでした。

(2)　①雨が止むまで，図書館で待ちましょう。／②良い考えです。　**「すみません」**(軽い詫びに・依頼する時に) **Excuse me**.「～するな」(禁止)命令文の否定形<**Don't ＋原形**>「写真を撮る」take pictures「～しよう」<**Let's ＋原形**>「～しよう」「雨が止むまで」until the rain stops ← 未来の行為でも，時を表す副詞節では，現在形で代用。

7 (長文読解問題・スピーチ・資料読解：図・表・グラフなどを用いた問題，語句補充・選択，会話文を用いた問題，現在完了，関係代名詞，助動詞，進行形，動名詞，接続詞，比較，受け身，前置詞，不定詞)

(1)　(全訳)皆さん，こんにちは。皆さんはみなみ市のことが好きですか？　私達はこの町が大好きです。この市には多くの素晴らしい場所やものごとが存在します。スライド1を見てください。スライド1は，2000年から2020年までにみなみ市を訪問した人々の数を示しています。2010年には，その数が突然上昇し始めました。その年に，大規模ショッピングモールが開業したからである，と私達は考えています。それ以来，その数はゆっくりと増加してきました。エレンと私は観光案内所へ赴き，人々が私たちの市を訪れる理由を尋ねました。ショッピングモールで買い物をするためにここを訪れる人々がいれば，自然を楽しむためにやって来る人達もいます。私たちの市には美しい川があり，多くの人々がそこで魚釣りを楽しみました。また，地元の工芸品を買う目的で，あるいは，地元の食べ物を食べるために，訪問する人々もいました。

しかしながら，私達はある問題を見つけました。スライド2を見てください。年齢の集団ごとで，農業に従事している人々の数を示しています。スライド3は，将来，この業種で働きたいと願う若者の数を表しています。もしこの状況が$_A$イ続けば，農業を持続させることができないかもしれません。このことが私達の市にとって最大の問題の1つなのです。

この問題を解消するために，より多くの人々がこの産業のことを理解することが重要だと私達は考えています。私達の市には，農業に対する多くの種類の職業体験プログラムがあります。私の兄[弟]はそのようなプログラムの1つに加わり，農業に興味をもつようになりました。現在，彼は大学で農業を学び，農業に関する会社を起業しようと計画しています。そのことで，私も農業に対して興味を抱くようになりました。今，エレンと私は，いくつかのプログラムに参加して，学びを深めようと考えています。私達と一緒にこれらのプログラムの1つに参加しませんか？ 農業に関して新たな事柄を学ぶことができるでしょう。

私達はこの市が大好きで，より多くの人々にも好きになって欲しい，と願っています。従って，将来にわたり，市の素晴らしさを維持できるような方法を見つけたい，と私達は考えています。

① スライド1に関して，第1段落で，The number suddenly started to go up in 2010.／The number has been slowly increasing since then. と説明されていることから，判断する。<have[has]＋been＋-ing>現在完了進行形(動作動詞の現在に至るまでの継続を表す)

② 「スライド3は，将来，就農を願う若者の数を表している。もしこの状況がA イ 続けば，農業を持続させることができないかもしれない」スライド3は，年々，農業に従事したいと願う人々の数が，右肩下がりで減少していることを示す。従って，空所Aには continues「続く」が当てはまる。the young people who want to work ～ ←<先行詞(人)＋主格の関係代名詞 **who** ＋動詞>「～する先行詞」may not be able to sustain ～ ← may not「～でないかもしれない」＋ be able to do「～できる」 ア happens「起きれば」 ウ improves「改善すれば」 エ changes「変化すれば」

③ (全訳)タロウ：発表ありがとうございました。質問が1つあります。あなたは発表内で，『これが最大の問題の1つです』と言いました。何を意味していたかを説明してもらえますか？／エレン：ありがとうございます，タロウ。良い質問ですね。それは，農業に就きたい若者の数に関する問題のことを指します。もう一度スライド3を見てください。その数は急激に下がっていることがわかります。近い将来に，私達の市から農業が消滅してしまうかもしれないということを危惧しています。／タロウ：ありがとうございます。状況を変えるために，一緒に何かに取り組みたいと思います。 スライド3のグラフが右下がりになっていることから考える。is going down ← <**be動詞＋-ing**>進行形 動作の進行を表す。go down「下がる，下落する」

④ ア 「みなみ市は漁業と海産物で有名だ」(×) 魚に関しては，第1段落の最後から2文目で，We have a beautiful river and many people enjoyed fishing there. と述べられているのみなので，不可。<enjoy＋動名詞[原形＋-ing]>「～することを楽しむ」 イ 「みなみ市の若者は，多くの職業体験プログラムに参加しなければならない」(×) 職業体験プログラムに関しては，第3段落第2文で，Our city has many kinds of work experience programs for agriculture. と言及されているが，その参加は強制的なものとは述べられていない。**must**「～しなければならない，にちがいない」 ウ 「ヒカリの兄[弟]は大学在学中に，会社を始めた」(×) ヒカリの兄[弟]については，第3段落第4文で，he is studying it[agriculture]in university and(he is)planning to start an agriculture company.「大学で農業を勉強していて，農業関連の会社を起業していることを計画中」と言及されているが，実際に会社を始めたわけではない。while「～する間に，～するのに，ところが一方では」<**be動詞＋-ing**>**進行形** 動作の進行形を示す。 エ 「ヒカリとエレンは，多

くの人々に農業という仕事を理解して欲しいと願っている」(○)　第3段落の最初に，we think it is important for more people to understand the industry[agriculture]. とあり，同段落の最後で，農業体験プログラムへの参加を呼びかけた上で(Why don't you join one of these programs with us?), You will be able to learn something new about agriculture. と結んでいる。<**It is** ＋形容詞＋ **for** ＋ **S** ＋ 不定詞[**to** ＋原形]>「Sにとって～[不定詞]することは……[形容詞]だ」**more** ← **many**／**much** の比較級「もっと多く(の)」<**Why don't you** ＋原形 ～ **?**>「～してはどうですか，～しませんか」<**will be able** ＋不定詞[**to** ＋原形]>「～できるだろう」← <can ＋原形>「～できる」の未来

(2)　(全訳)

みどり町
国際春祭り
私達の町には様々な国出身の1000人以上の人々がいます。
美しい桜の元で，多くの友人をつくりましょう。

日付：3月30日(土)&3月31日(日)
時間：一日目　午前10時　―　午後4時
　　　二日目　午前10時　―　午後2時
場所：みどり公園&みどり国際センター

ステージ上での催し(みどり公園)

一日目　世界の舞踏上演	
10:30 – 11:15	スペイン
1:30 – 2:15	ハワイ
3:00 – 3:30	タイ

二日目　世界の音楽	
10:30 – 11:00	日本(和太鼓)
11:30 – 12:00	ブラジル
1:00 – 1:30	スペイン

文化的催し(みどり国際センター　101室)

一日目　英語俳句体験
10:30 – 12:00
インターナショナルスクールの教員が指導

二日目　折り紙で造花作成
11:00 – 12:00
折り紙で美しい紙製の花作りに挑戦

様々な国のおいしい食べ物を楽しもう！　→　みどり公園　　食べ物：全て300円
様々な国の美しい手作り品を購入しよう！　→　みどり公園
様々な国の伝統的衣装を着てみよう！(一日目限定)→　みどり国際センター
(日本の着物も着用可)

◇ボランティア募集！
この催しのボランティアは，カレー店とアメリカンホットドッグ店にて，100円の割引が受けられます。もしボランティアをすることに興味がある場合には，私達のウェブサイトをご確認ください。→ QRコード　みどり国際センター(電話000-111-2222)

① (全訳)ボブ：私は日本の着物を着てみたいです。／ヒロコ：国際センターで可能です。駅の正面にあります。／ボブ：なるほど。一緒に行けますか？／ヒロコ：もちろんです。私は他の国の服にとても興味があります。また，スペイン舞踏の上演も見たいです。／ボブ：私も同感です。ア土曜日の10時に駅で会いましょう。　民族衣装が着られるのは，初日の土曜日のみで，初日のスペイン舞踏の上演時間は10:30開始であることから考える。Try wearing～<try ＋動名詞[原形＋ -ing]>「試しに～してみる」

②「この催しで，ボランティアを行いたければ，イみどり国際センターのウェブサイトを閲覧するべきだ」ボランティアに関しては，お知らせの最後に，If you are interested in volunteering, please check the information on our website. と書かれているのを参考にすること。**should**「～すべきである」<人＋ **be**動詞＋ **interested in** ＋物事>「人が物事に興味がある」　ア 「みどり国際センターに電話をする(べきだ)」　ウ 「カレー店，あるいは，ホットドッグ店へ行く(べきだ)」　エ 「どのように折り紙の花を作るかに関するレッスンを受ける(べきだ)」how to make *origami* flowers ← <**how** ＋不定詞[**to** ＋原形]>「どのように～するか，する方法」on「～について，関する」

③ ア 「他の国々からの1000人以上の人々が，この祭りにやって来る」(×)　冒頭に There are more than 1000 people from various countries in our town. とあるが，この町の外国人の人口が1000人を超えている，という意味なので，不適。more than「～以上」<There ＋ be動詞＋ S ＋場所>「Sが～ [場所]にある／いる」　イ 「桜の木の下で，紙製の花を作って楽しむことができる」(×)　折り紙体験は，みどり国際センターの101号室で実施されるので，不適。enjoy making paper flowers ～ ← <enjoy ＋動名詞[原形 ＋ -ing]>「～することを楽しむ」　ウ 「インターナショナルスクールの教員より，英語の俳句を学ぶことができる」(○)　English *Haiku* experience の説明として，Teachers from the international school will teach you. とあるので，一致。　エ　ボランティアは100円でアメリカンホットドッグを入手できる」(×)　We need volunteers! の箇所で，Volunteers at this event get ¥100 off at the curry shop & the American hot dog shop. とあり，割引が100円ということなので，不適。<for ＋代金>「～で」

8 (長文読解問題・エッセイ：文の挿入，条件英作文，語句の補充・選択，内容真偽，受け身，分詞の形容詞的用法，助動詞，動名詞，接続詞，前置詞，不定詞，進行形)

(和訳)皆さんはファストファッションをしばしば購入しますか？ファストファッションは，単に安いだけでなく，当世風ということで，最近，世界中で人気があります。ファストファッションを扱う企業は，ちょうどファストフードのように，多くの安い製品を迅速に作り出しています。流行りの商品は，短期間に次から次へと売られています。多くの人々がファストファッションを好みますが，環境に対して，深刻な問題を引き起こしています。

まず，私達は多くの服を破棄して，大量のごみを生み出しています。調査によると，日本では，各自が毎年20着の服を捨てています。このことに関して，皆さんはどう思いますか。実際，このことは，1日でおよそ1300トンの服が捨てられていることを意味します。人々はファストファッションの服を特に頻繁に捨てているのです。

次に，服を作り出すには，多量の水が使われています。実際，単に1枚のシャツを作るのに，約2300リッターの水が使われています。1年に私達はどのくらいの水を飲むのでしょうか。調査によると，1人で1年間におよそ440リットルの水を飲んでいることになります。このことは，1人の人間が2300リットルの水を飲むにはおよそ5年間費やす，ということを意味します。また，工場で使われた水は川や海を汚します。ウ世界の水質汚染の約20%が，ファッション産業と関連があるのです。

服を作ることで，大気も汚染されます。(関連)会社は多くの二酸化炭素を放出しています。もちろん，服作りの際に，二酸化炭素は排出されていますが，他の原因も存在しています。例えば，多くのファストファッションの服は，アジア諸国で作られて，他の国々へとトラックや船で運搬されており，このことで多くの二酸化炭素が生み出されているのです。

ファストファッション業界は，これらの問題に対する解決策を見つけ出そうとしています。例えば，新しい服を作るのに，古い服を再生している会社もあります。他社は，消費する水の量を削減しています。しかしながら，これらの問題を解決するには，なお時間を要するでしょう。

援助の手を差し伸べるために，私達ができることは多く存在します。今，皆さんは何ができますか？

エミ(以下E)：私はしばしばファストファッションを購入します。ファストファッションが多くの問題を抱えていることを知り，衝撃を受けています。なぜ人々はファストファッションの服をそんなにわけなく捨てるのでしょうか？／トム(以下T)：Aそれらは安価で，簡単に新しいものを買える，と人々が感じるからだと思います。／マリ(以下M)：トム，同感です。高価な品物を購入するのは容易ではないので，通常，私達はそれらをすぐに捨てることはありません。最も重要なのは，本当に必要な服のみを買うことである，と私は思います。／E：他に私達には何ができるでしょうか？／M：もはや必要ないと思った時に，捨てるのではなく，再生利用するべきだと思います。／T：そのとおりです，でも，B アどのようにしてリサイクルすればよいのですか？／M：リサイクル箱が設置された衣料店があるので，それらを利用することができます。／T：なるほど。古着を買うのは，環境にも良いのですね。そうすることで，C ウごみを削減することできます。／E：それは良い考えですね。もう自分の服を捨てないようにします。

(1)　挿入文が水質汚染(water pollution)に関する文であることから考える。訳参照。<be動詞 + related to[with]>「～に関係のある，かかわりのある，関連している」the water used in factories ← <名詞＋過去分詞＋他の語句>「～された名詞」過去分詞の形容詞的用法

(2)　直前で Why do people throw away fast fashion clothes so easily? という問いかけがあり，空所を含む文が I think it is because(　A　). なので，人々がファストファッションの服を簡単に捨てる理由を字数制限の10～15語でまとめれば良い。throw away「捨てる，無駄にする」

(3)　空所Bを含むトムの発言の前では，マリが服のリサイクルを勧めていて，空所Bを含むトムの発言を受けて，リサイクルの手段としてリサイクル箱の利用についてマリが発言していることから考える。訳参照。**should**「～すべきだ」instead of throwing them away ← instead of ＋動名詞[原形＋ -ing]「～する代わりに」前置詞の後ろに動詞を持ってくる時には動名詞にする。throw away「捨てる，無駄にする」not ～ anymore「もはや～ない」～, **so**……「～である，だから……」　イ「どこにその店があるのか」　ウ「誰がリサイクル箱を所有しているのか」　エ「いつ私達はそれをするべきか」

(4)　Buying used clothes is good for the environment, too. By doing so, we can(　C　). 以上の文脈より，空所には，古着を購入することで実現できる行為が当てはまることになる。正解は，ウ reduce waste「ごみを削減する(ことができる)」。used clothes「古着」← <過去分詞＋名詞>「名詞された名詞」過去分詞の形容詞的用法　by doing ← <前置詞＋動名詞>前置詞の後ろに動詞が来る場合には動名詞になる。　ア「古着を買う(ことができる)」　イ「きれいなエネルギーを選ぶ(ことができる)」　エ「流行りの服を売る(ことがで

きる)」

(5) ア 「環境を守るために，多くの人々がファストファッションの服を購入する」(×) 第1段落第2文で，Fast fashion clothes are popular around the world these days because they are not only cheap but also fashionable.（購入理由は安い値段とおしゃれだから）と述べられているので，不適。to protect the environment ← 不定詞[to ＋原形]の副詞的用法(目的)「～するために」 not only A but also B「AばかりでなくBもまた」 イ「1枚のシャツを作るのに，5人の人々が約1年間飲む量の水が必要である」(○) 第3段落で，Actually, about 2300 liters of water is used to make only one shirt.(第2文)／This means that it takes about five years for one person to drink 2300 liters of water.(第5文)と述べられているので，一致。Five people' s drinking water for one year is ～(five people's は drinking の意味上の主語)← 動名詞の意味上の主語<目的格 **or** 所有格]＋動名詞[原形＋ **-ing**]> is needed／is used ← <**be**動詞＋過去分詞>受け身「～される，されている」 to make(only)one shirt「(わずか)1枚のシャツを作るために」← 不定詞の副詞的用法(目的)「～するために」<It takes ＋時間＋ for ＋ S ＋不定詞[to ＋原形]>「Sが～[不定詞]するのに…… [時間]かかる」 ウ「多くのファストファッションの服は，他国からアジア諸国へと送られる」(×) 第4段落第4文に many fast fashion clothes are made in Asian countries and carried to other countries ～「アジア諸国で作られて，他国へ運ばれる」とあるので，不適。are sent／are made／(are)carried ← <**be**動詞＋過去分詞>受け身「～される，されている」 エ「きれいな水を作り出そうとしているファストファッション会社がある」(×) 企業の問題解決の取り組み例として，挙げられているのが，For example, some companies recycle old clothes to make new ones. Others reduce the amount of water they use.(第5段落第2・3文)のみなので，不適。are trying ← 現在進行形<**is**[**am**／**are**]＋ **-ing**>「～しているところだ」for example「例えば」ones ← oneには前出単数名詞の代用として使われる用法がある。「(同じ種類のもののうちの)1つ，(～のもの)」 water▼they use「彼らが使う水」← <先行詞(＋目的格の関係代名詞)＋主語＋動詞>「主語が動詞する先行詞」目的格の関係代名詞の省略

9 (会話文問題：文の挿入，語句補充・選択，現在完了，接続詞，現在進行形，比較)

(全訳) ジュディ(以下J)；こんにちは，ケン。昨日，サッカーの試合があったそうですね。どうでしたか？／ケン(以下K)：良くなかったです。また，私は得点をあげられませんでした。3度ゴールをはずして，私のせいで，私達のチームは負けてしまいました。／J：元気を出して，ケン。毎日，あなたが一生懸命練習をしているのを知っています。きっと次回は上手くいくでしょう。／K：(1)イそうは思いません。最近，私はサッカーで不振なのです。2週間も得点していません。もはや自分自身を信じることができないのです。／J：ケン，そんなにがっかりしないでください。自分自身を信じてください。／K：どうやって自身を信じるのですか？／J：『雨が降らなければ，虹も出ない』という言葉を知っていますか？ これまでにこの言葉を聞いたことがありますか？／K：いいえ，ありません。それは何ですか？／J：ハワイ由来の有名なことわざです。私の好きなことわざです。／K：(2)アそれはどのような意味ですか？／J：雨が降った後に，私達はしばしば美しい虹を見かけますよね。これは，(3)エ物事が思うようにいかなかった後に，良いことがしばしば訪れる，ということです。／K：なるほど。私にとって何日も雨の日が続いたので，多分，まもなく虹が見られる，ということですね。先生の話を聞いて，気持ちが楽になりました。ありがとうございます。／J：どういたしまして。その言葉を聞けて，良かったです。／K：次の試合に向け

て，より一層練習に励もうと思います。(4)ウ頑張れば，得点できると信じています。／J：その調子です！　あなたのチームのために，あなたならできます。全力を尽くして，ケン。

(1)　ケン「自分のせいでサッカーの試合に負けた」→ ジュディ「元気出して。あなたが毎日懸命に練習をしているのを知っている。きっと次回は上手くいく」→ ケン「(1)最近，サッカーで思うようにプレイできない」空所(1)の直後に否定的な言葉が続くことに注目する。正解は，イ　I don't think so.「私はそう思わない」。<because of ＋名詞(相当語句)>「～のために」cheer up「元気を出す」you are practicing ～ ← **現在進行形<is／am／are ＋ -ing>「～しているところだ」**I'm sure「きっと～だろう」these days「この頃」　ア「私もそう思う」　ウ「私は練習をするのが好きだ」　エ「私は練習をするのが好きでない」直前のI know you are practicing hard every dayというジュディ先生のせりふにそぐわない。

(2)　「"No rain, no rainbow"ということわざを以前聞いたことがあるか？」というジュディ先生の問いかけに対して，ケンは否定形で答えており(ケンはことわざを知らない)，なおかつ，空所(2)の直後で，ジュディ先生がことわざの意味を説明し始めていることから考える。正解は，ことわざの意味を問う，ア　What does it mean?「それは何を意味しますか？」。Have you ever heard this before? ← **<have[has]＋過去分詞>現在完了(完了・経験・結果・継続)「～したことがある」**　イ「なぜそれを知っているのか？」　ウ「何が見えるか？」　エ「なぜそれが起きるのか？」

(3)　空所(3)を含む文を"No rain, no rainbow"ということわざを説明するものとして完成させればよい。It means that good things often come to you (3).(「～後に，良いことがしばしば訪れる，ということを，そのことわざは意味する」)なので，<rainbow = good things／rain = 空所(3)の内容>という関係になっていることに注目。後に，I have had many rainy days, so maybe I will see a rainbow soon. とのせりふもあり，ケンは最近経験した「苦労」のことを many rainy days と表現しているのである。正解は，エ　after you have a difficult time「苦労した後に」。**<have[has]＋過去分詞>現在完了(完了・経験・結果・継続)「～し続けている」～，so……「～，それで，だから……」**　ア「雨傘を使った後に」　イ「虹を見た後に」　ウ「美しいものを発見した後に」

(4)　空所の前でI will practice harder for the next game.という前向きな発言に自然につながる選択肢を選ぶこと。正解は，ウ「頑張れば，得点できると信じている」。harder ← hard「熱心に」の比較級　ア「本当にあなたが私達の仲間になってくれることを望んでいる」　イ「私は3年間そのチームに所属している」have been on the team ～ ← **<have[has]＋過去分詞>現在完了(完了・経験・結果・継続)「～し続けている」**　エ「チームに所属するように，全力を尽くそうと思う」

2024年度英語　リスニングテスト

〔放送台本〕

1は，英語の対話を聞いて，最後の文に対する受け答えを選ぶ問題です。受け答えとして最も適当なものを，それぞれ問題用紙のAからDのうちから一つずつ選んで，その符号を答えなさい。なお，対話はそれぞれ2回放送します。では，始めます。

No. 1　Girl: You went to Kyoto last weekend, right?

Boy: Yes. I visited my uncle.
Girl: Did you go there alone?

No. 2 Boy: What are you doing?
Girl: I'm practicing my speech. I have a speech contest on Sunday.
Boy: Where is it going to be held?

No. 3 Mother: What are you looking for?
Boy: I'm looking for my watch.
Mother: You lost it again? Last time it was under your bed.

〔英文の訳〕

No.1 少女：先週末に京都へ行きましたよね？／少年：はい。私の叔父を訪ねました。／少女：そこへ一人で行きましたか？

〔選択肢の訳〕

A はい，行きます。 Ⓑ はい，行きました。 C いいえ，ありません。
D いいえ，ありませんでした。

No.2 少年：何をしているのですか？／少女：スピーチの練習をしています。土曜日にスピーチコンテストがあります。／少年：どこで開催されますか？

〔選択肢の訳〕

A 30人の生徒です。 B 日曜日です。 C 2時です。 Ⓓ 市の文化センターです。

No.3 母：何を探しているの？／少年：自分の時計を探しています。／母：また失くしたの？ 前回は，あなたのベッドの下にあったわよね。

〔選択肢の訳〕

A それは私のベッドです。 B 時計がありました。 Ⓒ そこは既に確認しました。
D 私はそれを探しています。

〔放送台本〕

2は，英語の対話又は英語の文章を聞いて，それぞれの内容についての質問に答える問題です。質問の答えとして最も適当なものを，それぞれ問題用紙のAからDのうちから一つずつ選んで，その符号を答えなさい。なお，英文と質問はそれぞれ2回放送します。では，始めます。

No. 1 Man: Let's watch a movie here.
Woman: OK, but I have to leave before 7:30.
Man: OK. I'm interested in "Robot World," but it ends at 7:45. How about "Rugby Action"?
Woman: Well, I want to relax today...
Man: How about "Life in the Sea"? We can see beautiful sea animals.
Woman: Sounds good, but it's a little too long. Do you know "September Wind"?
Man: Yes. It's a true story about a school brass band.
Woman: Sounds interesting. Let's watch it. And next time we can watch "Robot World."
Question: Which movie will they watch today?

No. 2 Winter vacation will start soon. Tomoko is looking forward to going skiing with friends. Now she's getting ready for her trip. She bought skiing goods at the sports shop last Saturday. She wanted to buy a travel bag, too, but her mother had a bag already, and Tomoko will use that one. Today, she realized her old sweater is too small, so she's going to buy a new one this weekend.

Question: Where did Tomoko go last weekend?

〔英文の訳〕

No.1 男性(以下M)：ここで映画を見よう。／女性(以下W)：了解，でも，私は7時30分前に出なければならないの。／M：わかった。“ロボット・ワールド”に興味があるけれど，7時45分に終了だね。“ラグビー・アクション”はどう？／W：そうね，今日はくつろぎたいので……／M：“ライフ・イン・ザ・シー”はどう？　美しい海洋生物を見ることができるよ。／W：良さそうね，でも，ちょっと長すぎるわ。“セプテンバー・ウィンド”を知っている？／M：うん。学校の吹奏楽バンドに関する実話だよね。／W：おもしろそうよ。これを見ましょう。そして，“ロボット・ワールド”は，次回，見られるわ。

質問：本日，彼らはどの映画を見ますか？

No.2 冬休みがまもなく始まる。トモコは，彼女の友人とスキーへ行くことを楽しみにしている。今，彼女は旅行の準備をしている。この前の土曜日に，スポーツ用品店でスキー用品を購入した。旅行カバンも買いたかったが，彼女の母親がカバンを既に持っていて，トモコはそれを使うことになっている。今日，自分の古いセーターが小さすぎることに気づいたので，今週末に新しいものを買うつもりだ。

質問：先週末，トモコはどこへ行きましたか？

〔放送台本〕

3は，英語の対話又は英語の文章を聞いて，それぞれの内容についての質問に答える問題です。質問の答えとして最も適当なものを，それぞれ問題用紙のAからDのうちから一つずつ選んで，その符号を答えなさい。なお，英文と質問はそれぞれ2回放送します。では，始めます。

No. 1 Teacher: Today, chorus practice starts at three o'clock. Can you tell the other members?

Student: Yes, Ms. White. Today, we will talk about the school festival, right? Where should we go?

Teacher: We will perform in the gym. Do you think we can talk there?

Student: Well, we need desks and chairs when we talk.

Teacher: You're right. We can use my classroom or the computer room.

Student: Can we meet in the computer room? I think it is better because we can use the computers and it's next to the music room. After we talk, we can practice in the music room.

Teacher: All right.

Question: Where will they talk today?

No. 2 Last year, Yuta went to Australia and stayed with a family. They were all kind to him, and he was happy to stay in their house. He also liked their food, but he couldn't eat all the food the mother made. She looked sad. Finally, he said to her, "It's delicious, but there's too much for me," and she understood. He learned he should tell someone when he has a problem.

Question: What was Yuta's problem while he was staying in Australia?

〔英文の訳〕

No.1　先生(以下T)：本日は，合唱の練習が3時から始まります。他のメンバーに伝えてもらえますか？／生徒(S)：わかりました，ホワイト先生。今日は，学園祭に関する話ですよね？どこに集まったら良いですか？／T：体育館で行うことになります。そこで話せると思いませんか？／S：そうですね，話す際には，机といすが必要です。／T：そうでした。私の教室か，コンピューター室が使えます。／S：コンピューター室で集まることは可能ですか？コンピューターが使えますし，音楽室の隣なので，その方が良いと思います。話し合いの後で，音楽室で練習をすることが可能です。／T：わかりました。

質問：今日，彼らはどこで話しますか？

〔選択肢の訳〕

Ⓐ　コンピューター室にて。　B　教室にて。　C　体育館にて。　D　音楽室にて。

No.2　去年，ユウタはオーストラリアへ行き，ある家族の元に滞在しました。彼らは皆，彼に対して親切で，彼らの家に滞在し，彼は楽しみました。彼らの食べ物も気に入りましたが，母親の料理した食べ物を全て食べることができませんでした。彼女は悲しそうでした。最後に，彼は彼女に「美味しいですが，私には量が多すぎです」と言い，彼女は理解しました。問題がある時には，誰かに告げるべきだ，と彼は学びました。

質問：ユウタがオーストラリアに滞在していた時に，何が彼にとって問題でしたか？

〔選択肢の訳〕

A　オーストラリアの食べ物の中には，彼の好きではないものが含まれていた。　B　彼は家族と一緒に料理することができなかった。　C　彼が作った食べ物を，母親は食べなかった。　Ⓓ　母親が彼に対して食べ物を作りすぎた。

〔放送台本〕

4は，英語の文章を聞いて，その内容について答える問題です。問題用紙には，英語の文章の内容に関するメモが書かれています。

メモを完成するために，①，②に入る最も適当なものを，それぞれ問題用紙のAからDのうちから一つずつ選んで，その符号を答えなさい。なお，英文は2回放送します。では，始めます。

Hi, I'm Yuka. I heard that summer vacation is more than two months long in some countries. I think summer vacation should be longer in Japan, too. Longer summer vacation gives us more chances to try things that we cannot do at school, and this can help us grow. However, some of my friends say summer vacation should be shorter. For example, Miki always wants to see her classmates and teachers during summer vacation. She thinks it's important to talk with many different people at school.

〔英文の訳〕

こんにちは，私はユカです。ある国では，夏休みは2か月以上続くそうです。日本でも，夏休みは今以上に長くするべきだと思います。夏休みが延長されれば，学校ではできないことに挑戦する機会がより増えて，私たちの成長を促します。でも，夏休みを短縮すべきだ，と言う友人もいます。例えば，ミキは，夏休み中に，常に級友と先生に会いたい，と考えています。彼女は，学校で多くの違う人々と話すことが重要である，と思っています。

〔設問・選択肢の訳〕

夏休みは……であるべきだ。

ユカ　→　延長　理由：学校で，できないことに挑戦する。　→　（　①　）

ミキ　→　短縮　理由：学校で，多くの違う人々（　②　）。＝　重要

①　A　人々を手助けできる。　B　楽しめる。　Ⓒ　成長できる。　D　キャンプへ行ける。

②　Ⓐ　と意思を伝え合う　B　の面倒をみる　C　と出かける　D　について話す

＜理科解答＞

1　(1)　イ　(2)　非電解質　(3)　ア　(4)　寒冷前線

2　(1)　イ　(2)　ア　(3)　ウ　(4)　イ

3　(1)　オオカナダモを入れないで，ゴム栓でふたをする。

(2)　イ→ア→ウ　(3)　葉緑体　(4)　ア

4　(1)　ウ　(2)　エ　(3)　電磁誘導　(4)　ウ

5　(1)　イ　(2)　エ　(3)　ア　(4)　右図1

6　(1)　エ　(2)　①　0.2〔N〕　②　0.8〔N〕　(3)　右下図2

7　(1)　ウ　(2)　エ　(3)　ア　(4)　y…8〔m〕　z…880〔m〕

8　(1)　$2Mg + O_2 \rightarrow 2MgO$

(2)　酸素の質量に限りがある　(3)　イ

(4)　1.80(1.8)〔g〕

9　(1)　食物網　(2)　ウ　(3)　エ→ウ→ア→イ

(4)　ウ

図1

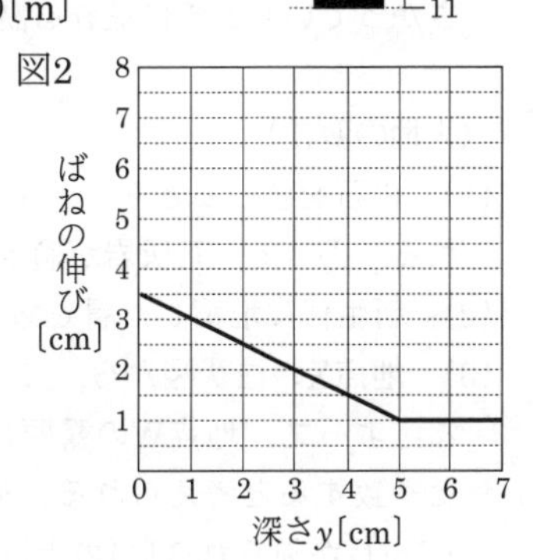

＜理科解説＞

1　（小問集合）

(1)　太陽の光にはいろいろな色の光が混ざっている。太陽の光をプリズムに通すと，色ごとに分かれて屈折する。

(2)　砂糖やエタノールは，水溶液に電流が流れないため，非電解質である。

(3)　メダカはセキツイ動物の魚類である。

(4)　低気圧には，前方に温暖前線，後方に寒冷前線が位置している。

2　（気体の性質）

(1)　水上置換法は，発生した気体を水と置き換えて集めるため，気体を集める試験管の中は水で満たしておく。

(2)・(3)　気体Aは石灰水に通すと白くにごることから二酸化炭素である。二酸化炭素は水に少しとけ，空気よりも密度が小さい。

(4)　気体Bは酸素である。アとエでは二酸化炭素，ウでは水素が発生する。

3 (植物の体のつくりとはたらき)

(1) 実験結果が植物のはたらきによるものであることを確かめるためには，植物を入れずに手順①～③と同じ実験を行った対照実験が必要である。

(2) 対物レンズは倍率が高くなるほど長くなるので，途中で高倍率の対物レンズに変えて観察する場合は，見たいものが視野の中央にくるようにしてから，対物レンズを変え，ピントを合わせる。

(3) デンプンは，細胞内の葉緑体で光合成が行われたために生じた物質である。

(4) 光合成は，根から吸収した水と空気中から取り入れた二酸化炭素を原料にして，光のエネルギーを用いて，デンプン(有機物)と酸素をつくり出すはたらきである。

4 (電流と磁界)

(1) **抵抗〔Ω〕＝電圧〔V〕÷電流〔A〕**より，6.0〔V〕÷1.2〔A〕＝5.0〔Ω〕

(2) 抵抗器の電気抵抗が小さくなると，回路に流れる電流が大きくなるため，コイルの磁界は強くなる。また，回路に流れる電流の向きを変えると，磁界の中を流れる電流が受ける力の向きが反対になる。

(3) コイルの中の磁界を変化させたときに電圧が生じ，電流が流れる現象を，電磁誘導という。

(4) コイルにS極が近づくときとN極が近づくときでは，逆向きの電流が流れる。また，S極が遠ざかっていくときに流れる誘導電流は，コイルにS極が近づくときと逆向きに流れる。

5 (大地の変化)

(1) 化石を含むことから，生物の殻などの主成分である炭酸カルシウムが多く含まれると考えられる。よって，石灰岩が適当である。火成岩に化石が含まれることはない。

(2) 新生代に堆積した層であることを示す**示準化石**には，ビカリアやマンモスなどがある。

(3) 地点Xの柱状図から，この地域には厚さ1.0mと，厚さ2.0mの2つの凝灰岩の層があるとわかる。よって，地点Wの露頭に見られる凝灰岩は，地点XやYに見られる厚さ2.0mの凝灰岩の層と一致すると考えられる。そこで，地点W，X，Yにおける，厚さ2.0mの凝灰岩の層(地点Wは1.5mしか見られない)の上面の標高を求めると，地点Wが10.0＋1.5＝11.5〔m〕，地点Xが20.0－8.5＝11.5〔m〕，地点Yが20.0－0.5＝19.5〔m〕となる。よって，地点WとXは，各層の標高が等しいとわかる。このことから，地点Wの地表から7mの高さにある層の標高は地点Xの標高17mにある層と一致する。地点Xの柱状図をもとにすると，地表から3m下にある標高17mには，泥岩の層があることがわかる。

(4) (3)で求めたように，地点Wと地点Xの各層の標高は等しいことから，この地域は南北方向には傾いていないことがわかる。よって，地点Yと地点Zも，各層の標高は等しく，傾いていないといえる。また，地点Wと地点Yの厚さ2.0mの凝灰岩の層を比べると，その上面は地点Wでは標高11.5m，地点Yでは10－0.5＝9.5〔m〕より，標高9.5mだから，西から東へ11.5－9.5＝2.0〔m〕低くなっている。次に，地点Xの柱状図から，この地点には凝灰岩の層が2つあり，このうち厚さが1.0mの凝灰岩の層は地点Xの柱状図より，20－0.5＝19.5〔m〕で，上面の標高が19.5mとわかる。よって，地点Zの厚さ1.0mの凝灰岩の層の上面の標高は19.5－2.0＝17.5〔m〕より，標高17.5mにあるとわかる。標高17.5mは，20－17.5＝2.5〔m〕より，地点Zの地表から深さ2.5mのところであり，ここに厚さ1.0mの凝灰岩の層があることになる。また，地点Xの柱状図をもとにすると，地点Zでは，厚さ1.0mの凝灰岩の層の下面から7m下に厚さ2.0mの凝灰岩の層があるとわかる。

6 (浮力)

(1)　水深が深くなるほど，水圧は大きくなる。

(2)　①　重さ1.4Nの物体をばねにつるすと7.0cm伸びていることから，1.0cm伸ばすときに必要な力の大きさは，1.4〔N〕÷7.0〔cm〕＝0.2〔N〕　②　深さxが4.0cmのとき，ばねの伸びは3.0cmである。①より，ばねを1.0cm伸ばすのに必要な力の大きさが0.2Nであることから，ばねを3.0cm伸ばすのに必要な力の大きさzNは，0.2〔N〕：1〔cm〕＝z〔N〕：3.0〔cm〕　z＝0.6〔N〕　物体の重さは1.4Nなので，1.4－0.6＝0.8〔N〕の浮力がはたらいている。

(3)　動滑車を用いているので，ばねに加わる下向きの力の大きさがすべて半分になる。実験1のグラフに比べ，ばねの伸びをすべて半分にしたグラフを作成すればよい。

7 (天体)

(1)　月は地球の衛星である。衛星は惑星のまわりを公転している天体である。

(2)　11月8日が満月であったので，その9日後には，下弦の月に近い形が見えると考えられる。下弦の月が南の空に見えるのは，明け方である。

(3)　日食は，太陽が月によって隠されて見える現象である。また，日食は，太陽が月を追い抜いていくように見えることで起こる現象である。よって，太陽の西側(右側)から欠け始める。

(4)　太陽の球の直径をymとすると，3500〔km〕：140万〔km〕＝0.02〔m〕：y〔m〕　y＝8〔m〕　観測者から太陽の球の中心までの距離をzmとすると，3500〔km〕：140万〔km〕＝2.2〔m〕：z〔m〕　z＝880〔m〕

8 (化学変化と質量)

(1)　マグネシウム原子2個と酸素分子1個が反応し，酸化マグネシウム2個ができる。

(2)　物質が酸素と結びつく化学変化をするとき，物質と酸素の質量の比は決まっている。金属は加熱を続けた分だけ多くの酸素と反応するわけではない。

(3)　1.20gのマグネシウムを熱したときに反応した酸素の質量は，34.86－34.06＝0.80〔g〕　よって，化学変化するときのマグネシウムと酸素の質量の比は，マグネシウム：酸素＝1.20：0.80＝3：2

(4)　表1より，1.20gの銅と反応した酸素の質量は，34.36－34.06＝0.30〔g〕　よって，銅と酸素が反応するときの質量の比は，1.20：0.30＝4：1　5.00gの銅を熱したところ5.80gになったことから，反応した酸素の質量は，5.80－5.00＝0.80〔g〕　0.80gの酸素に結びついた銅の質量をxgとすると，x：0.80＝4：1　x＝3.20〔g〕　よって，未反応の銅の質量は，5.00－3.20＝1.80〔g〕

9 (生物どうしのつながり)

(1)　生物どうしの食べる食べられるのつながりを食物連鎖というが，複数の食物連鎖が複雑にからみあったものを，食物網という。

(2)　草食動物も肉食動物も，どちらも他の生物を食べ物として消費して生きていることから，消費者である。

(3)　肉食動物が増加すると，食べ物となる草食動物が減少する(エ)。これにより草食動物に食べられていた植物が増加するが，草食動物を食べていた肉食動物は，食べ物が減るので減少する(ウ)。肉食動物の減少によって食べられる数が減った草食動物は，食べ物の植物の増加の影響もあり，数量が増加する(ア)。草食動物の増加により植物は大量に食べられて数量が減少し，食べ物が増えた肉食動物は増加する(イ)。

(4) ア～エの炭素の移動が図3のどの矢印に一致するかを考えると，ア，イ，エはすべて有機物の流れ(━━▶)で表されているのに対し，植物の呼吸は無機物の流れ(--▶)で表されている。

＜社会解答＞

1 (1) エ (2) イ，ウ (3) 年代の古い順 1ア→2イ→3ウ (4) 環境アセスメント
2 (1) イ (2) A エ C ア (3) カルデラ (4) ① イ，ウ ② ア
3 (1) Ⅰ A Ⅱ イ (2) ア (3) 永久凍土をとかして，建物が傾く
(4) イ (5) エ
4 (1) ア (2) エ (3) ウ (4) 領地は相続によって，分割され小さくなる
(5) 防人
5 (1) エ (2) ベルサイユ (3) ア (4) 年代の古い順 1イ→2ウ→3ア
(5) イ
6 (1) ア (2) 公共事業への支出を減らし，増税を行う (3) ウ
7 (1) イ (2) 被疑者 (3) ウ
8 (1) エ (2) エ

＜社会解説＞

1 (地理的分野―日本地理―地形・貿易，歴史的分野―世界史－政治史，公民的分野―環境問題)

(1) Xは日本で一番長い海岸線を持つ**九十九里浜**である。単調な**砂浜海岸**が長く続く地形である。また，Yの銚子沖は，日本列島の南岸を南西から北東に流れる**暖流**である**黒潮(日本海流)**と，千島列島に沿って南下して，日本列島の西まで達する**寒流**である**親潮(千島海流)**がぶつかるところである。暖流と寒流がぶつかる場所の境目のことを**潮目**といい，多くの魚種の獲れるよい漁場となる。正しい組み合わせはエである。

(2) ア 千葉港と成田国際空港の**輸入総額**を比べると，成田国際空港は千葉港の4倍以上ではあるが5倍以上ではない。 エ 成田国際空港は，輸入総額が輸出総額を上回っているが，その額は3兆3千億円ほどで，3兆5千億円以上ではない。アとエが誤りであり，イとウが表を適切に読み取っている。

(3) ア ベトナムは，フランス・アメリカが援助する資本主義の南ベトナム共和国と，中国・ソ連が援助する社会主義のベトナム民主共和国(北ベトナム)が対立し，1955年に**ベトナム戦争**へと発展した。 イ ブッシュ大統領とゴルバチョフ書記長の**米ソ首脳**が**マルタ会談**を行い，**冷戦終結**を宣言したのが，1989年のことである。 ウ クウェートに侵攻した**イラク**に対し，アメリカ軍主体の**多国籍軍**が攻撃を加えた**湾岸戦争**が起こったのは，1991年である。したがって，年代の古い順に並べれば，1ア→2イ→3ウとなる。

(4) **開発事業**が環境に与える影響を事前に調査・予測・評価し，**環境保全**に悪影響のない事業計画を作る手続きのことを，**環境アセスメント**(環境影響評価)という。環境アセスメントは，住民や関係自治体などの意見を聴くとともに，専門家による審査を行うものである。これにより，環境保全に悪影響の少ない事業開発が期待される。

2 (地理的分野―日本地理－都市・農林水産業・工業・地形・地形図の見方)

(1) まず，四つの**県庁所在地**を確定する。Aは，宮城県の県庁所在地である仙台市である。Bは，神奈川県の県庁所在地である横浜市である。Cは，愛知県の県庁所在地である名古屋市である。Dは，熊本県の県庁所在地である熊本市である。地方自治法の規定により，**人口50万人以上**の市の中で，特に**政令**により指定された都市を**政令指定都市**という。政令指定都市となると，県からの事務移譲や区制の施行，新たな財源等により，高度で専門的な行政サービスが行えるようになる。政令指定都市は**全国で20市**ある。四つの県のうち，県名と県庁所在地名が異なるのは，上記でわかるとおり，宮城県仙台市・神奈川県横浜市・愛知県名古屋市の三つである。正しい組み合わせは，イである。政令指定都市のうち，都道府県名と都道府県庁所在地名が異なるのは，上記3県の他に3道県あり，北海道札幌市・福岡県北九州市・兵庫県神戸市である。埼玉県の県庁所在地は，さいたま市である。ひらがなのさいたま市であり，さいたま市を入れると，4道県あることになる。

(2) A　宮城県は，気仙沼など多くの豊かな漁港をもち，また，**リアス海岸**を利用して養殖業を盛んに行っている。四つの県の中で**海面漁業漁獲量**が最も多いエである。　C　工業生産額の最も多いアが愛知県である。愛知県は，国内最大の自動車メーカーである**トヨタ**の本拠地があり，出荷額のうち輸送用機械が7割を占める。

(3) 火山活動によって火山体に生じた凹地を**カルデラ**という。噴火時にできた火口とは区別され，火口よりも大きい。熊本県の阿蘇地方では，カルデラ内に水田や市街地が広がっている。

(4) ①　ア　**神社**「⛩」よりも，**寺院**「卍」が多い。　エ　佐和山山頂の標高は，**三角点**「△」に示されているように，232.6mである。B地点の標高は，B地点近くに示されているとおり，約87mである。したがって，佐和山の山頂とB地点の標高差は，200m以下である。よって，アとエには誤りがあり，イとウが正しい。　②　□で囲まれた地域は，地形図上では3(cm)×4(cm)である。この**地形図**の**縮尺**は1：25,000であるので，順を追って計算する。3(cm)×25,000＝75,000(cm)＝750(m)＝0.75(km)である。4(cm)×25,000＝100,000(cm)＝1,000(m)＝1(km)である。0.75(km)×1(km)＝0.75(km^2)となり，□内の面積は0.75km^{2}となる。したがって，アが正しい。

3 (地理的分野―世界地理－地形・都市・気候・人々のくらし・エネルギー)

(1) Ⅰ　この地図は，**緯度**と**経度**が直角に交わる**メルカトル図法**で描かれている。メルカトル図法上の距離は，赤道から遠いほど，実際の距離よりも長く描かれる。よって，一番短いのはAである。　Ⅱ　この地図は**正距方位図**であり，中心から遠いほど距離は長く，面積は広く描かれる。Xは，ニューヨークから見て南に当たる大陸である，イの南アメリカ大陸である。

(2) まず，あ・い・う・えの都市を確定する。あは，ポルトガルの首都リスボン，いは，エジプトの首都カイロ，うは，シンガポールの首都シンガポール，えは，ウルグアイの首都モンテビデオである。リスボンは沖合を**暖流**の**北大西洋海流**が流れ，この海流が**偏西風**とともに比較的温暖な**西岸海洋性気候**をもたらしている。6月・7月・8月に雨がほとんど降らず，その他の月も比較的雨の少ないアが，リスボンの**雨温図**である。なお，**南半球**にあり，6月・7月・8月に気温が低いモンテビデオがイ，一年を通して雨のほとんど降らないカイロがウ，一年中高温多雨のシンガポールがエである。

(3) **シベリア**に特有の土壌は，**永久凍土**である。直接地面に触れる建物の暖房などの熱が，永久凍土をとかして建物が傾くことを防ぐために，**高床式住居**を建てて生活している。こういった趣旨を，問題文の空欄に合うように，簡潔に記せばよい。

(4) 資料中Bで表されているのは，イの**ゲルマン系言語**である。英語・オランダ語・ドイツ語・

アイスランド語・ノルウェー語・デンマーク語・スウェーデン語などが，ゲルマン系言語である。一般的には東ゲルマン語・北ゲルマン語・英語などの三つに区分される。

(5) GNIとは，「Gross National Income」の略で「**国民総所得**」のことである。 ア 一人あたりのGNIが，表中で最も高いのが日本であり，2番目がロシアである。だが，一人あたりのCO_2排出量が高いのはロシアの方である。 イ 2000年と2019年を比べて，**発電量**が2倍以上になっている国は中国とインドであるが，インドでは一人あたりのGNIは，2倍にはなっていない。 ウ 2000年と2019年を比べて，日本よりも**温室効果ガス**の排出量の多い国は増加した。ア・イ・ウのどれも誤りであり，エが正しい。

4 (歴史的分野―日本史時代別－古墳時代から平安時代・鎌倉時代から室町時代・安土桃山時代から江戸時代，―日本史テーマ別－法律史・政治史・文化史・経済史，―世界史－政治史)

(1) **戦国大名**の中には，自分の領国を治めるために，**分国法**を独自に定める者もいた。分国法の内容としては，家臣の統制など具体的なものが多い。家臣間の争いを禁じた**喧嘩両成敗**(けんかりょうせいばい)の規定が特徴的である。分国法としては，今川氏の「今川仮名目録」，武田氏の「甲州法度之次第」などが有名である。なお，「**公事方御定書**(くじかたおさだめがき)」は，江戸幕府の八代将軍である徳川吉宗の時代に編纂された裁判の基準である。平安時代中期は**末法思想**の流行から，**浄土信仰**が全盛を迎えた。**摂関政治**の絶頂期である時代に，**関白藤原頼通**によって1053年に建立されたのが，**平等院鳳凰堂**である。正しい組み合わせは，アである。

(2) 平安時代中期の**国風文化**の中で成立したのが，**紫式部**が著した**『源氏物語』**である。世界最古の長編小説と言われている。

(3) ア **フランス革命**が起こったのは，1789年である。 イ **ワシントン**がイギリスを相手とする**独立戦争**を戦ったのは，1775年から1776年である。 エ 1688年にイギリスで**名誉革命**が起こり，翌年**『権利章典』**が制定された。ア・イ・エとも別の世紀の出来事であり，**戊辰戦争**と同じ19世紀の出来事はウである。 ウ リンカンが**奴隷解放宣言**を発表したのは，**南北戦争**さなかの1863年のことである。

(4) 鎌倉時代の**御家人**は，長子があとを相続する**単独相続**ではなく，領地を**分割相続**する方法をとっていたため，鎌倉時代中期には，領地が細分化し，**御家人の窮乏**が顕著になっていった。

(5) 663年の**白村江の戦い**での敗北以後，**九州北部**におかれた国防のための兵士を**防人**(さきもり)という。律令の中で制度化された。当初は諸国の兵士の中から**3年交代**で選ばれ，のちには**東国出身者**に限られるようになった。食料・武器は自弁しなければならず，農民にとっては重い負担だった。

5 (歴史的分野―日本史時代別－明治時代から現代，―日本史テーマ別－政治史・外交史・経済史，―世界史－政治史・経済史)

(1) ア **陸軍青年将校**らに率いられた約1400名の兵士によって，**二・二六事件**が引き起こされたのは，1936年である。 イ **内閣制度**が発足したのは，1885年である。 ウ **八幡製鉄所**において鉄鋼の生産が始まったのは，1901年である。ア・イ・ウのどれも別の時期のことであり，エが正しい。**第一次世界大戦**中の出来事は，エの1915年に起こった，中国に対する**二十一か条の要求**である。それは，日本が，主として**山東省**の利権などドイツ権益を継承することを要求したものである。要求の多くが受諾され，日本は中国国内の勢力範囲を拡大することになった。

(2) 第一次世界大戦の講和条約が**ベルサイユ条約**である。敗戦国のドイツ側に巨額の**賠償金**を課すとともに，**軍備を制限**し，ドイツ本国領土の一部を割譲させるというドイツ側にとっては厳しいものだった。

(3)　**世界恐慌**に対する政策として，アメリカの**ローズベルト大統領**が行ったのが，**ニューディール政策**である。ニューディール政策では，テネシー川流域においてダム建設などの**公共事業**を行い，**失業者**を大量に雇用するなど，政府が積極的に経済に関わった。なお，**5か年計画**はソ連の経済政策である。一部の国が，高い関税をかけて，自国の植民地以外の国からの輸入品を閉め出そうとするのが**ブロック経済**である。正しい組み合わせは，アである。

(4)　ア　27年間アメリカの支配下にあった**沖縄**が日本に復帰したのは，1972年のことである。イ　**朝鮮戦争**が始まったのは，1950年である。　ウ　**東京オリンピック・東京パラリンピック**が開催されたのは，1964年である。　エ　**国際連盟**が発足したのは1920年であり，**第二次世界大戦**前である。したがって，第二次世界大戦後のことがらを年代の古い順に並べると，1イ→2ウ→3アとなる。

(5)　Ⅰ　1960年に**池田勇人内閣**は，実質**国民総生産**を10年以内に2倍にすることを目標とする**「国民所得倍増計画」**を閣議決定した。　Ⅱ　**四日市ぜんそく**は，三重県で大気汚染のために起こった公害である。**四日市ぜんそく**は，石油化学コンビナートの大気汚染によって引き起こされるものである。**水俣病・新潟水俣病・イタイイタイ病**と合わせて，**四大公害**とされる。したがって，正しい組み合わせは，イである。

6 (公民的分野―経済一般・財政)

(1)　**需要曲線**は，価格が高くなるほど需要が少なくなる右下がりの曲線であり，**供給曲線**は，価格が高くなるほど供給が多くなる右上がりの曲線である。この2本の曲線が交わるところが，**均衡価格**である。**自由競争**が行われているこのグラフの場合，価格がXのときには，需要が多く供給が少ないため，価格は上がる。アの組み合わせが正しい。

(2)　**好景気**のときは，市場に出回っている**通貨量**が多いため，物価の上昇・企業の生産の拡大・家計の消費の増加等のことがみられる。好景気が行きすぎ，**インフレーション**の傾向がみられるときは，政府は，**公共事業**を減らすことや増税を行うことで，市場に出回る通貨量を減らす財政政策を行う。□内にあてはまるように，税の語を用いて，20字以内でまとめる。なお，他に**国債**を発行することも**財政政策**の一つである。

(3)　カードAは，2014年に**消費税率**が5％から8％に上がって，**経済成長**が一時的に停滞し，その後すぐに向上したことを表している。カードBは，2001年から2005年に堅実な経済成長があったことを示している。カードCは，2006年から2010年を表しており，2008年に起こった**世界金融危機**の影響を表している。したがって，カードB・カードC・カードAが時代の順に並ぶ，ウが正しい。

7 (公民的分野―裁判)

(1)　Ⅰは，**検察官**である。犯罪や事件を調べ，その**被疑者**を起訴して**裁判**にかけるかどうか決めるのが検察官である。被疑者を不起訴とする場合もある。被疑者が起訴されて裁判にかけられるときは**被告人**という。Ⅱは，**弁護人**である。罪を犯したと疑われている被告人の権利を守る役割を果たす。弁護人の最大の使命は，無実の人が有罪となる**えん罪**の防止である。Ⅲは，審理の中心となり，罪の重さを決め，**判決**を下す**裁判官**である。重大な**刑事事件**の第一審では，市民から選ばれた**裁判員**がこれに加わることがある。正しい組み合わせは，イである。

(2)　罪を犯した疑いがあり，逮捕され，**警察**や**検察**などの捜査機関から犯罪の疑いをかけられ，捜査の対象となっている者で，いまだ**起訴**されていない人を「**被疑者**」という。

(3) ア 日本国憲法第64条には「国会は，罷免の訴追を受けた裁判官を裁判するため，両議院の議員で組織する**弾劾裁判所**を設ける。」ことが定められている。裁判官の**弾劾裁判**(だんがいさいばん)を行うのは国会の役割である。裁判官は弾劾裁判によって，その職を失うことがある。
イ 2008年に**被害者参加制度**が設けられ，事件の**被害者**や**遺族**等が**刑事裁判**に参加して，公判に出席したり，被告人質問などを行うことができるようになったが，殺人事件など特定の裁判に限られている。 エ 日本は**三審制**をとり，慎重な裁判を行うことになっているが，えん罪はなくならない。ア・イ・エのどれも誤りを含んでおり，ウが正しい。

8 (公民的分野―国際社会との関わり)

(1) ア **領空**とは**領土**および**領海**の上空で，国家が領域権を有している空間のことをいう。
イ 領土の**海岸線から12海里**(約22km)を**領海**という。 ウ **海岸線から200海里**(約370km)までの海域を，**排他的経済水域**という。排他的経済水域内では，漁業や天然資源の採掘，科学的調査などを自由に行う事ができる。ア・イ・ウのどれも誤りであり，エが正しい。

(2) **政府開発援助(ODA)**についての問題である。 ア 国際機関への拠出・出資の割合が最も高い国は，日本ではない。フランス・イギリスの方が高い。 イ ドイツは，5か国のうち**二国間援助**額については，アメリカに次いで二番目に多いが，その援助先としては中南米ではなく，アジア・オセアニアの割合が最も高い。 ウ アメリカは5か国のうち二国間援助額が最も多いが，その援助先としては，中南米ではなく，中東・アフリカの割合が最も高い。ア・イ・ウのどれも誤りを含んでおり，エが正しい。

<国語解答>

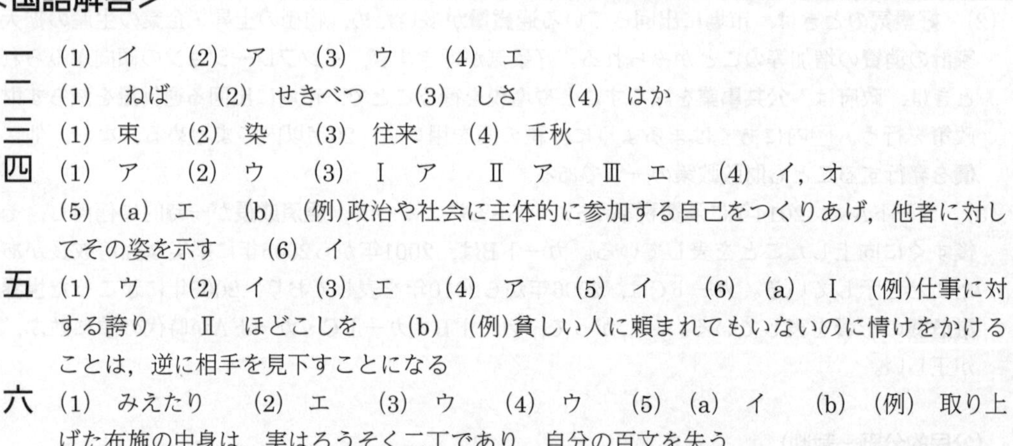

一 (1) イ (2) ア (3) ウ (4) エ

二 (1) ねば (2) せきべつ (3) しさ (4) はか

三 (1) 束 (2) 染 (3) 往来 (4) 千秋

四 (1) ア (2) ウ (3) Ⅰ ア Ⅱ ア Ⅲ エ (4) イ，オ
(5) (a) エ (b) (例)政治や社会に主体的に参加する自己をつくりあげ，他者に対してその姿を示す (6) イ

五 (1) ウ (2) イ (3) エ (4) ア (5) イ (6) (a) Ⅰ (例)仕事に対する誇り Ⅱ ほどこしを (b) (例)貧しい人に頼まれてもいないのに情けをかけることは，逆に相手を見下すことになる

六 (1) みえたり (2) エ (3) ウ (4) ウ (5) (a) イ (b) (例) 取り上げた布施の中身は，実はろうそく二丁であり，自分の百文を失う

七 (例)私は，「知恵」とは，「知識」を活用し，生活をより便利にする力のことだと考える。
私は小学生の時，育てていた植物が元気をなくしたので，太陽が東から昇り，西に沈むという「知識」を生かし，窓辺の植木鉢を二時間ごとに移動させた。植物を常に日光に当てるための「知恵」だ。この結果，植物は元気を取り戻した。このように，「知恵」は，学んだ「知識」を生活に役立てようと意識し，進んで使うことで生まれると考える。

＜国語解説＞

一　(聞き取り)

(1)　鈴木さんはオムライスの大きさに注目していたが，織田さんはオムライスの形に注目している。ここから**同じものを見ても人によって注目するポイントが異なる**ことがわかる。

(2)　織田さんは，相手がオムライスの形に驚くだろうと思っていたし，小説の宣伝カードは，読み手が泣くに違いないと思っていた。しかし，結果はともに自身の予想に反している。共通点は，**受け手が○○と反応するだろうと決め込んでいた**ことである。

(3)　鈴木さんは「自分の読み取りが不足しているからだ」と自分の力不足を嘆いていてマイナス思考だ。一方の織田さんは「その本屋さんとは違う言葉で紹介できる」という〝違う一面を紹介できる新しい可能性〟と捉えていてプラス思考である。

(4)　初めは，泣いた百人の中に入れなかったことを嘆いていたが，これは「百人」を一つの考え方にまとめてしまったもので，多様性に欠ける。織田さんと話すことで，「それぞれに泣いた理由は，違っていたかもしれない」という気づきにより，鈴木さんは**思考の多様性**にたどり着いている。

二　(漢字の読み)

(1)　訓読みは「ねば・る」,音読みは「ネン」。　(2)　別れを惜しむこと。　(3)　それとなく知らせること。ほのめかすこと。　(4)　他の意見はどうであるか，聞いてみること。

三　(漢字の書き取り)

(1)　細いもの長いものを紐などで一つにまとめること。「花束」。　(2)　四・五画目は「九」。「丸」にしない。　(3)　「往」は，**ぎょうにんべん**。にんべんではない。　(4)　「一日千秋」は，早く実現すればいいと，待ち遠しく思うこと。

四　(論説文―文脈把握，内容吟味，段落・文章構成，脱文・脱語補充,品詞・用法)

(1)　「はっきり」は副詞。ア「やがて」は副詞，イ「美しい」は形容詞，ウ「ような」は助動詞，エ「確実に」は形容動詞「確実だ」の連用形。

(2)　「るつぼ」は，いろいろな物質を溶かすのに使う器のことで，それをシカゴの街に例えるに「多様な人種や民族を溶かしてしまう器」としている。したがって，「人種の坩堝」とは，シカゴのような，**多種多様な言語や文化を持つ人々がさまざまな問題を抱えつつも集まって暮らし，一つの街をなしている**ことを指す。

(3)　「社会的存在」になるために必要な「多様な他者とさまざまなグラデーションがある出会いを繰り返しながら成長し，社会化」するという過程が「少し考えれば……」で始まる段落に示されている。そして，その**他者との出会い**において，「**他者の態度を引き受け，期待される役割**をその場で判断し，適切に役割を演じ，上手に他者との関係性を維持していく」重要性が述べられている。なお**「期待される役割」とは，その社会の一員としての責任を持つ自己が担う役割のこと**だという読み取りがⅢを解く上で重要である。

(4)　傍線Cと同段落に，近親者や仲良しといった親密な他者との出会いが紹介され，それは**自己に大きな影響を与える他者との出会い**である。一方で，すれ違うだけや一度も接することのないような**関係性が薄い他者との出会い**もあることを示している。

(5)　(a)　「批判する力」とは，**新たな何かを作り出す力のことで革新的**である。それを**持たないのは，保守的になるということ**だから，「社会性」を守るという段階にとどまることになる。

(b) 「批判する力」は「政治や社会に参加する『主体』をつくりあげる」ために必要なのだ。したがって,「批判する力」を持つことで可能になることは,**政治や社会に主体的に参加しうる自己の実現**である。そして,**主体的に参加しているという姿勢(メンバーであること)を示すこと**ができる。この2点を含めてまとめよう。

(6) 前半は,ミードによる社会学の創造について述べている。そこには,「I」と「me」についてそれぞれの側面について論じ,**両者が相まって「社会的存在」になること**が示されている。後半部ではミードの論の中の**筆者が興味深く思う「I」がもつ側面**について深く掘り下げて論じている。

五 (小説—情景・心情,内容吟味,脱文・脱語補充)

(1) 女の「もう三年も寝たっきりの……」の言葉から,**病気の父親に柿を食べさせてやりたい**という気持ちが読み取れる。

(2) 新吉は,女の話や身なりから生活が貧しいことを察しており,そんな女から**お金を取っていいものか迷っ**ている。売るものについて悩んだり,金額を考えあぐねているわけではない。

(3) 女の強さや聡明さは,**人となりの正しさから生まれたものだ**。ものの売り買いには金のやりとりがあって当然だという思いが読み取れる。新吉と仲良くなりたいとか,父親のことを考慮してもらうといった感情は読み取れない。ア「純粋さ」と迷うが,**女が発する「強さ」をふまえると自負心(自分に対する自信)の表れ**ととるのが適切である。

(4) 女が**「おいしいお鮨だ」からと,自分の鮨を頼んでくれたことが嬉しくて**「がってんだ」と答えたのだ。職人として認めてくれた女の思いに応えたいという,新吉の思いが表れた言葉である。イ「自分自身をひどく責めていた」,ウ「職人としての未熟さを感じていた」,エ「女に対して腹立ちを覚えていた」という記述がそれぞれ不適切である。

(5) 文章最後の新吉の心中表現「なにかのときのために,ずっと蓄えてきた差しにちげえねえ」という部分から,二本の差しが,**いざというときのための大切な蓄えである**ことがわかる。

(6) (a) 牧さんの「本当においしかったら,……また買いに来てくれる」の発言から,新吉には**鮨職人としての誇り(自信)**があったので,今日は柿を付けまいと考えたことがわかる。[I]には,この新吉の思いを補う。また,谷さんが「他者にもまっすぐに向き合う人物」だと言っているのは,新吉の「ほどこしをするわけじゃねえんだ」という発言から読み取れる。**ほどこしをする・されるというような,身分の貴賤にとらわれないまっすぐな人柄**がうかがえる。 (b) 貧しくかわいそうな女に**勝手に情けをかけるということは,自分が優位にたち,相手を見下す**ことになる。他者にまっすぐ向き合う新吉は,この女に対しても**対等な立場から**やりとりをしようと考えたのであろう。

六 (古文・漢文—大意・要旨,内容吟味,文脈把握,仮名遣い)

【現代語訳】 欲深い住職が,下位の僧を連れて濾滓に出かけた。(そこの家人が)僧の食事のために金銭や品物を渡したものを童子に持たせ,住職の前に置き,これは百文の包みだと考えた。後に家の主人が二百文包んだものを持ち出して,下位の僧の前に置いた。住職が「なんと不思議なことか。間違えたのであろう。」と,寺に帰って,下位の僧に向かって「先ほどの布施は,家の主人が取り違えたものだと思われる。私のをお前にやり,それをこっちによこせ。」と言う。下位の僧が迷惑そうにしていたところ,(住職は)ますます欲しくなって,自分の分を投げ出して,その二百文の包みを取り上げて見たところ,ろうそくが二丁あった。

(1) 語中・語尾の「は・ひ・ふ・へ・ほ」は現代仮名遣いでは「ワ・イ・ウ・エ・オ」となる。

(2)　下位の僧の前に置かれた包みが二百文入っているような大きさで，自分より多いことが不審だったのだ。

(3)　**勘違いをしている長老に交換を促されたことが迷惑**だったのだ。同宿が受けとった包みに二百文入っているというのは長老の勘違いである。

(4)　「ほしく思っている」のは欲ふかき長老である。

(5)　(a)　漢字の読む順番は「既」→「隴」→「平」→「復」→「蜀」→「望」である。「隴」と「平」，「蜀」と「望」が，それぞれ**一字ずつ返って読むので，そこにレ点が必要**となる。

(b)　下位の僧から取り上げた包みには**ろうそくが二丁入っていたという結論**とそれに伴って自分の**百文を失ったという最後のおち**を含めてまとめればよい。

八　**(作文)**

二段落構成という条件を厳守する。「知恵」について考えを述べる。まず，第一段落では，「知恵」を定義するのだが，**「知識」との関係性をふまえたうえで考えをまとめる**ようにするとよい。そのうえで，第二段落では，「知恵」を発揮するための方法や，「知恵」を持つためにどうするのがよいかという意見，「知恵」があることがどのように有益であるかなど，自分の考えを示そう。具体例は簡潔に。自分の考えとは，「知恵」がいいものか悪いものかを明らかにしたものではない。**「知恵」がどのように自分の生活にかかわっているか**ふり返りながら論じていけるとよい。

2024年度国語　聞き取り検査

〔放送台本〕

(チャイム)

これから，国語の学力検査を行います。

最初は聞き取り検査です。これは，放送を聞いて問いに答える検査です。

一　これから，織田さんが鈴木さんに，自分が驚いた体験について話す場面と，それに関連した問いを四問放送します。よく聞いて，それぞれの問いに答えなさい。

なお，やりとりの途中，(合図音A)という合図のあと，問いを放送します。また，(合図音B)という合図のあと，場面の続きを放送します。

1ページと2ページにメモをとってもかまいません。では，始めます。

織田　鈴木さん，聞いて。この間，家族でレストランに行ったんだ。そのとき，注文したオムライスに，びっくりしたんだよ。

鈴木　どんなオムライスだったの？

織田　うーんとね，オムライスの……。説明するより，写真を見せた方が早いわ。あまりに驚いたから，スマートフォンで写真を撮ったの。ほら，見て。

鈴木　うわあ，大きなオムライスだね！そばのスプーンが小さく見える。確かに，これは驚くね。

織田　違うよ，ほら，よく見てよ。オムライスの両端が内側に向かって曲がっているでしょう。まるで三日月みたいじゃない。

鈴木　言われてみれば……。ごめん，つい，大きさに目がいって……。

織田　ううん，私が悪かったの。写真だけではなくて，言葉でも説明すればよかったよ。私が説明するより，写真のほうが伝わりやすいと思ったけれど，そうではないね。

(合図音A)

問いの(1) 織田さんが,「写真のほうが伝わりやすいと思ったけれど,そうではない」と気づいたのはなぜですか。その説明として最も適当なものを,選択肢ア～エのうちから一つ選び,その符号を答えなさい。

(合図音B)

鈴木 今の話で思い出したのだけれど,この間,本屋で「伝わりやすい」ようで「伝わらない」体験をしたよ。その本屋は,レジカウンターの前に小説が飾ってあって,おすすめのポイントを書いた宣伝カードがついているんだ。この間はね,ある小説の宣伝カードに「泣ける小説ナンバーワン! 百人が泣きました。」とあったよ。織田さんは,この紹介の仕方,どう思う?

織田 いいと思うよ。「泣ける小説」を読みたいと思っていた人には役立つ情報だと思うな。

鈴木 そう思って買って読んだよ。ただ,とっても面白かったのだけれど,自分自身は,泣けなかったんだ。

織田 そうかあ。鈴木さんの体験を聞くと,小説を「泣ける小説」として紹介することと,私がびっくりしたオムライスを写真で示すこととは,共通する点があるね。だから,鈴木さんは戸惑ってしまったのだね。

(合図音A)

問いの(2) 小説を「泣ける小説」として紹介することと,自分がびっくりしたオムライスを写真で示すこととで「共通する点」は何ですか。その内容を説明したものとして最も適当なものを,選択肢ア～エのうちから一つ選び,その符号を答えなさい。

(合図音B)

鈴木 そうなんだ。泣けないのは,自分の読み取りが不足しているからだと思って落ち込んでしまったよ。

織田 え,落ち込む必要はないよ。だって,鈴木さんは,その小説が面白かったのでしょう? ということは,その小説について鈴木さんは,その本屋さんとは違う言葉で紹介できるのではないかな。

(合図音A)

問いの(3) 「泣けない」に対する二人の考え方の違いを説明したものとして最も適当なものを,選択肢ア～エのうちから一つ選び,その符号を答えなさい。

(合図音B)

鈴木 ありがとう。そういう考え方もあるのだね。織田さんの話を聞いて,宣伝カードの「百人が泣きました」の「百人」も,それぞれ泣いた理由は,違っていたかもしれないと思い始めたよ。

織田 そうだよ。「泣ける小説」と紹介されたからこそ,他の人はどうだったかな,と語り合いたくなるよ。「泣ける小説」という紹介の仕方は,そのとおりの反応はしなくても,人と人とを結びつけてくれるきっかけになるのではないかな。

鈴木 うん。「百人が泣きました」の捉え方が,織田さんと話して,変わったよ。

(合図音A)

問いの(4) 鈴木さんは「百人が泣きました」に対する捉え方が変わったとありますが,どのように変わったのですか。その説明として最も適当なものを,選択肢ア～エのうちから一つ選び,その符号を答えなさい。

放送は以上です。

2024年度

★★★★★★★★★★★★★★★★★★★★★★★★★

入　試　問　題

●くわしい解説……11ページ

＜思考力を問う問題＞

時間　60分　　満点　100点

（大問１は10ページから始まります。）

2　次の⑴～⑷の問いに答えなさい。

⑴　記号◎を，a ◎ $b = 2a^2 + 2ab$ と定める。
例えば，１◎３＝$2 \times 1^2 + 2 \times 1 \times 3 = 8$，３◎１＝$2 \times 3^2 + 2 \times 3 \times 1 = 24$ となる。
このとき，p，q が自然数で，p ◎ q と q ◎ p の和が162となるとき，$p + q$ の値を求めなさい。

⑵　次の５個のデータの中央値として考えられる数は，全部で何通りあるか求めなさい。
ただし，n は自然数とする。

11，29，8，n，30

⑶　下の図のように，関数 $y = \frac{1}{2}x^2$ のグラフ上に２点A，Bがある。点Aの y 座標は２で，点Bの y 座標は８である。点Aを通り x 軸に平行な直線と y 軸との交点をC，点Bを通り x 軸に平行な直線と y 軸との交点をDとする。
このとき，次の①，②の問いに答えなさい。
ただし，原点Oから点（１，０）までの距離及び原点Oから点（０，１）までの距離をそれぞれ１cmとする。

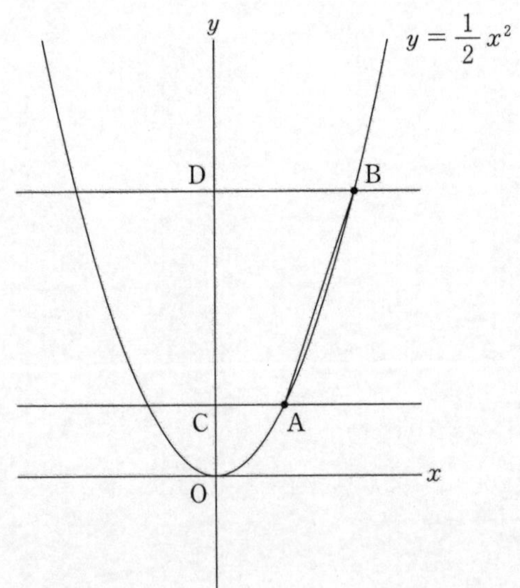

①　台形ABDCを，y 軸を軸として１回転させてできる立体の体積を求めなさい。
ただし，円周率は π を用いることとする。

②　原点Oを通り，台形ABDCの面積を２等分する直線の式を求めなさい。

(4)　下の図１のように，１辺の長さが $3\sqrt{3}$ cmの正三角形ABCと，１辺の長さが $2\sqrt{3}$ cmの正三角形ADEがある。正三角形ADEは，頂点Dが辺AC上にある状態から，点Aを中心として時計回りに回転し，頂点Dが辺AB上にある状態になったときに止まる。

　また，点Aが辺GJの中点，点H，Iがそれぞれ辺AB，AC上にあり，BC∥HI，辺GHの長さが $\frac{3}{2}$ cmである長方形GHIJがある。

　頂点Dが辺AC，AB上にないときの辺ACと辺DEの交点をF，辺ADと辺HIの交点をK，線分DFの長さを x cmとするとき，次の①，②の問いに答えなさい。

①　頂点Dが辺AB，AC上にないとき，三角形AKIの面積を x を用いて表しなさい。

図１

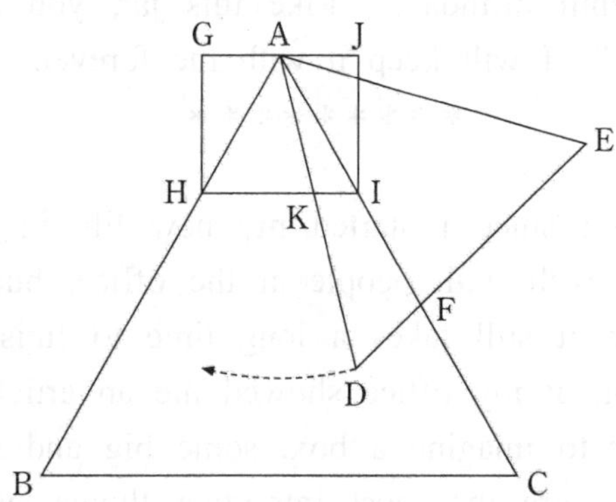

②　下の図２のように，三角形LDMは，点L，Mがそれぞれ線分DK，DF上にあり，１辺の長さが $\frac{1}{2}x$ cmの正三角形であるとする。

五角形KLMFI（斜線部分）の面積が $\frac{9\sqrt{3}}{8}$ cm²となるときの x の値を求めなさい。

図２

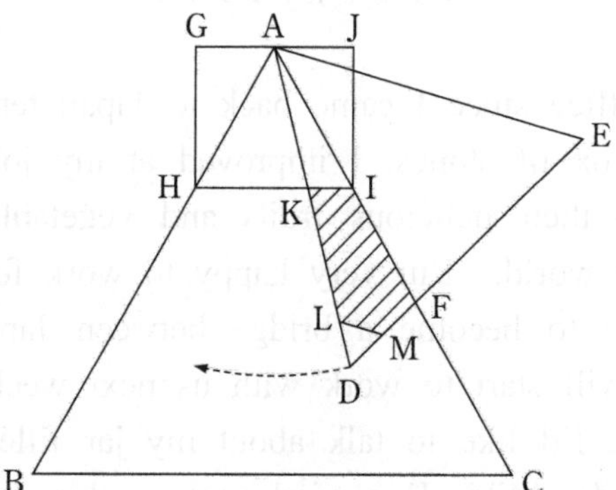

3　ユイ（Yui）の日記を読んで，あとの(1)~(3)の問いに答えなさい。

August, 10, 2000

Yesterday, I came to this small island to see my aunt's family. This morning, my cousin, Miki, took me to a beach made of white sand. I was surprised because the beach was so white. We enjoyed swimming and looking for beautiful shells. After that, we had lunch under a tree. Suddenly, she took something out of her bag. It was a beautiful clear jar. She filled it with the big shells which we found at the beach. She said to me, "Is the jar full?" and I said, "Yes." Then, she put small shells into the jar and shook it. The small shells moved into the spaces around the big shells. She said to me again, "Is the jar full?" I agreed that it was full. However, she started to put sand into the jar. The sand filled the space between the big and small shells. Finally, she gave me the jar filled with beautiful pink shells and white sand and said, "Today is your fifteenth birthday! Like this jar, you can fill your life with many beautiful things." I will keep it with me forever.

* * * * * * * * * * *

October 8, 2008

A month has passed since I started my new life in Singapore. At first, I couldn't communicate well with people at the office, but now I enjoy working with them. However, it still takes a long time to finish my work every day. This evening, a person at my office showed me an article in a magazine. The article told the reader to imagine a box, some big and small stones, and some sand. The big stones are the most important things such as your health and family. Next, the small stones are things such as your house and school. The sand is everything else in your life. If you start to fill the box with sand first, there won't be enough space for stones. However, if you put in big stones first, small stones second, and sand last, it's not so difficult to fill a box with all of them. I remembered the jar Miki gave me when we were younger.

* * * * * * * * * * *

March 27, 2023

I've been at this office since I came back to Japan ten years ago. Thanks to the story about the box of stones, I improved at my job. Our company helps Japanese farmers sell their delicious fruits and vegetables to supermarkets and restaurants around the world. I'm very happy to work for this company because one of my dreams is to become a bridge between Japan and other countries. Our new employees will start to work with us next week, and I will give them a speech. Of course, I'd like to talk about my jar filled with sand and shells. Because of your words, Miki, I've tried various things in my life, and I will keep doing so. Thank you.

（注） shells 貝　jar （広口でふたつきの）びん　fill ~ with… ~を…でいっぱいにする
stones 石　employees 社員

(1) 本文の内容に合うように，次の①，②の英文の（　）に入る最も適当なものを，それぞれあとのア～エのうちから一つずつ選び，その符号を答えなさい。

① By showing the jar to Yui, Miki wanted to say, "(　　)"

ア You will find many different shells on this beach.

イ You should keep this jar with you forever.

ウ You should make more jars like this one.

エ You will have many great experiences in your life.

(2) Yui was (　　) years old when she gave a speech to the new employees at her company.

ア 33　イ 34　ウ 37　エ 38

(2) 本文の内容に合っているものを，次のア～エのうちから一つ選び，その符号を答えなさい。

ア Yui enjoyed swimming and looking for beautiful shells at the white beach every summer.

イ Miki filled a clear jar with beautiful stones and sand to celebrate Yui's birthday.

ウ Yui had some difficulties when she started to work in Singapore, but an article helped her.

エ Yui was planning to tell the new employees about her memory of Miki's birthday.

(3) 次の英文は，ユイのスピーチの原稿です。（　）に入る最も適当な英単語２語を書きなさい。

> Welcome to our company! We want all of you to have a wonderful time with us. Look at this jar. It's filled with beautiful shells and white sand. My cousin gave it to me when I was a junior high school student. Your life is like this jar. The big shells are your health and family. They are the most important things in your life. If you want to fill the jar with all the shells and sand, you have to do it in the (　　). Put the big shells in first and then put the smaller things in. Like this jar, you must start with the most important things to you. I hope your dreams will come true in the future.

4 レン（Ren）がクラスで発表した内容を読んで，あとの(1)～(3)の問いに答えなさい。

Hi, everyone. I want to talk about a type of fruit today. As you know, there are many kinds of fruit around us: apples, grapes, strawberries, pineapples, and so on. Do you know the most popular fruit in Japan? It's bananas. I hear the average Japanese person eats about 8 kg in a year. I can buy bananas any time, though I cannot find banana trees easily here in Japan. Why? It's because most bananas sold in Japan come from other countries. Where do they come from?

About 80 percent of bananas eaten in Japan are from the Philippines. India produces the most bananas in the world, but the bananas produced in India do not come to Japan because most of them are eaten in India. I hear that people in India eat bananas not only as snacks but also in some cooked food. Banana trees like warm weather, so they grow very well in the Philippines and India. I've read that there are also banana trees in Okinawa.

Most bananas are carried by ship from other countries to Japan. It takes a long time. How are bananas carried by ship without having any problems? When bananas leave for Japan, they are green, so they are not sweet or delicious yet. When they arrive in Japan, they are still green, and they are kept in a special room. The room is filled with a gas which makes them sweet and delicious. The temperature, humidity, and other things are also controlled in the room to make them yellow and ready to eat.

When you eat bananas, you should wait until brown spots appear on them. Those spots are called sugar spots and they show that the amount of sugar is increasing. If you find many sugar spots, it is the best time to enjoy a sweet banana. When you get a lot of sweet bananas at once, I recommend making banana cake. The bananas will be very sweet, so you can make sweet delicious cake without any sugar.

Have you ever seen black things inside a banana? They look like seeds, but they cannot become a banana tree. If you want to grow a banana tree, you need to cut a part of a banana tree and plant it. It looks easy but it is difficult to grow new trees that are big and healthy. Actually, some new trees become sick and cannot grow bananas. If farmers don't take care of their banana trees, we don't get delicious bananas. When we eat bananas, let's think about all of the people who worked hard to grow them.

(注) average 平均的な　gas 気体　humidity 湿度　control ～を管理する
spots はん点　plant ～を植える

⑴ 本文の内容に合うように，次の英文の（ ）に入る最も適当なものを，あとのア～エのうちから一つ選び，その符号を答えなさい。

When we grow new banana trees, we plant (　　　).

ア skin with sugar spots
イ a whole banana with its skin
ウ seeds we find inside bananas
エ a part of a banana tree after cutting it

⑵ 本文の内容に合っていないものを，次のア～エのうちから一つ選び，その符号を答えなさい。

ア The average Japanese person eats about 8 kg of bananas from the Philippines in a year.
イ The largest amount of bananas in the world is produced in India.

ウ　Bananas are carried by ship when they are green and not sweet yet.

エ　Bananas with brown spots on them are sweet and delicious.

(3)　次の英文は，レンの発表を聞いて，クラスメートのケン（Ken）が書いた内容です。(　)に入る言葉を英語で書きなさい。ただし，語の数は**10語程度**（，などの符号は語数に含まない。）とすること。

> A week ago, my mother put sour kiwis in a box with a sweet apple. I ate some of the kiwis last night and they were sweet and delicious. In today's English class, I listened to Ren's speech and got an idea about why that happens. I thought that (　　), so, after school, I asked my science teacher. He said that my idea was right. According to him, it is called ethylene gas and it is the same gas as the one which is used for bananas. I want to try putting other fruits with kiwis and find which ones make them sweet.

（注）kiwis　キウイフルーツ　　ethylene gas　エチレンガス

重をはばむ恐れがある。

エ　共感は、心情や感情ではわかるとは言いづらい人たちへの配慮事項を明確にして、想像範囲を拡張させる点で、多様性の尊重を促進する原動力となる。

(2)　【文章Ⅰ】中にB安易にわかろうとするあまり、目前の他者の多様性や個別性を無視しかねないとあるが、このことを【文章Ⅱ】中の「本質直観」に対する考え方を使って、次のように具体的に説明するとき、Ⅰ～Ⅲに入る言葉を答えなさい。ただし、あとの〈条件〉にしたがうこと。

> 【文章Ⅰ】中の傍線部Bのような状況は、【文章Ⅱ】中に述べられている二種類の「本質直観」のうち、「Ⅰの本質直観」で生じる。例えば「不安」や「自由」はⅡため、「安易にわかろう」としてしまいがちだ。だが、「不安」や「自由」はⅢことは危険だ。このことに無自覚だと、目前の他者の多様性や個別性の無視につながる。

〈条件〉

①　Ⅰは、【文章Ⅱ】中から漢字二字以内で抜き出して書くこと。

②　Ⅱは、【文章Ⅱ】中の言葉を使って十字以内で書き、Ⅲは、三十字以上、四十字以内で「～ため～」という形を使って書くこと。

(3)　【文章Ⅰ】中にC情緒的な共感をうまく働かせるためにこそ、知的な理解が必要とあるが、「情緒的な共感をうまく働かせるため」の「知的な理解」の仕方を、【文章Ⅰ】の考え方と【文章Ⅱ】の考え方をふまえて、具体的に説明しなさい。ただし、次の〈条件〉にしたがうこと。

〈条件〉

①　「知的な理解」をする対象を、【文章Ⅱ】中の「不安」「自由」を参考にして、自分で考えて、具体的に挙げること。

②　【文章Ⅱ】中の「共通了解」という言葉を使うこと。

③　百五十字以上、二百字以内で書くこと。ただし、一マス目から書き始め、段落は設けないこと。

づけられた意味を、ほぼそのまま受け取っている。事物から直観される意味は、そうした普遍性があるため、まさに本質を直観していると言えるのだ。

しかし、「不安」や「自由」といった言葉から直観される意味は、個人の経験に左右され、微妙に異なっている。なるほど、誰もが不安や自由を経験しているし、その一般的な意味を把握しているため、「不安」や「自由」などの言葉が会話の中で出てきても、まったく違和感はなく、意味のズレを感じることも少ない。その意味では本質を直観しているとも言えるのだが、しかし、よくよく話し合ってみると、やはり考え方の違いは存在する。

普段から強い不安を抱いている人は、楽観的な人に比べて不安を避けたいという思いが強く、それが行動様式を決定づけているだろう。幼い頃から行動を強く制限されてきた人にとって、自由とは拘束から解放される理想的状態のように思えるが、好き勝手に行動や生き方を選べるとしても、自分がどうしたいのかわからない人にとっては、自由は重荷に感じられるかもしれない。不安も自由も人によって捉え方が違うのだ。

だからといって、多くの人が共通して納得できる意味など存在しない、とは言えない。(注6)ポストモダン思想や分析哲学など、現代哲学では真理の存在を否定し、(注7)相対主義が広まっているため、現象学のように本質を重視する哲学は批判されてきた。それは、本質が普遍的な真理と混同されているからだ。しかし、多様な解釈があるとしても、共通する意味は必ず存在する。「自由」についての捉え方が違っているとしても、まったく異なる意味で捉えていれば、「自由」という言葉を使った会話自体が成り立たないだろう。

したがって、こうした事物以外の対象にも多くの人が共有している意味があり、よく考えれば必ず本質を取り出すことができる。「不安」についての本質を取り出すなら、心理学的な不安論や一般的な先入観を排し、自らが直観している「不安」の意味を出発点にして、誰もが納得できるような「不安」の意味を考えてみればよい。多くの人が共通了解できる意味が見つかれば、それが「不安」の本質ということになる。

（山竹伸二『共感の正体』による。）

（注3）直観＝推理などの論理的判断によらず、ただちに対象の本質を見抜くこと。

（注4）賦活＝活力を与えること。

（注5）フッサール＝エトムント・フッサール。オーストリア生まれのドイツの哲学者。現象学の創始者。

（注6）ポストモダン思想＝近代の合理主義や画一的な価値観を乗り越えようとする思想・芸術上の考え方。

（注7）相対主義＝人間の認識や評価はすべて他との関係の上に成立、存在しており、真理の絶対的な妥当性を認めない立場。

(1)　［文章Ⅰ］中に A多様性を尊重する社会 とあるが、そのような社会における「共感」についての説明として最も適当なものを、次のア～エのうちから一つ選び、その符号を答えなさい。

ア　共感をよせることは、初めは感覚的であっても、知識や事実を積み上げ、相手を理解するきっかけとなる点で、多様性の尊重を促進する原動力となる。

イ　共感は、想像よりも事実を重要視するため、感情的な判断を軽んじる傾向にあり、個々の生活や感覚に力点をおいて、多様性の尊重をはばむ恐れがある。

ウ　共感が働くのは、感覚的に思い描ける範囲の内容に限られるため、自分が想像できないことに対しては受容できず、多様性の尊

1　次の【文章Ⅰ】、【文章Ⅱ】を読み、あとの(1)～(3)の問いに答えなさい。ただし、解答する際に字数制限がある場合には、句読点や「」などの符号も字数に数えること。

【文章Ⅰ】

(注1)小川(おがわ)は、A多様性を尊重する社会に生きるための手がかりは、安易な想像ではなく、事実に基づく理解だと語った。感覚的に思い描ける範囲で相手を想像することの危うさを批判する一方で、知識を得て事実を積み上げることで、実感できないことも含め、相手の生活や感覚を理解することの大切さを訴えている。

つまるところ、共感は偏る。私たちは身近な人や似ていると感じる人への共感を強く働かせるが、そうでない人には「不思議」「変わっている」「怖い」「異質」「愚か」「邪悪」などのラベルを貼りかねない。また、B安易にわかろうとするあまり、目前の他者の多様性や個別性を無視しかねない。だからこそ、直感的に自分の延長にいると想像できない人に対しては、知識や事実を丁寧に積み上げて「理解」することが必要だ。心情や感情ではわかるとは言いづらい人たちに配慮の羽を伸ばすために、知や理を頼る。相手が十分に対話相手たりうるということを頭で理解し、その学びの中で想像力を拡(ひろ)げていく。C情緒的な共感をうまく働かせるためにこそ、知的な理解が必要なのだ。

この提案は大きな魅力と実効性がある。政治学者の(注2)ジェイムズ・フィシュキンは、知識が増えた人ほど意見に変化がみられ、根拠を提示する発言は根拠を示さない発言よりも人の考えを変える力が強いことを明らかにしている。これは、知識や事実に基づくアプローチの有効性を示すものだ。

（谷川嘉浩(たにがわよしひろ)「人は本当に対話したいのか、どうすれば対話したいと思うのか」（『フューチャー・デザインと哲学』所収）による。）

（注1）小川＝小川哲(さとし)。小説家。
（注2）ジェイムズ・フィシュキン＝アメリカの政治学者。スタンフォード大学教授。

【文章Ⅱ】

机を見ただけで、「机だな」とわかるのは、その意味が直観(注3)されているからだ。

パソコンを見た瞬間に、「パソコンだ」とわかるのも、過去にパソコンを見たことがあり、画面、キーボードなどがついている電気製品が「パソコン」であること、それがどんなものなのかということを知っているからである。だからこそ、パソコンの形をしたものを見た瞬間に、そうした意味が(注4)賦活(ふかつ)され、意識において直観されることになる。

これが(注5)フッサールの言う本質直観である。

本質直観は「机」「パソコン」「山」「学校」のような実在的な物だけではなく、「不安」「正義」「病気」「死」のような対象に関しても成り立つ。

たとえば、「不安なんでしょ」と誰かに言われたとき、私たちは「不安」という言葉に反応して、ある意味を直観している。何かを心配している、怖(おそ)れている、動揺している、といった意味を感じ取るかもしれないし、ビクビクしている姿を想像したりするかもしれない。それは自分なりに直観している不安の意味であり、本質直観と言ってよい。

だが、物の本質直観とは違い、こうした対象の本質直観は一般性を有しているとはいえ、個別性が強い面がある。

「コップ」や「パソコン」が何であるのかを多くの人に問えば、各々(おのおの)が捉えている意味に大きなズレはないだろう。誰もが辞書などで定義

2024年

解答と解説

《配点は解答用紙集に掲載してあります。》

＜解　答＞

1 (1) ウ　(2) Ⅰ 対象　Ⅱ (例)誰もが経験している　Ⅲ (例)個人の経験の差異で，自分と他者では意味が微妙に異なるため同じ考え方だと決めつける　(3) (例)「友情」を知的に理解するには，自分とは意見の違う相手について，知識や事実を積み重ね，対話などを行い，その人の生活や感覚を理解することが必要だ。すると，多くの人が共有できる「友情」の意味を見つけることができる。このように，「共通了解」できる意味を見つけるという知的な理解をしておくと，相手の多様性や個別性を無視することがないので，情緒的共感をうまく働かせることができる。

2 (1) $p+q=9$　(2) 19(通り)　(3) ① 56π (cm^3)　② $y=\frac{10}{3}x$
(4) ① $\frac{3}{8}x$　② $x=3\sqrt{3}-3$

3 (1) ① エ　② ウ　(2) ウ　(3) (例) right way

4 (1) エ　(2) ア　(3) (例1)a gas that comes from apples makes kiwis sweet　(例2)a gas that came from the apple made the kiwis sweet

＜解　説＞

1 (論説文―文脈把握，内容吟味)

(1) 「共感は偏る」とあるように，共感は感覚的に思い描ける範囲(身近であったり似ている人)でしか働かず，その範囲外にある人に対しては「不思議」「怖い」「異質」として拒絶する。したがって，「共感」は多様性の尊重をはばむ恐れのあるものだと理解できよう。

(2) Ⅰ 「二種類の『本質直観』」は，実在的な物の本質直観と対象の本質直観を指す。例に挙げられた「不安」「自由」は対象の本質直観である。

Ⅱ 「誰もが不安や自由を経験しているし，その一般的な意味を把握している」とあるので，ここから空欄には，誰もが経験しているといった内容の記述を補う。

Ⅲ 抽象的な対象の理解において注意すべきことは，「個人の経験に左右され，微妙に異なっている」ということと，だれもが一般的意味を把握しているので意味のズレを感じにくいということだ。したがって，「不安」や「自由」などを考える際には，その意味が個人の経験によって左右され，微妙に異なっているため，同じ考えだと思い込むことが危険だと理解できる。

(3) 「情緒的な共感」は，自分とは似ていないがために心情的に理解しづらい相手に対して，知識や事実を積み上げて「理解」することだ。【文章Ⅰ】では，これを「知的な理解」としている。したがって【文章Ⅰ】から共感しかねる相手とも十分に対話をして知識と事実を積み重ねて相手の生活や感覚の理解に努めるという「知的な理解」の重要性をおさえる。さらに，考え方の違いにより「共通了解」は困難と思われても，【文章Ⅱ】にあるように，「多様な解釈があるとしても，共通する意味は必ず存在する」のだから，対話を重ねることで知的な理解が進み，「共通了解」しうる意味を見つけられるということをおさえる。この二点を，【文章Ⅰ】【文章Ⅱ】の考えをふまえたものとして記述に含める。そして，自分なりの「知的な理解」をする対象を挙げて，記述におりこんでいく。「友情」「思いやり」「孤独」といった**誰もが経験したことのある対象**を考えよう。

2 **(方程式の応用，資料の散らばり・代表値，図形と関数・グラフ，平面図形，相似の性質，面積)**

(1) 記号◎の定義に従うと，$(p◎q)+(q◎p)=(2p^2+2pq)+(2q^2+2qp)=2p^2+2pq+2q^2+2pq=2p^2+4pq+2q^2=2(p^2+2pq+q^2)=2(p+q)^2$ これが162となるとき，$2(p+q)^2=162$ $(p+q)^2=81$ p，qは自然数だから，$p+q>0$より，$p+q=\sqrt{81}=9$である。

(2) 5個のデータの**中央値**は，データを小さい順に並べたときの3番目の値。n以外のデータを小さい順に並べると，8，11，29，30。これより，$1\leqq n\leqq 11$のとき，中央値は11の1通り。$12\leqq n\leqq 28$のとき，中央値はnで，12，13，…，28の$(28-12+1)=17$(通り)考えられる。$29\leqq n$のとき，中央値は29の1通り。以上より，中央値として考えられる数は，全部で$1+17+1=19$(通り)ある。

(3) ① 点Aの座標をA$(a, 2)$とすると，点Aは$y=\frac{1}{2}x^2$上にあるから，$2=\frac{1}{2}a^2$ $a^2=4$ $a>0$より，$a=\sqrt{4}=2$ よって，A(2, 2) 同様にして，B$(b, 8)$とすると，$8=\frac{1}{2}b^2$ $b^2=16$ $b>0$より，$b=\sqrt{16}=4$ よって，B(4, 8) これより，直線ABの傾きは$\frac{8-2}{4-2}=3$で，直線ABの式を$y=3x+c$とおくと，点Aを通るから，$2=3\times2+c$ $c=-4$ 直線ABの式は$y=3x-4$ 直線ABとy軸との交点をPとすると，P(0, −4)である。以上より，台形ABDCを，y軸を軸として1回転させてできる立体の体積は，底面の半径がBD=4(cm)，高さがDP=8−(−4)=12(cm)の円錐の体積から，底面の半径がAC=2(cm)，高さがCP=2−(−4)=6(cm)の円錐の体積を引いたものだから，求める体積は$\frac{1}{3}\pi\times4^2\times12-\frac{1}{3}\pi\times2^2\times6=56\pi$ (cm^3)である。

② 原点Oを通り，台形ABDCの面積を2等分する直線をℓとする。また，直線ℓと線分AC，BDとの交点をそれぞれQ，Rとし，点Qの座標をQ$(t, 2)$とする。QC//RDより，**平行線と線分の比についての定理**を用いると，CQ：DR=CO：DO t：DR=2：8 DR=$4t$ よって，R$(4t, 8)$ ここで，点Rは線分BD上にあるから，$0<4t<4$…㋐ 直線ℓは，台形ABDCの面積を2等分することから，(台形CQRDの面積)=(台形ABRQの面積)であり，(台形CQRDの高さ)=(台形ABRQの高さ)=CDであることを考慮すると，(台形CQRDの上底+下底)=(台形ABRQの上底+下底)である。これより，CQ+DR$=t+4t=5t$，AQ+BR$=(2-t)+(4-4t)=6-5t$だから，$5t=6-5t$ $t=\frac{3}{5}$ これは，㋐を満たすから，Q$\left(\frac{3}{5}, 2\right)$に決まる。以上より，直線$\ell$の式を$y=ax$とおくと，$2=\frac{3}{5}a$ $a=\frac{10}{3}$ 直線ℓの式は$y=\frac{10}{3}x$となる。

(4) ① 正三角形ADEの頂点Aから底辺DEに垂線APを引くと，**△ADPは30°，60°，90°の直角三角形で，3辺の比は2：1：$\sqrt{3}$** だから，AP=AD$\times\frac{\sqrt{3}}{2}=2\sqrt{3}\times\frac{\sqrt{3}}{2}=3$(cm) よって，△ADE$=\frac{1}{2}\times$DE$\times$AP$=\frac{1}{2}\times2\sqrt{3}\times3=3\sqrt{3}$ (cm^2) BC//HI//GJより，**平行線の同位角と錯角は等しい**から，∠ACB=∠AIK=∠IAJ=60° よって，△AIJは30°，60°，90°の直角三角形で，3辺の比は2：1：$\sqrt{3}$だから，AI=JI$\times\frac{2}{\sqrt{3}}=\frac{3}{2}\times\frac{2}{\sqrt{3}}=\sqrt{3}$ (cm) △AKIと△AFDで，∠IAK=∠DAF(共通な角) ∠AIK=∠ADF=60° よって，2組の角がそれぞれ等しいので，△AKI∽△AFDであり，**相似比**はAI：AD$=\sqrt{3}：2\sqrt{3}=1：2$だから，**面積比**は$1^2：2^2=1：4$で，△AKI$=\frac{1}{4}$△AFD…㋐ である。また，△AFDと△ADEで，**高さが等しい三角形の面積比は，底辺の長さの比に等しい**から，△AFD：△ADE=DF：DE$=x：2\sqrt{3}$ これより，△AFD$=\frac{x}{2\sqrt{3}}$△ADE$=\frac{x}{2\sqrt{3}}\times3\sqrt{3}=\frac{3}{2}x$…㋑ である。以上より，㋑を㋐に代入して，△AKI$=\frac{1}{4}$△AFD$=\frac{1}{4}\times\frac{3}{2}x$

$=\dfrac{3}{8}x$である。

②　前問①から，(四角形KDFIの面積)＝△AFD－△AKI＝△AFD－$\dfrac{1}{4}$△AFD＝$\dfrac{3}{4}$△AFD＝$\dfrac{3}{4}\times\dfrac{3}{2}x=\dfrac{9}{8}x$(cm^2)　また，△LDM∽△ADEで，相似比はLD：AD＝$\dfrac{1}{2}x:2\sqrt{3}=x:4\sqrt{3}$だから，面積比は$x^2:(4\sqrt{3})^2=x^2:48$　これより，△LDM＝$\dfrac{x^2}{48}$△ADE＝$\dfrac{x^2}{48}\times3\sqrt{3}=\dfrac{\sqrt{3}}{16}x^2$(cm^2)である。よって，(五角形KLMFIの面積)＝(四角形KDFIの面積)－△LDM＝$\dfrac{9}{8}x-\dfrac{\sqrt{3}}{16}x^2$(cm^2)　これが$\dfrac{9\sqrt{3}}{8}$cm^{2}となるとき，$\dfrac{9}{8}x-\dfrac{\sqrt{3}}{16}x^2=\dfrac{9\sqrt{3}}{8}$　$-\dfrac{\sqrt{3}}{16}x^2+\dfrac{9}{8}x-\dfrac{9\sqrt{3}}{8}=0$　両辺に$-16\sqrt{3}$をかけて，$3x^2-18\sqrt{3}x+54=0$　$x^2-6\sqrt{3}x+18=0$　$x^2-6\sqrt{3}x+\left(\dfrac{6\sqrt{3}}{2}\right)^2-\left(\dfrac{6\sqrt{3}}{2}\right)^2+18=0$　$(x-3\sqrt{3})^2=9$　$x-3\sqrt{3}=\pm\sqrt{9}=\pm3$　$x=3\sqrt{3}\pm3$　ここで，DF<DEより，$x<2\sqrt{3}$だから，$x=3\sqrt{3}-3$である。

3 (長文読解問題・日記：内容真偽，語句補充・選択，スピーチなどを用いた問題，前置詞，動名詞，助動詞，比較，不定詞，現在完了，関係代名詞，進行形，分詞の形容詞的用法，接続詞)

(全訳)　2000年8月10日／昨日，私の叔母の家族に会いに，この小さな島にやって来た。今朝，私のいとこのミキが，白い砂でできた海岸へ私を連れて行ってくれた。海岸がとても白いので，私は驚いた。私達は泳ぎや美しい貝殻を探して楽しんだ。その後に，私達は木の下で昼食を食べた。突然，彼女はカバンから何かを取り出した。それは美しいきれいなびんだった。彼女はそれを私達が海岸で見つけた大きな貝殻で満たした。彼女は私に「びんは一杯ですか？」と尋ね，私が「はい」と答えた。すると，彼女は小さな貝殻をびんに入れて，それを振った。小さな貝殻は大きな貝殻の周りの空間へと入り込んだ。彼女は再び私に言った。「びんは一杯ですか？」私はそれが一杯であることに同意した。しかし，彼女は砂をびんに入れ始めた。砂は大小の貝殻の間の空間を満たした。最終的に，美しいピンクの貝殻と白い砂で満たされたびんを私に渡して，言った。「今日はあなたの15歳の誕生日です。このびんのように，あなたの人生を多くの美しいもので満たすことが可能です」私はそれを永遠に手元に保存しておこうと思う。

2008年10月8日／シンガポールで新生活を始めてから，1ヶ月が経過した。当初，会社で人々と上手く意思疎通ができなかったが，今では，彼らと仕事をすることを楽しんでいる。でも，毎日，自分の仕事を終えるのに，未だに長時間を要している。今晩，会社のある人物が私に雑誌の記事を紹介してくれた。記事には，読者に対して，1つの箱，大小の石，そして，砂があることを想像するように書かれていた。大きな石は，健康や家族といった最も重要なものである。次に，小さな石は，家や学校のようなものだ。砂は人生における他のあらゆるものである。もし箱を最初に砂で満たせば，石のための十分な空間がなくなってしまうだろう。でも，大きな石を最初に入れて，次に小さな石を，そして最後に砂を入れれば，それら全てで箱を満たすことは，それほど困難ではない。幼かりし頃に，ミキが私にくれたびんのことを思い出した。

2023年3月27日／10年前に日本へ戻ってきて以来，私はずっとこの会社で働いてきた。石の詰まった箱に関する話のおかげで，私の仕事は向上した。私達の会社は日本人の農家が美味しい果物や野菜を世界中のスーパーマーケットやレストランへ販売する手助けをしている。私はこの会社で働けて，とても幸せだ。というのは，私の夢のひとつが日本と他国の懸け橋になることだからである。我が社の新入社員が来週より私達と働き始めることになっており，私は彼らにスピーチをする予定だ。もちろん，砂や貝殻で満たされたびんについて話したいと思っている。ミキ，あなたの言葉により，私はこれまでに人生において様々なことを試してきたが，これからも継続しようと思う。ありがとう。

(1) ① 「ユイにびんを見せることで，ミキは『エ人生において多くの素晴らしい体験をするだろう』と言いたかった」8月10日の日記の最後から第2文で，ミキはユイに Like this jar, you can fill your life with many beautiful things. と言っている。by showing the jar ～ ← <前置詞＋動名詞[-ing]>前置詞の後ろに動詞を持ってくる際には動名詞にする。 fill A with B「AをBで満たす」 ア 「この海岸で多くの違う貝殻を見つけるだろう」 イ 「このびんを永遠に携行するべきだ」**should**「～すべきである」 ウ 「このようなびんをもっと多く作るべきだ」**more**「より多く(の)」← **many／much** の比較級 one — 前に出た名詞の代わりに使われる。「(同じ種類のもののうちの)1つ，(～の)もの」

② 「ユイは彼女の会社で新入社員へスピーチをした時には，ウ37歳だった」2000年8月10日の日記で，いとこのミキがユイに対して，Today is your fifteenth birthday! と述べており，23年後の2023年3月27日の日記では，次週に新入社員にスピーチを行うこと(Our new employees will start to work with us next week, and I will give them a speech.)が書かれている。

(2) ア 「毎年夏になると，白い海岸で，ユイは泳ぎと美しい貝殻探しを楽しんだ」(×) 下線部が間違い。前日に小さな島に住む叔母の家族を訪れ，白い海岸で泳ぎと貝殻探しに興じたことは，2000年8月10日の出来事として日記に記されているのみである。<enjoy ＋ 動名詞[-ing]>「～することを楽しむ」 look for「～を探す」 イ 「ミキはユイの誕生日を祝うために，透明なびんを美しい石と砂で満たした」(×) ミキはユイに Today is your fifteenth birthday ! と述べているが，下線部の内容は本文より確認できない。to celebrate Yui's birthday ← 不定詞の副詞的用法(目的)「～するために」 ウ 「シンガポールで働き始めた時に，ユイは苦労したが，ある記事が彼女を救った」(○) 以下を参考にすること。A month has passed since I started my new life in Singapore. At first, I couldn't communicate well with people at the office, ～(2008年10月8日の日記第1・2文)／This evening, a person at my office showed me an article in a magazine.(2008年10月8日の日記第4文)／I remembered the jar Miki gave me when we were younger.(2008年10月8日の日記最終文)／Thanks to the story about the box of stones, I improved at my job.(2023年3月27日の日記第2文)have difficulty[difficulties]「苦労する，骨が折れる，てこずる」 <時＋ has[have]passed ＋ S ＋過去形>「～して以来，……経過している」している」 at first「当初」 the jar ▼Miki gave me ← **目的格の関係代名詞の省略** younger ← young の比較級 thanks to「～のおかげで」 エ 「ミキの誕生日の記憶について，ユイは新入社員に話そうとしていた」(×) 2023年3月27日の日記の最後から第3文に I'd like to talk about my jar filled with sand and shells. とあるので，不一致。was planning ← 進行形<**be動詞＋現在分詞[-ing]**> <**I'd[I would] ＋ like ＋不定詞[to ＋ 原形]**>「～したい」 my jar filled with ～ ← <**名詞＋過去分詞＋他の語句**>「～された名詞」**過去分詞の形容詞的用法**

(3) (全訳) 私達の会社にようこそ！ 皆さん全員に，私達と一緒に素晴らしい時を過ごして欲しい，と私達は願っています。このびんを見てください。美しい貝殻と白い砂で満たされています。私が高校生だった時に，私のいとこが私にくれました。あなたの人生は，このびんのようなものです。大きな貝殻が，あなたの健康や家族です。それらはあなたの人生で最も重要なものです。もしびんに全ての貝殻や砂を詰めたければ，それを正しい方法でしなければなりません。大きな貝殻を最初に入れて，それから，より小さなものを入れます。このびんのように，皆さんにとって最も重要な事項から始めなければなりません。将来，皆さんの夢が実現することを願っています。びんに大小のものを詰める際に，手順が肝要であること(If you start to fill the box with sand first, there won't be enough space for stones. However, if you put in big stones first, small stones second, and sand last, it's not so difficult to fill a box with all of them.；2008年10月8日の日記の最後から第2・3文)が述べられているので，参考にすること。fill A with B「AをBで満たす」 <There won't be + S ~>「Sがないだろう」 however「しかしながら，だが」 <**It is** +形容詞+不定詞[**to** +原形]>「～[不定詞]することは……[形容詞]だ」

4 **(長文読解問題・スピーチ：語句補充・選択，内容真偽，要約文などを用いた問題，前置詞，動名詞，関係代名詞，分詞の形容詞的用法，比較，受け身，接続詞，助動詞，進行形，不定詞，文の構造・目的語と補語)**

(全訳)　こんにちは，皆さん。今日，私はある種類の果物について話したいと思います。ご存じのように，私達の周りには多くの種類の果物があります。リンゴ，ブドウ，イチゴ，パイナップル等です。日本で最も人気のある果物を知っていますか？　それはバナナです。平均的日本人は1人で1年間におよそ8キロ(のバナナを)食べるそうです。いつでもバナナを買うことはできますが，ここ日本でバナナの木を簡単に見つけることはできません。なぜでしょうか？　それは，日本で売られているほとんどのバナナは，他国から来ているからです。どこから輸入されているのでしょうか？

日本で食べられているバナナのおよそ80%が，フィリピンから来ています。インドは世界で最も多くのバナナを生産していますが，ほとんどが国内で消費されるので，インドで生産されたバナナは日本には来ません。インドの人々はバナナを軽食としてだけではなく，調理された料理で，食べることもあるそうです。バナナは温暖な天候を好むので，フィリピンやインドではとてもよく成長します。沖縄にもバナナの木はある，と学んだことがあります。

ほとんどのバナナは他国から日本へと船で運搬されます。それには長時間を要します。いかなる問題も引き起こすことなく，どのようにしてバナナは船で運ばれるのでしょうか？　日本へ向けて出発する際には，バナナは緑色で，まだ甘くも，美味しくもありません。日本に到着しても，未だに緑色のままで，特別室にて保管されます。バナナを甘く，美味しくする気体で，その部屋は満たされています。バナナを黄色で，食べ頃にするために，気温，湿度，そして，他の要素もその部屋では管理されています。

バナナを食べる際には，その表面に茶色の斑点が現れるまで，待った方が良いです。これらの斑点はシュガースポットと呼ばれ，糖の量が増えていることを示します。もし多くのシュガースポットを見つけることができれば，それは甘いバナナを堪能する最適な好機です。一度に多くの甘いバナナが手に入ったならば，バナナケーキを作ることをお勧めします。それらのバナナは非常に甘いので，砂糖を全く使わずに，甘くて美味しいケーキを作ることが可能です。

バナナの内部に黒い箇所があるのを見たことがありますか？　それらは種のように見えますが，それらはバナナの木になりません。もしバナナの木を栽培したければ，バナナの木の一部を切って，それを植える必要があります。それは簡単のように見えますが，大きくて健康な新しい木を育てるのは難しいです。実際，新しい木の中には病気になるものがあり，バナナは育ちません。もし農民がバナナの木を手入れしなければ，私達は美味しいバナナを入手することはありません。私達はバナナを食べる時には，それらを栽培するために一生懸命働いた全ての人々に思いを馳せましょう。

(1)「新しいバナナの木を栽培する時に，私達は$_{エ}$伐採した後に，バナナの木の一部を植える」

第5段落第3文 If you want to grow a banana tree, you need to cut a part of a banana tree and plant it. とあるのを参考にすること。after cutting it ← <前置詞＋動名詞[-ing]> 前置詞の後ろに動詞を持ってくる際には動名詞にする。 ア 「シュガースポットのある皮」 イ 「皮と一緒にバナナ全体」 ウ 「バナナの内側に見かける種」 seeds▼we find ~ ← 目的格の関係代名詞の省略

(2) ア 「平均的日本人は1年間にフィリピンからのバナナをおよそ8キロ食べる」(×) 第1段落第6文に I hear the average Japanese person eats about 8 kg in a year. とあるが，バナナの出所には触れられておらず，第2段落第1文に About 80 percent of bananas eaten in Japan are from the Philippines. とあるので，本文に不一致。bananas eaten in Japan ← <名詞＋過去分詞 他の語句>「～された名詞」過去分詞の形容詞的用法 イ 「世界におけるバナナの最大量は，インドで生産されている」(○) 第2段落第2文(India produces the most bananas in the world ~)に一致。largest ← large「大きい」の最上級 is produced ← <**be動詞＋過去分詞**>受け身「～される，されている」 **most**「もっとも(多くの)」← **many／much** の比較級 ウ 「バナナは緑で，まだ甘くない時に，船で運ばれる」(○) 第3段落第4文(When bananas leave for Japan, they are green, so they are not sweet or delicious yet.)に一致。are carried ← <**be動詞＋過去分詞**> 受け身「～される，されている」 leave for A「Aに向けて出発する」 ～，**so** ……「～である，それで，だから……」 エ 「表面に茶色の斑点があるバナナは，甘くて，美味しい」(○) 第4段落第1文～第3文(When you eat bananas, you should wait until brown spots appear on them. Those spots are called sugar spots and they show that the amount of sugar is increasing. If you find many sugar spots, it is the best time to enjoy a sweet banana.)に一致。**should**「～すべきである」 until「～するまで」 <S + be動詞＋ called + C>「SはCと呼ばれる」 is increasing ← <**be動詞＋現在分詞[-ing]**>進行形 <It is +…… +不定詞[to +原形]>「～[不定詞]するには……だ」 **best**「最もよい[よく]」← **good／well** の最上級

(3) (全訳)1週間前に，私の母が甘いリンゴ入った箱の中に酸っぱいキウイフルーツを入れた。昨晩，私はそのキウイフルーツのいくつかを食べたが，それらは甘くて，美味しかった。今日の英語の授業で，レンのスピーチを聞いて，そのようなことが起きた原因について，ある考えが思い浮かんだ。(解答例1)リンゴから生じる気体がキウイフルーツを甘くする／(解答例2)リンゴから生じた気体がキウイフルーツを甘くしたと考え，放課後，理科の先生に尋ねてみた。彼は私の考えは正しい，と言った。彼によると，それはエチレンガスと呼ばれて，バナナに対して使われているものと同等の気体だ，とのことである。キウイフルーツと一緒に他の果物を置き，どれがキウイフルーツを甘くするのかを見つけ出したいと思っている。果物を甘く美味しくする方法として，第3段落第5・6文で，When they arrive in Japan, they are still green, and they are kept in a special room. The room is filled with a gas which makes them sweet and delicious. と述べられているのを参考にすること。「リンゴから生じる[た]気体がキウイフルーツを甘くする[した]」という主旨の英文を10語程度で作成することになる。are kept／is filled ← 受け身<**be動詞＋過去分詞**>「～される，されている」 a gas which makes them sweet and delicious ← 主格の関係代名詞 that **make O C**「OをCの状態にする」

千葉県公立高等学校

2023年度

★★★★★★★★★★★★★★★★★★★★★★★★★

入 試 問 題

2023 年 度

●くわしい解説……55ページ

＜数学＞

時間　50分　　満点　100点

1　次の(1)～(7)の問いに答えなさい。

(1)　次の①～③の計算をしなさい。

①　$6 \div (-2) - 4$

②　$a + b + \frac{1}{4}(a - 8b)$

③　$(x - 2)^2 + 3(x - 1)$

(2)　次の①，②の問いに答えなさい。

①　$5x^2 - 5y^2$を因数分解しなさい。

②　$x = \sqrt{3} + 2$，$y = \sqrt{3} - 2$のとき，$5x^2 - 5y^2$の値を求めなさい。

(3)　下の資料は，ある中学校の生徒240人のスポーツテストにおけるシャトルランの結果を表した度数分布表と箱ひげ図である。

このとき，次の①，②の問いに答えなさい。

階級(回)	度数(人)
以上　未満	
30 ～ 50	59
50 ～ 70	79
70 ～ 90	37
90 ～ 110	40
110 ～ 130	25
計	240

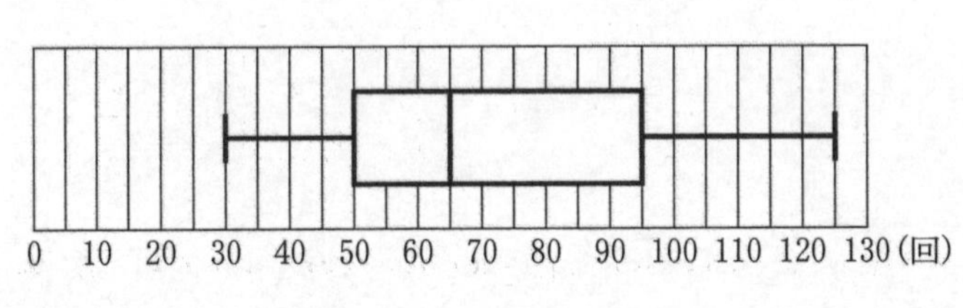

①　90回以上110回未満の階級の相対度数を求めなさい。
ただし，小数第3位を四捨五入して，小数第2位まで求めること。

②　資料から読みとれることとして正しいものを，次の**ア**～**エ**のうちから1つ選び，符号で答えなさい。

ア　範囲は100回である。

イ　70回以上90回未満の階級の累積度数は102人である。

ウ　度数が最も少ない階級の階級値は120回である。

エ　第3四分位数は50回である。

(4)　右の図のように，点A，B，C，D，E，Fを頂点とする1辺の長さが1㎝の正八面体がある。

このとき，次の①，②の問いに答えなさい。

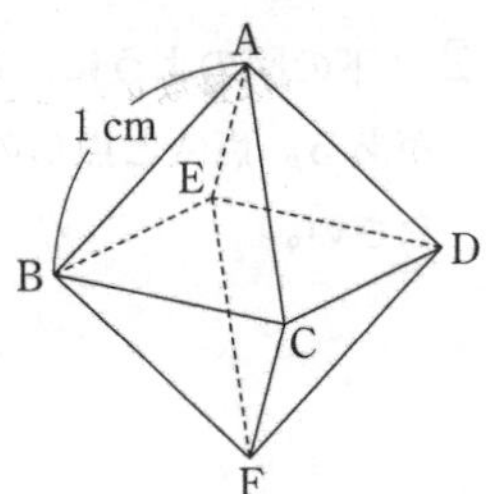

①　線分BDの長さを求めなさい。

②　正八面体の体積を求めなさい。

(5)　下の図のように，1，3，4，6，8，9の数字が1つずつ書かれた6枚のカードがある。この6枚のカードをよくきって，同時に2枚ひく。

このとき，次の①，②の問いに答えなさい。

ただし，どのカードをひくことも同様に確からしいものとする。

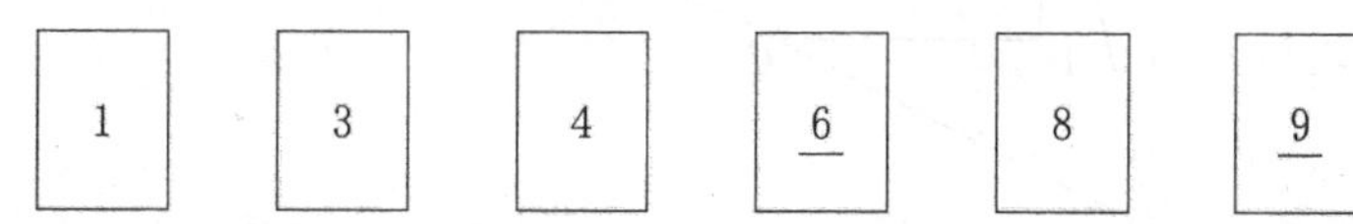

①　ひいた2枚のカードに書かれた数が，どちらも3の倍数である場合は何通りあるか求めなさい。

②　ひいた2枚のカードに書かれた数の積が，3の倍数である確率を求めなさい。

(6)　右の図のように，関数$y=\frac{1}{3}x^2$のグラフ上に点Aがあり，点Aのx座標は-3である。

このとき，次の①，②の問いに答えなさい。

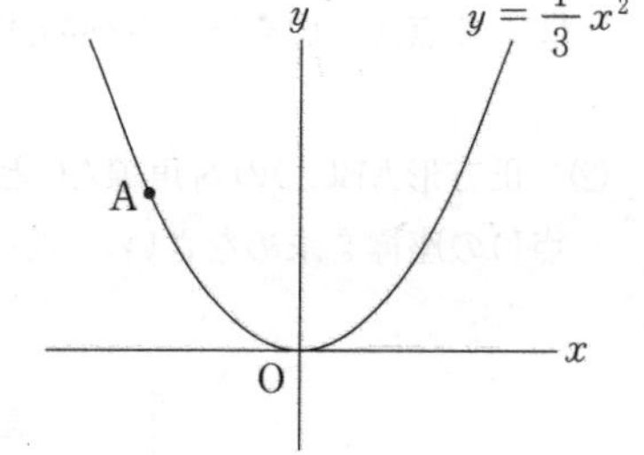

①　点Aのy座標を求めなさい。

②　関数$y=\frac{1}{3}x^2$について，xの変域が$-3 \leqq x \leqq a$のとき，yの変域が$0 \leqq y \leqq 3$となるような整数aの値をすべて求めなさい。

(7)　下の図のように，円Oの円周上に点Aがあり，円Oの外部に点Bがある。点Aを接点とする円Oの接線と，点Bから円Oにひいた2本の接線との交点P，Qを作図によって求めなさい。なお，AP＞AQであるとし，点Pと点Qの位置を示す文字PとQも書きなさい。

ただし，三角定規の角を利用して直線をひくことはしないものとし，作図に用いた線は消さずに残しておくこと。

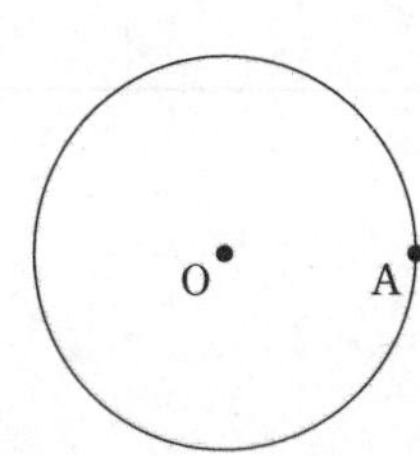

B

2　下の図のように，直線 $y=4x$ 上の点Aと直線 $y=\frac{1}{2}x$ 上の点Cを頂点にもつ正方形ABCDがある。点Aと点Cの x 座標は正で，辺ABが y 軸と平行であるとき，次の(1)，(2)の問いに答えなさい。

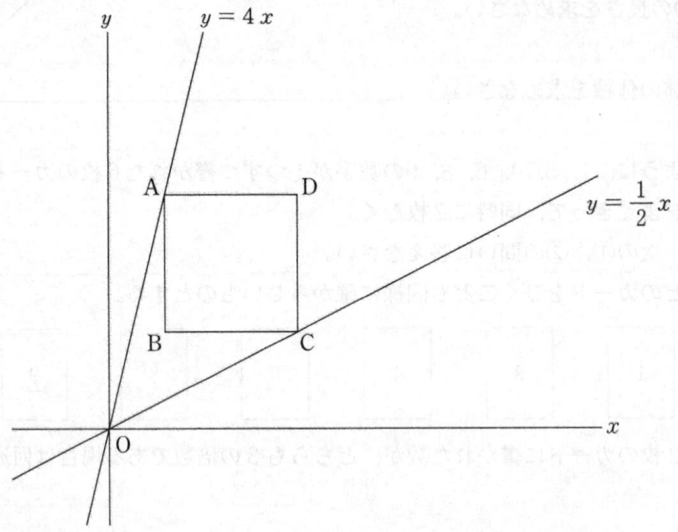

(1)　点Aの y 座標が8であるとき，次の①，②の問いに答えなさい。

①　点Aの x 座標を求めなさい。

②　2点A，Cを通る直線の式を求めなさい。

(2)　正方形ABCDの対角線ACと対角線BDの交点をEとする。点Eの x 座標が13であるとき，点Dの座標を求めなさい。

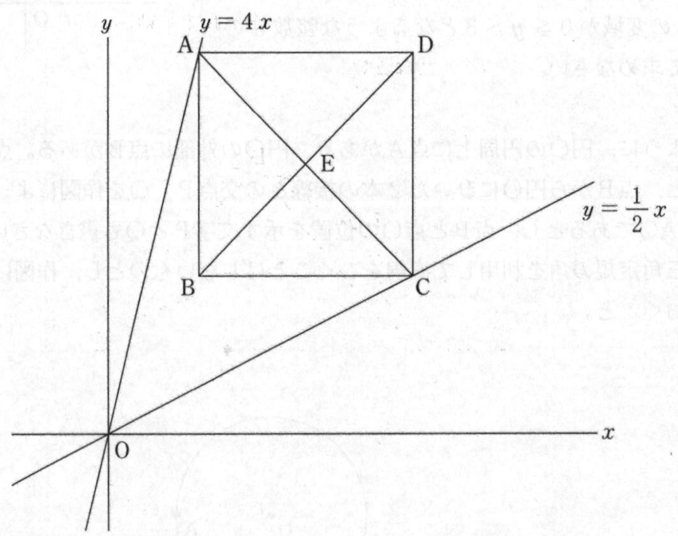

3　下の図のように，点Oを中心とする円Oとその外部の点Aがある。直線AOと円Oとの交点のうち，点Aに近い方を点B，もう一方を点Cとする。円Oの円周上に，2点B，Cと異なる点Dを，線分ADと円Oが点D以外の点でも交わるようにとり，その交点を点Eとする。また，点Bと点D，点Bと点E，点Cと点D，点Cと点Eをそれぞれ結ぶ。

このとき，次の(1)～(3)の問いに答えなさい。

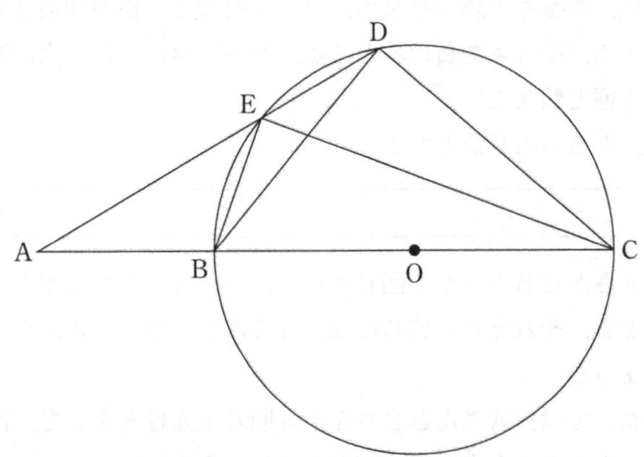

(1)　次の [(a)] ，[(b)] に入る最も適当なものを，**選択肢のア～エ**のうちからそれぞれ1つずつ選び，符号で答えなさい。また，[(c)] に入る最も適当な数を書きなさい。

> [(a)] と [(b)] は半円の弧に対する円周角だから，いずれも [(c)] 度である。

選択肢

ア　∠EBC　　**イ**　∠BEC　　**ウ**　∠DCB　　**エ**　∠BDC

(2)　△ABE∽△ADCとなることを証明しなさい。

ただし，(1)の [　　] のことがらについては，用いてもかまわないものとする。

(3)　点Eを通る線分ADの垂線と線分ACとの交点を点Fとし，線分EFと線分BDの交点を点Gとする。EG＝1㎝，GF＝2㎝，∠A＝30°であるとき，線分ABの長さを求めなさい。

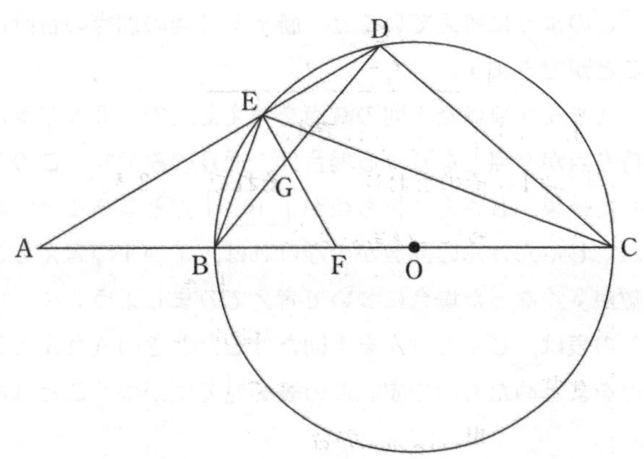

4 2人でじゃんけんをして，次の**ルール**にしたがって点数を競うゲームがある。このゲームについて，下の**会話文**を読み，あとの(1)，(2)の問いに答えなさい。

ルール

・じゃんけんを1回するごとに，勝った人は出した手に応じて加点され，負けた人は出した手に応じて減点される。
・グーで勝つと1点，チョキで勝つと2点，パーで勝つと5点が加点される。
・グーで負けると1点，チョキで負けると2点，パーで負けると5点が減点される。
・あいこの場合は1回と数えない。
・最初の持ち点は，どちらも0点とする。

会話文

生徒X：例えば，AさんとBさんが1回じゃんけんをして，Aさんがチョキ，Bさんがパーを出したとき，それぞれの持ち点は，Aさんが2点，Bさんが−5点になるということでしょうか。

教師T：そうですね。では，AさんとBさんが3回じゃんけんをして，次のような手を出した結果，Aさんの持ち点は何点になるでしょうか。

生徒X：[(a)] 点です。

教師T：そのとおりです。それでは，2人がどのような手を出したのかがわからない場合を考えてみましょう。
AさんとBさんが3回じゃんけんをして，Aさんが2回勝ち，Bさんが1回勝った結果，Aさんの持ち点が9点だったとき，Bさんの持ち点を求めてみましょう。

生徒X：まず，Aさんが勝った2回の加点の合計を考えます。例えば，2回ともグーで勝った場合は加点の合計が2点となり，グーとチョキで勝った場合は加点の合計が3点となります。このように考えていくと，勝った2回の加点の合計は全部で [(b)] 通り考えることができます。
このうち，Aさんが負けた1回の減点を考えた上で，3回じゃんけんをした結果，Aさんの持ち点が9点となりうる場合は1通りのみです。このことから，3回じゃんけんをした結果，Bさんの持ち点が [(c)] 点となることがわかります。

教師T：そうですね。じゃんけんの回数が少なければ，1つずつ考えることができますね。
では，回数が多くなった場合について考えてみましょう。
次のページの表は，じゃんけんを1回だけしたときのAさんとBさんの手の出し方と，持ち点をまとめたものです。この表を見て気がつくことはありますか。

表

手の出し方		持ち点		
A	B	A	B	合計
グー	グー	あいこ		
	チョキ	1	－2	－1
	パー	－1	5	4
チョキ	グー	－2	1	－1
	チョキ	あいこ		
	パー	2	－5	－3
パー	グー	5	－1	4
	チョキ	－5	2	－3
	パー	あいこ		

生徒X：２人の手の出し方は３通りずつありますが，あいこの場合は１回と数えないため，２人の手の出し方の組み合わせは，全部で６通り考えればよいということになります。

また，じゃんけんを１回だけした結果，AさんとBさんの持ち点の合計は，どちらかがグーで勝った場合は－１点，どちらかがチョキで勝った場合は－３点，どちらかがパーで勝った場合は４点となっています。

教師T：そうですね。２人の持ち点の合計で考えると，３通りになりますね。

では，AさんとBさんが10回じゃんけんをしたとき，どちらかがグーで勝った回数をa回，どちらかがチョキで勝った回数をb回，どちらかがパーで勝った回数をc回とすると，cはaとbを使ってどのように表すことができるでしょうか。また，10回じゃんけんをした結果の，２人の持ち点の合計をM点としたとき，Mをaとbを使って表すとどのようになりますか。

生徒X：c＝ (d) ，M＝ (e) と表すことができます。

教師T：そのとおりです。２人の持ち点の合計について，この式を用いると，aとbとcの組み合わせがどのようになるのかが考えやすくなりますね。

(1)　**会話文**中の(a)～(e)について，次の①，②の問いに答えなさい。

①　(a)，(b)，(c)にあてはまる数を，それぞれ書きなさい。

②　(d)，(e)にあてはまる式を，それぞれ書きなさい。
ただし，(e)についてはcを使わずに表すこと。

(2)　２人の持ち点の合計が０点となるときのa，b，cの組み合わせをすべて求めなさい。
ただし，答えを求める過程がわかるように，式やことばを使って説明しなさい。

＜英語＞

時間 60分 満点 100点

1 英語リスニングテスト（放送による指示に従って答えなさい。）

No. 1	A. Yes, there is. C. Yes, you have.	B. No, I haven't. D. No, there isn't.
No. 2	A. Yes, I did. C. Sure.	B. Yes, you did. D. Good job.
No. 3	A. One. C. Four.	B. Two. D. Eight.

2 英語リスニングテスト（放送による指示に従って答えなさい。）

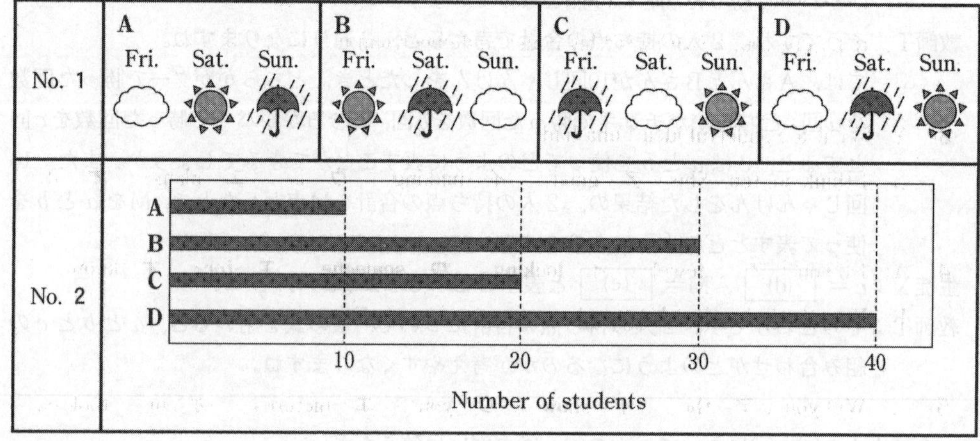

3 英語リスニングテスト（放送による指示に従って答えなさい。）

No. 1	A. In a museum. C. In their house.	B. In a music store. D. At school.
No. 2	A. Team Red. C. Team Green.	B. Team Blue. D. Team Black.

4 英語リスニングテスト（放送による指示に従って答えなさい。）

No. 1	Last Saturday, Nami had many (① t □□□□□) to do. But finally, she could (② □□□□□) the book from her brother.

No. 2	Mark ・thinks school bags are good. ・can feel that he is a member of his school.	Kenta ・doesn't (① □□□□□) with Mark. ・wants to use his (② □□□□□□□□) bag.

5　次の(1)～(5)の対話文を完成させなさい。

(1)，(2)については，それぞれの（　）の中の語を最も適当な形にしなさい。ただし，英単語1語で答えること。

また，(3)～(5)については，それぞれの（　）の中のア～オを正しい語順に並べかえ，その順序を符号で示しなさい。

(1)　A：Good job!　That was a great dance!
　　B：Thank you.　The (perform) was difficult, but it was exciting.

(2)　A：I hear Oliver broke his leg and couldn't play in the soccer game.
　　B：If I were you, I (will) visit his house and cheer him up.

(3)　A：What a wonderful idea Luna had!
　　B：I think so, too.　She (ア good　イ making　ウ is　エ plans　オ at).

(4)　A：Do you (ア a towel　イ looking　ウ someone　エ for　オ know)?
　　B：Yes, Kevin has lost his towel.

(5)　A：Will you (ア the　イ show　ウ you　エ pictures　オ me) took on your trip?
　　B：OK!　I have many happy memories from the trip.

6　次の①～④は，大学生のタクヤ（Takuya）が，友人のロドリゴ（Rodrigo）とアメリカに旅行した時の出来事を描いたイラストです。②，④の場面で，タクヤは何と言ったと思いますか。①～④の話の流れを踏まえ，(1)，(2) に入る言葉を英語で書きなさい。ただし，語の数はそれぞれ**10語程度**（．，？！などの符号は語数に含まない。）とすること。

7　次の⑴，⑵の英文を読んで，それぞれの問いに答えなさい。

⑴　高校生のミク（Miku）とデイビッド（David）が，プレゼンテーションコンテストの案内文を見て，それに応募し，スライド（slide）を使って発表をしています。

New Dish Contest in Green City

We Want Your Ideas!

We are asking high school students to think of a new dish for restaurants in our city. The winner's dish will be served at the restaurants in October. When you create your new dish, we want you to

・use vegetables or fruits grown in our city in October.
・think about the environment.
・think of people's health.

On May 31, many cooks will watch your presentations, and the winner of the contest will be chosen. If you are interested in this contest, please call 012-9876-5432 before May 10.

Hello, everyone! We are Miku and David. We go to Green High School. We love this city. We will make pancakes with fruit jam. Let us tell you why we chose this idea. Our city has many fruit farmers, and a lot of fruit is produced here. As Slide 1 shows, various fruits are grown almost through the year. Actually, there is a big problem with them. Only fruit which looks good is sold in shops or supermarkets. Other fruit which looks bad is not sold. However, the fruit that looks (A) doesn't always taste (A). To think about the environment, we want to use it to make fresh jam.

Look at Slide 2. Though our city produced a lot of rice before, the amount of rice has been going down since 2005. We're very sad about that because it's very delicious. So, we want to introduce the rice from Green City to many people by making rice flour pancakes. Actually, some people say that cookies or bread made from rice flour are lower in calories and are safer for people with allergies. Our pancakes will be good for everyone's health.

Pancakes are loved by a lot of people around the world, so we hope many people will come to our city and eat our rice flour pancakes with (B) jam!

Slide 1

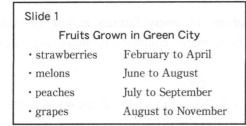

Fruits Grown in Green City

・strawberries	February to April
・melons	June to August
・peaches	July to September
・grapes	August to November

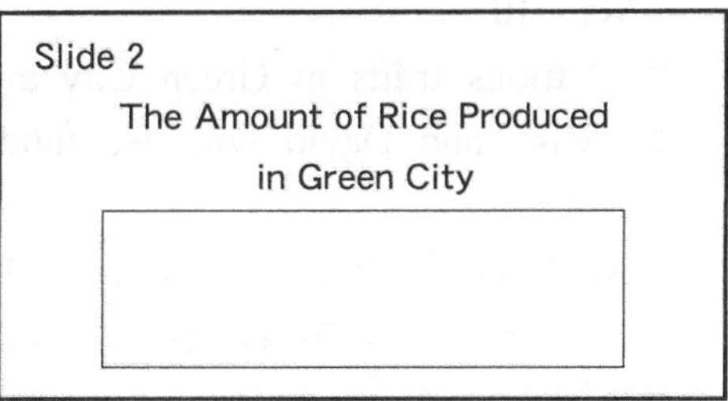

Slide 2
The Amount of Rice Produced
in Green City

(注) rice flour 米粉　calories カロリー　allergies アレルギー

① 本文中の２か所の（A）に共通して入る最も適当な英単語１語を書きなさい。

② 本文の内容に合うように，Slide 2 に入るグラフとして最も適当なものを，あとのア～エのうちから一つ選び，その符号を書きなさい。

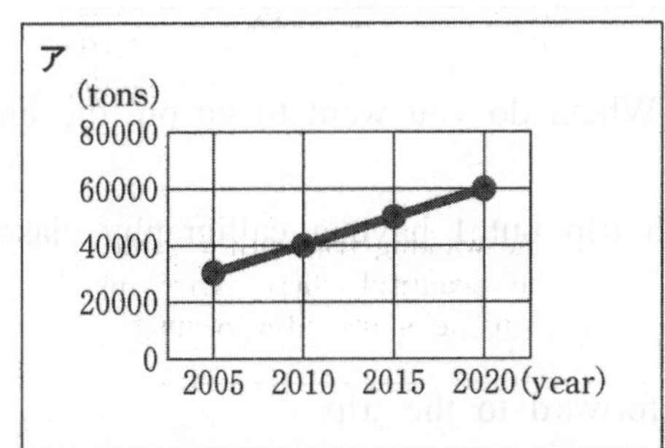

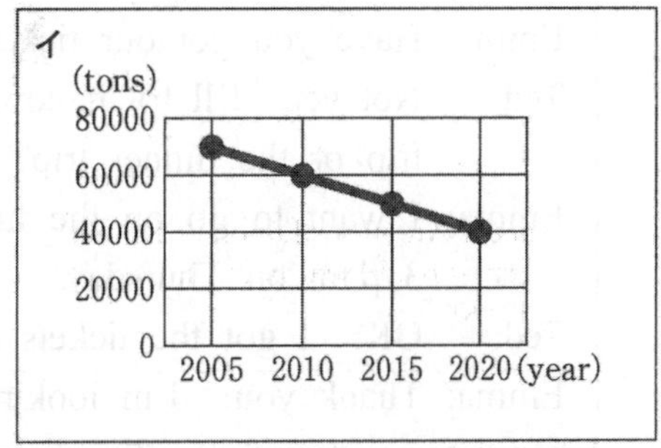

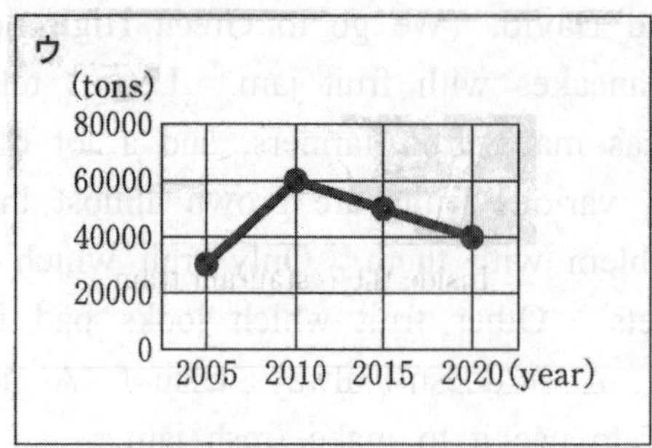

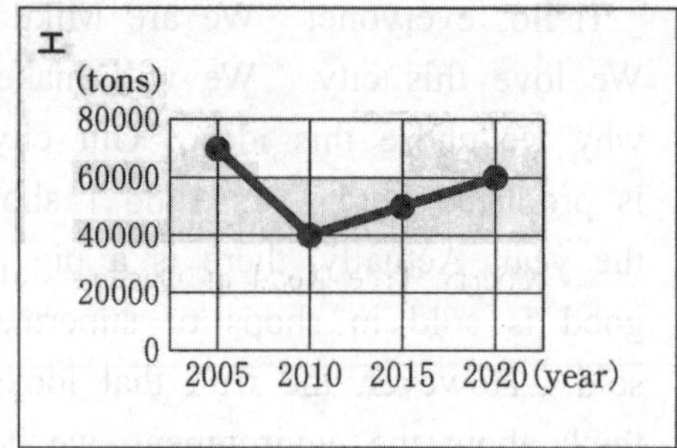

③　本文中の（B）に入る最も適当なものを，次のア～エのうちから一つ選び，その符号を書きなさい。

ア　melon　　イ　peach　　ウ　grape　　エ　strawberry

④　本文の内容に合っている英文として最も適当なものを，次のア～エのうちから一つ選び，その符号を書きなさい。

ア　People in Green City can always eat a lot of new dishes created by high school students.

イ　Someone who wants to join the contest must prepare their idea before May 10.

ウ　Various fruits in Green City are grown by many farmers almost all year.

エ　Miku and David will use foods from many countries to make their new dish.

⑵　次は，ある鉄道会社のウェブページ（次のページ）です。

①　このウェブページの内容に合うように，次の文の □ に入る最も適当な英単語２語を書きなさい。

Train 1 will give you □ at Queen's Spring Park than Train 2.

②　エマ（Emma）と兄のテッド（Ted）がウェブページを見て，話をしています。次の会話中の（　）に入る最も適当なものを，あとのア～エのうちから一つ選び，その符号を答えなさい。

> Emma: Have you got our tickets?
> Ted: Not yet. I'll try it now. Which do you want to go on, the lunch trip or the dinner trip?
> Emma: I want to go on the lunch trip but I have a calligraphy class at 3 p.m. on Thursday.
> Ted: OK. I got the tickets for (　　).
> Emma: Thank you. I'm looking forward to the trip.

ア　April 2nd　　イ　April 3rd　　ウ　April 5th　　エ　April 6th

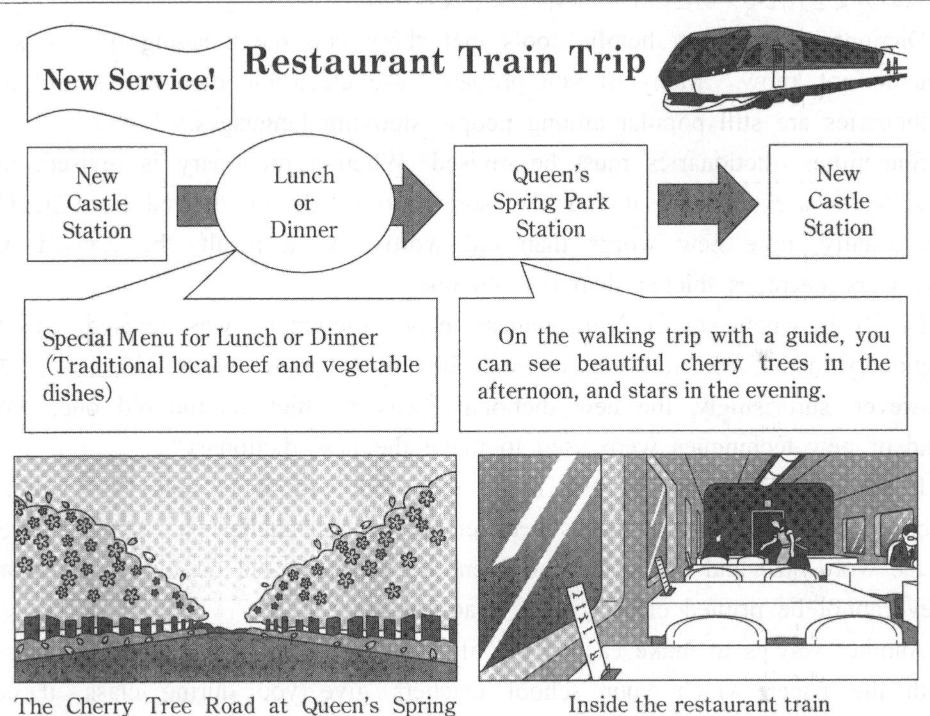

New Service!
Restaurant Train Trip
New Castle Station
Lunch or Dinner
Queen's Spring Park Station
New Castle Station
Special Menu for Lunch or Dinner (Traditional local beef and vegetable dishes)
On the walking trip with a guide, you can see beautiful cherry trees in the afternoon, and stars in the evening.

The Cherry Tree Road at Queen's Spring Park

Inside the restaurant train

	Train 1	Train 2
New Castle Station	leaves at 1:00 p.m.	leaves at 6:15 p.m.
Queen's Spring Park Station	arrives at 2:00 p.m.	arrives at 7:15 p.m.
Queen's Spring Park Station	leaves at 3:15 p.m.	leaves at 8:15 p.m.
New Castle Station	arrives at 4:15 p.m.	arrives at 9:15 p.m.

Trains don't run on Wednesdays.

You need to buy tickets before riding the trains.

Tickets are sold online only. ☞ BUY NOW

How many seats are left?　　×：sold out　　—：no trains

Train \ Date	April 1	April 2	April 3	April 4	April 5	April 6	April 7
1	1	×	1	—	3	2	×
2	2	1	1	—	4	3	5

8 次の英文を読んで，あとの⑴～⑷の問いに答えなさい。

Dictionaries are very helpful tools that show you the meaning of words that you do not know. Many of you probably use electronic dictionaries, but paper dictionaries are still popular among people studying languages.

Sometimes, dictionaries must be revised. When a dictionary is revised, many new words are added to it and also some old words are deleted from it. There are usually more new words than old words. As a result, the revised paper dictionary becomes thicker than the old one.

In 2014, when an English-Japanese paper dictionary was revised, the new dictionary had 5,000 new words and 200 more pages were added. [ア] However, surprisingly, the new dictionary was as thick as the old one. What kind of new techniques were used to make the new dictionary?

If you want to make a book really thin, one way is to make the words on each page smaller, or the spaces between the words smaller. [イ] However, if the word size and the spaces between the words in the dictionary are smaller, they cannot be printed clearly or be read easily.

Another way is to make each piece of paper thinner. If you made a dictionary with the paper which your school teachers give you during class, it could become really thick and hard to use. However, if you use thinner paper, it is possible for words to show through. [ウ] So, dictionary companies tried to produce better paper many times and finally invented thin paper which does not show through.

When you look for a word in your dictionary, you have to turn many pages, so the pages cannot be too stiff. Also, if the pages of the dictionary are too stiff, it closes on its own and it is not helpful for people when they study with it. Companies have tried to make dictionaries thin and light and also useful for studying. One company solved the problem with a new technique. Now, when you turn the page, the paper is soft enough that the pages turn easily and two pages or more are never turned at the same time. [エ]

In this way, you can use a paper dictionary without any problems and learn languages with it well. Many ideas and techniques are included in one paper dictionary. When you use your paper dictionary, please remember this.

（注） revise ～を改訂する delete ～を削除する technique 技術
show through 裏に文字が透ける turn めくれる / ～をめくる stiff かたい
on its own ひとりでに ～ enough that… …ほど十分～

⑴ 本文の題名として最も適当なものを，次のア～エのうちから一つ選び，その符号を書きなさい。

ア How to Read a Dictionary イ How to Improve a Dictionary
ウ How to Use a Dictionary エ How to Choose a Dictionary

(2) 次の英文を入れるのに最も適当な場所を，本文中の［ア］～［エ］のうちから一つ選び，その符号を書きなさい。

It is also hard to print on that kind of paper.

(3) 本文の内容に関する次の質問に，英語で答えなさい。

Why is a revised dictionary usually thicker than an old one?

(4) 本文の内容に合っている英文として最も適当なものを，次のア～エのうちから一つ選び，その符号を書きなさい。

ア Paper dictionaries are not as useful as electronic ones when people study languages.

イ Paper dictionaries are revised every year, and they become thinner than before.

ウ People cannot turn stiff pages easily when they use a paper dictionary.

エ People studying languages tried to find a new technique to turn the pages quickly.

9 ハルナ (Haruna) がヒューズ先生 (Mr. Hughes) と話をしています。この対話文を読んで，(1) ～ (3) に入る最も適当なものを，それぞれあとのア～エのうちから一つずつ選び，その符号を書きなさい。

また，対話文の内容に合うように，(4) に入る言葉を英語で書きなさい。ただし，語の数は**10語程度**（．，？！などの符号は語数に含まない。）とすること。

Haruna: Mr. Hughes, do you have time?

Mr. Hughes: Of course. Do you have any questions?

Haruna: Yes, at the end of the class, you said, "Be the first penguin." (1)

Mr. Hughes: All right. You know penguins, right? Penguins are birds that cannot fly but can swim in the sea.

Haruna: Yes, of course. I have seen them in an aquarium.

Mr. Hughes: Some people say that there is no leader in the world of penguins but that is not true. When they catch food or run away to a safe place, one penguin moves first, and then the rest of them (2).

Haruna: Wow, that's very interesting.

Mr. Hughes: For example, (3) to jump into the sea to catch food because there is sometimes danger in the sea. But when one brave penguin jumps into the sea, all the other penguins follow it quickly.

Haruna: I see. I think being brave is important not only for penguins but also for us.

Mr. Hughes: Exactly! It is important to be the first person to try something new, even if you don't know what is going to happen. Don't you think that you can use that idea in your school life?

Haruna: Yes. (4)

Mr. Hughes: I hope you can do that.

(1) ア Can I talk about it one more time?
イ Will you talk about your pet?
ウ I didn't understand your question.
エ Can you tell me more about that?

(2) ア follow the first penguin イ do something different
ウ do nothing after that エ wait for something special

(3) ア it is very fun for penguins イ it is very scary for people
ウ it is very fun for people エ it is very scary for penguins

＜理科＞

時間　50分　　満点　100点

1　次の(1)～(4)の問いに答えなさい。

(1)　塩化ナトリウム水溶液は，塩化ナトリウムを水にとかしてできた水溶液である。このとき，塩化ナトリウムのように，水溶液にとけている物質を何というか，書きなさい。

(2)　オオカナダモの葉の細胞を顕微鏡で観察したところ，細胞内に緑色の粒が多数見られた。この緑色の粒を何というか，書きなさい。

(3)　日本列島は夏になると，あたたかく湿った小笠原気団の影響を受け，高温多湿になることが多い。小笠原気団をつくる高気圧として最も適当なものを，次の**ア**～**エ**のうちから一つ選び，その符号を書きなさい。

ア　移動性高気圧　　**イ**　太平洋高気圧　　**ウ**　オホーツク海高気圧　　**エ**　シベリア高気圧

(4)　自動車が36㎞の道のりを45分間で移動した。このとき，自動車の平均の速さとして最も適当なものを，次の**ア**～**エ**のうちから一つ選び，その符号を書きなさい。

ア　12㎞/h　　**イ**　27㎞/h　　**ウ**　48㎞/h　　**エ**　80㎞/h

2　力のつり合いについて調べるため，次の**実験1**，**2**を行いました。これに関して，次のページの(1)，(2)の問いに答えなさい。ただし，質量100ｇの物体にはたらく重力の大きさを１Ｎとし，ばねの質量は考えないものとします。また，台ばかりの目もりは，物体をのせていないとき０ｇを示すものとします。

実験1

①　図１のような，ばねに物体をつなげていないときの長さが10㎝のばねを用意した。

②　①のばねに，質量の異なる物体をつなげて静止したとき，ばねののびをそれぞれ測定した。**表**はその結果をまとめたものである。

図1

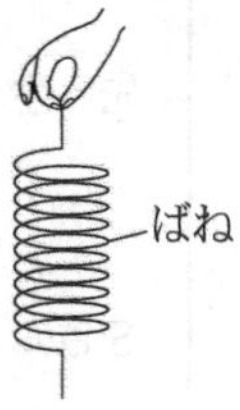

ばね

表

物体の質量〔g〕	0	100	200	300	400	500	600
ばねののび〔cm〕	0	4	8	12	16	20	24

なお，**図2**は，ばねに質量100ｇの物体Aをつなげ，ばねと物体Aが静止したようすを，物体Aにはたらく力とともに表したものである。

図2

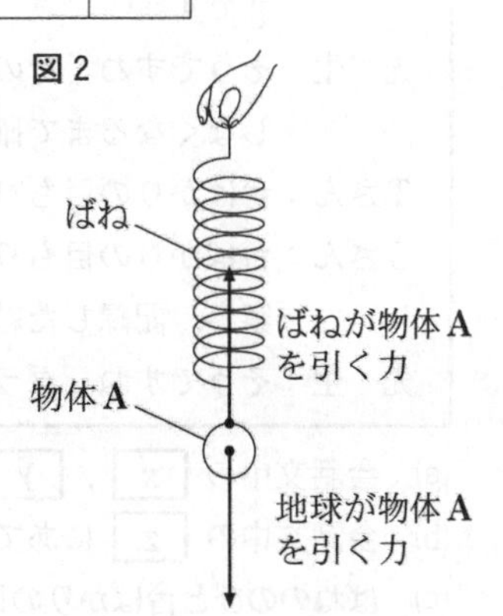

実験２

① 図３のように，実験１で使用したものと同じばねにつなげた質量400ｇの物体Ｂを，台ばかりの上にのせた質量200ｇの物体Ｃの上に静かに置いた。このとき，ばねののびは，０㎝であった。

② ばねを一定の速さでゆっくりと引き上げたときの，ばねののびと，台ばかりの目もりを観察し，記録した。

図３

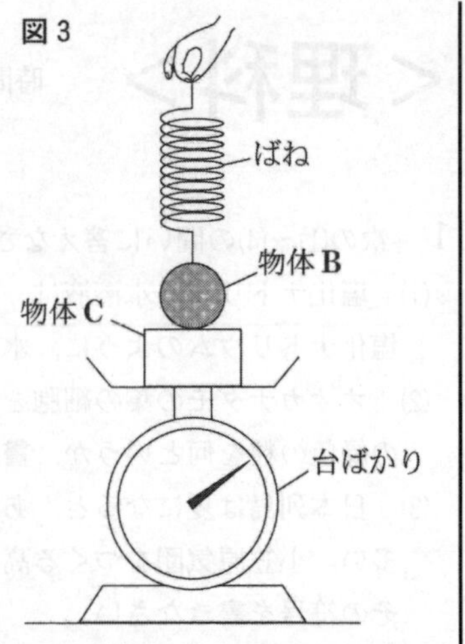

⑴ 次の文章は，実験１の②について説明したものである。文章中の［ｗ］にあてはまる最も適当なことばを書きなさい。

> 図２のように，物体にはたらく力を表すには，矢印を用いる。図２中の矢印の●は，それぞれの力がはたらく点を示す［ｗ］点である。また，矢印の向きが力の向き，矢印の長さは力の大きさをそれぞれ表す。

⑵ 次の文章は，実験２についてのＳさんたちと先生の会話である。あとの(a)～(c)の問いに答えなさい。

> Ｓさん：実験２で，ばねののびが０㎝のとき，台ばかりの目もりは600ｇです。
> Ｔさん：そうすると，台ばかりが物体Ｃを押す力は６Ｎで，物体Ｃが物体Ｂを押す力は，４Ｎでしょうか。
> 先　生：そうですね。それでは，ばねを一定の速さでゆっくりと引き上げて，ばねののびが４㎝のとき，物体Ｃが物体Ｂを押す力の大きさは何Ｎですか。また，そのとき，台ばかりの目もりは何ｇになるか予想してみましょう。
> Ｓさん：物体Ｃが物体Ｂを押す力の大きさは，［ｘ］Ｎで，台ばかりの目もりは［ｙ］ｇです。
> 先　生：そうですね。そのあともばねをゆっくりと引き上げて，台ばかりの目もりが変化しなくなるまで確認してみましょう。
> Ｔさん：台ばかりの目もりが400ｇになるとき，ばねののびは，［ｚ］㎝でした。
> Ｓさん：台ばかりの目もりが変化しなくなるまでの，ばねののびと台ばかりの目もりを観察し，記録した結果について，グラフにかいてまとめました。
> 先　生：そうですね。グラフを用いて表すことができましたね。

(a) 会話文中の［ｘ］，［ｙ］にあてはまる数値をそれぞれ書きなさい。

(b) 会話文中の［ｚ］にあてはまる数値を書きなさい。

(c) ばねののびと台ばかりの目もりの関係を表すグラフを，解答用紙の図中に，実線でかきなさい。

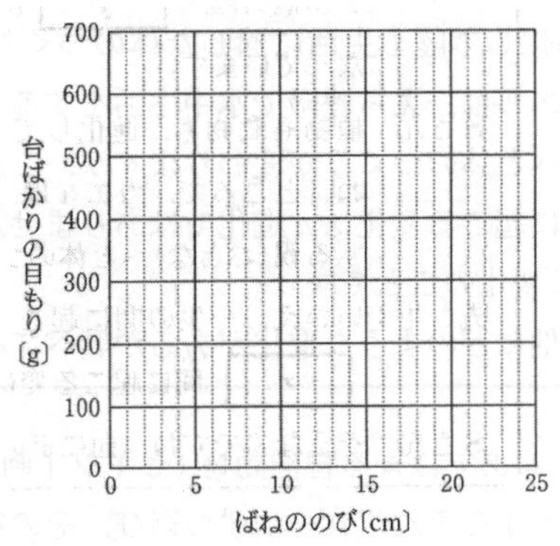

3　Sさんたちは，理科の授業で進化について学習しました。これに関する先生との会話文を読んで，次のページの(1)～(4)の問いに答えなさい。

先　生：図1は，シソチョウ（始祖鳥）の復元図です。シソチョウは，進化の道すじの手がかりになる生物です。

Sさん：全体が羽毛(うもう)でおおわれていて，翼(つばさ)がありますね。

Tさん：翼に爪(つめ)があり，口には歯もあります。

先　生：そうですね。その他(た)の化石の研究からも，［ v ］は［ w ］から進化したのではないかと考えられています。

図1

Sさん：なるほど。シソチョウの羽毛や翼は，［ v ］がもつ特徴(とくちょう)で，爪や歯は，［ w ］がもつ特徴ですね。現在，存在する生物で，他(ほか)にもこのような進化の道すじの手がかりになる生物はいますか。

先　生：<u>カモノハシ</u>という生物があてはまります。カモノハシは，くちばしをもち，体の表面には毛があります。また，雌(めす)は卵(たまご)を産(う)みますが，乳(ちち)（母乳(ぼにゅう)）で子を育てるという特徴をもち，複数の脊椎(せきつい)動物（セキツイ動物）のグループの特徴をもつ動物です。

Tさん：図2の脊椎動物の各グループが出現した年代をみると，脊椎動物は，魚類から両生類，両生類からハチュウ（は虫）類へと進化し，陸上生活に適した体のつくりになったと考えられます。

図2

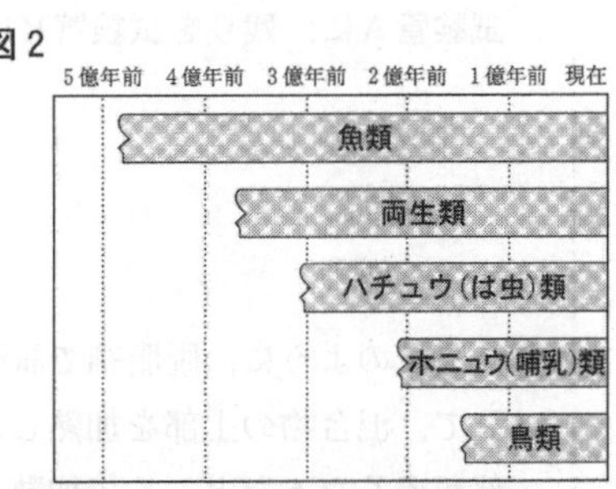

先　生：そうですね。それでは，植物の場合はどうでしょうか。最初に陸上に現れたのは，コケ植物で，次にシダ植物が現れました。コケ植物は，湿(しめ)った場所で生活し，おもに［ x ］から水を吸収します。一方，シダ植物は，［ y ］があり，コケ植物に比べて，陸上生活に適した体のつくりになっています。

Sさん：植物も動物も，進化して陸上生活に適した体のつくりになったものがいるのですね。ところで，カエルは，えら呼吸で水中生活をする子から，肺呼吸で陸上生活をする親（おとな）へと体のつくりが変わりますが，これも進化でしょうか。

先　生：いいえ，一生の間に起こる変化は，進化ではありません。進化とは，生物の形質が［ z ］間(あいだ)に起こる変化のことです。

Sさん：そうなのですね。他にどのような進化があるか調べてみます。

⑴ 会話文中の［ v ］，［ w ］にあてはまる脊椎動物（セキツイ動物）のグループとして最も適当なものを，次の**ア**～**オ**のうちからそれぞれ一つずつ選び，その符号を書きなさい。

ア 魚　類　**イ** 両生類　**ウ** ハチュウ（は虫）類　**エ** ホニュウ（哺乳）類

オ 鳥　類

⑵ 会話文中の下線部について，カモノハシは，ホニュウ（哺乳）類に分類されている。ホニュウ類の特徴として最も適当なものを，次の**ア**～**エ**のうちから一つ選び，その符号を書きなさい。

ア くちばしをもつ。　**イ** えらで呼吸する。

ウ 雌は卵を産む。　**エ** 乳（母乳）で子を育てる。

⑶ 会話文中の［ x ］，［ y ］にあてはまるものの組み合わせとして最も適当なものを，次の**ア**～**エ**のうちから一つ選び，その符号を書きなさい。

ア x：根　y：維管束(いかんそく)　**イ** x：体の表面　y：維管束

ウ x：体の表面　y：仮　根　**エ** x：根　y：仮　根

⑷ 会話文中の［ z ］にあてはまる内容を，簡潔に書きなさい。

4 Sさんは，鉄と硫黄(いおう)の反応について調べるため，次の**実験**を行いました。これに関する先生との会話文を読んで，あとの⑴～⑷の問いに答えなさい。

実験

① 図1のように，鉄粉1.4 gと硫黄0.8 gを乳(にゅう)ばちに入れ，よく混ぜ合わせ混合物とした。試験管を2本用意して，混合物の$\frac{1}{4}$くらいを試験管Aに，残りを試験管Bに入れた。

② 図2のように，脱脂綿(だっしめん)で試験管Bにふたをして，混合物の上部を加熱した。混合物の上部が赤くなったところで加熱をやめ，変化のようすを観察した。そのあと，反応が進んで鉄と硫黄はすべて反応し，黒い物質ができた。

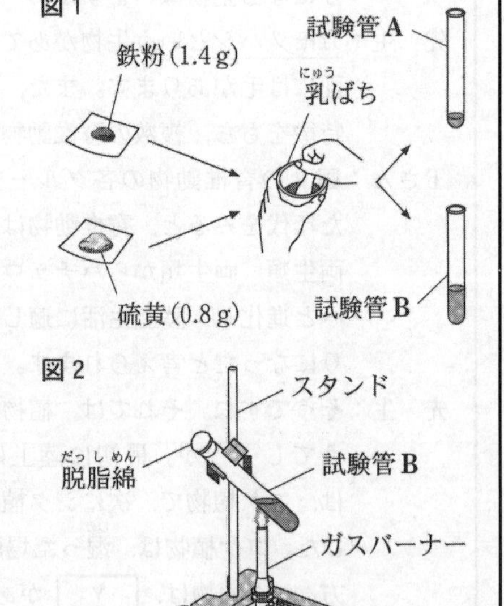

③　図3のように，試験管Aに，磁石を近づけて試験管の中の混合物が磁石に引きつけられるかどうかを調べた。②の試験管Bについても同じように調べた。

④　③の試験管A，Bの中の物質を少量ずつ取り出し，それぞれ別の試験管に入れた。次に，図4のように，それぞれの試験管にうすい塩酸を数滴（すうてき）入れ，発生する気体に，においがあるかどうかを調べた。

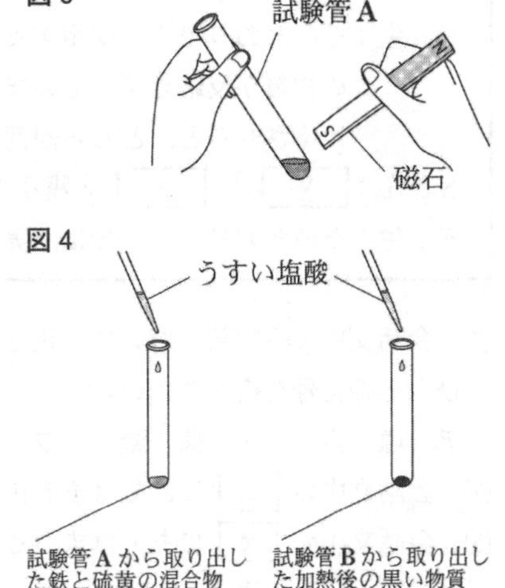

表は，実験の③，④の結果をまとめたものである。

表

	磁石を近づけたとき	うすい塩酸を数滴入れたとき
鉄と硫黄の混合物（試験管A）	磁石に引きつけられた	においのない気体が発生した
加熱後の黒い物質（試験管B）	磁石に引きつけられなかった	においのある気体が発生した

Sさん：実験の③，④の結果から，鉄と硫黄の混合物は加熱したことによって，別の物質に変化したことがわかりました。

先　生：そうですね。この実験では，鉄と硫黄の2種類の単体が結びついて，硫化鉄（りゅうかてつ）という化合物ができる化学変化が起きました。鉄原子を●，硫黄原子を○としたとき，この化学変化を表したモデルは，次のようになります。

●＋○→●○

Sさん：化学変化を表したモデルから考えると，化学反応式は［ w ］と表せます。今回の実験を，鉄粉1.4gと硫黄0.8gで行ったのはなぜですか。

先　生：よい質問ですね。鉄と硫黄がすべて反応するとき，質量の関係は，図5のようになります。図5から，鉄の質量と，その鉄とすべて反応する硫黄の質量の比を，読み取ってみましょう。

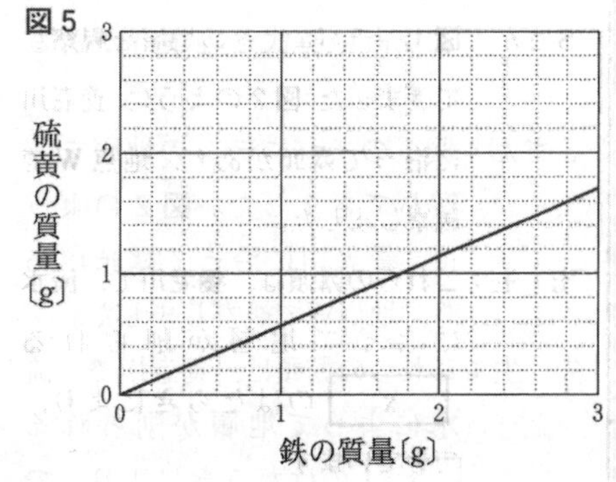

Sさん：比例しているので最も簡単な整数比で表すと，
鉄の質量：硫黄の質量＝［ x ］

となります。つまり，今回の実験はすべて反応する質量で行ったのですね。
先　生：そのとおりです。使用する物質の質量について考えて実験しないと，どちらか一方の物質が反応せずにそのまま残ることになります。例えば，鉄11.0ｇと硫黄6.0ｇを反応させると，どちらが何ｇ残ることになりますか。
Ｓさん：［ y ］が［ z ］ｇ残ります。
先　生：そのとおりです。では，実験してみましょう。

(1) 会話文中の下線部について，化合物として最も適当なものを，次のア～エのうちから一つ選び，その符号を書きなさい。

ア 塩素　イ 酸素　ウ 水素　エ 水

(2) 会話文中の［ w ］にあてはまる化学変化を，化学反応式で書きなさい。

(3) 会話文中の［ x ］にあてはまるものとして最も適当なものを，次のア～エのうちから一つ選び，その符号を書きなさい。

ア　1：1　イ　4：7　ウ　7：4　エ　7：11

(4) 会話文中の［ y ］にあてはまる適当な物質名を，鉄，硫黄のうちから一つ選んで書きなさい。また，［ z ］にあてはまる数値を書きなさい。

5　Ｓさんは，市原市の養老川に沿った露頭でチバニアンの地層を観察しました。これに関する先生との会話文を読んで，次のページの(1)～(4)の問いに答えなさい。

先　生：2020年に，市原市の地層が約77万４千年前から始まる時代の地層として国際的に認められ，この時代をチバニアンとよぶことが決定しました。そして，2022年５月に図１のようなゴールデンスパイクという杭が打たれ，チバニアンと，それより古い時代との境界が示されました。
Ｓさん：図１のチバニアンの地層を観察してきました。図２のように，養老川に沿って露頭があり，地点Ｗで観察しました。
先　生：これらの露頭は，養老川で，流水によって地層が削られる［ x ］のはたらきにより，できています。
Ｓさん：そうなのですね。チバニアン

図１

図２

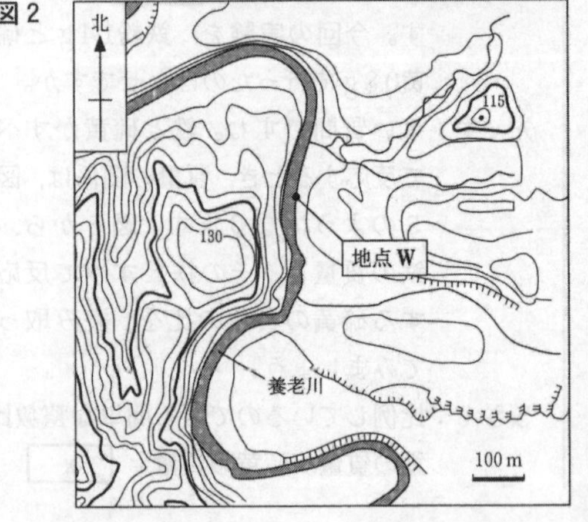

の地層を観察したり，調べたりしたことをまとめました。

まとめ

・堆積物の粒の [y] で分類すると，チバニアンの地層は泥の層である。
・地層は北に向かってゆるやかに傾斜している。
・チバニアンの地層と，チバニアンより古い時代の地層の間に白尾火山灰層がある。
・白尾火山灰層はこの地域の調査で，かぎ層として使われていて，他の場所でも見つかっている。
・海に生息している生物の化石が地層から見つかる。化石から水深500mより深い海で地層が堆積したことがわかっている。
・チバニアンは，地球の歴史の時代区分では [z] に含まれている。

先　生：よくできました。

Sさん：ところで，チバニアンの地層は深い海でできていますが，なぜ地点Wで観察できるのですか。

先　生：土地が隆起したからです。千葉県には隆起している地域があることが知られています。特に，千葉県南部の海岸には，図3のように，波によってつくられた平らな面が，地震のときの隆起で階段状になった海岸段丘があることが知られています。

図3

(1)　会話文中の [x] にあてはまる最も適当なことばを書きなさい。

(2)　まとめにある [y]，[z] にあてはまるものの組み合わせとして最も適当なものを，次のア～エのうちから一つ選び，その符号を書きなさい。

ア	y：大きさ	z：新生代	イ	y：大きさ	z：中生代
ウ	y：かたち	z：新生代	エ	y：かたち	z：中生代

(3)　まとめにある，観察した結果や調べた内容に関連することとして最も適当なものを，次のア～エのうちから一つ選び，その符号を書きなさい。

ア　深い海の環境を示す化石は，示準化石として離れた地層の比較に使うことができる。
イ　泥の地層から，地点Wの地層は，れきや砂が堆積する場所よりも陸に近い海で堆積した。
ウ　地点Wで観察したチバニアンの地層は，他の場所では観察できない。
エ　白尾火山灰層から，地点Wの地層が堆積している間の，ある時期に火山活動があった。

(4)　会話文中の下線部について，海岸段丘は土地の隆起の他にどのようにしてできるか。そのしくみを「海面」ということばを用いて簡潔に書きなさい。

6　金属のイオンへのなりやすさを調べるため，次の実験を行いました。これに関して，次のページの(1)～(4)の問いに答えなさい。

実験

①　図1のようなマイクロプレートの穴の大きさに合わせて台紙に表をかき，4種類の金属片（へん）と4種類の水溶液を入れる場所を決めた。

②　図2の模式図のように，マイクロプレートを台紙の表の位置に合わせて置き，それぞれに対応する金属片と水溶液を入れた。

③　それぞれの組み合わせで，どのような変化が起きているかを観察した。

図1

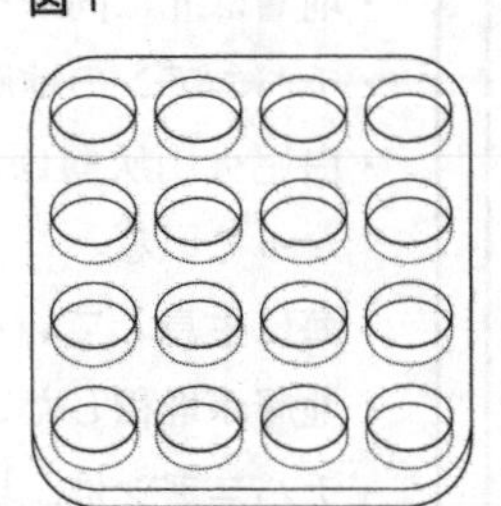

表は，金属片に固体が付着した場合を○，固体が付着しなかった場合を×として，実験の結果をまとめたものである。

図2

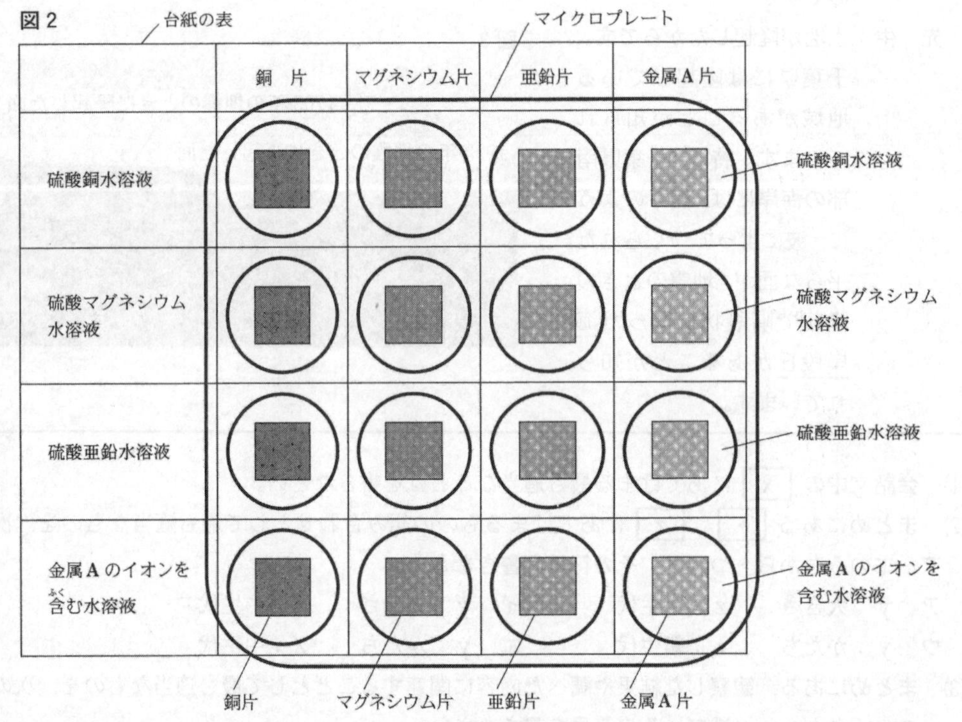

表

	銅　片	マグネシウム片	亜鉛片	金属A片
硫酸銅水溶液	×	○	○	○
硫酸マグネシウム水溶液	×	×	×	×
硫酸亜鉛水溶液	×	○	×	×
金属Aのイオンを含む水溶液	×	○	○	×

(1) **実験**に用いた水溶液には，陽イオンと陰イオンが含まれている。このうち，陽イオンについて説明した文として最も適当なものを，次の**ア**～**エ**のうちから一つ選び，その符号を書きなさい。

ア　原子が電子を受けとって，－(マイナス)の電気を帯びたものを陽イオンという。

イ　原子が電子を受けとって，＋(プラス)の電気を帯びたものを陽イオンという。

ウ　原子が電子を失って，－の電気を帯びたものを陽イオンという。

エ　原子が電子を失って，＋の電気を帯びたものを陽イオンという。

(2) 次の文は，**実験**でマイクロプレートにマグネシウム片と硫酸亜鉛水溶液を入れたときに起きた変化について述べたものである。文中の［x］，［y］にあてはまる最も適当な物質名を，それぞれ書きなさい。

> マイクロプレートにマグネシウム片と硫酸亜鉛水溶液を入れると，［x］原子が電子を失って［x］イオンとなり，［y］イオンが電子を受けとって［y］原子となる。

(3) **実験**の結果から，**実験**で用いた金属をイオンになりやすい順に左から並べたものとして最も適当なものを，次の**ア**～**エ**のうちから一つ選び，その符号を書きなさい。

ア　銅，金属A，亜鉛，マグネシウム

イ　マグネシウム，亜鉛，金属A，銅

ウ　銅，亜鉛，金属A，マグネシウム

エ　マグネシウム，金属A，亜鉛，銅

(4) **図3**は，**実験**でマイクロプレートに亜鉛片と硫酸銅水溶液を入れたとき，入れてからの時間と入れた硫酸銅水溶液中の銅イオンの数の関係を模式的に表したグラフである。このときの，時間と硫酸銅水溶液中の硫酸イオンの数の関係を模式的に表したグラフとして最も適当なものを，次の**ア**～**エ**のうちから一つ選び，その符号を書きなさい。

図3

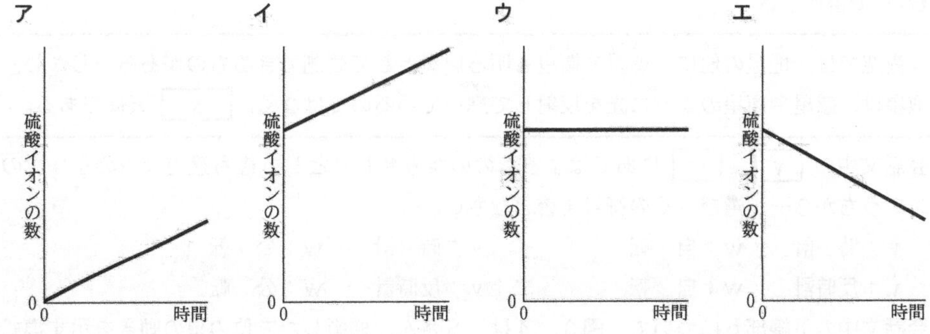

7 Sさんは，天体の動きを調べるために，千葉県内のある場所で，晴れた日にオリオン座の位置を観測しました。これに関する先生との会話文を読んで，あとの(1)～(4)の問いに答えなさい。

Sさん：図1のように，オリオン座の位置を記録しました。午後7時から午後9時にかけてオリオン座は移動し，午後9時にオリオン座の a ベテルギウスが南中しました。

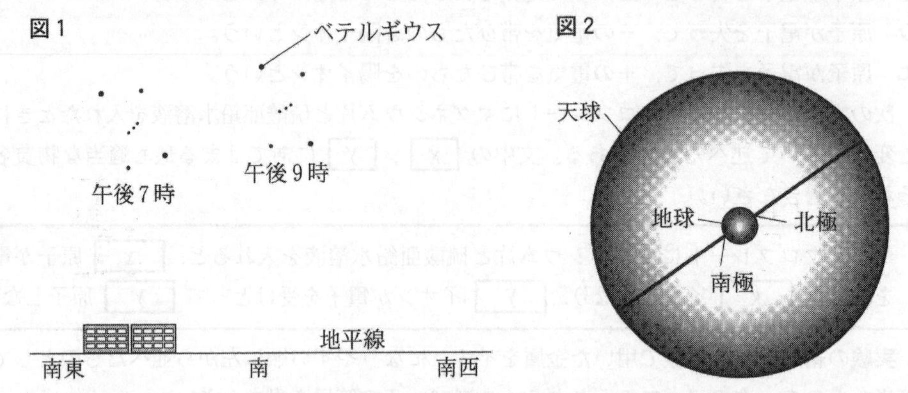

先　生：よくできました。観測した星の動きは日周運動といいます。図2で考えると，この運動は，北極と南極を結ぶ線を軸として，天球上の星が1日に1回転するように見えることです。

Sさん：日周運動は，地球が，北極側から見て［ v ］回りに［ w ］しているために起こる見かけの動きともいえますね。

先　生：そうです。

Sさん：日周運動を連続して記録するために，カメラで b 星の動きを撮影(さつえい)しました。

先　生：よく撮(と)れていますね。今回のような観測を，1か月後にもしてみませんか。

Sさん：はい。やってみたいです。1か月後にオリオン座を観測する計画を立てるには，c 日周運動だけでなく，年周運動も考える必要がありますか。

先　生：そうです。あらかじめ，星を観測できる時間や方位を予想しておきましょう。

(1) 会話文中の下線部aについて，ベテルギウスは，太陽と同じく恒星とよばれる。次の文章は，恒星について説明したものである。文章中の［ x ］にあてはまる内容を，**15字以内**（句読点を含(ふく)む。）で書きなさい。

> 夜空では，恒星の他(ほか)に，惑星(わくせい)や衛星(えいせい)も明るい星として観測できるものがある。しかし，恒星は，惑星や衛星のように光を反射して輝(かがや)いているのではなく，［ x ］天体である。

(2) 会話文中の［ v ］，［ w ］にあてはまるものの組み合わせとして最も適当なものを，次のア～エのうちから一つ選び，その符号を書きなさい。

ア	v：時　計	w：自　転	イ	v：時　計	w：公　転
ウ	v：反時計	w：自　転	エ	v：反時計	w：公　転

(3) 会話文中の下線部bについて，図3，4は，Sさんが撮影した方位の星の動きを示す模式図である。図3，4が示す空の方位の組み合わせとして最も適当なものを，次のページのア～エのうちから一つ選び，その符号を書きなさい。

図3

図4

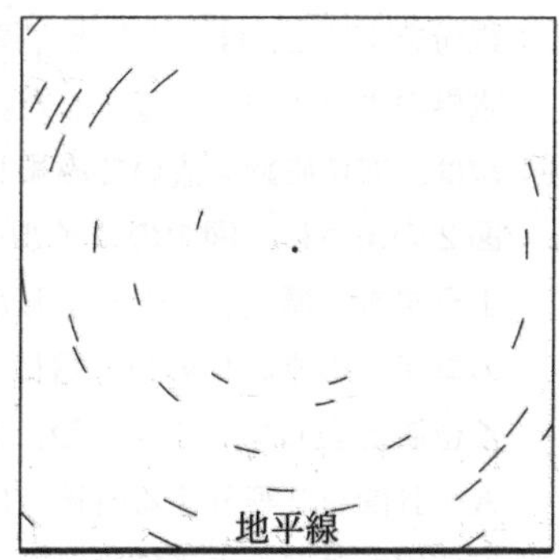

ア　図3：東　　図4：北　　　**イ**　図3：西　　図4：北
ウ　図3：東　　図4：南　　　**エ**　図3：西　　図4：南

(4)　会話文中の下線部cについて，次の文章は，Sさんが観測した日から1か月後にベテルギウスが南中する時刻を説明したものである。文章中の［y］にあてはまる適当な方位を，**東**，**西**のうちから一つ選んで書きなさい。また，［z］にあてはまる時刻として最も適当なものを，あとの**ア**～**エ**のうちから一つ選び，その符号を書きなさい。ただし，日周運動は1日で1回転し，1時間あたり15度回転するものとする。

> 1か月後のオリオン座は，同じ時刻で比べると，年周運動により［y］に動いている。そのため，日周運動を考えると，ベテルギウスが南中する時刻は［z］頃になる。

ア　午後7時　　**イ**　午後8時　　**ウ**　午後10時　　**エ**　午後11時

8　Sさんは，一定の電流が流れるコイルのまわりにできる磁界について調べました。これに関する先生との会話文を読んで，あとの(1)～(4)の問いに答えなさい。ただし，回路には，大きな電流が流れないようにするために抵抗器(ていこうき)を接続しています。

Sさん：図1のように，コイルのまわりにできる磁界を調べるための装置をつくり，厚紙に，鉄粉をまいたり，方位磁針を置いたりして，そのようすを調べようと思います。

図1

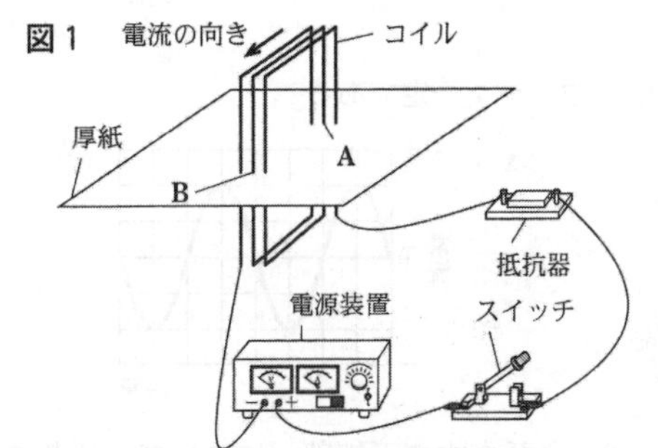

先　生：電源装置の切りかえスイッチを確認しましょう。

Sさん：電源装置の切りかえスイッチが交流になっていました。

先　生：交流電流は，電流の向きと大きさが［w］ため，本日の実験の目的には適していません。オシロスコープを使って交流電流のようすを確認してみましょう。

Sさん：オシロスコープに表示された交流電流の波形は，［x］の波形でした。

先　生：そうですね。それでは，電源装置の切りかえスイッチを，直流にして実験をしてみましょう。

Sさん：鉄粉をまくと，はっきりと a 模様（もよう）が確認でき，磁界のようすがわかりました。

先　生：次は，方位磁針を置いてみましょう。

Sさん：図2のように，図1のコイルを真上から見たようすを，模式的に表しました。また，図2のコイルのまわりのD～Gは，方位磁針を置く位置を表しています。D，Fは，コイルのA－B間を2等分する直線上にしました。

先　生：方位磁針はどのようになっていましたか。

Sさん：Dでは，真上から見たようすを模式的に表すと，図3のようになっていました。残りのE，F，Gに方位磁針を置いて確認したところ，コイルのまわりにできる b 磁界の向きの全体像（ぜんたいぞう）がわかりました。c 回路を流れる電流の大きさを変化させたときについても確認したいと思います。

図2

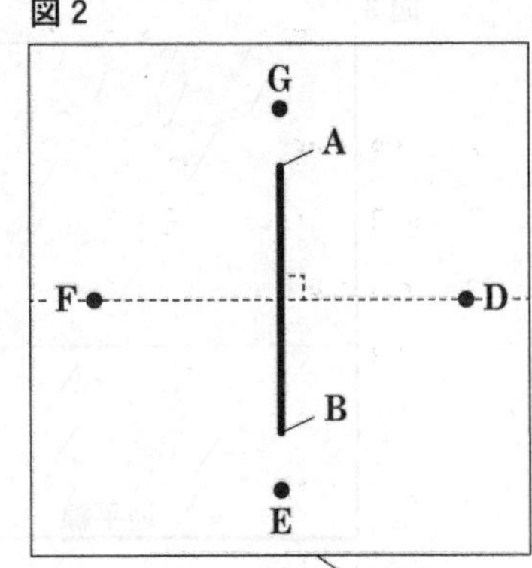

図3

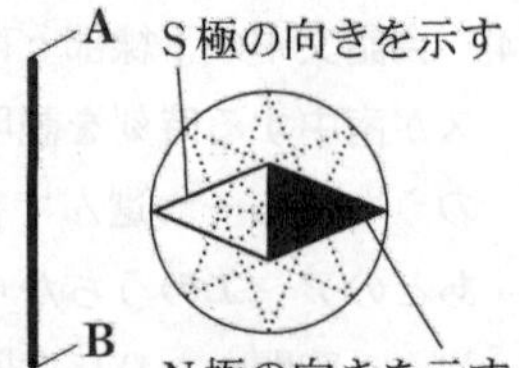

(1) 会話文中の w ， x にあてはまるものの組み合わせとして最も適当なものを，次のア～エのうちから一つ選び，その符号を書きなさい。

ア　w：周期的に入れかわる
x：

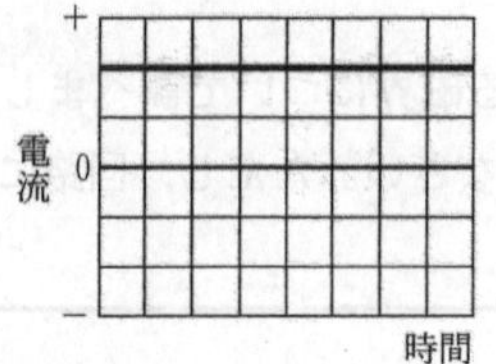

イ　w：周期的に入れかわる
x：

ウ　w：一定である
x：

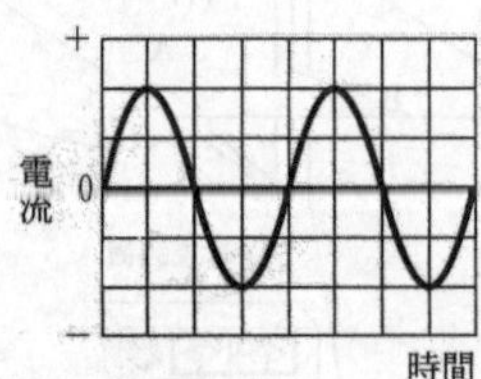

エ　w：一定である
x：

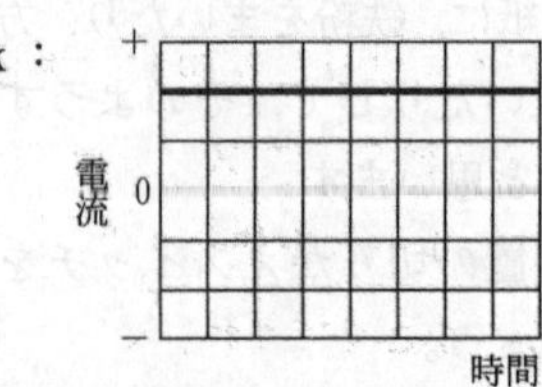

(2) 会話文中の下線部aについて，鉄粉をまいてできた模様に沿（そ）った曲線や直線を，磁界の向きをふまえて矢印で表したものを何というか，書きなさい。

(3) 会話文中の下線部bについて，図4は，図2のE，F，Gに置いた方位磁針を真上から見たようすを，模式的に表したものである。図3の方位磁針を，図5のように，DからE，F，Gをとおり，もとの位置のDまで，時計回りに厚紙の上をゆっくりと，移動させた。このとき，方位磁針のN極の向きを示す部分のようすを表したあとの文中の y にあてはまる適当なものを，**時計**，**反時計**のうちから一つ選んで書き，[z] にあてはまる数値を書きなさい。

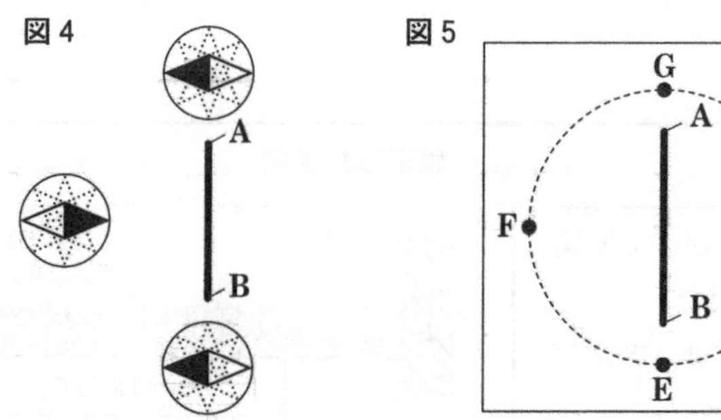

方位磁針のN極の向きを示す部分は，[y] 回りに [z] 周回る。

(4)　会話文中の下線部 c について，回路を流れる電流の大きさを大きくしたとき，Dに置いた**図3**の方位磁針が指す向きはどのようになるか。解答用紙の図中に，実線で方位磁針のようすをかきなさい。ただし，**図3**にならって点線を利用し，N極の向きを示す部分は塗(ぬ)りつぶすこと。

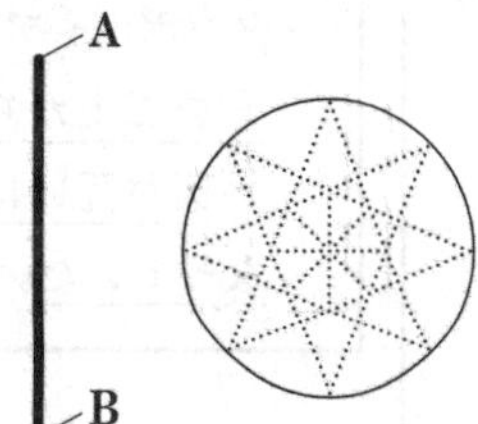

9　Sさんたちは，理科の授業で学校に生育する植物の観察を行いました。これに関する先生との会話文を読んで，あとの(1)～(4)の問いに答えなさい。

先　生：a 学校にはいろいろな植物がありましたね。

Sさん：いくつかの植物を観察できました。**図1**は，タンポポのスケッチです。**図2**は，b ルーペを使って観察した，c タンポポの小さな1つの花のスケッチです。タンポポの花は，小さな花がたくさん集まっていることがわかりました。

先　生：よく観察できましたね。

Tさん：私は，イヌワラビを観察しました。**図3**は，イヌワラビの葉をスケッチしたものです。さらに，ルーペを使って d 葉の裏側も観察しましたが，小さくてくわしく観察できないものがありました。

先　生：そのような場合には，顕微鏡(けんびきょう)を使って観察してみましょう。

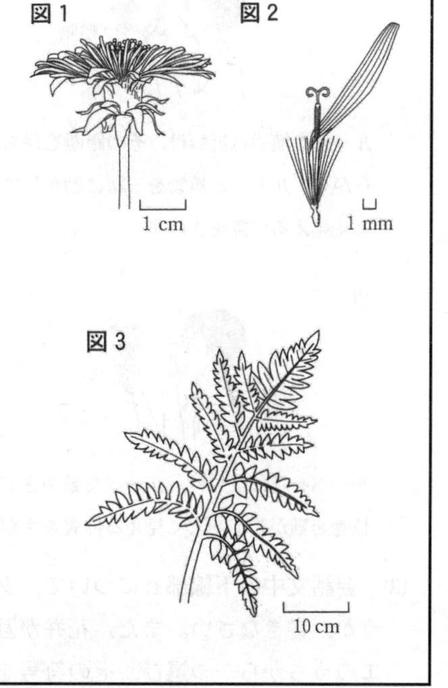

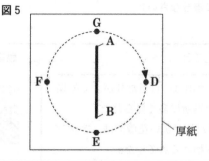

(1)　会話文中の下線部 a について，次のページの**レポート**は，Sさんたちが観察した植物についてまとめたものである。**レポート**中の下線部 e について，葉が互(たが)いに重ならないようになって

いることは，タンポポやアブラナなどの植物が光合成をする上で，どのような点で都合がよいか，簡潔に書きなさい。

レポート

気づいたこと

・タンポポは，日当たりがよく乾燥した場所に多く見られた。
・日当たりがよい花壇（かだん）には，アブラナが植えられていた。
・イヌワラビは，日かげや湿（しめ）りけの多いところに見られた。
・タンポポやアブラナのe葉のつき方を真上から見たとき，いずれも葉が互いに重ならないようになっていた。

観察した場所

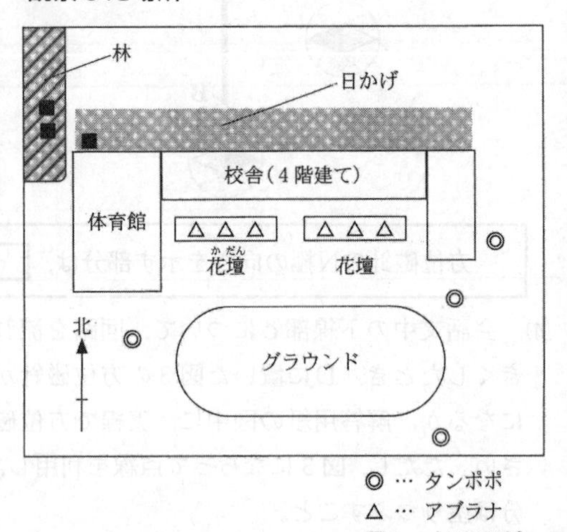

(2) 会話文中の下線部bについて，植物を手にとってルーペで観察するときの，ルーペの使い方として最も適当なものを，次のア～エのうちから一つ選び，その符号を書きなさい。

ア

ルーペを植物に近づけ，その距離（きょり）を保ちながら，ルーペと植物を一緒に動かして，よく見える位置をさがす。

イ

ルーペを目から遠ざけ，植物を動かさずにルーペを動かして，よく見える位置をさがす。

ウ

ルーペを目に近づけ，ルーペを動かさずに植物を動かして，よく見える位置をさがす。

エ

ルーペを目から遠ざけ，ルーペを動かさずに植物を動かして，よく見える位置をさがす。

(3) 会話文中の下線部cについて，タンポポのように，花弁が互いにくっついている花を何というか，書きなさい。また，花弁が互いにくっついている花として最も適当なものを，次のア～エのうちから一つ選び，その符号を書きなさい。

ア ツツジ　イ アブラナ
ウ エンドウ　エ サクラ

(4) 会話文中の下線部dについて，Tさんがまとめた次の文章中の［x］，［y］にあてはまる最も適当なことばを，それぞれ書きなさい。

イヌワラビの葉の裏側には，図4のような茶色いものが多数ついていました。顕微鏡を使って，その茶色いもの1つをくわしく観察したところ，図5のようなものであることがわかりました。
それについて調べたところ，図5は［x］とよばれるものであり，イヌワラビは，タンポポとは異なり［y］によってふえる植物であることがわかりました。

図4

図5

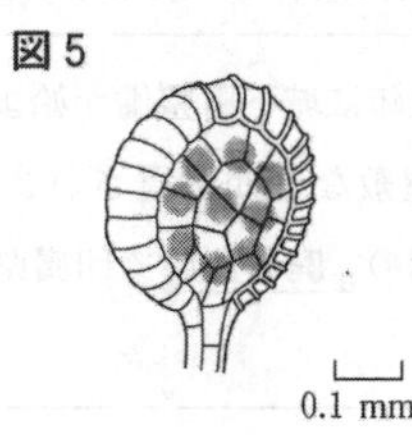

＜社会＞

時間　50分　　満点　100点

1　社会科の授業で，あかりさんは，2023年に誕生150周年を迎える千葉県の「ちば文化資産」に関するレポートを作成した。次の**資料１**は，あかりさんが作成したレポートの一部である。これに関して，あとの(1)～(4)の問いに答えなさい。

資料１　あかりさんが作成した「ちば文化資産」に関するレポートの一部

佐倉城跡・城下町と時代まつり（佐倉市）	1611年に城下町整備が始まり，城下町には武家屋敷などが配置されました。佐倉藩は1871年のa廃藩置県で印旛県に編入されました。
谷津干潟（習志野市）	東京湾に残された干潟です。1993年にラムサール条約登録湿地となりました。b自然環境について学ぶことができる自然観察センターもあります。
東京湾アクアラインと海ほたるの景観（木更津市）	木更津市と神奈川県川崎市をつないでいるc高速道路です。海ほたるというパーキングエリアがあります。
勝浦朝市（勝浦市）	1591年に開催以来，420年以上の歴史がある朝市です。日本三大朝市の一つといわれており，多くの人がd観光に訪れる名所になっています。

(1)　**資料１**中の下線部aに関連して，次の**ア～ウ**の文は，19世紀後半のことがらについて述べたものである。**ア～ウ**を年代の**古いものから順**に並べ，その符号を書きなさい。

ア　西郷隆盛を中心として，新政府に不満をもつ士族らが，西南戦争を起こした。
イ　新政府は，藩主に版（土地）と籍（人民）を政府に返させる版籍奉還を行った。
ウ　富国強兵をめざす新政府は，徴兵令を出し，満20歳になった男子に兵役を義務づけた。

(2)　**資料１**中の下線部bに関連して，次の文章は，あかりさんが日本の自然環境についてまとめたものの一部である。文章中の［　　］にあてはまる適当な語を**カタカナ**で書きなさい。

> 近年，自然環境の問題が大きな話題になっています。その中でも，私が気になっていることの一つに，都市部の気温が，周辺部よりも高くなるという［　　］現象があります。この現象は，ビルなどが多く建ち並ぶ，都市化が進んだ地域でみられます。その対策として，ビルの壁面や屋上などの緑化が進められています。

(3)　資料1中の下線部cに関連して，次の文章は，政府の経済活動について述べたものである。文章中の Ⅰ ～ Ⅲ にあてはまるものの組み合わせとして最も適当なものを，あとのア～エのうちから一つ選び，その符号を書きなさい。

> 政府の経済活動を Ⅰ といいます。Ⅰ の役割の一つとして，民間企業だけでは十分に提供できない，道路，公園及び橋などの Ⅱ や教育，警察及び消防などの Ⅲ の提供があり，政府が税金を使って行っています。

ア　Ⅰ：流　通　Ⅱ：社会資本　Ⅲ：公共サービス
イ　Ⅰ：流　通　Ⅱ：公共サービス　Ⅲ：社会資本
ウ　Ⅰ：財　政　Ⅱ：社会資本　Ⅲ：公共サービス
エ　Ⅰ：財　政　Ⅱ：公共サービス　Ⅲ：社会資本

(4)　資料1中の下線部dに関連して，次の資料2と資料3中のA～Eは，資料4中の関東地方のいずれかの都県を示している。資料2～資料4を参考に，千葉県と埼玉県を示すものとして最も適当なものを，資料2と資料3中のA～Eのうちからそれぞれ一つずつ選び，その符号を書きなさい。

資料2　関東地方の各都県の山地面積，海岸線の長さ，2015～2020年の5年間の人口増減率

都県名	山地面積 (km^2) (1982年)	海岸線の長さ (km) (2014年)	人口増減率 (%) (2015～2020年)
A	1444	195	-1.66
栃木県	3388	—	-2.04
B	4887	—	-1.66
C	1230	—	1.11
D	388	534	1.03
E	848	763	4.07
神奈川県	895	431	1.25

資料3　関東地方の各都県の海水浴場数，スキー場数

都県名	海水浴場 (2021年)	スキー場 (2021年)
A	18	—
栃木県	—	5
B	—	19
C	—	—
D	59	—
E	35	—
神奈川県	22	—

(注)「—」は皆無，または定義上該当数値がないものである。
(資料2，資料3とも，「データで見る県勢2022」などより作成)

資料4　関東地方の地図

2　たかしさんたちは，次の図を使って学習した。これに関して，あとの(1)～(4)の問いに答えなさい。

(1)　次の文章は，たかしさんが**中部地方**のある県についてまとめたレポートの一部である。この県の県名を書きなさい。

> この県では，温暖で水はけの良い土地の条件を生かし，広い台地が明治時代以降に開墾されました。そこでは，下の写真のように茶が栽培され，日本を代表する茶の産地になりました。また，工業においては特に製紙・パルプ工業が発展しています。

(2)　次の文章は，ゆうこさんが図中の**東京都**の防災施設についてまとめたレポートの一部である。文章中の［　　］にあてはまることばとして最も適当なものを，あとの**ア**～**エ**のうちから一つ選び，その符号を書きなさい。

> 大都市では，地面の多くがアスファルトなどでおおわれています。そのため，右の写真のような，［　　］が地下に設置され，災害から人々の暮らしを守るために機能しています。

ア　崖崩(がけくず)れが発生したとき，一時的に土砂をためておく施設
イ　激しい雨が降ったとき，一時的に水をためておく施設
ウ　火山が噴火したとき，一時的に噴出(ふんしゅつ)物をためておく施設
エ　地震が発生したとき，一時的に人々が避難する施設

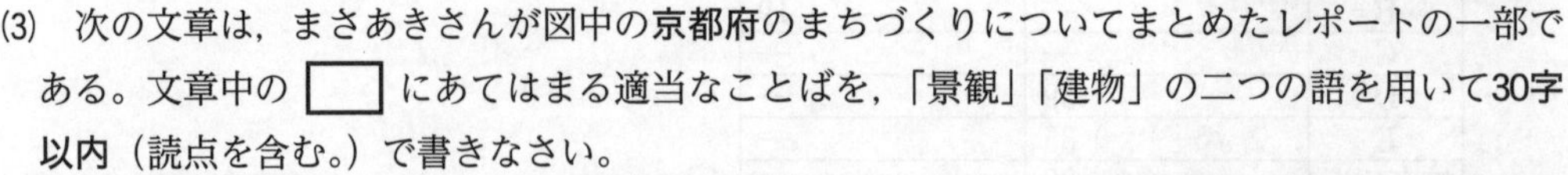

(3)　次の文章は，まさあきさんが図中の**京都府**のまちづくりについてまとめたレポートの一部である。文章中の［　　］にあてはまる適当なことばを，「景観」「建物」の二つの語を用いて**30字以内**（読点を含む。）で書きなさい。

> 右の写真のように，府庁所在地である京都市では，［　　］を規制するなどの取り組みを行っています。一方で，住民の生活や権利と，歴史や伝統を守ることを両立させることが課題となっています。

⑷　次の**地形図1**と**地形図2**は，それぞれ昭和48年及び令和2年発行の図中の**兵庫県**のある地域を示したものである。これらを見て，あとの①，②の問いに答えなさい。

地形図1

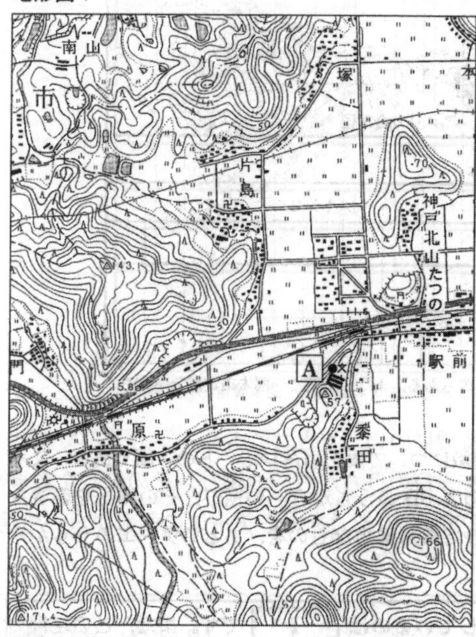

(国土地理院　昭和48年発行　1：25,000「網干」原図より作成)

地形図2

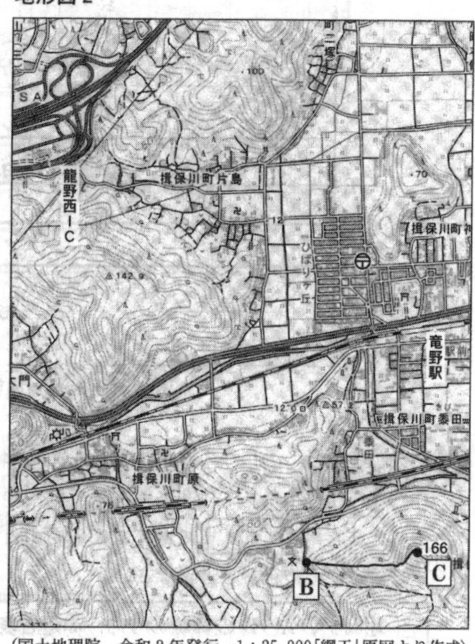

(国土地理院　令和2年発行　1：25,000「網干」原図より作成)

めもり 0 ―― 5cm

①　次の文章は，れいこさんが**地形図1**と**地形図2**を比較して読み取ったことがらをまとめたレポートの一部である。文章中の下線部**ア**～**エ**のうち，内容が**誤っている**ものを一つ選び，その符号を書きなさい。

> **地形図1**に比べて**地形図2**では，交通網(こうつうもう)が整備され，開発も進んだことがわかります。この地域では，竜野(たつの)駅から見て，ア<u>北西</u>に高速道路が開通し，龍野西(たつのにし)ICが作られました。また，この竜野駅の南側には，もともとあった鉄道に加えて，もう一つのイ<u>鉄道</u>が整備されました。竜野駅の周辺では，住宅地が拡大し，ウ<u>郵便局</u>が設けられました。さらに，地点A付近にあった小学校は，地点B付近に移転しました。この地点Aと地点Bの間の直線距離は，エ<u>1㎞以上</u>あります。

②　次の文は，**地形図2**中の地点Bから地点Cに向かう道を歩いて調査したときの様子をまとめたものである。［Ⅰ］，［Ⅱ］にあてはまる語の組み合わせとして最も適当なものを，あとの**ア**～**エ**のうちから一つ選び，その符号を書きなさい。

> この道は，地点Bから地点Cに向かうと，全体的に［Ⅰ］になっていて，2つの地点間の標高差は［Ⅱ］です。

ア　Ⅰ：上り坂　Ⅱ：100m以上　　**イ**　Ⅰ：上り坂　Ⅱ：100m未満
ウ　Ⅰ：下り坂　Ⅱ：100m以上　　**エ**　Ⅰ：下り坂　Ⅱ：100m未満

3 よしひろさんたちは，緯線と経線が直角に交わる次の地図を使って，世界の国々の様子について学習した。これに関して，あとの⑴～⑸の問いに答えなさい。

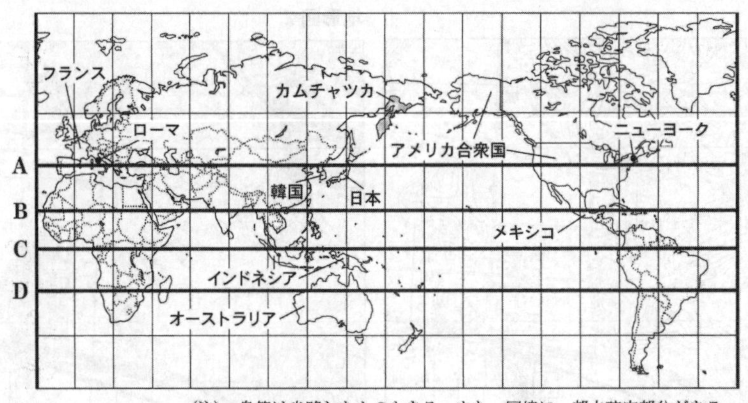

（注）島等は省略したものもある。また，国境に一部未確定部分がある。

⑴　次の文章は，よしひろさんが，上の地図の特徴についてまとめたレポートの一部である。文章中の Ⅰ にあてはまるものを，地図中のA～Dのうちから一つ選び，その符号を書きなさい。また，Ⅱ にあてはまものとして最も適当なものを，あとのア～エのうちから一つ選び，その符号を書きなさい。

> 地図中のA～Dの緯線のうち，赤道を表しているのは Ⅰ です。また，この地図では，両端の太い経線が同じ経度を示しています。地図中の細い経線は， Ⅱ ごとに引かれています。

ア　経度10度　　イ　経度15度　　ウ　経度20度　　エ　経度25度

⑵　次の詩は，地図中のカムチャツカ（地域），メキシコ（国），ニューヨーク（都市）及びローマ（都市）の様子をうたったものである。また，右の文章は，その詩について，くみさんとしほさんが話し合っている場面の一部である。文章中の Ⅰ ， Ⅱ にあてはまる語の組み合わせとして最も適当なものを，次のページのア～エのうちから一つ選び，その符号を書きなさい。

朝のリレー　　谷川俊太郎

カムチャツカの若者が
きりんの夢を見ているとき……①
メキシコの娘は
朝もやの中でバスを待っている……②
ニューヨークの少女が
ほほえみながら寝がえりをうつとき……③
ローマの少年は
柱頭を染める朝陽にウインクする……④
この地球では
いつもどこかで朝がはじまっている

（後略）（「谷川俊太郎詩集　続」より）

くみ：詩に登場する４つの場所では，カムチャツカが最も１日の始まりが早い地点だね。

しほ：そうすると，①と②では，①のカムチャツカが水曜日の夜の23時だとしたら，②のメキシコでは Ⅰ 曜日の朝ということになるね。

くみ：そうだね。③と④では，③のニューヨークが日曜日の夜の23時だとしたら，④のローマでは Ⅱ 曜日の朝ということになるよ。

ア　Ⅰ：水　Ⅱ：日　　イ　Ⅰ：水　Ⅱ：月

ウ　Ⅰ：木　Ⅱ：日　　エ　Ⅰ：木　Ⅱ：月

(3)　次の文章は，かずやさんが，地図中の**アメリカ合衆国**の農業の様子についてまとめたレポートの一部である。文章中の［Ⅰ］，［Ⅱ］にあてはまるものの組み合わせとして最も適当なものを，あとの**ア**～**エ**のうちから一つ選び，その符号を書きなさい。

> およそ西経100度を境に，東側よりも西側は降水量が［Ⅰ］ため，主に放牧が行われています。また，グレートプレーンズなどの内陸部では，右の写真のような円形の農地が見られます。このような形になっているのは，［Ⅱ］しているからです。

ア　Ⅰ：少ない　Ⅱ：スプリンクラーで散水
イ　Ⅰ：少ない　Ⅱ：移動しながら家畜を飼育
ウ　Ⅰ：多い　Ⅱ：スプリンクラーで散水
エ　Ⅰ：多い　Ⅱ：移動しながら家畜を飼育

(4)　次の文章は，みのりさんが，地図中の**オーストラリア**の国旗についてまとめたレポートの一部である。文章中の［　］に共通してあてはまる国名を**カタカナ**で書きなさい。

> 右のオーストラリアの国旗の左上には，［　］の国旗が入っています。18世紀後半に［　］の植民地になったことで，オーストラリアには，ヨーロッパ系の移民が増加しました。その後，1970年代までは，ヨーロッパ系以外の移民は制限されましたが，現在ではアジア系の移民が増加し，アジアの国々との関係も強くなっています。

(5)　次の**資料**は，たかのりさんが，地図中の**韓国**，**フランス**，**インドネシア**及び**日本**の人口，固定電話及び移動電話の100人あたりの契約数についてまとめたものである。**資料**から読み取れることとして最も適当なものを，あとの**ア**～**エ**のうちから一つ選び，その符号を書きなさい。

資料　韓国，フランス，インドネシア及び日本の人口，固定電話及び移動電話の100人あたりの契約数

国名	人口(千人)	固定電話100人あたりの契約数(件)			移動電話100人あたりの契約数(件)		
	2020年	2000年	2010年	2020年	2000年	2010年	2020年
韓国	51845	54.6	57.6	46.5	56.6	102.5	137.5
フランス	64480	57.6	64.6	57.8	49.2	91.9	111.5
インドネシア	271858	3.1	16.9	3.5	1.7	87.4	130.0
日本	125245	48.6	51.0	49.0	52.4	95.9	154.2

(注)　移動電話とは，携帯電話などの移動しながら通話できる電話のことである。
（「世界国勢図会 2022/23」などより作成）

ア　4か国すべてにおいて，2000年，2010年，2020年のすべての年で，固定電話100人あたりの契約数よりも移動電話100人あたりの契約数の方が多い。

イ　フランスは，2000年，2010年，2020年のすべての年で，固定電話100人あたりの契約数と移動電話100人あたりの契約数ともに，4か国中で最も多い。

ウ　2000年と2020年を比較すると，固定電話100人あたりの契約数が減っている国は韓国のみで，移動電話100人あたりの契約数が最も増えている国はインドネシアである。

エ　人口と移動電話100人あたりの契約数から，2020年における国内の移動電話契約数を計算すると，移動電話契約数が最も多いのは，日本である。

4　次のパネルA～Dは，たえさんたちが，「千葉県に関連する歴史上のことがら」をテーマに作成したものの一部である。これに関して，あとの(1)～(5)の問いに答えなさい。

A：宮ノ台式土器

茂原市にある宮ノ台遺跡から出土した土器は，a弥生時代中期の代表的な土器であり，宮ノ台式土器と呼ばれる。

B：上総国分尼寺跡

市原市にある上総国分尼寺跡は，b聖武天皇の命令で，国ごとに造られた国分尼寺の跡地である。現在，復元された建物が建てられている。

C：誕生寺

日蓮は，c鎌倉時代に各地で仏教を学んだ後，日蓮宗を開いた。鴨川市には，この地域で生まれた日蓮にちなんで，誕生寺が建てられている。

D：南総里見八犬伝

d江戸時代に滝沢馬琴が書いた『南総里見八犬伝』は，千葉県南部を舞台とする長編小説である。

(1)　パネルA中の下線部aの時代に起こった世界のことがらとして最も適当なものを，次のア～エのうちから一つ選び，その符号を書きなさい。

ア　ナイル川流域で生まれたエジプト文明では，巨大なピラミッドが築かれた。

イ　イタリア半島のローマは，領土を拡大し地中海一帯を支配し，ローマ帝国になった。

ウ　中国では，黄河の流域に，すぐれた青銅器の文化をもつ殷という国がおこった。

エ　チグリス川とユーフラテス川に挟まれたメソポタミアを，ハンムラビ王が統一した。

(2)　パネルB中の下線部bに関連して，次のページの文章は，聖武天皇が行った政策について述べたものである。文章中の □ にあてはまる適当な語を漢字３字で書きなさい。

> 人口の増加やひでり，洪水などの自然災害により耕作できない土地がでてくると，性別や身分に応じて与えられていた [ ] が不足してきた。そこで，人々に開墾をすすめるために，聖武天皇の命令で，朝廷は743年に墾田永年私財法を出した。

(3) パネルＣ中の下線部ｃの時代に起こったことがらを，次の**ア**～**エ**のうちから**三つ**選び，年代の**古いものから順**に並べ，その符号を書きなさい。

ア　北条泰時は，武士の慣習に基づいて，御成敗式目（貞永式目）を定めた。
イ　元の皇帝フビライ・ハンは，高麗を従えた後，日本にも服属を要求してきた。
ウ　後鳥羽上皇は，幕府を倒そうと兵を挙げたが，敗れて隠岐に流された。
エ　白河天皇は，天皇の位をゆずった後も，上皇として政治を動かす院政を行った。

(4) パネルＤ中の下線部ｄに関連して，次の文章は，江戸時代の改革について述べたものである。文章中の [Ⅰ]，[Ⅱ] にあてはまるものの組み合わせとして最も適当なものを，あとの**ア**～**エ**のうちから一つ選び，その符号を書きなさい。

> 1841年，老中の [Ⅰ] は，社会の安定と幕府の強化をめざして，天保の改革を始めた。その中で，[Ⅰ] は，物価の上昇をおさえるために，営業を独占していた [Ⅱ] を命じた。

ア　Ⅰ：水野忠邦　Ⅱ：株仲間の解散　　**イ**　Ⅰ：松平定信　Ⅱ：株仲間の解散
ウ　Ⅰ：水野忠邦　Ⅱ：座の廃止　　**エ**　Ⅰ：松平定信　Ⅱ：座の廃止

(5) パネルＤ中の下線部ｄに関連して，次の文章は，江戸時代の海外との交流について述べたものである。文章中の [ ] にあてはまる語として最も適当なものを，あとの**ア**～**エ**のうちから一つ選び，その符号を書きなさい。

> 江戸幕府が海外との交流を制限したため，当時の日本は，後に「鎖国」とよばれる状態だった。しかし，長崎・薩摩・対馬・松前の４つの窓口を通じて，海外と交易が行われていた。それぞれの窓口が，特定の相手と交易を行っており，対馬は [ ] と交易を行っていた。

ア　蝦夷地　**イ**　オランダ　**ウ**　琉球　**エ**　朝鮮

5　次のページの略年表は，ひろとさんが，「近代日本医学の歴史」と関わりの深い北里柴三郎について，まとめたものの一部である。これに関して，あとの(1)～(5)の問いに答えなさい。

(1) 略年表中の下線部ａに関連して，次の文章は，1871年に派遣された使節団について述べたものである。文章中の [Ⅰ]，[Ⅱ] にあてはまる人物名の組み合わせとして最も適当なものを，あとの**ア**～**エ**のうちから一つ選び，その符号を書きなさい。

> 政府は，不平等条約の改正などを目的として，[Ⅰ] を代表（大使）とした大規模な使節団を派遣した。使節団には，５人の女子留学生も同行し，最年少の [Ⅱ] は，アメリカで11年間の教育を受けた。後に女子英学塾をつくり，女子教育に生涯をささげた。

ア　Ⅰ：福沢諭吉　Ⅱ：津田梅子　　**イ**　Ⅰ：福沢諭吉　Ⅱ：樋口一葉
ウ　Ⅰ：岩倉具視　Ⅱ：津田梅子　　**エ**　Ⅰ：岩倉具視　Ⅱ：樋口一葉

年代	北里柴三郎　略年表
1853	熊本県阿蘇郡小国町に生まれる
a 1871	医学所へ入学する
1886	ドイツに留学する
1890	破傷風の血清療法を確立する
1894	ペスト菌を発見する
	↕ A
1914	北里研究所を創立する
	↕ B
b 1931	78歳で亡くなる
2019	c 科学の発展などの面から，日本の近代化に大きく貢献したことなどを理由に新千円札の図柄に北里柴三郎の肖像採用が決定される

(2)　略年表中のAの時期に起こったことがらを，次のア～エのうちから**三つ**選び，**年代の古いものから順**に並べ，その符号を書きなさい。

ア　日本は韓国を併合して植民地とし，朝鮮総督府をおいて支配した。

イ　日本とイギリスは，協力してロシアに対抗するために，日英同盟を結んだ。

ウ　日本は中国に対して，二十一か条の要求を提出し，多くの要求を認めさせた。

エ　ロシアは，ドイツ・フランスを誘って，遼東半島を清に返すよう日本にせまった。

(3)　次の文章は，略年表中のBの時期に起こったことがらについて述べたものである。文章中の［Ｉ］にあてはまる適当な語を書きなさい。また，［Ⅱ］にあてはまる語として最も適当なものを，あとのア～エのうちから一つ選び，その符号を書きなさい。

> 第一次世界大戦後，アメリカの呼びかけで1921年から翌年にかけて［Ｉ］会議が開かれ，［Ⅱ］の主権尊重と領土の保護が確認された。この結果，日本が得た山東省の権益が，［Ⅱ］に返還された。

ア　ソ　連　　**イ**　朝　鮮　　**ウ**　ドイツ　　**エ**　中　国

(4)　略年表中の下線部bに関連して，次の文章は，1931年に起こった満州事変について述べたものである。文章中の［　　］にあてはまる適当なことばを，「元首」「実権」の二つの語を用いて**20字以内**（読点を含む。）で書きなさい。

> 1931年，満州に駐留していた日本の軍隊は，南満州鉄道の線路を爆破し，これを中国側が行ったことだと主張して攻撃を始め，満州の大部分を占領した。その後，1932年につくられた満州国は，清の［　　］が握った。満州国には，不景気が続く日本から，多数の農民が集団で移住した。

(5) 略年表中の下線部cに関連して，次の文章は，ひろとさんが，科学の発展に関することがらについてまとめたレポートの一部である。文章中の □ に共通してあてはまる都府県名として最も適当なものを，あとのア～エのうちから一つ選び，その符号を書きなさい。

> 1970年に「人類の進歩と調和」をテーマとして，□ で開催された日本万国(ばんこく)博覧会（万国博覧会）には，77か国が参加し，当時の日本の発展と科学技術力を世界に示す場となった。そして，2025年に再び □ で，100か国以上が参加する日本国際博覧会を開催することが決定され準備が進められている。

ア　福岡県　　**イ**　大阪府　　**ウ**　愛知県　　**エ**　東京都

6　次の文章を読み，あとの(1)～(3)の問いに答えなさい。

令和４年４月の成人年齢引き下げにより，18歳と19歳の若者は，成人として自らの意思で契約することができるようになりました。若者をねらった消費者トラブルに巻き込まれないために，未成年のうちから a <u>消費者保護に関するしくみ</u>や b <u>金融</u>などの経済に関する知識を学んでいくことが必要です。c <u>多くの情報</u>を適切に処理し，さまざまな知識を身に付けることは，自分の身を守るだけでなく，公正で公平な社会を築くための力にもなります。

(1) 下線部aに関連して，次のカードは，あおいさんが，消費者保護について学習するために使用したものである。カードの表面には消費者保護に関する制度や法律の名称を，裏面にはその説明が書かれている。このカードの表面に書いてあるものとして最も適当なものを，あとの**ア**～**エ**のうちから一つ選び，その符号を書きなさい。

あおいさんの作成したカード（裏面）

> 国や地方公共団体の責務として，消費者の保護や消費者が自立的に消費活動を行えるように支援を定めたもの。

ア　クーリング・オフ制度　　**イ**　消費者契約法
ウ　製造物責任法（PL法）　　**エ**　消費者基本法

(2) 下線部bに関連して，次の文章は，わたるさんが，金融のしくみについてまとめたレポートの一部である。文章中の □ にあてはまる最も適当な語を**漢字４字**で書きなさい。

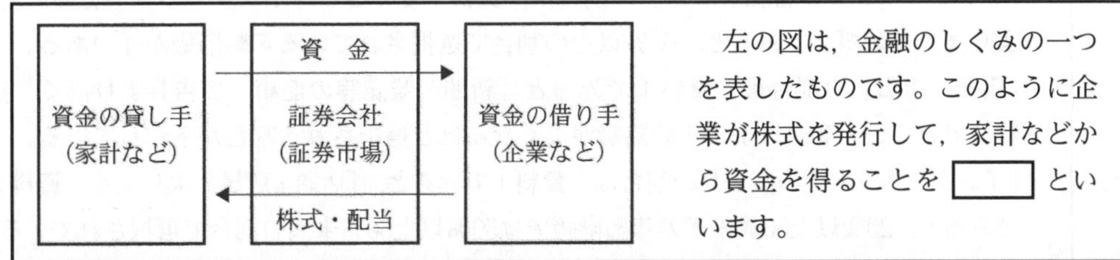

左の図は，金融のしくみの一つを表したものです。このように企業が株式を発行して，家計などから資金を得ることを □ といいます。

(3) 下線部cに関連して，次のページの**資料１**は，社会科の授業で，ゆきおさんたちが「消費者は商品やサービスを購入する際にどこから情報を得ているのか」をテーマに調べたものであり，次のページの**資料２**は，**資料１**の A ～ D を年齢階級別にまとめたものである。また，次のページの**資料３**は，**資料１**と**資料２**から読み取ったことがらをまとめたものの一部である。資料1と資料2中の A ～ D には，それぞれ共通した項目があてはまる。A ～ D にあてはまる項目として最も適当なものを，あとのア～エのうちからそれぞれ一つずつ選び，その符号を書きなさい。

資料1 商品やサービスの購入を検討する際，情報を得ているものとして選択した割合(複数回答)

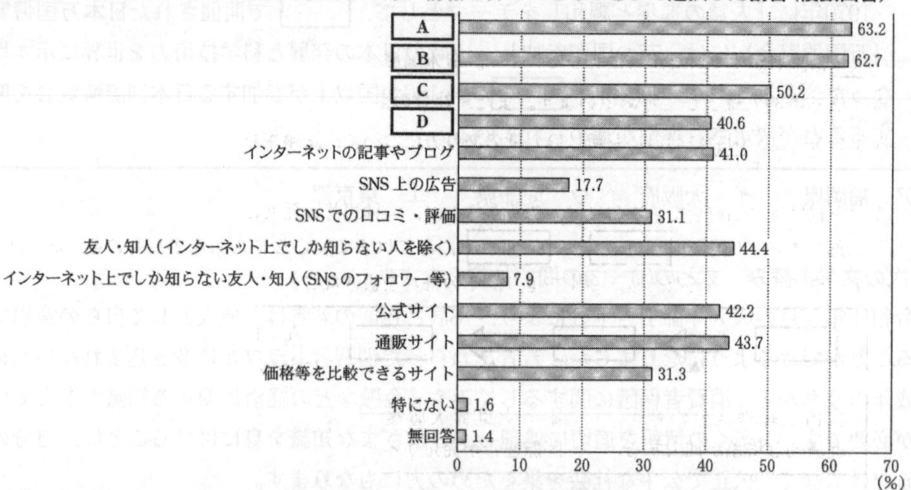

資料2 資料1のA～Dの項目を選択した割合について年齢階級別にまとめたもの

	A	B	C	D
15～19歳	45.4(%)	52.1(%)	18.3(%)	60.0(%)
20～29歳	60.3(%)	50.8(%)	19.0(%)	57.9(%)
30～39歳	66.1(%)	55.5(%)	29.7(%)	56.6(%)
40～49歳	67.2(%)	58.0(%)	37.7(%)	52.9(%)
50～59歳	66.4(%)	66.8(%)	54.2(%)	48.6(%)
60～69歳	66.1(%)	69.8(%)	64.3(%)	35.0(%)
70～79歳	60.4(%)	67.8(%)	72.0(%)	16.1(%)
80歳以上	54.8(%)	66.2(%)	72.6(%)	5.5(%)

(資料1，資料2とも，消費者庁「令和3年消費者意識基本調査」より作成)

資料3 資料1及び資料2から読み取ったことをまとめたものの一部

・「テレビ・ラジオの番組・広告」の割合は，資料1でみると「インターネット上の広告」より高く，資料2でみると，65％以上の割合で選択されている年齢階級が1つある。
・「店頭・店員」の割合は，資料1でみると「新聞・雑誌等の記事・広告」より高く，資料2でみると，40歳以上は年齢階級が高くなるほど選択される割合が下がっている。
・「インターネット上の広告」の割合は，資料1でみると，「店頭・店員」より低く，資料2でみると，20歳以上50歳未満の年齢階級では50％以上60％未満の割合で選択されている。
・「新聞・雑誌等の記事・広告」の割合は，資料1でみると，「テレビ・ラジオの番組・広告」より低く，資料2でみると，年齢階級が高くなるほど選択している割合が高い。

ア テレビ・ラジオの番組・広告　　イ 店頭・店員
ウ インターネット上の広告　　エ 新聞・雑誌等の記事・広告

7 次の文章を読み，あとの(1)～(3)の問いに答えなさい。

$_a$人権は誰もが生まれながらにもつ権利です。日本国憲法では，自由権・社会権・参政権・請求権などを基本的人権として定めています。また，社会の変化とともに，$_b$新しい人権を認める必要が生まれました。$_c$国会においても新しい人権のあり方について，議論されています。

(1) 下線部ａに関連して，次の文は，こうたさんが，人権思想の発展についてまとめたレポートの一部である。図中の Ⅰ ～ Ⅲ にあてはまる文として最も適当なものを，あとの**ア**～**ウ**のうちからそれぞれ一つずつ選び，その符号を書きなさい。

左の図は，人権思想がどのように発展したのかを示しており，私たちのもつ基本的人権は，長い歴史の中で獲得されたものです。

ア　国王が支配する専制的な政治が，市民革命によって倒され，表現の自由や信仰の自由などの自由権，身分制度を否定する平等権が保障される。

イ　すべての人に，人権があることを明記した世界人権宣言が採択され，各国における人権保障の基準となる。

ウ　すべての人が，人間らしく生活できるように保障することも国家の役割だと考えられ，社会権が認められるようになる。

(2) 下線部ｂに関連して，次の文章は，みつおさんが新しい人権についてまとめたレポートの一部である。文章中の □ にあてはまる適当な語を**漢字４字**で書きなさい。

> 主権者として政治に関する判断をするために，国や地方自治体の活動を知る必要がある。そのために「知る権利」が認められ，この権利に基づき，国民は国や地方自治体が作成し保存している公文書などを見ることができる。このしくみを □ 制度という。

(3) 下線部ｃに関連して，次の資料は，社会科の授業で，ゆきさんたちの班が作成した国会と国政選挙についてまとめたものの一部である。**資料１**と**資料２**を参考に，第206回国会が特別会（特別国会）である理由を，「30日以内」の語を用いて**40字以内**（句読点を含む。）で書きなさい。

資料１　国会の種類と期間

国　会	国会の種類	期　間
第205回国会	臨時会	令和３年10月４日～令和３年10月14日（衆議院解散）
第206回国会	特別会	令和３年11月10日～令和３年11月12日
第207回国会	臨時会	令和３年12月６日～令和３年12月21日
第208回国会	常　会	令和４年１月17日～令和４年６月15日
第209回国会	臨時会	令和４年８月３日～令和４年８月５日

資料２　国政選挙

選　挙	投票日
第49回衆議院議員総選挙	令和３年10月31日
第26回参議院議員通常選挙	令和４年７月10日

（**資料１**，**資料２**とも，衆議院ホームページなどより作成）

8 次の文は，社会科の授業で，「地域主義（地域統合）について考えよう」をテーマに話し合いを行ったときに出た生徒の意見の一部である。これに関して，あとの(1)，(2)の問いに答えなさい。

> 経済分野だけでなく，その他のさまざまな課題に連携して取り組んでいくためにも積極的に a 特定の地域の国々との協力関係を強化していく必要があると考えます。

> ＥＵでは，加盟国内の経済格差などのさまざまな課題があり，多国間で統合していくことのデメリットもあるため，地域の国々との b 連携は慎重に進めていく必要があると考えます。

(1) 下線部ａに関連して，次の表は，生徒が地域主義（地域統合）についてまとめたレポートの一部である。表中のⅠ～Ⅳにあてはまる地域として最も適当なものを，あとのア～エのうちからそれぞれ一つずつ選び，その符号を書きなさい。

地 域	Ⅰ	Ⅱ	Ⅲ	Ⅳ
地域主義（地域統合）	ASEAN	APEC	USMCA	MERCOSUR

ア 北アメリカ イ 南アメリカ ウ アジア・太平洋 エ 東南アジア

(2) 下線部ｂに関連して，次の文章は，日本が他の国々と経済的な連携を深めるために，結ばれた協定についてまとめたものである。文章中の □ に共通してあてはまる最も適当な語を，**アルファベットの大文字３字**で書きなさい。

> 当初は太平洋を囲む国々を中心とした12か国で □ 協定の発効を目指していたが，2017年にアメリカ合衆国が離脱した。しかし，2018年に日本も含めた11か国が合意して □ 11協定を新たに調印し，貿易の自由化など経済的なつながりを加盟国内で強めています。

七　次の【資料】は、「日本と諸外国との文化交流を進めることの意義」について質問した結果（複数回答）の一部です。これに関して、あとの〈条件〉にしたがい、〈注意事項〉を守って、あなたの考えを書きなさい。

【資料】

「日本と諸外国との間の相互理解や信頼関係が深まり、国際関係の安定につながる」と回答した人の年齢別の割合

年齢別	20 － 29 歳	22.6 %
	30 － 39 歳	23.8 %
	40 － 49 歳	24.3 %
	50 － 59 歳	24.6 %
	60 － 69 歳	31.9 %
	70 歳以上	41.1 %

（文化庁「文化に関する世論調査　報告書（令和４年３月）」より作成）

〈条件〉

① 二段落構成とし、十行以内で書くこと。

② 前段では、【資料】から読み取ったことと、それに対するあなたの考えを書くこと。

③ 後段では、前段をふまえて、あなたが今後諸外国との文化交流を行う機会があったら、具体的にどのような交流を行いたいかを、その理由とともに書くこと。

〈注意事項〉

① 氏名や題名は書かないこと。

② 原稿用紙の適切な使い方にしたがって書くこと。ただし、〜や＝などの記号を用いた訂正はしないこと。

(1) 文章中のあやしうを現代仮名づかいに改め、**ひらがな**で書きなさい。

(2) 文章中のA酒など勧めけるにの主語にあたるものとして最も適当なものを、次の**ア**～**エ**のうちから一つ選び、その符号を書きなさい。

ア あるじ　**イ** ある僧　**ウ** 氷魚　**エ** 作者

(3) 文章中のBいかにとあるじが思ったのはなぜか。「氷魚が……」に続く形で**二十字以上、二十五字以内**で書きなさい。

(4) 次は、この文章を読んだあとに、花田さんと月森さんが文章中のCこの比（ごろ）の氷魚は目鼻より降り候（さぶら）ふなるぞについて、話し合った場面の一部です。これを読んで、あとの(a)～(c)の問いに答えなさい。

花田さん　この発言を聞いて、その場にいた人は皆笑ったとありますが、どこが面白かったのでしょうか。

月森さん　この発言は、鼻から氷魚が出たことをあるじから問われて、とっさに答えたものですよね。鼻から氷魚が出てくるということは、この僧は、氷魚を[　　]と考えられますね。しかも、おそらく大量の氷魚を。

花田さん　なるほど。だから不意に出てきてしまったのですね。でも、なぜこの発言では、氷魚が「出る」ではなく「降る」なのでしょうか。

月森さん　それは、「氷魚」という言葉の読み方、すなわち音の響きをふまえて発言したからではないでしょうか。即座に機転をきかせた発言だからこそ、人々の笑いを引き起こしたのでしょう。

花田さん　僧と食事の関係で言えば、香りの強い野菜や酒を、持ち込むことを禁じていた寺もあったようですよ。

月森さん　「不許葷酒入山門」ですね。実際に、寺の門のそばにある石柱に書かれているのを見たことがあります。時代背景を考えると、さらにこの文章の面白味が増しますね。

(a) 文章中の[　　]に入る言葉を、**五字以上、十字以内**で書きなさい。

(b) この僧の、機転をきかせたと考えられる内容として最も適当なものを、次の**ア**～**エ**のうちから一つ選び、その符号を書きなさい。

ア 鼻から出た氷魚を、激しく吹き荒れる雨に見立てることで、その場を取り繕おうとした。

イ 鼻から出た氷魚を、眼球をうるおした涙に見立てることで、その場を取り繕おうとした。

ウ 鼻から出た氷魚に、氷のかたまりであるひょう（雹）をかけて、その場を取り繕おうとした。

エ 鼻から出た氷魚に、棒状の氷であるつらら（氷柱）をかけて、その場を取り繕おうとした。

(c) 文章中の不許葷酒入山門は、「葷酒（ぐんしゅ）山門に入（い）るを許さず」と訓読し、次の「葷 酒 入ルヲ 山 門ニ」はその一部である。訓読文を参考にして、これに**返り点**をつけなさい。

葷 酒 入ルヲ 山 門ニ

ついて話し合っている場面の一部です。これを読み、あとの(a)～(c)の問いに答えなさい。

森さん　私は、風の描写が印象に残ったな。最初は［Ⅰ］風が、次には［Ⅱ］と表現されることで、緊迫感が増したよ。ここは陽菜と朋子の考え方の違いが明らかになる場面だから、会話の雰囲気にぴったりだ。

原さん　そうね。私は、「私を包み込んでくれていた奥瀬見の自然が、わずかに牙を剝いている感じがする」が気になったわ。「感じがする」わけだから、あくまで陽菜の主観なのだけれど、だからこそ、この感覚の変化は陽菜の状況の変化と深い関係にあると思うわ。

森さん　そうか。これまで自分を［Ⅲ］ものだった奥瀬見の自然が、陽菜にとって違う意味を持ち始めたわけだね。

(a)　［Ⅰ］、［Ⅱ］に入る言葉を、50ページ・49ページの文章中から［Ⅰ］は**五字**で、［Ⅱ］は**十一字**で、それぞれ**抜き出して**書きなさい。

(b)　［Ⅲ］に入る言葉として最も適当なものを、次の**ア**～**エ**のうちから一つ選び、その符号を書きなさい。

ア　激励する　　**イ**　誘導する
ウ　保護する　　**エ**　隠蔽する

(c)　次は、森さんと原さんが感覚の変化は陽菜の状況の変化と深い関係にあるについて、考えをまとめた表です。［Ⅹ］、［Ｙ］に入る言葉を、［Ⅹ］は**三十字以上、四十字以内**で、［Ｙ］は**漢字二字**で書きなさい。

〔奥瀬見から受ける陽菜の感覚と状況との関係〕

陽菜の感覚		陽菜の状況
奥瀬見が包み込んでくれていた。	⇦	奥瀬見でオルガン制作の魅力を知り、やりがいを感じ始めた。
奥瀬見が牙を剝いている。	⇦	［Ⅹ］ことを示しているようで、奥瀬見に［Ｙ］されている気分になる。

六　次の文章を読み、あとの(1)～(4)の問いに答えなさい。

これも今は昔、ある僧、人のもとへ行きけり。Ａ酒など勧めけるに、（注）氷魚（ひを）はじめて出で（い）来たりければ（初物として出回り始めたので）、あるじ珍しく思ひて、もてなしけり。あるじ用の事ありて、内へ入りて、また出でたりけるに（出て来て見ると）、この氷魚の殊（こと）の外（ほか）に少なくなりたりければ、あるじ、Ｂいかにと思へども（変だなとは思ったが）、いふべきやうもなかりければ、物語しゐたりける程に（雑談をしているうちに）、この僧の鼻より氷魚の一つふと（不意に）出でたりければ、あるじあやしう覚えて、「その鼻より氷魚の出でたるは、いかなる事にか（どうしたことです）」といひければ、取りもあへず（即座に）、「Ｃこの比（ごろ）の氷魚は目鼻より降り候（さぶら）ふなるぞ」といひたりければ、人皆、「は」と笑ひけり（「わっ」と笑った）。

（『宇治拾遺物語』による。）

（注）　氷魚＝アユの稚魚。色は半透明で、体長三センチメートル程度。

（注2） 鎬を削ってる＝「鎬を削る」は、激しく争うこと。
（注3） ストップ＝オルガンの音色のこと。どの音色を鳴らすのか選択するシステムのことを指す場合もある。
（注4） ヒートアップ＝激しくなること。
（注5） 整音＝演奏の目的にあった状態にオルガンを調整し、音色を作っていくこと。

(1) 文章中にAすっと出てきた、B自分でも止められないほどにとあるが、これは陽菜のどのような様子を伝えているか。最も適当なものを、次のア～エのうちから一つ選び、その符号を書きなさい。

ア　これまで閉じ込めてきた思いが言葉となって発せられることに、自分自身戸惑いつつも、興奮を抑えきれないでいる様子。
イ　朋子に問いかけられたことで、ようやく秘密を打ち明けることができ、開放的な気分になり、喜びに満たされている様子。
ウ　これまで我慢して口を閉ざしてきたが、勇気をふりしぼって自分の考えを述べることに、あらゆる力をそそいでいる様子。
エ　朋子の率直な問いかけに、自分の中にあったこだわりが薄れ、素直に心の内を話そうと決意して、必死に言葉を探す様子。

(2) 文章中にC私は朋子みたいに、生きられないとあるが、陽菜と朋子の考え方の違いを説明した、次の文章を完成させなさい。ただし、Ⅰは七字以内で書き、Ⅱは文章中の言葉を使って、八字以内で書きなさい。

> 陽菜の進路に対して、陽菜自身は、コンクールに入賞できなかったこともあり、個性がないことをⅠことによって自覚し、向き不向きを考えて進路を決めようとしている。一方、朋子は、何が好きであるのかやⅡを重視している。

(3) 文章中にDこれが私とあるが、その「私」の説明として最も適当なものを、次のア～エのうちから一つ選び、その符号を書きなさい。

ア　周囲の高度な技術力に衝撃を受け、意欲を失い、将来に対して無気力な状態の私。
イ　周囲の期待に応えられず、自信を失い、音楽に関することから離れようとする私。
ウ　周囲の迫力ある演奏に驚嘆し、意欲を失い、自分の才能を生かしきれずにいる私。
エ　周囲の才能に圧倒され、自信を失い、自分の信念を貫くことができないでいる私。

(4) 文章中にE芦原さんはなぜ、オルガンビルダーを続けられているんですかとあるが、このときの陽菜の心情を説明したものとして最も適当なものを、次のア～エのうちから一つ選び、その符号を書きなさい。

ア　たとえ才能がなくても、音楽に関わっていたいという自分の思いを少しも理解しようとしてくれないことに、いらだっている。
イ　ようやく向いていることを見つけ、新たな道に進む気持ちになったのに、それをくじくような事実を告げられ、当惑している。
ウ　自分の未熟さを認め、前向きに今できることを探して行動しているのに、経済的な面だけ心配され、プライドが傷ついている。
エ　奥瀬見で過ごしてきた日々について、肯定的にとらえようと努力している自分を、真っ向から否定され、怒りがこみ上げている。

(5) 次は、この文章を読んだあとに、森さんと原さんが表現の効果に

「朋子と一緒に(注5)整音(せいおん)をしたのは、すごくやりがいがあった。私がやるべき仕事はこっちなんだって、そう思ったよ。オルガンを弾いたり作ったりする仕事こそが、私にとって……」
「私は、自分がオルガンに向いてるかなんて、考えたことがない」
朋子の声は、困惑していた。
「自分に向いてるか向いてないかなんて、どうでもいい。私にはオルガン作りしかなかった。だから、オルガンを作ってる」
「やろうとしてることが向いてるか向いてないか、普通は考えるでしょ?」
「父だって別に、向いてるからオルガンビルダーになったわけじゃない。オルガンが何よりも好きだっただけだよ」
朋子が足を止めた。
上空を吹き荒れている風が、地上にも降りてきている。この二ヶ月間、私を包み込んでくれていた奥瀬見の自然が、わずかに牙を剝(む)いている感じがする。
「陽菜は、本当は何になりたいの?」
「何に——」
「コンクールで一位を取りたかったんじゃないの? 音大に行きたかったんじゃないの? フルート奏者として、スポットライトを浴びたかったんじゃないの?」
「でもそれは、私には向いてないんだよ」
「そんな話はしてない。ごまかさないで」
朋子は、強い人だ。子供のころからぶれずに、一貫してオルガンビルダーの道を歩んでいる。自分の技術を高め、十九歳にして周囲の大人を驚嘆させるほどの技術を誇っている。
「C私は朋子みたいに、生きられない」
朋子はじっと、私を見つめている。
「フルート奏者になりたいよ。でも、それは私には、無理なんだ」
私には、私のフルートが、ないのだから。
朋子の目の中には、落胆も怒りもない。パイプの凹凸を丁寧に確認するような、冷静な色だけをたたえている。でも、Dこれが私なのだ。
自分を晒(さら)すつもりで、私は朋子の視線を浴び続ける。
ふと、背後に人の気配を感じた。
「芦原さん——」
いつからそこにいたのだろう。振り返ると、そこに、芦原さんが立っていた。
「こんなことになるとは、思っていませんでした」
芦原さんは、残念そうに言った。
「今回のオルガンは、街ぐるみで作ろうと思っていました。僕にはない発想、僕にはない感性、そういうものを統合して、新しいオルガンを作るためです。だからあなたを誘ったのです。あなたにとっても、オルガン制作をフルートに活(い)かしてもらえると思った。お互いによい影響があるはずだったのに——」
「私は、いい影響だったと思ってます」
「僕はオルガンビルダーになりたがる人をたくさん見てきました。そのほとんどが志半ばで潰れます。儲(もう)からないですし、重労働です。心理的な負荷も高い。僕は還暦を迎えていますが、この仕事をはじめてから三十年以上、ずっと自分の無力さに打ちのめされています。向いていようがいまいが、大半は潰れる世界です」
「じゃあE芦原さんはなぜ、オルガンビルダーを続けられているんですか」

(逸木裕(いつきゆう)『風を彩(いろど)る怪物』による。)

(注1)　オルガンビルダー＝オルガン制作をする職人。

し、後半は学者の提唱する理論の証明と筆者の見解とをまとめている。

イ 前半は一般的で身近な例と関連する心理学の研究状況を紹介し、後半は意識と非意識の相違点を比較した調査内容を整理している。

ウ 前半は日常の例を用いて心理学の理論の歴史的出来事を説明し、後半は2つのシステムの優劣を判断するための分析を行っている。

エ 前半は具体例から意識と行動の関係が常識と異なることを示し、後半は意識と非意識の持つ性質やはたらきの重要性を述べている。

五 次の文章を読み、あとの(1)～(5)の問いに答えなさい。

> コンクールで他の出場者との圧倒的な力の差を感じた陽菜は、フルートが吹けなくなってしまった。しばらく姉の亜季が住む奥瀬見で過ごすことにしたが、そこでオルガン制作職人である芦原さんと。その娘の朋子に出会い、パイプオルガン制作を手伝うようになった。

「フルート、やめるんだって？」

亜季姉から聞いたのだろう。咎めるような口調だった。

「やめるなんて言ってないよ。ちょっと、迷ってるだけ」

「オルガンを作り終えたらフルートに戻るって、陽菜、言ってた。あれは嘘だったの？」

「でも、オルガン、まだ作り終えてないじゃん」

「ごまかさないでよ。陽菜、オルガンビルダー(注1)になるつもり？」

返事ができない私を、朋子は黙って見つめてくる。上空を吹く風が、ごうっとひときわ派手な音を立てた。

「さっき吹いてた曲、あれ、コンクールでやった曲だよね？」

「聴いてたの？ ていうか、よく覚えてるね」

「あのコンクールは、衝撃的だったから。私と同じ年くらいの人たちが、華やかな舞台に立って、鎬(注2)を削ってる。オルガンビルダーには同世代の仲間とかいないから、すごく羨ましかった」

「入賞した三人のことは覚えてる？ 私とはレベルの違う演奏だったよね」

「私はフルートのことはよく判らない。みんな同じくらい、素晴らしかったと思う。だから私は、陽菜がなんでフルートをやめようとしてるのか判らない」

――みんな同じくらい、素晴らしくなんかない。

朋子は、私と三人の狭間にあった確かな断絶を、聞き分けられていない。だから、そんなことが言えるんだ。

「陽菜は、フルートをやったほうがいいよ。やめないほうがいい」

「私は、オルガンが向いてると思ってる」

亜季姉にも言えなかったことが、A<u>すっと出てきた</u>。

「私には、個性がないんだよ。好きな演奏がたくさんあって、好きな音がたくさんあって、自分の演奏はこれだってものがないんだ。フルート奏者はそれじゃ許されない」

「なら、探せばいい。自分の強い個性を」

「それを、オルガンで見つけられたと思ってる。オルガンは演奏するにしても、作るにしても、強い個性を持ったストップ(注3)たちを組み合わせていく作業だよね。私にはそういう作業のほうが向いてる。フルートよりオルガンのほうが向いてる」

B<u>自分でも止められないほどに、言葉がヒートアップ(注4)していく</u>。

(3) 文章中の B2つのシステム について次の表のようにまとめる場合、①～⑥に入る言葉として最も適当なものを、あとの**ア**～**カ**のうちから一つずつ選び、その符号を書きなさい。

	モード	はたらき	思考の速度	具体例
システム1	自動的で努力が不要	①	②	③
システム2	努力や自制が必要	④	⑤	⑥

ア 印象、直観、意志、感触を生み出し、供給する
イ 行動を監視し、制御する
ウ 速い思考
エ 遅い思考
オ 「オレンジジュースにしよう！」という判断
カ 無自覚な眼球（視線）の動き

(4) 文章中の Cハイブリッドな仕事 を説明した、次の文章を完成させなさい。ただし、Ⅰ、Ⅱ に入る言葉として、53ページ・52ページの文章中から Ⅰ は**二十二字で抜き出して**、**はじめの五字**を書き、Ⅱ は**十三字で抜き出して**書きなさい。

> ハイブリッドな仕事とは、異なるものが組み合わさり、動くことであり。ここでは、非意識的なシステム1と、意識的なシステム2が、Ⅰ ということである。これを文章中の別の言葉で言い換えると Ⅱ というはたらきを指している。

(5) 文章中の D効率化 について、筆者が著した次の文章を参考にして、あとの問いに答えなさい。

> 習慣とは、体験を通して獲得される行動傾向性のひとつで、意識や努力の感覚なしに特定の行動を成功裏に遂行できる能力を指す。いわば行為が身体化した状態だといえる。
> すべての習慣を失った生活を想像してみてほしい。「次は何をすべきか」といちいち立ち止まって、その都度、その状況に適応的なやり方を考え出さなければならなくなる。いかに面倒かがわかるだろう。われわれは習慣による自動化の恩恵を受けているのである。
>
> （鹿毛雅治（かげまさはる）『モチベーションの心理学』による。）

問い　モチベーションの「効率化」のために習慣が果たす役割をあとのようにまとめます。Ⅰ ～ Ⅲ に入る言葉を書きなさい。ただし、次の①、②にしたがって書くこと。

① Ⅰ は、「システム1」か「システム2」のいずれかを書くこと。

② Ⅱ は53ページ・52ページの文章中から**二十三字で抜き出して**、**はじめの三字**を書きなさい。Ⅲ は**十五字以上、二十字以内**で書きなさい。

> 習慣は、2つのシステムのうち Ⅰ にあたる。よって、習慣による自動化とは、Ⅱ 状態だといえる。
> モチベーションの「効率化」のために習慣を取り入れると、モチベーションによって Ⅲ ことにつながる。

(6) この文章の構成について説明したものとして最も適当なものを、次の**ア**～**エ**のうちから一つ選び、その符号を書きなさい。

ア 前半は思考と行動の決め方の順番を明快に示して問題を提起

まず、われわれは誰でもB2つのシステム、すなわち、システム1とシステム2を持っているという。システム1とは、速い思考、つまり、自動的に高速ではたらき、努力はまったく不要か、必要であってもわずかで、自分がコントロールしているという感覚が一切ない非意識的な「自動操縦モード」を指す。それに対して、システム2とは、遅い思考、つまり、時間をかけて注意を傾けたり、熟考が必要だったりする際に起動する「意識的で努力や自制が必要なモード」を指す。

システム1とシステム2は役割を分担することで、問題を効率的に解決する。システム1は、印象、直観、意志、感触といったものを絶えず生み出してはシステム2に供給する。一方、システム2は、システム1が提供する情報や、それが生み出す無自覚な行動を監視し、制御する。システム1が困難に遭遇すると、システム2が応援に駆り出され、問題解決に役立つ緻密で的確な処理を行うというわけである。

たとえば、驚いた直後に注意深く観察しようとしたり、怒っているときであっても礼儀正しく振る舞ったり、夜に車を運転しているときに警告を発したりするのは、システム1に対するシステム2によるはたらきである。また、食習慣の改善のため、甘いおやつばかりをつい食べてしまうといった悪弊を断ち切るためには、システム2による意識的な努力が不可欠になる。2つのシステムは以上のような役割分担によるCハイブリッドな仕事をしてくれることで、われわれの生活を支えているのである。

元来、人は生物として、心身のエネルギーを節約し、温存し、効率的に使うようにできている。特に、やる気や意欲といったモチベーション(注4)は心身のエネルギーを消費するので、オンとオフの切り替えが重要になる。やみくもにやる気を発揮しエネルギーを浪費するのは合理的ではないし、そもそも限界があるのだ。そこで、意識と非意識の二重プロセスは、最も少ない努力ですむ方法を選ぶ「最小努力の法則」に基づいて機能する。努力に要する心身のエネルギーは限りある貴重なリソース(注5)なので、システム2への過大な負担を避け、システム全体としてエネルギーを節約する二重プロセスは、生き物としてのわれわれにとってきわめて適応的なのだ。非意識的に行動を起こすシステム1は、モチベーションのD効率化に大いに貢献しているというわけである。

(鹿毛雅治(かげまさはる)『モチベーションの心理学』による。)

(注1) 直観=推理を用いず直接に対象を把握すること。直感とは異なる。

(注2) プロセス=進める方法や手順。過程。経過。

(注3) ダニエル・カーネマン=アメリカ合衆国の心理学者、行動経済学者。

(注4) モチベーション=ここでは心理学的用法。特定の行為が始まり、持続し、方向づけられ、終わるという一定の流れを指す。

(注5) リソース=供給源。資源。

(1) 文章中の 広く と同じ品詞であるものを、次のア~エのうちから一つ選び、その符号を書きなさい。

ア ようやく空が晴れてきた。

イ 楽しい時間を皆で過ごす。

ウ あふれる清水をくみ出す。

エ 静かな環境を大切にする。

(2) 文章中の [A] に入る言葉として最も適当なものを、次のア~エのうちから一つ選び、その符号を書きなさい。

ア 人間は意識に基づいて行動する合理的な存在だ

イ 人間は非意識的に行動する不合理な存在だ

ウ 人間は体験に基づいて行動する自覚的な存在だ

エ 人間は無意識的に行動する不可解な存在だ

二

次の(1)～(4)の――の漢字の読みを、**ひらがな**で書きなさい。

(1) 作家を招いて講演会を開く。
(2) 私語を慎むように注意を促す。
(3) 曖昧な態度では誤解されやすい。
(4) あえて辛辣な意見を述べる。

三

次の(1)～(5)の――のカタカナの部分を**漢字**に直して、楷書で書きなさい。

(1) 知り合ってまだ日がアサい。
(2) 初日の出をオガむ。
(3) 映画のヒヒョウをする。
(4) 新しい分野の雑誌をソウカンする。
(5) 年功ジョレツの制度。

四

次の文章を読み、あとの(1)～(6)の問いに答えなさい。

「急ごう」と思ったら、身体はすでに走りはじめていた。

このような体験はないだろうか。振り返って考えてみてほしい。「急ごう」という判断は、「走る」という行為に先行していただろうか。われわれは、「急ごうと思ったから走りはじめる」というように、意識が行動の原因だと信じているが。それは本当だろうか。

たとえば、あなたが自動販売機で缶飲料を買おうと思い、目の前のディスプレイを眺めて何を飲もうかと迷った末に、「オレンジジュース」を選んだとしよう。あなたはこの意思決定こそが、その後の行動の起点になっていると信じているはずだ。

しかし、事実は異なるという。「オレンジジュースにしよう！」という判断よりも先に、あなたの眼球は動きだし、オレンジジュースのディスプレイをすでに凝視しているというのだ。つまり、オレンジジュースを選んだのはあなたの視線なのである。

このように意思決定（選好判断）より前に、視線が無自覚のうちに好きなほうに傾くという現象は、視線のカスケード現象と呼ばれ、広く知られている。「オレンジジュースにしよう！」という意識（意図）が行動の原因であれば、それが時間的に先行していなければならない。しかし実際には、神経系の反応や、それに伴う無意識な動きよりも後に、その意識が生じていることになる。

にわかに信じがたいかもしれない。「意識が行動を決めている」という常識にそぐわないし、何よりわれわれの直観[注1]に反しているからである。

実際、心理学者たちもこの事実の発見に驚き、戸惑った。「［A］」と、彼らも信じていたのである。

1980年代以降、われわれの非意識的なはたらき（潜在的認知）に関心が向けられるようになる。とりわけ、迅速性、効率性を特徴とする自動的なモチベーションの研究が盛んになるにつれ、われわれの日常で非意識過程が果たす役割が次々に明らかにされてきた。心理学界において、これは「オートマティシティ（自動性）革命」とも呼ばれる歴史的な出来事だったのである。

一方、われわれの常識の通り、意識が行動の原因である場合も多いことが実証されている。「意識が先か、行為が先か」という二項対立的な問いに大きな意味はない。人は、意識、非意識両方のプロセス[注2]を、時と場合に応じて使い分けているのである。

2002年にノーベル経済学賞を受賞したダニエル・カーネマン[注3]は、意識と非意識の性質やはたらきを二重プロセスと呼んでいる。

＜国語＞

時間 五〇分 満点 一〇〇点

【注意】各ページの全ての問題について、解答する際に字数制限がある場合には、句読点や「 」などの符号も字数に数えること。

一 これから、三田さんが川辺さんに、文化祭のクラスの催し物について相談している場面と、それに関連した問いを四問放送します。よく聞いて、それぞれの問いに答えなさい。

(放送が流れます。)

(1) (問いを放送します。)

[選択肢]

ア 「歌おうよ」の歌う主体が、最初の説明より重視されている点。
イ 「歌おうよ」の歌う主体が、最初の説明以上に活躍している点。
ウ 「歌おうよ」の歌う主体が、最初の説明では存在していない点。
エ 「歌おうよ」の歌う主体が、最初の説明とかみ合っていない点。

(2) (問いを放送します。)

[選択肢]

ア 川辺さんは言葉の響きに着目しているが、三田さんは言葉が意味することを意識している。
イ 川辺さんは言葉が示す情緒性に着目しているが、三田さんは言葉がもつ音楽性を意識している。
ウ 川辺さんは言葉が及ぼす影響力に着目しているが、三田さんは言葉の規則性を意識している。
エ 川辺さんは言葉の働きに着目しているが、三田さんは言葉の表現技法を意識している。

(3) (問いを放送します。)

[選択肢]

ア 一つ目は言葉のリズムを重視して作られているが、二つ目は客観性を重視して作られている。
イ 一つ目は親しみを込めて作られているが、二つ目はお店側の願望を込めて作られている。
ウ 一つ目はお店側の立場で作られているが、二つ目はお客側の立場で作られている。
エ 一つ目は個性を伝える目的で作られているが、二つ目は利便性を伝える目的で作られている。

(4) (問いを放送します。)

[選択肢]

ア お店の特徴を伝えることで、静かなお店で食事をしたい人に、にぎやかなお店で食事する良さを積極的に教えようとしているから。
イ お店の特徴を伝えることで、お客さんを集めるためだけでなく、文化祭に来るお客さんがお店選びをしやすいよう配慮しているから。
ウ お店の特徴を伝えることで、文化祭に来るお客さんが、食事を提供するお店はどこなのかを、見つけられるよう工夫しているから。
エ お店の特徴を伝えることで、にぎやかなお店が好きな人も静かなお店が好きな人も、一緒に楽しめる空間であることがわかるから。

聞き取り検査終了後、次ページ以降も解答しなさい。

2023年度

解答と解説

《2023年度の配点は解答用紙集に掲載してあります。》

＜数学解答＞

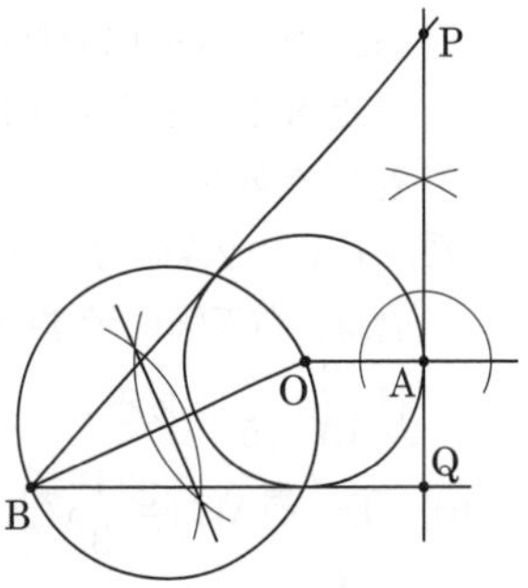

1　(1)　①　-7　②　$\frac{5}{4}a-b$　③　x^2-x+1
(2)　①　$5(x+y)(x-y)$　②　$40\sqrt{3}$　(3)　①　0.17
②　ウ　(4)　①　$\sqrt{2}$(cm)　②　$\frac{\sqrt{2}}{3}$(cm^3)
(5)　①　3(通り)　②　$\frac{4}{5}$　(6)　①　3
②　$a=0,\ 1,\ 2,\ 3$　(7)　右図

2　(1)　①　2　②　$y=-x+10$　(2)　(20, 24)

3　(1)　(a)　イ　(b)　エ　(c)　90(度)　(2)　解説参照
(3)　$6-\sqrt{6}$(cm)

4　(1)　①　(a)　2(点)　(b)　6(通り)　(c)　3(点)　②　(d)　$c=10-a-b$
(e)　$\mathrm{M}=-5a-7b+40$　(2)　解説参照

＜数学解説＞

1　(数・式の計算，因数分解，平方根，式の値，資料の散らばり・代表値，線分の長さ，体積，数の性質，場合の数，確率，関数とグラフ，作図)

(1)　①　四則をふくむ式の計算の順序は，乗法・除法→加法・減法となる。$6\div(-2)-4=(-3)-4=(-3)+(-4)=-(3+4)=-7$

②　分配法則を用いて，$a+b+\frac{1}{4}(a-8b)=a+b+\frac{1}{4}\times a+\frac{1}{4}\times(-8b)=a+b+\frac{1}{4}a-2b=a+\frac{1}{4}a+b-2b=\left(1+\frac{1}{4}\right)a+(1-2)b=\left(\frac{4}{4}+\frac{1}{4}\right)a+(1-2)b=\frac{5}{4}a-b$

③　乗法公式$(\boldsymbol{a-b})^2=\boldsymbol{a^2-2ab+b^2}$より，$(x-2)^2+3(x-1)=x^2-2\times x\times 2+2^2+3x-3=x^2-4x+4+3x-3=x^2-4x+3x+4-3=x^2-x+1$

(2)　①　共通な因数5をくくり出して，$5x^2-5y^2=5(x^2-y^2)$　乗法公式$(\boldsymbol{a+b})(\boldsymbol{a-b})=\boldsymbol{a^2-b^2}$より，$5(x^2-y^2)=5(x+y)(x-y)$

②　$x=\sqrt{3}+2$，$y=\sqrt{3}-2$のとき，$x+y=(\sqrt{3}+2)+(\sqrt{3}-2)=2\sqrt{3}$，$x-y=(\sqrt{3}+2)-(\sqrt{3}-2)=4$だから，①より，$5x^2-5y^2=5(x+y)(x-y)=5\times 2\sqrt{3}\times 4=40\sqrt{3}$

(3)　①　相対度数＝$\frac{\text{各階級の度数}}{\text{度数の合計}}$　度数の合計は240人，90回以上110回未満の階級の度数は40人だから，90回以上110回未満の階級の相対度数は$\frac{40}{240}=0.166\cdots$　小数第3位を四捨五入して0.17

②　ア　資料の最大の値と最小の値の差が**分布の範囲**。**箱ひげ図**より，最大の値は125回，最小の値は30回だから，分布の範囲は$125-30=95$(回)である。正しくない。　イ　一番小さい階級から，ある階級までの度数の合計が**累積度数**。よって，70回以上90回未満の階級の累積度数は$59+79+37=175$(人)である。正しくない。　ウ　度数が最も少ない階級は，度数が25人の110回以上130回未満の階級だから，その**階級値**は$\frac{110+130}{2}=120$(回)である。正しい。

エ　箱ひげ図より，**第3四分位数**は95回である。正しくない。

(4)　①　△BCDは**直角二等辺三角形**で，**3辺の比は1：1：$\sqrt{2}$** だから，BD＝BC×$\sqrt{2}$＝$\sqrt{2}$ (cm)

②　正四角錐A－BCDEと正四角錐F－BCDEは合同な正四角錐である。対角線BDとCEの交点をHとすると，正四角錐A－BCDEの高さはAHである。△ABHに**三平方の定理**を用いて，AH＝$\sqrt{AB^2-BH^2}=\sqrt{AB^2-\left(\frac{BD}{2}\right)^2}=\sqrt{1^2-\left(\frac{\sqrt{2}}{2}\right)^2}=\frac{\sqrt{2}}{2}$(cm)　よって，(正八面体の体積)＝(正四角錐A－BCDEの体積)×2＝$\frac{1}{3}$×BC²×AH×2＝$\frac{1}{3}\times1^2\times\frac{\sqrt{2}}{2}\times2=\frac{\sqrt{2}}{3}$(cm³)

(5)　①　6枚のカードから同時に2枚ひくとき，全てのひき方は右上図に示す15通り。このうち，ひいた2枚のカードに書かれた数が，どちらも3の倍数である場合は，○印を付けた3通りである。

②　ひいた2枚のカードに書かれた数の積が，3の倍数である場合は，右下図に示す○印を付けた12通りだから，求める確率は$\frac{12}{15}=\frac{4}{5}$である。

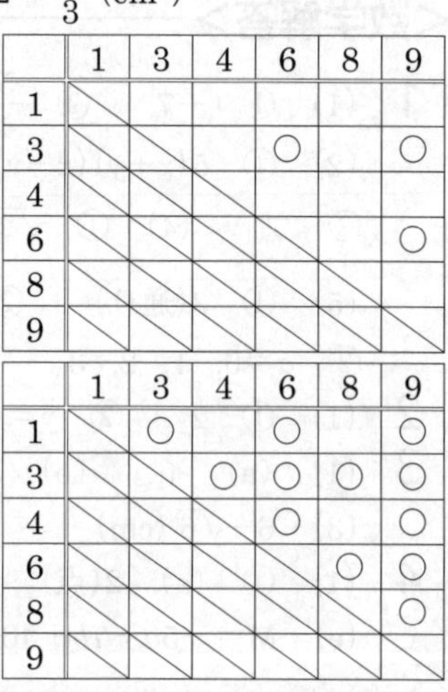

	1	3	4	6	8	9
1						
3				○		○
4						
6						○
8						
9						

	1	3	4	6	8	9
1		○		○		○
3			○	○	○	○
4				○		○
6					○	○
8						○
9						

(6)　①　点Aは$y=\frac{1}{3}x^2$上にあるから，そのy座標は$y=\frac{1}{3}\times(-3)^2=\frac{9}{3}=3$

②　yの**最小値**が0であることから，xの**変域**に0を含まなければならない。これより，0≦a…㋐　また，y＝3となるxの値は，$3=\frac{1}{3}x^2$　$x^2=9$　$x=\pm\sqrt{9}=\pm3$であることから，a≦3…㋑　㋐，㋑より，考えられる整数aの値は0，1，2，3

(7)　(着眼点)　点Aを接点とする円Oの接線は，半径OAと垂直に交わる。また，接線BP，BQと円Oとの接点をそれぞれR，Sとするとき，∠BRO＝∠BSO＝90°であることから，**円周角の定理の逆**より，接点R，Sは線分BOを直径とする円周上にある。　(作図手順)　次の①～⑥の手順で作図する。　①　半直線OAを引く。　②　点Aを中心として半直線OAに交わるように円を描き，つくられたそれぞれの交点を中心として，交わるように半径の等しい円を描き，その交点と点Aを通る直線(点Aを接点とする円Oの接線)を引く。　③　線分BOを引く。　④　点B，Oをそれぞれ中心として，交わるように半径の等しい円を描き，その交点を通る直線(線分BOの**垂直二等分線**)を引く。　⑤　線分BOの垂直二等分線と線分BOとの交点(線分BOの中点)を中心として，線分BOを直径とする円を描き，円Oとの交点をR，Sとする。　⑥　接線BR，BSを引き，点Aを接点とする円Oの接線との交点をそれぞれP，Qとする。(ただし，AP＞AQとし，解答用紙には点R，Sの表記は不要である。)

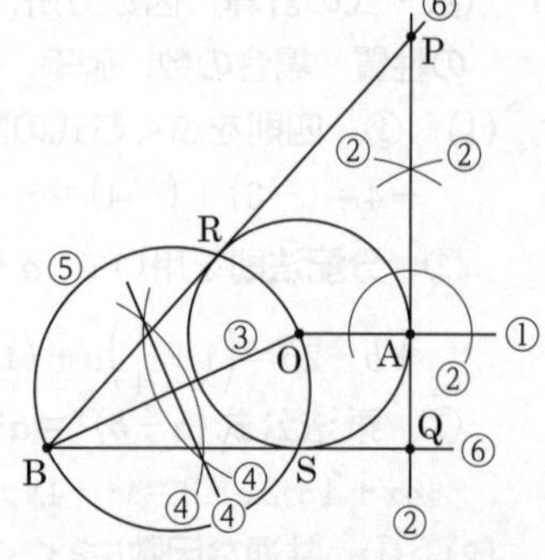

2 (図形と関数・グラフ)

(1)　①　点Aは$y=4x$上にあるから，そのx座標は$8=4x$より，$x=2$

②　AB//y軸，∠ACB＝45°だから，直線ACの傾きは－1である。直線ACの式を$y=-x+b$とおくと，点A(2, 8)を通るから，$8=-2+b$　$b=10$　よって，直線ACの式は$y=-x+10$

(2)　点Aのx座標をsとすると，$y=4x$上にあるからA(s, $4s$)　点Cのx座標をtとすると，$y=\frac{1}{2}x$上

にあるからC$\left(t,\ \frac{1}{2}t\right)$　点Eは対角線ACの中点である。**2点$(x_1,\ y_1)$，$(x_2,\ y_2)$の中点の座標は，$\left(\frac{x_1+x_2}{2},\ \frac{y_1+y_2}{2}\right)$**で求められるので，点Eの$x$座標が13であることから，$\frac{s+t}{2}=13$　$s+t=26$…㋐　AB＝(点Aのy座標)－(点Cのy座標)＝$4s-\frac{1}{2}t$　BC＝(点Cのx座標)－(点Aのx座標)＝$t-s$　AB＝BCだから，$4s-\frac{1}{2}t=t-s$　$10s-3t=0$…㋑　㋐，㋑の連立方程式を解いて，$(s,\ t)=(6,\ 20)$　これより，A(6，24)，C(20，10)　点Dのx座標は点Cのx座標と等しく，y座標は点Aのy座標と等しいからD(20，24)

3 (円の性質，相似の証明，線分の長さ)

(1)　**円周角の定理**より，**半円の弧(あるいは，直径)に対する円周角は90°**である。∠BEC…(a)と∠BDC…(b)　はいずれも半円の弧(あるいは，直径BC)に対する円周角だから，90度…(c)である。

(2)　(証明)　(例1)△ABEと△ADCにおいて，共通な角だから，∠BAE＝∠DAC…①　△BECにおいて，**1つの外角はそのとなりにない2つの内角の和に等しい**ので，∠ABE＝∠ECB＋∠BEC＝∠ECB＋90°…②　また，∠ADC＝∠EDB＋∠BDC＝∠EDB＋90°…③　ここで，∠ECBと∠EDBは$\overset{\frown}{BE}$に対する円周角だから，∠ECB＝∠EDB…④　②，③，④より，∠ABE＝∠ADC…⑤　①，⑤より，2組の角がそれぞれ等しいので，△ABE∽△ADC　(例2)△ABEと△ADCにおいて，共通な角だから，∠BAE＝∠DAC…①　∠AEB＝180°－(∠DEC＋90°)＝90°－∠DEC…②　△BCDにおいて，内角の和が180°だから，∠ACD＝180°－(∠DBC＋90°)＝90°－∠DBC…③　ここで，∠DECと∠DBCは$\overset{\frown}{DC}$に対する円周角だから，∠DEC＝∠DBC…④　②，③，④より，∠AEB＝∠ACD…⑤　①，⑤より，2組の角がそれぞれ等しいので，△ABE∽△ADC

(3)　∠AEF＝90°，∠EAF＝30°より，△AEFは**3辺の比が2：1：$\sqrt{3}$の直角三角形**であり，AF＝2EF＝2(EG＋GF)＝2(1＋2)＝6(cm)　△EBFと△BGFにおいて，共通な角だから，∠EFB＝∠BFG…①　∠BEF＝∠AEF－∠AEB＝90°－∠AEB…②　△BCDにおいて，内角の和は180°だから，∠GBF＝180°－(∠BDC＋∠ACD)＝180°－(90°＋∠ACD)＝90°－∠ACD…③　△ABE∽△ADCより，∠AEB＝∠ACD…④　②，③，④より，∠BEF＝∠GBF…⑤　①，⑤より，2組の角がそれぞれ等しいので，△EBF∽△BGF　よって，EF：BF＝BF：GF　BF^2＝EF×GF＝3×2＝6　BF＞0よりBF＝$\sqrt{6}$ cm　以上より，AB＝AF－BF＝$(6-\sqrt{6})$cm

4 (場合の数，式による説明，方程式の応用)

(1)　①　(a)　0－1＋2＋1＝2(点)　(b)　2回ともグーで勝った場合の加点の合計は2点，2回ともチョキで勝った場合の加点の合計は4点，2回ともパーで勝った場合の加点の合計は10点となり，グーとチョキで勝った場合の加点の合計は3点，グーとパーで勝った場合の加点の合計は6点，チョキとパーで勝った場合の加点の合計は7点となるから，勝った2回の加点の合計は全部で，2点，3点，4点，6点，7点，10点の6通り　(c)　Aさんは，2回ともパーで勝ち，グーで1回負けたことがわかる。これより，Bさんは，2回ともグーで負け，パーで1回勝ったことがわかるから，Bさんの持ち点が(－1)×2＋5＝3(点)となることがわかる。

②　(d)　AさんとBさんが10回じゃんけんをしたとき，あいこの場合は1回と数えないから，どちらかが勝った回数の合計$a+b+c$は10回に等しい。よって，$a+b+c=10$　これをcについて解いて，$c=10-a-b$…㋐　(e)　M＝$(-1)\times a+(-3)\times b+4\times c=-a-3b+4c$　これに，㋐を代入すると，M＝$-a-3b+4c=-a-3b+4(10-a-b)=-a-3b+40-4a-4b=-5a-7b+40$

(2) (例)M＝0となるとき，$-5a-7b+40=0$　aについて解くと，$a=8-\frac{7}{5}b$　aが0以上10以下の整数となるのは，$b=0$または$b=5$のときである。したがって，$b=0$のとき，$a=8-0=8$，$c=10-8-0=2$　$b=5$のとき，$a=8-7=1$，$c=10-1-5=4$　よって，$a=1$，$b=5$，$c=4$　$a=8$，$b=0$，$c=2$

＜英語解答＞

1 No. 1　B　No. 2　C　No. 3　A
2 No. 1　D　No. 2　A
3 No. 1　C　No. 2　D
4 No. 1　①　things　②　enjoy　No. 2　①　agree　②　favorite
5 (1)　performance　(2)　would　(3)　ウ，ア，オ，イ，エ
(4)　オ，ウ，イ，エ，ア　(5)　イ，オ，ア，エ，ウ
6 (1)　(例)Let's go to a restaurant to eat something for dinner.
(2)　(例)I've lost my key.　Tell me what I should do.
7 (1)　①　bad　②　イ　③　ウ　④　ウ　(2)　①　more time　②　エ
8 (1)　イ　(2)　ウ　(3)　(例)Because it has more words than an old one.
(4)　ウ
9 (1)　エ　(2)　ア　(3)　エ
(4)　(例)If I try something first, my classmates will follow me.

＜英語解説＞

1・2・3・4 (リスニング)

放送台本の和訳は，64ページに掲載。

5 (文法：語句の問題，語句の並べ換え，仮定法，動名詞，感嘆文，分詞の形容詞的用法，現在完了，助動詞，関係代名詞)

(1)　A：大成功！　素晴らしい踊りでした！／B：ありがとうございます。演技は難しかったですが，刺激的でした。主語の位置にあるので，動詞perform「演ずる」を名詞 performance「演技」に変える。

(2) A：オリバーは足を折って，サッカーの試合に出られなかったようですね。／B：私があなたの立場ならば，彼の家を訪ねて，彼を励ますでしょう。現在の事実に反することを仮定する場合には，仮定法の過去(<**If** ＋主語＋過去形～，主語＋過去の助動詞＋原形>「もし～ならば，……だろう」)を使う。従って，will は過去の助動詞の would に変える。cheer up「元気づける」

(3)　(She)is good at making plans(.)　A：何とルナは素晴らしい考えを持っていたのでしょう！／B：私もそう思います。彼女は計画を立てるのが上手いです。<be動詞＋ good at>「～が上手い」at making ← <前置詞＋動名詞[原形＋ -ing]>　<**What ＋ a[an]**＋形容詞＋名詞＋主語＋動詞！>「何と～だろう」感嘆文

(4)　(Do you)know someone looking for a towel(?)　A：タオルを探している人を知っていますか？／B：はい，ケヴィンは彼のタオルをなくしました。someone looking for → 現在分詞の形容詞的用法<名詞＋現在分詞[原形＋ **-ing**]＋他の語句>「～している名詞」look for「～を探す」has lost ← 現在完了<**have[has]**＋過去分詞>(完了・経験・結果・継続)

(5)　(Will you)show me the pictures you(took on your trip ?)　A：旅行で撮影した写真を見せていただけませんか？／B：いいですよ！　旅行には多くの幸せな思い出があります。　**Will you ～ ?**「～していただけませんか」 the pictures▼you took ← 目的格の関係代名詞の省略 <先行詞(＋目的格の関係代名詞＋主語＋動詞>「主語が動詞する先行詞」

6 (条件英作文：不定詞，現在完了)

(解答例を含む全訳) ②　タクヤ：お腹が空きました。　(1)　夕食に何かを食べにレストランへ行きましょう。／ロドリゴ：それは良い考えですね！／③　1時間後／タクヤ：部屋の鍵はどこだろう？／④　タクヤ：すみません！　(2)　鍵をなくしてしまいました。どうしたらよいか教えてください。<Let's ＋原形>「～しよう」「夕食を食べるために」to eat something for dinner 「鍵をなくした」I've lost my key.　have lost → 現在完了<**have[has]**＋ 過去分詞>(完了・経験・結果・継続)

7 (長文読解問題・スピーチ：語句補充・記述・選択，絵・図・表・グラフなどを用いた問題，内容真偽，要約文などを用いた問題，関係代名詞，受け身，接続詞，現在完了，分詞の形容詞的用法，助動詞，比較)

(1)　(全訳)

> グリーン市における新しい料理コンテスト
>
> あなたのアイデアをお待ちしております！
>
> 我が市にあるレストランのために，私たちは高校生に新しい料理を考えることを求めています。優勝者の料理は10月にレストランで提供されることになっています。新しい料理をつくる際には，以下のことをしてほしいです。
>
> ・10月に私たちの市で育てられた野菜か果物を使うこと。
> ・環境について考えること。
> ・人々の健康に配慮すること。
>
> 5月31日に，多くの料理人があなた方の発表を見て，コンテストの勝者が選ばれます。もしコンテストに興味がある場合には，5月10日までに，012-9876-5432にお電話ください。

こんにちは，皆さん！　私たちはミクとデヴィッドです。私たちはグリーン高校に通っています。私たちは私たちの市が大好きです。私たちは果物のジャムを使って，パンケーキを作ろうと思っています。このアイデアを選んだ理由について話しましょう。私たちの市には，多くの果物農家が存在していて，多くの果物がこの地で生産されています。スライド1が示すように，ほぼ年間を通して，様々な果物が栽培されています。実は，それらの果物には大きな問題があります。見栄えの良い果物だけが，店やスーパーで売られているのです。一方見た目が悪い果物は売られていません。でも，見た目が$_A$悪い果物が，常に味が$_A$悪いとは限りません。環境を考えて，新鮮なジャムを作るのに私たちはそれを使いたいです。

スライド2を見てください。以前，私たちの市は多くの米を栽培していましたが，2005年以降，米の収穫高が減少してきています。とても美味しいので，私たちはそのことに関しては非常に悲しく思っています。ですから，米粉のパンケーキを作ることで，グリーン市の米を多くの人々に紹介したいです。実は，米粉で作られたクッキーやパンはカロリーがより低くて，アレルギーを持っている人々に対してもより安全である，と言う人々もいます。私たちのパンケーキは全ての人の健康にとって良いものとなるでしょう。

パンケーキは世界中の多くの人々によって愛されているので，多くの人々が私たちの市に来て，Bブドウのジャムを添えた私たちの米粉のパンケーキを食べてもらいたい，と願っています！

① 「見栄えの良い果物だけが，店やスーパーで売られている。一方見た目が悪い果物は売られていない。でも，（　A　）見える果物は必ずしも味が（　A　）とは限らない」の意。正解は「悪い」の意である bad が当てはまる。only fruit which looks ～「～のように見える果物だけが」／the fruit that looks ～「～のように見える果物」← ＜先行詞（もの）＋主格の関係代名詞 **which[that]**＋動詞＞「動詞する先行詞」is sold「売られている」← ＜**be**動詞＋過去分詞＞「～される／されている」受け身 **however**「しかしながら」not ～ always「必ずしも～でない」

② 発表の第2段落第2文で「以前，私たちの市は多くの米を栽培していたが，2005年以降，米の収穫高が減少してきている」と述べられていることから考えること。**though**「～だけれども，にもかかわらず」has been going down ← ＜**have[has]been ＋ -ing**＞ 現在完了進行形「～し続けてきている」動作動詞の継続

③ 空所を含む文は「多くの人々が私たちの市に来て，（　B　）のジャムを添えた私たちの米粉のパンケーキを食べてもらいたい，と願っている」の意。コンテストに参加する際に，「10月に市で栽培された果物か野菜を使うこと」という条件が付されている。Slide 1より，10月に栽培されている果物は grapes であることがわかる。vegetables or fruits grown in our city in October ← 過去分詞の形容詞的用法 ＜名詞＋過去分詞＋他の語句＞「～された名詞」

④ ア 「グリーン市の人々は高校生によって作り出された多くの新しい料理を常に食べることが出来る」（×） 記述ナシ。new dishes created by ← 過去分詞の形容詞的用法 ＜名詞＋過去分詞＋他の語句＞「～された名詞」　イ 「コンテストに参加したい人は5月10日より前に彼らのアイデアを準備しなければならない」（×） 5月10日までにしなければならないのは電話連絡で（プレゼンテーションコンテストの案内の最終文），実際の審査は5月31日になされるので（プレゼンテーションコンテストの案内の最後から第2文目），不可。someone who wants to join ～ ← ＜先行詞（人）＋主格の関係代名詞 **who** ＋動詞＞「動詞する先行詞」**must**「～しなければならない，ちがいない」will be chosen「選ばれるであろう」← 助動詞付きの受け身 ＜助動詞＋ be ＋過去分詞＞ ＜be動詞＋ interested in＞「～に興味がある」　ウ 「ほぼ一年中多くの農家によって，グリーン市のさまざまな果物が栽培されている」（○） 発表の第1段落第7・8文で，Our city has many fruit farmers, and a lot of fruit is produced here. As Slide 1 shows, various fruits are grown almost through the year. と述べられている。are grown／is produced ← ＜**be**動詞＋過去分詞＞「～される／されている」受け身 almost all year ＝ almost through the year「ほぼ一年中」　エ 「新しい料理を作るために，ミクとデヴィッドは，多くの国々からの食材を使おうとしている」（×） 記述ナシ。

(2) 新サービス！／レストラン電車旅行

ニューカッスル駅 → 昼食または夕食＜昼食または夕食に対して特別メニュー（伝統的な地

元の牛肉と野菜の料理)＞　→　クイーンズスプリングパーク駅＜ガイド付きの徒歩移動で，午後には美しい桜を，夜間には星を見ることが可能＞　→　ニューカッスル駅／クイーンズスプリングパークにおける桜街道／レストラン電車の内部

	電車1	電車2
ニューカッスル駅	午後1時発	午後6時15分発
クイーンズスプリングパーク駅	午後2時着	午後7時15分着
クイーンズスプリングパーク駅	午後3時15分発	午後8時15分発
ニューカッスル駅	午後4時15分着	午後9時15分着
電車は毎水曜日運休。／乗車前に切符を購入する必要あり。／切符はオンラインのみで販売。／即購入		

空席状況／×：完売　―：列車ナシ

日付 / 電車	4月1日	4月2日	4月3日	4月4日	4月5日	4月6日	4月7日
1	1	×	1	―	3	2	×
2	2	1	1	―	4	3	5

① 空所を含む英文は「クイーンズスプリングパークでは，電車2よりも電車1の方が［　　　］を与えるだろう」の意。電車1と電車2を利用した際のクイーンズスプリングパーク滞在時間を比較すること。電車1を利用した方が滞在時間は長い。従って，正解は(Train 1 will give you) **more time** (at Queen's Spring Park than train 2.)「電車1を利用した方が電車2よりも，クイーンズスプリングパークにおいてより長い時間が与えられるだろう」。**more ← many／much**の比較級「もっと(多くの)」

② (全訳) エマ(以下E)：私たちの切符を入手しましたか？／テッド(以下T)：いや，まだです。今，入手しましょう。昼食の旅と夕食の旅のどちらが良いですか？／E：昼食の旅へ行きたいですが，木曜日には午後3時に書道があります。／T：わかりました。4月6日の切符を入手しました。／E：ありがとうございます。旅行が楽しみです。 昼食の旅が希望なので，電車1の利用で，座席が2つ確保できる日付から選択することになる。水曜日が運休なので，4月4日が水曜日となる。翌日4月5日は木曜日で，エマの書道があり不都合なので，不可。条件を満たすのは，4月6日のみとなる。

8 (長文読解問題・エッセイ：文の挿入，英問英答・記述，内容真偽，不定詞，仮定法，比較，関係代名詞，分詞の形容詞的用法，受け身，助動詞，接続詞)

(全訳) 辞書は，あなたが知らない言葉の意味を示してくれる非常に便利な道具だ。あなた方の多くがおそらく電子辞書を使っているだろうが，言語を勉強している人々の間では，いまだに紙の辞書が人気だ。

時には，辞書は改訂されなければならない。辞書が改訂されると，多くの新語がそこに付け加えられて，また，いくつかの古い語がそこから削除される。通常は，古い語よりも多くの新しい語が存在する。結果として，改訂された紙の辞書は，古いものよりも分厚くなる。

2014年に，ある紙の英和辞典が改訂された時に，新しい辞書には5000の新語が含まれ，200ページが新たに付け加えられた。しかし，驚いたことに，新しい辞書は古い辞書と同じくらいの厚さだった。その新しい辞書を作るのに，どのような類の新しい技術が使われたのであろうか？

本を本当に薄くしたければ，ひとつの方法は，各ページの単語，あるいは，語と語の間の空間をより小さくすることである。しかしながら，文字サイズや辞書内の単語間の空間がより小さくなれ

ば，はっきりと印刷されず，読みづらい。

別の方法は，各紙の一片をより薄くすることである。授業中に学校の先生から与えられた紙を使って辞書を作れば，それは非常に厚いものになり，使いづらいだろう。しかし，より薄い紙を使えば，単語が透けて見えてしまう可能性がある。ウ同時に，そのような種類の紙に印刷することも難しいだろう。そこで，辞書会社は何度もより高品質の紙を作ろうとして，ついに，透けて見えない薄い紙を発明した。

辞書で単語を調べる時に，多くのページをめくらなければならないので，ページが硬すぎてはならない。また，仮に辞書のページが硬すぎると，自然に閉じてしまい，それで勉強する際に，人々にとって役立たなくなってしまう。各会社は辞書を薄く，軽量で，勉強に役立つようにしようと心がけてきた。ある会社が新しい技術でその問題を解消した。現在では，ページをめくると，紙は十分に柔らかで，ページは簡単にめくられ，同時に2ページ以上がめくられることは決してない。

このようにして，いかなる問題も発生せずに，紙辞書を使うことが可能であり，辞書を使って言語をしっかりと学ぶことができる。多くの考えや技術が一冊の紙の辞書には含まれているのである。紙の辞書を使う時には，このことを記憶しておくべきである。

(1) 辞書がいかに改良されてきたかについて記されているので，正解は，イ「いかに辞書を改良するか」。<**how** ＋不定詞>「いかに～するか，～する方法」 ア「辞書の読み方」 ウ「辞書の使い方」 エ「辞書の選び方」

(2) 挿入文は「また(also)，そのような種類の紙には印刷しづらい」の意。挿入箇所の前文は，辞書の紙質に伴うマイナス面に関する記述となるはずであることから考える。「授業中に学校の先生から与えられた紙を使って辞書を作れば，それは非常に厚いものになり，使いづらいだろう。しかし，より薄い紙を使えば，単語が透けて見えてしまう可能性がある」→ ウ「同時に，そのような種類の紙には印刷しづらいだろう」If you made a dictionary ~, it could become ~ ← 仮定法過去 <**If** ＋主語＋過去形～，主語＋過去の助動詞＋原形 ～>「もし～ならば……だろう」現在の事実に反することを仮定する。the paper which your school teachers give you ← 目的格の関係代名詞 **which**<先行詞(もの)＋目的格の関係代名詞 **which** ＋主語＋動詞>「主語が動詞する先行詞」thinner ← thin「薄い」の比較級 it is possible for words to show through. ← <**It** ＋ **is** ＋形容詞＋ **for** ＋ **S** ＋不定詞>「Sにとって不定詞することは形容詞である」

(3) 質問：「なぜ改訂された辞書は，通常，古いものと比べてより分厚いのだろうか」第2段落に When a dictionary is revised, many new words are added to it and also some old words are deleted from it. There are usually more new words than old words. As a result, the revised paper dictionary becomes thicker than the old one. と書かれていることから考えること。（解答例の訳）「古い辞書よりそれの方がより多くの単語を含んでいるから」a revised dictionary ← <過去分詞＋名詞>「～された名詞」過去分詞の形容詞的用法 thicker ← thick「厚い」の比較級 an old one ← 前に出てきた名詞の代わりとして「1つ，1人，～もの」 is revised／are added／are deleted ← <**be**動詞＋過去分詞>「～される／されている」受け身 **more** ← **many**／**much** の比較級「より(多くの)」 as a result「その結果」

(4) ア「人々が言語を勉強する時に，紙の辞書は電子辞書に比べて，役に立たない」(×) 記述ナシ。<**A** ＋ **not as** ＋原級＋ **as** ＋ **B**>「AはBほど～でない」 イ「紙の辞書は毎年改定され，以前よりも薄くなる」(×) 記述ナシ。are revised ← <**be**動詞＋過去分詞>「～される／されている」受け身 ウ「紙辞書を使う時に，硬いページは簡単にめくることができない」(○)　第6段落第1文の When you look for a word in your dictionary, you have to turn many pages, so the pages cannot be too stiff. に一致。look for「～を探す」<**have** ＋不定詞>「～しなければならない／ちがいない」～, **so**……「～，だから……」cannot be too stiff ←「～してはいけない」⇔ can「～してもよい」エ「言語を勉強している人々はページを早くめくるための新しい技術を見つけ出そうとした」(×)　言及ナシ。people studying languages ← <名詞＋現在分詞＋他の語句>「～している名詞」現在分詞の形容詞的用法

9　**(会話文問題：文の挿入・選択・記述，条件英作文，比較，助動詞，不定詞，間接疑問文)**

(全訳)　ハルナ：ヒューズ先生，時間がありますか？／ヒューズ先生：もちろんです。何か聞きたいことがありますか？／ハルナ：はい，授業の最後に，先生は『最初のペンギンになりなさい』と言いました。(1)そのことについて私にもっと話していただけますか？／ヒューズ先生：いいですよ。ペンギンのことはわかっていますよね？ペンギンは飛べない鳥ですが，海の中を泳ぐことが出来ます。／ハルナ：はい，もちろんです。私はペンギンを水族館で見たことがあります。／ヒューズ先生：ペンギンの世界には，リーダーが存在しないという人もいますが，それは事実ではありません。食事を捕獲する時や安全な場所へ逃げ去る時には，一匹のペンギンが最初に動き，それから残りのペンギンが(2)最初のペンギンの後に続くのです。／ハルナ：へえー，それは非常に興味深いですね。／ヒューズ先生：例えば，時には海中に危険が存在することもあり，えさを取るのに海に飛び込むのが(3)ペンギンにとっては非常に恐ろしい行為なのです。でも，一匹の勇敢なペンギンが海に飛び込むと，他の全てのペンギンが素早くそれに続くのです。／ハルナ：なるほど。勇敢であることは，ペンギンにとってばかりでなく，私たちにとっても重要ですね。／ヒューズ先生：その通りです！　たとえ何が起こるかわからなくても，何か新しいことを試みる最初の人になることは重要なのです。その考え方を学校生活に活用できると思いませんか？／ハルナ：はい。(4)もし最初に私が何かをすれば，私のクラスメイトが私に続くことになるでしょうね。／ヒューズ先生：あなたがそうできることを願っています。

(1)　空所の前で,「授業の最後に『最初のペンギンになれ』と先生は発言した」というせりふがあり，ハルナの空所の発言を受けて，ヒューズ先生が All right. と述べた後に，the first penguin に関する説明をしていることから考えること。正解は，エ「それについてもっと私に話していただけませんか？」。**more ← many／much の比較級「もっと(多くの)」**　ア「それについてもう1回話しても良いですか？」one more time「もう1回」　イ「あなたのペットについて話していただけませんか？」**Will you ～？「～していただけませんか」**　ウ「あなたの質問がわかりませんでした」　(2)　空所を含む文は「食事を捕獲する時や安全な場所へ逃げ去る時には，一匹のペンギンが最初に動き，それから残りのペンギンが［(2)］」の意。次の発言でヒューズ先生は，when one brave penguin jumps into the sea, all the other penguins follow it quickly. と述べていることから考えること。正解は，ア「最初のペンギンに続く」。　イ「違うことをする」　ウ「その後に何もしない」　エ「特別なことを待つ」　(3) 空所を含む文は「例えば，時には海中に危険が存在することもあるので，えさを取るのに海に飛び込むのが［(3)］」の意。空所を含む文はペンギンに関する記述なので，人間のことを述べている選択肢のイ・ウは不可。後は文脈上，fun／scaryのどちらがふさわしいかを考える。正解は，エ「ペンギンにとっては非常に恐ろしい」。**<It is ＋形容詞＋ for ＋ S ＋不定詞>「Sにとって不定詞することは形容詞である」**　ア「ペンギンにとって非常に楽しい」　イ「人々にとって非常に恐ろしい」　ウ「人々にとって非常に楽しい」　(4)　ヒューズ先生：たとえ何が起こるかわからなくても，何か新しいことを試み

る最初の人になることは重要なのです。その考え方を学校生活に活用できると思いませんか？／ハルナ：はい。［(4)］／ヒューズ先生：あなたがそれをできることを望んでいる。以上の文脈から，空所に当てはまる英文を10語程度で考える。解答例は，解答・全訳を参照のこと。It is important to be ～ → ＜It is ＋形容詞＋不定詞＞「不定詞することは形容詞である」even if「たとえ～でも」～ you don't know what is going to happen ← 疑問文が他の文に組み込まれる(間接疑問文)と，＜疑問詞＋主語＋動詞＞の語順になる。ここでは，疑問詞が主語の位置にあるので，＜疑問詞＋動詞＞の形になっている。

2023年度英語　リスニングテスト

〔放送台本〕

1は，英語の対話を聞いて，最後の文に対する受け答えを選ぶ問題です。受け答えとして最も適当なものを，それぞれ問題用紙のAからDのうちから一つずつ選んで，その符号を書きなさい。なお，対話はそれぞれ2回放送します。では，始めます。

No. 1 Man: Are there any big supermarkets near here?
Woman: A new big supermarket opened last week.
Man: Really? Have you been there?

No. 2 Girl: Did you bring the book you bought yesterday?
Boy: I'm sorry but I forgot it.
Girl: Oh, don't forget it tomorrow.

No. 3 Woman: Let's play a number game! Three, five, seven. What number comes next?
Boy: Nine!
Woman: That's right. Then, what number comes before three?

〔英文の訳〕

No. 1 男性：ここの近くに大きなスーパーはありますか？／女性：先週，新しい大きなスーパーが開店しました。／男性：本当ですか？　あなたはそこに行ったことがありますか？

［選択肢の訳］

A はい，存在します。　Ⓑ いいえ，私は行ったことはありません。
C はい，あなたは行ったことがあります。　D いいえ，存在しません。

No. 2 少女：昨日買った本を持ってきましたか？／少年：ごめんなさい，忘れました。／少女：あっ，明日は忘れないで下さい。

［選択肢の訳］

A はい，私はしました。　B はい，あなたはしました。
Ⓒ もちろんです。　D お手柄です。

No. 3 少女：数ゲームをしましょう！　3，5，7。次は何の数字が来るでしょうか？／少年：9です！／少女：その通りです。それでは，3の前は何の数字が来るでしょうか？

［選択肢の訳］

Ⓐ 1。　B 2。　C 4。　D 8。

〔放送台本〕

2は，英語の対話又は英語の文章を聞いて，それぞれの内容についての質問に答える問題です。質問の答えとして最も適当なものを，それぞれ問題用紙のAからDのうちから一つずつ選んで，その符号を書きなさい。なお，英文と質問はそれぞれ2回放送します。では，始めます。

No. 1 Girl: Hi! It's sunny today!
Boy: I'm thinking of going to Sky Park this weekend.
Girl: Sounds great.
Boy: Are you busy this weekend? How about going together?
Girl: OK! What day are you going to go there? I'm free on Saturday.
Boy: I'm going to go on Sunday. The weather will be sunny on Sunday but it's going to be rainy on Saturday.
Girl: Mmm.... How about Friday? It will be cloudy on Friday, but it won't be rainy.
Question: Which shows the weather for Friday to Sunday?

No. 2 I asked 100 students "How do you come to school?" I found the number of students who come by bicycle was the largest of all. The number of students who use the train was second. 20 students come by bus. The other students walk to school.
Question: Which shows the number of students who walk to school?

〔英文の訳〕

No. 1 少女：こんにちは！　今日は晴天ですね！／少年：今週末，スカイパークへ行こうと思っています。／少女：楽しそうですね。／少年：今週末，あなたは忙しいですか？　一緒に行きませんか？／少女：いいです！　そこには何日に行くつもりですか？　土曜日ならば私はスケジュールがあいています。／少年：私は日曜日に行く予定です。日曜日は天気が晴れそうですが，土曜日は雨になりそうです。／少女：そうですね……，金曜日はどうですか？　金曜日は曇りですが，雨は降らないでしょう。
質問：金曜日から日曜日の天気を示すのはどれですか？

No. 2 私は100名の学生に『どうやって学校に通学しているか』を尋ねました。自転車で来る学生の数が全ての中で最も多いことがわかりました。電車を使う学生の数は2番目でした。20名の学生はバスで通っています。他の学生は学校まで歩いています。
質問：学校まで歩いている生徒の数はどれが示していますか？

〔放送台本〕

3は，英語の対話又は英語の文章を聞いて，それぞれの内容についての質問に答える問題です。質問の答えとして最も適当なものを，それぞれ問題用紙のAからDのうちから一つずつ選んで，その符号を書きなさい。なお，英文と質問はそれぞれ2回放送します。では，始めます。

No. 1 Boy: Mom, I want a new guitar. Look at this guitar on the Internet. It's so nice.
Mother: How much is it?
Boy: It says it's not so expensive.
Mother: Where are you going to put the new one? There is no place to

put it here.
Boy: I wish my room were bigger.
Question: Where are they talking?

No. 2 Hello, class. Let's make four teams. If your name begins with A to F, you will be on Team Red, G to L on Team Blue, M to R on Team Green, and S to Z on Team Black. Now, let's move around and find your team members.
Question: Which team will Tom join?

〔英文の訳〕

No. 1 少年：おかあさん，僕は新しいギターが欲しいです。インターネットにあるこのギターを見てください。とても素晴らしいです。／母：いくらですか？／少年：そんなに高くないと書かれています。／母：どこに新しいギターを置くつもりですか？ ここには置く場所はないわ。／少年：僕の部屋がもっと大きければなあ。
質問：どこで彼らは話をしていますか？

〔選択肢の訳〕

A 博物[美術]館。 B 楽器店。 Ⓒ 彼らの家。 D 学校。

No. 2 こんにちは，クラスの皆さん。4つのチームを作りましょう。あなたの名前がAからFで始まる人は赤チームで，GからLは青チーム，MからRは緑チーム，そして，SからZは黒チームです。さて，動いて，あなたのチームメイトに合流してください。
質問：トムはどのチームに所属していますか？

〔選択肢の訳〕

A 赤チーム。 B 青チーム。 C 緑チーム。 Ⓓ 黒チーム。

〔放送台本〕

4は，英語の文章を聞いて，その内容について答える問題です。問題は，No. 1，No.2の二題です。問題用紙には，それぞれの英語の文章の内容に関するまとめの文やメモが書かれています。

それらの文やメモを完成するために，①，②にあてはまる英単語を書きなさい。ただし，□には1文字ずつ入るものとします。なお，英文はそれぞれ2回放送します。では，始めます。

No. 1 Nami was very busy last Saturday. First, she played basketball at school in the morning. Next, she did English and math homework in the afternoon. Then, she practiced the piano for two hours. After everything, she could read the book her brother gave her as her birthday present, and she had a good time.

No. 2 Hi, I'm Mark. I will talk about school bags. In Japan, many junior high school students wear school uniforms. They also have to use a bag which has their school name on it. That's the "school bag." However, some junior high school students don't have to do this. Do we need school bags? I think they are good. When I use my school bag, I can feel that I'm a member of my school, and I don't have to choose from many different kinds of bags. However, my friend Kenta has a different idea. He always says he wants to use a bag that he likes. What do you think?

〔英文の訳〕

No. 1　ナミはこの前の土曜日はとても忙しかったです。まず，午前中に彼女は学校でバスケットボールをしました。次に，午後には，英語と数学の宿題をしました。そして，彼女は2時間，ピアノの練習をしました。全ての後に，彼女の兄[弟]が誕生日プレゼントにくれた本を読むことが出来て，彼女は充実した時間を過ごしました。

〔設問のまとめ文の訳〕

この前の土曜日に，ナミはする①こと[things]が多くありました。しかし，最終的には，彼女の兄[弟]からもらった本を②楽しむ[enjoy]ことが出来ました。

No. 2　こんにちは，私はマークです。私は学校のカバンについて話そうと思います。日本では，多くの中学生が学校の制服を着用しています。また，彼らは学校の名前が付いたカバンを使わなければなりません。それが"スクールバッグ"です。しかし，それを使う必要がない中学生も存在します。私たちには，スクールバッグが必要なのでしょうか？　私は，スクールバッグは良いと考えています。私の学校のカバンを使うと，自分の学校の一員であることを感じられて，多くの異なった種類のカバンから選択する必要がありません。しかし，私の友達のケンタは違う考えを持っています。好きなカバンを使いたい，と彼は常々言っています。あなたはどう思いますか？

〔設問のメモの訳〕

マーク：・学校のカバンは良いと考えている。／・自分の学校の一員であると感じることが出来る。

ケンタ：・マークの考えに①賛成[agree]していない。／・自分の②好きな[favorite]カバンを使いたいと思っている。

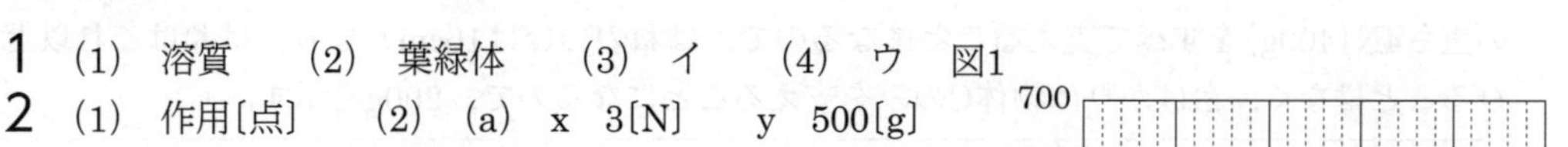

＜理科解答＞

1　(1)　溶質　(2)　葉緑体　(3)　イ　(4)　ウ

2　(1)　作用〔点〕　(2)　(a)　x　3〔N〕　y　500〔g〕
(b)　8〔cm〕　(c)　右図1

3　(1)　v　オ　w　ウ　(2)　エ　(3)　イ
(4)　長い年月をかけて代[世代]を重ねる

4　(1)　エ　(2)　$Fe + S \rightarrow FeS$　(3)　ウ
(4)　y　鉄　z　0.5〔g〕

5　(1)　侵食[浸食]　(2)　ア　(3)　エ
(4)　海面の低下によってできる。

6　(1)　エ　(2)　x　マグネシウム　y　亜鉛
(3)　イ　(4)　ウ

7　(1)　みずから光を出している　(2)　ウ　(3)　イ
(4)　y　西　z　ア

8　(1)　イ　(2)　磁力線　(3)　y　時計　z　2
(4)　右図2

9　(1)　どの葉も多くの日光を受けとるのに都合がよい。
(2)　ウ　(3)　(花)　合弁花　(符号)　ア
(4)　x　胞子のう　y　胞子

図1

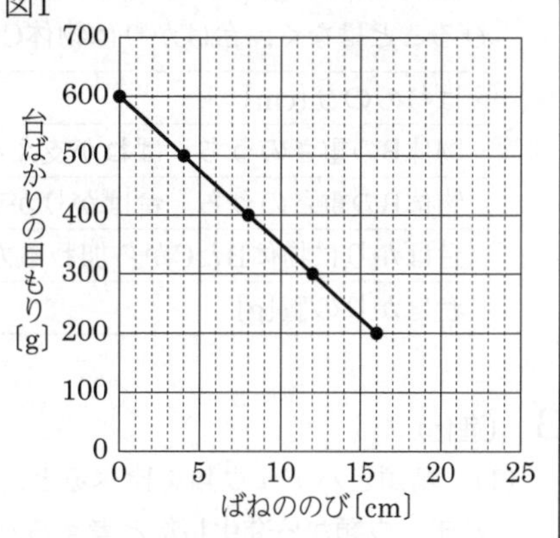

図2

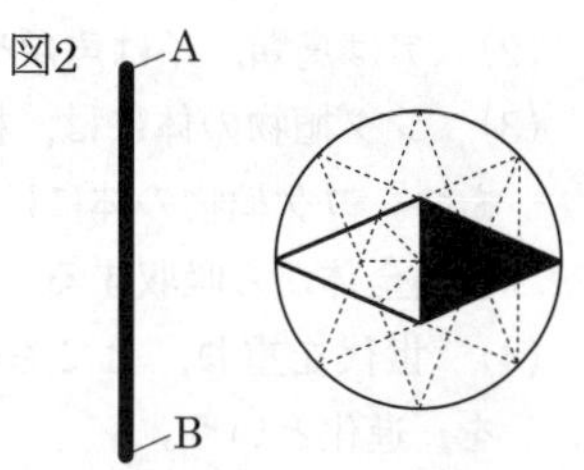

<理科解説>

1 (小問集合)

(1) 水溶液において，物質をとかしている水を溶媒，水にとけている物質を溶質という。

(2) 植物の葉などの細胞には，光合成を行う緑色の粒(葉緑体)が見られる。

(3) 小笠原気団は，日本の南の海上にできる太平洋高気圧の一部で，夏に発達する。

(4) 時速で求める。45分$=\frac{3}{4}$時間だから，36〔km〕$\div\frac{3}{4}$〔h〕$=$48〔km/h〕

2 (力のはたらき，力のおよぼし合い)

(1) 力を矢印を用いて表すとき，力がはたらく点(作用点)は・で表す。

(2) (a) ばねののびが4cmのとき，ばねが支えている力は1Nである。よって，物体Bの重さ4Nのうち，1Nはばねが支え，残りの3Nが物体Cに加わっている。装置全体は静止しているので，力はつり合っている。つまり，物体Cは物体Bを3Nでおし返している。また，台ばかりは，物体Cの重さ2Nと，ばねで支えられていない物体Bの3Nの，合計5Nを支えている。5N＝500gである。 (b) 台ばかりが400gを示しているとき，物体Cが台ばかりを4Nの力で押している。このうち，2Nは物体Cの重力であり，残りの2Nが物体Bの重さのうちの，ばねが支えていない力の大きさとなる。よって，ばねが支えているのは，物体Bの重力4Nのうち，4－2＝2〔N〕である。2N(200g)の大きさの力をばねが支えると，表から8cmのびることがわかる。 (c) 物体Bは，物体Cを通して台ばかりによって上向きに支えられ，同時にばねにも上向きに支えられている。**この上向きの2力の合力が4Nで，物体Bの重力とつり合う**。ばねののびが0cmのとき，物体BとCの重力をすべて台ばかりが支えるので，台ばかりは4＋2＝6〔N〕より，600gを示す。ばねののびが4cmのとき，ばねは物体Bの重力のうち1Nを支え，残りの3Nを台ばかりが支えるので，台ばかりが支える力は3＋2＝5〔N〕となり，500gを示す。同様に求めると，ばねののびと台ばかりの示す値の関係は，次の表のようになる。また，物体Bが物体Cから離れたとき，ばねは物体Bの重さ4N(400g)をすべて支えることになるので，ばねののびは16cmとなり，ばねはこれ以上のびることはなく，台ばかりは物体Cのみを支えることになるので，200gを示す。

ばねののび〔cm〕	0	4	8	12	16
物体Bの重さのうち，ばねが支える重さ〔N〕	0	1	2	3	4
物体Bの重さのうち，台ばかりが支える重さ〔N〕	4	3	2	1	0
台ばかりに物体BとCから加わる力の大きさの合計〔N〕	6	5	4	3	2
台ばかりの値〔g〕	600	500	400	300	200

3 (進化)

(1) 鳥類とハチュウ類を比べると，ハチュウ類のほうが出現した年代が古いことから，**鳥類は，ハチュウ類から進化した**と考えられている。

(2) アは鳥類，イは魚類や両生類の子，ウはホニュウ類以外の特徴である。

(3) シダ植物の体には，根，茎，葉の区別があり，水は根から吸収する。また，体内に維管束をもつ。コケ植物の体には，根，茎，葉の区別がなく，体内に維管束はない。そのため，水は体の表面全体から吸収する。

(4) 世代を重ね，とても長い時間をかけて，生物が生活場所に適応する体に変化していくことを，進化という。

4 (化学変化)

(1)　水は，水素と酸素の化合物である。塩素，酸素，水素は単体である。

(2)　鉄原子と硫黄原子が1：1の割合で結びついて，硫化鉄ができる。

(3)　鉄1.4gと硫黄0.8gが過不足なく反応することから，鉄：硫黄＝1.4：0.8＝7：4

(4)　硫黄6.0gに対して過不足なく反応する鉄の質量をxとすると，7：4＝x：6.0　x＝10.5より，10.5gなので，鉄が，11.0−10.5＝0.5〔g〕残る。

5 (大地の変化)

(1)　流れる水のはたらきのうち，土砂などを削るはたらきを，侵食という。

(2)　土砂のうち，れき，砂，泥の区別は，その層を構成する**粒の大きさ**により判断する。また，**6600万年よりも後の年代は新生代**にあたるため，約77万4000年前は，新生代にあたる。

(3)　火山灰の層がある場合，過去に火山の噴火があったことがわかる。

(4)　段丘の面は侵食によってつくられる。これは，陸地の隆起または，海面の低下のどちらかを原因として生じる。

6 (イオンへのなりやすさ)

(1)　陽イオンは，原子が電子を失ったために，全体が＋の電気を帯びたものである。

(2)　マグネシウムと亜鉛では，マグネシウムのほうがイオンになりやすいため，マグネシウム原子が電子を放出する。この電子を亜鉛イオンが受けとり，亜鉛原子となることで，亜鉛が現れる。

(3)　金属片の表面に変化が現れた場合，金属片がとけているので，金属片のほうが水溶液中の金属イオンよりもイオンになりやすい。よって，最もイオンになりやすい金属は，金属片にまったく変化が生じていないマグネシウムである。また，最もイオンになりにくい金属は，どの金属片に対しても変化を生じていることから銅である。また，硫酸亜鉛水溶液と金属A片の反応で，変化がなかったことから，亜鉛のほうが金属Aよりもイオンになりやすい。これらを整理すると，イオンになりやすいほうから，マグネシウム，亜鉛，金属A，銅となる。

(4)　硫酸銅は，$CuSO_4 \rightarrow Cu^{2+} + SO_4{}^{2-}$のように電離することから，実験開始前の水溶液中には，Cu^{2+}と$SO_4{}^{2-}$は，同数存在している。亜鉛片を入れると，亜鉛原子がZn^{2+}になるときに放出した電子をCu^{2+}が受け取り，銅原子に変化するが，この反応に$SO_4{}^{2-}$は関わっていないので，時間がたっても数は変化しない。

7 (天体)

(1)　恒星とは，自ら光を出してかがやいている天体である。

(2)　日周運動は，地球が北極側から見て反時計回りに自転する運動により起こる，天球上の天体の見かけの運動である。

(3)　星の動きを連続して観察したときに，星が右下がりに動いていくのが西，星が北極星を中心に円のように回転して動いていくのが北である。

(4)　**年周運動**により，1か月後のベテルギウスは南中の位置を通り過ぎ，西に30°動いて見える。星は，**日周運動**によって，1時間に15°西へ動くので，ベテルギウスが南中の位置を通過したのは，午後9時よりも，30°÷15°＝2より，2時間前となる。よって，午後7時と求められる。

8 (電流と磁界)

(1)　交流は，電流の流れる向きが周期的に入れかわる電流であるため，オシロスコープで波形を表示すると，イやウの図のようになる。これに対して直流は，電流の流れる向きが変化しないため，オシロスコープで波形を表示すると，アやエの図のようになる。

(2)　磁界の向きを表す矢印を線でつないだものを，磁力線という。

(3)　仮に図5の上方向を北とすると，方位磁針のN極は，Dでは東をさしているが，Eへ向かう間に磁力線はコイルの南側へ向かい，Eでは西をさす。EからFへ向かう間に磁力線はコイルの北へ向かい，Fでは東にもどる。ここまで磁針は時計回りに1周している。FからGへ向かう間も，同様に南をさしてからGでは西をさす。GからDへ向かう間に北をさしながら，Dでは東をさす。よって，DからFへ移動する間と，FからDへ移動する間に，それぞれ時計回りに1周ずつしている。

(4)　このコイルのまわりには，**D側をN極，F側をS極とした磁界**ができている。電流の大きさを大きくしても，極のでき方には関係しない。

9　**(植物の観察)**

(1)　植物は，より多くの日光を受けることができるよう，上から見ると，葉がたがいに重なり合いにくくなるようについている。

(2)　ルーペは目に近づけて持つ。手にとったものをルーペで観察するときは，手にとったものを動かして，見やすい位置を探す。

(3)　アサガオやツツジは，花弁がたがいにくっついた合弁花である。

(4)　イヌワラビなどのシダ植物は，葉の裏についている胞子のうの中に胞子ができる。

＜社会解答＞

1　(1)　年代の古い順　1　イ　2　ウ　3　ア　(2)　ヒートアイランド　(3)　ウ　(4)　千葉県　D　埼玉県　C

2　(1)　静岡(県)　(2)　イ　(3)　歴史的な街並みや景観を守るために，建物の高さやデザイン　(4)　①　エ　②　ア

3　(1)　Ⅰ　C　Ⅱ　ウ　(2)　イ　(3)　ア　(4)　イギリス　(5)　ウ

4　(1)　イ　(2)　口分田　(3)　年代の古い順　1　ウ　2　ア　3　イ　(4)　ア　(5)　エ

5　(1)　ウ　(2)　年代の古い順　1　エ　2　イ　3　ア　(3)　Ⅰ　ワシントン　Ⅱ　エ　(4)　最後の皇帝を元首としたが，実権は日本　(5)　イ

6　(1)　エ　(2)　直接金融　(3)　A　イ　B　ア　C　エ　D　ウ

7　(1)　Ⅰ　ア　Ⅱ　ウ　Ⅲ　イ　(2)　情報公開　(3)　衆議院の解散による衆議院議員総選挙の日から30日以内に召集されているから。

8　(1)　Ⅰ　エ　Ⅱ　ウ　Ⅲ　ア　Ⅳ　イ　(2)　TPP

＜社会解説＞

1　**(歴史的分野―日本史時代別－明治時代から現代，―日本史テーマ別－政治史，公民的分野―環境問題・財政，地理的分野―日本地理－地形・人口)**

(1)　ア　1873年の**征韓論争**に敗れ，政府から下野していた**西郷隆盛**が，1877年に鹿児島(旧薩摩

藩)の**士族**を率いて新政府に対する反乱を起こし，敗れたのが，**西南戦争**である。最大で最後の士族の反乱となった。 イ　1869年に行われた**版籍奉還**で朝廷に返されたものは，各藩の土地とそこに住む人民である。しかし，元の藩主がそのまま**知藩事**として藩を治めたので，実質的な変化は小さかった。そのため，2年後の1871年に**廃藩置県**が行われ，政府から任命された**県令**と**府知事**とが置かれるようになった。　ウ　**国民皆兵主義**の考え方により，**士族**と**平民**の区別なく，満20歳になった男子が兵役の義務を負う**徴兵令**が，1873年に出された。国民の反発も激しく，日本各地で徴兵に反対する「**血税一揆**」が起こった。したがって，年代の古い順から並べると，1　イ→　2　ウ　→　3　ア　となる。

(2)　都市の気温が周辺の郊外に比べて高くなる現象を，**ヒートアイランド現象**という。地表面の人工化や人工排熱の増加などが原因と考えられている。都市部におけるヒートアイランド現象では，中心部の気温が周辺部より高い。東京都心部では，過去100年間に，約3℃気温が上昇している。

(3)　Ⅰ　政府が**景気**を調整するために行う政策を**財政政策**といい，好景気の時には**公共事業**を減らし，増税をして，景気の行き過ぎを抑制する。不景気の時には公共事業を増やし，減税をすることで，企業や家計の消費を増やし，景気を刺激する。　Ⅱ　道路・港湾・上下水道・公園・公営住宅・病院・学校など，国や地方公共団体が提供する，産業や生活の基盤となる公共施設のことを**社会資本(インフラ)**という。　Ⅲ　**家計**は国に対して税を納入し，国は家計に対して教育・医療・交通・消防・警察などの**公共サービス**を提供する。したがって，正しい組み合わせは，ウである。

(4)　栃木県・神奈川県が表中に示され，残るA・B・C・D・Eの県を確定する問題である。スキー場があるのは，冬に**積雪**がある栃木県・群馬県の2県であり，群馬県はBである。残るA・C・D・Eのうち，海に面していないため**海水浴場**がなく，冬に積雪がほとんどないためスキー場もないのは，Cの埼玉県である。したがって，Cが埼玉県である。海水浴場の数が多いのはDとEの県であるが，より多いDが千葉県である。また，山地面積においても比較すると，より小さいDが千葉県であり，その次に小さいEが茨城県である。なお，残るAが東京都である。

2 (地理的分野―日本地理－農林水産業・工業・都市・地形図の見方)

(1)　日本の**茶**の生産量全国第1位は，静岡県である。牧之原・磐田原・愛鷹山・小笠山山麓の山間部などに茶の産地がある。高地や台地で日当たりが良く，温暖で，水はけのよい土地が，茶の生産に適している。製紙工業は，水を大量に使用するため，富士山麓にあり豊かな水資源に恵まれた静岡県は，パルプ工場や製紙工場を建設する立地として適している。この文章は静岡県の説明である。

(2)　都市では地面の多くがアスファルトで覆われているため，台風・集中豪雨・ゲリラ豪雨などで激しい雨が降ったときに，家屋が浸水したり，道路が冠水したりする被害が出やすい。そこで，地下に一時的に水をためておく**配水池**のような施設を造って災害を防ぐことが行われている。洪水や家屋浸水等の危険度や避難場所・避難所等は，地方自治体が作成する**ハザードマップ**に示されている。

(3)　京都府では，街づくりの一環として，**歴史的街並み・景観**を守るために，建物の高さや色・デザインを規制することが行われている。この規制は，ビルなどばかりではなく，一般の住宅・商業店舗も対象としている。この規制により，町全体の景観が守られているのである。

(4)　①　ア・イ・ウは正しい。内容が誤っているのは，エである。**地形図**上では，地点Aと地点B間の距離は約3cmである。この地形図の**縮尺**は25,000分の1なので，計算すれば，3cm×

25,000＝75,000cm＝750mとなり，1km以下となる。② イ・ウ・エのどれも誤りであり，アが正しい。この地形図の縮尺は25,000分の1なので，**等高線**は10mごとに引かれている。B地点とC地点との標高差は，10本以上の等高線で表されているので，100m以上である。

3 (地理的分野―世界地理－地形・都市・産業・人々のくらし)

(1) Ⅰ 緯度0度の緯線を**赤道**という。赤道は，インドネシア・南アメリカ大陸北部・アフリカ大陸中央部を通る。アジアでは，**インドネシア**のみが赤道の通る国であることを覚えておくとよい。赤道を表す線は Cである。　Ⅱ 地球は360度の経度で表される。この地図では，経線が18本示されているので，360度÷18＝20度と計算でき，経度20度である。

(2) Ⅰ 地図から読み取ると，経線は20度の間隔で引かれているので，カムチャッカの経度は東経180度であり，メキシコは西経約100度である。地図上の右端の経線は左端の経線と一致するので，両者の差は280度となる。**地球は24時間で360度自転**するので，**経度差15度で1時間の時差**となる。であるから，両者の時差は約19時間となる。したがって，カムチャッカが水曜の夜の23時ならば，メキシコは水曜の朝となる。　Ⅱ ニューヨークは西経およそ75度であり，ローマはおよそ東経10度であるから，両者の経度差は約85度である。両者の時差は約6時間となり，ニューヨークが日曜の夜23時ならば，ローマは月曜の朝ということになる。正しい組み合わせは，イである。

(3) **グレートプレーンズ**は，**ロッキー山脈**の東側で，北アメリカ中西部の，およそ西経100度から西に位置する大平原の呼称である。降水量が少なく，スプリンクラーで散水するなどの方策をとり，牛・馬の放牧と小麦・トウモロコシを産出する農牧業を行っている地帯である。なお，グレートプレーンズの東に広がるのが**プレーリー**であり，こちらは降水量が比較的多い。

(4) オーストラリアは，イギリスの植民地であったが，1901年にイギリス自治領として**連邦**を形成し，事実上独立した。かつてイギリスの植民地であったために，イギリスの国旗を一部に描いた国旗を用いている。

(5) ア **固定電話**100人あたりの契約数が，**移動電話**の契約数を上回っている年がある。2000年のフランスなどがそれに該当する。　イ フランスよりも日本の方が移動電話の契約数が上回っている年がある。　エ 人口と100人あたりの移動電話契約数から，移動電話の契約数を計算すると最も多いのは日本ではない。ア・イ・エのどれも誤りであり，ウが正しく資料の表を読み取っている。

4 (歴史的分野―日本史時代別－旧石器時代から弥生時代・古墳時代から平安時代・鎌倉時代から室町時代・安土桃山時代から江戸時代，―日本史テーマ別－政治史・外交史・文化史・経済史，―世界史－文化史)

(1) **弥生式土器**の作られた弥生時代中期は，紀元0年前後である。ア **エジプト文明**で**ピラミッド**が築かれたのは，紀元前20世紀以前のことである。　ウ 中国に**殷(いん)王朝**が成立したのは，紀元前16世紀のことである。　エ **メソポタミア**を**ハンムラビ王**が統一したのは，紀元前18世紀のことである。ア・ウ・エのどれも時期が大きく異なり，イが正しい。イの**ローマ帝国**が成立したのは，紀元前1世紀のことであり，パネルAの弥生時代中期に最も近い。

(2) 律令制度の下で，**6歳**以上の男女に貸し与えられたのが，**口分田**である。口分田は，良民男子**2段**(たん)，女子はその3分の2とされ，死後は収公された。

(3) エの**白河天皇**が**上皇**となって**院政**を始めたのは，1086年のことであり，鎌倉時代のことではない。アの**執権北条泰時**が**御成敗式目**を定めたのは，1232年のことである。イの 元の皇帝**フビ**

ライ・ハンが日本に服属を要求し，**執権北条時宗**がこれを拒否したため，元が北九州に来襲する**元寇**が起こったのは，1274年である。ウの**後鳥羽上皇**が幕府を倒そうと兵を挙げたのは，承久の乱であり，1221年に起こった。戦いは幕府の勝利に終わった。したがって，年代の古い順に並べると，1 ウ → 2 ア → 3 イとなる。

(4) 1841年に**天保の改革**を始めたのは，老中**水野忠邦**である。水野の政策は，**株仲間解散・上地令**など過激なものが多く，反発を招いて失敗し，水野は2年余りで失脚した。

(5) 朝鮮との貿易が認められていた藩は**対馬藩**であり，対馬藩の**宗氏**は，朝鮮との貿易で生糸や朝鮮人参などを輸入し，銀などを輸出していた。また，対馬藩は**朝鮮通信使**の仲介にもあたった。

5 (歴史的分野―日本史時代別－明治時代から現代，―日本史テーマ別－外交史・文化史・社会史)

(1) **岩倉具視**を正使(代表)とする**岩倉使節団**に**女子留学生**として同行したのは，**津田梅子**である。津田梅子は6歳で米国に渡り，帰国した後に，**女子英学塾**を開校した。これが現在の津田塾大学の前身である。なお，**樋口一葉**は『たけくらべ』などを著し，若くして死去した明治時代の文学者である。

(2) Aの時期とは，**日清戦争**の始まった1894年から，**第一次世界大戦**の始まった1914年の間である。ウは，ヨーロッパを主戦場として第一次世界大戦が行われている最中の1915年に，日本が**中華民国**に突きつけた**二十一か条の要求**であり，時期が異なる。アは，1910年に行われた**韓国併合**である。**「韓国」**を併合し，植民地支配のために置いた機関が**「朝鮮」総督府**であることに注意が必要である。イは，ロシアに対抗して1902年に日本とイギリスの間で結ばれた**日英同盟**である。エは，1895年の**下関条約**締結直後，日本に対して行われた**三国干渉**である。したがって，年代の古い順に並べると，1 エ → 2 イ → 3 アとなる。

(3) Ⅰ　1921年から1922年にかけてアメリカで行われ，**海軍軍縮条約**が締結されて，各国の海軍主力艦の保有量を制限したのが，**ワシントン会議**である。また，ワシントン会議では，**四か国条約**が締結されたことにより，1902年に結ばれた日英同盟は破棄された。　Ⅱ　ワシントン会議では，中国に関しては**九か国条約**が結ばれ，その主権尊重と領土の保護が確認された。

(4) **満州国**では，**清朝**の最後の皇帝である**溥儀**(ふぎ)を元首としたが，実権は日本の**関東軍**が握った。以上をまとめて，簡潔に解答すればよい。

(5) 1970年に日本で初めて開かれた**大阪万国博覧会**では，**「人類の進歩と調和」**がテーマとされ，シンボルとして**「太陽の塔」**が，芸術家の**岡本太郎**のデザインにより造られた。

6 (公民的分野―消費生活・経済一般)

(1) アの**クーリング・オフ**制度とは，訪問販売や通信販売などのセールスに対して，契約した後に冷静に考え直す時間を消費者に与え，一定期間内であれば無条件で契約を解除することができる制度のことをいう。イの**消費者契約法**は，売り手が不適切な勧誘を行った場合には，買い手はこれを取り消せることを定めている法律である。ウの**製造物責任法**は，製造物の欠陥が原因で，生命・身体又は財産に損害を被った場合に，被害者が製造業者等に対して損害賠償を求めることができることを規定した法律である。**PL法**とも呼ばれる。ア・イ・ウは，どれも別の事項であり，エが正しい。1968年に定められた**消費者保護基本法**では，消費者と事業者との間にある，情報力や交渉力などの格差を踏まえ，「不利益になる事実を伝えずに，不当な契約をした」場合には，契約を取り消すことが可能であると定めている。この法は2004年に改正され，**消費者基本法**となった。「安全である権利」「選ぶ権利」など**消費者の八つの権利**を明記する一方で，国・

地方自治体の責務や事業者の責務が明記されている。

(2) 株式会社が，**株式**を発行して資金を調達するのは，**直接金融**である。金融機関から資金を調達するのが，**間接金融**である。

(3) 40歳以上で年齢階級が高くなるほど選択される割合が下がっているのは，「店頭・店員」であるから，Aはイである。「テレビ・ラジオの番組・広告」は，65％以上の割合で選択されている年齢階級が4つあるので，Bはアである。「新聞・雑誌等の記事・広告」では，年齢階級が高くなるほど選択している割合が高いので，Cはエである。20歳以上50歳未満の年齢階級では，50％以上60％未満の割合で「インターネット上の広告」を選択しているので，Dはウである。したがって，正しい組み合わせは，A イ B ア C エ D ウである。資料2・資料3を中心に考えるのが，正解への近道である。

7 (公民的分野―基本的人権・国の政治の仕組み)

(1) ア 1789年に起こった**フランス革命**のさなか，フランス国民議会で制定された宣言が，**フランス人権宣言**である。人間の自由と平等・人民主権・言論の自由・三権分立・所有権の神聖など17か条からなるフランス革命の基本原則を記したものである。 イ 1948年に**国際連合**の第3回総会で，人権および自由を尊重し確保するために，「すべての人民とすべての国とが達成すべき共通の基準」を宣言し，採択されたのが**世界人権宣言**である。 ウ 1919年に**第一次世界大戦**の敗戦国ドイツで制定されたのが，**ワイマール憲法**である。当時，世界で最も先進的な憲法といわれ，世界で初めて国家が最低限の生活を保障する**社会権**を規定した憲法である。したがって，正しい組み合わせは，Ⅰ ア Ⅱ ウ Ⅲ イとなる。

(2) 行政機関の保有する行政文書・法人文書などの情報を**開示請求**する権利を，国民に認める制度を，**情報公開**制度という。

(3) **日本国憲法**第54条に，「**衆議院**が**解散**されたときは，解散の日から四十日以内に，**衆議院議員の総選挙**を行ひ，その選挙の日から三十日以内に，国会を召集しなければならない。」との規定があり，これを**特別会(特別国会)**と称する。特別会では，**内閣総理大臣**の指名が行われる。

8 (公民的分野―国際社会との関わり)

(1) ⅠのASEANとは，1967年に設立され，現在東南アジア10か国が加盟している**東南アジア諸国連合**であり，エである。ⅡのAPECとは，**アジア太平洋経済協力**であり，該当するのはウである。ⅢのUSMCAとは，2018年に署名され，2020年に発効した**アメリカ・メキシコ・カナダ協定**のことであり，該当するのはアである。これによりNAFUTA(北米自由貿易協定)はその役割を終了した。ⅣのMERCOSUR(南米南部共同市場)とは，1991年に南米4か国(アルゼンチン・ブラジル・パラグアイ・ウルグアイ)で合意されたものであり，イである。したがって，正しい組み合わせは，Ⅰ エ Ⅱ ウ Ⅲ ア Ⅳ イとなる。

(2) 太平洋を取り囲む国々で，**関税**をできる限り取り払い，自由で開かれた貿易を進めることによって互いの経済発展を目指そうとするのが，**TPP(環太平洋パートナーシップ協定)**である。2006年に，シンガポール・ニュージーランド・チリ・ブルネイの4か国によって発足した。後にアメリカ・日本など8か国が加わり，加盟国は12か国となったが，2017年にアメリカの**トランプ大統領**が離脱を表明し，2023年3月現在，加盟国は11か国である。また，中国のように新たに加入を希望している国もある。

＜国語解答＞

一　(1)　エ　(2)　ア　(3)　ウ　(4)　イ

二　(1)　まね　(2)　つつし　(3)　あいまい　(4)　しんらつ

三　(1)　浅　(2)　拝　(3)　批評　(4)　創刊　(5)　序列

四　(1)　イ　(2)　ア　(3)　①　ア　②　ウ　③　カ　④　イ　⑤　エ　⑥　オ　(4)　Ⅰ　役割を分担　Ⅱ　意識と非意識の二重プロセス　(5)　Ⅰ　システム1　Ⅱ　自分が　Ⅲ　(例)消費される心身のエネルギーを節約する　(6)　エ

五　(1)　ア　(2)　Ⅰ　(例)他人と比較する　Ⅱ　(例)何になりたいのか　(3)　エ　(4)　イ　(5)　(a)　Ⅰ　上空を吹く　Ⅱ　地上にも降りてきている　(b)　ウ　(c)　X　(例)フルート奏者が無理だからオルガンビルダーを志すことは，自分の弱さから逃げている　Y　(例)非難

六　(1)　あやしゅう　(2)　ア　(3)　(例)短時間の内に，思いのほか少なくなっていたから。　(4)　(a)　(例)あわてて口に入れた　(b)　ウ　(c)　無 與 人 言 語

七　(例)　資料では，年齢が上がるにつれて数値が高くなっている。戦後間もない頃を知る世代ほど，文化交流の意義を相互理解に求め，平和を願う傾向にあるのではないかと考える。
　私は食を通じて文化交流を深めたい。例えば，日本食の特徴の他，食器の並べ方や使い方などの独特な作法を伝えたい。万国共通して食は人が生きる上で大切なものだから，私たち若い世代でも，食文化を伝え合うことを通して相互理解につなげられると思う。

＜国語解説＞

一〔聞き取り〕

(1)　三田さんの説明には，「歌が上手なグループの生演奏を聴ける」とあるから「歌う」のはグループだと思っていたのだが，**「歌おうよ」と勧誘する宣伝文句からは，「歌う」主体としてお客さんも含まれるように受けとめられる**ので，かみ合わなかったために疑問を抱いたのである。

(2)　川辺さんは、そろえられた語尾，口ずさみたくなるリズムといった**言葉の響き**に着目している。一方で三田さんは**思いを込めた言葉**を用いたことを強調している。

(3)　一つ目は，店に来てほしい，一緒に音楽を聞いたり歌ったりしてほしいという**お店側の希望**をもとに作った宣伝文句で，二つ目は，「～たい」という助動詞で**お客側の希望**を表現して作られたものだ。

(4)　三田さんが示した宣伝文句は両方とも，みんなでにぎやかに歌ったりするという店の特徴を理解しやすいものだ。しかし川辺さんの話を聞いて「ミュージック」という側面だけでなく，「カフェ」という食べる要素も明確に示す必要性を感じたのだ。**いろいろな客がいるのだから客ごとの好みに合ったお店選びをしてもらえるようにする配慮が必要だ**ということに気づいたのである。

二〔漢字の読み〕

(1)　訓読みは「まね-く」，音読みは「ショウ」。「招待(ショウタイ)」。　(2)　度をわきまえて，控えめにする。　(3)　はっきりせず，明確さを欠く様子。　(4)　手厳しくて相手に強い刺激を与える様子。

三〔漢字の書き取り〕

(1) さんずい。 (2) 四画目以降の横画は4本である。総画数は八画。 (3) 「批」には，てへんが付く。 (4) 定期刊行物を新たに刊行すること。 (5) 「年功序列」は，入社などの年度による，職場での序列。

四 (論説文―文脈把握，内容吟味，段落・文章構成，脱文・脱語補充，品詞・用法)

(1) 「広く」は形容詞「広い」の連用形。ア「ようやく」は述部「晴れてきた」を修飾する連用修飾語で副詞。イ「楽しい」は，活用する自立語。状態を表し，言い切りが「―い」だから形容詞。ウ「あふれる」は，活用する自立語。動作・変化を表し，言い切りが「ウ段」だから動詞。エ「静かだ」は，活用する自立語。状態を表し，言い切りが「―だ」だから形容動詞。

(2) 心理学者たちが信じていた［A］の内容は，前段落に述べられたわれわれにとっての「『意識が行動を決めている』という常識」である。われわれが信じていた内容を，**「彼らも信じていた」のだ。「も」という副助詞がヒント**になっている。

(3) 傍線Bのある段落と次段落の記述を整理しよう。システム1については「速い思考」「自分がコントロールしているという感覚が一切ない非意識的な『自動操縦モード』」「印象，直観，意志，感触といったものを絶えず生みだしてはシステム2に供給する」とある。一方システム2は「遅い思考」「意識的で努力や自制が必要なモード」「無自覚的な行動を監視し，制御する」とある。これらを参考にして記号を当てはめればよい。

(4) システム1とシステム2の関係性を本文において「システム1とシステム2は**役割を分担することで，問題を効率的に解決する。**」と説明しているので［Ⅰ］はここから指定字数で抜き出す。また，この二つのシステムはわれわれ人間に適応したものとして機能し，われわれの生活を支えている。これを本文中では**「意識と非意識の二重プロセス」**と称し，われわれにとってきわめて適応的だと述べているので，これを［Ⅱ］に補う。

(5) 習慣は意識や努力の感覚なしに特定の行動を成功裏に遂行できる能力，とある。これは**「自分がコントロールしているという感覚が一切ない非意識的な『自動操縦モード』」**だから，［Ⅰ］には「システム1」を補い，［Ⅱ］には，「自分がコントロールしているという感覚が一切ない」状態と補えよう。また，**この習慣を取り入れれば，システム2を機能させるのに要する心身のエネルギー消費という過大な負担を避けることができる**のだ。したがって［Ⅲ］には，**消費される心身のエネルギーを節約できる**といった内容を補う。

(6) 前半は，**具体例を挙げて導入部とし，意識と行動の関係性がわれわれの常識とは異なることを明確に示している**。後半では，われわれのモチベーションにおける意識と非意識について，それぞれの性質や働きを説明し，**ハイブリッドな仕事をしてモチベーションの効率化に貢献しているという重要な役割**を述べている。

五 (小説―情景・心情，内容吟味，脱文・脱語補充)

(1) 傍線A「すっと出てきた」ことは，「亜季姉にも言えなかったこと」だから，**ずっとだれにも言えずに心の中に閉じ込めておいたこと**だとわかる。また，そうした思いが言葉になって発されていくうちに，「言葉がヒートアップ」していくのは，傍線B**「自分でも止められないほどに」興奮しているから**である。イ「喜びに満たされている」，ウ「勇気をふりしぼって」，エ「必死に言葉を探す」という記述は適切ではない。

(2) 陽菜は**入賞した三人と自分を比較して，自分には個性がないし素晴らしくないのだと自覚**している。だから［Ⅰ］には，誰かと比較をするといった内容が補える。また，朋子は進路を決める際には父のように**「何よりも好きだ」という気持ち**や，陽菜に問うたように**「何になりたいの**

か」ということを重視して考えることが大切だと考えている。

(3)　朋子との会話を通して，陽菜の内面を読み取ることができる。本当は「フルート奏者になりたい」と思っている陽菜だが，**自分とは「レベルの違う演奏」をする周囲の才能に打ちのめされ，「自分の演奏はこれだ」というものも見つからず，自信を失っている**のだ。アやウのように「意欲」がないのではなく自信がないのだ。イ「周囲の期待」ということは述べられていない。

(4)　陽菜自身は「フルートよりオルガンのほうが向いている」と，フルートを諦めてオルガンビルダーという新しい進路を見出したと思っていた。だから，芦原さんからオルガンビルダーの世界の厳しさや，フルート演奏に活かすためのオルガン制作であることを想定していたと告げられたとき，新しい進路がまた閉ざされたように感じて**戸惑った**であろう。苛立ちや怒りといった感情ではない。

(5)　(a)　朋子との会話が始まった頃は**「上空を吹く風」**がひときわ派手な音を立てていた。それが「上空を吹き荒れている風が，**地上にも降りてきている**」となる頃には，朋子との会話は言葉がヒートアップして緊迫したものになりつつあった。　(b)　奥瀬見の自然については「私を包み込んでくれていた奥瀬見の自然」と描かれているので，**陽菜を守ってくれていた**と解釈できる。　(c)　「牙を剝いている」ように感じたのは，陽菜の中に弱さがあって，その**弱さを責められている**ように感じたからだ。朋子との会話によって，**オルガンビルダーを目指すのはフルート奏者になるのが無理だからという理由で，逃げである**ことが明確になる。自分は逃げているという負い目が，**奥瀬見の自然が自分を責めている**ように感じる原因なのだ。［Y］には「非難」などの二字熟語が入る。

六　(古文・漢文─大意・要旨，内容吟味，文脈把握，仮名遣い)

【現代語訳】　これも今となっては昔の話だが，ある僧が知り合いのところに出かけて行った。その主人が酒などを勧めてくれ，氷魚が初物として出回り始めたので，主人は珍しかろうと思い，出してもてなしてくれた。主人が用事のために家の中に入り，また出て来て見ると，この氷魚が思いのほか少なくなっていたので，主人が変だなとは思ったが，口に出して言う雰囲気でもなかったので，雑談をしているうちに，この僧の鼻から氷魚が一匹不意に出てきたので，主人は不思議に思って「その鼻から氷魚が出ているのはどうしたことです」と言ったところ，僧は即座に「最近の氷魚は目鼻から降るのですよ」と言ったので，人々は皆「わっ」と笑った。

(1)　「─iu」は現代仮名遣いでは「yuu」となる。

(2)　もてなしているのは「あるじ」だから，酒を勧めるのも「あるじ」である。

(3)　直前の「この氷魚の～なりたりければ」の節が理由を説明している部分。訳して用いる。

(4)　(a)　あるじがいない間に，僧が氷魚を口いっぱいに入れたことが推測される。**見つからないうちに早く食べようとしてあわてて口に詰め込んだ**のである。　(b)　鼻から氷魚が出ているという指摘に対して「氷魚は降るものだ」と機転のきいた返答をしている。**氷魚は，名前に「氷」が付いているので，氷の塊である「雹」にかけ，天から降ってくるものだとした発想**がおもしろい。　(c)　漢字の読む順番は「葷」→「酒」→「山」→「門」→「入」である。「入」は「山門」の二字を読んだ後に返って読むので一二点を用いる。

七　(作文)

設問の，二段落構成という条件を厳守する。第一段落(前段)は，**資料の読み取り**だ。顕著な変化・違いが見られるところに注目し，その理由を考察しよう。第二段落(後段)では，あなたがどんな国際文化交流をしたいかを述べる。日本には世界に誇れる伝統文化がたくさんある。**よりよい社**

会にするために互いを知り合うきっかけとして何を題材にしたいかを考えてみよう

2023年度国語　聞き取り検査

〔放送台本〕

（チャイム）

これから，国語の学力検査を行います。

最初は聞き取り検査です。これは，放送を聞いて問いに答える検査です。問題用紙を開きなさい。

一　これから，三田さんが川辺さんに，文化祭のクラスの催し物について相談している場面と，それに関連した問いを四問放送します。よく聞いて，それぞれの問いに答えなさい。

なお，やりとりの途中，（合図音A）という合図のあと，問いを放送します。また，（合図音B）という合図のあと，場面の続きを放送します。

1ページと2ページにメモをとってもかまいません。では，始めます。

三田　川辺さん，文化祭でわたしのクラスはミュージック・カフェをすることになったよ。お客さんは，注文した食べ物を食べながら，わたしのクラスの歌が上手なグループの生演奏を聴けるんだ。そのお店の宣伝文句を考える係になって悩んでいるの。二つ案を考えたのだけれど，相談にのってくれるかな。

川辺　いいよ。考えた宣伝文句を聞かせてよ。

三田　ありがとう。一つ目が，「おいでよ。聞こうよ。歌おうよ。」なのだけれど，どう思う。

川辺　ちょっと待って。「ミュージック・カフェ」についてもう少し詳しく説明してほしいな。

三田　うん，わかった。あのね，教室の前のほうに作ったステージで歌い手は歌うのだけれど，お客さんは曲のリクエストができたり，ステージに上がって一緒に歌えたりするんだ。

問いの(1)　二人のやりとりのなかで，川辺さんが詳しい説明を求めたのは，宣伝文句のどのような点に疑問を抱いたからですか。その説明として最も適当なものを，選択肢ア~エのうちから一つ選び，その符号を書きなさい。

川辺　なるほど。それで「おいでよ。聞こうよ。歌おうよ。」なのだね。リズムがよくて覚えやすいね。語尾がそろっているし，つい口ずさみたくなるよ。

三田　ありがとう。わたしのクラスの歌い手の演奏はプロに負けないくらい上手だよ，しかも一緒に歌えるのでにぎやかで楽しいお店だよ，という思いを込めたんだ。

問いの(2)　川辺さんと三田さんとでは，宣伝文句に対する着眼点が違います。その「違い」について説明したものとして最も適当なものを，選択肢ア~エのうちから一つ選び，その符号を書きなさい。

三田　二つ目の宣伝文句なんだけれど，「行きたい。聞きたい。歌いたい。」というのを考えたよ。こちらはどう思う。

川辺　言葉は似ているけれど，一つ目と発想が違うね。

問いの(3)　川辺さんは，一つ目と二つ目の宣伝文句を比較して，「発想が違う」と指摘しています。その「違い」について説明したものとして最も適当なものを，選択肢ア~エのうちから一つ選び，その符号を書きなさい。

川辺　二つとも悪くはないけれど，一つ目の「おいでよ」や二つ目の「行きたい」よりも，「食べる」という言葉を入れたほうがいいのではないかな。

三田　それはいい案ね。そのほうが，お店の特徴を伝えられているね。

川辺　それだけでなくて，「食べる」「歌う」が宣伝文句に入ることで，にぎやかなお店で食べるのが好きな人は来るだろうし，静かなお店で食べるのが好きな人は避けるだろうから，文化祭に来るお客さんにとって必要な情報だと思うんだ。

三田　たしかにそうだね。川辺さんみたいにいろいろなお客さんの立場を考えることは大切だね。

問いの(4)　三田さんが川辺さんの説明を聞いて，「いろいろなお客さんの立場を考えることは大切だ」と思ったのはなぜですか。その理由として最も適当なものを，選択肢ア~エのうちから一つ選び，その符号を書きなさい。

放送は以上です。

大切なことはメモしておこうネ！

T.G

2023年度

★★★★★★★★★★★★★★★★★★★★★★★

入　試　問　題

●くわしい解説…… 13ページ

<思考力を問う問題>

時間　60分　　満点　100点

(大問1は11ページから始まります。)

2　次の(1)～(4)の問いに答えなさい。

(1)　x，yについての連立方程式Ⓐ，Ⓑがある。連立方程式Ⓐ，Ⓑの解が同じであるとき，a，bの値を求めなさい。

$$Ⓐ \begin{cases} -x-5y=7 \\ ax+by=9 \end{cases} \qquad Ⓑ \begin{cases} 2bx+ay=8 \\ 3x+2y=5 \end{cases}$$

(2)　右の表は，あるクラスの生徒20人が受けた小テストの得点のデータを，度数分布表に整理したものである。

階級(点)	度数(人)
以上　　未満	
0 ～ 10	0
10 ～ 20	1
20 ～ 30	1
30 ～ 40	2
40 ～ 50	5
50 ～ 60	4
60 ～ 70	2
70 ～ 80	4
80 ～ 90	0
90 ～ 100	1
計	20

　このデータを箱ひげ図で表したときに，度数分布表と**矛盾するもの**を，下のア～エのうちからすべて選び，符号で答えなさい。

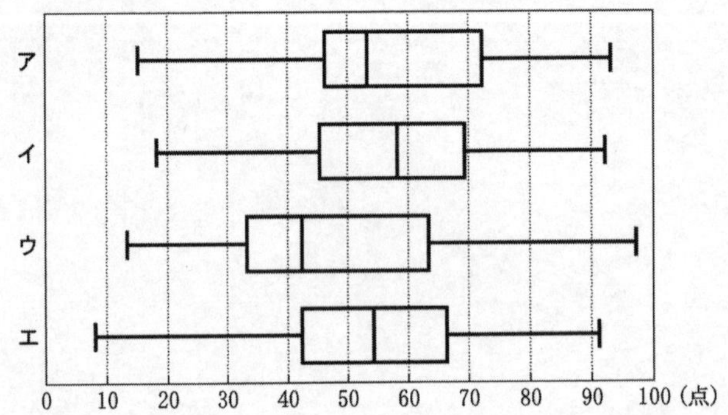

(3)　右の図の△ABCは，AB＝3cm，BC＝4cm，∠ABC＝90°の直角三角形である。△DBEは，△ABCを，点Bを中心として，矢印の方向に回転させたものであり，△DBEの辺DE上に，△ABCの頂点Aがある。また，辺CAと辺BEの交点をFとする。

　このとき，次の①，②の問いに答えなさい。

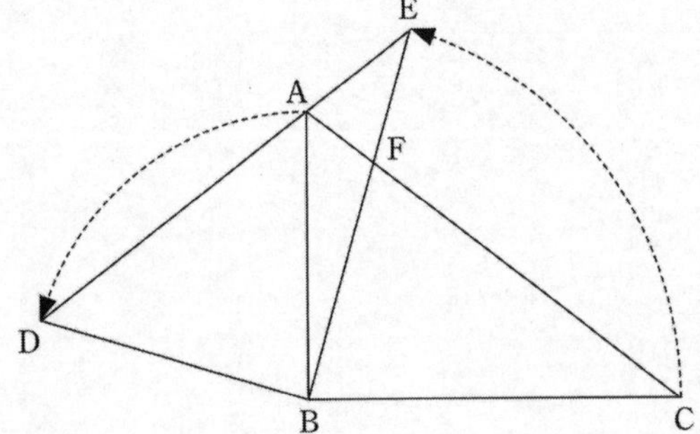

①　線分AEの長さを求めなさい。

②　△ABFの面積を求めなさい。

(4) 下の図のように，関数$y=\frac{1}{4}x^2$のグラフと，傾きが$-\frac{1}{2}$の2つの平行な直線ℓ，mがある。

関数$y=\frac{1}{4}x^2$のグラフと直線ℓの交点をA，Bとし，関数$y=\frac{1}{4}x^2$のグラフと直線mの交点をC，Dとする。2点A，Bのx座標は，それぞれ-4，2であり，点Cのx座標は，-4より大きく0より小さい。また，直線mとx軸との交点をEとする。

このとき，次の①，②の問いに答えなさい。

ただし，原点Oから点(1，0)までの距離及び原点Oから点(0，1)までの距離をそれぞれ1cmとする。

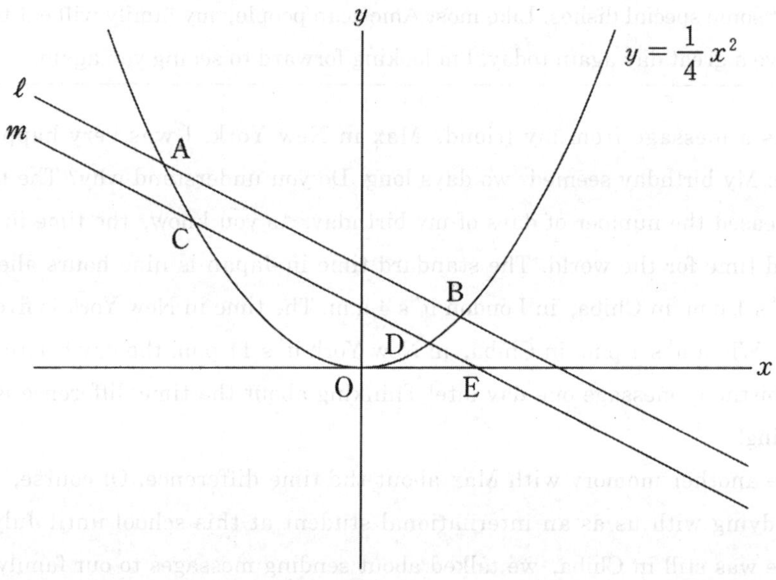

① △ADBの面積が$\frac{3}{7}$cm^{2}のとき，直線mの式を求めなさい。

② 四角形ACEBが平行四辺形になるとき，直線mの切片を求めなさい。

3 ポール(Paul)がクラスで発表した内容を読んで，あとの(1)~(3)の問いに答えなさい。

Hello, everyone. I' d like to share some interesting information with you. Please read this email sent to me yesterday.

Happy Birthday! Sorry that this message is one day late. I hope you had a great day. Yesterday was your birthday for you in Japan, but today is your birthday for me in America. By the way, today is Thanksgiving Day in America. It's a traditional holiday. On the fourth Thursday of November, many families meet to give thanks to each other and eat some special dishes. Like most American people, my family will eat turkey. I hope you have a great day again today. I'm looking forward to seeing you again.

This is a message from my friend, Max in New York. I was very happy to read this message. My birthday seemed two days long. Do you understand why? The time difference has increased the number of days of my birthday. As you know, the time in London is the standard time for the world. The standard time in Japan is nine hours ahead of London. When it' s 1 p.m. in Chiba, in London it' s 4 a.m. The time in New York is five hours behind London. When it' s 1 p.m. in Chiba, in New York it' s 11 p.m. the day before. So, Max sent me my birthday message one day late! Thinking about the time difference is difficult, but interesting!

I have another memory with Max about the time difference. Of course, you know, he was studying with us as an international student at this school until July of this year. When he was still in Chiba, we talked about sending messages to our family members. He told me that he would send his parents the message "Happy Thanksgiving!" at 10 p.m. on Thanksgiving Day. I realized why he would do that. My parents live in London. So, if I send a message to my parents at 11 p.m. in Chiba, they will read it in the afternoon. It' s very interesting to think what my parents are doing now. Max and I made a table about the time difference between Chiba, London, and New York, so please look at this. What do you think?

What are our parents doing?		
London	Paul and Max	New York
watching TV	breakfast	afternoon coffee
going to bed	going to school	dinner
sleeping (early morning)	lunch	going to bed
getting up	after school	sleeping
after breakfast	dinner	sleeping (early morning)
lunch	taking a bath	getting up

Here is more information about events in the UK and the US. In Max' s message, he says that Thanksgiving Day is a traditional holiday for American people. Thanksgiving is an event that was born in the US. In the UK, we don' t have such an event. According to Max, most American people eat turkey on this day, but my family often eats it for Christmas. However, on Christmas Day, family members gather to eat and celebrate in both the UK and the US.

(注)　Thanksgiving　感謝祭　　turkey　七面鳥　　the time difference　時差
　　　the standard time　標準時　　ahead of ~　~より進んで　　the day before　前日

(1)　次のア~エの文は，本文のことがらについて述べたものである。ア~エを出来事が起こった順に並べかえ，その順序を符号で示しなさい。

ア　Paul told his classmates some memories with Max.

イ　Paul received a birthday message from Max.

ウ　Paul and Max talked about messages to their parents.

エ　Max went back to America.

(2)　本文の内容に合うように，次の①~③の英文の(　　　　　)に入る最も適当なものを，それぞれあとのア~エのうちから一つずつ選び、その符号を書きなさい。

①　Paul was happy after reading Max' s message because (　　　　　).

ア　he thought Thanksgiving was born in America

イ　he knew his birthday was the same as Thanksgiving Days

ウ　he felt he could have his birthday for two days

エ　he remembered talking about the time difference with Max

②　In Paul' s speech, it has already been several (　　　　　) since Max left.

ア　days　　イ　months　　ウ　years　　エ　times

③　Max planned to send his " Thanksgiving message " from Chiba to his parents late at night because the time in New York was (　　　　　).

ア　in the morning　　イ　lunch time　　ウ　in the afternoon　　エ　dinner time

(3) 次の英文は，ポールのお礼のメッセージと，それに対するマックスからの返信です。(　　)に入る言葉を英語で書きなさい。ただし，語の数は10語程度(，などの符号は語数に含まない。)とすること。

Paul

Hi, Max. Thank you for your great birthday message! I could have one more "happy day" on the day after my birthday. Well, I'm intersted in Thanksgiving Day. (　　　)?

Max

Hello, Paul! I eat foods like turkey and pumpkin pie and watch the Thanksgiving parade on TV with my family. Next year, come and join us!

4 次の英文を読んで，あとの(1)，(2)の問いに答えなさい。

I read this information on the Internet.

About the national flag of Canada

The national flag of Canada is white with red vertical stripes, and has a red maple leaf at the center. [ア] The flag is also called the "Maple Leaf." Why does it have a maple leaf ? [イ] Maple syrup from maple trees is a food eaten by many people in Canada because it is very sweet and healthy. The maple syrup made in Canada is especially famous around the world. [ウ] For example, many people enjoy driving through the maple tree forests. [エ] Other people enjoy the leaves while they are hiking or camping in nature. During fall, many tourists also come from all over the world.

About maple syrup

Maple syrup is made from the sap of maple trees. To make it, the maple sap is boiled down. People in the world use it for cooking because it is healthy and has natural sweetness. In Japan, many people think that maple syrup is eaten only with pancakes. But in Canada, people also eat maple syrup over fried chicken. Some people even eat it on vegetables. People in Canada cannot imagine their lives without maple syrup!

This is my summary.

People in Canada are proud of maple trees and syrup. So, there is a maple leaf on the national flag. For them, maple syrup is as (　　) as soy sauce for Japanese people.

(注) flag 旗　vertical stripes 縦じま　maple カエデ　syrup シロップ
sap 樹液　boil down～ ～を煮詰める　sweetness 甘さ　summary 要約

(1) 次の英文を入れるのに最も適当な場所を，本文中の[ア]～[エ]のうちから一つ選び，その符号を書きなさい。

Maple trees are also loved by people in Canada with their beautiful colors in fall.

(2) 本文中の(　　　)に入る最も適当な英単語1語を書きなさい。

ともに、今までになかったものの見方や感じ方を得て、社会生活における自らの思考の幅が広がることにつながるから。

カ　アート鑑賞の経験を重ねれば、現実の社会の中における自分の立場によって視点は変わるものの、目の前にある問題の改善すべき点を敏感に知覚することができるようになるから。

(2)　【文章Ⅰ】中にBこれは鑑賞者がアートに触れて「問い」を感じ取って考えるということにとても似ているように思いますとあるが、このことを整理した次の文の［Ⅰ］、［Ⅱ］に入る言葉を書きなさい。ただし、［Ⅰ］は文章中から十六字で抜き出して、はじめの五字を書き、［Ⅱ］は文章中の言葉を使って、二十字以上、三十字以内で書くこと。

類似

社会の中の言語化されていない現象が、人々の、見るという体験を通して言語化されて、社会で共有される概念になっていく。

アート作品に込められた［Ⅰ］について、鑑賞者が、「観る」あるいは「鑑賞」を通じて［Ⅱ］。

(3)　【文章Ⅰ】、【文章Ⅱ】から共通して読み取れるアート鑑賞の効果について、「問い」、「知の楽しみ」という言葉を使って、百五十字以上、二百字以内でまとめて書きなさい。ただし、一マス目から書き始め、段落は設けないこと。なお、【文章Ⅰ】と【文章Ⅱ】は、それぞれ【Ⅰ】、【Ⅱ】と表してもよい。

確かに国宝・重文(注2)を屋敷内に持つ家に嫁いできて以来、人生を通して世界の一流美術品を観てきたお母様は、息子のそのことばを聞いて、ハッとしたという。どうでもいいアートは話にも出さないし、興味もない。批判・文句をいう時間すら無駄と思っていたからだ。その後の村上氏の世界的活躍はご存知の通り—この話も「琴線」に触れる好例ではないかと思う。

私は、絵は究極の「知の楽しみ」なのではないか、と考える。

例えば印象派(注3)の絵を観れば、こんな世界の見方があったのかとハッとさせられる。当時の人たちもまた、印象派の画家の世界の見方に強く衝撃を受け、理解よりも反発したのである。クレー(注4)やシャガール(注5)の絵を観ると、まるで異次元世界に触れたような思いがする。不安に押しひしがれそうになったムンク(注6)の絵を観れば、世界はこんなに恐怖に満ちたものなのか、と思わせられる。

私はそれを総じて「知の楽しみ」と呼びたい。自分の内部に別世界を取り込み、現存する自分の世界を押し広げるような経験といってもいい。絵を観終わった後、心なしか自分が賢くなった気がするのはそのためで、なぜなら自分の中に世界を多くもつことこそが、賢者の必要条件なのだから。

（山口桂(やまぐちかつら)『美意識を磨く』による。）

(注1)　村上隆＝日本の現代アーティスト。
(注2)　重文＝重要文化財の略称。
(注3)　印象派＝十九世紀後半にフランスで始まった芸術運動の一派。
(注4)　クレー＝スイス生まれのドイツの画家。
(注5)　シャガール＝ロシア生まれのフランスの画家。
(注6)　ムンク＝ノルウェーの画家。

(1)　【文章Ⅰ】中に A この力が身に付くほど、アート以外のものからも「問い」を感じられるようになる とあるが、なぜ筆者はこのように考えるのか、その理由として適当なものを、次のア～カのうちから二つ選び、その符号を書きなさい。

ア　アート鑑賞によって、現実の社会の中で新たな物事や状況に直面したときでも敏感に違和感のようなものに気付けるようになり、その影響が鑑賞者の生き方に及ぶこともあるから。

イ　アートからアーティストの投げかける「問い」を感じ取る力には、さまざまな事象の魅力や価値に気付き、それを社会で活用するために自分なりに解釈を加えていくはたらきがあるから。

ウ　アート鑑賞の経験を重ねると、現実の社会生活においても初対面の人物との会話や新しい事業に挑戦する場面での、その場にふさわしい配慮の仕方が直感的にわかるようになるから。

エ　アートから「問い」を感じ取る力は、物事に対する直感力のようなものであり、この力の強化によって新たな社会現象についてもその善しあしを感じ取ることができるようになるから。

オ　アートからアーティストの投げかける「問い」を感じ取ると

る概念になっていく。まずあるのは現象であり、それを見るという体験があって、やがて概念化される。Bこれは鑑賞者がアートに触れて「問い」を感じ取って考えるということにとても似ているように思います。

新しいものの考え方や感じ方を得るために、美術館に足を運んでアート作品を見てみる。そんなアート鑑賞が広まってほしいと願っています。アート鑑賞に「この作品はこうやって見る」というルールや作法はありません。ただただ、作品に向き合えばいいのです。そして自分が感じていることに意識を向ける。それが「観る」あるいは「鑑賞」ということなのだと思います。

私は、「観る」あるいは「鑑賞」というのは、自分の既成概念の壁を越えるための「眼差し」を自ら持つことであると思っています。また、アートはその眼差しを純化させる活動であるとも思います。

（吉井仁実『〈問い〉から始めるアート思考』による。）

【文章Ⅱ】

美は心を揺さぶってくる何ものかである。時に脅かしたり、うっとりさせたり、気持ちをざわざわと落ち着かなくさせたり、場合によっては酷い嫌悪感を抱かせたり、人の心を動かす作用がある。

自分の「美の琴線」を知りたい場合、自分の趣味はこうだと限定しないで、積極的にいろいろなものを観に行くことをお勧めする。というのは、思いもかけぬものに自分が反応するかもしれないからで、心を震わせるものに出合えば、「美の琴線」はいつでも鳴る準備をしているから、心配は要らない。

一つ、某美術館館長から聞いた、おもしろい例を挙げよう。

その館長のお祖父様、お父様は日本でも有数の古美術コレクターで、話は先代の奥様、現館長のお母様のことである。

その館長氏だが、美術館ができ、家のコレクションを引き継いで館長になる前は、現代美術の画商をしていて、当時未だまったくの無名作家だった村上隆（注1）氏の作品を扱ったりしていた。

さて、館長はその無名時代の村上氏の展覧会を、年に一回は画廊で必ず開催していたのだが、そのたびにお母様から、

「あなた、またこんな変なもの飾って！毎回毎回、いい加減にしなさい！」

と怒られていたという。

が、村上氏の展覧会を始めて何回か目に、館長はお母様にこういったという。

「お母さん、お母さんみたいにお祖父さんや親父に散々いいものを見させられて、勉強させられた人に、毎回『こんな酷いもん！』っていわせ続けるアートって、もしかしたらどこか見どころあるんじゃないか？どうでもいいアートだったら、いつも無視するし、何もいわないんでしょ？」

1　次の【文章Ⅰ】、【文章Ⅱ】を読み、あとの(1)〜(3)の問いに答えなさい。ただし、解答する際に字数制限がある場合には、句読点や「」などの符号も字数に数えること。

【文章Ⅰ】

アートに触れる意味、あるいは意義、価値、面白さ、楽しさ、魅力があるとすれば、それは何でしょうか。私はアーティストが投げかける「問い」を感じ取ることだと思っています。

アートシーンの最前線を走るアーティストのアート作品には、現代社会で考えるべき鋭い「問い」が必ず潜んでいます。鑑賞者はそれを非言語的に感じ取りながら、同時に今までになかったものの見方や感じ方、意識の壁、思考の幅を拡張していくことで、自分なりに「問い」に対する答えを探していくのです。

このようにアートに触れた経験は、その後の鑑賞者に多かれ少なかれ何らかの影響を与えます。その影響は、ときに鑑賞者の見方や発想、生き方にも及びます。それがアート作品がこの社会に存在する意味だと私は思っています。

「アート思考」というのは、このように「問い」を感じ取って自分なりに新しいものの見方や感じ方を身に付けて答えを探し出す力なのではないかと、私は思っています。現実の社会の中で今まで見たことも聞いたこともない物事や状況に直面し、それと自分の間に生じるズレや問題は何かを感じ取り、それを「問い」として受け止め、自分の立場や仕事、あるいは生き方やスタイルの中で答えを見つけて行動していく。そのことが、社会で以前よりも強く求められるようになっているとも感じます。

私は、アートに触れれば触れるほど「問い」を感じ取る力が身に付くと思っています。そして、A<u>この力が身に付くほど、アート以外のものからも「問い」を感じられるようになる</u>とも思っています。

また、私はアート鑑賞を繰り返していく中で、さまざまなものごとに対する直感力のようなものも身に付けてきたと思っています。例えば、初めての人や物を見るとき、新しいビジネスを始めるとき、あるいは新たな社会現象に触れたときに、無意識に近いところで新鮮な感覚や違和感のようなものに数多く気付けるようになったと実感しています。そして、その感覚は私が仕事をする上でとても役立ってきました。

おそらく、人は新しい気付きを得るとき、たいてい何かを見ているのです。本やメディアの記事を読んだり聞いたりして気付きを得ることもあると思うのですが、多くの場合、何か新たなものを見たときに、あるいは新たな角度でものを見たときに、新しい気付きを得るのではないかと感じます。

また、社会の中で新しい概念が生まれるときというのも、まず言語的でない状態があるのだと思います。その状態が社会の中でさまざまに作用する中で少しずつ言語化されて、やがて社会で共有され

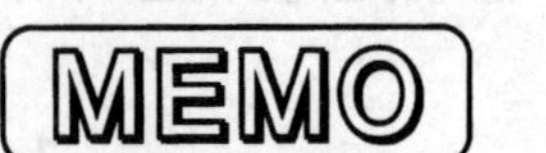

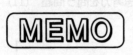

2023年

解答と解説

《配点は解答用紙集に掲載してあります。》

＜解　答＞

1 (1) ア，オ　(2) Ⅰ　現代社会で　Ⅱ　(例)　新しいものの見方や感じ方を得て，自分なりに答えを探していく

(3) (例) 【Ⅰ】では，アートに触れることでその作品に潜む現代社会で考えるべき「問い」を感じ取り，新しいものの見方を得られると述べている。【Ⅱ】では，積極的に様々なアートに触れて心を震わせる経験をすることによって，世界への見方を広げる「知の楽しみ」を見いだしていくと述べている。どちらの文章も，アート鑑賞には，自分の視野を押し広げ，多角的な見方をつちかう効果があると述べている点で共通している。

2 (1) $a=5$　$b=3$　(2) ウ，エ　(3) ① $\frac{7}{5}$(cm)　② $\frac{14}{13}$(cm^2)

(4) ① $y=-\frac{1}{2}x+\frac{13}{7}$　② $3-\sqrt{3}$

3 (1) ウ → エ → イ → ア　(2) ① ウ　② イ　③ ア

(3) (例) How do you usually spend the holiday with your family(?)

4 (1) ウ　(2) necessary

＜解　説＞

1 (論説文―文脈把握，内容吟味)

(1) 「この力」とは，**アート作品に潜む現代社会で考えるべき鋭い「問い」を感じ取る力**である。アートに触れ，「問い」を感じ取り，今までになかったものの見方や感じ方で自分なりに「問い」に対する答えを探し出す力を身に付けていくことがアートに触れる意味だとしている。その過程で，**鑑賞者の思考の幅が拡張され，鑑賞者の見方や発想，生き方にも影響を及ぼすから**である。筆者自身もアート鑑賞をくり返す中で，「**様々な物事に対する直感力**のようなものを身に付けてきた」「無意識に近いところで**新鮮な感覚や違和感のようなものに数多く気付ける**ようになった」と述べている。**現実社会ではじめて直面する状況に対しても「問い」を感じ，自分なりの答えを見つけていけるようになる**のである。　イ　「自分なりに解釈を加えていく」が不適切。　ウ　直感的にわかるのは「その場にふさわしい配慮の仕方」ではない。　エ　社会現象で感じ取るのが「善しあし」ではない。　カ　敏感に知覚するのは「問題の改善すべき点」ではない。

(2) [Ⅰ]にはアート作品に込められたものが入る。それは「アートの作品には，**現代社会で考えるべき鋭い『問い』が必ず潜んで**います。」という記述から抜き出せよう。また[Ⅱ]には，**鑑賞者がアート鑑賞によってどう変化するかという内容**を補えばよい。アート鑑賞を通じて鑑賞者が身に付ける「アート思考」は，「『問い』を感じ取って自分なりに新しいものの見方や感じ方を身に付けて答えを探し出す力」である。したがって，**自分なりに新しいものの見方や感じ方を身に付けて答えを探し出すようになる**，ということをまとめればよい。

(3) 【Ⅰ】で述べられたアート鑑賞の効果は，アート作品に潜む**現代社会で考えるべき「問い」を**

感じ取り，鑑賞者に生き方にも及ぶような今までになかった新しいものの見方や発想を与える，というものだ。また，【Ⅱ】では，絵が自分の内部に別世界を取り込み，現存する自分の世界を押し広げるような「知の楽しみ」を鑑賞者に与えてくれると述べられている。これらの共通点は，アート鑑賞には，鑑賞者のものの見方や思考を広げたりする効果があるということである。構成としては，【Ⅰ】で述べられた効果を挙げ，次に【Ⅱ】での効果を挙げる。最後に両者の共通点を抽象化してまとめるとよいだろう。指定字数とキーワードを必ず守って書こう。

2　(方程式の応用，資料の散らばり・代表値，平面図形の回転移動，線分の長さ，面積，図形と関数・グラフ)

(1)　Ⓐ$\begin{cases}-x-5y=7\cdots① \\ ax+by=9\cdots②\end{cases}$　Ⓑ$\begin{cases}2bx+ay=8\cdots③ \\ 3x+2y=5\cdots④\end{cases}$　とする。連立方程式Ⓐ，Ⓑの解が同じだから，まず，①と④を組み合わせて，xとyの解を求める。①×3＋④より，$3(-x-5y)+(3x+2y)=7\times3+5$　$-3x-15y+3x+2y=21+5$　$-13y=26$　$y=-2$　これを①に代入して，$-x-5\times(-2)=7$　$-x+10=7$　$x=3$　よって，$x=3$，$y=-2$　これを②，③に代入して，a，bについての連立方程式$\begin{cases}3a-2b=9\cdots⑤ \\ -2a+6b=8\cdots⑥\end{cases}$を得る。⑤×3＋⑥より，$3(3a-2b)+(-2a+6b)=9\times3+8$　$9a-6b-2a+6b=27+8$　$7a=35$　$a=5$　これを⑥に代入して，$-2\times5+6b=8$　$-10+6b=8$　$6b=18$　$b=3$　よって，$a=5$，$b=3$

(2)　**度数分布表**より，生徒20人が受けた小テストの得点の**最小値**は10点以上20点未満，**最大値**は90点以上100点未満である。また，**第1四分位数**は得点の低い方から5番目と6番目の**平均値**だから40点以上50点未満，**第2四分位数(中央値)**は得点の低い方から10番目と11番目の平均値だから50点以上60点未満，**第3四分位数**は得点の低い方から15番目と16番目の平均値だから65点以上75点未満である。**箱ひげ図**ウはすべての四分位数に関して，度数分布表と矛盾する。箱ひげ図エは最小値に関して，度数分布表と矛盾する。

(3)　①　△ABCに**三平方の定理**を用いると，$CA=\sqrt{AB^2+BC^2}=\sqrt{3^2+4^2}=5$(cm)　点Bから線分ADへ垂線BHを引く。△DHBと△ABCで，∠DHB＝∠ABC＝90°，∠HDB＝∠BDE＝∠BACより，△DHB∽△ABCだから，DH：BD＝AB：CA＝3：5　$DH=BD\times\frac{3}{5}=AB\times\frac{3}{5}=3\times\frac{3}{5}=\frac{9}{5}$(cm)　△ABDはAB＝BDの二等辺三角形で，**二等辺三角形の頂角からの垂線は底辺を2等分する**から，$AD=DH\times2=\frac{9}{5}\times2=\frac{18}{5}$(cm)　以上より，$AE=ED-AD=CA-AD=5-\frac{18}{5}=\frac{7}{5}$(cm)

②　△BCFと△AEFで，∠BFC＝∠AFE，∠BCF＝∠BCA＝∠BED＝∠AEFより，△BCF∽△AEF　その**相似比**は$BC:AE=4:\frac{7}{5}=20:7$　CF＝$x$cm，FB＝$y$cmとすると，$EF=CF\times\frac{7}{20}=\frac{7}{20}x$(cm)，$FA=FB\times\frac{7}{20}=\frac{7}{20}y$(cm)　$CA=CF+FA=x+\frac{7}{20}y=5$(cm)より，$20x+7y=100$…㋐　$BC=BE=FB+EF=y+\frac{7}{20}x=4$(cm)より，$7x+20y=80$…㋑　㋐，㋑の連立方程式を解いて，$x=\frac{160}{39}$，$y=\frac{100}{39}$　よって，$FA=\frac{7}{20}\times\frac{100}{39}=\frac{35}{39}$(cm)　$CA:FA=5:\frac{35}{39}=39:7$　△ABFと△ABCで，**高さが等しい三角形の面積比は，底辺の長さの比に等しい**から，△ABF：△ABC＝FA：CA＝7：39　$\triangle ABF=\triangle ABC\times\frac{7}{39}=\left(\frac{1}{2}\times AB\times BC\right)\times\frac{7}{39}=\left(\frac{1}{2}\times3\times4\right)\times\frac{7}{39}=\frac{14}{13}$ (cm^2)

(4)　①　直線ℓ，mとy軸との交点をそれぞれF，Gとする。点A，Bは$y=\frac{1}{4}x^2$上にあるから，そのy座標はそれぞれ$y=\frac{1}{4}\times(-4)^2=4$，$y=\frac{1}{4}\times2^2=1$　よって，A(−4，4)，B(2，1)　直線ℓの傾

きは$-\frac{1}{2}$だから，直線ℓの式を$y=-\frac{1}{2}x+b$とおくと，点Bを通るから，$1=-\frac{1}{2}\times 2+b$　$b=2$　よって，F(0, 2)　$\ell /\!/ m$だから，**平行線と面積の関係**より，△AGB＝△ADB$=\frac{3}{7}$(cm²)･･･㋐　△AGB＝△AGF＋△BGF$=\frac{1}{2}$×FG×(点Fのx座標－点Aのx座標)$+\frac{1}{2}$×FG×(点Bのx座標－点Fのx座標)$=\frac{1}{2}$×FG×(点Bのx座標－点Aのx座標)$=\frac{1}{2}\times\mathrm{FG}\times\{2-(-4)\}=3\mathrm{FG}$･･･㋑　㋐，㋑より，$3\mathrm{FG}=\frac{3}{7}$　$\mathrm{FG}=\frac{1}{7}$　これより，直線mの切片＝点Fのx座標－FG$=2-\frac{1}{7}=\frac{13}{7}$だから，直線$m$の式は$y=-\frac{1}{2}x+\frac{13}{7}$

②　四角形ACEBが平行四辺形になるとき，AC//BEより，(点Aのy座標)－(点Cのy座標)＝(点Bのy座標)－(点Eのy座標)$=1-0=1$　(点Cのy座標)＝(点Aのy座標)$-1=4-1=3$　点Cは$y=\frac{1}{4}x^2$上にあるから，そのx座標は$3=\frac{1}{4}x^2$より，$x^2=12$　$x<0$より$x=-\sqrt{12}=-2\sqrt{3}$　よって，$\mathrm{C}(-2\sqrt{3},\ 3)$　直線mの式を$y=-\frac{1}{2}x+c$とおくと，点Cを通るから，$3=-\frac{1}{2}\times(-2\sqrt{3})+c$　$c=3-\sqrt{3}$　よって，直線mの切片は$3-\sqrt{3}$

3 (長文読解問題・スピーチ：文整序，内容真偽，語句補充・選択，要約文などを用いた問題，条件英作文，動名詞，不定詞，受動態，現在完了，進行形，前置詞)

(全訳)　こんにちは，皆さん。ある興味深い情報を皆さんと共有したいと思います。昨日，私に送られてきたこのメールを読んでください。

> 誕生日おめでとう！　このメッセージが1日遅れてごめんなさい。素敵な日を過ごすことができたことと思います。昨日は，日本において，あなたにとってのあなたの誕生日でしたが，今日は，私にとって，アメリカにおけるあなたの誕生日となります。ところで，今日はアメリカでは感謝祭です。それは伝統的祝日です。11月の第4木曜日に，多くの家族が互いに感謝の意を伝えるために集まり，特別の料理を食べます。ほとんどのアメリカ人と同様に，私の家族は七面鳥を食べることになるでしょう。今日，再び，良い日になることを願っています。あなたと再会することを楽しみに待ち望んでいます。

これは，ニューヨークにいる私の友人マックスからのメッセージです。このメッセージを読んで，私はとてもうれしいです。私の誕生日はまるで2日間続いたかのようでした。なぜだか理解できますか。時差が，私の誕生日の日数を増やしてくれたのです。ご存じのように，ロンドンの時間が世界の標準時です。日本における標準時は，ロンドンよりも9時間進んでいます。千葉で午後1時だと，ロンドンでは午前4時です。ニューヨークの時間はロンドンよりも5時間遅れています。千葉で午後1時だと，ニューヨークでは前日の午後11時です。従って，マックスは1日遅れて，誕生日のメッセージを私に送ってくれたのです。時差について考えるのは難しいですが，興味深いです。

時差に関しては，マックスとの間に別の思い出があります。もちろん，ご存じのように，彼は外国人留学生として，今年の7月まで，この学校で私たちと一緒に勉強していました。彼がまだ千葉にいた時に，私たちの家族のメンバーにメッセージを送ることについて話しました。感謝祭の午後10時に"感謝祭おめでとう"のメッセージを彼の両親に送る，と彼は私に言いました。なぜ彼がそうするかを私は理解していました。私の両親はロンドンにいます。そこで，千葉の午後11時に私の両親へメッセージを送れば，彼らは午後それを読むことになるでしょう。私の両親が現在何をしているかを考えることは，非常に興味深いです。マックスと私は，千葉，ロンドン，そして，ニューヨーク間の時差に関する表を作ったので，これを見てください。どう思いますか。

私たちの両親が何をしているか？		
ロンドン	ポールとマックス	ニューヨーク
テレビを見る	朝食	午後のコーヒー
就寝	通学	夕食
睡眠(早朝)	昼食	就寝
起床	放課後	睡眠
朝食後	夕食	睡眠(早朝)
昼食	風呂	起床

以下に，イギリスとアメリカの行事に関して，より多くの情報があります。マックスのメッセージでは，感謝祭はアメリカ人にとって伝統的祝日である，と彼は言っています。感謝祭はアメリカで生まれた行事です。イギリスでは，そのような行事はありません。マックスによると，ほとんどのアメリカ人はその日に七面鳥を食べるとのことですが，私の家族はしばしばそれをクリスマスに食べます。でも，クリスマスには，イギリスとアメリカの両方において，食事をして，祝うために，家族の構成員が集合するのです。

(1)　ウ「ポールとマックスは彼らの両親へのメッセージについて話をした」→ エ「マックスはアメリカへ戻った」→ イ「ポールはマックスからバースデーメッセージを受け取った」→ ア「ポールは彼のクラスメイトにマックスとの思い出を語った」

(2)　①「ウ2日間誕生日を迎えることができる気がしたので，ポールはマックスのメッセージを読み，うれしかった。」ポールは I was very happy to read this message. My birthday seemed two days long. と述べている。after reading ← <原形＋－ing>「～すること」動名詞　<感情を表す語＋不定詞>「～して感情がわきあがる」 ア「感謝祭はアメリカで生まれたと思った」<be動詞＋born>「生まれる」 イ「彼の誕生日は感謝祭と同じだということを知っていたから」 エ「マックスと時差について話したことを思い出したから」<remember＋動名詞>「～したことを思い出す」

②「ポールのスピーチにて，マックスが去ってから，すでにイ数か月経過した」マックスのメールから，本日がアメリカでは11月の第4木曜日に該当する感謝祭の日であることがわかる。ポールはスピーチ内で，he[Max]was studying with us as an international student at this school until July of this year. と述べており，マックスが日本を後にしたのは今年の7月である。it has already been ～ since・・・ ← <have[has]＋過去分詞>(完了・経験・結果・継続)現在完了 was studying ← <be動詞＋－ing>進行形「～しているところだ」 until「～まで(ずっと)」 ア「数日」 ウ「数年」 エ「数回」

③「ニューヨークの時間はア午前中なので，マックスは“感謝祭のメッセージ”を千葉から彼の両親へ夜遅く送ろうとした」The standard time in Japan is nine hours ahead of London. ／The time in New York is five hours behind London.／When it' s 1 p.m. in Chiba, in New York it' s 11 p.m. the day before. と述べられており，時差により，ニューヨークの時刻は日本の時刻より，14時間前ということが明らかである。表と合わせて考えること。ahead of「～の前」 behind「～

の後ろ」イ「昼食時」 ウ「午後」 エ「夕食時」

(3) (全訳：解答例を含む)ポール：「こんにちは，マックス。あなたの素晴らしい誕生日メッセージをありがとう。誕生日の翌日にもう1つの“楽しい日”を過ごすことができました。そうですね，私は感謝祭に興味があります。普段どのようにしてこの祝日をあなたの家族と過ごしますか？」／マックス：「こんにちは，ポール。七面鳥やかぼちゃパイのような食べ物を食べて，家族と一緒にテレビで感謝祭のパレードを見ます。翌年，こちらに来て，私たちと一緒に過ごそう！」ポールの空所に該当する質問を受けて，マックスが感謝祭の過ごし方を説明していることから考える。10語程度の疑問文にまとめること。

4 (長文読解問題・エッセイ：文挿入，適語補充・記述，受動態，分詞の形容詞的用法，動名詞，進行形，比較)

(全訳) インターネットで，私はこの情報を読みました。

カナダの国旗について／カナダの国旗は赤い縦じまの付いた白地で，中央に赤いカエデの葉が配置されている。その旗はまた“カエデの葉”とも呼ばれる。なぜカエデの葉が描かれているのだろうか。カエデの木から採取されたメイプルシロップはとても甘くて，健康的なので，カナダでは，多くの人々により食べられる食品である。カナダで作られたメイプルシロップは，特に世界中で有名である。[ウ]カエデの木は，秋になると美しく色づき，カナダの人々によっても愛されている。例えば，多くの人々が，カエデの木々の森林を車で通り抜け，楽しんでいる。自然の中でハイキングしたり，キャンプしたりする中で，その葉を楽しむ人々もいる。秋には，世界中から多くの旅行者もやって来る。

シロップについて／メイプルシロップはカエデの木の樹液から作られている。それを作るために，カエデの樹液は煮詰められる。健康的で，自然な甘さを持つので，世界の人々は料理にそれを使う。日本では，メイプルシロップはパンケーキとだけ一緒に食べられる，と多くの人々が考えている。しかし，カナダでは，人々はフライドチキンにメイプルシロップをかけても食べる。野菜にかけて食べる人さえいる。カナダの人々は，メイプルシロップなしでの生活は想像できない。

以下，私の要約です。／カナダの人々は，カエデの木とシロップに誇りをもっている。よって，国旗にカエデの葉が描かれている。彼らにとって，メイプルシロップは，日本人にとっての醤油と同じくらい必要である。

(1) 挿入文は「秋になると美しく色づき，カエデの木々はカナダの人々によっても愛される」の意。空所[ウ]の前では，「カナダで作られたメイプルシロップは世界中で特に有名である」という文があり，空所後では，for example「例えば」という語に続いて，人々のカエデを愛でる様子について記されている。are loved ← <**be動詞+過去分詞**>「**～される，されている**」**受動態** the maple syrup made in「～で作られたメイプルシロップ」← <**名詞+過去分詞+他の語句**>「**～された名詞**」**過去分詞の形容詞的用法** around the world「世界中」<enjoy+動名詞>「～することを楽しむ」are hiking or camping ← <**be動詞+－ing**> **進行形**「**～しているところだ**」

(2) カナダ人にとってのメイプルシロップは，日本人にとっての醤油と同等の関係である，というのが空所を含む文の趣旨。日本人にとって醤油はどのような存在であるかを考える。<**A+動詞+as+原級+as+B**>「**AはBと同じくらい～である**」「必要な」necessary

大切なことはメモしておこうネ！

千葉県公立高等学校

2022年度

★★★★★★★★★★★★★★★★★★★★★★★

入　試　問　題

2022
年
度

●くわしい解説……57ページ

＜数学＞

時間 50分 満点 100点

1 次の(1)～(7)の問いに答えなさい。

(1) 次の①～③の計算をしなさい。

① $-2\times3+2$

② $6\left(\frac{2}{3}a-\frac{3}{2}b\right)-(a-3b)$

③ $(2\sqrt{3}-1)^2$

(2) 縦の長さが横の長さの２倍より３cm長い長方形があるとき，次の①，②の問いに答えなさい。

① 横の長さを x cmとするとき，長方形の面積を x を使って表しなさい。

② 長方形の面積が７cm²であるとき，横の長さを求めなさい。

(3) Ａ中学校では，体育祭の種目に長縄跳びがある。全学年とも，連続して何回跳べるかを競うものである。下の表は，1年生のあるクラスで長縄跳びの練習を行い，それぞれの回で連続して跳んだ回数を体育委員が記録したものである。

このとき，次の①，②の問いに答えなさい。

	1回目	2回目	3回目	4回目	5回目	6回目	7回目	8回目
記録(回)	3	11	7	12	14	7	9	16

① １回目から８回目までの記録の中央値（メジアン）を求めなさい。

② ９回目の練習を行ったところ，記録は a 回であった。下の図は，1回目から９回目までの記録を箱ひげ図に表したものである。このとき，９回目の記録として考えられる a の値をすべて求めなさい。

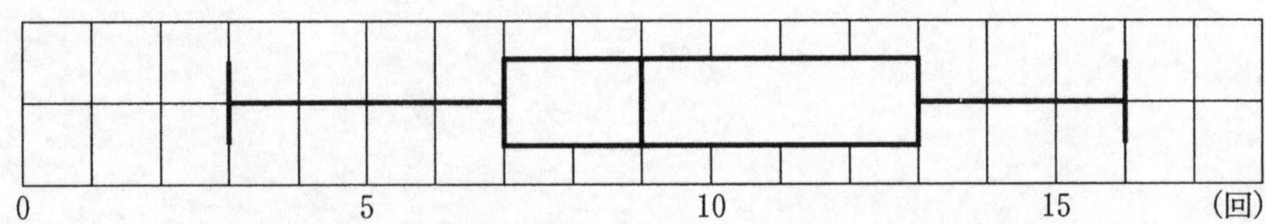

(4) 次の①，②の問いに答えなさい。

① 20以下の自然数のうち，素数は何個あるか，求めなさい。

② 大小２つのさいころを同時に１回投げ，大きいさいころの出た目の数を a，小さいさいころ

の出た目の数を b とする。

このとき，$2a+b$ の値が素数となる確率を求めなさい。

ただし，さいころを投げるとき，1から6までのどの目が出ることも同様に確からしいものとする。

(5) x，y についての連立方程式

$$\begin{cases} -ax+3y=2 \\ 2bx+ay=-1 \end{cases}$$

の解が $x=1$，$y=-1$ であるとき，a，b の値を求めなさい。

(6) 次の①，②の問いに答えなさい。

① 円錐（えんすい）や角錐の底面の面積を S，高さを h とするとき，その体積 V は，$V=\frac{1}{3}Sh$ で表される。この等式を h について解きなさい。

② 下の図は，正四角錐の展開図である。正方形ABCDの対角線ACの長さは4㎝であり，この展開図を組み立ててできる正四角錐の体積を求めると，$\frac{32}{3}$㎤であった。

このとき，正四角錐の高さを求めなさい。

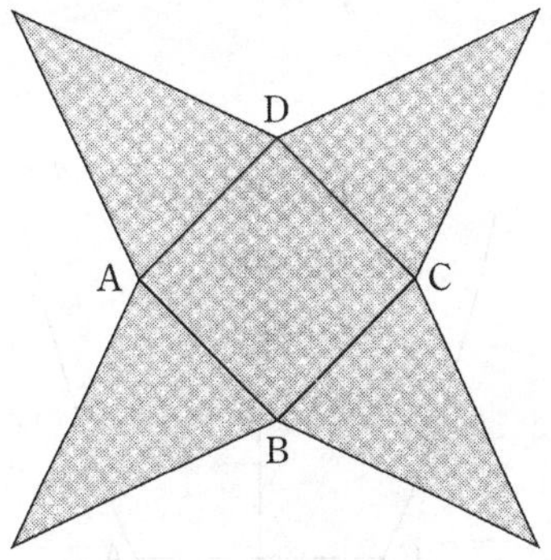

(7) 右の図のように，3点A，B，Cがある。このとき，次の**条件**を満たす点Pを作図によって求めなさい。また，点Pの位置を示す文字Pも書きなさい。

ただし，三角定規の角を利用して直線をひくことはしないものとし，作図に用いた線は消さずに残しておくこと。

A

B

C

条件

・点Pは，線分ACの中点と点Bを結ぶ直線上の点である。

・直線APと直線BPは垂直に交わる。

2　右の図のように，関数 $y=\frac{1}{5}x^2$ のグラフ上に点Aがあり，点Aを通り，y 軸に平行な直線と関数 $y=ax^2$ のグラフとの交点をBとする。点Aの x 座標は5で，点Bの y 座標は -15 である。また，2点A，Bと y 軸に関して対称な点をそれぞれC，Dとし，長方形ACDBをつくる。

このとき，次の(1)～(3)の問いに答えなさい。

ただし，$a<0$ とする。

(1)　a の値を求めなさい。

(2)　2点B，Cを通る直線の式を求めなさい。

(3)　下の図のように，長方形ACDBと合同な長方形CEBFをかいた。

このとき，2点E，Fを通る直線の式を求めなさい。

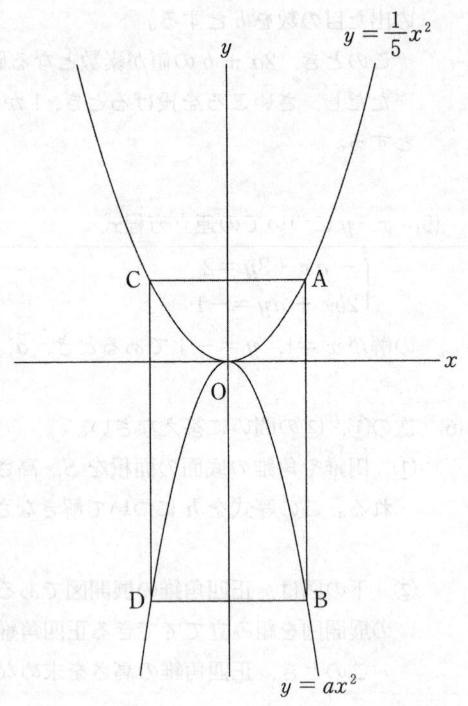

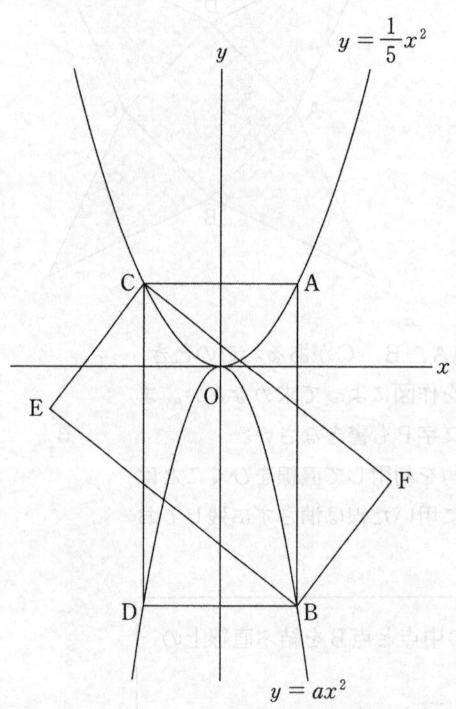

3　下の図のように，△ABCがあり，辺BC上にBD：DC＝3：1となる点Dをとる。線分ADの中点をＥとし，点Dを通り，辺ACに平行な直線と辺ABとの交点をＦとする。また，線分BF上に2点B，Ｆとは異なる点Gをとり，直線GEと線分DF，辺ACとの交点をそれぞれH，Ｉとする。
このとき，次の(1)～(3)の問いに答えなさい。

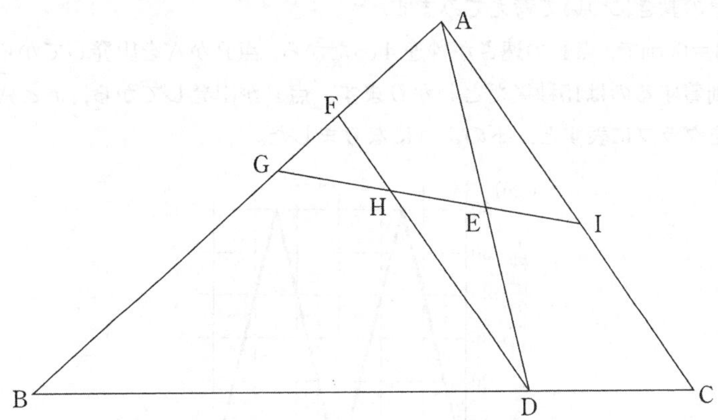

(1)　AI＝DHであることを下の［　　］にしたがって証明するとき，［(a)］，［(b)］に入る最も適当なものを，**選択肢のア～エ**のうちからそれぞれ1つずつ選び，符号で答えなさい。また，［(c)］に入る最も適当なことばを書きなさい。

> AI＝DHであることを証明するには，［(a)］と［(b)］が［(c)］であることを証明すればよい。

選択肢

ア　△AEI　**イ**　△ABD　**ウ**　△AFD　**エ**　△DEH

(2)　(1)の［　　］にしたがって，AI＝DHであることを証明しなさい。

(3)　GI // BCのとき，△AEIと四角形BDHGの面積の比を，最も簡単な整数の比で表しなさい。

4　右の図のように，点Oを中心とし，線分AB，CDを直径とする2つの半円がある。
点PはAを，点QはDを同時に出発する。
Aを出発した点Pは，$\overset{\frown}{AB}$上を一定の速さで移動し，→B→A→B→A→……の動きをくり返す。
Dを出発した点Qは，$\overset{\frown}{CD}$上を一定の速さで移動し，→C→D→C→D→……の動きをくり返す。
$\overset{\frown}{AB}$＝60㎝，$\overset{\frown}{CD}$＝90㎝，2点P，Qの移動する速さを，それぞれ秒速4㎝，秒速9㎝とするとき，次のページの**会話文**を読み，あとの(1)～(5)の問いに答えなさい。

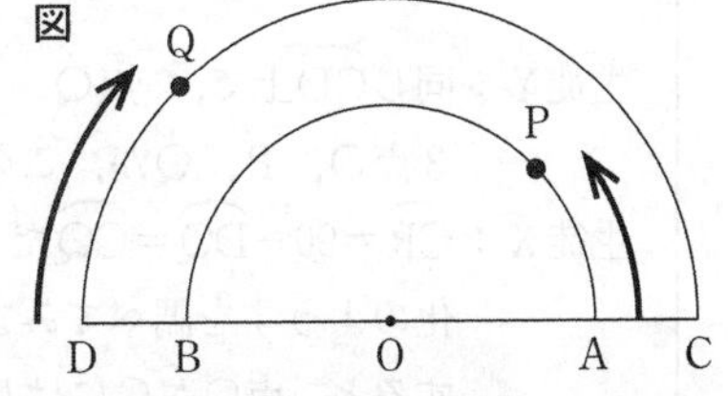

会話文

教師T：3点O，P，Qが，この順に一直線上に並ぶ場合について考えます。点PがAを，点QがDを同時に出発してから x 秒後の2点P，Qの位置関係を確認してみましょう。

生徒X：点Pの動きについて考えてみます。
$\overset{\frown}{\mathrm{AB}}$＝60cmで，点Pの速さが秒速4cmだから，点PがAを出発してから，Bにはじめて到着するのは15秒後だとわかります。点Pが出発してから，x と $\overset{\frown}{\mathrm{AP}}$ の長さの関係をグラフに表すと，下のようになりました。

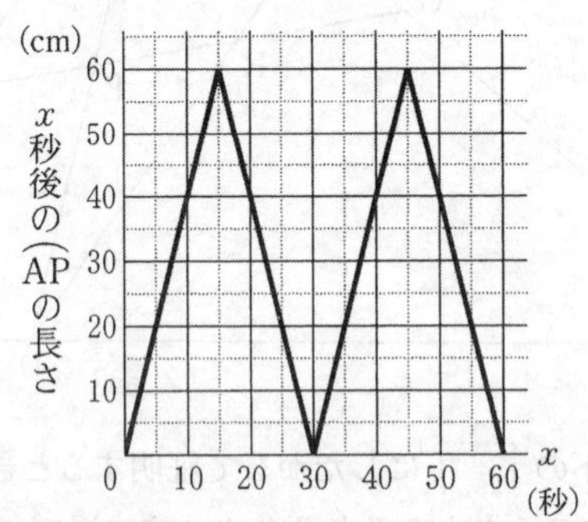

生徒Y：点Qの動きについて考えてみると，$\overset{\frown}{\mathrm{CD}}$＝90cmで，点Qの速さが秒速9cmだから，点QがDを出発してから，Cにはじめて到着するのは [(a)] 秒後です。$\overset{\frown}{\mathrm{DQ}}$ の変化のようすをグラフに表すと何かわかるかな。

生徒X：$\overset{\frown}{\mathrm{AP}}$ と $\overset{\frown}{\mathrm{DQ}}$ の変化のようすがわかっても，点Pと点Qは異なる円周上を動くから，3点O，P，Qが，この順に一直線上に並ぶ場合を考えるのは難しいですね。

教師T：下の図のように，直線OPと $\overset{\frown}{\mathrm{CD}}$ との交点をRとすると，点Pが $\overset{\frown}{\mathrm{AB}}$ 上を移動する速さが秒速4cmだから，点Rが $\overset{\frown}{\mathrm{CD}}$ 上を移動する速さは秒速 [(b)] cmだと考えることができます。

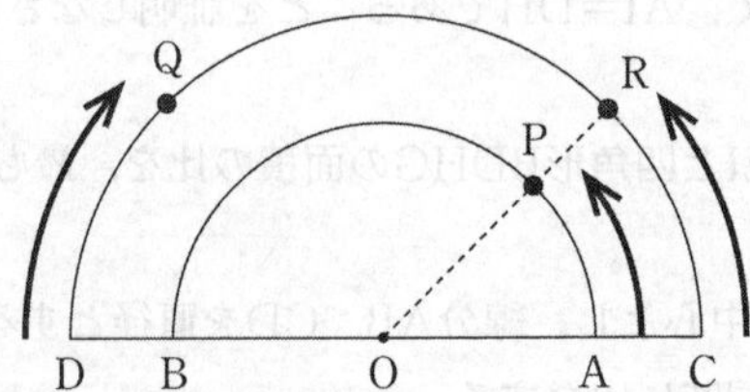

生徒Y：同じ $\overset{\frown}{\mathrm{CD}}$ 上で，2点Q，Rの動きをみることができるので，考えやすくなりました。
3点O，P，Qが，この順に一直線上に並ぶのは，$\overset{\frown}{\mathrm{CR}}+\overset{\frown}{\mathrm{DQ}}$＝90cmのときだね。

生徒X：$\overset{\frown}{\mathrm{CR}}=90-\overset{\frown}{\mathrm{DQ}}=\overset{\frown}{\mathrm{CQ}}$ だから，$\overset{\frown}{\mathrm{CQ}}=\overset{\frown}{\mathrm{CR}}$ のときとも考えられますね。まず，$\overset{\frown}{\mathrm{CQ}}$ の変化のようすを調べてみます。点QがDを出発してから x 秒後の $\overset{\frown}{\mathrm{CQ}}$ の長さを y cmとすると，点QがCにはじめて到着するまでの x と y の関係を表す式は，$y=90-9x$ になります。

(1) **会話文**中の(a)，(b)にあてはまる数として最も適当なものを，次の**ア**～**カ**のうちからそれぞれ

1つずつ選び，符号で答えなさい。

ア　4　**イ**　6　**ウ**　8　**エ**　10　**オ**　12　**カ**　14

(2)　点QがDを出発してからx秒後の$\overset{\frown}{CQ}$の長さを$y$cmとする。$0 \leqq x \leqq 30$のときのxとyの関係を表すグラフをかきなさい。

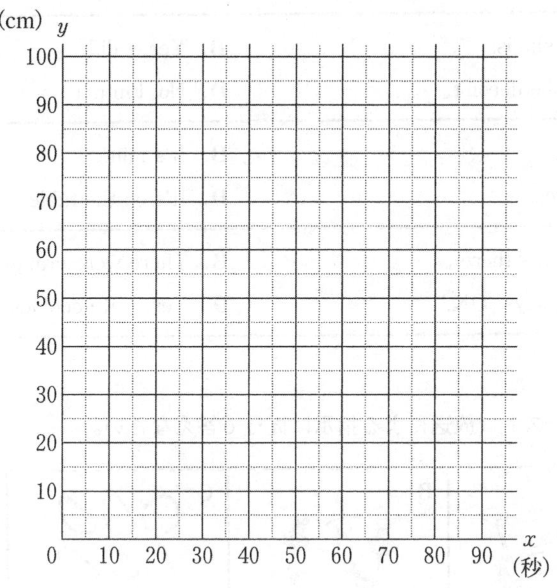

(3)　点PがAを，点QがDを同時に出発してから，3点O，P，Qが，はじめてこの順に一直線上に並ぶのは何秒後か，求めなさい。

(4)　点PがAを，点QがDを同時に出発してから，点PがAに，点QがDにはじめて同時に到着した。2点P，Qが同時に出発してからこのときまでに，3点O，P，Qが，この順に一直線上に並ぶのは何回あったか，求めなさい。

(5)　点PがAを，点QがDを同時に出発してから，144秒後の∠POQの大きさを求めなさい。

＜英語＞

時間 60分 満点 100点

1 英語リスニングテスト（放送による指示に従って答えなさい。）

No. 1	**A**. Yes, she is. **C**. No, she doesn't.	**B**. Yes, I did. **D**. No, I'm not.
No. 2	**A**. Sure. **C**. I agree.	**B**. It's mine. **D**. It's on the table.
No. 3	**A**. Dad was there. **C**. Mom says "OK."	**B**. There were oranges. **D**. Yes, I ate cookies.

2 英語リスニングテスト（放送による指示に従って答えなさい。）

No. 1	**A** 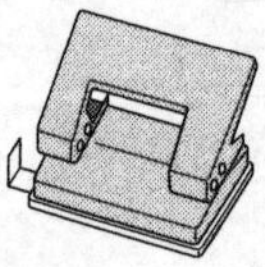	**B** 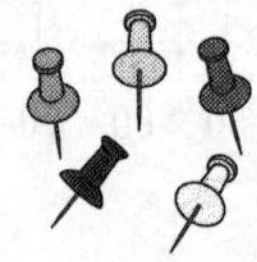	**C** 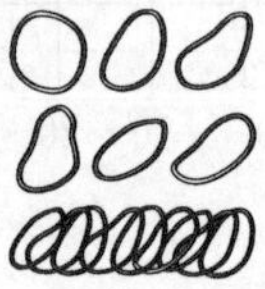	**D** 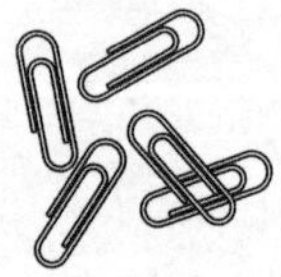
No. 2	**A** 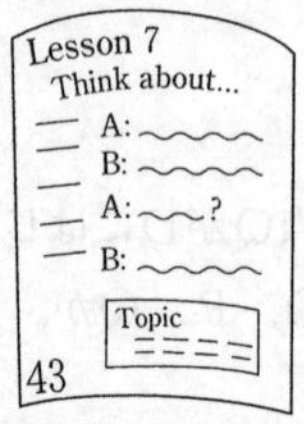 Lesson 7 Think about... A: B: A: ? B: Topic 43	**B** WORDS 44 	**C** Q 1 ? Q 2 ? Q 3 ? Q: ? Q: ? 45 	**D** ! 46 

3 英語リスニングテスト（放送による指示に従って答えなさい。）

No. 1	**A**. The Blue Sky Area. **C**. 10 a.m.	**B**. The Green Mountain Area. **D**. 9 p.m.
No. 2	**A**. Go to the sea. **C**. Stay home.	**B**. Go to the mountains. **D**. See a movie.

4　英語リスニングテスト（放送による指示に従って答えなさい。）

No. 1	Tom left a message for Mina. At his (① □□□□□□□) party, Mina's father and grandfather sang Japanese songs for him. He liked them very much. He also enjoyed (② d □□□□□□□□) food that her family cooked.
No. 2	David Ronson is a (① □□□□□□) American musician. Many people love his music. He will come to Japan and hold a concert this (② □□□□□□□□).

5　次の(1)～(5)のそれぞれの対話文を完成させなさい。

(1)，(2)については，（　）の中の語を最も適当な形にしなさい。ただし，1語で答えること。

また，(3)～(5)については，それぞれの（　）の中のア～オを正しい語順に並べかえ，その順序を符号で示しなさい。なお，文頭に来るべき語も小文字で示してあります。

(1)　A：What kind of book is that?
　　B：This is my new dictionary. It is very (use).

(2)　A：Your bag is beautiful.
　　B：Thank you! My mother (buy) it for me last week.

(3)　A：(ア your　イ old　ウ is　エ sister　オ how)?
　　B：She is nineteen, four years older than I.

(4)　A：Do you know that we will get two new classmates next week?
　　B：Yes, I do. I (ア was　イ the news　ウ at　エ very　オ surprised).

(5)　A：Do (ア are　イ who　ウ they　エ you　オ know)?
　　B：They are popular dancers.

6　次の①～④は，ミホ（Miho）が，アメリカを訪れた時の出来事を描いたイラストです。③の場面で，ミホは何と言ったと思いますか。①～④の話の流れを踏まえ，□ に入る言葉を英語で書きなさい。ただし，語の数は<u>25語程度</u>（ . , ? ! などの符号は語数に含まない。）とすること。

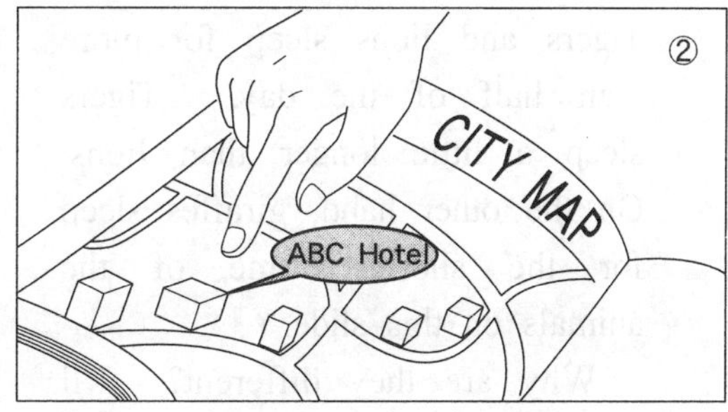

③
Excuse me.

Come with us!
Thank you so much.
④

7　次の⑴，⑵の英文を読んで，それぞれの問いに答えなさい。

⑴　ハヤトが睡眠についてスライド（Slide）を使って，プレゼンテーションをしています。

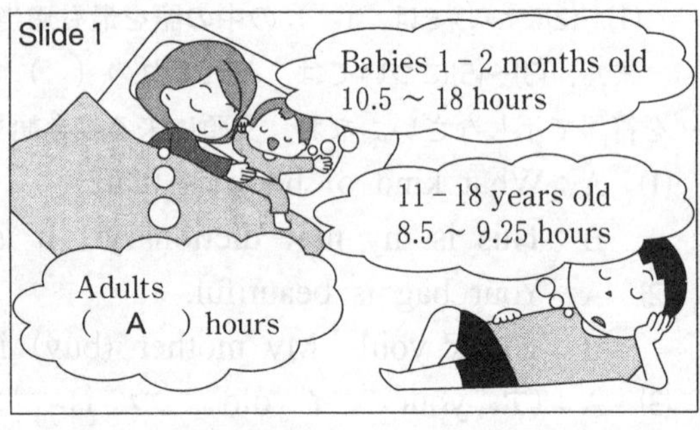
Slide 1
Babies 1 - 2 months old
10.5 ~ 18 hours
11 - 18 years old
8.5 ~ 9.25 hours
Adults
(A) hours

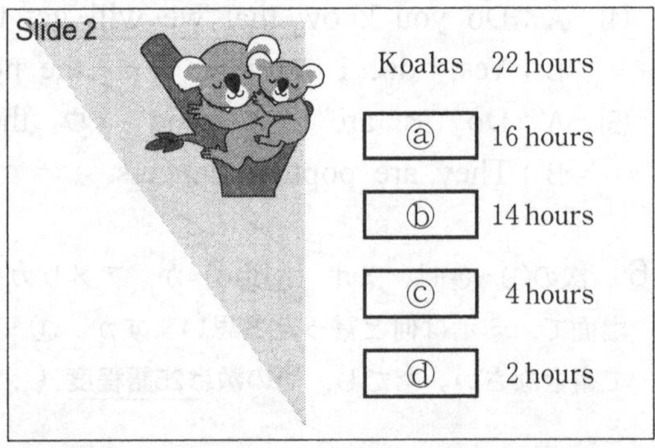
Slide 2
Koalas 22 hours
ⓐ 16 hours
ⓑ 14 hours
ⓒ 4 hours
ⓓ 2 hours

Slide 3

How long do you sleep every day? Do you think that everyone needs almost the same sleeping hours? Please look at Slide 1. It shows how long you need to sleep. Do you sleep for around 9 hours every day? Newborn babies need to sleep for more than 10 hours. Adults need to sleep about 30% of the day. You should sleep enough for your health.

Do you know how long animals sleep? Now, let's look at Slide 2. It shows that koalas sleep the longest. They sleep for more than 22 hours in a day! During the day, they sleep in trees, and then move at night. Tigers and lions sleep for more than half of the day. Tigers sleep a little longer than lions. On the other hand, giraffes sleep for the shortest time of the animals on this slide.

Why are they different? I'll show you two reasons. First, animals like giraffes or elephants are plant-eating animals. They need a lot of time to find food and they have to eat a lot to be (B). Second, plant-eating animals can't sleep for a long time because other animals may try to eat them while they are sleeping. It is (C) for them. However, animals like tigers or lions are so strong that they can sleep longer than giraffes or elephants. I found some other interesting information. Some scientists say that plant-eating animals sleep longer when they are in a safe place, for example, in a zoo.

How about koalas? They are plant-eating animals, but they sleep for a long time. They are active for only 2 hours in a day. Why?

（注） new-born baby 新生児　adult 大人　on the other hand 一方
plant-eating animals 草食動物

① 本文の内容と合うようにSlide 1 の（A）に入る最も適当なものを，次のア～エのうちから一つ選び，その符号を書きなさい。

ア 3～4　イ 5～6　ウ 7～8　エ 10～11

② 本文の内容と合うようにSlide 2 の ⓐ ～ ⓓ に入るものの組み合わせとして最も適当なものを，次のア～エのうちから一つ選び，その符号を書きなさい。

Tigers

Giraffes

Lions

Elephants

	ⓐ	ⓑ	ⓒ	ⓓ
ア	Tigers	Lions	Giraffes	Elephants
イ	Tigers	Lions	Elephants	Giraffes
ウ	Lions	Tigers	Giraffes	Elephants
エ	Lions	Tigers	Elephants	Giraffes

③ 本文中の（B）に入る最も適当なものを，次のア～エのうちから一つ選び，その符号を書きなさい。

ア full　イ tired　ウ hungry　エ sleepy

④ 本文中の（C）に適する英単語１語を書きなさい。

⑵ 次のページは，夏期英語講座（English Summer Lessons）の案内です。

English Summer Lessons
For Junior High School Students

Five ALTs from other cities will be your teachers!

Some university students will help you from Day 1 to Day 3!

Date and Place:	August 5th～August 8th 9:00 ～ 12:00 City Culture Center
How to join:	Visit our website and tell us the days of the lessons you want to take by e-mail. (city_cc@cde.fg.jp)
Number of students:	15 for each lesson

Try activities in English!

Day 1 : Games
Day 2 : Dancing
Day 3 : Reading
Day 4 : Presentations

Day 1–3 : a different teacher each day

Day 4 : all of the teachers!

Messages from teachers

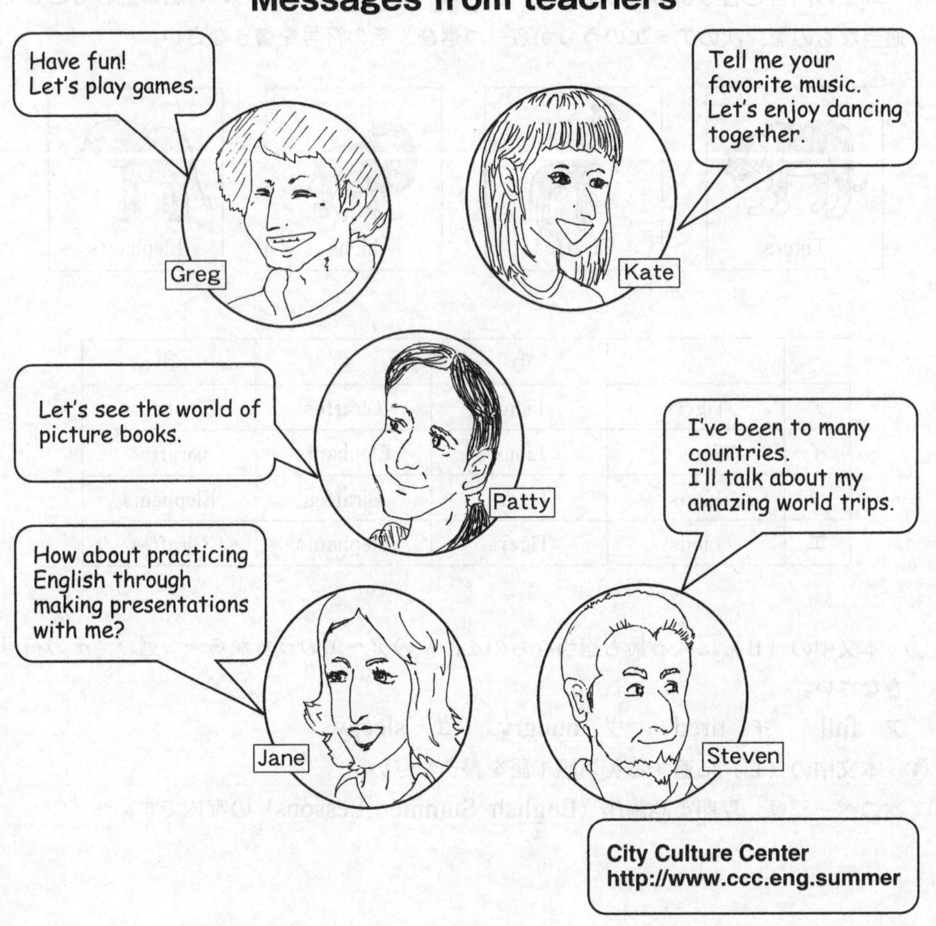

Have fun!
Let's play games.
Greg
Tell me your favorite music.
Let's enjoy dancing together.
Kate
Let's see the world of picture books.
Patty
I've been to many countries.
I'll talk about my amazing world trips.
How about practicing English through making presentations with me?
Jane
Steven
City Culture Center
http://www.ccc.eng.summer

① この案内の内容に合うように，次の文の（ ）に入る最も適当な英単語１語を書きなさい。

If you take some lessons, you can have many ( ) through the activities in English.

② この案内の内容に合っている英文として最も適当なものを，次のア～エのうちから一つ選び，その符号を書きなさい。

ア University students will join the lessons on Day 3 and Day 4.

イ You need to send an e-mail to the ALT you want to meet.

ウ Patty will show you picture books on August 5th.

エ You can meet Greg if you join on Day 1 or Day 4.

8 アメリカのオレゴン（Oregon）州ポートランド（Portland）出身のネイサン（Nathan）が故郷を紹介しています。この文章を読んで，あとの(1)～(4)の問いに答えなさい。

My hometown, Portland, is in Oregon. Oregon is in the northwest part of the United States. Portland is one of the best cities to live in and the best "green cities" in the world. About 650,000 people live there. Many people around the world are interested in this city.

About 50 years ago, there were plans to build freeways along the river in the center of the city. [ア] However, people in Portland were already thinking about the environment then. In 1974, people in Portland chose to build parks with beautiful trees and flowers and not to build the freeways. [イ] They wanted to spend more time in beautiful nature. Thanks to the voices of people in Portland, the city became kind to the environment. The city map about 50 years ago shows some freeways on it, but they weren't actually built. There are more than 300 parks in this city now. [ウ] You can see many flowers, birds, and other animals there. You can enjoy walking, running, relaxing, or even having festivals there. [エ] One popular festival is The Portland Rose Festival. Portland is so warm that they can grow many roses, so it is called "The City of Roses." This festival has continued since 1907. Today, Portland has a long history.

The city also has a good public transportation system. Many workers go to their offices by bicycle or by public transportation. The use of cars in the city has been decreasing because its public transportation system has been getting better and better. The trains are especially convenient. It is easy to travel in the center of the city by train. For example, when you leave the stores after shopping, the station is just in front of you. You don't have to go up or down stairs. When you take the train from the airport with a lot of bags, you can get off in the main area of the city and walk to your hotel easily.

Buses are also easy ways to go around the city. There are many bus lines, so you can go to the places that you want to go without cars. You can even ride the bus with your bicycle. Before you get on the bus, you can put your bicycle on the front of the bus. When you get off, you can take it down. This means you don't have to look for a bicycle parking and you can go anywhere in the city with your bicycle. In addition, buses use biofuels, so they don't have much effect on the environment. They don't give off much carbon dioxide. In the near future, the city is planning to use buses that run only on electric power. The city decided to reduce their carbon dioxide emissions to 1990 levels. Many people in Portland know about this project.

Portland is known as a fantastic city by many people. If people around the world want to try something to make their cities better, Portland has many good examples. You can get some good ideas from Portland.

(注) northwest 北西　green 環境に優しい　freeway 高速道路　rose バラ
public transportation system 公共交通機関　convenient 便利な　bicycle parking 駐輪場
in addition さらに，加えて　biofuel バイオ燃料　effect 影響　give off 排出する
carbon dioxide 二酸化炭素　emission 排出　electric 電気の

⑴ 次の英文を入れるのに最も適当な場所を，本文中の［ア］～［エ］のうちから一つ選び，その符号を書きなさい。

At that time, people were cutting down many trees and building roads in many cities.

⑵ 本文の内容に関する次の質問に，英語で答えなさい。

Why did people in Portland stop planning the freeways in the center of the city and build parks there?

⑶ ポートランドを走っているバスを表した絵として最も適当なものを，次のア～エのうちから一つ選び，その符号を書きなさい。

⑷ 本文の内容に合っている英文として最も適当なものを，次のア～エのうちから一つ選び，その符号を書きなさい。

ア When you finish shopping, you need to go up and down to get to the station in Portland.

イ More people in Portland use their own cars because of its public transportation system.

ウ You can see some freeways on the city map of Portland about 50 years ago.

エ　Many people in Portland know about the project to reduce the number of electric buses.

9　ミカ（Mika）がナンシー（Nancy）の家に電話をしました。この対話文を読んで，(1)～(3)に入る最も適当なものを，それぞれあとのア～エのうちから一つずつ選び，その符号を書きなさい。

また，対話文の内容に合うように，(4)に入る英語を10語程度（．，？！などの符号は語数に含まない。）で書きなさい。

Ms. Evans: Hello.
Mika: Hello. This is Mika. Thank you for the cake yesterday, it was really good.
Ms. Evans: I'm glad to hear that. Do you need something?
Mika: (1)
Ms. Evans: Sorry, she's visiting her grandfather. She'll be back tomorrow afternoon.
Mika: I see. (2)
Ms. Evans: Sure.
Mika: Thank you. I think I left my planner in her room yesterday. Could you ask her to look for it?
Ms. Evans: Oh, really? I will look for it in her room. Wait a few minutes, please. (3)
Mika: Thank you very much!
(5 minutes later)
Mika: Hello. This is Mika speaking.
Ms. Evans: Hi. This is Nancy's mother.
Mika: Hi, Ms. Evans. Was my planner in Nancy's room?
Ms. Evans: Yes. I found it under the desk.
Mika: (4)
Ms. Evans: Of course. Any time is OK.
Mika: Thank you. See you soon.

（注）Evans　エヴァンズ（人名）　planner　スケジュール帳

(1) ア　Yes, I made it with Nancy.　　イ　No, I don't think so.
　　ウ　Can I speak to Nancy, please?　　エ　I'm good, how about you?

(2) ア　May I help you?　　イ　May I leave a message?
　　ウ　Can I go with you?　　エ　Can I take a message?

(3) ア　I'll call you back later.　　イ　I'll ask her to look for it.
　　ウ　I'll see her grandfather.　　エ　I'll go to your house with Nancy.

＜理科＞

時間 50分 満点 100点

1 次の(1)～(4)の問いに答えなさい。

(1) 図のように，長さが7㎝であるばねに，質量150ｇのおもりをつるしたところ，ばねの長さは10㎝になって静止した。

このばねを1㎝のばすとき，必要な力の大きさは何Nか，書きなさい。ただし，質量100ｇの物体にはたらく重力の大きさを1Nとする。また，ばねは，フックの法則にしたがうものとし，その質量は考えないものとする。

図

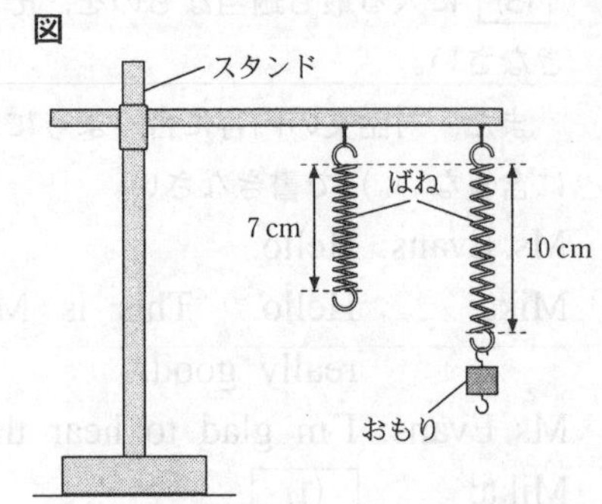

(2) 次の化学反応式は，水の電気分解を表している。この化学反応式の説明として**適当でないもの**を，あとの**ア**～**エ**のうちから一つ選び，その符号を書きなさい。

$2H_2O \rightarrow 2H_2 + O_2$

ア 化学反応式の左辺（式の左側）にある2 H_2Oは，水素原子4個と酸素原子2個が結びついた水分子を表している。

イ 化学反応式の右辺（式の右側）にあるO_2は，酸素原子2個が結びついた酸素分子を表している。

ウ 化学反応式から，水分子2個から水素分子2個と酸素分子1個ができることがわかる。

エ 化学反応式の，左辺と右辺の原子の種類と数は等しく，それぞれ水素原子4個と酸素原子2個である。

(3) 次の文は，動物の発生について説明したものである。文中の［　　］にあてはまる最も適当なことばを書きなさい。

> 動物では，精子の核と卵（らん）の核が合体してできた新しい1つの細胞である［　　］が，分裂をくり返し，胚を経て，個体としての体のつくりが完成する（親と同じような形に成長する）までの過程を発生という。

(4) ある地点での地震による揺（ゆ）れの程度（大きさ）を，10段階（10階級）に分けて表したものを何というか，書きなさい。

2 Sさんたちは，理科の授業で，「動物の体のつくり」について学びました。これに関する先生との会話文を読んで，あとの(1)～(4)の問いに答えなさい。

先　生：前回の授業では，ライオンとシマウマの映像を見ながら，それぞれの絵をかいてもらいました。どのような絵がかけましたか。また，気がついたことはありますか。

Sさん：私は，次のページの図1のように，ライオンとシマウマの顔をかきました。

Tさん：目のつき方がそれぞれ違いますね。ライオンは，目が前向きについていますが，シマウマは，横向きについていますね。

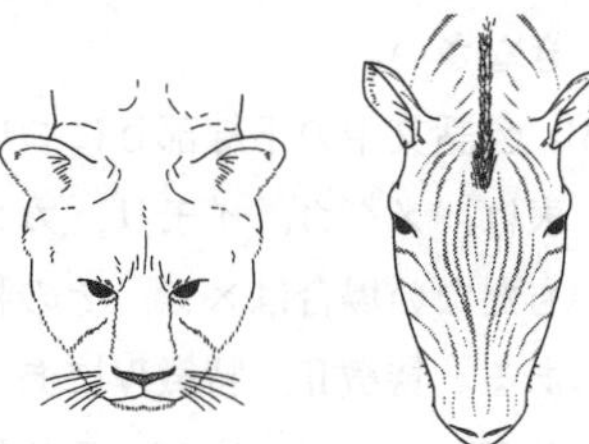

図1

先　生：そうですね。ところで，ライオンの前向きの目のつき方は，何をすることに役立っているでしょうか。

Sさん：ライオンの前向きの目のつき方は，シマウマの横向きの目のつき方に比べて，立体的に見える範囲が広いので，えものを追いかけるときに［ x ］ことに役立っています。

先　生：そのとおりです。今日は，ライオンとシマウマの頭の骨の標本を持ってきました。図2のPとQのうち，どちらがシマウマの頭の骨かわかりますか。

図2

P

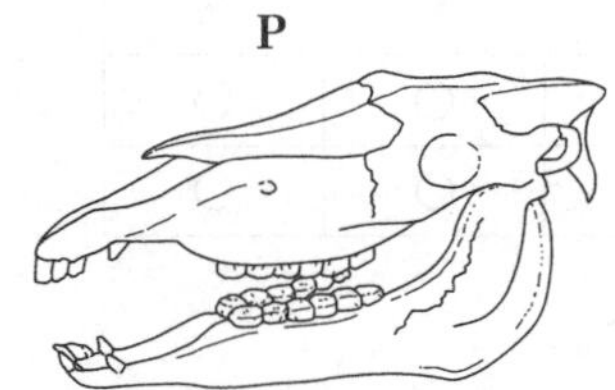

Q

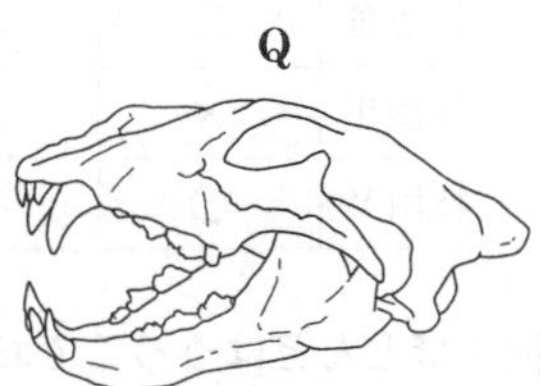

Tさん：シマウマはPだと思います。なぜなら，シマウマは，草を［ y ］ようにして食べることに適した，［ z ］が発達しており，Pにはその特徴がみられるためです。

先　生：そのとおりです。動物は，それぞれの生活のしかたに適した体のつくりをしています。それでは，他の動物でも，生活のしかたに適した体のつくりをしている例はないでしょうか。

Sさん：aヒトの腕（手と腕）は，ものをつかんだり道具を使ったりすることに適しています。一方，水中で生活しているクジラは，ヒトの腕にあたる部分がひれ（胸びれ）となっていて，泳ぐことに適した形になっています。

先　生：よいところに気がつきましたね。ところで，クジラは泳ぐことに適した体のつくりをしていますが，メダカのような魚類ではなく，ホニュウ類（哺乳類）です。それでは，クジラやメダカなどの動物を，bそれぞれの特徴によってなかま分けしてみましょう。

(1) 会話文中の［ x ］にあてはまる内容を，「距離」ということばを用いて書きなさい。

(2) 会話文中の［ y ］，［ z ］にあてはまるものの組み合わせとして最も適当なものを，次のア～エのうちから一つ選び，その符号を書きなさい。

ア　y：かみちぎる　　Z：犬　歯
イ　y：かみちぎる　　Z：臼　歯
ウ　y：すりつぶす　　Z：犬　歯
エ　y：すりつぶす　　Z：臼　歯

(3) 会話文中の下線部aのように，外形やはたらきは異なっていても，基本的なつくりが同じであり，起源は同じものであった（同じものから変化した）と考えられる器官を何というか，書きなさい。

⑷　会話文中の下線部ｂについて，**表**中の特徴Ⅰ～特徴Ⅴは，あとの**ア～オ**のいずれかであり，**表**は，メダカ，イモリ，カメ，ペンギン，クジラが，その特徴をもつ場合は○で，その特徴をもたない場合は×で，その特徴を子はもたないが親（おとな）はもつ場合は△で示したものである。特徴Ⅱ，特徴Ⅳにあてはまるものとして最も適当なものを，あとの**ア～オ**のうちからそれぞれ一つずつ選び，その符号を書きなさい。

表

	メダカ	イモリ	カ　メ	ペンギン	クジラ
特徴Ⅰ	×	×	×	×	○
特徴Ⅱ	×	×	○	○	×
特徴Ⅲ	○	×	○	×	×
特徴Ⅳ	×	△	○	○	○
特徴Ⅴ	○	○	○	○	○

ア　体の表面のほとんどはうろこでおおわれている。
イ　雌（めす）は殻（から）のある卵を産む。
ウ　肺で呼吸する。
エ　背骨（セキツイ）をもつ。
オ　胎生（たいせい）である。

3　エタノールの状態変化について調べるため，次の**実験**を行いました。これに関して，あとの⑴～⑶の問いに答えなさい。

実験

図１のように，液体のエタノールを少量入れたポリエチレンの袋をバットの中に置き，ポリエチレンの袋を密閉した。次に，**図２**のように，ポリエチレンの袋に熱い湯をかけたところ，袋が大きくふくらんだ。このとき，ポリエチレンの袋の中には，液体のエタノールは見られず，すべて気体のエタノールになった。

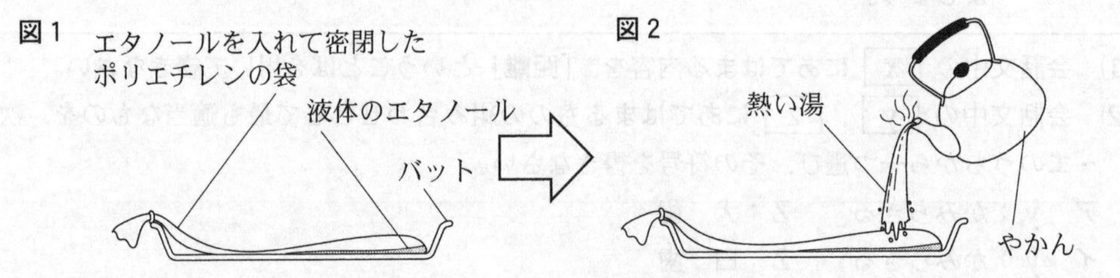

⑴　エタノールは，分子という粒子からできている物質である。分子からできている物質として適当なものを，次の**ア～オ**のうちから**すべて選び**，その符号を書きなさい。

ア　窒（ちっ）素（そ）　**イ**　塩化ナトリウム　**ウ**　二酸化炭素　**エ**　アンモニア　**オ**　銀

(2)　**実験**の下線部の状態のとき，袋の中のエタノールの粒子のようすを模式的に表したものとして最も適当なものを，次の**ア**～**エ**のうちから一つ選び，その符号を書きなさい。ただし，**図3**は，熱い湯をかける前の，袋の中のエタノールの粒子のようすを模式的に表したものである。

図3

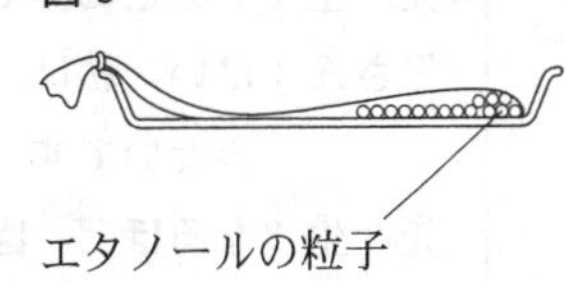

ア

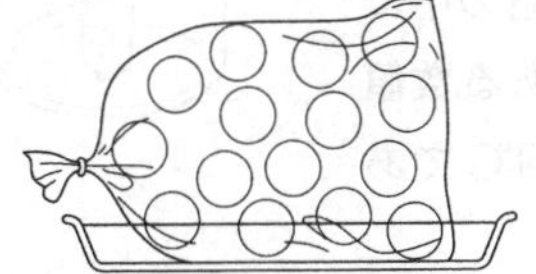

エタノールの粒子が大きくなった。

イ

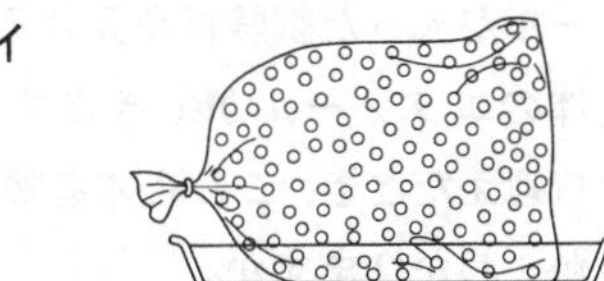

エタノールの粒子の数が増えた。

ウ

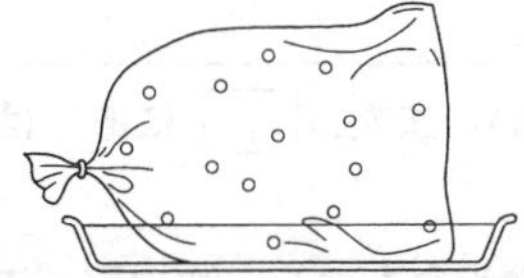

エタノールの粒子が自由に飛び回り，粒子どうしの距離が大きくなった。

エ

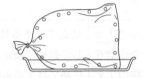

エタノールの粒子が袋のふちに移動し，袋の中心部にエタノールの粒子がなかった。

(3)　次の文章は，**実験**後のSさんたちと先生の会話である。あとの①，②の問いに答えなさい。

先　生：この**実験**の結果から，何か新たな疑問はありますか。

Sさん：液体のエタノールがすべて気体になったとき，体積が何倍になるのか知りたいです。

先　生：わかりました。それでは，次の**資料**を見てください。

資料

エタノール

・融点　－115 ℃

・沸点　78 ℃

・液体のエタノールの密度　0.79 g/cm^3　（1気圧，20 ℃のとき）

先　生：1気圧のもとで，20℃ の液体のエタノール1 cm^3を加熱して，すべて気体になったとき，その質量は，何gですか。

Sさん：**資料**にある数値から計算すると，［ x ］gです。

先　生：そうですね。それでは，この液体のエタノールが，すべて気体になったとき，その体積は何倍になるか，計算してみましょう。ただし，気体になったエタノールの温度は一定で，気体のエタノールの密度を0.0016 g/cm^3とします。

Sさん：はい。液体のエタノールがすべて気体になったとき，その体積は［ y ］倍になります。液体から気体にかわると，体積がとても大きくなるのですね。

先　生：そのとおりです。ところで，Tさんは，何か疑問に思うことはありますか。

Tさん：はい。私は，エタノールが固体になるか，調べてみたいです。

図4

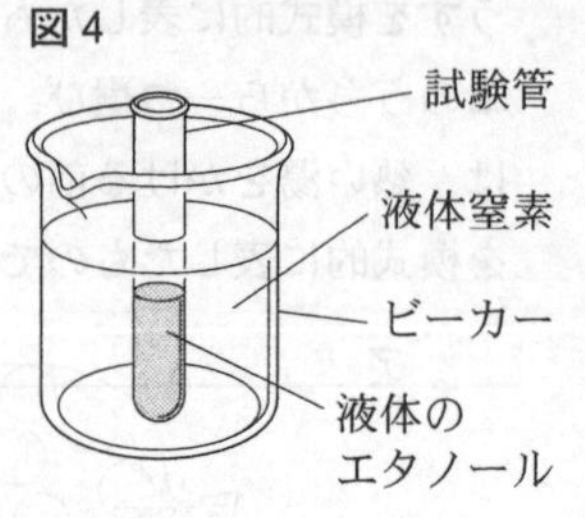

先　生：なるほど。図4のように，液体窒素（液体になった窒素）を入れたビーカーの中に，液体のエタノールが入った試験管を入れると，試験管の中に固体のエタノールができます。資料にある数値から考えたとき，この液体窒素の温度は何℃であるか，わかりますか。

Tさん：正確な液体窒素の温度はわかりませんが，［ z ］です。

先　生：そのとおりです。それでは，エタノールが，固体になることを確認してみましょう。

① 会話文中の［ x ］にあてはまる数値を書きなさい。また，［ y ］にあてはまる数値を，小数第1位を四捨五入して整数で書きなさい。

② 会話文中の［ z ］にあてはまるものとして最も適当なものを，次のア～エのうちから一つ選び，その符号を書きなさい。

ア　−115℃よりも低い　　イ　−115℃から0℃の間

ウ　0℃から78℃の間　　エ　78℃よりも高い

4　Sさんは，冬の日本付近の天気の特徴（とくちょう）について，気象衛星が撮影（さつえい）した雲画像を使って調べたことをまとめ，次の実験を行いました。これに関して，あとの(1)～(4)の問いに答えなさい。

調べたこと

・図1は，ある年の2月に気象衛星が撮影した雲画像である。

・この日は，西高東低の冬型の気圧配置であり，北西の風が日本列島にふいていた。

・この日，日本海の上には，北西の風に沿（そ）ったすじ状の雲が見られた。

図1

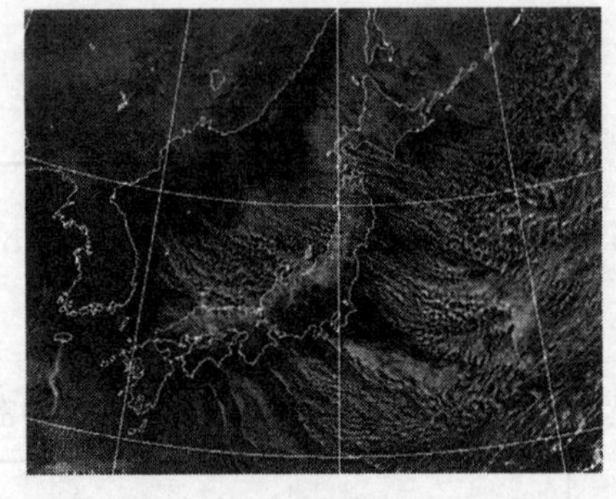

実験

図1で，日本海の上に見られたようなすじ状の雲を再現するために，Sさんは図2のような装置を用意した。箱の中からはドライアイスで冷やされた空気が出てきて，ユーラシア大陸に見立てた滑走台の上を流れていった。この空気が，日本海に見立てた容器に入った湯の上を通ったときに，すじ状の雲が発生し，白くくもって見えた。

図2

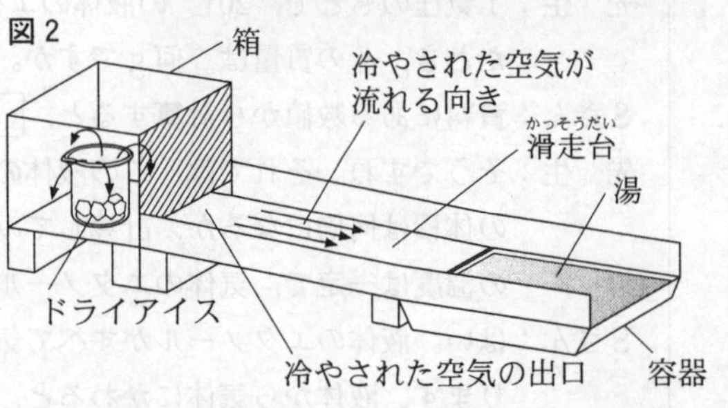

注　箱の中が見えるように，箱の側面と上面には透明な板を用いた。

(1) 冬にユーラシア大陸からふき出す空気は，日本海の上で性質が変化し，実験で再現されたようなすじ状の雲をつくる。この空気の性質の変化について説明した文として最も適当なものを，次のア～エのうちから一つ選び，その符号を書きなさい。

ア　大陸からの冷たく湿(しめ)った空気が，冷たい日本海の上で，温度のみがさらに低く変化する。

イ　大陸からの冷たく湿った空気が，日本海に水蒸気を吸収されて，乾燥した空気に変化する。

ウ　大陸からの冷たく乾燥した空気が，温かい日本海の上で，温度のみが高く変化する。

エ　大陸からの冷たく乾燥した空気が，日本海で蒸発した水蒸気を含(ふく)み，湿った空気に変化する。

(2) 次の文章は，冬にユーラシア大陸から日本列島に向かってふく北西の風について述べたものである。文章中の［m］，［n］にあてはまる最も適当なことばを書きなさい。

> 太陽から受けとる光の量が少ない冬は，大陸と海洋のうち［m］のほうがより低温になるため，ユーラシア大陸のシベリア付近に，高気圧が発達する。高気圧の中心部では，［n］気流ができ，そこからまわりにふき出した風の一部が，日本列島に向かってふく北西の風になる。

(3) 図1が撮影された日から1か月後，低気圧が発生して日本海を西から東へ進み，この低気圧の中心が図3中の×の位置にある。この低気圧は2種類の前線をともなっており，一方は×から地点Aに，他方は×から地点Bにのびている。この2種類の前線を，解答用紙の図中に，前線の記号を用いてそれぞれかきなさい。ただし，図4は，図3中のy－z，およびy'－z'における空気の断面を模式的に表しており，暖気と寒気が接しているようすがみられる。また，地点Cでは，数時間前に風向の変化と，気温の急な低下が観測された。

図3

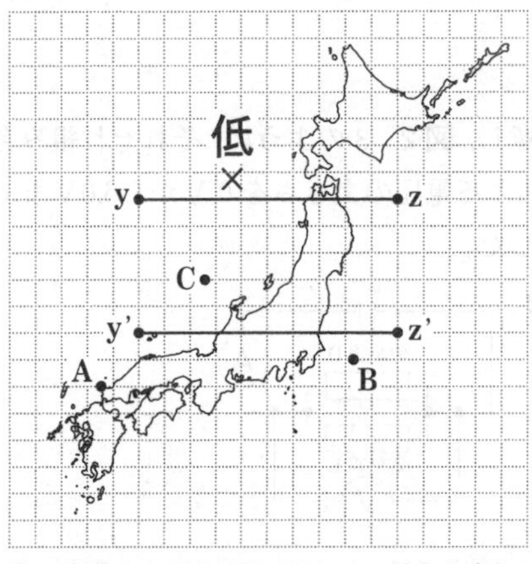

注　方眼の1目もりは100 kmの長さを表している。また，図3中のA～Cは，地点A～地点Cを表している。

図4

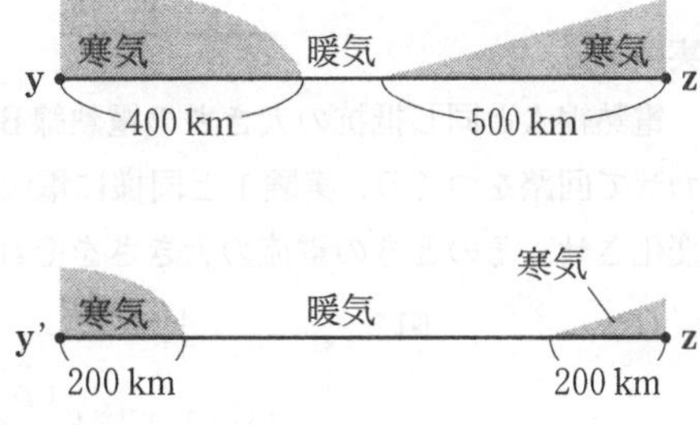

(4) 図3のとき，関東地方では，日本海にある低気圧に向かって南の風がふいていた。太平洋側の平野(へいや)で気温17℃，湿度80％であった空気のかたまりが，山の斜面に沿って上昇しながら雨を降らせ，山をこえて日本海側の平野へふき下りたとき，気温25℃，湿度30％になっていた。こ

の空気のかたまりが山をこえたときに失った水蒸気の量は，初めに含んでいた水蒸気の量の約何％か，小数第１位を四捨五入して整数で書きなさい。なお，**表**は，それぞれの気温（空気の温度）に対する飽和水蒸気量を表している。

表

気　温〔℃〕	10	11	12	13	14	15	16	17	18	19
飽和水蒸気量〔g/m^3〕	9.4	10.0	10.7	11.4	12.1	12.8	13.6	14.5	15.4	16.3

気　温〔℃〕	20	21	22	23	24	25	26	27	28	29
飽和水蒸気量〔g/m^3〕	17.3	18.3	19.4	20.6	21.8	23.1	24.4	25.8	27.2	28.8

5　電流の大きさと，電熱線の発熱について調べるため，次の**実験１～３**を行いました。これに関して，あとの(1)～(3)の問いに答えなさい。ただし，使用した電熱線Aの抵抗（電気抵抗）の大きさは3.0Ωであり，電熱線A～Fに流れる電流の大きさは，時間とともに変化しないものとします。

実験１

図１のような回路をつくり，電源装置で，電熱線Aに加える電圧の大きさを０Ｖから6.0Ｖまで変化させ，そのときの電流の大きさをそれぞれ測定した。**表**は，その結果をまとめたものである。

図１

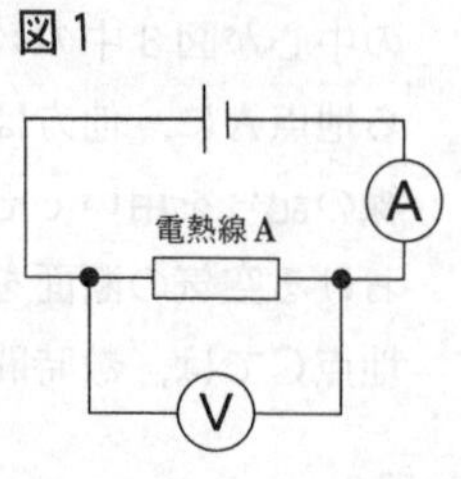

表

電圧の大きさ〔V〕	0	1.5	3.0	4.5	6.0
電流の大きさ〔A〕	0	0.50	1.0	1.5	2.0

実験２

電熱線Aと同じ抵抗の大きさの電熱線B～Eを用意し，**図２**，**３**のように，それぞれ組み合わせて回路をつくり，**実験１**と同様に電源装置で，加える電圧の大きさを０Ｖから6.0Ｖまで変化させ，そのときの電流の大きさをそれぞれ測定した。

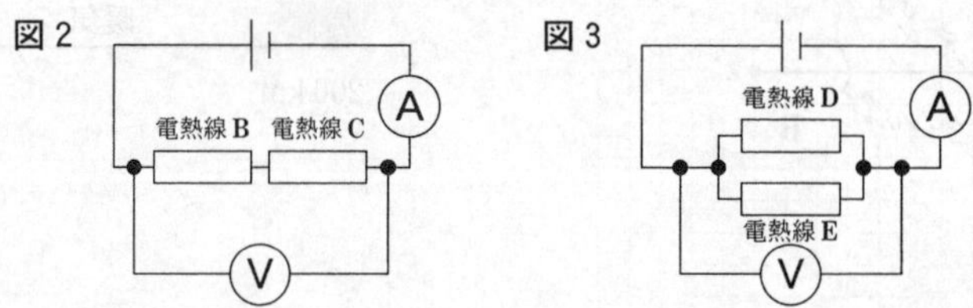

実験３

①　**図４**のように，**実験１**で用いた電熱線Aを用いて回路をつくり，発泡ポリスチレンのコップに水100ｇを入れてしばらく放置した。その後，スイッチを入れ，電源装置の電圧を6.0Ｖに固定して水の温度を測定した。

②　電熱線Aと抵抗の大きさが異なる電熱線Fを用意し，①の回路の電熱線Aを電熱線Fにかえて，①と同様に発泡ポリスチレンのコップに水100ｇを入れてしばらく放置した。

その後，スイッチを入れ，電源装置の電圧を6.0Vに固定して水の温度を測定した。

図5は，①，②のときの電流を流した時間と水の上昇温度をそれぞれ記録したものであり，**図5**中の軸の目もりは省略してある。ただし，水をゆっくりかき混ぜながら，水の温度を測定し，水中では場所による水の温度の違い(ちが)がないものとする。

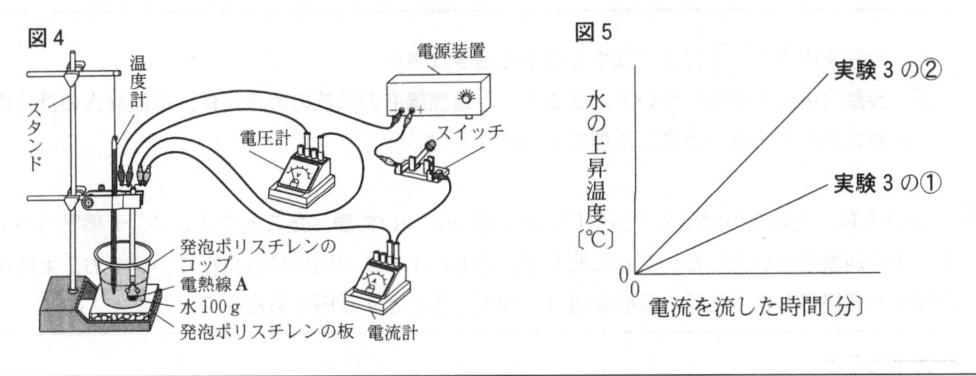

(1) **実験1**で，表のように，電熱線Aを流れる電流の大きさは，電熱線Aに加える電圧の大きさに比例することがわかる。この関係を表す法則を何というか，書きなさい。

(2) **図6**は，電源装置の電圧の大きさと，回路全体を流れる電流の大きさの関係を示したグラフである。**実験2**の**図2**，**3**の回路における結果を示したグラフとして最も適当なものを，**図6**中の**ア**～**エ**のうちからそれぞれ一つずつ選び，その符号を書きなさい。

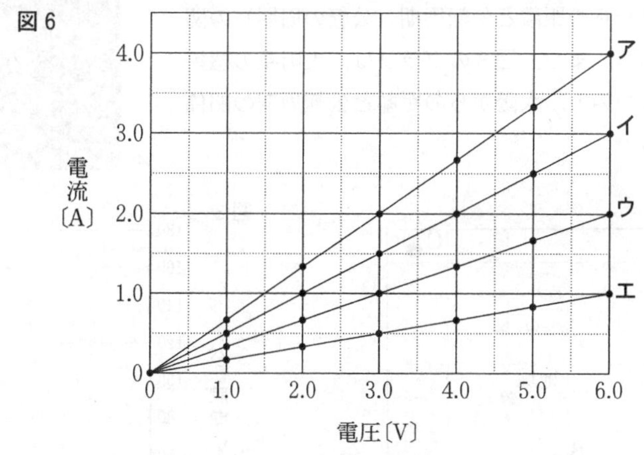

(3) 次の文章は，**実験3**についてのSさんと先生の会話である。あとの(a)，(b)の問いに答えなさい。

> Sさん：**実験3**の①で，電熱線Aに電流を5分間流したときに，電流によって発生する熱量を計算したところ，［　　］Jであることがわかりました。
>
> 先　生：そうですね。それでは，**実験3**の①と②の結果を比べると，どのような違いがありますか。
>
> Sさん：図5から，水の質量が同じとき，電流を流した時間が同じであれば，**実験3**の②で発生する熱量は，**実験3**の①で発生する熱量に比べて大きいことがわかります。

先　生：そうですね。
Sさん：このことから，電熱線Fの抵抗の大きさは，電熱線Aの抵抗の大きさに比べて小さいと考えることができます。
先　生：そのとおりです。

(a) 会話文中の □ にあてはまる数値を書きなさい。
(b) 会話文中の下線部について，Sさんが，電熱線Fの抵抗の大きさは，電熱線Aの抵抗の大きさに比べて小さいと考えた理由を書きなさい。

6 Sさんは，太陽系の惑星(わくせい)A～惑星Gおよび地球について調べたことをまとめ，千葉県内の地点Pで次の観察を行いました。これに関して，あとの(1)～(4)の問いに答えなさい。なお，太陽系の惑星A～惑星Gおよび地球の公転軌道(きどう)は，太陽を中心とする円であるものとします。

調べたこと

・太陽系の惑星は地球を含(ふく)めて８つあり，それぞれほぼ同じ平面上で，同じ向きに太陽のまわりを公転している。
・近年の探査(たんさ)によって，惑星Cの表面には，図１のような丸みを帯びたれきが見つかっている。
・図２のグラフは，太陽系の惑星A～惑星Cおよび地球について，太陽からの距離(きょり)と公転周期（公転の周期）の関係を示している。また，図３のグラフは，太陽系の惑星D～惑星Gについて，太陽からの距離と公転周期の関係を示している。

図１

図２

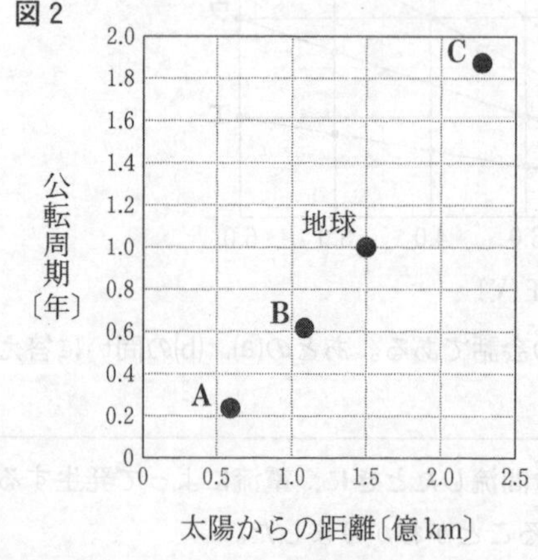

図３

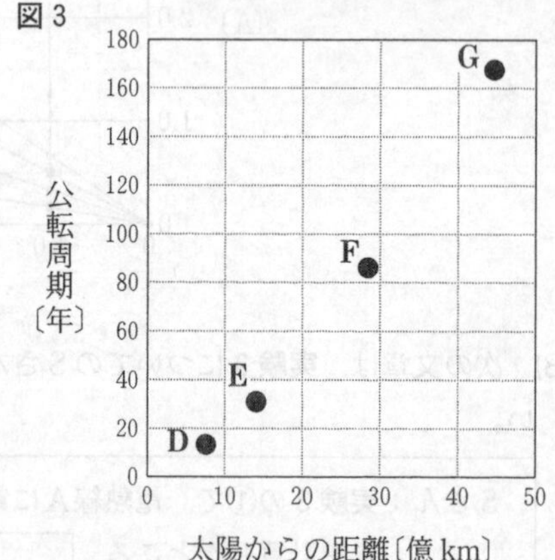

注　図２，３中のA～Gは，惑星A～惑星Gを表している。

観察

図４は，ある日の太陽，地球，惑星B，惑星Cの位置関係を，北極側から見て模式的に表したものである。Sさんはこの日に千葉県内の地点Pで，天体望遠鏡を使って惑星Bを観察

した。この天体望遠鏡は，見える像の上下左右が逆になっていたので，惑星Bの像をスケッチしたあと，スケッチを肉眼（にくがん）で見たときの向きに直した。

また，この日から半年後，地点Pからは惑星B，惑星Cを同じ日のうちに観察することができた。

図4

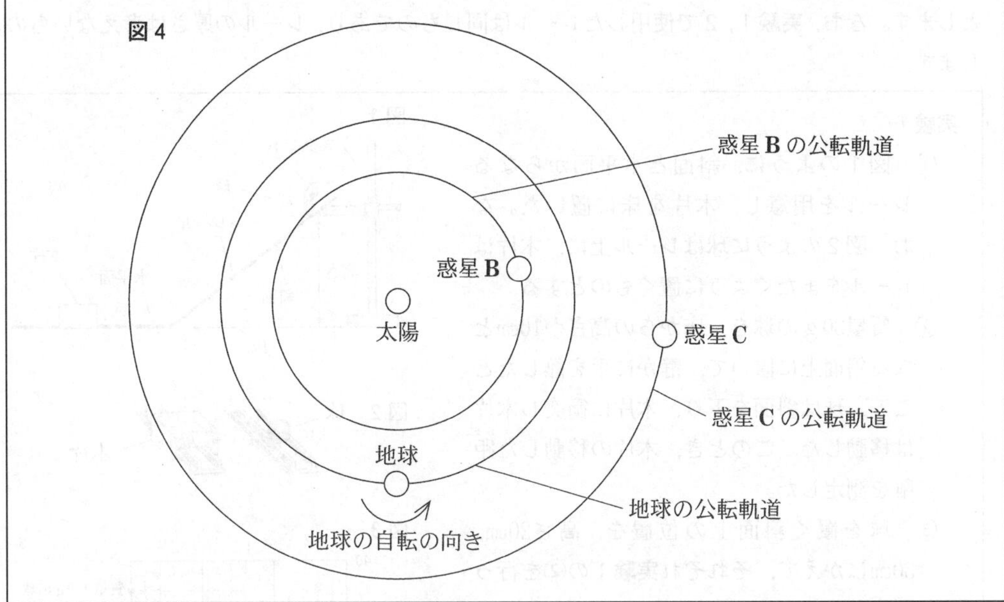

(1) 図1のような，丸みを帯びたれきが見つかったことなどから，かつての惑星Cの表面には現在の地球のような環境があった可能性が考えられている。現在の地球において，角がとれて丸みを帯びたれきは，何のはたらきで，どのようにしてつくられるか，**30字以内**（句読点を含む。）で書きなさい。

(2) 図2，3中で，水星，土星を示しているものはそれぞれどれか。図2，3中の惑星A～惑星Gのうちから最も適当なものをそれぞれ一つずつ選び，書きなさい。

(3) 地球，太陽，惑星B，惑星Cの位置関係が図4のようになっていた日における，地点Pから見た惑星Bの見かけの形（見え方）はどれか。次の**ア**～**エ**のうちから最も適当なものを一つ選び，その符号を書きなさい。なお，**ア**～**エ**の形は，惑星Bの像を肉眼で見た場合の向きに直したものである。

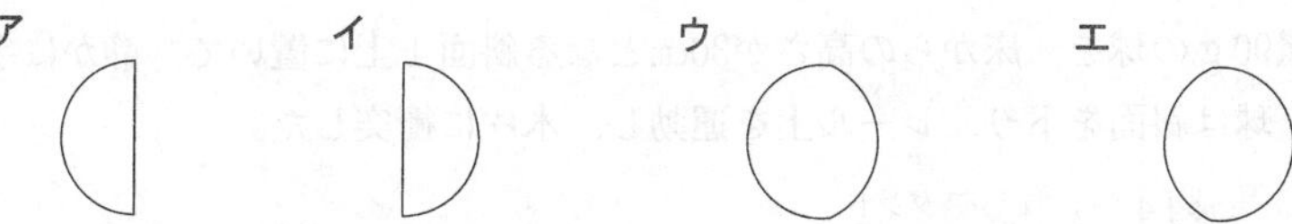

(4) 太陽，地球，惑星B，惑星Cの位置関係が図4のようになっていた日から半年後に，地点Pから惑星B，惑星Cがそれぞれ観察できた時間帯や方位について述べたものとして最も適当なものを，次の**ア**～**オ**のうちからそれぞれ一つずつ選び，その符号を書きなさい。

ア　明け方の西の空でのみ観察できた。　**イ**　夕方の西の空でのみ観察できた。

ウ　明け方の東の空でのみ観察できた。　**エ**　夕方の東の空でのみ観察できた。

オ　ほぼ一晩中見ることができ，真夜中は南の空で観察できた。

7　球の運動について調べるため，次の**実験１，２**を行いました。これに関して，あとの(1)～(4)の問いに答えなさい。ただし，各斜面(しゃめん)と各水平面はなめらかにつながっていて，球はレールから離(はな)れることなく運動するものとし，高さの基準は床(ゆか)とします。また，球とレールの間の摩擦(まさつ)や空気による抵抗(ていこう)はないものとしますが，木片と床，木片と台の間にはそれぞれ摩擦力がはたらくものとします。なお，**実験１，２**で使用したレールは同じものであり，レールの厚さは考えないものとします。

実験１

① **図１**のように，斜面と水平面からなるレールを用意し，木片を床に置いた。なお，**図２**のように球はレール上に，木片はレールをまたぐように置くものとする。

② 質量30ｇの球を，床からの高さが10㎝となる斜面上に置いて，静かに手を離したところ，球は斜面を下(くだ)り，木片に衝突(しょうとつ)し木片は移動した。このとき，木片の移動した距離(きょり)を測定した。

③ 球を置く斜面上の位置を，高さ20㎝，30㎝にかえて，それぞれ**実験１**の②を行った。

④ 球を質量60ｇ，120ｇの球にかえて，それぞれ**実験１**の②，③を行った。

球の質量，球を置く高さ，木片の移動した距離の関係をグラフにまとめたところ，**図３**のような直線になった。

図１

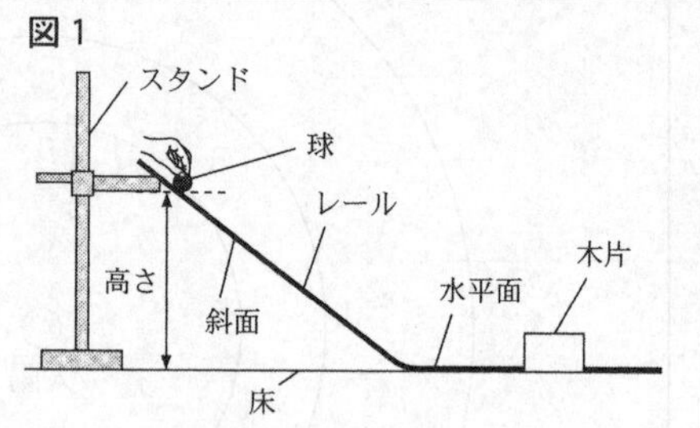

図２

図３

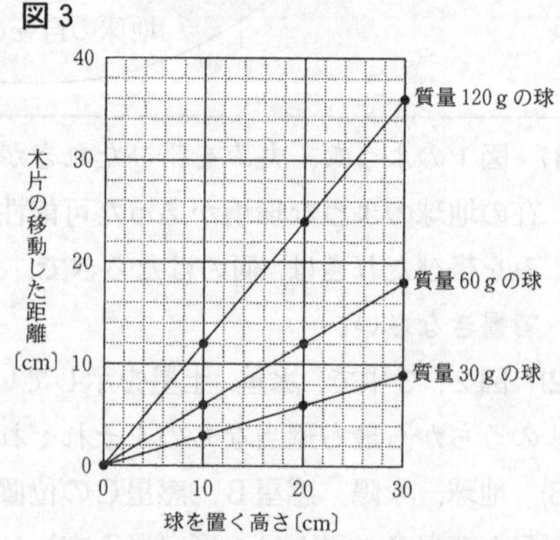

実験２

① **図４**のように，斜面１，２と水平面１，２からなるレールと台を用意し，**実験１**で使用したものと同じ木片を，レールをまたぐように台に置いた。なお，水平面２は，床からの高さが10㎝である。

② 質量90ｇの球を，床からの高さが30㎝となる斜面１上に置いて，静かに手を離したところ，球は斜面を下り，レール上を運動し，木片に衝突した。

図４

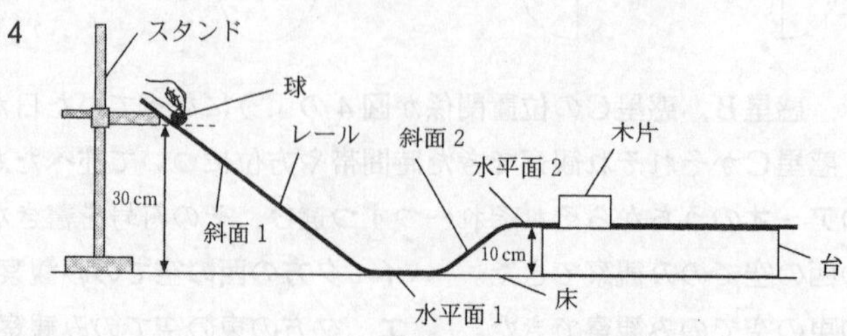

⑴　**実験1**で，球が斜面上を運動しているとき，球にはたらく重力の向きとして最も適当なものを，次の**ア**～**エ**のうちから一つ選び，その符号を書きなさい。ただし，矢印は力の大きさと向きを表している。

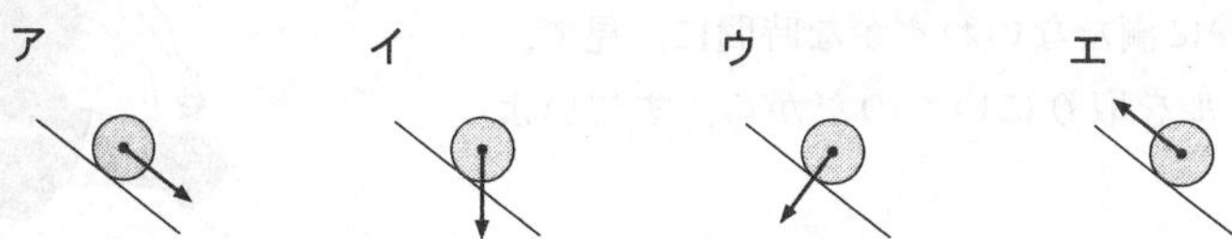

⑵　次の文章は，**実験1**について説明したものである。文章中の x にあてはまる適当なことばを書きなさい。また， y にあてはまる数値を書きなさい。

> **図3**から，木片の移動した距離は，球を置く高さが高いほど，また，球の質量が大きいほど x 。さらに，**図3**から，木片の移動した距離は，球を置く高さ，球の質量にそれぞれ比例していると読み取れることから，球を置く高さが25㎝，球の質量が60ｇのとき，木片の移動する距離は y ㎝である。

⑶　**図5**は，**実験2**のようすを模式的に表したものである。ただし，**図5**において，球を置いた位置をA，斜面1を下り終えた位置をB，斜面2を上り始めた位置をC，斜面2を上り終えた位置をD，木片に衝突した位置をEとする。なお，**図6**は，A～Eにおける球の位置を横軸上にそれぞれa～eと置きかえて示しており，Aでの球の位置エネルギーを3，水平面1上での球の位置エネルギーを0として，球がレール上を運動し，木片に衝突するまでの位置エネルギーの変化を表したグラフである。このとき，球がレール上をA～Eまで運動する際の運動エネルギーの変化を，解答用紙の図中に実線でかきなさい。

図5

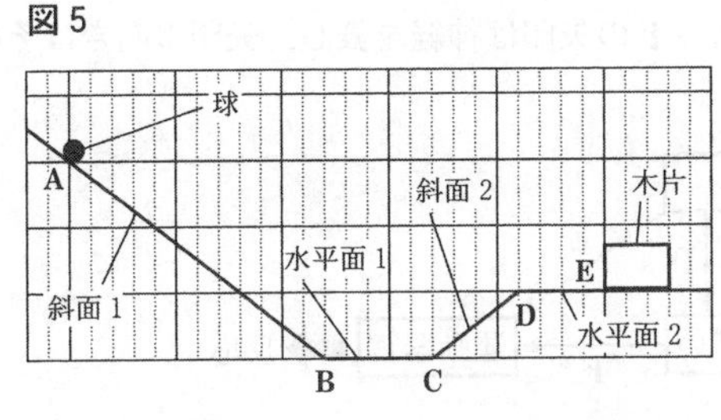

図6

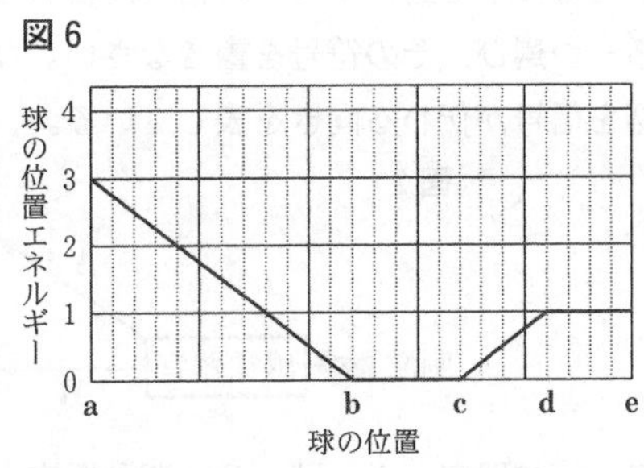

⑷　**実験2**の②で，木片の移動した距離は何㎝か，書きなさい。

8　Sさんたちは，オリンピックを観戦し，刺激に対するヒトの反応について興味を持ちました。これに関する先生との会話文を読んで，あとの⑴～⑷の問いに答えなさい。

> Sさん：先生，私は昨日，バレーボール競技をテレビで見ました。次のページの**図1**のように，とても速いボールをレシーブできるなんて，すごいですね。
>
> Tさん：技術がすばらしいだけでなく，a <u>打たれたボールを目で見てから，かまえるために手を動かすまでの反応</u>が速いからレシーブできるのですね。
>
> 先　生：そうですね。この場合は，目に入ってきた光を刺激として受けとり，その刺激は，

神経を伝わる信号に変えられ，神経を通じて脳に信号が伝えられます。脳はその信号を受けとり，神経を通じて手を動かすという信号を送り出しているのです。

図1

Sさん：選手たちは，1秒に満たないわずかな時間に，見て，判断して，ボールを取りにいくのだから，すごいよね。

Tさん：きたえられている選手たちは，b筋肉も発達しているし，私たちとは違うのかな。

先　生：選手たちのようにきたえられていなくても，SさんやTさんにも備わっている，もっと速い反応がありますよ。

Sさん：選手ではない私たちでも，刺激を受けてから，速く反応できるものがあるということですか。

先　生：そうです。例えば，cうっかり熱いものに触れてしまったときに，思わず手を引っ込めたことはありませんか。

Tさん：あります。熱いと感じるより前に手を引っ込めてしまいました。

先　生：そうです。これは，無意識に（意識とは関係なく）起こる反応です。dこの無意識に起こる反応は，意識して起こす反応に比べて，刺激を受けてから反応するまでの時間が短いのです。

⑴　会話文中の下線部aについて，図2は，ヒトが刺激を受けてから反応するまでに信号が伝わる経路を模式的に表したものである。図2において，打たれたボールを目で見てから，かまえるために手を動かすまでの信号が伝わる経路として最も適当なものを，あとのア～エのうちから一つ選び，その符号を書きなさい。なお，A～Fの矢印は神経を表し，矢印の向きはその神経を信号が伝わる向きを表している。

図2

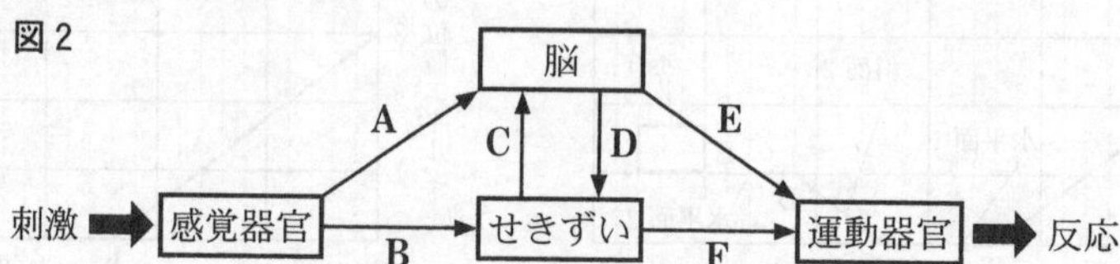

ア　感覚器官→A→脳→E→運動器官

イ　感覚器官→A→脳→D→せきずい→F→運動器官

ウ　感覚器官→B→せきずい→C→脳→E→運動器官

エ　感覚器官→B→せきずい→C→脳→D→せきずい→F→運動器官

⑵　会話文中の下線部bについて，ヒトの腕は，筋肉のはたらきによって，関節の部分で曲げたりのばしたりすることができる。図3のように，右腕を曲げるとき，縮む筋肉の両端のけんは，骨のどの部分についているか。図3中のア～エのうちから最も適当なものを一つ選び，その符号を書きなさい。ただし，図3は，ヒトの右肩と右腕の骨を模式的に表したものである。

図3

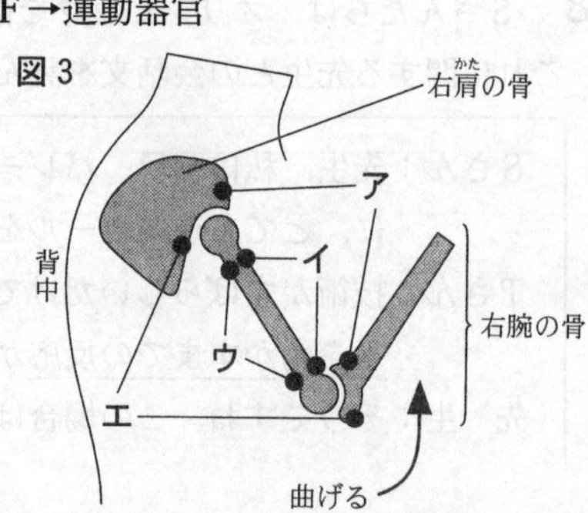

⑶　会話文中の下線部cのように，無意識に起こる反応を何というか，書きなさい。また，無意識に起こる反応の例として適当なものを，次の**ア**～**オ**のうちから**すべて選び**，その符号を書きなさい。

ア　握手(あくしゅ)をしたとき，急に強く握(にぎ)られたので，すぐに握り返した。

イ　食物を口に入れると，唾液(だえき)が出てきた。

ウ　暗いところから明るいところに移動したら，瞳(ひとみ)の大きさが小さくなった。

エ　不意に目の前に虫が飛んできたから，よけるためにすばやく体を反(そ)らした。

オ　とつぜん「危ない」という声が聞こえて，とっさに手で頭をおおった。

⑷　会話文中の下線部dについて，刺激を受けてから反応するまでの時間が短いのはなぜか。その理由を，「**せきずい**」ということばを用いて書きなさい。

9　Sさんは，ダニエル電池について調べるため，次の**実験**を行いました。これに関する先生との会話文を読んで，あとの⑴～⑷の問いに答えなさい。

実験

①　セロハンで仕切ったビーカーの一方に硫酸亜鉛水溶液50cm^{3}を，他方に硫酸銅水溶液50cm^{3}を入れた。

②　硫酸亜鉛水溶液中に亜鉛板を，硫酸銅水溶液中に銅板を，それぞれ入れて，電池を組み立てた。

③　**図**のように，電池の亜鉛板，銅板にそれぞれ導線をつけて，プロペラ付きモーターをつなぐと，モーターが回転し，プロペラが回った。その後，しばらくモーターを回転し続けたところ，青色の硫酸銅水溶液の色がうすくなった。

図

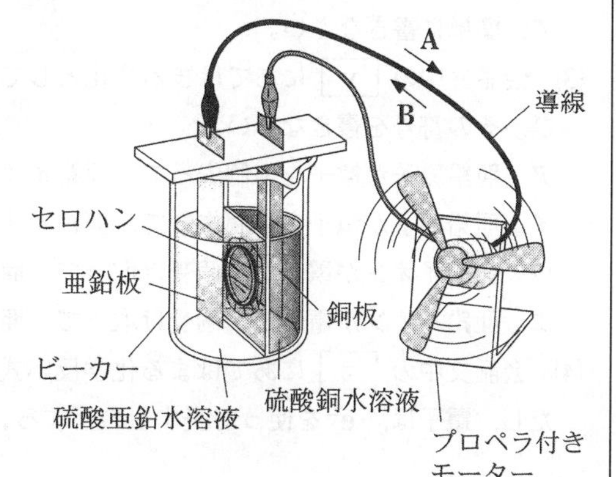

先　生：モーターが回転しているとき，この電池に流れている電流の向きはわかりますか。

Sさん：はい。電流の向きを示している矢印は，図中の［ w ］ですね。そして，このとき，＋(プラス)極は，［ x ］です。

先　生：そのとおりです。

Sさん：ところで，この**実験**の電池で，セロハンは，どのような役割を果たしているのですか。

先　生：セロハンは，硫酸亜鉛水溶液と硫酸銅水溶液が簡単に混ざり合わないようにし，<u>亜鉛板と硫酸銅水溶液が直接反応する</u>ことを防いでいるのです。

Sさん：仕切られていないと，亜鉛板と硫酸銅水溶液が直接反応してしまい，その結果，電池のはたらきをしなくなってしまいますね。

先　生：そのとおりです。さらに，セロハンには，ほかにも役割があります。モーターが回転しているとき，それぞれの水溶液中での陽イオンの数の変化を，考えてみましょう。

Sさん：はい。硫酸亜鉛水溶液中では，[y]しています。また，硫酸銅水溶液中の銅板で起こっている化学変化を化学反応式で表すと，[z]であり，水溶液中の陽イオンが減少しています。

先　生：そのとおりです。その結果，このまま反応が進むと，電子が移動しにくくなり，電池のはたらきが低下してしまうのですが，セロハンを通ってイオンが移動することで，電池のはたらきが低下するのを防いでいるのです。

Sさん：セロハンは，大切な役割をしているのですね。

(1) 会話文中の[w]，[x]にあてはまるものの組み合わせとして最も適当なものを，次のア～エのうちから一つ選び，その符号を書きなさい。

ア　w：A　　x：亜鉛板
イ　w：A　　x：銅　板
ウ　w：B　　x：亜鉛板
エ　w：B　　x：銅　板

(2) 会話文中の下線部について，亜鉛板を硫酸銅水溶液に入れると，亜鉛板に銅が付着するようすが見られる。このことからわかる，亜鉛と銅を比べたときのイオンへのなりやすさについて，簡単に書きなさい。

(3) 会話文中の[y]にあてはまる変化として最も適当なものを，次のア～エのうちから一つ選び，その符号を書きなさい。

ア　亜鉛原子が電子を１個失って，亜鉛イオンになり，水溶液中の陽イオンが増加
イ　亜鉛原子が電子を２個失って，亜鉛イオンになり，水溶液中の陽イオンが増加
ウ　亜鉛イオンが電子を１個受け取って，亜鉛原子になり，水溶液中の陽イオンが減少
エ　亜鉛イオンが電子を２個受け取って，亜鉛原子になり，水溶液中の陽イオンが減少

(4) 会話文中の[z]にあてはまる化学反応式を，イオンを表す化学式を用いて書きなさい。ただし，電子は，e^-を使って表すものとする。

＜社会＞

時間　50分　満点　100点

1　次の会話文は，社会科の授業で，先生とたくやさんたちが，あとの**資料1**を見ながら『豊かさ』について話し合っている場面の一部である。これに関して，次のページの(1)～(4)の問いに答えなさい。

先　生：今日は，国の『豊かさ』について考えたいと思います。まずは，**資料1**を読み，カザフスタン，カタール，ギリシア，ニュージーランド及びベトナムの5か国の特徴について話し合ってください。

たくや：カザフスタンは，国土面積が世界第9位であり，a鉱産資源が豊富な国なんだね。

さくら：カタールが位置するアラビア半島には，砂漠が広がっているよね。

まさと：ベトナムが加盟しているbASEANは，東南アジア地域内の発展や協力を目ざして設立された，と授業で学習したよ。

さちこ：cヨーロッパの国から独立した国が，いくつかあるね。

たくや：先生，質問です。先生は，なぜ，この5か国を選んだのですか。

先　生：d国民総所得という，国の『豊かさ』を表す指標があります。2019年における5か国の国民総所得の差が，比較的小さかったので，これらの国を選びました。

たくや：そうなのですね。しかし，**資料1**を見ると，各国の位置，国土の様子，産業，歴史などに，かなり違いがみられます。これだけ違いがあると，人々の生活様式，価値観，文化も異なっているのではないかと思われます。これらの点を考えずに，この5か国は，国民総所得が同じくらいだから，『豊かさ』も同じくらいであると単純に考えてよいのでしょうか。

先　生：よいところに気がつきました。国民総所得は，国の経済的な『豊かさ』を表す指標としてよく使われています。しかし，近年は『豊かさ』を経済面だけではなく，さまざまな視点から考えようという動きがみられます。例えば，2011年に，経済協力開発機構

資料1　カザフスタン，カタール，ギリシア，ニュージーランド及びベトナムについての説明

カザフスタン	中央アジアに位置する内陸国。世界第9位の国土面積をもち，北部には肥沃(ひよく)な土壌が広がる。1991年に旧ソ連から独立。石炭，鉄鉱石などの鉱産資源が豊富。
カタール	アラビア半島に位置する国。日中の最高気温が50℃近くに達する日がある。1971年にイギリスから独立。天然ガスの埋蔵量は世界第3位(2021年)。
ギリシア	バルカン半島南東部に位置する国。2009年に表面化した財政危機は，EU経済全体に打撃を与えた。失業率は9.6％(2009年)から25.0％(2015年)に悪化。
ニュージーランド	南太平洋の南西部に位置する国。北島，南島及び周辺の島々から構成される。1947年にイギリスから独立。羊毛の生産量は世界第3位(2019年)。
ベトナム	インドシナ半島に位置する南北に細長い国。南北に分かれた内戦のあと，1976年に統一。1995年にASEANに加盟。コーヒー豆の生産量は世界第2位(2019年)。

(「世界国勢図会 2021/22」などより作成)

（OECD）から，各国の「健康」，「環境」，「雇用」など11項目から算出した「よりよい暮らし指標」という，新しい『豊かさ』に関する指標が出されています。このあと，『豊かさ』について，さらに考えを深めていきましょう。

(1) 会話文中の下線部aに関連して，次の文章は，鉱産資源について述べたものである。文章中と表中の □ に共通してあてはまる適当な語を書きなさい。

> 私たちは，便利で『豊かな』生活を送るために，さまざまな鉱産資源を，エネルギー源や工業製品の原料として活用している。
>
> 右の表は，鉱産資源の一つである □ の生産量上位5か国とその割合を示している。

順位	国名	□ の生産量の割合(%)(2020年)
1位	アメリカ合衆国	15.1
2位	ロシア	13.7
3位	サウジアラビア	12.3
4位	カナダ	5.5
5位	イラク	5.4

（「世界国勢図会 2021/22」より作成）

(2) 会話文中の下線部bに関連して，次の文章は，特定の地域で複数の国がまとまり，加盟国の『経済的な発展』を目ざす動きについて述べたものである。文章中の □ にあてはまる語として最も適当なものを，あとのア～エのうちから一つ選び，その符号を書きなさい。

> アジア・太平洋地域の経済的な結びつきを高めようと □ が1989年に設立された。2021年現在，オーストラリア，タイ，中国，日本，アメリカなど21の国と地域が加盟している。

ア USMCA　イ AU　ウ APEC　エ MERCOSUR

(3) 会話文中の下線部cに関連して，次のア～ウの文は，『富』を求めて海外に積極的に進出した15世紀後半から19世紀にかけてのヨーロッパに関することがらについて述べたものである。ア～ウを年代の古いものから順に並べ，その符号を書きなさい。

ア オランダは，アジアの国々との貿易の発展などを目的に，東インド会社を設立した。

イ インドなどのアジアを目ざしたコロンブスは，スペインの援助を受け，大西洋を横断した。

ウ イギリスは，清との間に起こったアヘン戦争に勝利した。

(4) 会話文中の下線部dに関連して，次の資料2と資料3中のA～Eは，カザフスタン，カタール，ギリシア，ニュージーランド及びベトナムのいずれかの国を示している。資料1～資料3

資料2　A～Eの2000年～2019年の国民総所得の推移

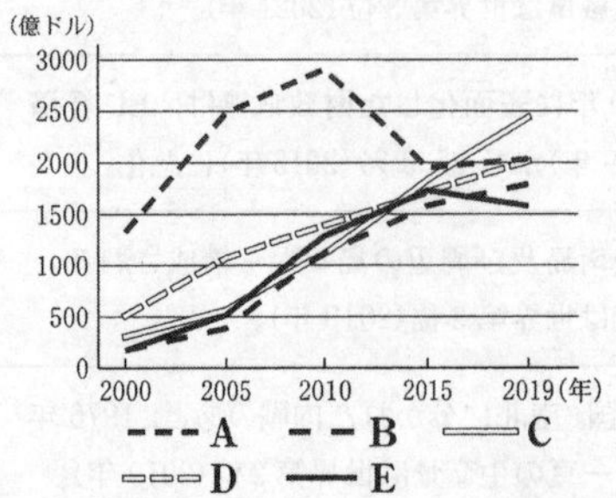

（「国連統計部ホームページ」より作成）

資料3　A～Eの国土面積，小麦の生産量，米の生産量及び牧場・牧草地の面積

国名	国土面積（万 km²）	小麦の生産量（万 t）	米の生産量（万 t）	牧場・牧草地の面積（万 ha）
A	13.2	97.9	22.1	288.2
B	1.2	0.0001	—	5.0
C	33.1	—	4344.9	64.2
D	26.8	39.8	—	990.9
E	272.5	1129.7	56.1	18615.6

（注）・国土面積，小麦の生産量，米の生産量は2019年のものである。牧場・牧草地の面積は2018年のものである。
・「—」は皆無，または定義上該当数値がないものである。

（「世界国勢図会 2021/22」より作成）

を参考に，AとDが示す国として最も適当なものを，あとのア～オのうちからそれぞれ一つずつ選び，その符号を書きなさい。

ア　カザフスタン　　イ　カタール　　ウ　ギリシア
エ　ニュージーランド　　オ　ベトナム

2　はるさんたちは，日本を北海道，東北，関東，中部，近畿，中国・四国及び九州の７地方に区分した次の図を使って学習した。これに関して，あとの(1)～(4)の問いに答えなさい。

(1)　次の文章は，はるさんたちが，図を見ながら話し合っている場面の一部である。文章中の［Ⅰ］にあてはまる最も適当なものを，あとのア～エのうちから一つ選び，その符号を書きなさい。また，［Ⅱ］にあてはまる県庁所在地名を**漢字**で書きなさい。

> はる：私は，長野県，福島県，新潟県，群馬県に行ったことがあるよ。
> もも：その４つの県のうち［Ⅰ］は，７地方区分の同じ地方に属しているね。
> はな：長野県，福島県，新潟県，群馬県の県庁所在地のうち，県名と異なる県庁所在地はあるかな。
> とし：それは，［Ⅱ］市だね。

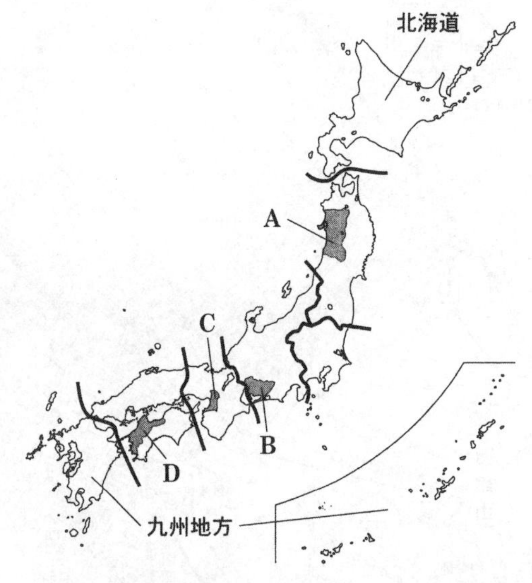

ア　長野県と群馬県　　イ　福島県と新潟県　　ウ　群馬県と福島県　　エ　新潟県と長野県

(2)　次の文章は，としさんが，**九州地方**の様子についてまとめたレポートの一部である。文章中の［　］に共通してあてはまる適当な語を書きなさい。

> 九州地方には，多くの火山があります。それらの火山活動により，温泉などの観光資源や再生可能エネルギーの１つである［　］による発電などの，めぐみがもたらされています。右の写真は，大分県九重町（ここのえまち）にある，日本最大級の［　］発電所です。

(3) 次の表は，はなさんが，7地方区分から一つずつ道府県を選び，人口と農業産出額をまとめたものである。表中の**ア**～**エ**は，図中のA～Dの府県のいずれかである。図中のBとDを示す最も適当なものを，表中の**ア**～**エ**のうちからそれぞれ一つずつ選び，その符号を書きなさい。

道府県名	人口(2019年)(千人)	農業産出額(2018年)(億円)					
		米	野菜	果実	花き	肉用牛	乳用牛
北海道	5,250	1,122	2,271	54	131	1,016	5,026
ア	966	1,036	308	72	31	62	32
鹿児島県	1,602	211	556	106	122	1,266	112
イ	1,339	168	201	530	28	26	42
ウ	7,552	296	1,125	202	543	113	223
千葉県	6,259	728	1,546	157	193	98	274
エ	8,809	73	150	67	17	2	13

(注) 花き：切花や鉢花などの鑑賞用の植物

(「データで見る県勢 2021 年版」より作成)

(4) 次の地形図は，図中の**北海道**のある地域を示したものである。これを見て，あとの①，②の問いに答えなさい。

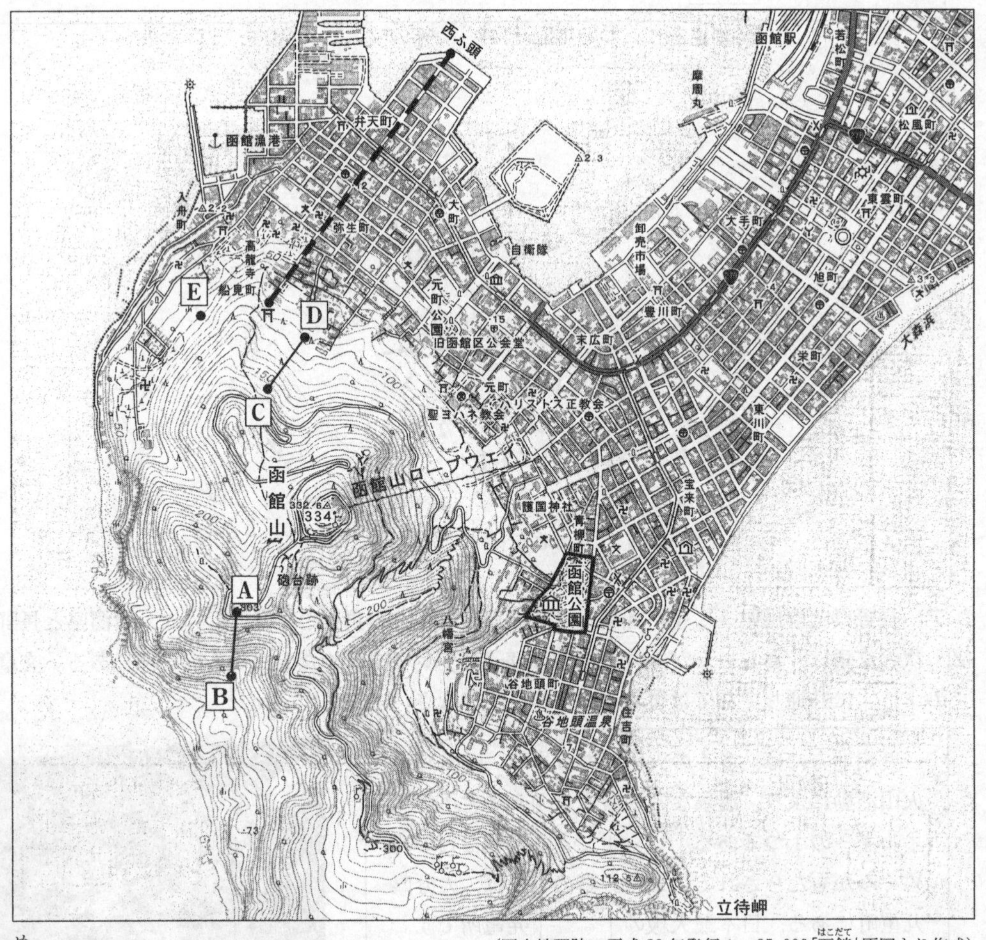

(国土地理院 平成28年発行1：25,000「函館」原図より作成)

めもり 0 5cm

(地形図は編集の都合で85%に縮小してあります。)

① 次の**資料**は，ももさんが，地形図から読み取ったことがらをまとめたレポートの一部である。**資料**中の下線部**ア**～**エ**のうち，内容が**誤っているもの**を一つ選び，その符号を書きなさい。

資料　ももさんがまとめたレポートの一部

斜面の傾斜(けいしゃ)	ア **A—B**間よりも**C—D**間の方が傾斜が緩やかです。
函館山周辺の観光地	イ ━━ で囲んだ函館公園の敷地(しきち)内には，博物館があります。
	ウ 函館山の山頂から見てほぼ南東の方向に立待岬(たちまちみさき)があります。
山頂との標高差	エ 函館山の山頂と地点Ｅとの標高差は300 m以上あります。

② 地形図中の●━ ━ ━●線は，西ふ頭(にしとう)から函館山のふもとの神社までの経路を示したものである。この経路の距離は約何mか。実際の距離として最も適当なものを，次の**ア**～**エ**のうちから一つ選び，その符号を書きなさい。

ア　約500m　　**イ**　約1,250m　　**ウ**　約1,750m　　**エ**　約2,500m

3　ともこさんたちは，次の緯線と経線が直角に交わる地図を使って，世界の国々の様子について学習した。これに関して，あとの(1)～(5)の問いに答えなさい。

緯線と経線が直角に交わる地図(緯線・経線の間隔はどちらも15度である。)

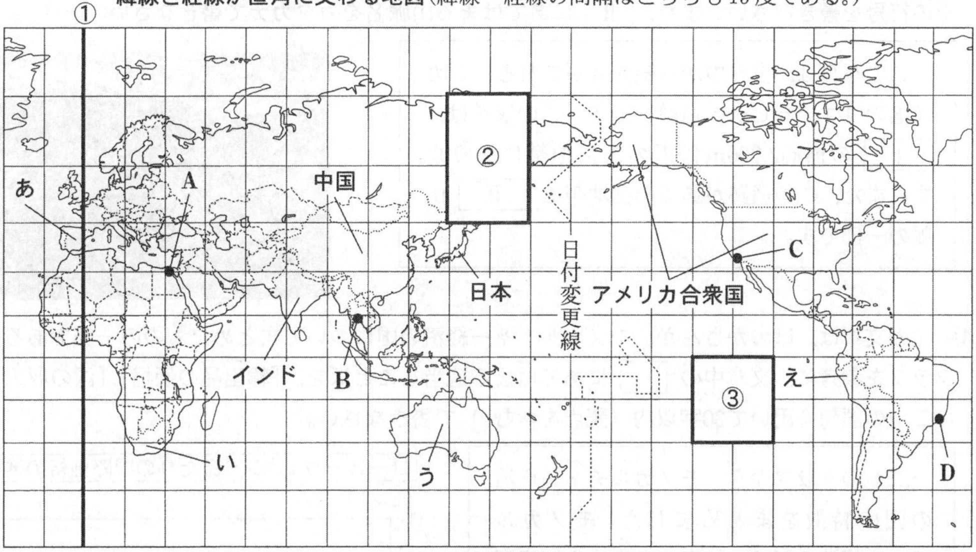

(注)　島等は省略したものもある。また，国境に一部未確定部分がある。

(1) 次の文章は，ともこさんが，上の地図の特徴についてまとめたレポートの一部である。文章中の [I]，[II] にあてはまるものの組み合わせとして最も適当なものを，次のページの**ア**～**エ**のうちから一つ選び，その符号を書きなさい。

> この地図は，緯線と経線が直角に交わる地図で，緯線と経線は，15度ずつの間隔で引かれています。地図上の経度０度を示す経線①を [I] と呼びます。また，地図上の [②] で示した場所の実際の面積は，地図上の [③] で示した場所の実際の面積 [II] です。

ア　Ⅰ：本初子午線　Ⅱ：よりも狭い　　イ　Ⅰ：本初子午線　Ⅱ：と同じ
ウ　Ⅰ：赤道　　　　Ⅱ：と同じ　　　　エ　Ⅰ：赤道　　　　Ⅱ：よりも狭い

(2)　次の**資料**は，社会科の授業で，さとみさんが，外国で暮らしているゆうとさんとタブレットを使ってオンラインでやり取りをしている様子を表したものである。地図中のA～Dは，それぞれカイロ，バンコク，リオデジャネイロ及びロサンゼルスのいずれかの都市を示している。A～Dのうち，ゆうとさんが暮らしている都市はどれか。**資料**を参考に，最も適当なものを一つ選び，その符号を書きなさい。なお，サマータイム制度は考えないこととする。

資料　さとみさんとゆうとさんがオンラインでやりとりをしている様子

さとみさん
こんにちは。日本は今，午後２時で，私は学校で６時間目の社会の授業をしているよ。ゆうとさんは今何をしていますか。
ゆうとさん
こちらは今，午前７時で，これから学校に向かうところだよ。東京とは，７時間の時差があるんだね。

(3)　次の文章は，あきとさんが，世界の有名な観光地についてまとめたレポートの一部である。文章中の［Ⅰ］の国は，地図中に示した**あ～え**のうちのどれか。最も適当なものを一つ選び，その符号を書きなさい。また，［Ⅱ］にあてはまる山脈名を**カタカナ**で書きなさい。

> この写真は，世界中から観光客が訪れるインカ帝国の「マチュピチュ遺跡」です。この遺跡は，［Ⅰ］の標高2,000m付近の山岳地帯にあります。また，この遺跡がある山岳地帯は［Ⅱ］山脈の一部です。

(4)　次の文章は，ほのかさんが，モノカルチャー経済の国についてまとめたものの一部である。グラフを参考に，文章中の［　　］にあてはまる適当なことばを，「輸出品の価格」「国の収入」の二つの語句を用いて**30字以内**（読点を含む。）で書きなさい。

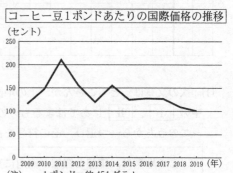

> 二つのグラフから，モノカルチャー経済の国の特徴をまとめました。モノカルチャー経済の国は，特定の農産物や鉱産資源の生産や輸出に依存しています。そのため，天候や他国の経済状況によって，［　　］という問題点を抱えています。

エチオピアの輸出品目の割合

輸出総額15億ドル（2018年）

コーヒー豆	野菜・果実	ごま	その他
24.3％	19.0％	18.2％	38.5％

（「世界国勢図会 2021/22」より作成）

コーヒー豆１ポンドあたりの国際価格の推移

（セント）250，200，150，100，50，0
2009　2010　2011　2012　2013　2014　2015　2016　2017　2018　2019（年）

（注）・１ポンド＝約454グラム
・１セント＝約１円（2021年６月現在）

（「国際コーヒー機関 ICO 統計」より作成）

(5) 次の**資料**は，ゆづきさんが，地図中のアメリカ合衆国，インド，中国及び日本の人口，国土面積及び年齢別人口割合の状況についてまとめたものの一部である。**資料**から読み取れることとして最も適当なものを，あとの**ア**～**エ**のうちから一つ選び，その符号を書きなさい。

資料　アメリカ合衆国，インド，中国及び日本の人口，国土面積及び年齢別人口割合

国名(50音順)	人口 (万人)	国土面積 (万 km^2)	年齢別人口割合(%)	
			0～14歳	65歳以上
アメリカ合衆国	32,717	983	18.6	16.0
インド	121,086	329	30.9	5.5
中国	140,005	960	16.8	12.6
日本	12,571	38	12.0	28.8

(注)　国土面積は，2019年のものである。人口と年齢別人口割合については，日本は2020年，中国は2019年，アメリカ合衆国は2018年，インドは2011年のものである。

(「世界国勢図会 2021/22」より作成)

ア　4か国中，人口密度が最も高い国はアメリカ合衆国で，人口密度が最も低い国はインドである。

イ　4か国中，人口が最も多く，国土面積が最も広い国は中国である。

ウ　4か国中，日本は65歳以上人口の割合は最も高く，65歳以上人口は3,000万人以上である。

エ　4か国中，人口が多い国ほど，0～14歳人口の割合が高く，65歳以上人口の割合が低い。

4　次のA～Dのパネルは，社会科の授業で，たかおさんたちが，「日本の寺社」をテーマに作成したものの一部である。これに関して，あとの(1)～(5)の問いに答えなさい。

A：法隆寺[飛鳥時代]

法隆寺は，7世紀初めの飛鳥時代に，聖徳太子により建てられた。火災で焼失したが，のちに再建された。金堂(こんどう)や五重塔などは，現存する世界最古の木造建築物である。

B：平等院[平安時代]

平等院は，11世紀中ごろの平安時代に，藤原頼通により建てられた。阿弥陀(あみだ)堂は，鳳凰(ほうおう)が翼を広げたような美しい形をしていることから鳳凰堂とも呼ばれている。

C：建長寺[鎌倉時代]

建長寺は，13世紀中ごろの鎌倉時代に，鎌倉幕府(a)5代執権北条時頼により建てられた。鎌倉五山第一位の禅宗の寺院であり，境内は国の史跡に指定されている。

D：日光東照宮[江戸時代]

日光東照宮は，徳川家康をまつっており，17世紀前半の江戸時代に，江戸幕府(b)3代将軍徳川家光により改築された。特に極彩色の彫刻がほどこされた陽明門が有名である。

(1) パネルAの時代に起こったことがらを，次のア～エのうちから**三つ**選び，年代の**古いものから順に並べ**，その符号を書きなさい。

ア 中大兄皇子は，中臣鎌足などとともに蘇我氏を倒した。

イ 壬申の乱に勝利した天武天皇が，天皇中心の政治をおこなった。

ウ 聖武天皇は，国ごとに，国分寺と国分尼寺をつくるように命じた。

エ 日本は百済支援のための軍を送ったが，白村江の戦いで唐・新羅連合軍に敗れた。

(2) パネルBの時代に起こったことがらとして最も適当なものを，次のア～エのうちから一つ選び，その符号を書きなさい。

ア 日本と明との間の朝貢形式の貿易では，勘合とよばれる証明書が使われた。

イ 宋との貿易を盛んにするため，瀬戸内海の航路や兵庫の港が整備された。

ウ 朱印状を持つ西日本の大名や京都，長崎，堺などの商人が，東南アジアと貿易をおこなった。

エ 南蛮人と呼ばれたスペイン人やポルトガル人の船が，長崎や平戸などに来航し，貿易をおこなった。

(3) パネルC中の下線部aに関連して，次の文章は，鎌倉幕府の滅亡について述べたものである。文章中の [Ⅰ]，[Ⅱ] にあてはまる語の組み合わせとして最も適当なものを，あとのア～エのうちから一つ選び，その符号を書きなさい。

> 鎌倉幕府から政治の実権を朝廷に取り戻そうとした [Ⅰ] は，幕府をたおす戦いを起こした。[Ⅰ] は，一度は隠岐（島根県）に流されたが，楠木正成などの新しく成長した武士や，有力御家人の [Ⅱ] などを味方に付け，1333年に幕府を滅ぼした。

ア Ⅰ：後鳥羽上皇 Ⅱ：足利尊氏　　**イ** Ⅰ：後醍醐天皇 Ⅱ：足利義満

ウ Ⅰ：後鳥羽上皇 Ⅱ：足利義満　　**エ** Ⅰ：後醍醐天皇 Ⅱ：足利尊氏

(4) パネルD中の下線部bに関連して，次のページの文章は，大名，朝廷に対する江戸幕府の政策について述べたものである。文章中の [Ⅰ] にあてはまる適当な語を書きなさい。また，[Ⅱ] にあてはまる語として最も適当なものを，あとのア～エのうちから一つ選び，その符号を書きなさい。

> 幕府は，大名に対して [Ⅰ] という法律を定め，大名が，幕府の許可なく城を修理することや，大名どうしが，幕府に無断で婚姻を結ぶことなどを禁止した。また，のちに参勤交代の制度を追加した。
> 朝廷に対しては，天皇や公家（くげ）の行動を制限するための法律を定めた。また，[Ⅱ] をおいて朝廷の監視をおこなった。

ア　京都所司代（きょうとしょしだい）　**イ**　問注所（もんちゅうじょ）　**ウ**　宮内省（くないしょう）　**エ**　六波羅探題（ろくはらたんだい）

(5)　たかおさんは，「日本の寺社」というテーマで，パネルを作成するにあたって，授業で発表したものとは別の寺社も調べた。次の**資料**は，たかおさんが，慈照寺（じしょうじ）についてまとめたレポートの一部である。**資料**中の [　　] にあてはまる適当な語を書きなさい。

資料　たかおさんのレポートの一部

写真1

写真2

・　慈照寺は京都の東山（ひがしやま）に位置している。**写真1**は，慈照寺の敷地内にある銀閣である。
・　銀閣は，15世紀後半の室町時代に，室町幕府8代将軍足利義政により建てられた。
・　慈照寺の敷地内には，東求堂（とうぐどう）という建物がある。**写真2**は，東求堂の中にある同仁斎（どうじんさい）という部屋である。同仁斎には，禅宗寺院の建築の影響を受けた [　　] と呼ばれる様式が取り入れられており，床（とこ）の間（ま）などが設けられた。

5　次のページの略年表は，さゆりさんが，19世紀半ば以降の日本と世界の主なできごとを調べ，まとめたものである。これに関して，あとの(1)～(5)の問いに答えなさい。

(1)　略年表中の下線部aに関連して，次の**資料**は，さゆりさんが，大政奉還がおこなわれた翌年に新政府が示した新たな政治方針についてまとめたレポートの一部である。**資料**中の [　　] にあてはまる語として最も適当なものを，あとの**ア**～**エ**のうちから一つ選び，その符号を書きなさい。

資料　さゆりさんのレポートの一部

> 一　広ク会議ヲ興（おこ）シ，万機公論（ばんきこうろん）ニ決（けっ）スベシ
>
> 1868年3月，新政府は，[　　] を発表し，会議を開いて世論（よろん）に基づいた政治をおこなうことなどを，新たな政治の方針として示した。

ア　王政復古（おうせいふっこ）の大号令　**イ**　五箇条（ごかじょう）の御誓文（ごせいもん）
ウ　大日本帝国憲法　**エ**　民撰議院（みんせんぎいん）設立の建白書（けんぱくしょ）

年　代	日本の主なできごと	年　代	世界の主なできごと
1867	大政奉還（たいせいほうかん）[a]がおこなわれる		
		1871	ドイツ帝国が成立する
1894	日清戦争が起こる		
	↕ A	1900	義和団事件が起こる
1904	日露戦争が起こる		
		1907	三国協商が結ばれる
1912	第一次護憲運動が起こる		
		1914	第一次世界大戦[b]が起こる
		1919	ベルサイユ条約が結ばれる
1925	治安維持法が成立する		
1931	満州事変が起こる		↕ B
1937	日中戦争が起こる		
1941	太平洋戦争が起こる		
		1945	第二次世界大戦が終わる[c]

(2)　略年表中のAの時期に起こったことがらとして最も適当なものを，次のア～エのうちから一つ選び，その符号を書きなさい。

ア　25歳以上のすべての男子に，衆議院議員の選挙権が与えられた。
イ　福岡県に建設された官営の八幡（やはた）製鉄所で，鉄鋼の生産が始まった。
ウ　6歳以上のすべての男女が，小学校で教育を受ける学制が公布された。
エ　日本は，南満州鉄道株式会社（満鉄）を設立した。

(3)　略年表中の下線部bに関連して，次の文章は，第一次世界大戦の始まりについて述べたものである。文章中の Ⅰ ， Ⅱ にあてはまる語の組み合わせとして最も適当なものを，あとのア～エのうちから一つ選び，その符号を書きなさい。

> 1914年，オーストリアの皇太子夫妻が，サラエボで Ⅰ の青年によって暗殺される事件が起こった。これがきっかけとなり，オーストリア，ドイツ，トルコなどの Ⅱ 側とイギリス，フランス，ロシアなどの連合国側との間で，第一次世界大戦が始まった。

ア　Ⅰ：セルビア　Ⅱ：同盟国　　イ　Ⅰ：ルーマニア　Ⅱ：同盟国
ウ　Ⅰ：セルビア　Ⅱ：枢軸国（すうじくこく）　　エ　Ⅰ：ルーマニア　Ⅱ：枢軸国

(4)　略年表中のBの時期に起こったことがらを，次のア～エのうちから**三つ**選び，年代の**古いものから順に並べ**，その符号を書きなさい。

ア　アメリカで，ニューディール（新規まき直し）政策が始まった。
イ　日本，ドイツ，イタリアは日独伊三国同盟を結んだ。
ウ　ワシントン会議で，海軍の軍備を制限する条約などが結ばれた。
エ　朝鮮では，北緯38度線を境とし，南に大韓民国，北に朝鮮民主主義人民共和国が成立した。

(5) 略年表中の下線部cに関連して，右の資料は，さゆりさんが，第二次世界大戦後の日本の外交についてまとめたレポートの一部である。資料中の ☐ にあてはまる適当なことばを，「日本」の語を用いて25字以内（読点を含む。）で書きなさい。

資料　さゆりさんのレポートの一部

調印式で署名をする吉田茂首相（1951年9月）

吉田茂内閣が，アメリカなど48カ国と結んだ ☐ を回復した。

6 次の文章を読み，あとの(1)～(3)の問いに答えなさい。

経済活動は，家計，企業及び政府の a 三つの主体によっておこなわれています。また，企業は利潤追求だけでなく，b 環境問題などさまざまな課題に対する取り組みが求められ，よりよい社会をつくるための活動もおこなっています。c 現代社会の課題をどのように克服し，よりよい社会をつくっていくか，公民の学習を通して考えていくことが大切です。

(1) 下線部aに関連して，次のア～エのカードは，はなこさんが，家計，企業及び政府とのつながりについて具体的に考えたものである。右の図中の Ⅰ ， Ⅱ にあてはまる最も適当なものを，ア～エのカードのうちからそれぞれ一つずつ選び，その符号を書きなさい。

図　授業で学習した経済のしくみ

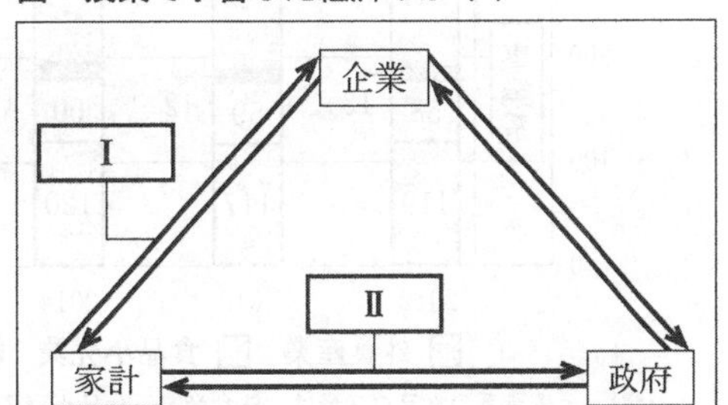

ア　所得税を納めること

イ　花屋でアルバイトをすること

ウ　ごみ収集車が家庭ごみを回収すること

エ　レストランで食事を提供すること

(2) 下線部bに関連して，次のページの文章は，企業の活動に興味をもったはなこさんが，自宅の近くにある食品会社についてまとめたレポートの一部である。文章中の ☐ にあてはまる最も適当な語をアルファベットの大文字3字で書きなさい。

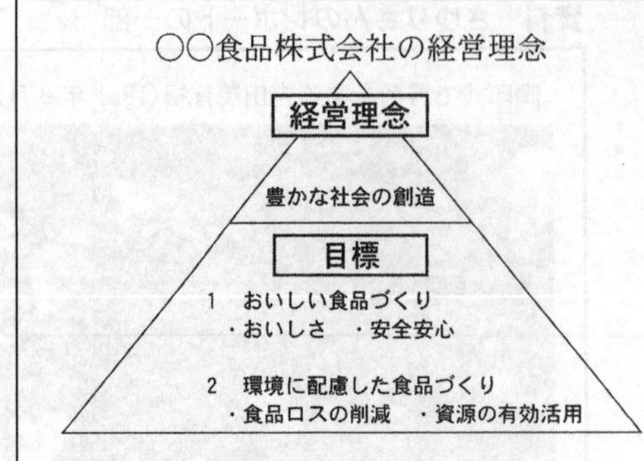

○○食品株式会社を調べると，環境への配慮なども企業にとって大切な目標の一つとなっていた。このような企業の社会に果たすべき責任を［　　］という。企業は，よい商品を作って利潤を得ようとするだけでなく，社会貢献も期待されていることがわかった。

(3)　下線部cに関連して，下の文章は，社会科の授業で，はなこさんたちの班が資料を見ながら，「食品ロスの削減」の問題について話し合っている場面の一部である。文章中の［　　］にあてはまる最も適当なことばを，次のページのア～エのうちから一つ選び，その符号を書きなさい。

資料　2012年度から2018年度までの食品ロス量の推移

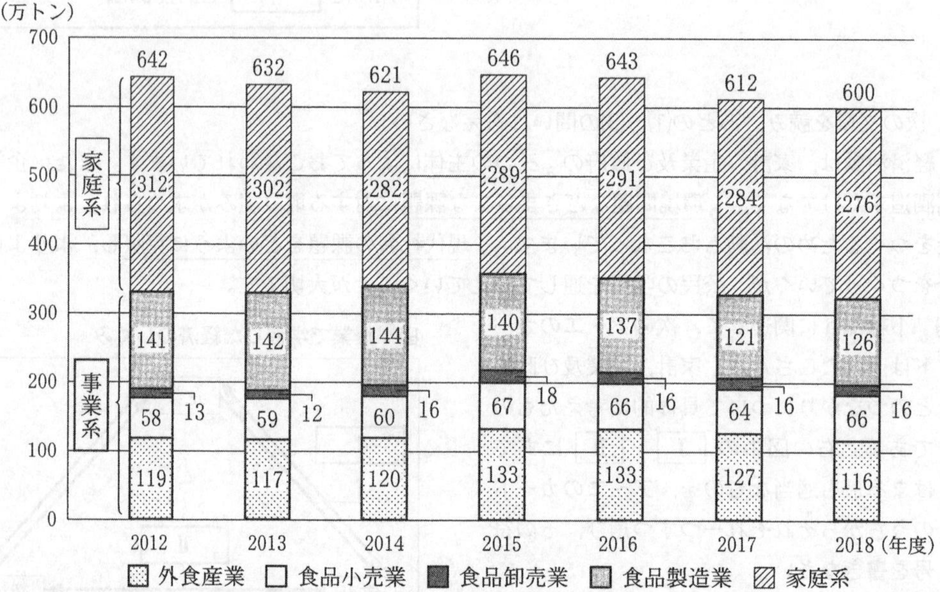

(注)　・事業系の食品ロス量は，外食産業，食品小売業，食品卸売業，食品製造業の食品ロス量をさす。
・端数処理により合計と内訳の計が一致しないことがある。

(「農林水産省ホームページ」より作成)

はなこ：食品ロスとは，まだ食べることができるのに捨てられてしまう食品のことだよね。昨日調べた○○食品株式会社が「食品ロスの削減」に取り組んでいることを知ったよ。

たろう：インターネットで2012年度から2018年度までの食品ロス量の推移が分かる資料を見つけたよ。私たちの生活から出る家庭系の食品ロス量と，企業の活動などから出る事業系の食品ロス量は，どのように変化しているのか調べてみよう。

はなこ：調べてみると，政府は2030年度までに食品ロス量の削減目標として，489万トンまで減らすことを掲げているけれど，この目標は達成できるのかな。

たろう：この資料を見ると，食品ロス量の推移としては [　] ということがわかるね。
はなこ：食品ロス量の削減目標を達成するためには，まだまだ削減する必要があるよ。
たろう：目標が達成できるよう，すぐ食べるものを購入する際は，手前に並んでいるものから取るなど，できることから取り組んでいこう。

ア　各年度の食品ロス量の合計を比べると，2012年度が最も多くなっており，2018年度が最も少なくなっている

イ　各年度の家庭系の食品ロス量を比べると，2012年度が最も多くなっており，どの年度も前年度に比べて減少している

ウ　2012年度と2018年度を比べると，2018年度の家庭系と事業系の食品製造業の食品ロス量は，ともに10％以上削減されている

エ　2018年度は，他の年度と比べて，事業系の食品ロス量の中で，外食産業の食品ロス量の占める割合が最も高い

7　次の文章を読み，あとの(1)～(3)の問いに答えなさい。

令和４年度に高等学校へ進学するみなさんは，「公共」という新科目を学ぶことになります。中学校で学んだ公民的分野の内容の上に，a 地域社会や日本が抱える課題などを多角的に学んでいきます。また18歳でb 選挙権をもつとともに，成人になるみなさんには，c さまざまな課題を解決し，よりよい社会をつくるため，主権者として社会に関わる力を身につけることが期待されます。

(1)　下線部ａに関連して，次の文は，地域社会について述べたものである。文中の [　] にあてはまる適当な語を**漢字４字**で書きなさい。

地域の住民にとって，地域社会の身近な問題の解決を目ざすことを通じ，民主主義の経験を積むことができることから，[　] は「民主主義の学校」ともよばれる。

(2)　下線部ｂに関連して，次の**資料１**～**資料３**は，社会科の授業で，選挙制度を学習するために使用した模擬選挙の方法と結果である。**資料１**を参考に，**資料２**と**資料３**を見て，この選挙における各党の当選議席数の組み合わせとして最も適当なものを，あとの**ア**～**エ**のうちから一つ選び，その符号を書きなさい。

資料１　模擬選挙の方法

・選挙は，衆議院議員選挙と同じ小選挙区比例代表並立制である。
・比例代表制は，各政党の得票数を１，２，３，…の整数で割り，計算した数字の大きい順に議席を定数まで各政党に配分するドント式を採用している。
・議員定数は，小選挙区制３名，比例代表制４名の計７名である。

資料２　小選挙区選挙の得票数

	A党候補者	B党候補者	C党候補者
第１選挙区	300票	170票	400票
第２選挙区	200票	90票	160票
第３選挙区	220票	100票	160票

資料３　比例代表選挙の得票数

A党	780票
B党	420票
C党	600票

ア A党：4名 B党：1名 C党：2名 イ A党：3名 B党：1名 C党：3名
ウ A党：4名 B党：0名 C党：3名 エ A党：3名 B党：0名 C党：4名

(3) 下線部ｃに関連して，次の資料は，社会科の授業で，まことさんが現在の選挙制度の課題である「一票の格差」についてまとめた発表原稿の一部である。資料中の ＿＿ にあてはまる適当なことばを，「有権者」「一票」の二つの語を用いて20字以内（読点を含む。）で書きなさい。

資料 まことさんの発表原稿の一部

右のグラフからは，現在の選挙制度の課題を読み取ることができます。東京10区と鳥取１区のように，選挙区によって議員一人当たりの有権者数が大きく異なることがあります。このような選挙区によって ＿＿ ことを「一票の格差」といいます。

これを解消することによって，より国民の声が政治に反映されることになります。ただし，人口の減少する地域の意見を反映することも考えていく必要があります。

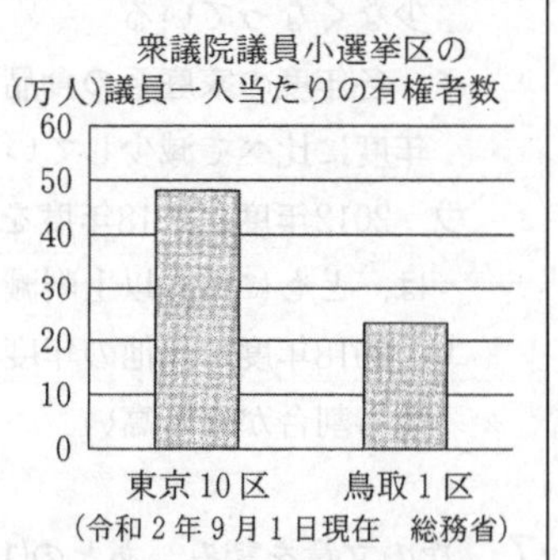

8 次の資料は，社会科の授業で，ゆきさんたちの班が，SDGsの学習をおこなった際に使用したものである。授業では，17の目標について班ごとに話し合い，優先度の高いもの三つを選択し，その理由を考える活動をおこなった。これを見て，あとの(1)，(2)の問いに答えなさい。

資料 授業で使用したワークシート

自分にとっての優先度の高い目標を考えよう！

班の選択の結果と理由

SDGs（ ＿＿ な開発目標）の17の目標から優先度の高い三つの目標を考えよう！

順位	目標	選択の理由
1	2 飢餓をゼロに	食べることが最も大事だ，と意見がまとまった。世界の人々が飢えずにずっと食料を確保できる ＿＿ な農業を進めていくべきである。
2	16 平和と公正をすべての人に	全てを奪う戦争はなんとしても防ぎたい，と意見がまとまった。 ＿＿ な開発を続けていくため，平和で誰も置き去りにしない，法や制度で守られる社会を実現していきたい。
3	13 気候変動に具体的な対策を	地球温暖化の問題は， ＿＿ な社会を実現するために重要な問題だ，と意見がまとまった。世界全体で取り組むべき<u>地球温暖化対策</u>に協力していきたい。

(1) **資料**中の ＿＿ に共通してあてはまる適当な語を**漢字４字**で答えなさい。

(2) **資料**中の下線部に関連して，次の文は，現在世界で取り組まれている地球温暖化対策について述べたものである。 Ⅰ ， Ⅱ にあてはまるものの組み合わせとして最も適当なものを，あとの**ア**～**エ**のうちから一つ選び，その符号を書きなさい。

> 2015年に2020年以降の地球温暖化対策の国際的な枠組みとして Ⅰ が採択され，その中で Ⅱ ことが定められた。

ア　Ⅰ：京都議定書　Ⅱ：先進国の温室効果ガスの削減を義務とする
イ　Ⅰ：京都議定書　Ⅱ：平均気温の上昇を産業革命前と比べ，世界全体で２℃以内に抑える
ウ　Ⅰ：パリ協定　Ⅱ：先進国の温室効果ガスの削減を義務とする
エ　Ⅰ：パリ協定　Ⅱ：平均気温の上昇を産業革命前と比べ，世界全体で２℃以内に抑える

② 原稿用紙の適切な使い方にしたがって書くこと。
ただし、〜〜や══などの記号を用いた訂正はしないこと。

〔話題〕「大人」とはどういう人のことを指すのか

森さん：私は同級生に「大人」だなと思う人がいるの。話し合いのとき、人のどんな意見にも耳を傾け、いつも客観的な意見を言ってくれるのよ。

沢木さん：この間、十八歳になった姉のもとに、選挙のときに投票所で見せる「投票所入場整理券」が届いたんだ。姉はもう「大人」なんだと思ったよ。

こととして最も適当なものを、次の**ア**～**エ**のうちから一つ選び、その符号を書きなさい。

ア 自分に気づく人は少ないから、餅を拾ってもらう工夫をしよう。

イ 犬や鳥に悟られずに、近くの人に餅のありかを教えてあげよう。

ウ 人が通る道なのだから、通りすがりの人に餅を拾ってもらおう。

エ 多分誰も通らない道なのだから、犬や鳥に餅を与えてしまおう。

(3) 文章中の [B]耳にも聞き入れずうち通りけり の主語にあたるものとして最も適当なものを、次の**ア**～**エ**のうちから一つ選び、その符号を書きなさい。

ア 地頭　**イ** ものくさ太郎　**ウ** 犬烏　**エ** 目白の鷹

(4) 文章中に [C]え取りて伝へん程のことは、いとやすきこと とあるが、この言葉の意味として最も適当なものを、次の**ア**～**エ**のうちから一つ選び、その符号を書きなさい。

ア お取り次ぎがあることは、たいそう安心なことであるのに

イ 取りに行くくらいのことは、結構安価で済ませられるのに

ウ 取って渡すくらいのことは、大変容易にできることなのに

エ お取り計らいがあることは、かえってうれしいことなのに

(5) 次の文章は、ある中学生が授業でこの文章を読んだ感想の一部です。これを読み、あとの(a)、(b)の問いに答えなさい。

> 私は、先生が授業で紹介した「賢(けん)を見ては斉(ひと)しからんことを思ひ、不賢(ふけん)を見ては内(うち)に自ら省みる也(なり)。」という『論語』の一文を思い出しました。その内容と比べて、ものくさ太郎の「あらうたての殿や」という最後の発言からは、自省ではなく□姿がわかり、より一層面白く感じました。

(a) 前の文章中の 不賢(ふけん)を見ては内(うち)に自ら省みる也(なり) について、こう読めるように、次の「見テハ不賢ヲ而内ニ自ラ省ミル也。」に**返り点**をつけなさい。

> 見テハ不賢ヲ而内ニ自ラ省ミル也。

(b) □に入る言葉を、**二十字以上**、**二十五字以内**で書きなさい。ただし、次の言葉の中から最も適当なものを一つ選び、言葉のつながりに応じて活用させながら書くこと。

・ごまをする　・棚に上げる　・骨が折れる

七 次のページの図は、中学生の森さんと沢木さんが「大人」とはどういう人のことを指すのか、考えている場面です。これを読み、次の〈条件〉にしたがい、〈注意事項〉を守って、あなたの考えを書きなさい。

〈条件〉

① **二段落構成**とし、**十行以内**で書くこと。

② 前段では、二人の考え方を整理すること。

③ 後段では、二人の考え方をふまえてあなたの意見を理由とともに具体的に書くこと。

〈注意事項〉

① 氏名や題名は書かないこと。

川野さん　悠人の正浩への信頼感が示されている、具体的な表現がありますか。

山田さん　例えば、「Ⅰ」という直喩は、否定的なことを言ったとしても正浩が自分のことを受け入れてくれるとわかっているからこその表現だと思います。

林さん　そうですね。「Ⅱ」という一文からも、正浩と悠人の、深いつながりが感じられます。私もつらい時や悲しい時に励まして支えてくれる人がそばにいてくれると、とても心強く感じます。

川野さん　私は、「ドぉは、どりょくのド。レぇは、れんしゅうのレぇ」と悠人の歌う場面が、登場人物同士の関係性を表現していて、印象的でした。特に、文章の最後の四行からは、Ⅲということが感じられます。また、それまでの緊張した雰囲気が、調子外れの歌で少し和らいだように思います。

(a)　Ⅰに入る言葉を、本文の文章中から**六字**で**抜き出して**書きなさい。

(b)　Ⅱに入る**一文**を、本文の文章中から**抜き出して**、**はじめの五字**を書きなさい。

(c)　Ⅲに入る言葉を、「……と……とは、……」という形を使って、**二十字以上、二十五字以内**で書きなさい。

六　次の文章を読み、あとの(1)～(5)の問いに答えなさい。

昔、ものくさ太郎というとても面倒くさがり屋がいた。ある日、持っていた餅が不意に手からこぼれ落ち、近くの大通りまで転がってしまった。

その時、ものくさ太郎、A見渡して思ふやう、取りに行き帰らんもものくさし、いつの頃(ころ)にても、人の通らぬことはあらじ（ないだろう）と、竹の竿(さお)をささげて、犬鳥(いぬからす)の寄るを追ひのけて、三日まで待つに、人見えず。三日と申すに、ただの人にはあらず、その所の（注1）地頭(ぢとう)、あたらしの左衛門尉(さゑもんのじよう)のぶよりといふ人、（注2）小鷹狩(こたかがり)、（注3）目白(まじろ)の鷹を据ゑさせて、その勢(せい)五六十騎にて通り給ふ。

ものくさ太郎、これを見て、鎌首(かまくび)もち上げて（頭だけ持ち上げて）、「なう申し候(さう)はん、それに餅(もちひ)の候ふ、取りてたび候へ（取ってください）」と申しけれども、B耳にも聞き入れずうち通りけり。ものくさ太郎、これを見て、世間にあれほどものくさき人の、いかにして所知所領(しよちしよりやう)をしるらん（領地を治めるのだろう）、あの餅を、馬よりちと（ちょっと）おり、Cえ取りて伝へん程のことは、いとやすきこと、世の中にものくさき者、われひとりと思へば、多くありけるよと、「あらうたての殿や（ああ情けない）」とて、なのめならず（一通りではない腹の立て方であった）。

（『ものくさ太郎』による。）

（注1）　地頭＝治安維持のために各地に置かれた幕府の御家人。
（注2）　小鷹狩＝鷹を飼い慣らして小鳥を捕る狩り。
（注3）　目白の鷹＝眉の上が白い鷹。

(1)　文章中の据ゑさせての漢字以外の部分を現代仮名づかいに改め、**ひらがな**で書きなさい。

(2)　文章中にA見渡して思ふやうとあるが、ものくさ太郎が思った

「ミは、水樹のミなん？」

「うん。信ちゃんがそうしようって。水樹ちゃんの顔を思い出すと頑張れるから」

悠人は言うと、また最初から歌い出す。調子の外れた歌声に水樹と正浩は目を合わせて笑い、歌い終わるまで静かに聞いた。

（藤岡陽子『手のひらの音符』による。）

（注1）せんでいいよ＝「しなくてよい」の意。
（注2）兄＝水樹にも、正浩と同じ学年の兄がいる。
（注3）かっこわるないよ＝「かっこ悪くない」の意。
（注4）考えんと＝「考えないで」の意。

(1) 文章中にAやってられない、という顔とあるが、これは信也のどのような気持ちを表しているか。最も適当なものを、次の**ア**～**エ**のうちから一つ選び、その符号を書きなさい。

ア 悠人との練習に関する自分の考えを聞きもせず、正浩自身の意見が通されたことへの怒りがわき出ている。
イ 年長者の立場から、信也の練習方法よりも自らの意見を悠人に言い聞かせる正浩への不信感が生まれている。
ウ 悠人への教え方としては正浩の意見の方が正論であることがわかってはいるが、素直に認められずにいる。
エ 悠人に対するそれまでの自分の教え方を正浩から否定されたように思い、不満な気持ちを押さえきれずにいる。

(2) 文章中にBちゃんと目、開けてられるようになったやんとあるが、正浩の期待を上回る悠人の変化が表現されている**一文を抜き出して**、**はじめの五字**を書きなさい。

(3) 文章中にC水樹は思わず正浩の腕をつかんだとあるが、このときの水樹の気持ちとして最も適当なものを、次の**ア**～**エ**のうちから一つ選び、その符号を書きなさい。

ア 正浩の、人には個人差があることを理解し、悠人に合わせた練習になるように工夫する姿に魅了されている。
イ 正浩の、悠人の性格を冷静に分析し、ひたすらほめることでやる気を維持させている姿に圧倒されている。
ウ 正浩の、苦手なことを克服しようと努力する悠人に対して、自身も全力で教えるひたむきな姿に感動している。
エ 正浩の、厳しくも温かい言葉で悠人を導き、正しいやり方を教えようとする真面目な姿勢に心を打たれている。

(4) 二人の兄についてまとめた、次の文章を完成させなさい。ただし、Ⅰは文章中の言葉を用いて**五字以内**で書き、Ⅱは**三字で抜き出して書くこと**。また、Ⅲは**五字以上、十字以内**で書くこと。

> ドッジボールでの悠人の闘い方について、信也は、ボールを受けて相手に［Ⅰ］ことを主張した一方で、正浩は、［Ⅱ］方法を教えたところ、ボールをよけられるようになった。二人の厳しさと優しさは、共に弟に対して［Ⅲ］ことのあらわれである。

(5) 次は、この文章を読んだあとに、山田さん、川野さん、林さんが、表現の効果について話し合っている場面の一部です。これを読み、あとの(a)～(c)の問いに答えなさい。

> 山田さん　悠人は正浩を深く信頼していると思います。兄がばてるほど、何度も繰り返し練習したのに、悠人は一度も弱音を吐いていません。

水樹が悠人の手を引いてコートの中に立つと、
「悠人、お兄ちゃんの顔見ろよ。投げるぞ」
と正浩がボールを投げてくる。緩やかな放物線を描くボールは、虫捕り網でも捕らえられそうなくらいゆっくりと投げられ、水樹と悠人は余裕の横走りでその球をよけた。
正浩は、ボールを投げると反対側に走り、自分でそのボールを拾い、また投げては反対側に走る。肩で息をしながら何度も何度も、その動作を繰り返した。
そのうちに、正浩が「投げるぞ」と声をかけないでも、悠人の体は自らボールをよけるようになり、視線もボールが飛んでくる方向に向けられるようになった。
「すごいな悠ちゃん、Bちゃんと目、開けてられるようになったやん」
水樹は、笑みさえ浮かべながら楽しそうにコートの中を走る悠人に向かって拍手した。いつもの萎縮した感じも、怯(おび)えた感じもなく、悠人は次に自分に向かってくるだろう球筋を読みながら、体を翻(ひるがえ)せるようになった。
どれくらい、練習を続けただろう。ついに正浩がばててしまった。
「もう……あかん。おれが倒れてしまうわ」
そう言うと、階段の一番下に座りこんで乱れた呼吸を整える。水樹は、呼吸のリズムに合わせて上下する正浩の華奢(きゃしゃ)な肩や薄い胸を見ていた。
「やっぱり正浩ちゃんはすごいわ。悠ちゃん、ちゃんとボールよけられるようになったもんな」
水樹がはしゃぐと、
「ほんまや。こんな短い練習時間やのになあ」
と正浩は立ち上がり、悠人の頭の上に手を置いて撫(な)でる。
「正浩ちゃんは、なんでもわかってるんやなあ。悠ちゃんのことも、なんでも」
C水樹は思わず正浩の腕をつかんだ。(注2)兄と同じ年のはずなのに、正浩といるとなんだか学校の先生と一緒にいるような錯覚に陥る。
「ボールを投げてくる奴(やつ)の顔を見ながら逃げる。これが悠人の闘い方や。人によって、闘い方はそれぞれ違うんや。だから、自分の闘い方を探して実行したらええねん」
「自分の闘い方?」
「悠人は悠人なりの。信也は信也の。水樹ちゃんは水樹ちゃん、おれはおれ。自分に合ったやり方を見つけたら、とことんそれをやったらええんや。無理することはないって」
「かっこ悪くない? 逃げてばっかりやったらかっこ悪いって、信ちゃんが言うんや」
悠人が甘えるように正浩の方をまっすぐ見上げた。
「(注3)かっこわるないよ。悠人、おまえ今お兄ちゃんを睨(にら)みつけながら、えらい素早く走ってた。たくさんのこと(注4)考えんと、走って走って逃げたらええんや」
正浩が力を込めたぶんだけ、悠人の目に力が漲(みなぎ)っていく。
「ドぉは、どりょくのド。レぇは、れんしゅうのレぇ」
高らかに悠人が歌いだしたので、水樹は思わず吹き出し、
「なにその歌」
と笑う。ドレミの歌のメロディにおかしな歌詞がついている。
「信ちゃんが作ってくれたんや。勇気がなくなったら歌えって。続きあるんやで、聞いててや」
ドはどりょくのド、レはれんしゅうのレ。ミはみずきのミ、ファはファイトのファ……。

問い　前のページの文章中の「扱っている商品のメリットをいい募る」営業マンを例に、「同事の視点」を用いて「見直」すべき点をあとのようにまとめます。Ⅰ～Ⅲに入る言葉を書きなさい。ただし、次の①、②にしたがって書くこと。

①「これは独りよがりなだけで、相手は心地よくないかもしれない」(53ページ)の内容をふまえて書くこと。

②Ⅰは十字以上、十五字以内で書き、Ⅱ、Ⅲはそれぞれ五字以上、十字以内で書くこと。

〔「同事の視点」を用いて営業マンが「見直」すべき点〕

・顧客はⅠに違いないと思い込んでいるという点。
・顧客のⅡを的確に理解せず、Ⅲという点。

(5) Dその人に　とあるが、「おもてなし」の相手が「その人」と表現されているのはなぜだと考えられるか。その説明として最も適当なものを、次のア～エのうちから一つ選び、その符号を書きなさい。

ア　押しつけと感じるかどうかは、相手の状況に左右されるため、相手を固有名詞で呼ばないように配慮すべきだから。

イ　自分の価値観で判断せず、相手に配慮したおもてなしの方法を、その都度考えて対応することが最善の気遣いだから。

ウ　心地よさも不快さも個人差があるため、おもてなしの相手が確実に目の前にいるときに行うことが思いやりだから。

エ　相手について知れば知るほど、身近な存在として感じられるようになり、こだわりがなくなっていくものだから。

五　次の文章を読み、あとの(1)～(5)の問いに答えなさい。

小学一年生の悠人(ゆうと)がいつもドッジボールで当てられることを知った、三歳違いの兄の信也(しんや)と幼なじみの少女水樹(みずき)は、一緒にドッジボールの練習をしている。しかし、いつまでもボールを受けられない悠人に信也がきつくあたり、悠人は泣いてしまう。そこへもう一人の兄で小学六年生の正浩(まさひろ)が合流した。

「なあ信也。これから悠人には、相手の顔を見ながら逃げることだけ、教えてやれよ。ボールは受けられなくてもいいから」

「そんなんじゃ、またやられてしまうやろ」

「そんなことない。頭抱えて目え瞑(つぶ)って逃げるんと、相手の顔を見ながら逃げるんとでは全然違うで」

悠人は思い込みが強い。一度「恐(こわ)い」と思ってしまうと、どうしようもなく恐くなる。頭で考える前に、体と心がすべてを拒絶してしまう。そんな悠人にただ「立ち向かえ」と教えても、絶対に無理なのだと正浩は信也を諭す。

「今はボールを受けることは(注1)せんでいいよ」

正浩が断言すると、信也はAやってられない、という顔をしてボールを足元に置いた。そして正浩の胸の辺りに向かって強く蹴り出すと、

「そしたらお兄ちゃんが教えてやって」

と言い残し、そっぽを向いて家とは反対の方向に歩いて行ってしまった。

やれやれ、という表情で正浩は足元に転がったボールを拾うと、

「悠人、あとちょっとだけ続きやろっか」

と優しく声をかける。「水樹ちゃんも付き合ってくれる？　コートの中に、悠人と一緒に入ってやって」

(2) 文章中にAおもてなしに用いられるアイテムのひとつが花とあるが、この話題が果たす役割の説明として最も適当なものを、次のア～エのうちから一つ選び、その符号を書きなさい。

ア 日本流のおもてなしと欧米流のおもてなしの比較を通じて、日本流の優れた点を明確にし、正当な方法であることを伝えている。

イ 日本流のおもてなしと欧米流のおもてなしの相違点を示すことで、おもてなしが「世界語」になるために必要なことを伝えている。

ウ 日本流のおもてなしと欧米流のおもてなしの相違点を示すことで、双方の違いを超えた異文化理解の大切さを伝えている。

エ 日本流のおもてなしと欧米流のおもてなしの比較を通じて、日本流の「簡素」なおもてなしの効果を具体的に伝えている。

(3) 文章中に引用された利休の言葉と、日本流のおもてなしのつながりについて整理した次の表を、完成させなさい。ただし、Ⅰに入る言葉は、文章中から十字で抜き出して書き、Ⅱに入る言葉は、文章中の言葉を使って、五字以上、十字以内で書くこと。

〔文章中に引用された利休の言葉〕

- B茶の湯とはただ湯をわかし茶をたてて飲むばかりなることと知るべし
- C叶う(かな)はよし、叶いたがるは悪し(あ)し

〔利休の言葉と日本流のおもてなし〕

	おもてなしの考え方	理由
B	余計なことはせず、やるべきことだけを行う。	相手にとってⅠとは何か、を自覚して行うため。
C	おもてなしは「さりげなく」行うことが望ましい。	相手がⅡで、行う側の思いを受け入れられるようにするため。

(4) 文章中の【同事の視点……】について、〔利休の考え方をふまえない例〕として筆者が著した次の文章を参考にして、あとの問いに答えなさい。

〔利休の考え方をふまえない例〕

話術が巧みで、どんなことに関しても淀(よど)みなくしゃべるという人がいます。その点だけを見ると、営業部門に向いているような気がします。しかし、現実にはそのタイプの営業成績がいっこうに上がらないということがあるのです。

もち前の雄弁が、扱っている商品のメリットを(注)いい募ることだけに使われている、といったケースはそれにあたるかもしれません。相対する顧客はどんな気持ちになるでしょう。

「この営業マンは〝いいこと〟だけしかいわないし、ちっともこちらの話を聞いてくれない。調子がよすぎて、どうも信頼できない」

(枡野俊明(ますのしゅんみょう)『人生は凸凹(でこぼこ)だからおもしろい』による。)

(注) いい募る＝調子にのって、ますます言い張ること。

めるのはいかん、ということです。これをおもてなしということに引き寄せていえば、相手におもてなしをしたいという思いが自然に伝わるのはかまわないが、思いを伝えることが優先され、そのためにあれこれと(注7)手練手管を弄するのはだめである、ということでしょう。

端的にいえば、おもてなしでは余計なことはするな、過剰になってはいけない、ということだと思います。たとえば、相手の好きな花を玄関先にふんだんに飾っておく、というのは明らかにやりすぎ。これ見よがしの印象を与えます（国柄が違う欧米では印象は違うと思いますが……）。

違ういい方をすれば、「あなたのためにここまでしてあげているのですよ」という思いが、相手に透けて見えてしまうのです。それでは、相手は心地よいどころか、負担に感じてしまうと思いませんか。

やはり、一輪を「さりげなく」どこかに飾っておくのがいい。さりげなさはおもてなしの重要なキーワードだと思います。相手がふと目をやると、そこに好きな花が一輪。それでこそ、相手は「あっ、好きな花を憶えていてくださったんだ。うれしいなぁ」としみじみとした、しかし、深い感慨を覚えるのではないでしょうか。それが、おもてなしの心が自然に伝わるということでしょう。

思いを相手に押しつけないためには次の禅語を心に置いておくことです。

「同事」

これは(注8)道元禅師の著した『(注9)正法眼蔵』の「四摂法」という巻に出てくるものですが、相手と同じ立場に立つ、相手と思いを同じくする、ということです。何が相手にとっていちばん心地よいのだろう。徹底的に掘り下げて考える必要があるのはそこです。

ああもしたい、こうもしてあげたい、という思いはさまざまにあるでしょう。しかし、【同事の視点で思いを見直してみるのです。すると、「これは独りよがりなだけで、相手は心地よくないかもしれない」というものが見つかるはずです。】それは削ぎ落とす、捨てる、のです。そうして残った思いをかたちにする。思いが自然に伝わるおもてなしとはそういうものだと思います。それが、通り一遍のものではない、画一的でない、Dその人にほんとうにふさわしいおもてなしになることはいうまでもないでしょう。

（枡野俊明『人生は凸凹だからおもしろい』による。）

(注1)　彼我＝あちらとこちら。
(注2)　フラワーアレンジメント＝草木の枝・葉・花を切り取り、洋風に形を整えて鑑賞用にすること。
(注3)　禅＝仏教の一派である禅宗を指す。「禅語」は禅宗独特の言葉を指す。
(注4)　千利休＝安土桃山時代の茶人（茶道に通じた人）。
(注5・6)　お点前、茶の湯＝「お点前」は「茶の湯」の作法。「茶の湯」は客を招き、抹茶をたてて楽しむこと。
(注7)　手練手管を弄する＝ここでは「目的を達成するためにあれこれ策をねる」の意。
(注8・9)　道元禅師、『正法眼蔵』＝道元禅師は鎌倉時代の禅宗の僧。『正法眼蔵』は道元の教えを記録した書。

(1)　文章中の　みる　と同じ意味で使われているものとして最も適当なものを、次のア～エのうちから一つ選び、その符号を書きなさい。
ア　みるからに高級な品
イ　白い目でみる
ウ　味わってみる
エ　反論をこころみる

二 次の(1)〜(4)の――の漢字の読みを、ひらがなで書きなさい。

(1) 水分を補給するよう勧める。
(2) 授業で漢詩の朗詠を聞く。
(3) 世の中の動きに鋭敏な社会学者。
(4) 人間性を陶冶する。

三 次の(1)〜(5)の――のカタカナの部分を漢字に直して、楷書で書きなさい。

(1) 春をツげる小川のせせらぎ。
(2) 来場者数がノベ五万人に達した。
(3) 三月はカンダンの差がとても激しい。
(4) ハカクの好条件で契約を交わす。
(5) キュウタイ依然とした生活を見直す。

四 次の文章を読み、あとの(1)〜(5)の問いに答えなさい。

五輪の招致合戦のさなか、「世界語」になった日本の言葉がありま す。「おもてなし」です。おもてなしは英語でいえば「hospitality」(ホスピタリティ)ということになるわけですが、その中身には顕著な違いがあるという気がします。

Aおもてなしに用いられるアイテムのひとつが花でしょう。その飾り方が(注1)彼我(ひが)ではまったく違います。花を飾る際、欧米で重要視するのはボリューム感と色彩です。色とりどりの花をボリュームたっぷりに飾る。それが欧米流です。豪華な、いわゆる(注2)フラワーアレンジメントが、訪問者を迎える極上のおもてなしになるわけです。

日本流は趣をまるで異にしています。季節の花が控えめに活(い)けてある。数も少なく、一輪だけということも少なくありません。秋にはすすきが一本活けてある、といったことも珍しくないのです。(注3)禅の美のひとつである「簡素」は、日本のおもてなしではとても大切な要素です。

欧米人はすすき一本に「なぁんだ、一本だけか。物足りない」と感じるのでしょう。しかし、日本人はその物足りないすすき一本から、秋の深まりや秋の静けさといった「花を超える」ものを感じとるのです。

(注4)千利休(せんのりきゅう)のわび茶はおもてなしが凝縮された世界である、といっていいかもしれません。お茶を点(た)てる作法、すなわち(注5)お点前(てまえ)の動きは、まったく無駄がありませんし、簡素で流れるような美しさを感じさせます。おもてなしのふるまい(所作(しょさ))のきわみでしょう。

利休は(注6)茶の湯についてこういっています。

「B茶の湯とはただ湯をわかし茶をたてて飲むばかりなることと知るべし」

「湯をわかす」「茶をたてる」「飲む」。茶の湯で必要不可欠なのはこれだけです。そうであったら、余計なことはいっさいせず、やるべきことだけを心を込めてやりなさい、というのがこの言葉の意味するところでしょう。

これは禅の考え方そのものです。禅の考え方の根底にあるのは、削(そ)ぎ落とす、捨てる、拭い去る……ということです。余計なものはできるかぎり、削ぎ落とし、捨て、拭い去っていく。そうして残ったものがほんとうに大事なものである、とするのが禅です。

これはおもてなしにもつながります。もうひとつ利休の言葉を紹介しましょう。

「C叶(かな)うはよし、叶いたがるは悪(あ)しし」

努力した結果、ものごとが自然に叶うのはよいが、結果ばかりを求

＜国語＞

時間　五〇分　満点　一〇〇点

【注意】各ページの全ての問題について、解答する際に字数制限がある場合には、句読点や「　」などの符号も字数に数えること。

一　これから、鈴木さんが高橋さんに、テレビ番組で見た映像について伝えている場面と、それに関連した問いを四問放送します。よく聞いて、それぞれの問いに答えなさい。

（放送が流れます。）

(1)（問いを放送します。）

〔選択肢〕

ア　「すごい」という感情より、客観的に映像を伝える方がよいこと。

イ　「すごい」という言葉だけでは、説明が不足しているということ。

ウ　「すごい」は異常な状況に対してだけ使う言葉だということ。

エ　「すごい」は幼稚な表現なので相手を不快にするということ。

(2)（問いを放送します。）

〔選択肢〕

ア　高橋さんとの思い出を例にあげることで親近感を抱かせたから。

イ　高橋さんの好きな星空を例にあげることで興味を持たせたから。

ウ　高橋さんが空想にひたることができる幻想的な例を考えたから。

エ　高橋さんが思い描きやすいよう、共有体験を例に説明したから。

(3)（問いを放送します。）

〔選択肢〕

ア　鈴木さんの「驚く」が主観的な発言であることを確認することで、「複雑」という表現と矛盾することに気づかせた。

イ　鈴木さんが「驚いた」理由を確認し、そのうえで「複雑な気持ち」が生まれてきた経緯を伝えるべきだと気づかせた。

ウ　必死に伝えようとする鈴木さんをせかさないことで、鈴木さんに適切な表現を粘り強く探すべきだと気づかせた。

エ　鈴木さんが用いた「複雑」という表現によって、「すごい」という意見が成り立たなくなってしまうことに気づかせた。

(4)（問いを放送します。）

〔選択肢〕

ア　鈴木さんが、自分の抱いた感情を個人的な体験で終わらせることなく、生活環境の変化にまで視野を広げていたから。

イ　鈴木さんが、自分の抱いた感情を大切にして、それを伝えるために年配の人にも意見をきいて説得力を持たせていたから。

ウ　鈴木さんが、自分の抱いた感情にまどわされることなく、歴史的な事柄を重視して理性的な判断を行っていたから。

エ　鈴木さんが、自分の抱いた感情を高橋さんに伝えるだけでなく、言葉をつくして多くの例をあげ、説明してくれたから。

聞き取り検査終了後、次ページ以降も解答しなさい。

大切なことはメモしておこうネ！

T.G

2022年度

解答と解説

《2022年度の配点は解答用紙集に掲載してあります。》

<数学解答>

1 (1) ① -4　② $3a-6b$　③ $13-4\sqrt{3}$　(2) ① $x(2x+3)\,[2x^2+3x]$ (cm^2)

② $\dfrac{-3+\sqrt{65}}{4}$(cm)　(3) ① 10(回)　② $a=7,\ 8,\ 9$

(4) ① 8(個)　② $\dfrac{13}{36}$　(5) $a=-5,\ b=-3$

(6) ① $h=\dfrac{3V}{S}$

② 4(cm)　(7) 右図1

2 (1) $a=-\dfrac{3}{5}$

(2) $y=-2x-5$

(3) $y=-\dfrac{2}{11}x-5$

3 (1) (a) ア　(b) エ

(c) 合同

(2) 解説参照　(3) $1:8$

4 (1) (a) エ　(b) イ　(2) 右図2　(3) 6(秒後)

(4) 5(回)　(5) 36(度)

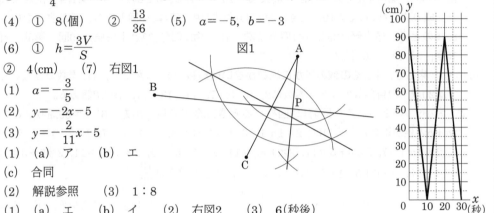

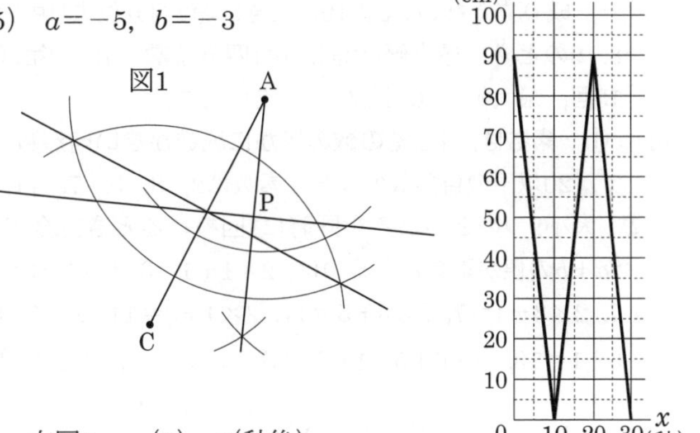

<数学解説>

1 (数・式の計算，平方根，方程式の応用，資料の散らばり・代表値，数の性質，確率，連立方程式，等式の変形，角錐の高さ，作図)

(1) ① **四則をふくむ式の計算の順序は，乗法・除法→加法・減法**となる。$-2\times3+2=-6+2=-(6-2)=-4$

② **分配法則**を用いて，$6\left(\dfrac{2}{3}a-\dfrac{3}{2}b\right)-(a-3b)=6\times\dfrac{2}{3}a+6\times\left(-\dfrac{3}{2}b\right)-a+3b=4a-9b-a+3b=4a-a-9b+3b=3a-6b$

③ **乗法公式$(a-b)^2=a^2-2ab+b^2$**より，$(2\sqrt{3}-1)^2=(2\sqrt{3})^2-2\times2\sqrt{3}\times1+1^2=12-4\sqrt{3}+1=13-4\sqrt{3}$

(2) ① 横の長さを$x$cmとするとき，縦の長さは横の長さの2倍より3cm長いから，縦の長さは$(2x+3)$cmと表される。よって，長方形の面積は(縦の長さ)×(横の長さ)$=(2x+3)\times x=x(2x+3)(\mathrm{cm}^2)$

② 長方形の面積が$7\mathrm{cm}^2$であるとき，①より，$x(2x+3)=7$　展開して整理して，$2x^2+3x-7=0$…㋐　**2次方程式$ax^2+bx+c=0$の解は，$x=\dfrac{-b\pm\sqrt{b^2-4ac}}{2a}$**で求められる。㋐の2次方程式は，$a=2,\ b=3,\ c=-7$の場合だから，$x=\dfrac{-3\pm\sqrt{3^2-4\times2\times(-7)}}{2\times2}=\dfrac{-3\pm\sqrt{65}}{4}$　横の長さは正の数だから，$\dfrac{-3+\sqrt{65}}{4}$cmである。

(3)　①　**中央値**は資料の値を大きさの順に並べたときの中央の値。1回目から8回目までの記録を小さい順に並べると，3，7，7，9，11，12，14，16。練習の回数は8回で偶数だから，記録の小さいほうから4番目の9回と5番目の11回の**平均値**$\frac{9+11}{2}=10$(回)が中央値。

②　**箱ひげ図**とは，右図のように，**最小値，第1四分位数，第2四分位数(中央値)，第3四分位数，最大値**を箱と線(ひげ)を用いて1つの図に表したものである。これより，1回目から9回目までの記録は，最小値＝3回，第1四分位数＝7回，第2四分位数(中央値)＝9回，第3四分位数＝13回，最大値＝16回である。$a\leqq 6$のとき，第1四分位数＜7回となり，成り立たない。$a\leqq 10$のとき，第2四分位数(中央値)$\geqq$10回となり，成り立たない。$a=7$，8，9のとき，最小値＝3回，第1四分位数＝7回，第2四分位数(中央値)＝9回，第3四分位数＝13回，最大値＝16回となり，成り立つ。

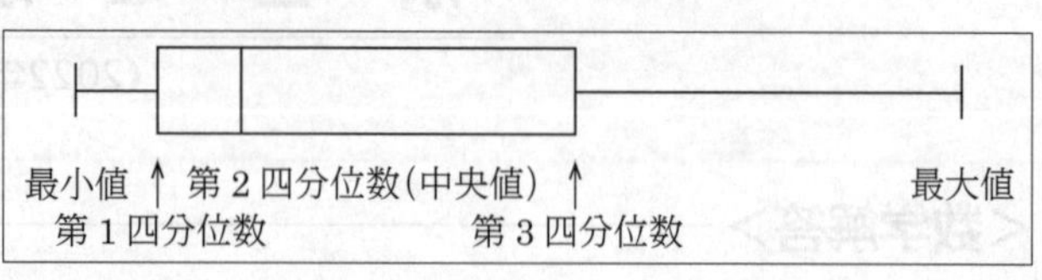

(4)　①　**素数は，1とその数のほかに約数がない自然数**である(ただし，1は素数ではない)。よって，20以下の自然数のうち，素数は2，3，5，7，11，13，17，19の8個ある。

②　大小2つのさいころを同時に1回投げるとき，全ての目の出方は6×6＝36通り。このうち，$2a+b$の値が素数となるのは，$2\times1+1=3$，$2\times1+3=5$，$2\times1+5=7$，$2\times2+1=5$，$2\times2+3=7$，$2\times3+1=7$，$2\times3+5=11$，$2\times4+3=11$，$2\times4+5=13$，$2\times5+1=11$，$2\times5+3=13$，$2\times6+1=13$，$2\times6+5=17$の13通り。よって，求める確率は$\frac{13}{36}$

(5)　x，yについての連立方程式$\begin{cases}-ax+3y=2\cdots① \\ 2bx+ay=-1\cdots②\end{cases}$の解が$x=1$，$y=-1$だから，①，②に$x=1$，$y=-1$を代入して，$\begin{cases}-a-3=2\cdots③ \\ 2b-a=-1\cdots④\end{cases}$　③，④をa，bについての連立方程式とみて解く。③より，$-a=5$　$a=-5$　これを④に代入して，$2b-(-5)=-1$　$b=-3$　よって，$a=-5$，$b=-3$

(6)　①　$V=\frac{1}{3}Sh$　左辺と右辺を入れかえて　$\frac{1}{3}Sh=V$　両辺に3をかけて　$Sh=3V$　両辺をSで割って　$h=\frac{3V}{S}$

②　△ABCは**直角二等辺三角形で，3辺の比は1：1：$\sqrt{2}$**だから，$AB=\frac{AC}{\sqrt{2}}=\frac{4}{\sqrt{2}}=2\sqrt{2}$ (cm)

正四角錐の高さを$h$cmとすると，体積が$\frac{32}{3}$cm^{3}であったことから，$\frac{1}{3}\times AB^2\times h=\frac{32}{3}$　つまり，$\frac{1}{3}\times(2\sqrt{2})^2\times h=\frac{32}{3}$　$h=4$　正四角錐の高さは4cmである。

(7)　(着眼点)　線分ACの垂直二等分線の作図より線分ACの中点Dを求め，点Aから直線BDに垂線をひき，直線BDとの交点をPとする。

(作図手順)　次の①～③の手順で作図する。

①　点A，Cをそれぞれ中心として，交わるように半径の等しい円を描き，その交点を通る直線(線分ACの垂直二等分線)を引き，線分ACとの交点をDとする。　②　直線BDを引く。　③　点Aを中心として直線BDに交わるように円を描き，つくられたそれぞれの交点を中心として，交わるように半径の等しい円を描き，その交点と点Aを通る直線(点Aから直線BDに引いた垂線)を引き，直線BDとの交点をPとする。(ただし，解答用紙には点Dの表記は不要である。)

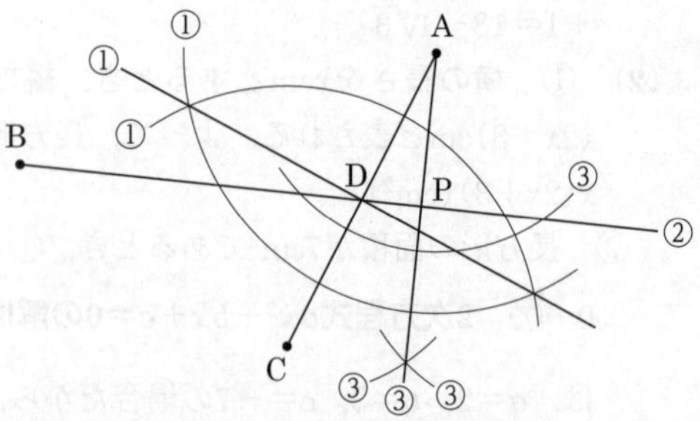

2 (図形と関数・グラフ)

(1)　問題の条件より，点Bの座標はB(5，-15)　関数$y=ax^2$は点Bを通るから，$-15=a\times5^2=25a$　$a=-\frac{3}{5}$

(2)　点Aは$y=\frac{1}{5}x^2$上にあるから，そのy座標は$y=\frac{1}{5}\times5^2=5$　よって，A(5，5)　これより，**放物線がy軸に関して線対称**であることを考慮すると，C(-5，5)　直線BCの傾きは$\frac{5-(-15)}{-5-5}=-2$　直線BCの式を$y=-2x+b$とおくと，点Cを通るから，$5=-2\times(-5)+b$　$b=-5$　直線BCの式は$y=-2x-5$

(3)　長方形ACDBがy軸に関して線対称であることと，直線BCの切片が-5であることから，対角線BCの中点は(0，-5)である。また，対角線BCは長方形CEBFの対角線でもあることから，対角線EFの中点も(0，-5)であり，直線EFの式は$y=ax-5$…①　とおくことができる。辺ABと辺CFの交点をPとすると，△ACP≡△FBPである。これより，BP$=x$とおくと，FP＝AP＝AB－BP＝$\{5-(-15)\}-x=20-x$　△FBPに**三平方の定理**を用いると，$BP^2=FB^2+FP^2=AC^2+FP^2$　これより，$x^2=\{5-(-5)\}^2+(20-x)^2$　これを解いて，$x=BP=\frac{25}{2}$，$FP=20-\frac{25}{2}=\frac{15}{2}$　点Fから辺BPへ垂線FHを引く。△FBPの**底辺と高さの位置をかえて面積を考えると**，$\frac{1}{2}\times BP\times FH=\frac{1}{2}\times FB\times FP$　これより，$FH=FB\times FP\div BP=10\times\frac{15}{2}\div\frac{25}{2}=6$　△HBFに三平方の定理を用いると，$FB^2=HB^2+FH^2$　これより，$HB^2=FB^2-FH^2=10^2-6^2=64$　HB＞0よりHB＝$\sqrt{64}=8$　よって，点Fの座標は，点Bの座標から，x軸の正方向にFHの長さ分移動し，またy軸の正方向にHBの長さ分移動するからF(11，-7)　直線EFは点Fを通るから，①に代入して，$-7=11a-5$　$a=-\frac{2}{11}$　直線EFの式は$y=-\frac{2}{11}x-5$　(補足説明：△ACP≡△FBPに関して)AC＝FB…②　∠CAP＝∠BFP…③　∠APC＝∠FPB…④　③，④より，∠ACP＝180°－∠CAP－∠APC＝180°－∠BFP－∠FPB＝∠FBP…⑤　②，③，⑤より，1辺とその両端の角がそれぞれ等しいので△ACP≡△FBP

3 (図形の証明，面積比)

(1)　**合同な図形では，対応する辺の長さは等しい**ことから，AI＝DHであることを証明するには，AIとDHをそれぞれ辺にもつ△AEI…(a)と△DEH…(b)が合同…(c)であることを証明すればよい。

(2)　(証明)　(例)△AEIと△DEHにおいて，仮定より，AE＝DE…①　**対頂角は等しい**ので，∠AEI＝∠DEH…②　仮定より，AC//FDで，**平行線の錯角は等しい**ので，∠IAE＝∠HDE…③　①，②，③より，1組の辺とその両端の角がそれぞれ等しいので，△AEI≡△DEH　したがって，AI＝DH

(3)　仮に，BC$=8a$と考えると，BD：DC＝3：1より，BD$=6a$，DC$=2a$　GI//BCより，**平行線と線分の比の定理**を用いると，AG：GB＝AI：IC＝AE：ED＝1：1より，点G，Iはそれぞれ辺AB，ACの中点であるから，**中点連結定理**より，$GE=\frac{BD}{2}=3a$，$EI=\frac{DC}{2}=a$　GI//BCより，△GBD，△GDH，△DEHの底辺をそれぞれBD，GH，HEと考えたときの高さは等しい。以上より，△AEI≡△DEHであることを考慮すると，△AEI：(四角形BDHGの面積)＝△DEH：(四角形BDHGの面積)＝△DEH：(△GBD＋△GDH)＝HE：(BD＋GH)＝HE：{BD＋(GE－HE)}＝EI：{BD＋(GE－EI)}＝a：$\{6a+(3a-a)\}=a:8a=1:8$

4 (動点，関数とグラフ，数の性質，グラフの作成，角度)

(1)　(a)　点Qは$\overset{\frown}{CD}$＝90cm上を秒速9cmで移動するから，Dを出発してから，Cにはじめて到着するのは，**(時間)＝(道のり)÷(速さ)**より，90÷9＝10(秒)後である。

(b)　おうぎ形OAPとおうぎ形OCRは相似で，**相似比**はOA：OC＝$\left(2\pi\times OA\times\frac{1}{2}\right)$：$\left(2\pi\times OC\times\frac{1}{2}\right)$＝$\overset{\frown}{AB}$：$\overset{\frown}{CD}$＝60：90＝2：3だから，点Rが$\overset{\frown}{CD}$上を移動する速さを秒速$x$cmとすると，4：$x$＝2：3より，$x=\frac{4\times3}{2}=6$　点Rが$\overset{\frown}{CD}$上を移動する速さは秒速6cmだと考えることができる。

(2)　0≦x≦10のとき，点QはD→Cに移動するから，$\overset{\frown}{CQ}$＝90－$\overset{\frown}{DQ}$＝90－9×x＝－9x＋90　同様に考えると，10≦x≦20のとき，$\overset{\frown}{CQ}$＝9×(x－10)＝9x－90　20≦x≦30のとき，$\overset{\frown}{CQ}$＝90－$\overset{\frown}{DQ}$＝90－9×(x－20)＝－9x＋270　よって，求めるグラフは，4点(0, 90)，(10, 0)，(20, 90)，(30, 0)を線分で結んだ折れ線となる。

(3)　右のグラフは0≦x≦60において，$\overset{\frown}{CR}$のグラフ(実線)と$\overset{\frown}{CQ}$のグラフ(破線)を重ねてかいたものである。3点O，P，Qが，この順に一直線上に並ぶのは，$\overset{\frown}{CR}$＝$\overset{\frown}{CQ}$となるとき，つまり，$\overset{\frown}{CR}$のグラフと$\overset{\frown}{CQ}$のグラフが交わるとき(グラフ上の●印の位置)である。よって，はじめて一直線上に並ぶのは，右のグラフの直線OAと直線BCの交点の位置である。直線OAの式はy=6x　直線BCの式はy＝－9x＋90　これらを連立させて解くと，x=6　以上より，3点O，P，Qが，はじめてこの順に一直線上に並ぶのは，点PがAを，点QがDを同時に出発してから6秒後である。

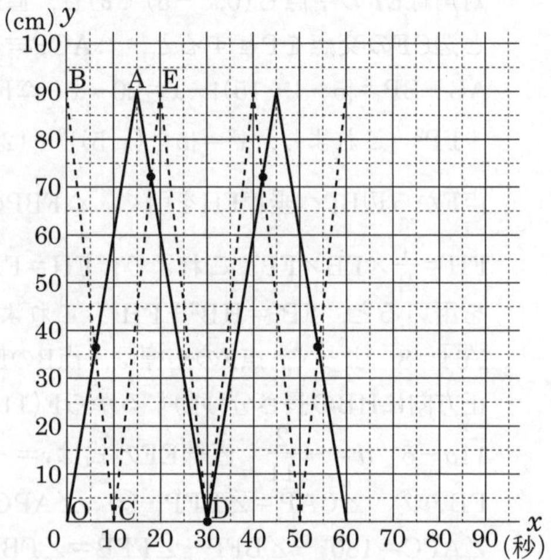

(4)　点Pは$\overset{\frown}{AB}$を1往復するのに15×2＝30(秒)かかり，点Qは$\overset{\frown}{CD}$を1往復するのに10×2＝20(秒)かかるから，点PがAを，点QがDを同時に出発してから，点PがAに，点QがDにはじめて同時に到着するまでに，30秒と20秒の**最小公倍数**の60秒かかる。2点P，Qが同時に出発してからこのときまでに，3点O，P，Qが，この順に一直線上に並ぶのは，上のグラフの●印で示した5回ある。

(5)　(4)より，2点P，Qの移動の状態は，0≦x≦60の移動の状態を繰り返すから，点PがAを，点QがDを同時に出発してから，144秒後の状態は，上のグラフの144－60×2＝24(秒)の状態と同じである。直線ADの式はy＝－6x＋180…①　直線EDの式はy＝－9x＋270…②　これより，点PがAを，点QがDを同時に出発してから24秒後の$\overset{\frown}{CR}$と$\overset{\frown}{CQ}$の長さは，①，②にそれぞれx=24を代入して，$\overset{\frown}{CR}$＝－6×24＋180＝36　$\overset{\frown}{CQ}$＝－9×24＋270＝54　以上より，∠POQ＝∠ROQ＝$180^\circ\times\frac{\overset{\frown}{CQ}-\overset{\frown}{CR}}{90}=180^\circ\times\frac{54-36}{90}=36^\circ$

＜英語解答＞

1　No. 1　C　　No. 2　D　　No. 3　A

2　No. 1　B　　No. 2　C

3　No. 1　A　　No. 2　D

4　No. 1　①　welcome　　②　delicious　　No.2　①　famous　　②　Saturday

5 (1) useful (2) bought (3) オ，イ，ウ，ア，エ (4) ア，エ，オ，ウ，イ
(5) エ，オ，イ，ウ，ア

6 (例1) I want to go to ABC Hotel, but I don't know where I am now. Could you tell me the way to get there, please? (例2) May I ask you a question? I am looking for ABC Hotel. Is it near here? Would you show me how I can get there?

7 (1) ① ウ ② イ ③ ア ④ dangerous (2) ① experiences ② エ

8 (1) ア (2) (例)(Because) they wanted to spend more time in beautiful nature. (3) エ (4) ウ

9 (1) ウ (2) イ (3) ア (4) (例) Can I go to your house to get it now?

<英語解説>

1・2・3・4 (リスニング)

放送台本の和訳は，65ページに掲載。

5 (語い・文法：語句の問題，語句の並べ換え，形容詞，過去，比較，受け身，間接疑問文)

(1) A：あれはどのような種類の本ですか？／B：これは私の新しい辞書です。それはとても役立ちます。 形容詞「役立つ」useful

(2) A：あなたのかばんは美しいです。／B：ありがとうございます！先週，私の母が私にそれを買ってくれました。 「買う」buy の過去形 → bought

(3) A：あなたのお姉さんは何歳ですか？ [How old is your sister(?)]／B：彼女は19歳で，私よりも4歳年上です。older than「～より年上」older ← old の比較級

(4) A：来週，2人の新しいクラスメイトが来ることを知っていますか？／B：はい，知っています。私はそのニュースにとても驚きました。[(I) was very surprised at the news(.)]「～に驚いている」<**be動詞 + surprised at**>

(5) A：あなたは彼らが誰だか知っていますか？ [(Do) you know who they are(?)]／B：彼らは人気のあるダンサーです。Who are they？ 間接疑問文(疑問文が他の文に組み込まれる形)<(疑問詞＋)主語＋動詞>の語順になる。

6 (条件英作文，間接疑問文，助動詞)

Excuse me.「すみませんが」に続く，道を尋ねる表現を25語程度の英語でまとめる。

(解答例の訳) (例1)私はABCホテルへ行きたいのですが，今，自分がどこにいるのかわかりません。そこへの行き方を私に教えてくれませんか？／(例2)お聞きしてもよろしいでしょうか？ABCホテルを探しています。そこはここの近くですか？そこへの行き方を教えてくれませんか？

I don't know where I am.／Would you show me how I can get there? ← 間接疑問文(疑問文が他の文に組み込まれた形)<疑問詞＋主語＋動詞>の語順になる。**Could you ～?**／**Would you ～?** 丁寧な依頼「～してくれませんか」

7 (長文読解問題・エッセイ・資料読解：図・表などを用いた問題，語句補充・選択・記述，内容真偽，比較，不定詞，助動詞，指示語，関係代名詞)

(1)　(全訳)あなたは毎日どのくらい眠りますか？みんながほぼ同じ睡眠時間を必要としていると思いますか？スライド1を見てください。これは，どのくらい睡眠が必要かを示しています。あなたは毎日，約9時間寝ていますか？新生児は10時間以上眠ることが必要です。大人は一日のおよそ30％眠ることが必要です。健康のために十分に眠るべきなのです。

動物はどのくらい眠るか知っていますか？さて，スライド2を見て下さい。コアラが最も長く眠ることを示しています。コアラは一日に22時間以上寝ているのです！　日中には，木で寝ていて，夜間，活動します。トラとライオンは一日の半分以上寝ています。トラはライオンよりも少しだけ長く眠ります。一方で，キリンは，このスライドの動物の中で最も短時間眠ります。

なぜこのように異なるのでしょうか？2つの理由を示しましょう。まず，キリンや象のような動物は草食動物です。草食動物は食べ物を探すのに多くの時間が必要で，$_B$お腹がいっぱいになるには，たくさん食べなければなりません。続いて，草食動物は長い間眠ることができません。というのは，寝ている間に，他の動物が彼らを捕食しようとするかもしれないからです。それは草食動物にとって $_C$危険なのです。しかし，トラやライオンのような動物はとても強いので，キリンや象よりも長く眠ることができるのです。私は他に面白い情報を見つけました。ある科学者たちによると，安全な場所，例えば，動物園内にいると，草食動物はもっと長く眠るとのことです。

コアラはどうでしょうか？彼らは草食動物ですが，長く眠ります。一日に2時間だけしか活動しません。なぜでしょうか？

①　大人の睡眠時間を答える。第1段落の最後から2文目で，「大人は一日のおよそ30％の睡眠が必要だ」と述べられていることから考える。24時間×0.3＝7.2時間

②　第2段落(トラとライオンは一日の半分以上寝る。トラはライオンよりも少しだけ長く眠る。キリンは，このスライドの動物の中で最も短時間眠る)を参考にすること。more than half「半分以上」longer「より長い」← long の比較級　shortest「最も短い」← short の最上級

③「食べ物を探すのに多くの時間が必要で，(B)になるには，たくさん食べなければなりません」キリンや象のような草食動物がたくさん食べなければならない目的を考えること。正解は，ア　full「お腹がいっぱい」。**不定詞の副詞的用法(目的)「～するために」**＜**have[has]＋to不定詞**＞「～しなければならない」他の選択肢は次の通り。　イ「疲れる，いやになる」ウ「お腹がすく」　エ「眠い」

④　It is(C)for them. の them は草食動物，it は，寝る行為を指す。併せて，直前で，草食動物が寝ている間に他の動物が捕食しようとすることが述べられているので，それが草食動物にとってどのような状態であるかを考える。正解は，dangerous「危険」。**may**「～かもしれない／してもよい」while「～している間に」

(2)　(全訳)　中学生のための夏季英語レッスン／他の市からの5人の外国語指導助手があなたの先生になります！／初日から3日目まで大学生数名が手伝います。／日にち・場所：8月5日から8月8日／9時から12時／市文化センター／参加方法：当ウェブサイトを訪れ，電子メールにて参加したいレッスン日を告げてください。(city_cc@cde.fg.jp)／生徒数：各レッスン15名／英語で活動してみよう！／初日：ゲーム／2日目：踊り／3日目：読書／4日目：発表／初日から3日目：毎日異なった教員／4日目：すべての教員！／教員からのメッセージ／グレッグ：楽しみましょう！ゲームをしましょう。／ケイト：あなたの好きな音楽を教えてください。一緒にダンスをして楽しみましょう。／パティ：絵本の世界をのぞいてみましょう。／ジェイン：私と一緒に発表することで，英語の練習をしてみてはいかがですか？／スティーブン：私はさまざまな

国へ行ったことがあります。私の驚くべき世界旅行について話しましょう。／市文化センター／http://www.ccc.eng.summer

① 「もしいくつかのレッスンを受講したら，英語による活動を通じて，あなたは多くの経験(experiences)を得ることができる」いくつかのレッスンを受講したら，英語による活動を通して，多くの何を得ることができるか考えること。

② ア 「大学生は3日目と4日目にレッスンに参加する」(×) 大学生が参加するのは初日から3日目。 イ「あなたが会いたいALTに電子メールを送る必要がある」(×) 言及ナシ。The ALT ▼ you want to meet ← 目的格の関係代名詞の省略＜先行詞(＋目的格の関係代名詞)＋主語＋動詞)＞「～ [主語]が・・・[動詞]する先行詞」 ウ「パティは8月5日に絵本を紹介する」(×) 読書活動は3日目の8月7日なので，不適。 エ「初日と4日目に参加すれば，グレッグに会える」(○) グレッグはゲーム担当で，ゲームは初日の活動であり，4日目にはすべての教員が参加するので，一致。

8 (長文読解問題・エッセイ：文の挿入，英問英答・記述，絵を用いた問題，内容真偽，進行形，接続詞，比較，動名詞，助動詞，現在完了，関係代名詞)

(全訳) 私の故郷のポートランドはオレゴンにある。オレゴンはアメリカの北西部にある。ポートランドは世界において最も住みやすい都市，そして，最も“緑の都市”のひとつである。約65万人の人々がそこで暮らしている。世界中の多くの人々がこの都市に興味をもっている。

約50年前に，都市の中心部に存在する川に沿って高速道路を建設する計画があった。ア当時，多くの都市で，たくさんの木々が伐採され，道路が建設されていた。しかしながら，その時，ポートランドの人々はすでに環境について考えていた。1974年に，ポートランドの人々は，高速道路を建設するのではなくて，美しい木々や花々のある公園を建設することを選択した。彼らは美しい自然の中でもっと多くの時間を費やしたいと願ったのである。ポートランドの人々の声のおかげで，市は環境にやさしくなった。約50年前の市の地図には高速道路が記されているが，実際には建設されることはなかった。現在，この都市には300以上の公園がある。そこには，多くの花，鳥，他の動物が見受けられる。そこでは，歩いたり，走ったり，くつろいだり，お祭りを開催したりさえして，楽しむことができる。人気のあるひとつの祭りが，ポートランドバラ祭りだ。ポートランドはとても温暖なので，多くのバラを栽培することができて，「バラの都市」と呼ばれている。1907年以来この祭りは続いてきた。現在，ポートランドには長い歴史がある。

同様に，市には素晴らしい公共交通機関が整備されている。多くの労働者が自転車や公共交通機関を利用して通勤している。市の公共交通機関がどんどん改善されてきて，市中での車の利用が減少している。電車が特に便利である。電車で町の中心部を移動するのは簡単だ。例えば，買い物を済ませて，店を後にすると，ちょうど真正面に駅が存在するのである。階段を上り下りする必要がない。多くのかばんを携えて，空港から電車に乗ると，市の中心部で下車して，簡単にホテルまで歩くことができる。

バスもまた市内を移動するのに簡単な方法となっている。多くのバス路線があるので，車を利用しないで，行きたい場所へ行くことができる。自転車と一緒にバスに乗車することさえできる。バスに乗る前に，バスの前方部に自転車を載せることができるのだ。下車時には，自転車をおろすことができる。このことは，駐輪場を探す必要がなく，自転車と一緒に市中のどこにでも行ける，ということを意味する。さらに，バスはバイオ燃料を使うので，環境にそれほど多くの影響を及ぼすことがない。多くの二酸化炭素を排出しないのである。近い将来，市は電力のみで走行するバスの導入を計画している。市は二酸化炭素排出量を1990年のレベルまで減少させることを決定した。

ポートランドの多くの人々がこの計画について知っている。

ポートランドは多くの人々により素晴らしい都市として知られている。もし世界中の人々が，自分らの市をより良いものとするために，何かを実践してみたいのであれば，ポートランドには多くの好例が存在している。ポートランドからは良いアイディアを得ることができる。

(1)　<50年前に，都市の中央部の川に沿って高速道路を建設する計画があった> → ア<当時，人々は多くの都市で，多くの木々を伐採し，道路を建設していた> → <しかしながら，その時，ポートランドの人々はすでに環境について考えていた>他の個所では文意が通じない。**<there +be動詞+主語+場所>**「主語が～にある」were cutting ～ and building ← 進行形**<be動詞+ -ing>**「～しているところだ」**however**「しかしながら」

(2)　質問：「なぜポートランドの人々は市の中心部に高速道路を計画することを止めて，そこに公園を作ったのか？」第2段落の[　イ　]の直後に，They wanted to spend more time in beautiful nature. とある。**more ← many／much の比較級「もっと多く(の)」**

(3)　第4段落4文目に Before you get on the bus, you can put your bicycle on the front of the bus. とある。ポートランドのバスには，自転車の搭載場所がバスの前方部に存在する。

(4)　ア「買い物が終わると，ポートランドでは駅へ到達するのに，上り下りする必要がある」(×)　第3段落第6・7文に，買い物後，駅は真正面にあり，上り下りする必要がないと書かれている。<finish +動名詞>「～することを終える」**<don't + have + to不定詞>「～する必要がない」**　イ「公共交通機関のおかげで，ポートランドのより多くの人々が自身の車を使うようになっている」(×)　第3段落の第3文に The use of cars in the city has been decreasing because its public transportation system has been getting better and better. とあり，交通機関が改善されて，自家用車の利用は減っているのである。**more ← many／much の比較級「もっと多く(の)」**<because of +名詞>「～の理由で」**<have[has] + been + -ing>現在完了進行形(動作動詞の継続)「～し続けている」better ← good／well の比較級「もっとよい／もっとよく」**<比較級+ and +比較級>「ますます[どんどん]～」　ウ「およそ50年前，ポートランドの市の地図上に，いくつかの高速道路が見受けられる」(○)　第2段落第7文に一致。　エ「ポートランドの多くの人々は，電力で動くバスの数を減らす計画について知っている」(×)　第4段落最後から3文に，「近い将来，電力のみで走るバスを導入しようという計画について，ポートランドの多くの人々が知っている」とあるので，不可。the city is planning to use buses that run only on electric power ← 主格**の関係代名詞<先行詞+主格の関係代名詞+動詞>「～[動詞]する先行詞」**

9 (会話文問題：文の挿入・選択・記述，自由・条件英作文，助動詞)

(全訳)　エヴァンズ氏(以下E)：もしもし。／ミカ(以下M)：もしもし。こちらはミカです。昨日のケーキありがとうございました。本当に美味しかった。／E：それを聞いてうれしいです。ご用件は何かしら？／M：(1)ウナンシーをお願いできますか？／E：ごめんなさい。彼女はおじいちゃんのところを訪問しています。明日の午後，戻って来ます。／M：なるほど。(2)イ伝言をお願いしてもよろしいですか？／E：もちろんです。／M：ありがとうございます。昨日，私のスケジュール帳を彼女の部屋に忘れたのではないかと思っています。彼女にそれを探すようにお願いしていただけますか？／E：あっ，本当ですか？　彼女の部屋を探してみます。ちょっと，待ってくださいね。(3)アあとで電話をかけなおします。／M：どうもありがとうございます！／(5分後)／M：もしもし，ミカです。／E：こんにちは。ナンシーの母です。／M：こんにちは，エヴァンズさん。私の

スケジュール帳はナンシーの部屋にありましたか？／E：はい。机の下に見つけました。／M：(4)
今，それを取りにご自宅にうかがってもよいですか？／E：もちろん。いつでもよいですよ。／M：ありがとうございます。まもなくうかがいます。

(1)　要件を尋ねられた後のミカの (1) の応答を受けて，エヴァンズ氏が，彼女[ナンシー]が不在であることを告げている点から考えること。他の選択肢は次の通り。　ア　「はい，それをナンシーと作りました」　イ　「いいえ，私はそうは思いません」　エ　「私は元気です。あなたはいかがですか？」How about ～？「～はいかがですか」

(2)　(2) の発言の前で，ミカは彼女[ナンシー]がしばらく不在であることを告げられて，(2) の発言後の会話内容に伝言が含まれていることから考えること。他の選択肢は次の通り。　ア　「ご用件は？」　ウ　「あなたと一緒に行ってもよいですか？」　エ　「メッセージをうかがいます？」

(3)　直前で「ちょっと待ってください」と述べて，(3) の直後，相手が礼を述べており，その後，電話が切られて，再度，5分後に電話での会話が始まったことから考える。他の選択肢は次の通り。　イ　「彼女にそれを探すように頼んでみます」　ウ　「私は彼女の祖父に会いに行きます」　エ　「ナンシーとあなたの家に行きましょう」

(4)　スケジュール帳が見つかったと告げられ，(4) の直後で「いつでも平気です」と相手が述べていることから，考える。「スケジュール帳を取りに行ってもよいか」という内容の10語程度の英文を挿入すること。**Can [May] I ～？**「～してもよいか」

2022年度英語　リスニングテスト

〔放送台本〕

1は，英語の対話を聞いて，最後の文に対する受け答えを選ぶ問題です。受け答えとして最も適当なものを，それぞれ問題用紙のAからDのうちから一つずつ選んで，その符号を書きなさい。なお，対話はそれぞれ2回放送します。では，始めます。

No. 1　Woman: Where did you go last Sunday?
　　Man: I visited my grandmother.
　　Woman: Does she live near your house?

No. 2　Bob: Where is it? ... Oh, hi Mary.
　　Mary: Hi, Bob. What are you doing?
　　Bob: I'm looking for my notebook, but I can't find it.

No. 3　Girl: Someone ate my cake!
　　Boy: Oh, it wasn't me.
　　Girl: Who was in the kitchen?

〔英文の訳〕

No.1　女性：この前の日曜日にどこへ行きましたか？／男性：私の祖母宅を訪問しました。／女性：彼女はあなたの家の近くに住んでいるのですか？

〔選択肢の訳〕

A　はい，彼女はそうです。／B　はい，私はそうでした。／C　いいえ，彼女は違います。／D　いいえ，私は違います。

No.2 ボブ：どこかなあ……。あっ，やあ，メアリ。／メアリ：こんにちは，ボブ。何をしているの？／ボブ：自分のノートを探しているのだけれど，それを見つけられないのさ。

［選択肢の訳］

A　もちろん。　B　それは私のものよ。　C　同感ね。　Ⓓ　テーブルの上にあるわ。

No.3 少女：誰かが私のケーキを食べた！／少年：えっ，僕じゃないよ。／少女：誰が台所にいたのかしら？

［選択肢の訳］

Ⓐ　お父さんがそこにいたよ。　B　いくつかオレンジがあったよ。

C　お母さんは「いいよ」と言っているよ。　D　うん，僕がクッキーを食べたよ。

〔放送台本〕

2は，英語の対話又は英語の文章を聞いて，それぞれの内容についての質問に答える問題です。質問の答えとして最も適当なものを，それぞれ問題用紙のAからDのうちから一つずつ選んで，その符号を書きなさい。なお，英文と質問はそれぞれ2回放送します。では，始めます。

No. 1 Miki: What are you doing, Charlie?

Charlie: Hi, Miki, I want to put these on the wall.

Miki: Wow, these are the pictures taken during our school trip.

Charlie: Yes. Mr. Brown asked me to show them to the class. I've just finished putting all the pictures together. Now, I need to put them on the wall.

Miki: I see. You need these. Here you are.

Charlie: Thank you. Would you help me, please?

Question: What does Charlie need?

No. 2 Let's begin the lesson. We've already finished reading page 43 and 44. And we answered the first three questions on the next page yesterday. Let's check the answers to the last two questions and then move on to page 46 after that. Now, are you ready to answer the questions?

Question: Which page will the students start from in this lesson?

〔英文の訳〕

No. 1 ミキ：チャーリー，あなたは何をしているの？／チャーリー：やあ，ミキ。これらを壁に貼りたいのさ。／ミキ：あっ，これらは，私たちの遠足で撮影された写真ね。／チャーリー：うん，ブラウン先生からクラスの皆に見せるように頼まれたのさ。僕はすべての写真をちょうどまとめ終えたところだよ。さて，それらを壁に貼る必要がある。／ミキ：なるほど。これらが必要ね。はい，どうぞ。／チャーリー：ありがとう。手伝ってもらえるかなあ？

質問：チャーリーは何が必要ですか？　正解：壁に写真を貼るためのがびょうB。

No.2 授業を始めましょう。私たちは既に43ページと44ページを読み終えました。昨日，次のページの最初の3つの質問に答えました。最後の2つの質問の答えを確認してから，その後で，46ページに移りましょう。さて，質問に答える準備はできていますか？

質問：この授業では，どのページから生徒たちは始めますか？　正解：45ページのC。

〔放送台本〕

3は，英語の文章又は英語の対話を聞いて，それぞれの内容についての質問に答える問題です。質問の答えとして最も適当なものを，それぞれ問題用紙のAからDのうちから一つずつ選んで，その符号を書きなさい。なお，英文と質問はそれぞれ2回放送します。では，始めます。

No. 1　Thank you for visiting Victoria Shopping Center. We are open from 10 a.m. to 8 p.m. seven days a week. Today is the day before Father's Day, and we will be open until 9 p.m. We are having a special time for you to get football T-shirts and baseball caps on the first floor in the Blue Sky Area. We are also having a time for American food on the second floor in the Green Mountain Area. Please enjoy shopping and have a nice day. Thank you.

Question: Where can you get football T-shirts?

No. 2　Meg: Hi, Sam. Do you have any plans for this weekend?

Sam: Yeah, I went to the sea last weekend, so I'm going to the mountains this Sunday.

Meg: That's nice, but will the weather be OK?

Sam: Well, ah, it'll be rainy.

Meg: You should change your plans. I'm going to see a movie. Do you want to come?

Sam: Sounds great. I'll go to the mountains next time.

Question: What will Sam do this weekend?

〔英文の訳〕

No.1　ヴィクトリアショッピングセンターにお越しいただきまして，ありがとうございます。1週間のうち7日間，午前10時から午後8時まで営業しています。本日は父の日の前日で，午後9時まで営業いたします。ブルースカイエリアの1階では，サッカーTシャツや野球帽をご購入いただけるスペシャルタイムを実施しています。グリーンマウンテンエリアの2階では，アメリカの食品の時間も設けております。どうぞ買い物を楽しみ，楽しい一日をお過ごしください。ありがとうございました。

質問：サッカーTシャツはどこで入手できますか？

［選択肢の訳］

Ⓐ　ブルースカイエリア　　B　グリーンマウンテンエリア　　C　午前10時　　D　午後9時

No.2　メグ：こんにちは，サム。今週末の予定は？／サム：うん，先週末に海に行ったから，今度の日曜日には，山に行こうと思っているよ。／メグ：それはいいけれど，天気は平気かしら？／サム：えーと，あれ，雨が降るね。／メグ：計画を変更するべきだわ。私は映画に行くの。一緒に来ない？／サム：良いね。山は次回にするよ。

質問：今週末，サムは何をするだろうか？

［選択肢の訳］

A　海へ行く。　　B　山へ行く。　　C　家にとどまる。　　Ⓓ　映画を見る。

〔放送台本〕

4は，英語の文章を聞いて，その内容について答える問題です。問題は，No.1，No.2の二題です。問題用紙には，それぞれの英語の文章の内容に関するまとめの文が書かれています。

それらの文を完成するために，①，②にあてはまる英単語を書きなさい。ただし，□には1文字ずつ入るものとします。なお，英文はそれぞれ2回放送します。では，始めます。

No. 1　Hi, Mina. This is Tom. Thank you so much for having a welcome party for me. I enjoyed the Japanese songs that your father and grandfather sang. That was my favorite part of the party. I want to try to sing with them next time. All the food that your family cooked was delicious. I especially liked the cake. I had a great time.

No. 2　David Ronson is an American musician. Many people around the world know him well because they love his music. David will come to Japan this Friday and hold a concert on Saturday at The Star Music Hall. It will be his first time in Japan. His Japanese fans are very excited. They will have an amazing time with him.

〔英文の訳〕

No.1　こんにちは，ミナ。トムです。僕のために歓迎会を開いてくれて本当にありがとう。あなたのお父さんとおじいさんが歌ってくれた日本の歌は本当に楽しかったです。それがパーティーの私の気に入った場面でした。次回は，彼らと一緒に歌いたいと思います。あなたの家族が用意してくれたすべての食べ物は美味しかったです。特にケーキが気に入りました。すばらしい時間をすごしました。

〔設問の訳〕

トムはミナに伝言を残しました。彼の①歓迎[welcome]会では，ミナの父親とおじいさんが彼のために日本語の歌を歌いました。彼はそれらが非常に気に入りました。また，彼女の家族が調理した②美味しい[delicious]食事も彼は楽しみました。

No.2　デイヴィッドロンソンはアメリカ人の音楽家です。彼の音楽を愛しているので，世界中の多くの人々が彼のことをよく知っています。デイヴィッドは，今度の金曜日に来日して，スターミュージックホールで土曜日にコンサートを開きます。彼にとっては，日本で初めてのことになります。彼の日本のファンは非常に興奮しています。彼らは彼と一緒に素晴らしい時間を過ごすことでしょう。

〔設問の訳〕

デイヴィッドロンソンは①有名な[famous]アメリカ人の音楽家です。多くの人々が彼の音楽が大好きです。彼は来日して，今度の②土曜日[Saturday]にコンサートを開きます。

<理科解答>

1　(1)　0.5〔N〕　(2)　ア　(3)　受精卵　(4)　震度

2　(1)　(えものとの)距離をはかる[(えものまでの)距離をつかむ]　(2)　エ
(3)　相同器官　(4)　特徴Ⅱ　イ　特徴Ⅳ　ウ

3　(1)　ア，ウ，エ　(2)　ウ　(3)　①　x　0.79〔g〕　y　494〔倍〕　②　ア

4　(1)　エ　(2)　m　大陸　n　下降　(3)　次ページ図1　(4)　40〔%〕

5　(1)　オーム〔の法則〕　(2)　図2　エ　図3　ア　(3)　(a)　3600〔J〕　(b)　(加えた電圧の大きさが同じであるので，)回路を流れる電流の大きさが大きくなったと考えられる

ため。

6 (1) 流れる水のはたらきで運ばれたとき，角が削られてつくられる。 (2) 水星　惑星A[A]　土星　惑星E[E]　(3) ウ　(4) 惑星B　イ　惑星C　オ

7 (1) イ　(2) x 大きい　y 15[cm]
(3) 右図2　(4) 18[cm]

8 (1) イ　(2) ア　(3) 反応　反射　符号　イ，ウ　(4) (刺激の信号がせきずいに伝えられると，)せきずいから直接，信号が出されるため。

9 (1) エ　(2) 亜鉛は，銅よりもイオン(陽イオン)になりやすい。 (3) イ
(4) $Cu^{2+}+2e^{-}\rightarrow Cu$

図1

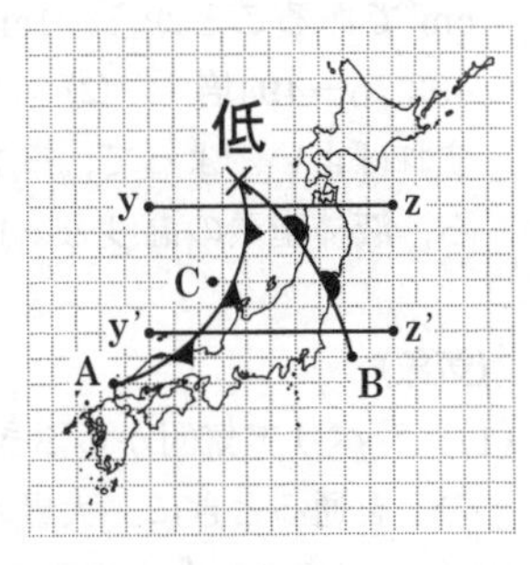

図2

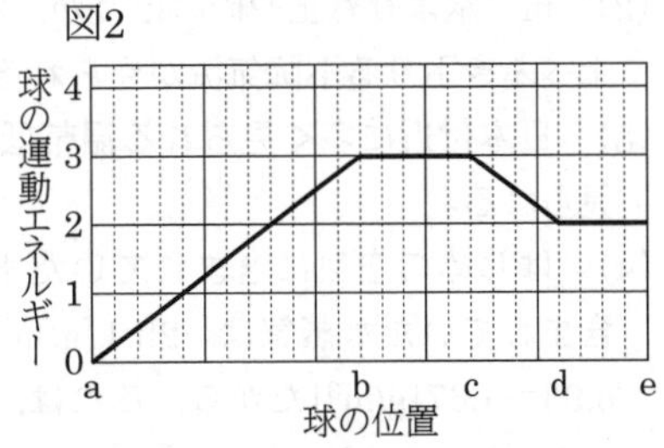

<理科解説>

1 (小問集合)

(1) 質量150gのおもりによってばねが引かれる力の大きさは，1.5N。1.5Nの力が加わることで，ばねが(10－7＝)3cmのびたことから，ばねを1cmのばすために必要な力の大きさは，1.5[N]÷3[cm]＝0.5[N]

(2) 化学反応式の左辺にある$2H_2O$は，水素原子2個と酸素原子1個が結びついてできた水分子が2個あることを表している。

(3) 精子と卵の核が合体してできたものを，受精卵という。

(4) 地震による揺れの程度を震度といい，地震の規模の大きさをマグニチュードという。

2 (動物の分類)

(1) 顔の正面に目があることで，両目の視界が重なり，ものが立体的に見えるようになるため，えものとの距離をはかりやすくなる。

(2) 草食動物は，消化の悪い植物を食べるため，臼歯で草をよくすりつぶすようにして食べる。

(3) ヒトのうでやクジラの胸びれは，はたらきは異なっているが，基本的な骨格のつくりが似ており，もとは同じ器官であったと考えられている。

(4) アは魚類とハチュウ類に共通する特徴のため，特徴Ⅲ。イは陸上に産卵するハチュウ類と鳥類に共通する特徴のため，特徴Ⅱ。ウは陸上で生活する時期をもつ動物と哺乳類に共通する特徴のため，特徴Ⅳ。エは5種の動物すべてに共通している特徴であるため，特徴Ⅴ。オは哺乳類にのみ見られる特徴であるため，特徴Ⅰ。

3 (物質の性質と状態変化)

(1) 塩化ナトリウムや金属(銀)は，分子を形成しない。

(2) 液体のエタノールが気体に変化しても粒子の数や大きさは変わらないが，粒子間の距離が大きくなるため，体積が大きくなる。

(3) ① x 液体から気体になると**体積は大きくなるが，質量は変わらない**。液体の密度が0.79g/

cm^3であることから，$1cm^3$あたりの質量は0.79gである。 y 0.79〔g/cm^3〕÷0.0016〔g/cm^3〕＝493.75→494倍 ② エタノールを固体にするためには，エタノールの温度を融点よりも低くすればよい。よって，－155℃よりも低い温度であれば，エタノールは固体となる。このことから，液体窒素の温度も－155℃より低いことがわかる。

4 (気象)

(1) シベリア気団からふき出される空気なので，冷たく乾燥している。この空気が日本海の暖流の上を通るときに，大量の水蒸気を含んで湿った空気となる。

(2) m 水よりも土や砂のほうが，温度が下がりやすい。 n 高気圧の中心部には，上空から地上へふき下りる下降気流が見られる。

(3) 日本付近に多く見られる温帯低気圧では，その中心から南西に**寒冷前線**，南東に**温暖前線**が見られる。

(4) はじめの空気に含まれていた水蒸気は，14.5〔g/m^3〕×0.8＝11.6〔g/m^3〕 山をこえた空気に含まれていた水蒸気は，23.1〔g/m^3〕×0.3＝6.93〔g/m^3〕 よって，失った水蒸気の量は，11.6－6.93＝4.67〔g/m^3〕だから，これは，初めに空気に含まれていた水蒸気11.6gに対し，4.67÷11.6＝0.402…→40％

5 (電流とそのはたらき)

(1) 電流と電圧が比例の関係にあるという法則を，**オームの法則**という。

(2) 電熱線Aの抵抗の大きさは，6.0〔V〕÷2.0〔A〕＝3〔Ω〕 図2の回路の全抵抗は，3〔Ω〕＋3〔Ω〕＝6〔Ω〕 図6では，エが6Ωの抵抗を使用した結果となっている。図3の回路の全抵抗は，$\frac{1}{3}+\frac{1}{3}=\frac{2}{3}=\frac{1}{1.5}$より，1.5Ω。図6では，アが1.5Ωの抵抗を使用した結果となっている。

(3) (a) **発生した熱量〔J〕＝電力〔W〕×時間〔s〕**より，6.0〔V〕×2.0〔A〕×(5×60)〔s〕＝3600〔J〕

(b) 発生する熱量は，時間が同じであれば，**消費する電力に比例**する。実験3の①，②で，電熱線に加えた電圧はどちらも同じことから，②のほうが，消費した電力が大きくなっており，電熱線に流れる電流が大きかったことがわかる。等しい電圧を加えたときに，回路により大きな電流が流れたのは，電熱線の抵抗が小さかったためである。

6 (天体)

(1) 水で運ばれる間に石どうしでぶつかるなどして，角がしだいに削れて丸みを帯びるようになる。

(2) 太陽系の惑星は，水星，金星，地球，火星，木星，土星，天王星，海王星の順に並んでおり，公転周期は太陽に近い惑星ほど短い。

(3) 惑星Bの太陽のほうを向いている面だけが，地球から明るく見えるため，右側が少し欠けて見える。

(4) 半年後，惑星Bは$360°\times\frac{0.5}{0.62}=290.3\cdots°$，惑星Cは，$360°\times\frac{0.5}{1.85}=97.2\cdots°$，地球は$360°\times\frac{0.5}{1.0}=180°$，図4の状態から移動している。このときの惑星B，C，地球の位置関係をもとにして，地球からの見え方を答える。

7 (運動とエネルギー)

(1) 重力は，地球が物体を，地球の中心に向かって引く力である。

(2) 図3から，球の質量が一定ならば，**球を置く高さと木片の移動した距離は比例**していることがわかる。よって，質量60gの球を20cmの高さに置いたとき，木片が移動した距離が12cmであることから，球を置く高さが25cmのとき，木片が移動した距離acmを求めると，20：12＝25：a a＝15〔cm〕

(3) **力学的エネルギー保存の法則**より，Aに置いたときの位置エネルギーが3なので，どの点においても位置エネルギーと運動エネルギーの和が3になる。

(4) 高さ30cmから離した球が高さ10cmにあるとき，球ははじめよりも20cm低くなっている。よって，90cmの球を高さ20cmから離したときの水平面での木片の移動距離に等しくなると考えられる。図3より，60gの球を20cmの高さに置いた場合，木片が移動する距離は12cmである。球の質量と木片の移動距離は比例することから，90gの球を20cmの高さから離したときに，水平面で木片が移動する距離xは60：12＝90：x　x＝18〔cm〕

8 (神経)

(1) 目でとらえた刺激は，感覚神経を通って直接脳に伝えられる。その後，脳から出た命令がせきずい，運動神経を通り，運動器官まで伝わる。

(2) うでを曲げるための筋肉の両端のうち，一方は肩の骨，一方はひじをまたいだ骨についている。

(3) 危険を避けるときなどに見られる，意識しないで起こる反応を，**反射**という。イ，ウも意識せずに行われるので反射である。

(4) 反射に見られる反応の命令は，脳から出されるのではなく，せきずいから出される。刺激が脳に伝わる前に反応の命令が出されるため，その分反応が早い。

9 (電池)

(1) ダニエル電池の銅板が＋極，亜鉛板が－極となる。電流は，＋極から－極に流れる。

(2) 硫酸銅水溶液中の銅イオンが亜鉛板に銅となって付着するかわりに，亜鉛板の亜鉛が亜鉛イオンとなって水溶液中に溶け出す。よって，銅と亜鉛を比べてイオンになりやすいのは亜鉛であるといえる。

(3) 亜鉛板から亜鉛原子が亜鉛イオンに変化して溶液中にとけ出す。このとき，亜鉛原子は電子を2個失って陽イオンの亜鉛イオンとなる。

(4) 銅イオンが2個の電子を受けとって，銅原子に変化している。

＜社会解答＞

1 (1) 原油[石油]　(2) ウ　(3) 年代の古い順 1 イ　2 ア　3 ウ
(4) A ウ　D エ

2 (1) Ⅰ エ　Ⅱ 前橋(市)　(2) 地熱　(3) B ウ　D イ
(4) ① エ ② イ

3 (1) ア　(2) A　(3) Ⅰ え　Ⅱ アンデス(山脈)　(4) (例)輸出品の価格が大きく変動するため，国の収入が安定しない　(5) ウ

4 (1) 年代の古い順 1 ア　2 エ　3 イ　(2) イ　(3) エ　(4) Ⅰ 武家諸法度　Ⅱ ア　(5) 書院造

5 (1) イ　(2) イ　(3) ア　(4) 年代の古い順 1 ウ　2 ア　3 イ
(5) (例)サンフランシスコ平和条約により，日本は独立
6 (1) Ⅰ イ　Ⅱ ア　(2) CSR　(3) ウ
7 (1) 地方自治　(2) ア　(3) (例)有権者のもつ一票の価値が異なる
8 (1) 持続可能　(2) エ

<社会解説>

1 **(地理的分野—世界地理－資源・産業，公民的分野—国際社会との関わり，歴史的分野—世界史－政治史)**

(1) 年により順位の入れ替わりがあるものの，**アメリカ・ロシア・サウジアラビア**が，生産量の上位3か国を占めているのは，**原油**である。解答は石油でも正解となる。

(2) アジア太平洋地域の経済発展や地域協力を推進するための枠組みとして，1989年に日本を含む12か国で設立され，現在21か国が参加しているのが，**APEC**(Asia Pacific Economic Cooperation)である。

(3) ア オランダが**東インド会社**を設立したのは，1602年である。 イ **コロンブス**が大西洋を横断したのは，1492年である。 ウ イギリスが**アヘン戦争**に勝利したのは，1842年である。したがって，時代の古い順に並べると，イ→ア→ウとなる。

(4) A 資料2で2009年度に**国民総所得**が急落していることから，この年に**財政危機**が表面化したギリシアだとわかる。 D **国土面積**が世界第9位のカザフスタンは，この5国の中で，国土面積の最も広いEである。Eを除いて，**牧場・牧草地**の面積が最も広いDが，資料1で世界第3位の**羊毛生産量**と記されているニュージーランドである。

2 **(地理的分野—日本地理－地形・都市・エネルギー・農林水産業・地形図の見方)**

(1) Ⅰ 長野県は**中部地方**，福島県は**東北地方**，新潟県は**中部地方**，群馬県は**関東地方**で，同じ地方に属しているのは，長野県と新潟県である。 Ⅱ 長野県の**県庁所在地**は長野市，福島県の県庁所在地は福島市，新潟県の県庁所在地は新潟市である。県名と県庁所在地の都市名が異なるのは，群馬県の前橋市である。

(2) **火山活動**による地熱や，地下にある高温の熱水などを用いて行う発電のことを，**地熱発電**という。**再生可能エネルギー**の一つとして期待されている。国内最大の地熱発電所は大分県にある。

(3) 初めに，A～Dの県名を確定する。Aは秋田県，Bは愛知県，Cは大阪府，Dは愛媛県である。愛知県は，都道府県中で最も**花き**の生産量が多く，愛知県はウである。愛媛県は全国有数の**みかん**の産地で，**果実**の産出量が多く，愛媛県はイである。

(4) ① ア～ウは正しい。エが誤っている。函館山の山頂は地形図の**三角点**「△」記載によれば，標高332mであり，地点Eは，10mごとにひかれている等高線によれば，標高60mなので，標高差は300m以下である。 ② 地形図上の破線の長さは，ほぼ5cmである。これは2万5千分の1**地形図**なので，計算すれば，5cm×25000＝125000cm＝1250mである。

3 **(地理的分野—世界地理－地形・都市・産業・貿易・人口)**

(1) イギリスのロンドン郊外のグリニッジ天文台を通る経線が，**本初子午線**である。1884年の国際協定で，この線を東経0度，西経0度とし，全世界の経度の原点とすることが決定された。また，この地図は**メルカトル図法**で描かれている。メルカトル図法では，**赤道**から遠いほど面積が

広く描かれるため，②で示した場所の実際の面積は，③で示した場所の実際の面積よりも狭い。

(2) 地球は24時間で360度自転するので，**経度差15度で1時間の時差**となる。時差が7時間になるのは，経度差が105度のときである。東経135度の日本と，105度の経度差があるのは東経30度のカイロである。

(3) Ⅰ **マチュピチュ遺跡**は，南アメリカ大陸のペルーにある。記号は，えである。 Ⅱ 南アメリカ大陸西部，太平洋岸沿いに連なる大山脈を**アンデス山脈**という。一番高い山は7000m級のアコンカグア山である。

(4) エチオピアのような，コーヒー豆など数種類の農産物の輸出に依存する国を，**モノカルチャー経済**の国といい，輸出品の価格が国際相場により大きく変動しやすいため，国の収入が安定しないという弱点を持つ。

(5) ア 4か国中で，最も**人口密度**の高い国はインドであり，最も低い国はアメリカ合衆国である。 イ 4か国中で，最も**人口**の多い国は中国であるが，**国土面積**の最も広い国はアメリカ合衆国である。 エ 4か国中で，人口が多い国ほど0～14歳の**年少人口**の割合が高いことはなく，また，65歳以上の**高齢者**の人口の割合が低いこともない。ア・イ・エのどれも誤りであり，ウが正しい。

4 (歴史的分野―日本史時代別－古墳時代から平安時代・鎌倉時代から室町時代・安土桃山時代から江戸時代，―日本史テーマ別－政治史・外交史・文化史)

(1) ウが8世紀の説明であり，時代が異なる。 ア **中大兄皇子**が**蘇我氏**を倒した**乙巳の変**(いっしのへん)は，645年に起こったことである。 イ 672年に**壬申の乱**に勝利した**大海人皇子**が**天武天皇**として即位したのは，673年のことである。 エ 日本が**白村江の戦い**で敗北したのは，663年のことである。したがって，時代の古い順に並べると，ア→エ→イとなる。

(2) パネルBの**平等院**が建立されたのは，平安時代中期の11世紀半ばである。 ア **勘合符**を用いた貿易が行われたのは，室町時代のことである。 ウ **朱印船貿易**が行われたのは，安土桃山時代から江戸時代初期にかけてである。 エ **南蛮人**と呼ばれたスペイン人やポルトガル人が，**長崎**や**平戸**に来航し，貿易を行ったのは安土桃山時代から江戸時代初期にかけてである。ア・ウ・エのどれも別の時代のことであり，イが正しい。**平清盛**が**日宋貿易**に力を入れ，**音戸の瀬戸**を開削し，**大輪田泊**(おおわだのとまり)を整備したのは，12世紀の中期のことであり，パネルBと同じ平安時代である。

(3) **後鳥羽上皇**は，13世紀前期に倒幕を企てて**承久の乱**を起こし，幕府軍に敗れ**隠岐**に流された人物である。**足利義満**は，室町幕府の3代将軍である。どちらも鎌倉幕府の滅亡には関係がなく，**後醍醐天皇**と**足利尊氏**の組み合わせが正しい。後醍醐天皇は，正中の変，元弘の変と2度にわたって倒幕を計画して幕府に隠岐に流されたが，後に隠岐を脱出した。足利尊氏は，鎌倉幕府の**御家人**で幕府の命を受け西上したが，途中で後醍醐天皇の詔を受けて幕府に反し，**六波羅探題**を滅ぼし，鎌倉幕府の滅亡に大きく寄与した。

(4) Ⅰ 江戸幕府が諸大名を統制するために制定した法令が，**武家諸法度**である。1615年に**徳川家康**の命により2代将軍**徳川秀忠**のときに発布されたものが最初で，以後将軍の代替わりごとに改訂された。3代将軍**徳川家光**のときに発せられた武家諸法度**寛永令**が，参勤交代を初めて明文化するなど重要である。 Ⅱ 朝廷の監視を行い，京都の治安維持の任務や西国の大名の監視等にあたるため，江戸幕府が京都に置いた機関が，**京都所司代**である。**六波羅探題**は，承久の乱後に鎌倉幕府が京都に置いた機関である。選択肢にはないが，幕末に江戸幕府が京都の治安維持のために置いた機関が**京都守護職**であり，混同しやすいので注意したい。

(5) 室町時代に誕生した簡素な武家屋敷の様式のことを**書院造**(しょいんづくり)という。床に一面に畳を敷き詰め，障子や襖，棚や床の間などのある座敷が書院造である。書院造は現代の和室の原型となった。

5 (歴史的分野―日本史時代別－明治時代から現代，―日本史テーマ別－政治史・外交史，―世界史－政治史)

(1) ア　**王政復古の大号令**は，1867年に発せられた。　ウ　**大日本帝国憲法**の発布は，1889年である。　エ　**民撰議院設立建白書**の提出は，1874年である。ア・ウ・エはどれもあてはまらず，イが正しい。明治新政府は，旧幕府軍との戊辰戦争の最中の1868年3月に，「一 広ク会議ヲ興シ万機公論ニ決スヘシ」で始まる新政府の方針を内外に示した。これが**五箇条の御誓文**である。なお，最近では五箇条の誓文ということが多い。

(2) ア　1925年の法改正で，25歳以上の男子であれば，直接国税による制限がなくなった。このような，納税額による制限のない選挙を，**普通選挙**という。　ウ　6歳以上のすべての男女が教育を受ける**学制**が公布されたのは，1872年である。　エ　日本が**南満州鉄道株式会社**を設立したのは，1906年である。ア・ウ・エのどれも時期が異なり，日清戦争から日露戦争の間のできごとは，**八幡製鉄所**の操業開始である。日清戦争の**賠償金**の一部が建設費に用いられ，1901年に操業開始した。

(3) **オーストリアの皇太子夫妻**が**セルビア人**の青年に暗殺され，オーストリアがセルビアに最後通牒を突きつけたのが，**第一次世界大戦**の勃発につながった。オーストリア・ドイツ・トルコなどの**同盟国**と，イギリス・フランス・ロシアなどの**連合国**との間で，戦闘が繰り広げられた。正しい組み合わせは，アである。

(4) 朝鮮で南に**大韓民国**，北に**朝鮮民主主義共和国**が成立したのは，1948年であり，Bの時期には該当しない。　ア　アメリカで**ニューディール政策**が始まったのは，1933年である。　イ　**日独伊三国同盟**が締結されたのは，1940年である。　ウ　**ワシントン会議**で**海軍軍縮条約**が締結されたのは，**1922年**である。したがって，時代の古い順に並べると，ウ→ア→イとなる。

(5) **第二次世界大戦**の敗戦後，**連合国**によって占領されていた日本が，**サンフランシスコ平和条約**により**独立**を回復した。日本は，同時に**日米安全保障条約**を締結することにより，**資本主義陣営**の中に組み込まれた。以上を簡潔にまとめて解答すればよい。

6 (公民的分野―国民生活・経済一般)

(1) Ⅰ　**家計**は**企業**から**商品・サービス**を受け取り，代金を支払う。また，家計は企業に対して**労働力**を提供し，**賃金**を受け取る。花屋でアルバイトをするのはこれにあたる。Ⅱ　家計は**政府**に対して**所得税**などの税金を納め，**公共サービス**を受ける。

(2) 利潤を追求するのが，企業の本来的目的であるが，現代では企業は利潤の追求だけでなく，従業員・消費者・地域社会・環境などに配慮した企業活動を行うべきとする考え方が打ち出され，それを**企業の社会的責任**という。英語ではCorporate Social Responsibility＝CSRという。

(3) ア　各年度の**食品ロス量**の合計を比べると，最も多くなっているのは2015年度である。イ　各年度の**家庭系**の食品ロス量を比べると，前年度に比べて増加している年がある。　エ　他の年度と比べて，**事業系**の食品ロス量の中で，**外食産業**の食品ロス量の占める割合が最も高いのは，2018年度ではなく，2016年度である。ア・イ・エのどれも誤りであり，ウが正しい。

7 (公民的分野―地方自治・国の政治の仕組み)

(1) **地方自治体**では，都道府県知事・市区町村長と，都道府県議会議員・市区町村議会議員をそれぞれ**直接選挙**で選ぶ。さらに**直接請求**の制度があり，国民が自分に密接な関わりのある問題について，自分の意思を**地方自治**に反映させ，民主主義を実践する場であるから，地方自治は「**民主主義の学校**」と呼ばれるのである。

(2)　A党は，小選挙区で2議席，**比例代表**で2議席の合計4議席を獲得する。B党は，**小選挙区**では議席を獲得できず，比例代表で1議席の合計1議席を獲得する。C党は，小選挙区で1議席，比例代表で1議席の合計2議席を獲得する。したがって，アが正しい。

(3)　グラフで見られるとおり，議員一人あたりの**有権者数**が，東京10区では鳥取1区の2倍を上回っており，有権者のもつ一票の価値が異なり，**一票の格差**が生じていることがわかる。一票の格差があるのは，**憲法**の定める**法の下の平等**に反するとされる。

8 (公民的分野―国際社会との関わり)

(1)　「SDGs」とは，「Sustainable Development Goals(**持続可能な開発目標**)」の略称であり，2015年9月に国連で開かれたサミットの中で世界のリーダーによって決められた，国際社会共通の目標である。文中の枠内に入る語句は「持続可能」である。

(2)　2015年に取り決められた，2020年以降の**気候変動問題**に関する国際的な枠組みが，**パリ協定**である。1997年に定められた**京都議定書**では，参加している**先進国**全体にCO_2などの温室効果ガスの削減を要求したのに対し，パリ協定では，**開発途上国**も含めた世界全体で**温室効果ガス**の削減が求められた。具体的には，平均気温の上昇を**産業革命**前と比べ，2℃以内に抑えることが定められた。

<国語解答>

一　(1)　イ　(2)　エ　(3)　イ　(4)　ア

二　(1)　すす　(2)　ろうえい　(3)　えいびん　(4)　とうや

三　(1)　告　(2)　延　(3)　寒暖　(4)　破格　(5)　旧態

四　(1)　ウ　(2)　エ　(3)　Ⅰ　ほんとうに大事なもの　Ⅱ　負担に感じない
(4)　Ⅰ　商品のメリットを知りたい　Ⅱ　求めること　Ⅲ　話を聞かなかった
(5)　イ

五　(1)　エ　(2)　悠人，おま　(3)　ア　(4)　Ⅰ　立ち向かう　Ⅱ　逃げる
Ⅲ　愛情を持っている　(5)　(a)　甘えるように　(b)　正浩が力を　(c)　三人の兄弟と水樹とは，強いきずなで結ばれている

六　(1)　えさせて　(2)　ウ　(3)　ア　(4)　ウ
(5)　(a)　見テハ二不賢ヲ一而内ニ自ラ省ミル也。　(b)　自分の言動を棚に上げて，地頭の行動に腹を立てる

七　(例)　森さんは人の振る舞いや考え方を「大人」の条件にするが，沢木さんは法律で決められた年齢が人を「大人」にすると考えている。
　わたしは森さんの考え方に同感だ。なぜなら，わたしにも「大人」だと思う同級生がいるからだ。わたしが駅で財布を落とした時，友人はすぐに落とし物センターや警察に連絡してくれた。わたしは慌てることしかできなかった。この体験から，今必要な行動は何かを判断できる人が「大人」だと考える。

＜国語解説＞

一 (聞き取り)

(1) 鈴木さんの伝え方には，何が，どのように「すごい」のかという説明が不足している。

(2) 鈴木さんは，高橋さんと一緒に部活帰りに見た空いっぱいの星を例に提示した。この共有した思い出のおかげで，高橋さんは鈴木さんが見た映像を想像することができたのだ。

(3) 高橋さんは，きれいな光景に驚いたことを確認した上で,「驚き」から，別の「複雑な気持ち」が生じた理由を「どういうことかな？」と尋ねている。

(4) 高橋さんが感心したのは鈴木さんが「そこまで思いをめぐらしていた」という点だ。「そこ」とは，今と昔で環境が変化してしまった事実のことである。ある感情が生じたことから生活環境の変化にまで思いをめぐらすことのできた鈴木さんに感心したのだ。

二 (漢字の読み)

(1) 相手に積極的にいう。 (2) 漢詩・和歌などに節をつけて歌うこと。 (3) 感覚が鋭い様子。頭の回転が速い様子。 (4) 人の性質や能力を円満に育て上げること。

三 (漢字の書き取り)

(1) 知らせる。 (2) 質の違いを入れずに計算した合計。 (3) 「暖」の偏は「日」。

(4) 並はずれている様子。 (5) 「旧態依然」は，物事の状態，体制などが古いままで少しも変化や進展がないこと。

四 (論説文―文脈把握，内容吟味，脱文・脱語補充，品詞・用法)

(1) 文章中の「みる」は補助動詞。アとイは動詞「見る」。ウは本動詞「味わう」＋補助の関係を示す接続助詞「て」に続く補助動詞「みる」である。エは動詞「試みる」の活用語尾である。

(2) 本文では「花」について，「ボリュームたっぷりに飾る」欧米流と「簡素」な日本流を比較することで，簡素ゆえに生じる物足りなさから「花を超える」ものを感じさせるという，おもてなしの効果を述べている。

(3) Ⅰ 余計なことはせず，やるべきことだけを行うと「ほんとうに大事なもの」だけが残る。つまり余計を省くとほんとうに大事なものが明確になり，自覚できるのである。 Ⅱ おもてなしが過剰だとおもてなしをする側の思いが相手に透けて見えてしまい，もてなされる側に思いを押しつけることになるから相手は負担に感じてしまうのだ，と筆者は述べている。さりげないおもてなしとは，もてなされる側が負担に感じない程度で，もてなす側の思いを受け止められるようなものなのだ。

(4) 「同事」とは，「相手と同じ立場に立つ，相手と思いを同じくする」ことだ。Ⅰには営業マンの「独りよがり」な考えを答えればよい。雄弁な営業マンが扱っている商品のメリットをいい募るのは，顧客は商品のメリットを知りたがっていると考えているからだ。商品のメリットだけ知りたいと思っているのは独りよがりにすぎない。しかし，購入を検討する商品について様々な情報を知りたいのが顧客というものである。したがって，Ⅱは顧客の知りたい情報や求めていることといった内容が入り，Ⅲに入るのは顧客の言った「話を聞いてくれない」という点だ。

(5) 「その人」という表現には指示語である「その」が用いられていて，おもてなし毎に異なる一人ひとりの相手を想定していることがわかる。画一的でないおもてなしは，一人ひとりに配慮し，その人ごとの思いをくみ取って対応することだと伝えたいがための表現なのだ。

五 (小説―主題・表題，情景・心情，内容吟味，脱文・脱語補充)

(1) 信也は悠人がボールを受けられるように教えていたが，正浩は逃げることだけ教えるように言った。ここに指導方法の食い違いが見られる。信也は，自分のやりかたで教えても絶対に無理なのだと諭されることを自分の教え方を否定されたと感じ，不満を隠せずに，指導をやめて歩いて行ってしまったのだ。

(2) 正浩の指導のあと，悠人は目を開けていられるようになっただけでなく，正浩を睨みつけながら走れるようになった。正浩の期待以上の成長であった。その描写が「悠人，おまえ今お兄ちゃんを睨みつけながら，えらい素早く走ってた」とある。

(3) 水樹が正浩の腕をつかんだのは，感動を隠せなかったからだ。悠人が成長したのは，ほかでもなく正浩のおかけだ。正浩が人には違いがあって，自分に合ったやり方を見つけるのがよいと考え，悠人にあった方法を見つけて教えてあげたということに感動しているのである。

(4) 信也は悠人に「立ち向かえ」と教えていることからⅠには「立ち向かう」などが入る。正浩は「逃げることだけ，教えてやれよ」と言っているので，Ⅱには「逃げる」が入る。Ⅲは兄たちの悠人を思う気持ちを入れる。正浩は悠人を愛しく思っているがゆえに信也から指導を引き継いだ。悠人にとって厳しい指導をした信也も，悠人を励ます歌を作る様子などから悠人を心配したり愛しいと思っていることが読み取れる。二人の共通点は悠人をかわいいと思っているところである。

(5) (a) Ⅰは直喩だから「～ように」という表現を探す。「甘えるように」は，正浩に受け入れてもらおうとする行為であり，内容も表現も解答として適切である。 (b) Ⅱには，林さんが「私もつらい時や悲しい時に励まして支えてくれる人がそばにいてくれると，とても心強く感じます」と述べたことをふまえ，正浩が悠人を励ますことで悠人が元気になる描写を本文から探す。「かっこわるないよ。」と言われたあとに「正浩が力を込めたぶんだけ，悠人の目に力が漲っていく」とある。悠人が正浩によって元気になっていく様子が読み取れ，二人の強い結びつきを感じられる。 (c) 最後の四行は三兄弟の絆に加えて，三人と幼なじみの水樹との強い結びつきを表現している。水樹を思うと頑張れるということは，水樹は三人にとっての心の支えになっているということのあらわれだ。

六 (古文・漢文―大意・要旨，内容吟味，文脈把握，語句の意味，ことわざ・慣用句，仮名遣い)

【現代語訳】 その時，ものくさ太郎が(大通りのほうを)見渡して思うことには，取りに行ってくるのも面倒くさいし，いつまで経っても人が通らないということはないだろうと，竹の竿をのばして，犬や烏が近寄ってくるのを追い払ったりして，三日ほど待つのだが，人の姿が見えない。三日目に，一般人ではなくて，その地の新しく地頭になった人で，左衛門尉のぶよりという人が小鷹狩りのために，目白の鷹を連れて，五,六十騎ほどの軍勢でお通りになった。

ものくさ太郎は，これを見て，頭だけ持ち上げて「もし，申し上げます。そこに餅がございます。取って下さい。」と申したが，(地頭は)聞きもしないで通り過ぎていった。ものくさ太郎は，これを見て，世の中であれほどの面倒くさがりの人が，どのようにして領地を治めるのだろう。あの餅をちょっと馬から降りて，取って渡すくらいのことは，とても簡単なことなのに。世の中に面倒くさがりな人間は，自分一人だと思っていたが，沢山いるものだな，と「ああ，情けない地頭様だ」と一通りではない腹の立て方であった。

(1) 「ゑ」は現代仮名遣いでは「え」となる。

(2) 「いつの頃にても，人の通らぬことはあらじ」という心中表現があるので，ものくさ太郎は人が通ったときに拾ってもらおうと考えていることがうかがえる。

(3)「耳にも聞き入れず」の主語は，ものくさ太郎が話しかけた相手と同じだ。したがって，鷹狩りのためにとおりかかった地頭だとわかる。

(4)「やすき」は容易である・簡単であるという意味。

(5) (a) 書き下し文と照らし合わせると，「不賢」の二字を先に読んだあとに「見」を読んでいる。読む順が二字返っているので一・二点を用いる。「而」は置き字なので読まない。 (b)「ものくさき者，われひとりと思へば」とあり，自分で餅を取りに行かない自分をものぐさ者と認めているのに，それを気にせずに地頭を非難している様子にふさわしい慣用句は「棚に上げる」だ。自分のものぐさな行動を棚に上げて地頭の行動に腹を立てているという様子に面白さがある。

七 (作文)

設問の，二段落構成という条件を厳守する。第一段落(前段)では，二人の考えの差異を意識して，それぞれの考え方をまとめる。第二段落(後段)では，あなたの考える「大人」についてまとめる。第一段落で示した二つの「大人」の考え方のうち，自分の意見はどちらに近いかをふまえて意見を述べるとよいだろう。自分の体験を例として挙げると説得力が出る。必ずしも二人の意見に同調しなくてもいい。

2022年度国語　聞き取り検査

〔放送台本〕

(チャイム)

これから，国語の学力検査を行います。

最初は聞き取り検査です。これは，放送を聞いて問いに答える検査です。問題用紙を開きなさい。

(2秒空白)

一　これから，鈴木さんが高橋さんに，テレビ番組で見た映像について伝えている場面と，それに関連した問いを四問放送します。よく聞いて，それぞれの問いに答えなさい。なお，やりとりの途中，(合図音A)という合図のあと，問いを放送します。また，(合図音B)という合図のあと，場面の続きを放送します。メモをとってもかまいません。では，始めます。

鈴木　高橋さん，わたし，昨夜，テレビ番組ですごい映像を見たわ。夜の川辺を映していたのだけれど，思わず見入ってしまったわ。

高橋　へえ，どんな映像だろう。「すごい」と言うからには，きっと迫力ある映像だったんだね。あ，もしかして鮭が産卵のために川をのぼってくる映像かい？　そういえば，ニュースで紹介していたのを見たことがあるよ。

鈴木　ちがうちがう，わたしが見たのはその映像ではないわ。迫力があったから「すごい」と言ったのではなくて，あまりにきれいな映像だったから「すごい」と言ったのよ。ごめんなさい，わかりにくかったよね。

(合図音A)

問いの(1)　鈴木さんは，高橋さんの発言によって，自分の伝え方に課題があることに気がつきました。鈴木さんの伝え方の課題として最も適当なものを，選択肢ア～エのうちから一つ選び，その符号を書きなさい。

(15秒空白)

（合図音B）

鈴木　蛍が川辺を飛んでいる光景だったのよ。真っ暗闇の中に光る蛍がたくさん飛んでいて……すごいの。そのすごさを，どのような言葉を使えば伝えられるかしら。

（2秒空白）

そうだ，この間，高橋さんと部活動の後，一緒に帰ったよね。その時に見た，空いっぱいの星を覚えているかな？　わたしが見た映像は，あの満天の星みたいに蛍が飛び交う光景だったの。

高橋　ああ，あの満天の星は確かにすごかった。きれいだったね。鈴木さんが見た映像を想像できたよ。はじめに「すごい」と聞いた時は，迫力のある映像に驚いたことを指しているのだと思ったけれど，驚きは驚きでも，美しさに感動する意味合いが入っていたのだね。

（合図音A）

問いの(2)　鈴木さんと高橋さんのやりとりから，高橋さんが鈴木さんの伝えたいことを理解できたのはなぜだと考えられますか。最も適当なものを，選択肢ア～エのうちから一つ選び，その符号を書きなさい。

（15秒空白）

（合図音B）

高橋　それにしても，羨ましいな。満天の星みたいに飛び交う蛍の光景なんて見たことないよ。

鈴木　わたしもよ。初めて見たわ。だから，かえって複雑な気持ちにもなったわ。

高橋　あれ，きれいな光景だったから「驚いた」のだよね。「複雑な気持ち」とはどういうことかな？

鈴木　あ，それはね，その光景が，今ではテレビでしか見ることができないと気づいたからなの。わたしは驚いたけれど，一緒にその映像を見ていた祖母はなつかしがっていたのよ。祖母はここで生まれ育ったのだけれど，小学生の頃は，よく見かけた光景なのですって。夏休みには川辺で蛍をつかまえたらしいわ。

（合図音A）

問いの(3)　鈴木さんは，高橋さんの工夫した受け答えのおかげで，「複雑な気持ち」の説明を自然に付け加えることができました。高橋さんは，どのような工夫をして「複雑な気持ち」の説明を鈴木さんから引き出していますか。最も適当なものを，選択肢ア~エのうちから一つ選び，その符号を書きなさい。

（18秒空白）

（合図音B）

高橋　そうか，確かに満天の星のように飛び交う蛍の光景に驚くのは，それがぼくたちにとって身近な光景ではないからだね。鈴木さんはそこまで思いをめぐらしていたんだなあ。ぼくだったら単に感動して終わっていただろうな。

（合図音A）

問いの(4)　高橋さんが鈴木さんに感心したのは，なぜですか。その理由として最も適当なものを，選択肢ア~エのうちから一つ選び，その符号を書きなさい。

（5秒空白）

放送は以上です。

大切なことはメモしておこうネ！

千葉県公立高等学校(思考力を問う問題)

2022年度

★★★★★★★★★★★★★★★★★★★★★★★

入 試 問 題

2022
年
度

●くわしい解説……11ページ

<思考力を問う問題>

時間　60分　　満点　100点

1 次の(1)～(4)の問いに答えなさい。

(1) Aさんは，P地点からQ地点まで時速5kmで歩き，Q地点からR地点まで時速4kmで歩いた。P地点からQ地点までの距離と，Q地点からR地点までの距離が等しいとき，AさんがP地点からR地点まで歩いたときの平均の速さは時速何kmか，求めなさい。

(2) 大小2つのさいころを同時に1回投げ，大きいさいころの出た目の数をa，小さいさいころの出た目の数をbとするとき，直線$y=\left(\frac{6}{7}-\frac{b}{a}\right)x-2$と$x$軸との交点の$x$座標が正となる確率を求めなさい。

ただし，さいころを投げるとき，1から6までのどの目が出ることも同様に確からしいものとする。

(3) 右の図のように，半径6cmの円Oの周上に，4点A，B，C，Dがあり，線分BDは円Oの直径である。△ACDは，AC＝ADの二等辺三角形であり，CD＝6cmである。

辺ACと線分BDの交点をEとするとき，次の①，②の問いに答えなさい。

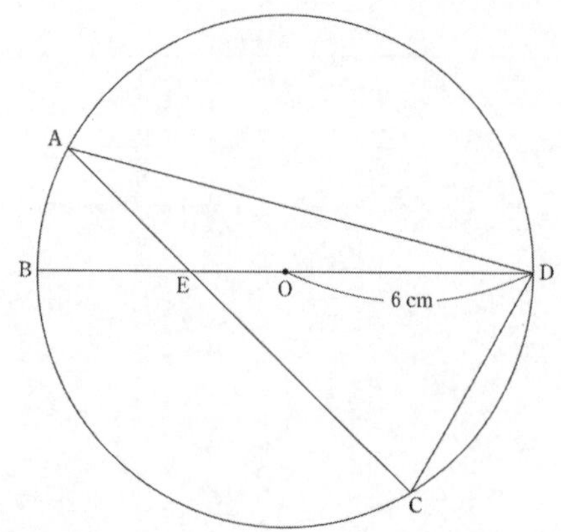

① ∠BECの大きさを求めなさい。
② 線分BEの長さを求めなさい。

(4) 右の図のように，関数$y=x^2$のグラフと2つの平行な直線ℓ，mがある。直線ℓは，関数$y=x^2$のグラフと2点A，Bで交わり，y軸と点Cで交わる。点Aのx座標は正，点Bのx座標は負である。また，直線mは，関数$y=x^2$のグラフと2点O，Dで交わり，点Dのx座標は正，y座標は9である。

線分ACと線分CBの長さの比が3：1のとき、次の①，②の問いに答えなさい。

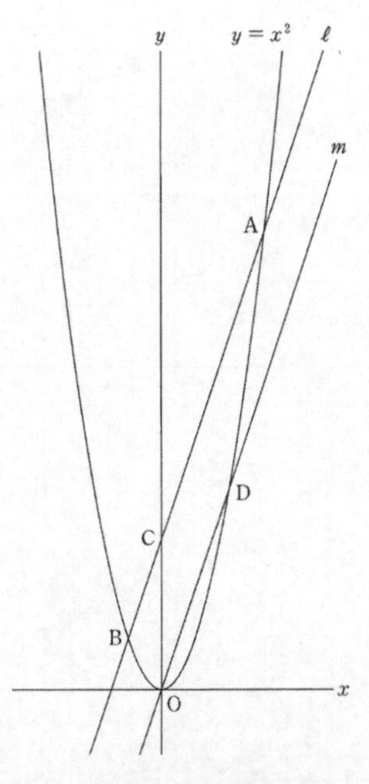

① 直線ℓの式を求めなさい。
② 線分OD上に点Eを，四角形CBOEと四角形ACEDの面積の比が2：7となるようにとるとき，点Eの座標を求めなさい。

2　次の英文は，空色高校(Sorairo High School)にアメリカのウィスコンシン(Wisconsin)州から留学しているアリーシャ(Alisha)がクラスの電子掲示板に投稿した文章です。この文章を読んで，あとの(1)~(4)の問いに答えなさい。

From Alisha 19:50 Friday, May 21st.

Hello, everyone. I'd like to give you some wonderful news. Please read this e-mail first.

> Hi, Alisha. How are you doing? Do you know that students from Wisconsin are coming to our town next month? They are going to go to Aozora Junior High School during their homestay program. We are looking for high school students to do activities after school and to join events on Saturday with them. Bring your friends who are interested in English and international exchange. I am sending their schedule. Please show it to your friends and let me know how many people will join us. I'm waiting for your e-mail. See you.

This is an e-mail from my new friend, Ms. Takahashi. I met her at an *origami* class for people from other countries last month. She is one of the volunteers teaching Japanese culture classes. Ms. Takahashi is very cheerful and has a charming smile. She told me about her family. They are (　　　) who grow many vegetables and fruits. We enjoyed talking about *origami* and Japanese culture. She has been working as a volunteer in the town's international exchange program for many years. One day she said, "I have met students from your high school in other Japanese culture classes of mine before."

Ms. Takahashi asked me to have a tea ceremony for the Wisconsin students at our high school. All of them are very interested in the Japanese tea ceremony, so I asked Mr. Yamada, the tea ceremony club teacher, to hold a tea ceremony party for them. He said, "That will be a wonderful experience. We can hold a tea ceremony after school on Wednesday." I told this to Ms. Takahashi and she was very happy. She said, "The Wisconsin students will change their schedule and go to your high school."

Please check the schedule of the Wisconsin students. They are going to visit the Town Museum and the castle on Day 5. It will be a wonderful chance to talk about our town in both English and Japanese. When I first came to this town two years ago, my host family took me to the castle. I was very excited when I wore a *kimono* for the first time at the castle museum. They will be able to have the same experience, too. It will be an exciting event for them and us.

If you are interested in joining these activities and events with the Wisconsin students, please send me a message or come to my class. I'm in 1-A.

(4)　**2022年 思考力を問う問題**　　　**千葉県**

(注)　homestay　ホームステイ　international exchange　国際交流
schedule　スケジュール　let me know　私に知らせてください
cheerful　快活な　charming　魅力的な

The Schedule of Your Stay in Aozora Town

Day 1　Narita International Airport
— Orientation at Aozora Junior High School —Meet your host family
Day 2　Classes at Aozora Junior High School, school lunch —Club activities
Day 3　Classes at Aozora Junior High School, school lunch
— Walk around Aozora town　With the high school students!
Day 4　Classes at Aozora Junior High School, school lunch —Club activities
— Dinner with the mayor
Day 5　Spend the morning with your host family
— 2 p.m. Town Museum
3 p.m. Aozora Castle　With the high school students!
Day 6　Spend all day with your host family
Day 7　Farewell ceremony — Narita International Airport

(注)　orientation　オリエンテーション　mayor　町長　farewell ceremony　送別会

(1)　本文を読んで，ア～エの出来事が起こった順に並べかえ，その順序を符号で示しなさい。

ア　Alisha became friends with Ms. Takahashi.
イ　Alisha received an e-mail from Ms. Takahashi.
ウ　Alisha asked Mr. Yamada to hold a tea ceremony.
エ　Alisha wore a *kimono* for the first time.

(2)　本文の内容と合うように，本文中の(　　　)に適する英単語1語を書きなさい。

(3)　本文の内容と合うように，次の①，②の英文の(　　　)に入る最も適当なものを，それぞれあとのア～エのうちから一つずつ選び，その符号を書きなさい。

①　Some students in Sorairo High School know Ms. Takahashi because (　　　) before.
ア　they held some culture classes for her
イ　they enjoyed *origami* classes with her
ウ　they took her Japanese culture classes
エ　they met her at the castle museum

②　To join the tea ceremony, the Wisconsin students will change their plans for (　　　) of their schedule.
ア　the second day　　イ　the third day　　ウ　the fourth day　　エ　the fifth day

(4) 次の英文はアリーシャのもとに送られてきた，友人からのメッセージです。(　　　)に入る英語を10語程度(. , ? ! などの符号は語数に含まない。)で書きなさい。

Hi, Alisha! Thank you for your information! I'd like to join the museum and the castle events, but I have some questions. (　　　) I'm going to visit your class tomorrow, so let's talk about them then.

3 授業で，イギリスのコッツウォルズ(Cotswolds)地方について発表するために，調べた内容を以下のようにまとめました。この文章を読んで，あとの(1)，(2)の問いに答えなさい。

<コッツウォルズ地方について①>

I read this article on the Internet.

[　ア　] Cotswolds stone is a natural stone that is only found in the Cotswolds area of England. It's called "honey stone" because it's the color of honey. [　イ　] The scenery of honey-colored houses and the smiles of the people make you feel as if you were in the world of a picture book. [　ウ　] The Cotswolds villages have become the most beautiful in England with those charms. Many people visit there from around the world every year. [　エ　] If you walk around the villages, you will feel not only relaxed, but you will also learn why people love this area.

<コッツウォルズ地方について②>

This article made me really interested in Cotswolds and I sent an e-mail to Castle Comb village office in Cotswolds. Fortunately, I got to know one woman who lives in the village. She taught me that Castle Comb is called "The prettiest village in England." People in Cotswolds and many other volunteers have worked to protect the scenery for a long time. She also told me that tourists around the world have been experiencing this world of picture books and enjoying its charms for almost a century.

<分かったこと，考えたこと>

People who live in Cotswolds have been (　　　) (　　　) (　　　) their houses to keep the beautiful scenery for many years. They are proud of the beauty and history of Cotswolds. Tourists are fascinated with the beautiful scenery and the warm-hearted people there.

(注) article　記事　　honey　はちみつ　　scenery　景色
honey-colored　はちみつ色の　as if～　まるで～であるかのように
charm　魅力　　Castle Comb　カッスルクーム(村の名前)
fortunately　幸運なことに　　get to know　知り合う　　experience　経験する
fascinate　魅了する　　warm-hearted　心の温かい

(6)　**2022年　思考力を問う問題　　　　千葉県**

(1)　次の英文を入れるのに最も適当な場所を，本文中の[　ア　]～[　エ　]のうちから一つ選び，その符号を書きなさい。

The walls of the old houses there are made of those stones.

(2)　本文中の(　　)(　　)(　　)に適する英語を書きなさい。(　　)には1語ずつ入るものとする。

(大問４は9ページから始まります。)

（注1）「荘子」＝書物の名。中国、戦国時代の思想家の荘子が著した。内篇、外篇、雑篇に分かれ、三十三篇から成る。

（注2）恵子＝恵施（けいし）。中国、戦国時代の思想家、政治家。

（注3）禅問答＝禅の代表的な修行法の一つで、修行者が問いを発し、師がこれに答えるもの。

（注4）デモクリトス＝古代ギリシアの哲学者。万物の根源は原子（アトム）であるという原子論を唱えた。

（注5）素粒子＝物質や場を構成する最小単位とみられる粒子。

(1) 文章中の【　A　】には、荘子の発言に対する恵子の反論の言葉が入る。その論理展開をあとのようにまとめるとき、［Ⅰ］～［Ⅲ］に入る言葉を、次の〈条件〉にしたがい、それぞれ一文で書きなさい。

〈条件〉

① ［　］の中の言葉を使うこと。ただし、同じ言葉を何度用いてもよい。使用しない言葉があってもよい。

② 指定された、それぞれの字数で書くこと。ただし、句読点も字数に数える。

［　僕　君　魚　魚の楽しみ　わかる　わからない　］

荘子「君は僕じゃない。僕に魚の楽しみがわからないということが、どうしてわかるのか。」

恵子「僕は君でない。

↓だから、もちろん

［Ⅰ］（十字以上、十五字以内）

↓だから

［Ⅱ］（十字以内）

［Ⅲ］（十五字以内）

どうだ、僕の論法は完全無欠だろう。」

(2) 文章中の（①）～（③）に入る語として最も適当なものを、次のア、イのうちから一つ選び、それぞれ符号を書きなさい。

ア 荘子　イ 恵子

(3) 文章中に自分は荘子と恵子のどちらに近いかとあるが、科学者の研究に対する姿勢について、筆者の考えを説明しなさい。ただし、文章中にある二つの考え方を用いながら説明すること。

かった。それにもかかわらず、原子から出発した科学者たちの方が、原子抜きで自然現象を理解しようとした科学者たちより、はるかに深くかつ広い自然認識に到着し得たのである。「実証されていない物事は一切、信じない」という考え方が窮屈すぎることは、科学の歴史に照らせば、明々白々なのである。

されればといって、実証的あるいは論理的に完全に否定し得ない事物は、どれも排除しないという立場が、あまりにも寛容すぎることも明らかである。科学者は思考や実験の過程において、きびしい選択をしなければならない。いいかえれば、意識的・無意識的に、あらゆる可能性の中の大多数を排除するか、あるいは少なくとも一時、忘れなければならない。

実際、科学者のだれひとりとして、どちらかの極端の考え方を固守しているわけではない。問題はむしろ、両極端のどちらに近い態度をとるかにある。

今日の物理学者にとって最もわからないのは、素粒子(注5)なるものの正体である。とにかく、それが原子よりも、はるかに微小なものであることは確かだが、細かく見れば、やはり、それ自身としての構造がありそうに思われる。しかし実験によって、そういう細かいところを直接、見わけるのは不可能に近い。ひとつの素粒子をよく見ようとすれば、他の素粒子を、うんとそばまで近づけた時に、どういう反応を示すかを調べなければならない。ところが、実験的につかめるのは、反応の現場ではなく、ふたつの素粒子が近づく前と後とだけである。こういう事情のもとでは、物理学者の考え方は、上述の両極端のどちらかに偏りやすい。ある人たちは、ふたつの素粒子が遠くはなれている状態だけを問題にすべきだという考え方、あるいは個々の素粒子の細かい構造など考えてみたってしようがないという態度を取る。私などは、これとは反対に、素粒子の構造は何らかの仕方で合理的に把握できるだろうと信じて、ああでもない、こうでもないと思い悩んでいる。荘子が魚の楽しみを知ったようには簡単にいかないが、いつかは素粒子の心を知ったといえる日がくるだろうと思っている。しかし、そのためには、今までの常識の枠を破った奇妙な考え方をしなければならないかもしれない。そういう可能性を、あらかじめ排除するわけには、いかないのである。

去る一九六五年の九月に京都で、中間子論三十周年を記念して、素粒子に関する国際会議を開いた。出席者が三十人ほどの小さな会合であった。会期中の晩餐会(ばんさんかい)の席上で、上記の荘子と恵子の問答を英訳して、外国からきた物理学者たちに披露した。皆たいへん興味を持ったようである。それぞれが、自分は荘子と恵子のどちらに近いか考えているのではないか。私はそんな空想を楽しんでいたのである。

（湯川秀樹(ゆかわひでき)『知魚楽』による。）

4

次の文章を読み、あとの(1)～(3)の問いに答えなさい。

色紙に何か書けとか、額にする字を書けとか頼んでくる人が、あとを絶たない。色紙なら自作の和歌でもすむが、額の場合には文句に困る。このごろ時々「知魚楽（ちぎょらく）」と書いてわたす。すると必ず、どういう意味かと聞かれる。これは「荘子（そうじ）（注1）」外篇（へん）の第十七「秋水」の最後の一節からとった文句である。原文の正確な訳は私にはできないが、おおよそ次のような意味だろうと思う。

ある時、荘子が恵子（けいし）（注2）といっしょに川のほとりを散歩していた。恵子はものしりで、議論が好きな人だった。二人が橋の上に来かかった時に、荘子が言った。

「魚が水面にでて、ゆうゆうとおよいでいる。あれが魚の楽しみというものだ。」

すると恵子は、たちまち反論した。「君は魚じゃない。魚の楽しみがわかるはずがないじゃないか。」

荘子が言うには、

「君は僕じゃない。僕に魚の楽しみがわからないということが、どうしてわかるのか。」

恵子はここぞと言った。

「【　A　】どうだ、僕の論法は完全無欠だろう。」

そこで荘子は答えた。

「ひとつ、議論の根元にたちもどってみようじゃないか。君が僕に『君にどうして魚の楽しみがわかるか』ときいた時には、すでに君は僕に魚の楽しみがわかるかどうかを知っていた。僕は橋の上で魚の楽しみがわかったのだ。」

この話は禅問答（注3）に似ているが、実は大分ちがっている。禅はいつも科学のとどかぬところへ話をもってゆくが、荘子と恵子の問答は、科学の合理性と実証性に、かかわりをもっているという見方もできる。（　①　）の論法の方が（　②　）よりはるかに理路整然としているように見える。また魚の楽しみというような、はっきり定義もできず、実証も不可能なものを認めないという方が、科学の伝統的な立場に近いように思われる。しかし、私自身は科学者の一人であるにもかかわらず、（　③　）の言わんとするところの方に、より強く同感したくなるのである。

大ざっぱにいって、科学者のものの考え方は、次の両極端の間のどこかにある。一方の極端は「実証されていない物事は一切、信じない。」という考え方であり、他の極端は「存在しないことが実証されていないもの、起こり得ないことが証明されていないことは、どれも排除しない。」という考え方である。

もしも科学者の全部が、この両極端のどちらかを固執していたとするならば、今日の科学はあり得なかったであろう。デモクリトス（注4）の昔はおろか、十九世紀になっても、原子の存在の直接的証明はな

大切なことはメモしておこうネ!

2022年

解答と解説

《配点は解答用紙集に掲載してあります。》

＜解　答＞

1 (1) (時速)$\frac{40}{9}$(km)　(2) $\frac{5}{12}$　(3) ① 135(度)　② $9-3\sqrt{3}$(cm)
(4) ① $y=3x+\frac{27}{4}$　② $\left(\frac{1}{2},\ \frac{3}{2}\right)$

2 (1) エ → ア → イ → ウ　(2) (例) farmers　(3) ① ウ　② ア
(4) (例) When and where will we meet? Do I need anything?

3 (1) イ　(2) (例) taking care of

4 (1) (例) Ⅰ (僕に)君のことはわからない。　Ⅱ 君は魚でない。　Ⅲ 君には魚の楽しみがわからない。　(2) ① イ　② ア　③ ア
(3) (例) 恵子は「実証されていない物事は一切，信じない」という科学の伝統的立場に，荘子は「存在しないことが実証されていないものは，どれも排除しない」という考え方にそれぞれ近く，二つは両極端にある。科学では，思考や実験の過程で可能性の大多数の排除が必要である一方で，常識の枠を破った考え方が科学の発展へつながることもある。科学者は，両者のどちらに近くても，あらゆる可能性をどこまで排除するかを考える姿勢が大切だ。

＜解　説＞

1 (方程式の応用，関数・グラフと確率，円の性質，角度，線分の長さ，図形と関数・グラフ，面積比)

(1) (P地点からQ地点までの距離)＝(Q地点からR地点までの距離)＝a(km)とする。P地点からQ地点までの$a$kmを時速5kmで歩いたときにかかった時間は$a\div5=\frac{a}{5}$(時間)

また，Q地点からR地点までの$a$kmを時速4kmで歩いたときにかかった時間は$a\div4=\frac{a}{4}$(時間)だから，AさんがP地点からR地点までの$a\times2=2a$(km)を，$\frac{a}{5}+\frac{a}{4}=\frac{4a+5a}{20}=\frac{9a}{20}$(時間)かけて歩いたときの平均の速さは，$2a\div\frac{9a}{20}=2a\times\frac{20}{9a}=\frac{40}{9}$より，時速$\frac{40}{9}$kmである。

(2) 直線$y=\left(\frac{6}{7}-\frac{b}{a}\right)x-2$…①と$x$軸との交点の$x$座標は，①に$y=0$を代入して$x$について解くと
$0=\left(\frac{6}{7}-\frac{b}{a}\right)x-2$　$-\left(\frac{6}{7}-\frac{b}{a}\right)x=-2$　$\frac{6a-7b}{7a}x=2$　$x=2\times\frac{7a}{6a-7b}=\frac{14a}{6a-7b}$
これより，x座標$\frac{14a}{6a-7b}$の値が正となるのは，$a>0$より$14a>0$であることを考慮すると，$6a-7b>0$となればいい。大小2つのさいころを同時に1回投げるとき，全ての目の出方は6×6＝36(通り)　このうち，$6a-7b>0$となるのは，$(a,\ b)$＝(2，1)，(3，1)，(3，2)，(4，1)，(4，2)，(4，3)，(5，1)，(5，2)，(5，3)，(5，4)，(6，1)，(6，2)，(6，3)，(6，4)，(6，5)の15通り。
よって，求める確率は$\frac{15}{36}=\frac{5}{12}$

(3) ① OC＝OD＝CD＝6(cm)より，△OCDは正三角形だから，∠BDC＝60°　直径に対する円周角は90°だから，∠BCD＝90°　△BCDの内角の和は180°だから，
∠CBD＝180－∠BCD－∠BDC＝180－90－60＝30(°)　$\overset{\frown}{\mathrm{CD}}$に対する円周角なので，∠CAD＝

$\angle$CBD$=30(^\circ)$ △ACDはAC＝ADの二等辺三角形だから，$\angle$ACD$=(180-\angle$CAD$)\div 2=(180-30)\div 2=75(^\circ)$ △ECDの**内角と外角の関係**から，$\angle$BEC$=\angle$EDC$+\angle$ECD$=60+75=135(^\circ)$

② 点Cから線分BDへ垂線CHを引くと，△CDHは30°，60°，90°の直角三角形で，3辺の比は$2:1:\sqrt{3}$だから，DH$=$CD$\times\frac{1}{2}=6\times\frac{1}{2}=3$(cm)，CH$=DH\times\sqrt{3}=3\times\sqrt{3}=3\sqrt{3}$(cm) また，$\angle$CED$=180-\angle$BEC$=180-135=45(^\circ)$より，△CEHは直角二等辺三角形で，3辺の比は$1:1:\sqrt{2}$だから，EH＝CH＝$3\sqrt{3}$cm 以上より，BE＝BD－ED＝BD－(EH＋DH)$=12-(3\sqrt{3}+3)=9-3\sqrt{3}$(cm)

(4) ① 点Dの座標を$(d,\ 9)$とすると，点Dは関数$y=x^2$上にあるから$9=d^2$ $d>0$より$d=\sqrt{9}=3$ よって，D(3, 9) 直線mの式は傾きが$\frac{9-0}{3-0}$なので，$y=3x$ 点A，Bの座標をそれぞれA$(a,\ a^2)$，B$(b,\ b^2)$とする。点A，Bからx軸へそれぞれ垂線AP，BQを引くと，AP//CO//BQより，**平行線と線分の比の定理**を用いて，PO：OQ＝AC：CB＝3：1

これより，PO：OQ$=(a-0):(0-b)=3:1$ $a=-3b$…㋐ 線分ABの傾きは直線mの傾きの3と等しいから，$\frac{a^2-b^2}{a-b}=3$ $\frac{(a+b)(a-b)}{a-b}=3$ $a+b=3$ これに㋐を代入して，$-3b+b=3$ $b=-\frac{3}{2}$ よって，直線ℓはB$\left(-\frac{3}{2},\ \left(-\frac{3}{2}\right)^2\right)=B\left(-\frac{3}{2},\ \frac{9}{4}\right)$を通り，傾きが3の直線だから，$y=3x+c$とおいて$x=-\frac{3}{2}$，$y=\frac{9}{4}$を代入すると，$\frac{9}{4}=3\times\left(-\frac{3}{2}\right)+c$ $c=\frac{27}{4}$ よって，直線ℓの式は$y=3x+\frac{27}{4}$

② 直線ℓの切片が$\frac{27}{4}$より，C$\left(0,\ \frac{27}{4}\right)$ また，前問①より，$a=-3b=-3\times\left(-\frac{3}{2}\right)=\frac{9}{2}$

$\ell//m$で，平行線と面積の関係より，△AOD＝△CODを考慮すると，(四角形ABODの面積)＝△BOC＋△AOC＋△AOD＝△BOC＋△AOC＋△COD$=\frac{1}{2}\times$CO$\times$(点Bのx座標の絶対値)$+\frac{1}{2}\times$CO$\times$(点Aのx座標の絶対値)$+\frac{1}{2}\times$CO$\times$(点Dのx座標の絶対値)$=\frac{1}{2}\times\frac{27}{4}\times\frac{3}{2}+\frac{1}{2}\times\frac{27}{4}\times\frac{9}{2}+\frac{1}{2}\times\frac{27}{4}\times 3=\frac{243}{8}$ よって，(四角形CBOEの面積)：(四角形ACEDの面積)＝2：7より，(四角形CBOEの面積)＝(四角形ABODの面積)$\times\frac{2}{2+7}=\frac{243}{8}\times\frac{2}{9}=\frac{27}{4}$ 点Eのx座標をeとすると，△EOC$=\frac{1}{2}\times$CO$\times$(点Eのx座標の絶対値)$=\frac{1}{2}\times\frac{27}{4}\times e=\frac{27}{8}e$ これが，△EOC＝(四角形CBOEの面積)－△BOC$=\frac{27}{4}-\frac{81}{16}=\frac{27}{16}$に等しいから，$\frac{27}{8}e=\frac{27}{16}$ $e=\frac{1}{2}$ 点Eは直線m上にあるから，そのy座標は$y=3\times\frac{1}{2}=\frac{3}{2}$ よって，E$\left(\frac{1}{2},\ \frac{3}{2}\right)$

2 (長文読解問題・エッセイ：文の並べ換え，適語補充・記述，メモなどを用いた問題，関係代名詞，現在完了)

(全訳) アリーシャ，19:50 金曜日，5月21日

皆さん，こんにちは。皆さんに素晴らしいニュースをお伝えしたいです。この電子メールをまず，読んでください。

こんにちは，アリーシャ。元気ですか？ ウィスコンシン州からの学生が来月私たちの町にやってくることを知っていますか？ 彼らのホームステイプログラム中に，青空中学校に来ることになっています。私たちは，放課後に活動して土曜日の催しに彼らと参加する高校生を探しています。

英語と国際交流に興味のある友達を連れてきてください。私は彼らの予定を送ります。あなたの友達にそれを見せて，何名の人々が私たちに加わるかを私に知らせてください。あなたからの電子メールを待っています。では，また。

これは私の新しい友人であるタカハシさんからの電子メールです。先月，他の国の人々のために開かれた折り紙教室で，私は彼女と出会いました。彼女は日本文化の講座を教えるボランティアの1人です。タカハシさんはとても快活で，微笑みが魅力的です。彼女は私に彼女の家族のことを話しました。彼らは，多くの野菜と果物を栽培する農家です。私たちは折り紙や日本文化について話をして楽しみました。彼女は長年，町の国際交流プログラムにボランティアとして携わってきました。ある日彼女は「以前，私の別の日本文化の講座で，あなたの高校からの生徒に会ったことがあります」と言いました。

タカハシさんは，私たちの高校でウィスコンシンからの学生に対して茶道の会を開くように私に言いました。彼らの全員が日本の茶道に非常に興味をもっているので，私は茶道部の顧問の山田先生に彼らに茶道の会を開催することを依頼しました。彼は「それは素晴らしい経験になりますね。私たちは茶道の会を水曜日の放課後に開くことができます」と言いました。私はこのことをタカハシさんに告げると，彼女は非常にうれしそうでした。彼女は「ウィスコンシンの学生は予定を変えて，あなたの高校へ行くでしょう」と言いました。

ウィスコンシンの学生の予定を確認してください。彼らは5日目に町の博物館と城を訪問します。英語と日本語の両方で私たちの町について語る素晴らしい機会となるでしょう。私が2年前にこの町に初めてやって来た時に，私のホストファミリーが私を城へ連れて行きました。城の博物館で私が初めて着物を着た時に，私はとてもワクワクしました。彼らも同じ体験をすることができるでしょう。彼らと私たちにとって，わくわくする企画となるでしょう。

もし皆さんがこれらの活動やウィスコンシンの学生とのイベントに参加することに興味があるのならば，私にメッセージを送るか，私のクラスに来てください。私は1―Aにいます。

青空町での滞在予定

1日目	成田国際空港 ― 青空中学校でのオリエンテーション ― ホストファミリーとの面会
2日目	青空中学校での授業，給食 ― クラブ活動
3日目	青空中学校での授業，給食 ― 青空町を散策 ← 高校生と一緒！
4日目	青空中学校での授業，給食 ― クラブ活動 ― 町長と夕食
5日目	午前中はホストファミリーと過ごす ― 午後2時 町の博物館 ― 午後3時 青空城 ← 高校生と一緒！
6日目	終日ホストファミリーと過ごす
7日目	さよならセレモニー ― 成田国際空港

(1) エ「アリーシャは初めて着物を着た」→ ア「アリーシャはタカハシさんと仲良くなった」→ イ「アリーシャはタカハシさんから電子メールを受け取った」→ ウ「アリーシャは山田先生に茶道の会を開くことを依頼した」

(2) 空所を埋める問題。多くの野菜や果物を栽培する人は誰か考える。答えは，「農家」farmers。<先行詞[人]＋主格の関係代名詞 who＋動詞>「～［動詞］する先行詞」

(3) ① 「空色高校の何名かの生徒は，タカハシさんのことを知っている。というのは，以前，ゥ彼らは彼女の日本文化講座を受講したから」第3段落最終文で I have met students from your high school in other Japanese culture classes of mine before. と述べられている。have met ← <**have** ＋ **過去分詞**>**現在完了**(**完了・経験・結果・継続**) 他の選択肢は次の通り。ア「彼らは彼女のためにいくつかの文化講座を開講したから」 イ「彼らは彼女と折り紙教室を楽しんだから」 エ「彼らは城の博物館で彼女と会ったから」

② 「茶道の会に参加するために，ウィスコンシンの学生は予定のァ2日目の彼らの計画を変更する」5日目の土曜日のイベントに参加する高校生を募っていいて，茶道の会は水曜日に実施されるという点から考えること。

(4) (全訳)「こんにちは，アリーシャ！情報をありがとうございます！私は博物館と城のイベントに参加したいと思いますが，いくつか質問があります。いつ，どこに集まりますか？何か必要ですか？明日，あなたのクラスへ行くので，その時に話しましょう」

3 (読解問題・エッセイ：文の挿入，語句補充・記述，受け身，現在完了，関係代名詞)

(全訳) <コッツウォルズ地方について①>私はインターネットでこの記事を読みました。

> コッツウォルズ石は，イングランドのコッツウォルズ地域のみで発見される自然石だ。それは，はちみつ色なので，“はちみつ石”と呼ばれる。そこにある古い家々の壁は，それらの石で作られている。はちみつ色の家々の光景や人々の笑顔により，あなたは絵本の世界にいるように感じるだろう。コッツウォルズの村々は，これらの魅力を備えて，イギリスで最も美しい場所となっている。毎年世界中から多くの人々がそこを訪れる。もし村を歩き回れば，あなたは単にくつろげるだけでなくて，なぜ人々がこの地域を好むのかもわかるであろう。

<コッツウォルズ地方について②>

この記事により，私は本当にコッツウォルズに興味をもち，コッツウォルズのカッスルクーム村の役所に電子メールを送った。幸運にも，その村に住むある女性と知り合いになった。彼女は私に，カッスルクームは“イギリスで最もきれいな村”と呼ばれている，ということを教えてくれた。コッツウォルズの人々や多くの他のボランティアの人たちは，長い間，その景色を守るために努力してきた。また，ほぼ1世紀の間，世界中の旅行者がこの絵本の世界を経験して，その魅力を楽しんできた，と彼女は私に告げた。

<分かったこと，考えたこと>

コッツウォルズに住む人々は，長年，その美しい景色を保全するために，彼らの家の面倒をみてきた。彼らはコッツウォルズの美しさと歴史に誇りをもっている。旅行者はその美しい光景とそこに住む心の温かい人々に魅了されている。

(1) <コッツウォルズ石は，イングランドのコッツウォルズ地域のみで発見される自然石だ> → <それは，はちみつ色なので，“はちみつ石”と呼ばれる> → <そこにある古い家々の壁は，それらの石で作られている> → <はちみつ色の家々の光景や人々の笑顔により，あなたは絵本の世界にいるように感じるだろう> <be動詞 ＋ made of>「～で作られている」**<be動詞 ＋ 過去分詞>受け身「～される」**

(2) 「コッツウォルズに住む人々は，長年その美しい景色を保全するために，彼らの家を(　　)」文脈から，「世話をする」take care ofを文章に適した形(現在完了進行形；taking care of)で入れることになる。people who live ← **<先行詞［人］＋ 主格の関係代名詞 who ＋ 動詞>「～［動詞］する先行詞」 <have been -ing>現在完了進行形(動作動詞の継続)「～し続けている」**

4　(論説文―文脈把握，内容吟味)

(1)　恵子は，〝君は魚ではない。だから君には魚のことはわからない。〟という論法を示している。それに当てはめると，まず〝**僕は君ではない。だから僕には君のことはわからない。**〟という論法が［Ⅰ］に空欄補充することで成立する。次に［Ⅱ］と［Ⅲ］は，君が魚ではないことから生まれる論法を入れる。［Ⅱ］には前提，［Ⅲ］にはそれによって導かれる内容が入る。〝**君は魚ではない。だから君には魚のこと(魚の楽しみ)はわからない。**〟という論法になるのだ。

(2)　**荘子は自分が魚ではないのに魚の気持ちがわかるとした発言**をし，**恵子は魚ではないなら魚の気持ちはわからないという発言**をしている。(①)の論法は，定義もなく**実証不可能なものを認めない立場にある**ことが読み取れるから，(①)には「恵子」，それと比較した(②)には「荘子」が入る。また，(③)には**筆者の考えと同じくする者**が入ることをまずおさえたい。筆者は，科学の伝統的な立場を，定義できず実証不可能なものは認めないという恵子に近い考え方だと示した上で「しかし，私自身は科学者の一人であるにもかかわらず」という**逆接の前置きをしているので，筆者の考えは恵子ではなくて，その逆の荘子の立場に近い**ことが読み取れよう。

(3)　まず，科学者の二つの考え方を，恵子と荘子の論を用いておさえよう。「大ざっぱにいって……」で始まる段落の内容を用いると，**恵子は「実証されていない物事は一切，信じない」という科学の伝統的立場**に近く，**荘子は「存在しない」，「起こり得ないことが証明されていないことは，どれも排除しない」という立場**に近い。この**両者は両極端**にあることをまず，まとめる。次に科学者のあるべき姿勢をまとめる段階に移る。一切信じないという立場は窮屈であり，どれも排除しないという立場は寛容すぎるので，どちらかの極端な考えに固執するのではなく，どちらに近い態度をとるかを考えるのが望ましいと述べられている。従ってまずは，**「科学者は思考や実験の過程において，きびしい選択」をせまられて，「あらゆる可能性の中の大多数を排除する」か，「一時，忘れなければならない」が，その際にはあらゆる可能性をどこまで排除するかを考える姿勢が大切だ**という筆者の考えをおさえよう。さらに，素粒子の例を挙げ，**科学の発展のためには「今までの常識の枠を破った奇妙な考え方をしなければならない」ので，あらゆる「可能性をあらかじめ排除するわけには，いかない」**ということも述べられていることも外せない。総括すると，**科学者は両極端な考えのどちらに近い場合にあっても，科学の発展のためにはあらゆる可能性をどこまで排除するかを考える姿勢をもつべきだ**という筆者の考えをまとめることができよう。

大切なことはメモしておこうネ！

T.G

千葉県公立高等学校

2021年度

★★★★★★★★★★★★★★★★★★★★★★★

入　試　問　題

●くわしい解説……55ページ

2021年 千葉県公立高校入試 出題範囲縮小内容

令和２年５月13日付け２文科初第241号「中学校等の臨時休業の実施等を踏まえた令和３年度高等学校入学者選抜等における配慮事項について（通知）」を踏まえ，出題範囲について以下通りの配慮があった。

○以下の内容を出題範囲から除く。

数学	中学校第３学年で学習する内容のうち、次の単元 ○「標本調査」
理科	各分野の内容のうち、次の単元 ○「科学技術と人間」のうち、「エネルギー資源」、「科学技術の発展」及び「自然環境の保全と科学技術の利用」 ○「自然と人間」のうち、「自然環境の調査と環境保全」、「自然の恵みと災害」及び「自然環境の保全と科学技術の利用」 ※なお、第３学年で扱う実験の操作方法及び観察の手法については、出題しないこととする。
社会	公民的分野の内容のうち、次の単元 ○「私たちと国際社会の諸課題」

＜数学＞

時間　50分　　満点　100点

1　次の(1)～(6)の問いに答えなさい。

(1)　$-5\times(-8)$　を計算しなさい。

(2)　$-9+(-2)^3\times\frac{1}{4}$　を計算しなさい。

(3)　$(8a-5b)-\frac{1}{3}(6a-9b)$　を計算しなさい。

(4)　連立方程式 $\begin{cases} 2x+3y=7 \\ 3x-y=-17 \end{cases}$　を解きなさい。

(5)　$\frac{12}{\sqrt{6}}+\sqrt{42}\div\sqrt{7}$　を計算しなさい。

(6)　二次方程式　$x^2+9x+7=0$　を解きなさい。

2　次の(1)～(5)の問いに答えなさい。

(1)　下の表は，あるクラスの生徒20人が11月に図書室から借りた本の冊数をまとめたものである。この表からわかることとして正しいものを，次のア～エのうちから1つ選び，符号で答えなさい。

借りた本の冊数(冊)	0	1	2	3	4	5	計
人数(人)	3	5	6	3	2	1	20

ア　生徒20人が借りた本の冊数の合計は40冊である。
イ　生徒20人が借りた本の冊数の最頻値（さいひんち）（モード）は1冊である。
ウ　生徒20人が借りた本の冊数の中央値（メジアン）は2冊である。
エ　生徒20人が借りた本の冊数の平均値より多く本を借りた生徒は6人である。

(2)　長さ a mのリボンから長さ b mのリボンを3本切り取ると，残りの長さは5m以下であった。この数量の関係を不等式で表しなさい。

⑶　右の図のように，底面の直径が８㎝，高さが８㎝の円柱がある。この円柱の表面積を求めなさい。

ただし，円周率はπを用いることとする。

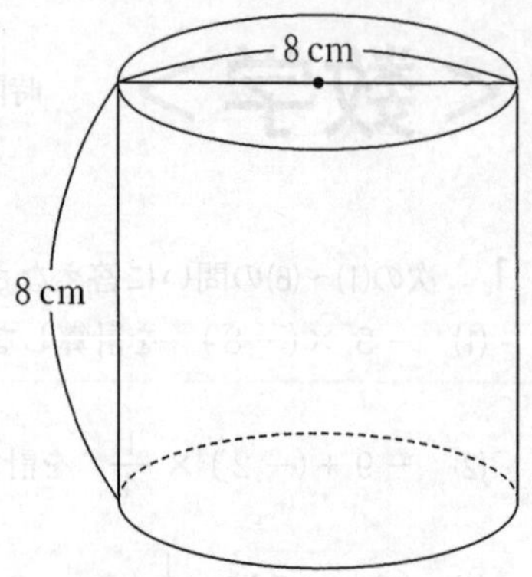

⑷　大小２つのさいころを同時に１回投げ，大きいさいころの出た目の数をa，小さいさいころの出た目の数をbとする。

このとき，$\frac{a+1}{2b}$ の値が整数となる確率を求めなさい。

ただし，さいころを投げるとき，１から６までのどの目が出ることも同様に確からしいものとする。

⑸　下の図のように，△ABCと点Dがある。このとき，次の**条件**を満たす円の中心Oを作図によって求めなさい。また，点Oの位置を示す文字Oも書きなさい。

ただし，三角定規の角を利用して直線をひくことはしないものとし，作図に用いた線は消さずに残しておくこと。

条件

・円の中心Oは，２点A，Dから等しい距離にある。

・辺AC，BCは，ともに円Oに接する。

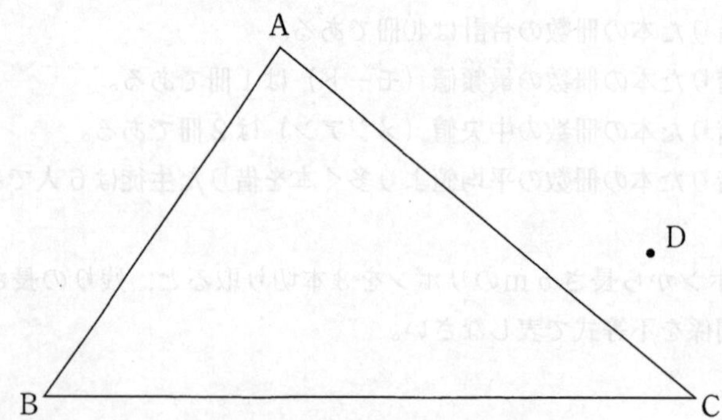

3　次のページの図１のように，関数 $y=\frac{1}{2}x^2$ のグラフと直線ℓが２点A，Bで交わっている。２点A，Bのx座標が，それぞれ－２，４であるとき，あとの⑴，⑵の問いに答えなさい。

ただし，原点Oから点（１，０）までの距離及び原点Oから点（０，１）までの距離をそれぞれ１㎝とする。

図 1

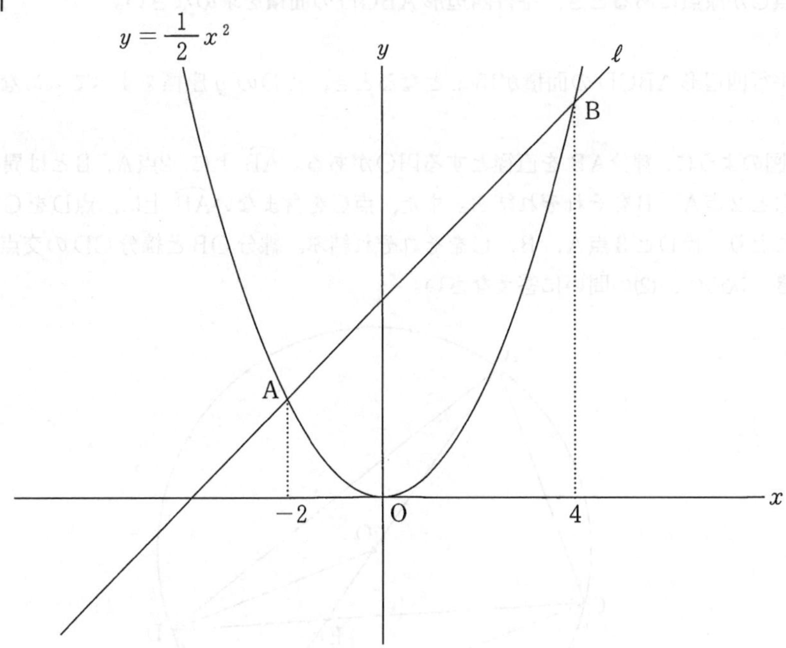

(1)　直線 ℓ の式を求めなさい。

(2)　下の図 2 のように，図 1 において，関数 $y=\frac{1}{2}x^2$ のグラフ上に x 座標が -2 より大きく 4 より小さい点Cをとり，線分 AB，BC をとなり合う 2 辺とする平行四辺形 ABCD をつくる。
このとき，あとの①，②の問いに答えなさい。

図 2

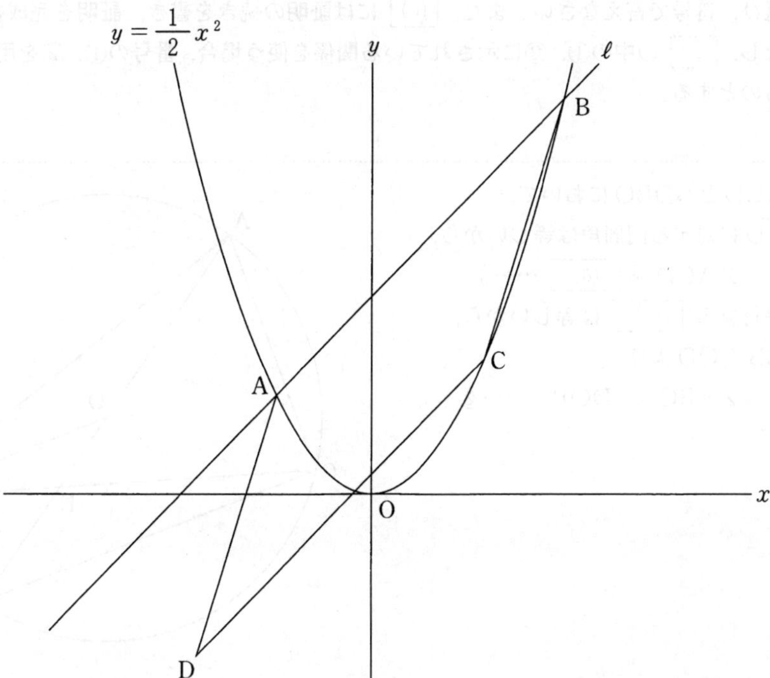

① 点Cが原点にあるとき，平行四辺形ABCDの面積を求めなさい。

② 平行四辺形ABCDの面積が15cm^{2}となるとき，点Dの y 座標をすべて求めなさい。

4 下の図のように，線分ABを直径とする円Oがある。$\overset{\frown}{AB}$ 上に，2点A，Bとは異なる点Cをとり，点Cと2点A，Bをそれぞれ結ぶ。また，点Cを含まない $\overset{\frown}{AB}$ 上に，点DをCB∥ODとなるようにとり，点Dと3点A，B，Cをそれぞれ結ぶ。線分OBと線分CDの交点をEとする。
ことき，次の(1)，(2)の問いに答えなさい。

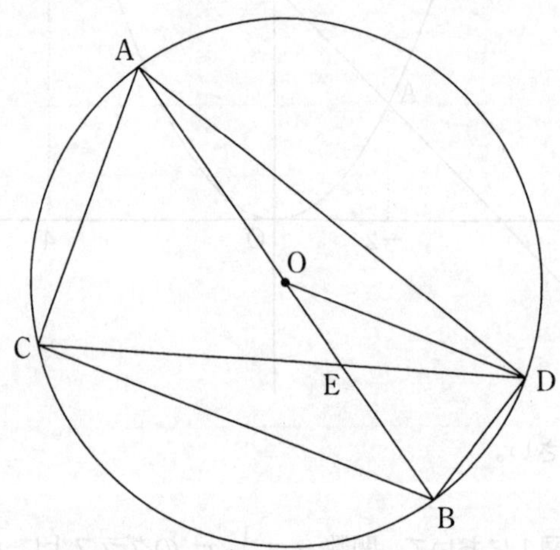

(1) △ACD∽△DBOとなることの証明を，［　］の中に途中まで示してある。
［(a)］，［(b)］に入る最も適当なものを，次ページの**選択肢**の**ア**～**カ**のうちからそれぞれ1つずつ選び，符号で答えなさい。また，［(c)］には**証明**の続きを書き，**証明**を完成させなさい。
ただし，［　］の中の①，②に示されている関係を使う場合，番号の①，②を用いてもかまわないものとする。

証明

△ACDと△DBOにおいて，
$\overset{\frown}{AD}$ に対する円周角は等しいから，
∠ACD＝［(a)］……①
平行線の［(b)］は等しいから，
CB∥ODより，
∠ABC＝∠DOB　……②

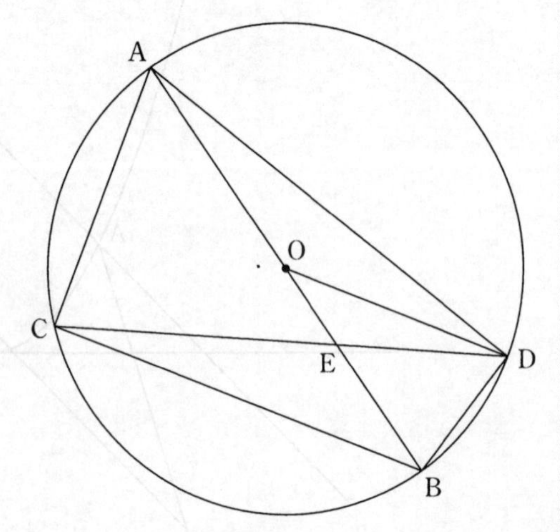

(c)

選択肢

ア　∠ABC	イ　∠AED	ウ　∠DBO
エ　錯　角	オ　同位角	カ　対頂角

(2)　AO＝2㎝，CB＝3㎝のとき，線分BDの長さを求めなさい。

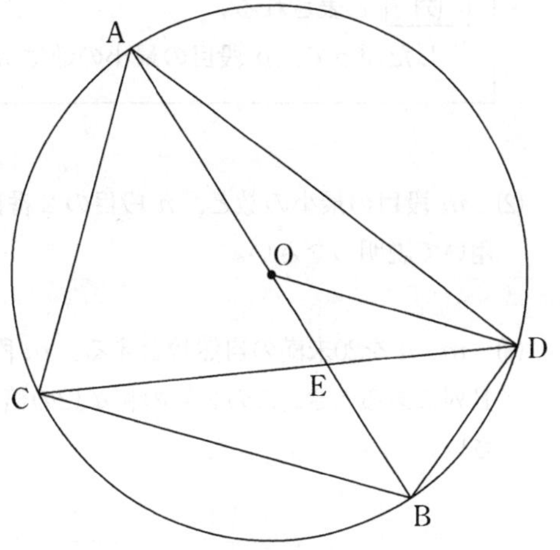

5　下の**表**のように，連続する自然数を1から順に，次の**規則**にしたがって並べていく。

表

	A列	B列	C列	D列
1段目	1	2	3	4
2段目	6	7	8	5
3段目	11	12	9	10
4段目	16	13	14	15
5段目	17	18	…	…
⋮				

規則

①　1段目には，自然数1，2，3，4をA列→B列→C列→D列の順に並べる。

②　2段目以降は，1つ前の段に並べた自然数に続く，連続する4つの自然数を次の順に並べる。

1つ前の段で最後に並べた自然数が
・D列にあるときは，D列→A列→B列→C列の順
・C列にあるときは，C列→D列→A列→B列の順
・B列にあるときは，B列→C列→D列→A列の順
・A列にあるときは，A列→B列→C列→D列の順

このとき，次の(1)～(3)の問いに答えなさい。

(1) 下の**説明**は，各段に並べた数について述べたものである。(ア)，(イ) にあてはまる式を書きなさい。

説明

各段の最大の数は4の倍数となっていることから，n 段目の最大の数は n を用いて (ア) と表される。
したがって，n 段目の最小の数は n を用いて (イ) と表される。

(2) m 段目の最小の数と，n 段目の2番目に大きい数の和が4の倍数となることを，m，n を用いて説明しなさい。

(3) m，n を20未満の自然数とする。m 段目の最小の数と，n 段目の2番目に大きい数がともにB列にあるとき，この2数の和が12の倍数となる m，n の値の組み合わせは何組あるか求めなさい。

＜英語＞

時間　60分　　満点　100点

1　英語リスニングテスト（放送による指示に従って答えなさい。）

No. 1	A．That's right.	B．Me, too.
	C．Yes, I did.	D．No, thank you.
No. 2	A．I will take him from here.	B．It will be good for you.
	C．I will go there by bus.	D．It will take a few minutes.
No. 3	A．Maybe someone moved it.	B．Oh, that's not a table.
	C．You really wanted to eat it.	D．I will buy the TV for you.

2　英語リスニングテスト（放送による指示に従って答えなさい。）

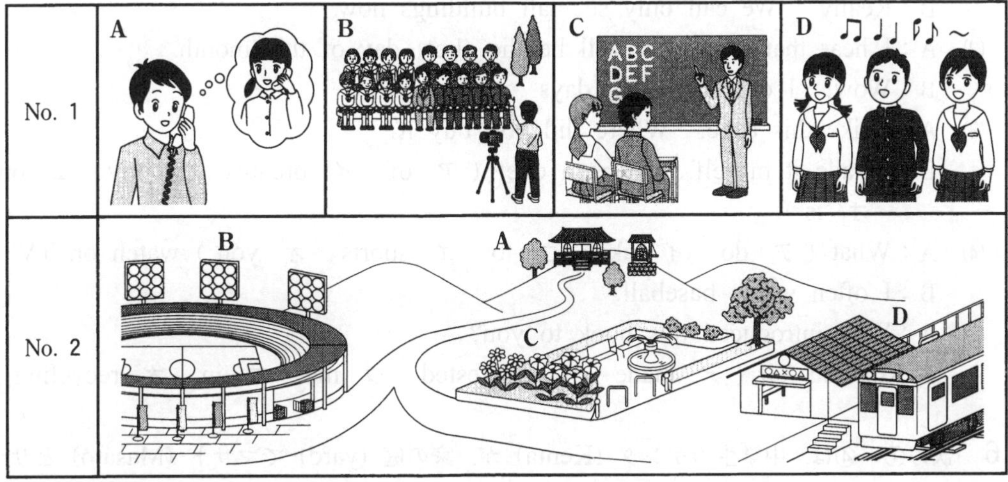

3　英語リスニングテスト（放送による指示に従って答えなさい。）

No. 1	A．Three.	B．Four.
	C．Five.	D．Six.
No. 2	A．Sam's father and mother.	B．Sam and his sister.
	C．Sam's father and sister.	D．Sam and his father.

4 英語リスニングテスト（放送による指示に従って答えなさい。）

No. 1	Emi's dream is to work at her father's restaurant and help him in the (① □□□□□□). His food is wonderful and (② □□□□□□□). Many people come to his restaurant to enjoy his food.

No. 2	Tom's favorite month is (① □□□□□□□□). He can play in the snow with his friends. He also likes May because his (② □□□□□□□□) is in that month and his family gives him presents.

5 次の⑴～⑸のそれぞれの対話文を完成させなさい。

⑴，⑵については，（　）の中の語を最も適当な形にしなさい。ただし，1語で答えること。

また，⑶～⑸については，それぞれの（　）の中のア～オを正しい語順に並べかえ，その順序を符号で示しなさい。

⑴ A：There (be) many trees around here 20 years ago.
　B：Really? We can only see tall buildings now.

⑵ A：I hear that tomorrow will be the (hot) day of this month.
　B：Wow! I don't like hot days.

⑶ A：I like this cake. Where did you buy it?
　B：I made it myself. To be a chef (ア of イ dreams ウ my エ one オ is).

⑷ A：What (ア do イ like ウ to エ sports オ you) watch on TV?
　B：I often watch baseball.

⑸ A：Who introduced this book to you?
　B：Roy did. It (ア made イ interested ウ me エ in オ recycling).

6 次の①～④は，中学生のケンタ（Kenta）が，家の庭（yard）でマサト（Masato）とサッカーをしていた時のイラストです。④の場面で，ケンタは何と言ったと思いますか。①～④の話の流れを踏まえ，□ に入る言葉を英語で書きなさい。

ただし，語の数は<u>25語程度</u>（．，？！などの符号は語数に含まない。）とすること。

7 次の(1)～(3)の英文を読んで，それぞれの問いに答えなさい。

(1) We blink about 15,000 times in a day. Each blink is only 0.3 seconds long. It means that we (Ⓐ) our eyes for 75 minutes each day when we are awake. Most of us blink about 15 times in a minute, but we don't blink so often when we are concentrating. For example, we usually blink about 15 times in a minute when we are talking with our friends, but when we are reading a book, we blink about (Ⓑ) times in a minute. So, maybe you are not blinking so much right now because you are concentrating on reading this.

(注) blink まばたきする，まばたき　second 秒　awake 起きている
concentrate 集中する

本文中の (Ⓐ)，(Ⓑ) に入る最も適当なものを，それぞれ次のア～エのうちから一つずつ選び，その符号を書きなさい。

Ⓐ ア catch　イ close　ウ open　エ show

Ⓑ ア 10　イ 20　ウ 30　エ 40

(2) Do you like tomatoes? Tomatoes originally come from the Andes. They were first brought to Europe in the sixteenth century. Tomatoes were used as decorative plants, so people did not eat them at first. The first man to eat them was from Italy. He was very poor and had nothing to eat. He wanted to eat something, so he decided to eat tomatoes. He found that they were very delicious and sweet at that time. After that, tomatoes were first brought to Japan in the seventeenth century. Today they are sold and eaten around the world, and they are often put in salads. Some people say that we can live longer if we eat them every day. We can say "Thank you" to the man from Italy because our lives became better.

（注） originally come from ～ ～の原産である the Andes 南米西部のアンデス山脈
decorative plant 観賞用植物 Italy イタリア

① 本文の内容と合うように，次の英文の（ ）に入る最も適当な英単語１語を書きなさい。

The man from Italy ate tomatoes for the first time because he was very poor and ( ).

② 本文の内容に合っているものを，次のア～エのうちから一つ選び，その符号を書きなさい。

ア Tomatoes originally come from Europe, and they were brought to the Ancles.

イ People in Europe enjoyed eating tomatoes before the sixteenth century.

ウ In the sixteenth century, tomatoes were first brought to Japan.

エ Some people say that our lives become longer by eating tomatoes every day.

(3) 次は，水族館（aquarium）のイベントのお知らせです。

A WONDERFUL **NIGHT** AT THE **AQUARIUM**

Have you ever seen sea animals at night? What do they do?
Eat? Sleep? Take a bath? Let's find the answers together!

Saturday, April 10th
From 6 p.m. to 9 p.m.

Choose one of the tours!

	Tour A	Tour B	Tour C	Tour D
6:00 p.m. − 6:30 p.m.	♠	♡	♣	◇
6:30 p.m. − 7:00 p.m.	♡	♣	◇	♠
7:00 p.m. − 7:30 p.m.	♣	◇	♠	♡

♠ Feeding the fish ♡ Playing with the seals
♣ Walking with the penguins ◇ Taking pictures with the dolphins

☆ Enjoy delicious dishes for dinner at our restaurant under the water from 7:30 p.m. You can enjoy watching the fish there!

Please tell us which tour you want to join by Friday, April 9th.
Send us a message here. ☞ https://www.aqua.enjoy

(注) feed～　～にエサを与える　　seal　アザラシ　　penguin　ペンギン

① このお知らせの内容をもとに，次の英文の（　）に入る言葉として最も適当なものを，あとのア～エのうちから一つ選び，その符号を書きなさい。

If you want to play with the seals, you should not choose (　　).

ア Tour A　イ Tour B　ウ Tour C　エ Tour D

② このお知らせの内容に合っているものを，次のア～エのうちから一つ選び，その符号を書きなさい。

ア You can enjoy this event at the aquarium for six hours.
イ You cannot eat anything while you are enjoying this event.
ウ You can decide which tour you will join after you arrive at the aquarium.
エ You cannot spend time with all four kinds of sea animals in one tour.

8 千葉県に住む中学３年生のトモミ（Tomomi）は，国内で遠く離れて暮らす祖母のフサコ（Fusako）に電子メールを送りました。トモミが送った電子メールと祖母からの手紙による返事を読んで，あとの(1)～(4)の問いに答えなさい。

From: tomomi-17@abc.jp　To: fusako-smile@abc.jp　Sunday, July 10th

Dear Grandmother,

Hello. I haven't seen you for six years. How are you? I'm fine, but I am very busy these days. I am going to have a piano concert next Saturday, so I will do my best!

By the way, I heard that you bought a computer, so I decided to send an e-mail to you! E-mail is a very convenient tool because we can communicate with each other very quickly. I know that you worked in America a long time ago. You can use English very well, so I am writing this e-mail in English! English is one of my favorite subjects, and I want to use English when I get a job. This is a good chance for me to practice writing in English.

I remember that I took the train to your house with Mom for four hours when I was in elementary school. I enjoyed looking at the beautiful sea from the window. At your house, I was surprised to see many books written in English in your room. I didn't understand English then, but I think I can read them a little more now. I have liked reading stories from

America since I was little. I have read some of them in Japanese. When I visit you next, I want to read them in English.

I am looking forward to seeing you again.

From Tomomi

Monday, July 11th

Dear Tomomi,

Thank you very much for your e-mail. I was very happy to read your e-mail in English!

English is a wonderful tool for communicating with people around the world. What do you really want to do with English? The answer will give you some ideas. Please keep studying, and enjoy writing, speaking, and reading English!

You said that e-mail is very convenient, but I am writing this letter by hand. A letter can do some things that an e-mail cannot do. First, it takes time to write and send a letter, so I can share my feelings with you through it better. Second, I am using the pen you gave me six years ago, because I want to remember the time with you. Third, I can put a pressed flower in the envelope. You can use it as a bookmark when you read books. The flower is a gerbera. In the language of flowers, gerbera means "hope." So, I hope that you can have a good piano concert.

I also hope to see you soon. A lot of [　　] are waiting for you in my room with me. Because now you can use English better than before, you can enjoy them!

Love, Fusako

（注） by the way ところで　convenient 便利な　tool 道具
communicate コミュニケーションをとる　pressed flower 押し花
envelope 封筒　bookmark しおり　gerbera ガーベラ（花の名前）
language of flowers 花言葉

⑴ 祖母の家に行った時のトモミの様子を表した絵として最も適当なものを，次のア～エのうちから一つ選び，その符号を書きなさい。

(2) 本文の内容に関する次の質問に，英語で答えなさい。

Why did Fusako use the pen Tomomi gave her to write the letter?

(3) 本文の内容に合っているものを，次のア～エのうちから一つ選び，その符号を書きなさい。

ア Tomomi bought a computer and sent it to Fusako.

イ Fusako worked in a foreign country a long time ago.

ウ Tomomi understood English well when she was in elementary school.

エ Fusako thinks that a bookmark is useful when Tomomi sends an e-mail.

(4) 本文中の [ ] に適する英単語２語を書きなさい。

9 中学生のタカシ（Takashi）とスミス先生（Mr. Smith）が話をしています。この対話文を読んで，[(1)] ～ [(3)] に入る最も適当なものを，それぞれあとのア～エのうちから一つずつ選び，その符号を書きなさい。また，対話文の内容に合うように，[(4)] に入る英語を10語程度（，：- などの符号は語数に含まない。）で書きなさい。

Takashi: Hi, Mr. Smith. I have a question.

Mr. Smith: How may I help you, Takashi?

Takashi: I'm not good at learning English words. Please tell me how to learn English words.

Mr. Smith: [(1)] try to learn English words?

Takashi: When I find a difficult English word, I usually look it up in an English-Japanese dictionary and write the Japanese meaning in my notebook.

Mr. Smith: All right. Then have you used this before? Here you are.

Takashi: No, I haven't. It's all written in English, and I can't find any Japanese. [(2)]

Mr. Smith: In your English-Japanese dictionary, you can find Japanese expressions when you look up an English word. However, with this dictionary, you can understand English words by reading other English expressions.

Takashi: I see, but it looks very difficult.

Mr. Smith: Don't worry! For example, [(3)] in this dictionary

Takashi: Sure. Wait a minute... here it is. It says "a person who is studying at a school." Yes, this is easy to understand.

Mr. Smith: What about "nurse"?

Takashi: OK. I will look it up.

Mr. Smith: Just a minute. Try to guess what is written before you look.

Takashi: Uh... I think it says "[(4)]."

Mr. Smith: Wow, nice guessing!

（注） look ～ up (look up ～) ～を調べる　English-Japanese dictionary 英和辞典
expression 表現

(1) ア How do you usually イ Where do you often
ウ How many times do you usually エ Why do you often

(2) ア This is always useful to me! イ This is easier than mine!
ウ This is not new to me! エ This is not the same as mine!

(3) ア practice the word “teacher” イ remember the word “teacher”
ウ find the word “student” エ write the word “student”

＜理科＞

時間　50分　満点　100点

1　次の(1)～(4)の問いに答えなさい。

(1)　植物の細胞には，図１のように，細胞膜の外側に厚く丈夫なつくりであるAがあり，植物の体を支えたり，体の形を保ったりするのに役立っている。Aを何というか，その名称を書きなさい。

図１

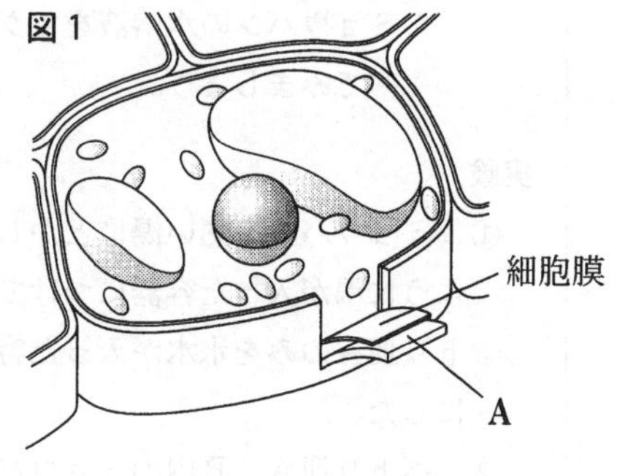

(2)　次の文章中の □ に共通してあてはまる最も適当なことばを書きなさい。

> 地球は，数千億個の恒星(こうせい)などの集まりである □ 系の中にある。□ 系は，うずをまいたうすい円盤(えんばん)状（レンズ状）の形をしている。

(3)　水にとかしても陽イオンと陰イオンに分かれない物質として最も適当なものを，次のア～エのうちから一つ選び，その符号を書きなさい。

ア　塩化水素　　イ　水酸化ナトリウム　　ウ　塩化銅　　エ　砂糖（ショ糖）

(4)　図２のように，質量120 gの直方体の物体が床の上にある。この物体の面B～Dをそれぞれ下にして床に置いたとき，床にはたらく圧力の大きさが最大となる置き方として最も適当なものを，次のア～エのうちから一つ選び，その符号を書きなさい。ただし，質量100 gの物体にはたらく重力の大きさを１Nとする。

ア　面Bを下にして置く。
イ　面Cを下にして置く。
ウ　面Dを下にして置く。
エ　面B～Dのどの面を下にして置いても圧力の大きさは変わらない。

図２

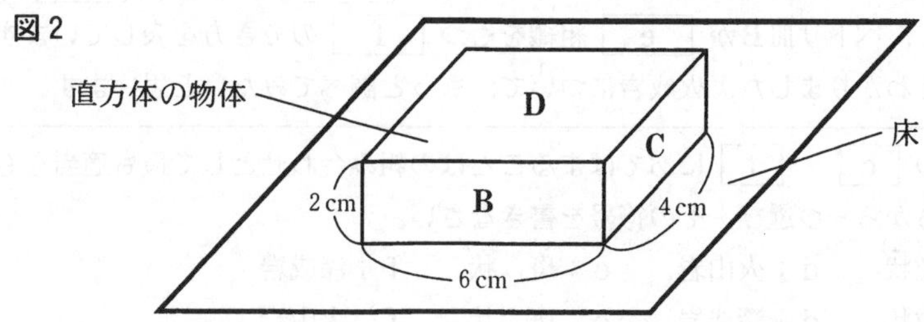

2　Sさんは，休日に市原市の養老川(ようろうがわ)に沿った露頭(ろとう)に行き，チバニアンの地層を観察しました。これに関する先生との会話文を読んで，あとの(1)～(4)の問いに答えなさい。

Sさん：露頭付近にある説明板のおかげで，チバニアンとは約77万４千年前から約12万９千年前の地質年代の名称で，新生代をさらに細かく区分したものだと知りました。

先　生：そうですね。チバニアンの始まりが約77万４千年前であることは，この地層に見られる火山灰の層の研究などによってわかったのですよ。

Ｓさん：すごいですね。千葉県内には活火山はありませんが，火山灰の層はあるのですね。

先　生：はい。例えば1707年の富士山の噴火（ふんか）でも，火山灰が千葉県内に降り積もりました。噴火とは，地下から上昇してきたマグマが地表にふき出す現象です。それでは，ミョウバンの水溶液をマグマに見立て，マグマからできる火成岩の特徴（とくちょう）を**実験**で調べてみましょう。

実験

① ミョウバンを熱い湯にとかした濃い水溶液をペトリ皿Ａ，Ｂにそれぞれ入れ，図１のように湯が入った容器につけてしばらくおき，それぞれに結晶が十数個できたあと，ペトリ皿Ａのみを氷水が入った容器に移した。ペトリ皿Ｂは湯が入った容器につけたままにした。

② ペトリ皿Ａ，Ｂ内のミョウバンの水溶液が冷えたあと，ペトリ皿Ａ，Ｂにはそれぞれ図２のような結晶が見られた。

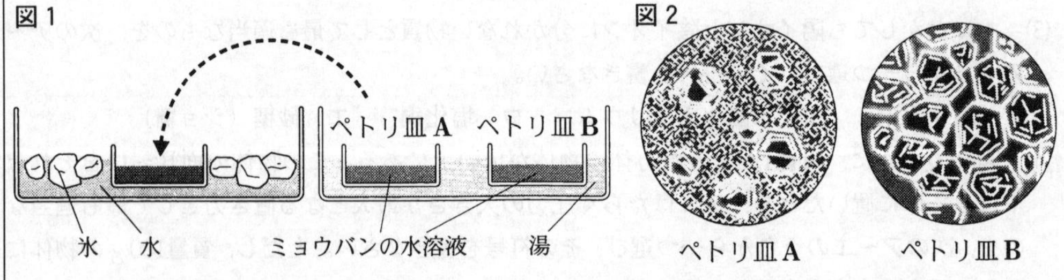

Ｓさん：図２のように，ペトリ皿Ｂには同じくらいの大きさの結晶しかないのに，ペトリ皿Ａには比較的大きな結晶とその周囲を囲むように小さな結晶があるのは，ミョウバンの水溶液が冷えるまでの時間が違うことが原因ですね。

先　生：そうです。実際の火山でも，マグマが冷え固まるまでの時間の違いによって異なる火成岩ができます。**実験**は，ペトリ皿Ａが［ｃ］組織（そしき）をもつ［ｄ］のでき方を表し，ペトリ皿Ｂが［ｅ］組織（そしき）をもつ［ｆ］のでき方を表しています。

Ｓさん：よくわかりました。火成岩について，もっと調べてみたいと思います。

⑴ 会話文中の［ｃ］～［ｆ］にあてはまることばの組み合わせとして最も適当なものを，次のア～エのうちから一つ選び，その符号を書きなさい。

ア　ｃ：等粒状（とうりゅうじょう）　ｄ：火山岩　ｅ：斑　状（はんじょう）　ｆ：深成岩
イ　ｃ：等粒状　ｄ：深成岩　ｅ：斑　状　ｆ：火山岩
ウ　ｃ：斑　状　ｄ：火山岩　ｅ：等粒状　ｆ：深成岩
エ　ｃ：斑　状　ｄ：深成岩　ｅ：等粒状　ｆ：火山岩

⑵ 図２のペトリ皿Ａで見られたようなつくりをした火成岩には，比較的大きな鉱物（こうぶつ）の結晶と，その周囲を囲む小さな粒が見られる。このような火成岩の中の，比較的大きな鉱物の結晶のでき方として最も適当なものを，次のア～エのうちから一つ選び，その符号を書きなさい。

ア　地表や地表近くで，マグマがゆっくりと冷やされて結晶ができた。

イ　地表や地表近くで，マグマが急速に冷やされて結晶ができた。

ウ　地下の深いところで，マグマがゆっくりと冷やされて結晶ができた。

エ　地下の深いところで，マグマが急速に冷やされて結晶ができた。

(3)　Sさんは，ある火成岩の標本を観察し，次のように**気がついたこと**をまとめた。**図3**は，この火成岩に含(ふく)まれる鉱物のようすをスケッチしたものである。Sさんが観察した火成岩の名称として最も適当なものを，あとの**ア**～**エ**のうちから一つ選び，その符号を書きなさい。

図3

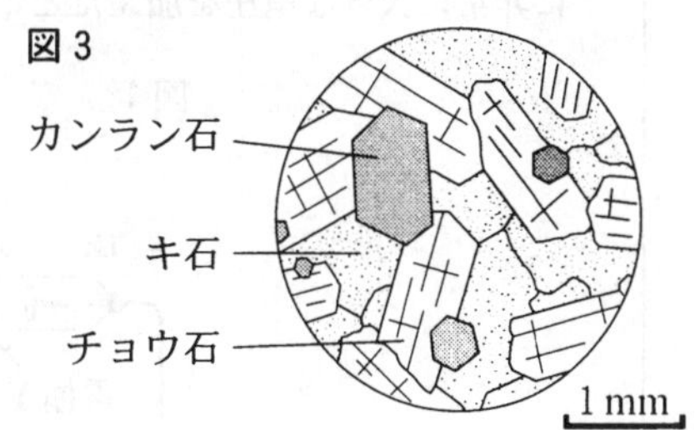

気がついたこと

> この火成岩に含(ふく)まれる鉱物は，無色鉱物と有色鉱物が同じくらいの割合だった。無色鉱物ではチョウ石が含まれていて，有色鉱物ではキ石やカンラン石が含まれていた。

ア　玄武(げんぶ)岩　　**イ**　流紋(りゅうもん)岩　　**ウ**　花こう岩　　**エ**　斑(はん)れい岩

(4)　会話文中の下線部に関連して，ある地域の，地点W～地点Zで，地表から深さ25mまで掘(ほ)り，火山灰の層を調べた。**図4**はこの地域の模式的な地形図で，5mごとに等高線が引いてある。また，**図5**は調査結果を示した柱状(ちゅうじょう)図である。あとの文中の g にあてはまる最も適当なものを，地点W～地点Zのうちから一つ選び，書きなさい。また， h にあてはまる適当な方向を，**上**，**下**のうちから一つ選んで書き， i にあてはまる適当な数値を書きなさい。なお，この地域に火山灰の層は1つしかないこと，地層の逆転やしゅう曲はなく地層は水平に重なっていること，地層が上下方向にずれる断層が1つあることがわかっている。

図4

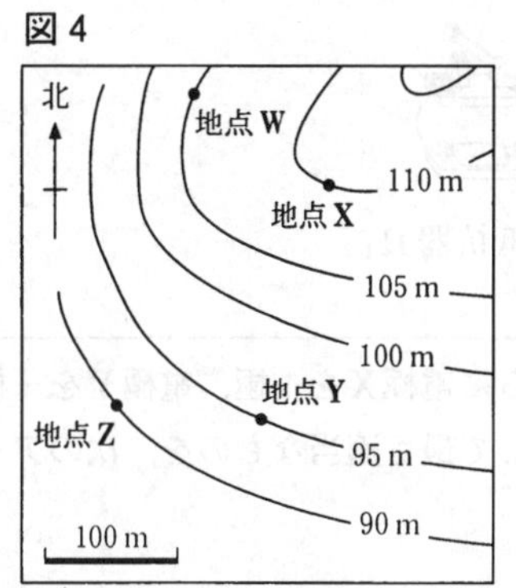

図5

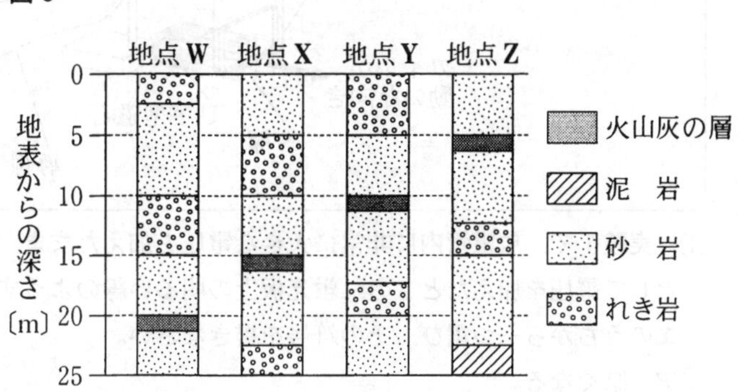

> g の地下にある火山灰の層は，その地点以外の3つの地点の地下にある火山灰の層と比べて，断層によって h 方向に i mずれている。

3　放電のようすと，電流が流れているコイルが磁界から受ける力について調べるため，次のページの**実験1**，**2**を行いました。これに関して，あとの(1)～(4)の問いに答えなさい。

実験1

図1のような，蛍光板(けいこうばん)を入れた放電管（クルックス管）内の空気を抜き，＋(プラス)極，－(マイナス)極に非常に大きな電圧を加えたところ，蛍光板上に明るい線が見えた。

図1

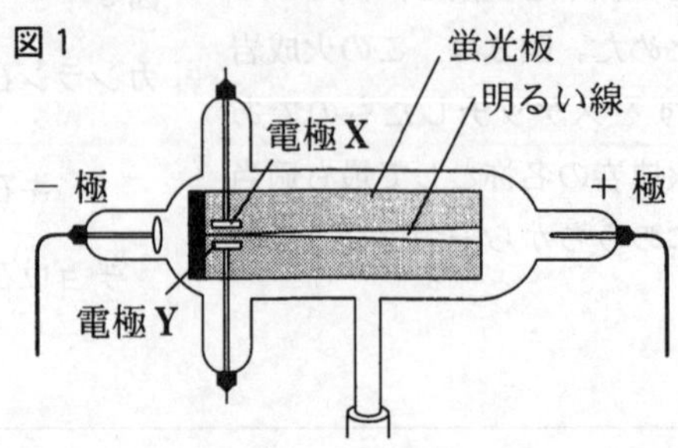

実験2

① 図2のように，コイル，抵抗器(ていこうき)R_1，スイッチを電源装置につないだ回路をつくり，U字型磁石を設置した。図2の回路のスイッチを入れたとき，コイルは矢印（➡）で示した方向に動いて止まった。また，図2の回路の一部の導線を外して電圧計と電流計をつなぎ，スイッチを入れて抵抗器R_1に加えた電圧と流れる電流を測定したところ，それぞれ6.0Vと2.0Aであった。

② 図2の回路の抵抗器R_1を5.0Ωの抵抗器R_2にかえて，電源装置の電圧を変えずにスイッチを入れて電流を流し，コイルが動くようすを調べた。

図2

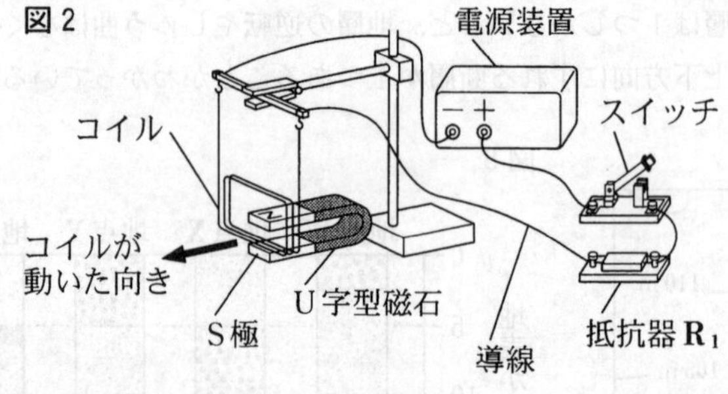

(1) 実験1で，放電管内に非常に大きな電圧を加えたまま，さらに電極Xを＋極，電極Yを－極として電圧を加えたときの，蛍光板上の明るい線のようすとして最も適当なものを，次のア～エのうちから一つ選び，その符号を書きなさい。

ア 暗くなる。

イ さらに明るくなる。

ウ 電極Xのほうに引かれて曲がる。

エ 電極Yのほうに引かれて曲がる。

(2) 実験2の①について，次のページの図3は図2の回路の一部の導線を外し，電圧計と電流計をつなぐ前の状態を表している。解答用紙の図中に必要な導線をかき加え，抵抗器R_1に加えた電圧と流れる電流を測定するための回路を表す図を完成させなさい。ただし，導線は実線で表し，図中の●につなぐこと。また，●には複数の導線をつないでもよい。

図3

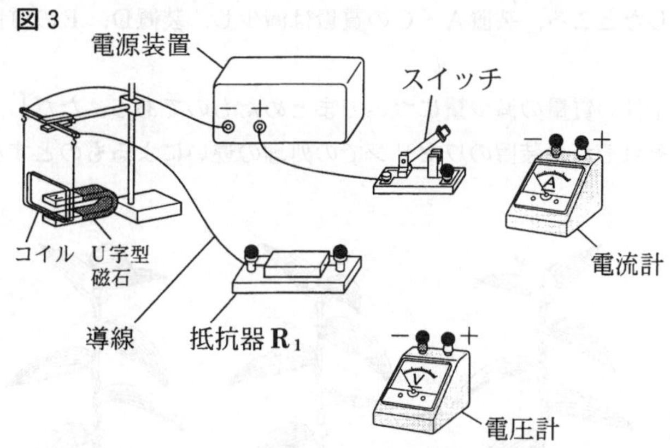

(注)　電圧計，電流計の使用しない－(マイナスたんし)端子は省略してある。

(3)　**実験**2の①について，**図**4はスイッチを入れる前のU字型磁石とコイルを横から見たようすを模式的に表したものである。ただし，**図**4中のコイルの断面は，コイルの導線を1本にまとめて表したものである。コイルに電流を流したとき，電流によってできる磁界の向きが，U字型磁石の磁界の向きと逆になる**図**4中の点として最も適当なものを，次の**ア**～**エ**のうちから一つ選び，その符号を書きなさい。

ア　A
イ　B
ウ　C
エ　D

図4

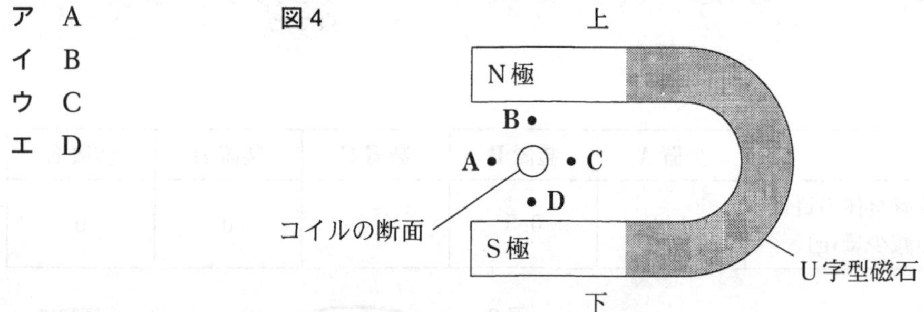

(4)　**実験**2の②で，コイルの動く向きと振(ふ)れる幅は，**実験**2の①のときと比べてどのように変化したか，それぞれ書きなさい。ただし，変化しなかった場合は**変化なし**と書くこと。

4　植物の蒸散について調べるため，次の**実験**と**観察**を行いました。これに関して，あとの(1)～(4)の問いに答えなさい。ただし，この**実験**で蒸散以外による装置の質量の変化はなかったものとします。

実験

①　葉や茎(くき)の色，葉の大きさや枚数，茎の太さがそろった4本のツユクサを，茎の長さが同じになるように，水中で茎を切った。

②　図1のように，5本の試験管に同じ量の水を入れ，そのうちの4本の試験管には，①のツユクサにワセリンで処理をしてさした。さらに，5本の試験管それぞれの水面に同じ量の油を注いで装置A～Eとし，それぞれの装置全体の質量を測定した。

③　装置A～Eを明るく風通しのよいところに8時間置いたあと，それぞれの装置全体の

質量を測定したところ，装置A～Cの質量は減少し，装置D，Eの質量は変わらなかった。

表は，装置全体の質量の減少量についてまとめたものである。ただし，表の質量の減少量の違いは，それぞれの装置のワセリンでの処理の違いによるものとする。

図1

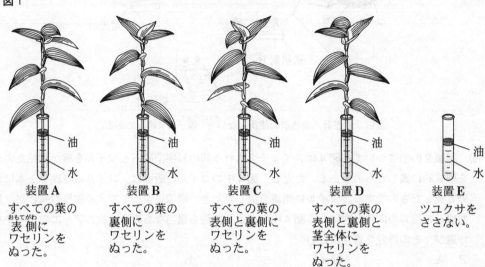

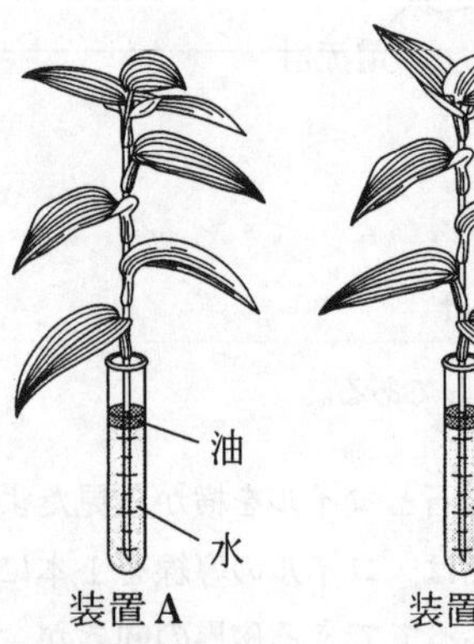
油
水
装置A
すべての葉の表側にワセリンをぬった。

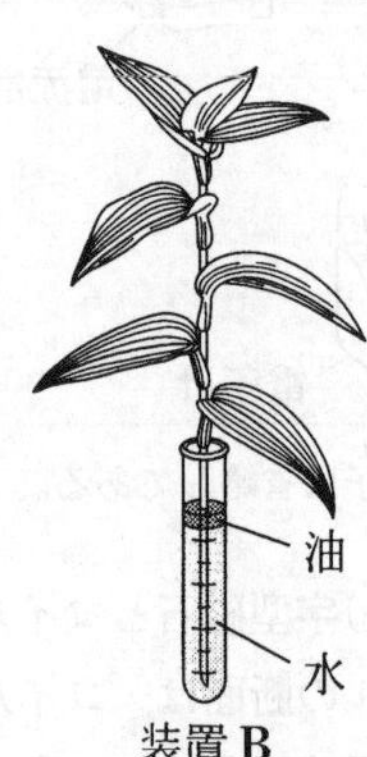
油
水
装置B
すべての葉の裏側にワセリンをぬった。

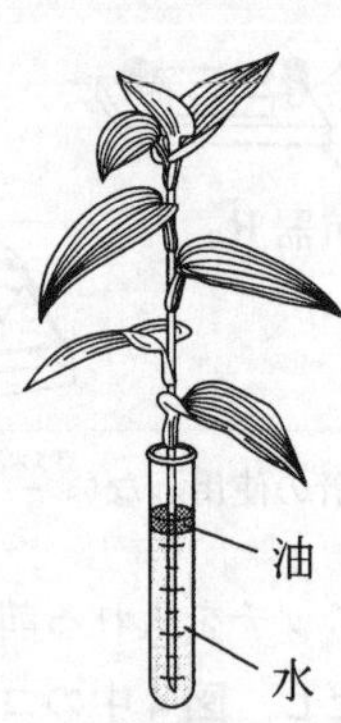
油
水
装置C
すべての葉の表側と裏側にワセリンをぬった。

油
水
装置D
すべての葉の表側と裏側と茎全体にワセリンをぬった。

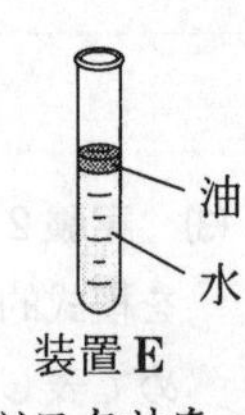
油
水
装置E
ツユクサをささない。

表

	装置A	装置B	装置C	装置D	装置E
装置全体の質量の減少量〔g〕	1.2	0.5	0.2	0	0

観察

ツユクサの葉の表皮の一部をはがして切り取り，顕微鏡で観察した。図2は，顕微鏡で観察したツユクサの葉の表皮をスケッチしたものである。

図2

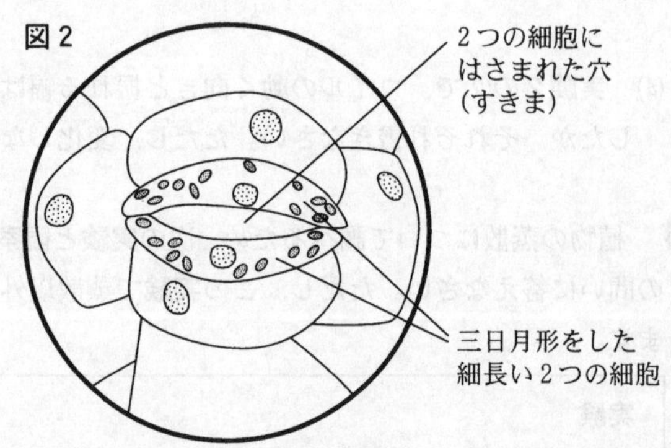
2つの細胞にはさまれた穴（すきま）
三日月形をした細長い2つの細胞

(1) 実験の②の下線部について，水面に油を注ぐ理由を簡潔に書きなさい。

(2) 実験で，装置A～Dのツユクサの葉の裏側から蒸散によって出ていった水蒸気の合計は何gか。次のア～エのうちから最も適当なものを一つ選び，その符号を書きなさい。ただし，葉の表側，裏側，茎にぬったワセリンは，ぬらなかった部分の蒸散に影響を与えないものとする。

ア 0.3g　　イ 0.7g　　ウ 1.0g　　エ 1.4g

(3)　表の質量の減少量から，実験に用いたツユクサの蒸散についてどのようなことがいえるか。次のア～エのうちから最も適当なものを一つ選び，その符号を書きなさい。

ア　葉の裏側よりも表側で蒸散がさかんであり，葉以外からは蒸散していない。
イ　葉の裏側よりも表側で蒸散がさかんであり，葉以外からも蒸散している。
ウ　葉の表側よりも裏側で蒸散がさかんであり，葉以外からは蒸散していない。
エ　葉の表側よりも裏側で蒸散がさかんであり，葉以外からも蒸散している。

(4)　次の文章は，実験で装置A～Cの質量が減少したことについて述べたものである。文章中の，[x]，[y] にあてはまる最も適当なことばを，それぞれ書きなさい。

> 図2のような，三日月形をした細長い2つの細胞にはさまれた穴（すきま）を [x] という。実験で装置A～Cの質量が減少したのは，試験管内の水がツユクサの茎の切り口から吸い上げられ，維管束のうちの [y] を通って茎や葉に運ばれたのち，おもに [x] から蒸散によって体の外に出ていったからである。

5　Sさんたちは，水にとけた物質の質量を調べる実験を行いました。これに関する先生との会話文を読んで，あとの(1)～(4)の問いに答えなさい。なお，資料は，それぞれの水の温度において，塩化ナトリウムとミョウバンがそれぞれ100gの水にとける最大の質量(溶解度)を示しています。また，ある温度において，物質が水にとける最大の質量は，水の質量に比例します。

Sさん：図1のように，30℃の水50gが入った2つのビーカーを用意し，ビーカーⅠは塩化ナトリウム15.0gを，ビーカーⅡはミョウバン15.0gを入れてかき混ぜました。ビーカーⅠには，とけ残りはなくすべてとけましたが，ビーカーⅡには，とけ残りがありました。

図1

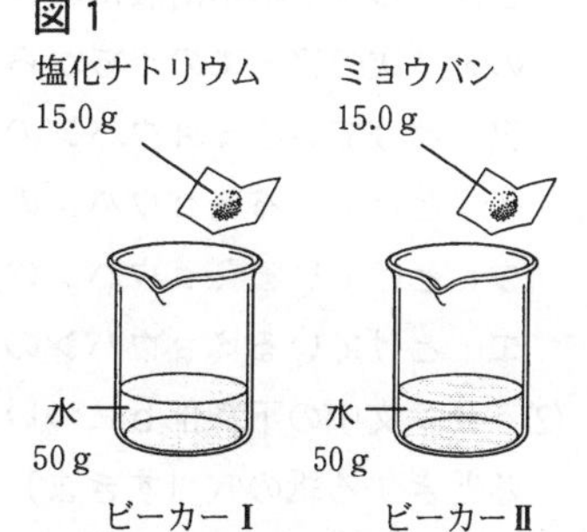

先　生：そうですね。物質の種類と水の温度によって，一定量の水にとける物質の最大の質量が決まっています。資料をみると，水の温度が高いほうがとける量が多くなっていることがわかります。とけ残りがないように水溶液をつくるために，水溶液を加熱してみましょう。

Tさん：はい。ビーカーⅠ，Ⅱを加熱し，水溶液の温度を60℃にしたところ，ビーカーⅠの塩化ナトリウムだけでなく，ビーカーⅡのミョウバンもすべてとけました。

先　生：そうですね。それでは，60℃に加熱したビーカーⅠ，Ⅱを水が入った容器の中にそれぞれ入れて，水溶液を20℃まで徐々(じょじょ)に冷やし，水溶液のようすを観察してみましょう。

Sさん：はい。a<u>ビーカーⅡを40℃まで冷やすと，ミョウバンの結晶が出ていました。20℃まで冷やすと，さらに多くの結晶が出ていました。</u>20℃まで冷やしたビーカーⅡの中の，b<u>ミョウバンの結晶が混ざったミョウバン水溶液を次のページの図2のようにろ過した</u>ところ，ミョウバンの結晶とc<u>ろ液</u>にわけることができました。

先　生：そうですね。このように，物質を一度水にとかし，水溶液を冷やして再び結晶としてとり出す操作を［ x ］といいます。

Tさん：はい。一方で，ビーカーⅠを20℃まで冷やしても，塩化ナトリウムの結晶が出てきませんでした。

先　生：そのとおりです。ビーカーⅡのミョウバン水溶液とは異なり，ビーカーⅠの塩化ナトリウム水溶液を20℃まで冷やしても塩化ナトリウムの結晶をとり出すことはできない理由は，［ y ］からです。しかし，塩化ナトリウム水溶液を［ z ］ことによって結晶をとり出すことができます。

図2

ガラス棒
ミョウバンの結晶が混ざったミョウバン水溶液
ろ紙
ろうと
ビーカー
ろうと台
ろ液

資料

水の温度〔℃〕	10	20	30	40	50	60
100 g の水にとける塩化ナトリウムの質量〔g〕	35.7	35.8	36.1	36.3	36.7	37.1
100 g の水にとけるミョウバンの質量〔g〕	7.6	11.4	16.6	23.8	36.4	57.4

(1)　会話文中の下線部 a について，ビーカーⅡを60℃に加熱してミョウバンをすべてとかした水溶液をD，Dを40℃まで冷やした水溶液をE，Eをさらに20℃まで冷やした水溶液をFとするとき，D～Fの水溶液にとけているミョウバンの質量について述べたものとして最も適当なものを，次のア～エのうちから一つ選び，その符号を書きなさい。

ア　とけているミョウバンの質量は，Dが最も小さく，EとFは同じである。

イ　とけているミョウバンの質量は，Dが最も大きく，EとFは同じである。

ウ　とけているミョウバンの質量の大きいものから順に並べると，D，E，Fになる。

エ　とけているミョウバンの質量の大きいものから順に並べると，F，E，Dになる。

(2)　会話文中の下線部 b について，ミョウバンの結晶が混ざったミョウバン水溶液をろ過しているとき，ろ紙の穴（すきま）の大きさ，水の粒子の大きさ，ミョウバンの結晶の大きさの関係を模式的に表した図として最も適当なものを，次のア～エのうちから一つ選び，その符号を書きなさい。なお，水にとけているミョウバンの粒子は図には示していない。

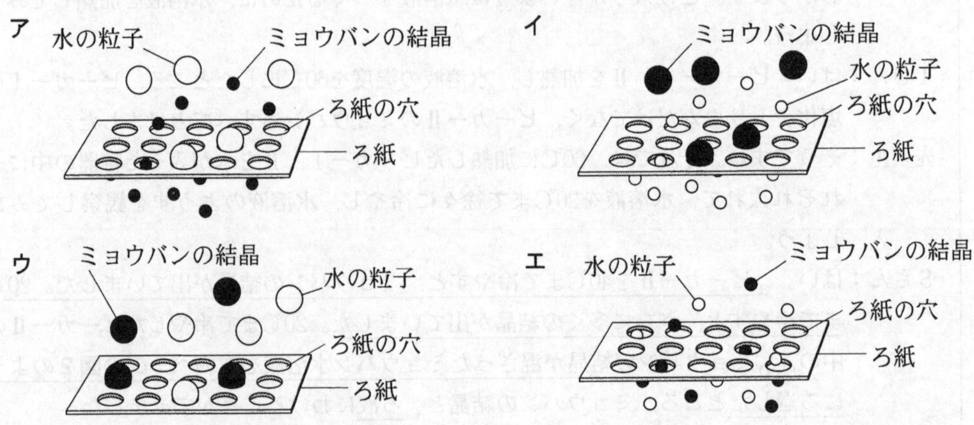

(3) 会話文中の下線部cについて，20℃まで冷やしたビーカーⅡの中の，ミョウバンの結晶が混ざったミョウバン水溶液をろ過したときのろ液の質量パーセント濃度として最も適当なものを，次のア～エのうちから一つ選び，その符号を書きなさい。ただし，実験をとおして溶媒の水は蒸発していないものとする。

ア 約10%　イ 約13%　ウ 約19%　エ 約23%

(4) 会話文中の x ～ z について，次の①，②の問いに答えなさい。

① x ， z にあてはまるものの組み合わせとして最も適当なものを，次のア～エのうちから一つ選び，その符号を書きなさい。

ア x：蒸 留　z：10℃まで冷やす
イ x：蒸 留　z：蒸発皿上で加熱する
ウ x：再結晶　z：10℃まで冷やす
エ x：再結晶　z：蒸発皿上で加熱する

② y にあてはまる理由を，資料を参考に，ミョウバンと塩化ナトリウムのそれぞれの溶解度の変化にふれて，「水の温度」ということばを用いて書きなさい。

6 Sさんたちは，ある年の2月2日の0時から2月5日の0時まで，千葉県内の地点Wで気象観測を2時間ごとに行い，図1のようにまとめました。図2のA～Dは，2月2日の21時，2月3日の9時，2月3日の21時，2月4日の9時のいずれかの日時の天気図です。これに関して，あとの(1)～(4)の問いに答えなさい。

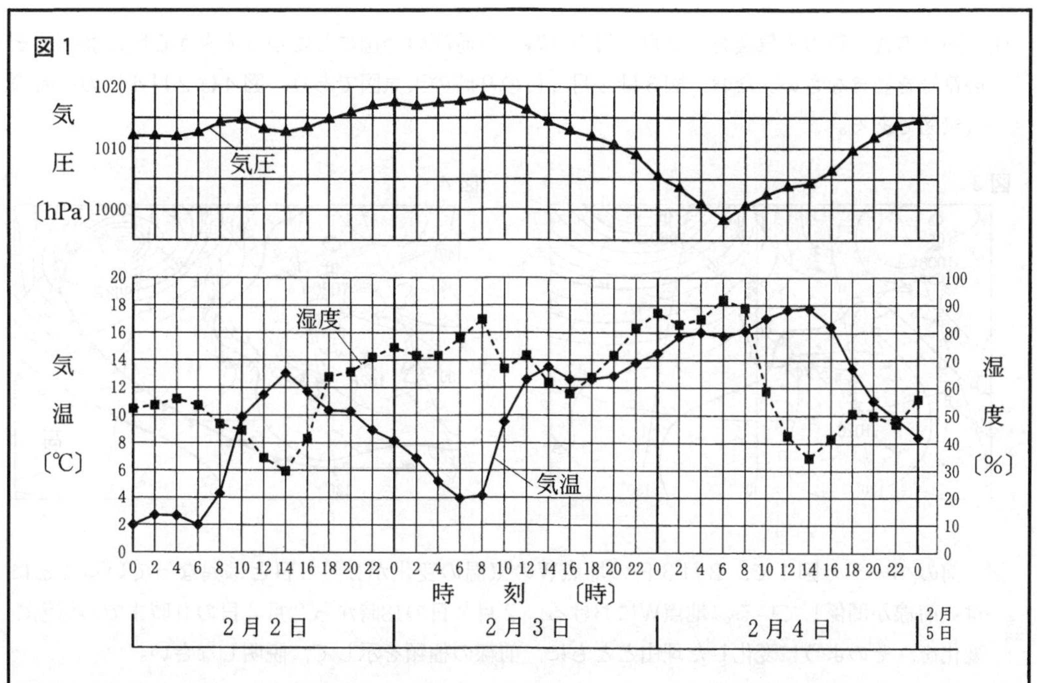

図2

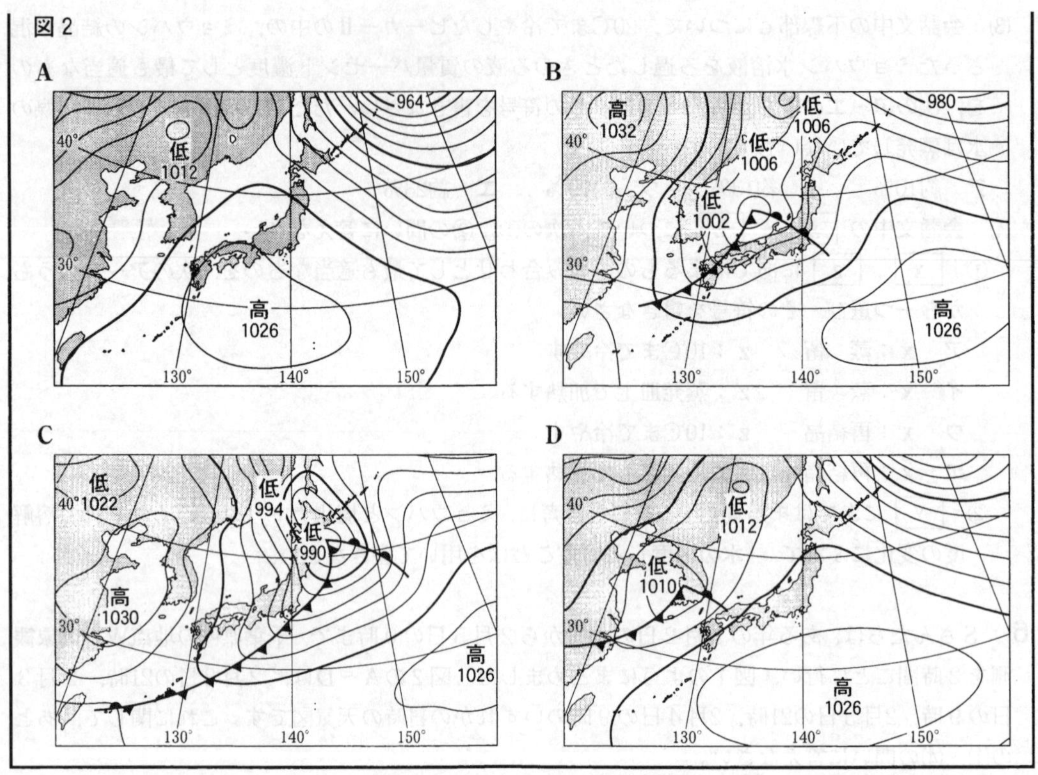

(1) 図2のA～Dの天気図を，2月2日の21時から時間の経過にしたがって左から順に並べ，その符号を書きなさい。なお，図3は2月2日の9時の天気図であり，図4は2月4日の21時の天気図である。

図3　　　　　　　　　　　　図4

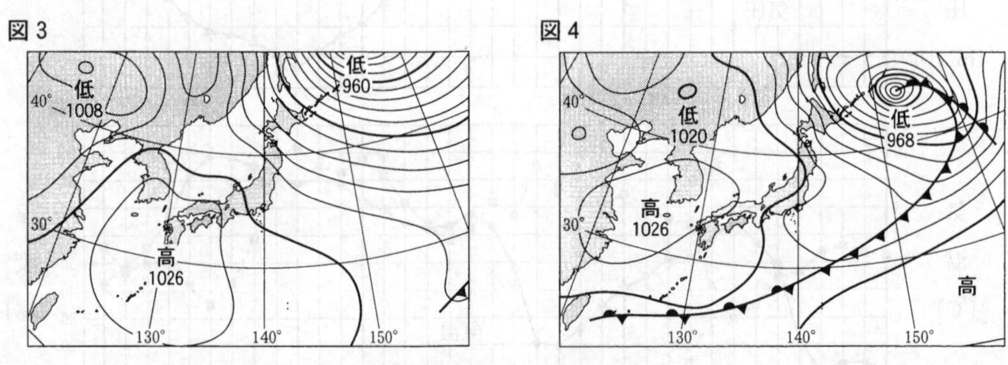

(2) 前のページの図1で，2月3日の地点Wの気温の変化が2月2日とは異なっていることには，前線が関係している。地点Wにおける，2月3日の18時から2月4日の0時までの気温の変化を，そのように変化した理由とともに，前線の種類を示して，説明しなさい。

(3) 図2のBの天気図の日時において，次のページの図5に示した地点X～Zでそれぞれ観測されたと考えられる風向の組み合わせとして最も適当なものを，あとのア～エのうちから一つ選び，その符号を書きなさい。

ア　地点X：北北西　　地点Y：北北東　　地点Z：東南東
イ　地点X：南南西　　地点Y：西　　地点Z：北
ウ　地点X：北北東　　地点Y：東　　地点Z：南
エ　地点X：南南東　　地点Y：南南西　　地点Z：西北西

図5

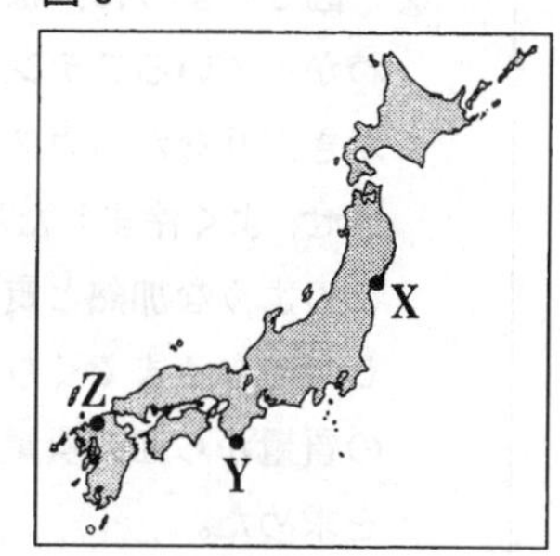

(4)　Sさんたちが気象観測を行った期間の気象について述べたものとして最も適当なものを，次のア～エのうちから一つ選び，その符号を書きなさい。

ア　2月2日の地点Wは1日を通して晴天であり，昼過ぎまでは気温の上昇とともに湿度も高くなっていったが，夜は気温の低下とともに湿度も低くなっていった。

イ　2月2日の夜遅くから2月3日の朝にかけて地点Wは晴れており，地表（地面）の熱が宇宙へ逃げていくことによって地表が冷えこみ，明け方に2月3日の最低の気温となった。

ウ　2月4日の朝は，発達した低気圧に向かってあたたかく湿った季節風がふきこんだことによって，地点Wの気温や湿度が高くなった。

エ　2月2日の0時から2月5日の0時までの間で，日本付近をシベリア気団と低気圧が交互(こうご)に通り過ぎていったことによって，地点Wの天気が周期的に変化した。

7　金属を加熱したときの変化について調べるため，次の**実験1**，**2**を行いました。これに関して，あとの(1)～(4)の問いに答えなさい。なお，ステンレスの皿は加熱による質量の変化がないものとします。

実験1

①　**図1**のように，あらかじめ質量をはかっておいたスチールウール（鉄）をピンセットではさんで火をつけ，**図2**のように，そのスチールウールをさじにのせて酸素を入れた集気びんの中に移したところ，光や熱を出しながら激しく反応した。

②　反応後の物質をよく冷ましたあと，その質量をはかると，反応後の物質の質量は，反応前のスチールウールの質量と比べて増加していた。反応後の物質は，黒色で，もろく，金属光沢は見られなかった。また，スチールウール，反応後の物質のそれぞれをうすい塩酸が入った試験管に少量入れたところ，スチールウールからは水素が発生したが，反応後の物質からは気体が発生しなかった。

図1

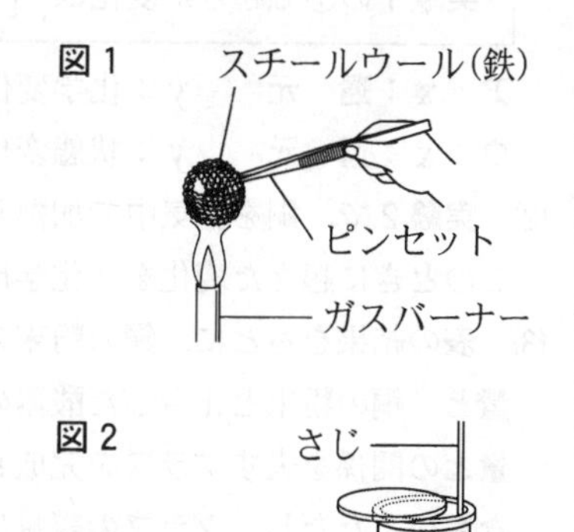

図2

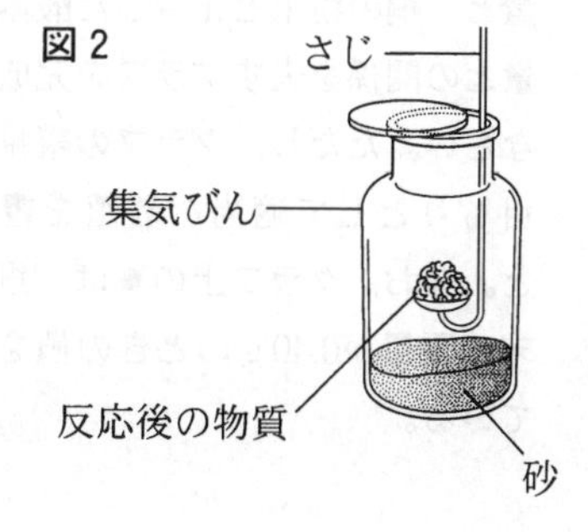

実験2

①　銅の粉末を0.40 gはかりとった。

② 図3のように，はかりとった銅の粉末を，質量がわかっているステンレスの皿に広げた。銅の粉末をかき混ぜながらガスバーナーで十分に加熱して反応させ，よく冷ましたあと，皿全体の質量をはかった。このような加熱と質量の測定を皿全体の質量が変化しなくなるまでくり返し，変化しなくなった皿全体の質量から皿の質量を引いて，反応後の物質の質量を求めた。

図3

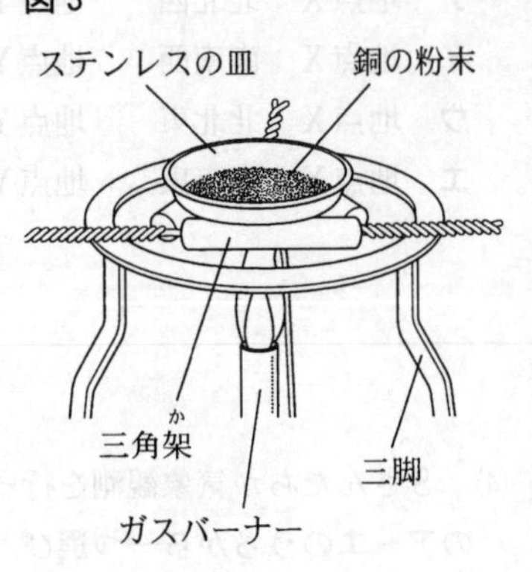

③ 銅の粉末の質量を0.60 g，0.80 g，1.00 g，1.20 gとかえて，②と同様の手順でそれぞれの銅の粉末を加熱し，反応後の物質の質量を調べた。

表は，実験2の結果をまとめたものである。

表

銅の粉末の質量〔g〕	0.40	0.60	0.80	1.00	1.20
反応後の物質の質量〔g〕	0.50	0.74	1.00	1.26	1.50

(1) 次の文章は，実験1について述べたものである。文章中の x ， y にあてはまることばの組み合わせとして最も適当なものを，あとのア～エのうちから一つ選び，その符号を書きなさい。

スチールウールは酸素を入れた集気びんの中で光や熱を出しながら激しく反応した。この反応を x という。実験1の②で，反応後の物質が，もろく，金属光沢が見られなかったことや，スチールウールをうすい塩酸に入れた場合のみ水素が発生したことから，実験1の①で起きた変化は， y であることがわかる。

ア x：還 元 y：化学変化 イ x：燃 焼 y：化学変化
ウ x：還 元 y：状態変化 エ x：燃 焼 y：状態変化

(2) 実験2で，銅を空気中で加熱してできた物質は，銅と酸素が化合してできた酸化銅である。このときに起きた変化を，化学反応式で書きなさい。

(3) 表の結果をもとに，銅の粉末の質量と，銅の粉末と化合した酸素の質量との関係を表すグラフを完成させなさい。ただし，グラフの縦軸には目もりとして適当な数値を書くこと。なお，グラフ上の●は，銅の粉末の質量が0.40 gのときの値を示している。

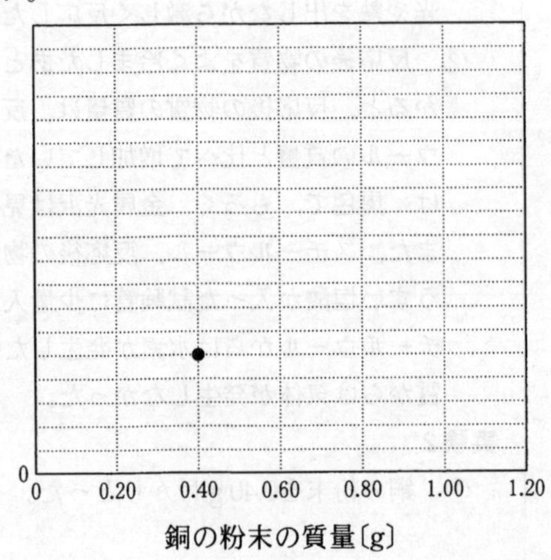

(4)　実験2において，皿に入れる物質を銅からマグネシウムにかえて同様に加熱すると，マグネシウムと酸素が化合して酸化マグネシウムができた。このとき，マグネシウムの質量とマグネシウムと化合する酸素の質量の比は 3：2 であることがわかった。2.7gのマグネシウムが酸素と完全に化合したときにできる酸化マグネシウムの質量は何gか，書きなさい。

8　土の中の微生物のはたらきを調べるため，次の**実験**を行いました。これに関して，あとの(1)～(4)の問いに答えなさい。

実験

①　デンプンのりを混ぜた寒天を，加熱殺菌したペトリ皿A，Bに入れて固めた。

②　林の落ち葉の下の土を採取し，**図1**のように，ペトリ皿Aにはそのままの土を，ペトリ皿Bにはじゅうぶんに焼いて冷ました土を，デンプンのりを混ぜて固めた寒天に少量のせた。ペトリ皿A，Bそれぞれにふたをし，どちらも光の当たらない部屋に置いた。

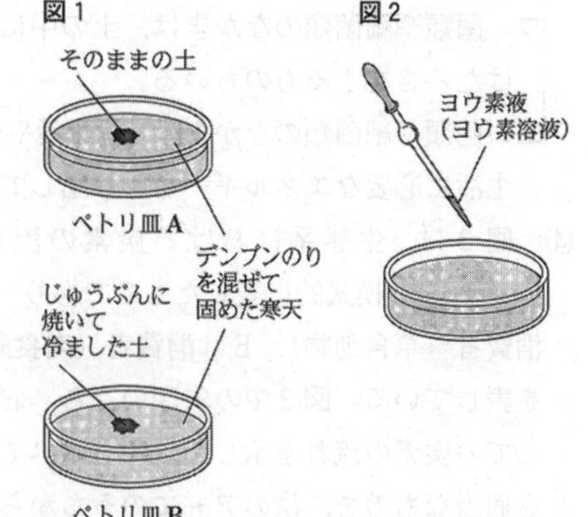

③　3日後，ペトリ皿A，Bの土を洗い流して取り除き，デンプンのりを混ぜて固めた寒天の表面のようすと，**図2**のようにヨウ素液（ヨウ素溶液）を加えたときの，デンプンのりを混ぜて固めた寒天の表面の色の変化を調べ，結果を**表**にまとめた。

表

	デンプンのりを混ぜて固めた寒天の表面のようす	ヨウ素液を加えたときの，デンプンのりを混ぜて固めた寒天の表面の色の変化
ペトリ皿A	土をのせていたところの周辺では，白い粒や，表面に毛のようなものがあるかたまりがあった。	土をのせていたところの周辺では，色が変化しなかった。土をのせていなかったところでは，青紫(あおむらさき)色に変化した。
ペトリ皿B	変化がなかった。	表面全体が青紫色に変化した。

(1)　次の文は，**実験**について述べたものである。文中の x ， y にあてはまるものの組み合わせとして最も適当なものを，あとの**ア**～**エ**のうちから一つ選び，その符号を書きなさい。

ペトリ皿Aの土をのせていたところの周辺では，土の中にいる微生物の x によって，デンプンが y だが，ペトリ皿Bでは，じゅうぶんに焼いて冷ました土の中には生きた微生物がいなかったため，デンプンが y なかった。

ア　x：光合成　y：つくられ　　**イ**　x：光合成　y：分解され
ウ　x：呼　吸　y：つくられ　　**エ**　x：呼　吸　y：分解され

(2)　落ち葉や生物の死がい（遺骸(いがい)），ふんなどの分解にかかわる生物の具体例として最も適当なものを，次のページの**ア**～**エ**のうちから一つ選び，その符号を書きなさい。

ア シデムシ，ミミズ，ダンゴムシ，ムカデ イ モグラ，ヘビ，アオカビ，シイタケ
ウ アオカビ，シイタケ，シデムシ，ミミズ エ ダンゴムシ，ムカデ，モグラ，ヘビ

(3) 菌類や細菌類のなかまについての説明として最も適当なものを，次のア～エのうちから一つ選び，その符号を書きなさい。

ア 菌類や細菌類のなかまは，生態系において分解者であり，落ち葉や生物の死がい，ふんなどから栄養分を得る消費者でもある。

イ 菌類や細菌類のなかまが落ち葉や生物の死がい，ふんなどを分解してできた物質は，再び光合成の材料として植物に利用されることはない。

ウ 菌類や細菌類のなかまは，土の中にのみ存在する生物であるが，納豆菌など人間に有用なはたらきをするものもいる。

エ 菌類や細菌類のなかまは，落ち葉や生物の死がい，ふんなどを水と酸素に分解することで，生活に必要なエネルギーをとり出している。

(4) 図3は，生態系における炭素の流れ（移動）を矢印（➡）で模式的に表したものであり，Cは生産者，Dは消費者（草食動物），Eは消費者（肉食動物），Fは分解者を表している。図3中の矢印のうち，おもに二酸化炭素としての炭素の流れを示した矢印をすべてかいた図として最も適当なものを，次のア～エのうちから一つ選び，その符号を書きなさい。

図3

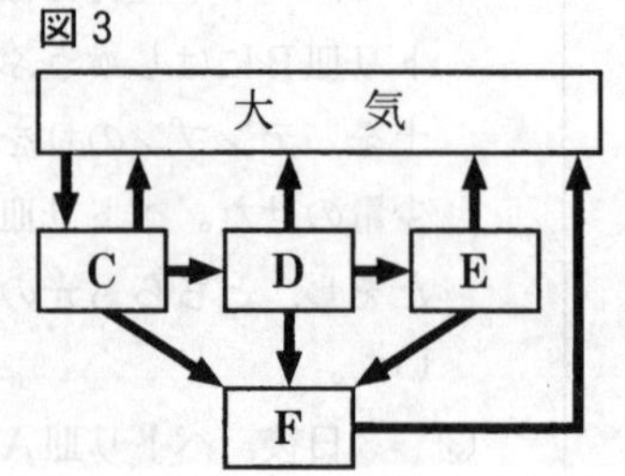

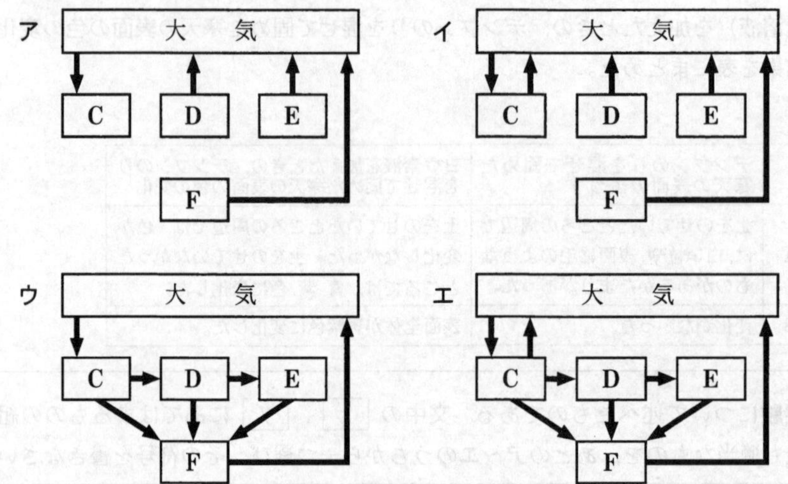

9 物体にはたらく力について調べるため，次のページの実験1～3を行いました。これに関して，あとの(1)～(4)の問いに答えなさい。ただし，ひも，糸，動滑車（どうかっしゃ）およびばねばかりの質量，ひもとそれぞれの滑車との間の摩擦（まさつ），糸の体積は考えないものとし，おもりの変形，ひもや糸の伸び縮みはないものとします。また，質量100gの物体にはたらく重力の大きさを1Nとします。

実験1

① ひもの一端（たん）を天井にある点Aに固定し，他端を動滑車，天井に固定した定滑車Mを通してばねばかりにつないだ装置を用意した。また，水の入った容器の底に沈（しず）んだ質量1kgのおもりを，糸がたるまないようにして，動滑車に糸でつないだ。

② 図1のように，矢印（⟶）の向きに，手でばねばかりをゆっくりと引き，おもりを容器の底から高さ0.5mまで引き上げた。このとき，おもりは水中にあり，ばねばかりの目もりが示す力の大きさは4Nで，手でばねばかりにつないだひもを引いた長さは1mであった。

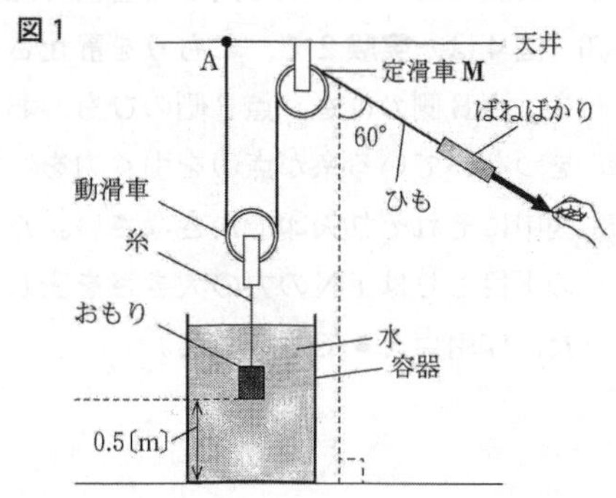

③ さらにばねばかりを同じ向きに引き，おもりが水中から完全に出たところで静止させた。このとき，ばねばかりの目もりが示す力の大きさは5Nであった。

実験2

① **実験1**の装置から，動滑車，点Aに固定したひもの一端および水の入った容器を取り外した。

② **図2**のように，ひもの一端を天井の点Bに固定し，おもりをひもに糸で直接つないで，ばねばかりを**実験1**と同じ向きにゆっくり引いておもりを静止させた。このとき，ひもに糸をつないだ点を点O，ひもが定滑車Mと接する点を点Pとすると，∠BOPの角度は120°であった。

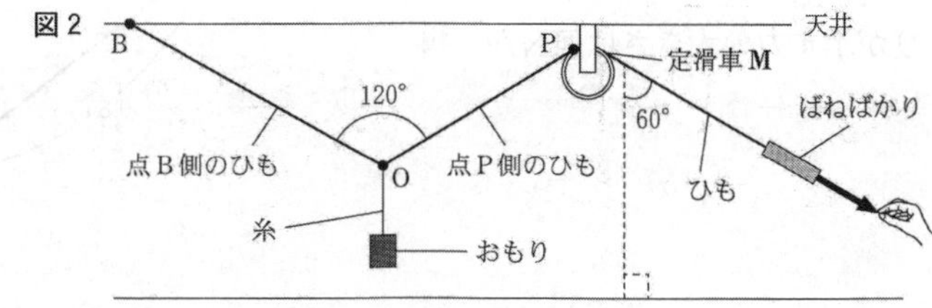

実験3

① **実験2**の装置の点Bに固定したひもの一端を外し，天井に固定した定滑車Nを通して，質量600gの分銅をつないだ。

② **図3**のように，ばねばかりを**実験1**と同じ向きにゆっくり引いておもりを静止させた。このとき，ひもが定滑車Mと接する点を点Q，ひもが定滑車Nと接する点を点Rとすると，点Rと点Qは同じ水平面上にあった。

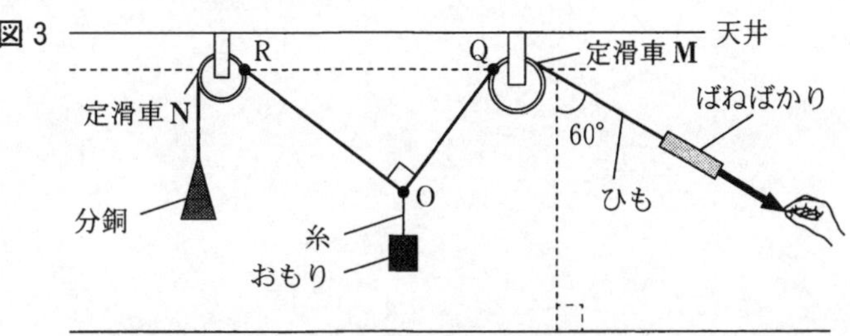

(1) 次の文章中の [ ] にあてはまる最も適当なことばを書きなさい。

> 実験1のように，動滑車などの道具を使うと，小さな力で物体を動かすことができるが，物体を動かす距離は長くなる。このように，同じ仕事をするのに，動滑車などの道具を使っても使わなくても仕事の大きさは変わらないことを [ ] という。

(2) 実験1の①で，水の入った容器の底にあるおもりにはたらく浮力は何Nか，書きなさい。

(3) 図4は，実験2で，おもりを静止させたときのようすを模式的に表したものである。このとき，点B側のひも，点P側のひも，およびおもりをつないでいる糸が点Oを引く力を，解答用紙の図中にそれぞれ矢印でかきなさい。ただし，方眼の1目もりは1Nの力の大きさを表している。また，作用点を●で示すこと。

図4

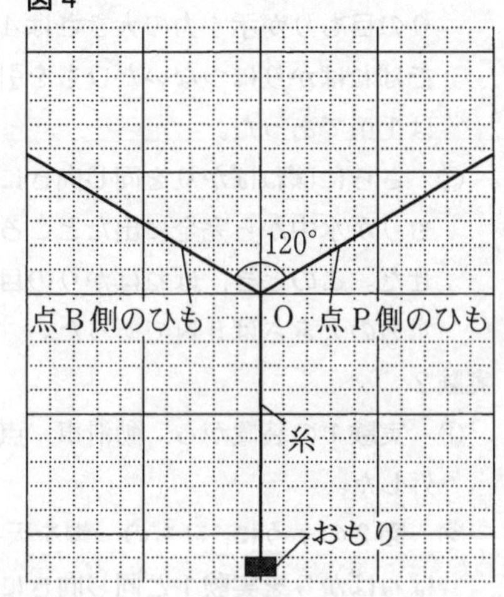

(4) 実験3の②で，点R，O，Qの位置と各点の間の長さは図5のようになっていた。このとき，ばねばかりの目もりが示す力の大きさは何Nか，書きなさい。

図5

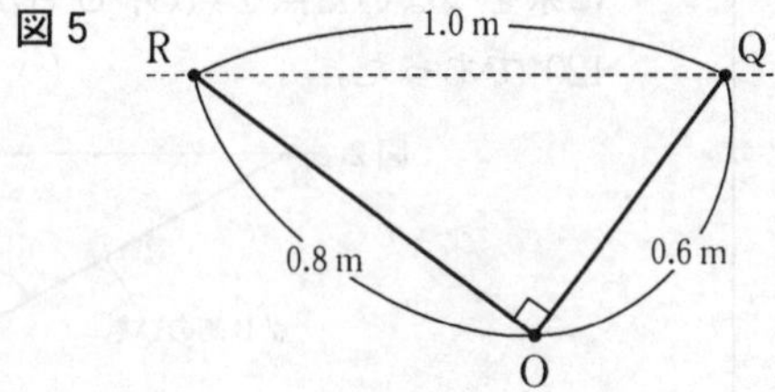

＜社会＞

時間　50分　　満点　100点

1　次の文章を読み，あとの(1)～(3)の問いに答えなさい。

政治には，人々の意見や利害の a 対立を調整し，解決に導くはたらきがあります。多くの人々の参加によって物事を決定しようとする考え方を民主主義といい，民主主義に基づく政治を b 民主政治といいます。民主主義を確かなものにするため，私たち一人ひとりの c 積極的な政治への参加が求められています。

(1)　下線部aに関連して，次の文章は，人種対立に関係することがらについて述べたものである。文章中の［　］に共通してあてはまる適当な語を**カタカナ７字**で書きなさい。

> かつて南アフリカ共和国では，長い間，白人政権が黒人などの白人以外の人々を差別する［　］とよばれる人種隔離政策がとられていた。しかし，人々の反対運動などにより［　］は廃止され，1994年には，初めて黒人の大統領が誕生した。

(2)　下線部bに関連して，次の①，②の問いに答えなさい。

①　次の文は，ある人物が行った演説について述べたものである。文中の［Ⅰ］，［Ⅱ］にあてはまる語の組み合わせとして最も適当なものを，あとの**ア～エ**のうちから一つ選び，その符号を書きなさい。

> ［Ⅰ］中の1863年，当時のアメリカ合衆国大統領であった［Ⅱ］は，ゲティスバーグで，「人民の，人民による，人民のための政治」という表現で民主政治を説いた。

ア　Ⅰ：南北戦争　Ⅱ：ワシントン
イ　Ⅰ：南北戦争　Ⅱ：リンカン（リンカーン）
ウ　Ⅰ：名誉革命　Ⅱ：ワシントン
エ　Ⅰ：名誉革命　Ⅱ：リンカン（リンカーン）

②　次の**ア～ウ**の文は，それぞれ日本の民主政治のあゆみに関係することがらについて述べたものである。**ア～ウ**を年代の**古いものから順に**並べ，その符号を書きなさい。

ア　議会での審議を経て成立した日本国憲法が施行され，国民が主権者となった。
イ　満20歳以上の男女による初めての衆議院議員総選挙が行われ，女性国会議員が誕生した。
ウ　満25歳以上のすべての男子に衆議院議員の選挙権が与えられ，男子普通選挙が実現した。

(3)　下線部cに関連して，次のページの**資料１**は，政策決定過程への関与について，日本と諸外国の若者の意識を調査した結果の一部を示したものであり，**資料２**は，**資料１**から読み取ったことがらをまとめたものである。**資料１**中の［A］～［E］には，それぞれ質問１と質問２とで共通した国名があてはまる。これらのうち，［C］と［E］にあてはまる国名の組み合わせとして最も適当なものを，35ページの**ア～エ**のうちから一つ選び，その符号を書きなさい。

資料１　政策決定過程への関与について，日本と諸外国の若者の意識を調査した結果の一部

質問１　「子供や若者が対象となる政策や制度については子供や若者の意見を聴くようにすべき」という意見について，あなたはどのように考えますか。

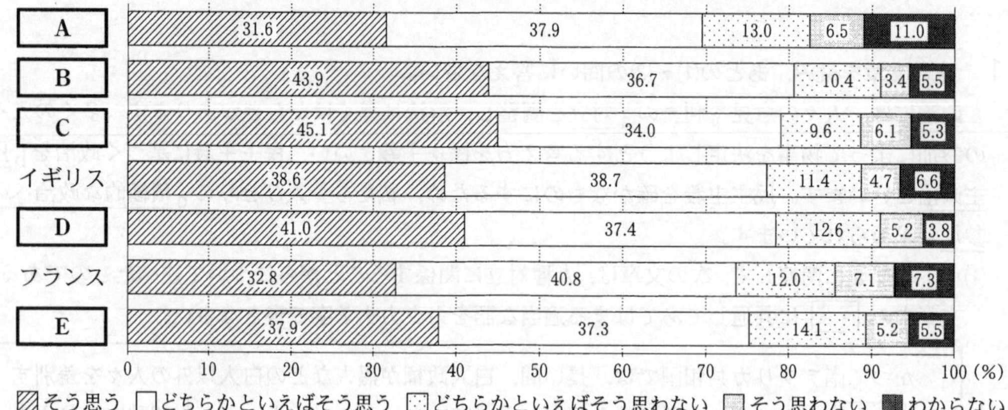

質問２　「社会をよりよくするため，私は社会における問題の解決に関与したい」という意見について，あなたはどのように考えますか。

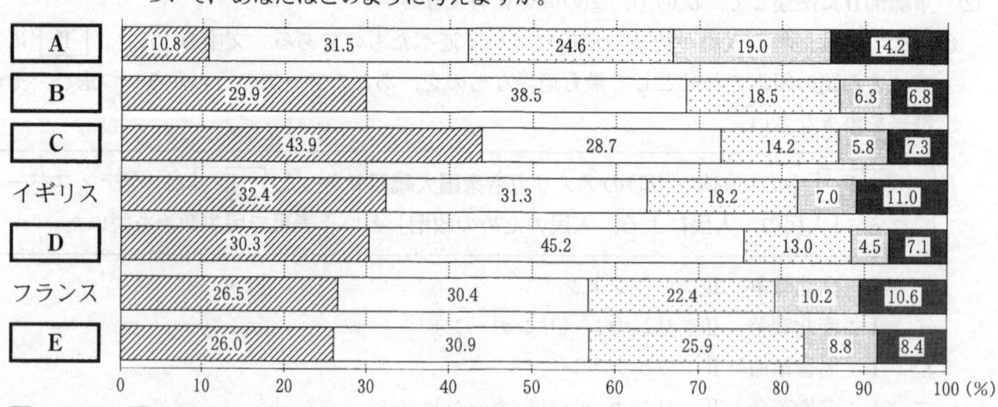

(注)　四捨五入の関係で，合計しても 100 % にならない場合がある。

(内閣府「令和元年版　子供・若者白書」などより作成)

資料２　資料１から読み取ったことがらをまとめたもの

- 質問１において，「そう思う」と回答した者の割合と「どちらかといえばそう思う」と回答した者の割合の合計が最も高い国は韓国である。
- 質問２において，「そう思う」と回答した者の割合と「どちらかといえばそう思う」と回答した者の割合の合計が最も高い国はドイツである。
- 質問１と質問２の両方において，それぞれ，「そう思う」と回答した者の割合が最も高い国はアメリカ合衆国であり，最も低い国は日本である。また，質問１と質問２の両方において，それぞれ，「どちらかといえばそう思わない」と回答した者の割合が最も高い国はスウェーデンである。

ア　C：アメリカ合衆国　E：日本　イ　C：ドイツ　E：日本
ウ　C：ドイツ　E：スウェーデン　エ　C：アメリカ合衆国　E：スウェーデン

2　次の図を見て，あとの(1)～(4)の問いに答えなさい。

(1)　次の文章は，図中の**東北地方**について述べたものである。文章中の Ⅰ ， Ⅱ にあてはまる語の組み合わせとして最も適当なものを，あとの**ア**～**エ**のうちから一つ選び，その符号を書きなさい。

東北地方の太平洋側は，寒流の Ⅰ の影響をうけ，夏にやませとよばれる冷たい北東の風がふくことがある。また，夏の Ⅱ 七夕まつりで知られる Ⅱ 市は，この地方の中心都市である。

北海道
東北地方
あ
い
佐賀県
う
え

ア　Ⅰ：親潮　Ⅱ：仙台
イ　Ⅰ：黒潮　Ⅱ：仙台
ウ　Ⅰ：親潮　Ⅱ：山形
エ　Ⅰ：黒潮　Ⅱ：山形

(2)　次の文章は，社会科の授業で，しんじさんが，図中の**北海道**にある世界遺産についてまとめたレポートの一部である。文章中の ＿＿ に共通してあてはまる適当な語を書きなさい。

北海道東部の ＿＿ 半島には，多くの野生動物や植物が生息しています。＿＿ では，環境を守ることと観光を両立させるために，右の写真のような木道が設置されています。

(3)　次の**ア**～**エ**のグラフは，それぞれ図中に示した**あ**～**え**のいずれかの地点における月平均気温と月降水量の変化の様子を示したものである。これらのうち，**う**の地点のグラフとして最も適当なものを一つ選び，その符号を書きなさい。

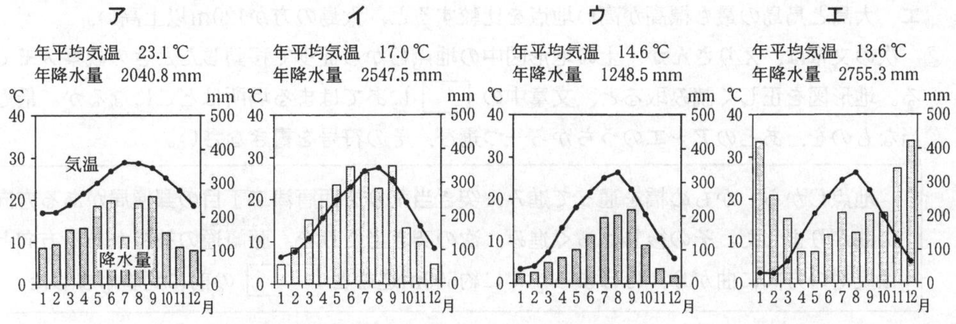

(注)　グラフ中のデータは 1981 年から 2010 年までの平均値を示す。　(「理科年表 2020」より作成)

(4) 次の地形図は，前のページの図中の**佐賀県**のある地域を示したものである。これを見て，あとの①，②の問いに答えなさい。 (編集の都合により縮小してあります。)

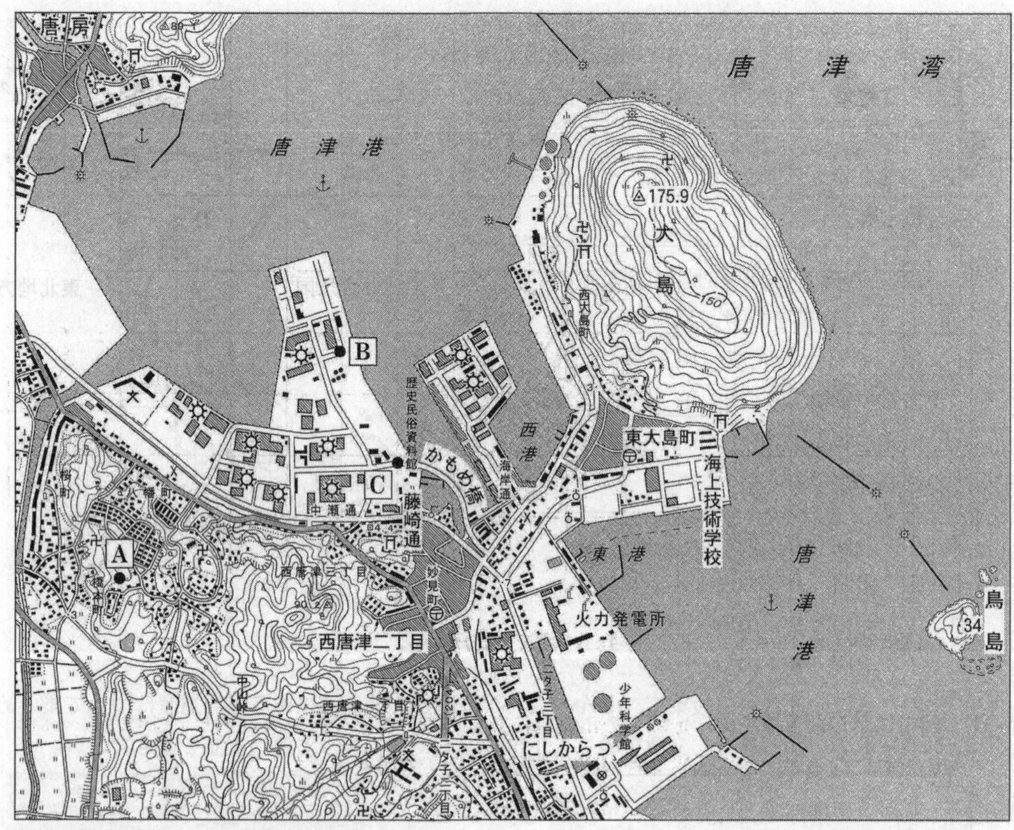

(国土地理院 平成23年発行1:25,000「唐津」原図より作成)

① 上の地形図を正しく読み取ったことがらとして最も適当なものを，次のア～エのうちから一つ選び，その符号を書きなさい。

ア 地点Aを中心とした半径250mの範囲内に，寺院が2か所ある。

イ 海上技術学校から見て，鳥島は，ほぼ南西の方向にある。

ウ 地点Bから見て，ほぼ西の方向に，発電所がある。

エ 大島と鳥島の最も標高が高い地点を比較すると，大島の方が120m以上高い。

② 次の文章は，えりさんが，上の地形図中の地点Cから徒歩で移動したときの観察メモである。地形図を正しく読み取ると，文章中の □ にあてはまる場所はどこになるか。最も適当なものを，あとのア～エのうちから一つ選び，その符号を書きなさい。

> 地点Cから，かもめ橋を通って進み，突き当たりを西唐津二丁目の郵便局がある方向に曲がりました。その後しばらく進み，次の突き当たりを，藤崎通(ふじさきどおり)の神社がある方向とは反対の方向に曲がり，ほぼまっすぐに約500m進むと □ の前に到着しました。

ア 消防署　**イ** 発電所　**ウ** にしからつ駅　**エ** 高等学校

3　次の図は緯線と経線が直角に交わる地図である。これを見て，あとの(1)～(5)の問いに答えなさい。

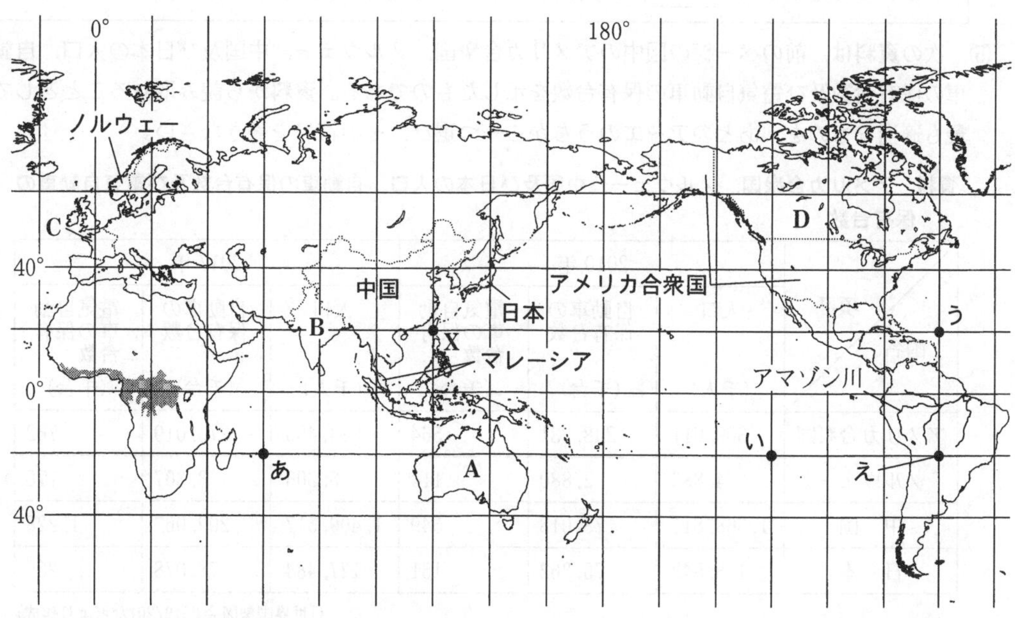

(注)　島等は省略したものもある。また，国境に一部未確定部分がある。

(1)　図中に示したX地点の，地球上の正反対にある地点の位置を図中に表すと，図中の**あ**～**え**のうちのどれになるか。最も適当なものを一つ選び，その符号を書きなさい。

(2)　次の文章は，図中に示したA～Dの国のうち，いずれかの国の様子について述べたものである。この国はA～Dのうちのどれか。最も適当なものを一つ選び，その符号を書きなさい。また，この国が属している州名を書きなさい。

> この国の内陸部は，降水量が少なく，乾燥し，草原や砂漠が広がっている。右の写真は，この国の南東部にある都市の風景を写したものであり，人口は，このような海岸部の都市に集まっている。

(3)　次の文章は，図中の**マレーシア**などでみられる農業について述べたものである。文章中の□に共通してあてはまる適当な語を**カタカナ**で書きなさい。

> マレーシアなどでは，かつて植民地であった時代につくられた□で天然ゴムや油(アブラ)やしなどの作物が大規模に栽培されている。□とは，主に熱帯地域で見られる大農園のことである。

(4)　次の文は，上の図中に⬭で示したアフリカ大陸の熱帯地域や，アマゾン川の流域でみられる農業について述べたものである。文中の□にあてはまる適当なことばを，「森林」「肥料」の二つの語を用いて15字以上20字以内（読点を含む。）で書きなさい。

これらの地域では，［　　］して作物を栽培する，伝統的な焼畑農業が行われている。

(5) 次の**資料**は，前のページの図中のアメリカ合衆国，ノルウェー，中国及び日本の人口，自動車の保有台数及び電気自動車の保有台数を示したものである。**資料**から読み取れることとして最も適当なものを，あとの**ア**～**エ**のうちから一つ選び，その符号を書きなさい。

資料　アメリカ合衆国，ノルウェー，中国及び日本の人口，自動車の保有台数及び電気自動車の保有台数

項目／国名	2010年			2017年		
	人口（千人）	自動車の保有台数（千台）	電気自動車の保有台数（千台）	人口（千人）	自動車の保有台数（千台）	電気自動車の保有台数（千台）
アメリカ合衆国	309,011	248,231	564	324,459	276,019	762
ノルウェー	4,886	2,880	114	5,305	3,307	176
中　国	1,368,811	78,018	649	1,409,517	209,067	1,228
日　本	128,542	75,362	151	127,484	78,078	205

（「世界国勢図会 2019/20」などより作成）

ア　「自動車の保有台数」が2010年と比べて2017年は2倍以上に増加した中国は，「電気自動車の保有台数」も，2010年と比べて2017年は2倍以上に増加している。

イ　2017年の「自動車の保有台数」が4か国中で最も多いアメリカ合衆国は，同じ年の一人あたりの「自動車の保有台数」が4か国中で2番目に多い。

ウ　「電気自動車の保有台数」が2010年と比べて2017年は増加した日本は，「人口」，「自動車の保有台数」ともに，2010年と比べて2017年は増加している。

エ　資料中のすべての項目について，それぞれの数値が4か国中で最も小さいノルウェーは，2017年の一人あたりの「電気自動車の保有台数」が他の3か国それぞれの10倍以上である。

4　社会科の授業で，さちよさんは，次のA～Dの写真をもとに，あるテーマについて調べました。調べた結果についての，さちよさんと先生の会話文を読んで，あとの(1)～(5)の問いに答えなさい。

先　生：さちよさんは，４枚の写真をもとに調べたのですね。１枚ずつ説明してください。

さちよさん：はい。最初のAの写真は，５世紀ごろの古墳から出土した鉄の延べ板です。このころ鉄はこのような延べ板の形で日本に輸入されていました。

先　生：そうですね。このころの日本列島の人々は，主に朝鮮半島南部の伽耶(かや)地域から，鉄を輸入していました。a鉄のほかにも様々なものが朝鮮半島から日本に伝えられていますので，どのようなものがあるか，ぜひ調べてみてください。

さちよさん：わかりました。Bの写真は，b平城京の復元模型です。平城京は，広い道路で碁盤(ごばん)の目のように区切られ，東西の市では各地から都に送られた産物が売買されていました。

先　生：そうです。このころ日本でも貨幣がつくられ，使われるようになりました。

さちよさん：和同開珎(かいちん／かいほう)などですね。次のCの写真は，戦国大名のc織田信長の肖像画です。織田信長は，戦いで効果的に鉄砲を使いました。鉄砲は，ポルトガル人によって日本に伝えられました。

先　生：このころは南蛮貿易が行われ，ガラス製品なども日本にもたらされましたよね。

さちよさん：最後にDの写真は，アメリカのペリーが浦賀に来航した際に率いていた軍艦を描いた絵です。来航したペリーとの交渉の結果，d日本は開国しました。そして，その後，諸外国との自由貿易を認めることになりました。

先　生：現在は，さらに世界の様々な国や地域との貿易がさかんに行われていますね。とてもよく調べました。最後に　さちよさんのテーマを教えてください。

さちよさん：はい，私か調べたテーマは［　　］です。

先　生：調べた内容にぴったりなテーマですね。

⑴　次の文章は，会話文中の下線部aの先生からの課題について，さちよさんがまとめたレポートの一部である。文章中の［　　］に共通してあてはまる適当な語を**漢字３字**で書きなさい。

> このころ，朝鮮半島などから日本列島に移住してきた人々を［　　］とよびます。［　　］は，土器や鉄器の製造や絹織物など，多くの技術を日本に伝えました。

⑵　次の文章は，会話文中の下線部bについて述べたものである。文章中の［X］，［Y］にあてはまるものの組み合わせとして最も適当なものを，あとの**ア**～**エ**のうちから一つ選び，その符号を書きなさい。

> 平城京は，710年に［X］の都の長安にならった，律令国家の新しい都としてつくられた。この都を中心に政治が行われた約［Y］年間を奈良時代という。

ア　X：唐　Y：80　　**イ**　X：隋　Y：80　　**ウ**　X：唐　Y：60　　**エ**　X：隋　Y：60

⑶　次のページの文章は，会話文中の下線部cについて述べたものである。文章中の［　　］にあてはまる適当なことばを，「足利義昭」「室町幕府」の二つの語を用いて**25字以内**（読点を含む。）で書きなさい。

> 織田信長は，敵対する戦国大名を破り勢力を強める中，1573年に ［　　］ た。その後，全国統一を目前にした1582年に，家臣の明智光秀にそむかれて本能寺で自害した。

(4) 次の資料は，会話文中の下線部dに関連することがらを年代の**古いものから順に**左から並べたものである。資料中の ［Ⅰ］，［Ⅱ］ にあてはまることがらとして最も適当なものを，あとのア～オのうちから一つずつ選び，その符号を書きなさい。

資料

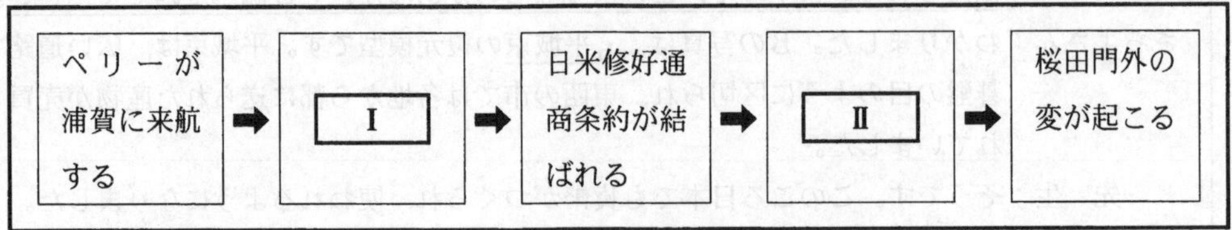

ア アヘン戦争が起こる　　イ 安政の大獄が起こる
ウ 天保の改革がおこなわれる　　エ 大政奉還がおこなわれる
オ 日米和親条約が結ばれる

(5) 会話文中の ［　　］ にあてはまる，さちよさんが調べたテーマとして最も適当なものを，次のア～エのうちから一つ選び，その符号を書きなさい。

ア 日本の文化の特徴について　　イ 日本の土地制度の特徴について
ウ 日本の交易の歴史について　　エ 日本の宗教の歴史について

5 次のA～Dのカードは，社会科の授業で，てつろうさんが，「日本と世界の指導者」について調べ，まとめたものの一部である。これらを見て，あとの(1)～(5)の問いに答えなさい。

A：伊藤博文

ドイツ(プロイセン)やオーストリアに派遣され，立憲政治の制度を研究した(a)。帰国後の1885年に初代内閣総理大臣となった。

B：原敬

米騒動(b)の責任をとって首相が辞職したため，代わって内閣を組織した(c)。華族出身ではなかったことから「平民宰相(さいしょう)」とよばれた。

C：ウィルソン

第一次世界大戦後，国際平和機関の設立などを提唱した。これをもとに，世界平和と国際協調を目的とする，国際連盟(d)が誕生した。

D：毛沢東(もうたくとう／マオツォトン)

第二次世界大戦後，国民党(国民政府)と共産党との間で内戦が続いていたが，1949年(e)に中華人民共和国の建国を宣言した。

(1)　次の文章は，Aのカード中の下線部aに関連することがらについて述べたものである。文章中の X ， Y にあてはまる語の組み合わせとして最も適当なものを，あとのア～エのうちから一つ選び，その符号を書きなさい。

> 伊藤博文が中心となって作成された憲法案は，審議を経て1889年に憲法として発布された。この憲法では，議会は， X と衆議院の二院制がとられ， Y は，天皇の相談に応じ，憲法解釈などの国の重要事項を審議する組織とされた。

ア　X：参議院　Y：枢密院　　**イ**　X：参議院　Y：内閣
ウ　X：貴族院　Y：枢密院　　**エ**　X：貴族院　Y：内閣

(2)　次の文章は，Bのカード中の下線部bについて述べたものである。文章中の □ にあてはまる適当な語を**カタカナ4字**で書きなさい。

> ロシア革命に干渉する， □ 出兵を見こした米の買い占めなどにより米の価格が急激に上がった。1918年の夏に富山県で起こった米の安売りを求める動きは，米騒動となって全国に広まり，政府は軍隊を出動させてこの騒動をしずめた。

(3)　次の文は，Bのカード中の下線部cについて，てつろうさんが原敬の組織した内閣についてまとめたレポートの一部である。文中の □ にあてはまる語として最も適当なものを，あとの**ア～エ**のうちから一つ選び，その符号を書きなさい。

> 原敬内閣は，外務・陸軍・海軍の3大臣以外の閣僚をすべて，衆議院の第一党である □ の党員が占める本格的な政党内閣でした。

ア　自由党　　**イ**　立憲政友会　　**ウ**　立志社　　**エ**　立憲改進党

(4)　次の文章は，Cのカード中の下線部dの機関の活動に関連することがらについて述べたものである。文章中の Ⅰ ， Ⅱ にあてはまるものの組み合わせとして最も適当なものを，あとの**ア～エ**のうちから一つ選び，その符号を書きなさい。

> 右の写真は，1931年に日本軍（関東軍）が中国で，鉄道の線路を爆破したことに端を発した Ⅰ について，現地に派遣された国際連盟の調査団が，実情を調査している様子である。調査団の報告に基づき，日本は国際連盟から「日本軍は占領地から撤兵するように。」という勧告を受けた。日本政府はその Ⅱ した。

ア　Ⅰ：盧溝橋(ろこうきょう)事件　Ⅱ：勧告を受け入れ，撤兵
イ　Ⅰ：盧溝橋(ルーコウチアオ)事件　Ⅱ：勧告を受け入れず，国際連盟を脱退
ウ　Ⅰ：満州事変　Ⅱ：勧告を受け入れ，撤兵
エ　Ⅰ：満州事変　Ⅱ：勧告を受け入れず，国際連盟を脱退

(5)　次のページの**ア～エ**は，Dのカード中の下線部eの年代以降に起こったできごとである。**ア～エ**を年代の**古いものから順**に並べ，その符号を書きなさい。

ア 日韓基本条約が結ばれた。 イ 東西ドイツが統一された。
ウ 香港（ホンコン）が中国に返還された。 エ アジア・アフリカ会議が開かれた。

6 次の文章を読み，あとの(1)～(4)の問いに答えなさい。

a金融には，資金の貸し借りなどにより資金の流れを円滑にすることで，経済活動を助けるはたらきがあります。b金融機関の中でも，c金融政策の主体である日本銀行は，紙幣の発行など，特別な役割を担（にな）っています。また，d電子マネーなどによる現金を用いない支払い方法も普及してきています。

(1) 下線部aに関連して，次の文章は，金融の方法について述べたものである。文章中の Ⅰ ，Ⅱ にあてはまる語の組み合わせとして最も適当なものを，あとのア～エうちから一つ選び，その符号を書きなさい。

> 金融機関をなかだちとして資金を調達する方法を Ⅰ 金融という。また，資金の借り手である企業が Ⅱ などを発行して資金を調達する方法もある。

ア Ⅰ：間接 Ⅱ：株式 イ Ⅰ：間接 Ⅱ：利子
ウ Ⅰ：直接 Ⅱ：株式 エ Ⅰ：直接 Ⅱ：利子

(2) 下線部bに関連して，次の文章は，金融機関の種類について述べたものである。文章中の □ に共通してあてはまる適当な語を**漢字２字**で書きなさい。

> 金融機関には，銀行・信用金庫・農業協同組合など，様々な種類がある。損害 □ 会社や生命 □ 会社も金融機関である。

(3) 下線部cに関連して，次の文は，現在の金融政策の主な方法である公開市場操作について述べたものである。文中の □ にあてはまる適当なことばを，「国債」「量」の二つの語を用いて**15字以上20字以内**（読点を含む。）で書きなさい。

> 中央銀行である日本銀行は，一般の銀行などとの間で， □ を増減させることで，景気や物価の安定をはかっている。

(4) 下線部dに関連して，次の文章は，社会科の授業で，たろうさんたちの班が，次のページの**資料１**と**資料２**を見ながら「日本における電子マネーの利用状況」について話し合っている場面の一部である。文章中の □ にあてはまるものとして最も適当なものを，あとの**ア**～**エ**のうちから一つ選び，その符号を書きなさい。

> なおきさん：日本における電子マネーの利用状況には，どのような特徴があるのかな。印象としては，若者がたくさん利用しているように感じるのだけれど。
> みちよさん：例えば，**資料１**と**資料２**から， □ ということがわかるわね。
> たろうさん：そうだね。世帯主の年齢階級などに注目することで，特徴が見えてくるんだね。

資料１　電子マネー利用世帯の利用金額と利用世帯の割合の推移（2015～2019年）

	2015年	2016年	2017年	2018年	2019年
電子マネー利用世帯の利用金額（円）	16,382	17,318	17,644	18,256	20,567
電子マネー利用世帯の割合（%）	41.5	43.9	45.5	50.4	53.2

資料２　世帯主の年齢階級別にみた電子マネー利用世帯の利用金額と利用世帯の割合（2019年）

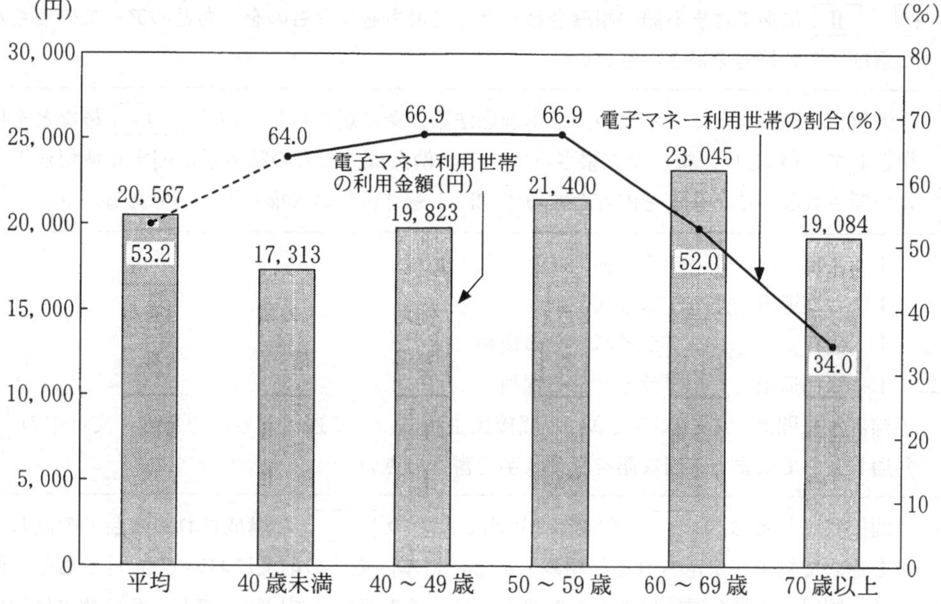

（注）・世帯とは，家計消費状況調査の二人以上の世帯のことで，金額は，月平均額のことである。

・この調査での電子マネーとは，ICカード，携帯電話，プリペイドカード等に現金に相当する貨幣価値を移し替えたもののことである。

（資料１，資料２とも，総務省統計局「家計消費状況調査年報　令和元年」などより作成）

ア　2015年から2019年にかけて，「電子マネー利用世帯の利用金額」，「電子マネー利用世帯の割合」ともに毎年減少し続けていて，2019年の世帯主の年齢階級別にみた「電子マネー利用世帯の利用金額」は，「40歳未満」の年齢階級が最も多い

イ　2015年から2019年にかけて，「電子マネー利用世帯の利用金額」，「電子マネー利用世帯の割合」ともに毎年増加し続けていて，「60～69歳」の年齢階級は，2019年の世帯主の年齢階級別にみた「電子マネー利用世帯の利用金額」が最も多いけれども，2019年の世帯主の年齢階級別にみた「電子マネー利用世帯の割合」は２番目に低い

ウ　2015年から2019年にかけて，「電子マネー利用世帯の利用金額」は毎年増加し続けているけれども，「電子マネー利用世帯の割合」は毎年減少し続けていて，2019年の世帯主の年齢階級別にみた「電子マネー利用世帯の割合」は，「40～49歳」の年齢階級が最も高い

エ　2015年から2019年にかけて，「電子マネー利用世帯の利用金額」は毎年減少し続けているけれども，「電子マネー利用世帯の割合」は毎年増加し続けていて，「50～59歳」の年齢階級は，2019年の世帯主の年齢階級別にみた「電子マネー利用世帯の利用金額」が２番目に多く，2019年の世帯主の年齢階級別にみた「電子マネー利用世帯の割合」も２番目に高い

7 次の文章を読み，あとの(1)～(4)の問いに答えなさい。

a日本国憲法では，b間接民主制（議会制民主主義）が採用されています。国権の最高機関である国会は，正当にc選挙された国会議員で構成され，話し合いを通じて様々な物事を決定しています。また，憲法改正の国民投票など，一部で直接民主制の要素が採り入れられており，地方自治においては，住民にd直接請求権が認められています。

(1) 下線部aに関連して，次の文章は，「新しい人権」について述べたものである。文章中の［Ⅰ］，［Ⅱ］にあてはまる語の組み合わせとして最も適当なものを，あとのア～エのうちから一つ選び，その符号を書きなさい。

> 情報化の進展などにともない，日本国憲法第13条に定められている［Ⅰ］権などを根拠として，「新しい人権」が主張されている。例えば，個人の私生活に関する情報が不当に公開されないことなどを内容とする［Ⅱ］も「新しい人権」の一つである。

ア Ⅰ：生存　Ⅱ：知る権利
イ Ⅰ：幸福追求　Ⅱ：知る権利
ウ Ⅰ：生存　Ⅱ：プライバシーの権利
エ Ⅰ：幸福追求　Ⅱ：プライバシー権利

(2) 下線部bに関連して，次の文章は，間接民主制について述べたものである。文章中の［　］に共通してあてはまる適当な語を**漢字3字**で書きなさい。

> 間接民主制とは，［　］を選挙で選出し，その［　］で構成される議会での話し合いを通じて物事が決定される仕組みである。日本国憲法の前文においても，「そもそも国政は，国民の厳粛な信託によるものであって，その権威は国民に由来し，その権力は国民の［　］がこれを行使し，その福利は国民がこれを享受する。」と定められている。

(3) 下線部cに関連して，次のページの資料は，社会科の授業で，たろうさんが，国民の意思を表明する制度についてまとめた発表原稿の一部である。資料中の［A］～［C］にあてはまる語の組み合わせとして最も適当なものを，次のア～エのうちから一つ選び，その符号を書きなさい。

ア A：国民投票　B：最高　C：小選挙区
イ A：国民投票　B：高等　C：比例代表
ウ A：国民審査　B：最高　C：小選挙区
エ A：国民審査　B：高等　C：比例代表

資料　たろうさんの発表原稿の一部

図　ある制度で使用される投票用紙の一部を模式的に示したもの

注意(ちゅうい)

一　やめさせた方(ほう)がよいと思(おも)う裁判官(さいばんかん)については、その名(な)の上(うえ)の欄(らん)に×を書(か)くこと。

二　やめさせなくてよいと思(おも)う裁判官(さいばんかん)については、何(なに)も書(か)かないこと。

×を書(か)く欄(らん)	裁(さい)判(ばん)官(かん)の名(な)
	○○○○
	□□□□

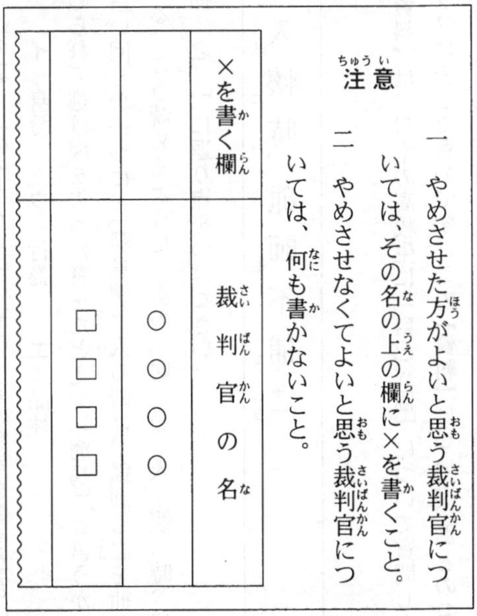

左の図を見てください。これは，ある制度で使用される投票用紙の一部を模式的に示したものです。この制度は，［ A ］とよばれる，［ B ］裁判所の裁判官に対して国民の意思を表明するもので，衆議院議員総選挙の際に実施されることになっています。

衆議院議員総選挙の際に，［ A ］が実施される場合，有権者は，全部で3種類の投票用紙を投じることになります。これらのうち，候補者の個人名を記入するのは，［ C ］選出議員選挙の投票用紙です。

(4)　下線部dに関連して，次の文章は，直接請求権について述べたものである。文章中の［ X ］にあてはまる適当な数を**整数**で書きなさい。また，文章中の［ Y ］にあてはまる適当な語を**漢字**で書きなさい。

直接請求権を行使するには，一定の署名を集めて請求する必要がある。例えば，有権者数が151,820人のW市において，条例の制定を求める直接請求を行う場合，有権者［ X ］人以上の署名を集めて，［ Y ］に請求することになる。

(4) 文章中のD高きもいやしきもが指し示すものとして最も適当なものを、次のア～エのうちから一つ選び、その符号を書きなさい。

ア 評判　イ 身分　ウ 行為　エ 品性

(5) 追い詰められて逃げ場を失った者をたとえて「窮鳥」と言うが、関連する言い回しの一つに、「窮鳥懐（ふところ）に入（い）る時は、猟師も之（これ）を捕らず。」がある。こう読めるように、次の「窮鳥入ル懐ニ時ハ、猟師モ不捕ラ之ヲ。」に返り点をつけなさい。

窮鳥入ル懐ニ時ハ、猟師モ不捕ラ之ヲ。

七 下の【資料】は、日本の高校生に「自己評価」について質問した結果をグラフに表したものです。この【資料】について、あとの〈条件〉にしたがい、〈注意事項〉を守って、あなたの考えを書きなさい。

〈条件〉

① 二段落構成とし、十行以内で書くこと。

② 前段では、A～Cの項目のうちからいずれか一つを選び、グラフが示す結果に対するあなたの考えを、そのように考える理由とともに書くこと。

③ 後段では、前段で選んだ項目（A～C）について、「自己評価」を高めるために、あなたが取り組みたいこと（または、現在取り組んでいること）を具体的にあげながら、なぜその取り組みが「自己評価」を高めることになると考えるのか、その理由もあわせて書くこと。

〈注意事項〉

① 氏名や題名は書かないこと。

② 原稿用紙の適切な使い方にしたがって書くこと。ただし、〜や──などの記号を用いた訂正はしないこと。

③ 【資料】に記された項目を示すとき、A～Cのアルファベットを用いてもよい。

【資料】 日本の高校生の「自己評価」（平成二十九年度実施）「自分自身についての評価項目とその回答」

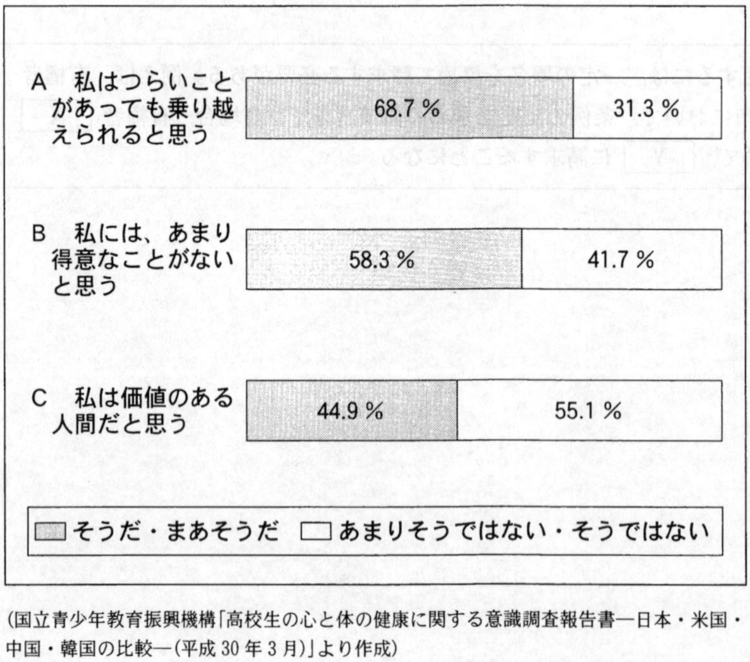

項目	そうだ・まあそうだ	あまりそうではない・そうではない
A 私はつらいことがあっても乗り越えられると思う	68.7 %	31.3 %
B 私には、あまり得意なことがないと思う	58.3 %	41.7 %
C 私は価値のある人間だと思う	44.9 %	55.1 %

（国立青少年教育振興機構「高校生の心と体の健康に関する意識調査報告書―日本・米国・中国・韓国の比較―（平成30年3月）」より作成）

つる涙も降る雪も、左右(さう)のたもと(注2)に所せく（左右のそでをぐっしょりぬらし）、柴(しば)の編戸(あみど)(注3)に顔をあて、B しぼりかねてぞ立ちたりける。C 主の女出でて見ていひけるは、「我等(われら)かひがひしき身ならねば（頼りになるような）、謀叛の人に同意したりとて、とがめなどはよもあらじ（味方したからといって、責められることはまさかないだろう。）。D 高きもいやしきも女はひとつ身なり。入らせたまへ（同じ女どうしです。お入りください。）」とて、常葉を内へ入れて、さまざまにもてなしければ、人心地(ひとごこち)にぞなりにける。

（『平治物語(へいじものがたり)』による。）

（注1）　謀叛＝国家や君主に背いて臣下が兵を挙げること。
（注2）　たもと＝和服の袖の下の、袋状になった部分。
（注3）　柴の編戸＝雑木の小枝を編んで作った戸。

(1)　文章中に A 男内へ入(い)りにけり とあるが、男の行動を説明したものとして最も適当なものを、次のア～エのうちから一つ選び、その符号を書きなさい。

ア　道に迷い宿を見つけられずに頼ってきた母子を哀れに思い、内に招き入れた。

イ　妻子といえども、逃亡は謀叛と同じく罪深いことだと教え諭して追い返した。

ウ　夜中に親子連れで訪ねてくるとはただ者でないと察し、かくまうことにした。

エ　深夜に幼い子を連れてさまよう女の身の上を怪しんで、泊めることを断った。

(2)　文章中に B しぼりかねてぞ立ちたりける とあるが、これについて次の(a)、(b)の問いに答えなさい。

(a)　この表現の特徴として最も適当なものを、次のア～エのうちから一つ選び、その符号を書きなさい。

ア　対句によって文にリズムが生まれている。

イ　係りの助詞がその前の語を強調している。

ウ　文末を体言にして文に余韻を与えている。

エ　倒置法のために文の語順が変化している。

(b)　「かねる」は、「見るに見かねて手伝う。」「その意見には賛成しかねる。」のように動詞の連用形に付いて意味を加える語である。ここでの「しぼりかねる」という表現は、誰の、どのような心情を表しているか。

(i)　誰の心情であるかを、次のア～エのうちから一つ選び、その符号を書きなさい。

ア　常葉　　**イ**　主の女　　**ウ**　謀叛の人　　**エ**　主の男

(ii)　どのような心情を表しているかを、「雪と涙にぬれた袖を」に続けて、「……くらいの……」という形を使って、**十字以上、二十字以内**で書きなさい。

(3)　文章中の C 主の女 は夫とは異なる対応をするが、その理由として最も適当なものを、次のア～エのうちから一つ選び、その符号を書きなさい。

ア　戦に巻き込まれたくないので、罰せられない保証があれば助けてもよいと判断したから。

イ　謀叛人の妻と子が現れたことに驚き、素直に届け出ることで罪をまぬかれたかったから。

ウ　頼る者のない常葉の心細さを思い、自分にできるせめてもの世話をしようと思ったから。

エ　常葉らの運命に同情はしたものの、支援を申し出れば世間から非難されると考えたから。

る事実に有頂天になり、夢ではないかと感じている

エ 彩子との関係を修復する努力を怠ってきた自分に気が付いて、素直に過去と向き合っていく重要性を感じている

(c) [Ⅲ] に入る言葉を、文章中から**十字で抜き出して**書きなさい。

(3) 文章中に C お互いの心臓の高鳴り とあるが、この時の二人の様子を説明したものとして最も適当なものを、次の**ア**～**エ**のうちから一つ選び、その符号を書きなさい。

ア 無愛想な言い方は羞恥心の裏返しだと互いに察知しながらも、再び関係がこじれることに対する不安を感じている。

イ 断絶の期間があまりに長かったために、互いの発言の意図をくみ取ることができない会話に緊張を強いられている。

ウ 互いの言葉に小学生の頃と変わらない優しさを感じ、友情が失われてはいなかったことに対する歓喜に浸っている。

エ 相手の反応を探りつつ、互いに歩み寄り始めたことを意識し、親密な関係に戻ることに対する期待が芽生えている。

(4) 文章中の D 真新しい白い紙がぱらぱらとめくれ、辺り一面に彩子とダイアナの愛してやまなかった匂いを花びらのようにまき散らしていた という表現についての説明として最も適当なものを、次の**ア**～**エ**のうちから一つ選び、その符号を書きなさい。

ア 読書の喜びを忘れていたが、かつての友人と本について語り合ううちに、本への純粋な愛情がよみがえったさまを象徴している。

イ 大人になって気が付いた相手の長所を新鮮な気持ちで受け止めることで、心に秘めていた友情があふれ出すさまを象徴している。

ウ かつて本を仲立ちにして育んだ友情が、今また互いの心を満たし、友人としての日々を新たに歩み始めていくさまを象徴している。

エ 二人の間に存在したわだかまりが消えうせて、本を愛する者同士として、相手を尊重する気持ちが生まれるさまを象徴している。

(5) この文章についてまとめた次の文章を完成させなさい。ただし、[Ⅰ] に入る言葉は、自分の言葉で、「……にともなって……」という形を使って、**二十字以上、二十五字以内で書くこと**。また、[Ⅱ] に入る言葉は、文章中から**漢字二字で抜き出して書くこと**。

> 同じ本を読んでも以前と違った楽しみ方ができるのは、読み手の [Ⅰ] ことにより、新たな発見ができるようになるからだ。この点に着目すると、この文章において、読書の喜びと [Ⅱ] は、一度限りではなく何度でも呼び起こされるものとして、重ね合わせて描かれているといえる。

六 次の文章を読み、あとの(1)～(5)の問いに答えなさい。

〔平清盛らの勢力に敗れた源義朝には妻子がいたが、妻の常葉は、清盛が義朝の子どもらを捕らえようとしていると知った。次は、常葉が三人の息子を連れて、風雪の中を追手から逃れている場面である。〕

ある小屋に立ち寄りて、「宿申さん」(宿をお借りしたい。)といへば、主の男出でて見て、「ただ今夜ふけて(今時、夜がふけてから)、幼い人々引き具して迷はせたまふは、謀叛(注1)の人の妻子にてぞましますらん。叶ふまじ」とて、A 男内へ入りにけり。落

スーツ。

（注5、6）『アンの愛情』『アンの青春』＝いずれもカナダの小説家モンゴメリの作品で、主人公の少女時代を描いた『赤毛のアン』の続編。十代後半から二十代前半の頃のアンを描く。

(1) 文章中に A ダイアナ、あの頃そう言ってたよね とあるが、この時の彩子の気持ちとして最も適当なものを、次の**ア**～**エ**のうちから一つ選び、その符号を書きなさい。

ア ダイアナ自身がつまらないと評価した本を差し出す真意がつかめず、納得できないでいる。

イ 大人である自分に子ども向けの本を提案したので、ダイアナに対する不快感を覚えている。

ウ 出版社を受ける自分の目的には適していない本が選ばれたので、ダイアナに失望している。

エ 自分の気持ちを前向きにする本であるとは思えず、ダイアナを問いただそうと思っている。

(2) 次は、この文章を読んだあとに、松田さん、竹村さん、梅野さんが、B 本の話をするだけで、十年のブランクが埋まっていくのが、なんだか魔法みたいだった。ダイアナはわざと仕事用の口調を選んだ について話し合った内容の一部である。これを読み、あとの(a)～(c)の問いに答えなさい。

松田さん　二人は長年疎遠だったのに、本の話題によって十年の空白が埋まっていくなんてことがあるのですね。

竹村さん　この後にもその様子をみごとに直喩で表した箇所がありますね。「 Ⅰ 」という一文に含まれています。

梅野さん　私は「魔法みたい」という表現にも注目しています。私なら「嬉しい」という心情を抱きます。ここは、どうして「魔法みたい」という表現になっているのでしょう。

松田さん　ダイアナの心の動きを追うと、「魔法みたい」と表現することで Ⅱ 様子が伝わってくると思います。

竹村さん　では、「魔法みたい」と感じるダイアナが「仕事用の口調」で話し出すことは、どのように考えればよいのでしょう。

梅野さん　面白い視点ですね。「仕事」は現実的で、「魔法」と対極にある表現のような気がします。

竹村さん　ただし、彩子は出版社への就職を志しています。だから、ダイアナは同じ本の世界で働く者として、本を通して Ⅲ を贈る立場になります。

松田さん　なるほど。「魔法」と「仕事」は矛盾していないのですね。

(a) Ⅰ に入る言葉を、文章中から**一文を抜き出して**、**はじめの三字**を書きなさい。

(b) Ⅱ に入る最も適当なものを、次の**ア**～**エ**のうちから一つ選び、その符号を書きなさい。

ア 彩子が過去の自分の発言を忘れずに覚えていてくれたことに感激し、本がもたらす影響力の強大さを感じている

イ 諦めていた彩子との関係が、本の話題を通じて、またたく間に修復されていくことを実感し、驚きを感じている

ウ 仲直りがしたいと思い続けてきた彩子から話しかけられてい

——。もう今の私達には、あれ以上話すことなんてないのだ。哀しみと失望が押し寄せてくる。けれど、サイン会の片付けに、レジ締め(注2)、明日の納品確認とやることは山積みだった。ダイアナは気を取り直すと、(注3)マフラーを外し、なくさない場所に置いておこうと休憩室へと向かう。

その時だった。ビジネス本コーナーで、さっき見たばかりのリクルートスーツ(注4)を発見したのは。

何か、言わなければ、と思った。こちらが戻ってくるまで待っていてくれたことがしがみつきたいくらい、嬉しかった。ダイアナの視線を感じたのか、スーツ姿の女の子はゆっくりとこちらに振り返った。

「夕方の書店って、小学校の図書館と同じ匂いがするのね」

今まさに自分も感じていたことを、彩子がはにかみながら言う。

「あのね、ダイアナ……。本を探してもらえないかな？　卒業まであと二ヵ月なんだけど、やっぱり……、出版社を受けたいと思って今になって本気出してるんだ。ええと、何か、息抜きっていうか、気分が前向きになるような本、探してもらえないかな」

まかせて、とつぶやき、ダイアナは児童書のコーナーに彩子を誘う。迷うことなく『アンの愛情』(注5)を見つけ出し、差し出した。彩子は怪訝そうに首をひねる。

「『赤毛のアン』が面白いのは『アンの青春』(注6)までなんじゃなかったっけ。Aダイアナ、あの頃そう言ってたよね。恋愛や結婚がメインになって面白くないって」

B本の話をするだけで、十年のブランクが埋まっていくのが、なんだか魔法みたいだった。ダイアナはわざと仕事用の口調を選んだ。

「本当にいい少女小説は何度でも読み返せるんですよ、お客様。小さい頃でも大人になっても。何度だって違う楽しみ方ができるんですから」

優れた少女小説は大人になって読み返しても、やっぱり面白いのだ。はっとり先生が言ったことは正しい。あの頃は共感できなかった心情が手にとるようにわかったり、気にも留めなかった脇役が俄然魅力を持って輝き出すこともある。新しい発見を得ることができるのと同時に、自らの成長に気づかされるのだ。幼い頃はぐくまれた友情もまた、栞を挟んだところを開けば本を閉じた時の記憶と空気が蘇るように、いくつになっても取り戻せるのではないだろうか。何度でも読み返せる。何度でもやり直せる。何度でも出会える。再会と出発に世界中で一番ふさわしい場所だから、ダイアナは本屋さんが大好きなのだ。いつか必ず、たくさんの祝福と希望をお客さんに与えられるようなお店を作りたい。

『アンの愛情』に夢中になっている様子の彩子は、こちらを見ずに、しかし、しなやかな意志を感じさせる声でこう言った。

「ねえ、ダイアナ。あのさ、今日、仕事何時に終わるの？」

Cお互いの心臓の高鳴りが聞こえる気がした。彩子の桜色に染まった指の中で、D真新しい白い紙がぱらぱらとめくれ、辺り一面に彩子とダイアナの愛してやまなかった匂いを花びらのようにまき散らしていた。

（柚木麻子『本屋さんのダイアナ』による。）

(注1)　神崎さん＝ダイアナの父である「はっとりけいいち」の本を手掛けた編集者。

(注2)　レジ締め＝店員が、店を閉める時に、一日の売り上げなどを確認する作業。

(注3)　マフラー＝はっとり氏が帰りぎわ、寒さを心配してダイアナの首にかけてくれたもの。

(注4)　リクルートスーツ＝大学生などが、会社の面接や入社式の際に着る

ア「選択」における「正しい」と「誤る」は、人類の共通の真理である。
イ「選択」における「正しい」と「誤る」の間には、境界線を明確に引けない。
ウ「選択」における「正しい」は、人間の自由な精神のあらわれである。
エ「選択」における「正しい」は、固定されたものではなく、流動的なものである。
オ「選択」における「誤る」は、選択者の努力が足りないために生じる。

(4)【2】の文章中にC「人間の根」としての教養とあるが、この文章では「教養」のどのような面に注目しているか。その説明として最も適当なものを、次のア～エのうちから一つ選び、その符号を書きなさい。

ア　教養が、様々な体験を通して、年月をかけて養われていくこと。
イ　教養が、多様な分野を結びつけて、豊かな知識をもたらすこと。
ウ　教養が、平常は目立たないが、いざという時に頼りになること。
エ　教養が、心が傷つき、生きる希望を失った時に必要となること。

(5)【2】の文章中にD日照りが続くときには、地中に深く伸びた根でなければ、水を吸い上げることはできないとあるが、このたとえが表す内容を、具体的に書きなさい。ただし、「人間は」に続けて、**二十五字以上、四十字以内**の一文で書くこと。

(6)【1】と【2】の文章から読み取れる、「選択」と「教養」の関係をまとめた次の説明文を完成させなさい。ただし、Ⅰは文章中から**五字**で**抜き出して**書き、Ⅱはあとの**ア**～**エ**のうちから最も適当なものを一つ選び、その符号を書くこと。

【1】において、「選択」とは、人間がⅠうえで必要な営みであると位置づけられている。ゆえに【1】にあるような「選択」が「最善」のものであるためには、【2】にあるような、Ⅱが必要になる。これこそが「教養」である。

ア　他の道を取り得ることも考慮しながら、状況にふさわしい対応を、時と場合に応じて柔軟に選び取る力
イ　多くのことを学び知るほど幸福感が増し、よりよい人生を実現できる可能性が高まることを自覚する力
ウ　自分の願望を実現するために、目の前に現れてくる機会を見逃さず、効率のよい方法で実行していく力
エ　自分の身を危険にさらさないために、多くの情報を的確にさばき、正しい選択肢を確実に見つけ出す力

五　次の文章を読み、あとの(1)～(5)の問いに答えなさい。

モンゴメリの名作『赤毛のアン』に登場する主人公アンの親友と同じ名を持つダイアナ。書店員である彼女は、敬愛する作家であり、父でもある「はっとりけいいち」のサイン会を手掛けた。父との再会の機会を作ってくれたのは、小学生の頃に本が大好きという共通点で意気投合した親友でありながら、中学進学を前に仲違い（たがい）し、音信の途絶えていた彩子（あやこ）であった。彩子に促され、ダイアナはサイン会を終えて帰る父を駅まで見送った。

店に戻ると、彩子も神崎（かんざき）（注1）さんの姿もすでになかった。やっぱり

択には、「よりよい選択」と「より悪い選択」、「どちらともつかない選択」がある。よりよい選択とは、わたしたちの願望の実現をもたらす選択、いわば幸福な状況をもたらす選択であり、そうで②ない選択が誤った選択、不幸をもたらす選択が悪い選択である。

さらに、よい選択をしたと思っても、選択の状況が変化するなかで不運が生じることもある。

【2】

「飾りとしての教養」に対して、わたしは、現代の若者が身につけるべき教養は、枝葉や花としての教養ではないと思っている。それは、C「人間の根」としての教養である。これは「命綱」に通じる思想である。

人間を一本の木にたとえるならば、その根っこにあたるのが教養である。一本の木が生長(注1)してゆくとき、その生長を支えるのが太い根である。根が丈夫でしっかりしていれば、木は大きく育つことができる。幹を太くし、枝を広げ、葉を茂らせ、花を咲かせ、実をつける。地上に伸びた木を地中で支えるのが根である。

木が生長しようとすると、ときには風が吹く。強風で枝が折れることもある。雷が落ちれば、幹までが割れてしまうかもしれ③ない。D日照りが続くときには、地中に深く伸びた根でなければ、水を吸い上げることはできない。

木が倒れてしまわ④ないのは、根を大地に深く、また広く伸ばしているからである。根がしっかり大地を踏みしめているからこそ、木は大きくなることができるし、嵐にも旱魃(かんばつ)(注2)にも耐えることができる。

「教養は人間の根である」というのは、順風のなかにある(注3)とき、その教養は、その人の幹と枝を育て、花を咲かせ、また、実をつけさせる。その人を美しく飾る。他方、人がさまざまな困難に遭遇するとき、その困難に打ち克(か)つ力となって、その人を守る。

教養ある人は、よりよい選択をすることによって身を守ることができ、よりよい人生を実現することができる。よい選択をするためには、わたしたちは、まず目の前に現れてくる選択肢を選択肢として認識できなければならない。これができなければ、わたしたちは大切な選択肢を見逃してしまう。選択肢を選択肢として認識できる能力、複数の選択肢のなかから、よりよい選択肢、さらには最善の選択肢を選択するための能力、言い換えれば、最善の選択を支えるのが教養である。

（【1】、【2】とも、桑子敏雄(くわことしお)『何のための「教養」か』による。）

(注1) 生長＝草木が生い育つこと。
(注2) 旱魃＝「干ばつ」に同じ。
(注3) 順風のなかにある＝物事が予定どおりに進むことのたとえ。

(1) 【1】、【2】の文章中の①～④の**四つ**の語のうち、**品詞が異なるもの**を一つ選び、その符号を書きなさい。

(2) 【1】の文章中の a 、 b に入る言葉の組み合わせとして最も適当なものを、次の**ア**～**エ**のうちから一つ選び、その符号を書きなさい。

ア a―受け身　b―自らの権力
イ a―運命的　b―自らの技術
ウ a―受け身　b―自らの意思
エ a―運命的　b―自らの知性

(3) 【1】の文章では、「選択」における A誤る、B正しい について、「数学」における「正しい」「誤る」とは異なるものとして述べている。「選択」における「正しい」「誤る」の説明として適当なものを、次の**ア**～**オ**のうちから**二つ**選び、その符号を書きなさい。

イ　牧野さんが勘違いしていることを指摘したうえで、どうしたらよいかの解決策を示そうとしている。

ウ　牧野さんの資料に関する理解不足を補いながら、何を調べたいのかをよく考えるように促している。

エ　牧野さんの話からくみ取った内容を聞き返すことで、相手の意図を理解できているかを確認している。

(3)　(問いを放送します。)

(4)　(問いを放送します。)

[選択肢]

ア　花岡さんは、牧野さんに、個人的な興味だけでなく社会現象に対しても広く関心を向けるよう促している。

イ　牧野さんは、集まった情報をどのように整理するか、調べ学習のまとめ方についての見通しを立てている。

ウ　花岡さんは、レファレンスを利用したことが牧野さんの疑問の解決につながっているかを確認している。

エ　牧野さんは、伝えたいことの説得力を増すために意見の根拠となる情報は十分であるかを検討している。

二

次の(1)～(4)の――の漢字の読みを、**ひらがな**で書きなさい。

(1)　弁当を携えて牧場へ出かける。

(2)　美しい旋律が聞こえる。

(3)　直ちに事態を掌握する。

(4)　心の琴線に触れる話。

三

次の(1)～(5)の――のカタカナの部分を**漢字**に直して、楷書で書きなさい。

(1)　草原にムれをなす馬。

(2)　大胆な作戦が功をソウする。

(3)　重要なニンムを受け持つ。

(4)　売上高が有肩上がりにスイイする。

(5)　ハクラン強記の人物に教えてもらう。

四

次の文章【1】、【2】を読み、あとの(1)～(6)の問いに答えなさい。

【1】

わたしたち人間が生きるということは、この地球上に命を与えられ、その命を維持していくということを意味している。生まれるということは、命を与えられるということである。与えられるということは［a］である。わたしたちは自らの誕生を選択することはでき①ないからである。

他方、わたしたちは命をつなぐために、たくさんのことを選択する。

「選択する」ということは、「選択肢をもつ」ということ、さらに、「選択することができる」ということも意味している。複数の選択肢のなかから選択することができるということは、選択の自由をもつということである。選択の自由があればこそ、わたしたちは、複数の選択肢から［b］でどれか一つを選ぶことができる。選択の存在こそ人間が自由であることの根幹に位置しているのである。

ただ、選択が望みの結果をもたらすかどうかは、選択の時点で分かっているわけではない。わたしたちは選択を誤ることもある。この場合の「A誤る」は、数学の解答を誤るという意味ではない。正しい答えを出せなかったということではない。わたしたちは「B正しい選択」というが、これは、数学の答えのような「正しさ」ではない。選

＜国語＞

時間 五〇分　満点 一〇〇点

【注意】 各ページの全ての問題について、解答する際に字数制限がある場合には、句読点や「 」などの符号も字数に数えること。

一 これから、中学生の牧野さんが、町の図書館を訪れてレファレンスを利用している場面と、それに関連した問いを四問放送します。レファレンスとは、専門の職員が図書館の利用者に対し、資料の探し方など、調べものの支援をすることです。この場面で牧野さんは、調べ学習に必要な資料を探すために、職員の花岡さんと話をしています。下段の〔資料1〕と〔資料2〕を見ながら放送を聞き、それぞれの問いに答えなさい。

（放送が流れます。）

(1) （問いを放送します。）

〔選択肢〕

ア 対話を通して考えが整理され、調べる視点が明確になった。

イ 百科事典の活用によって情報が得られ、資料を収集できた。

ウ 具体的な資料の提案を受けて、適切なテーマを選定できた。

エ 主体的に質問を重ね、複数の具体例の共通点を確認できた。

(2) （問いを放送します。）

〔選択肢〕

ア 牧野さんの話の中に事典とは関係のない話題が出てきたので、言葉の意味を確かめる質問をしている。

〔資料1〕 百科事典のページの一部

キンギョ【金魚】goldfish　フナを原種として人為的につくられた観賞用の淡水魚。飼育が容易であるため、世界中で親しまれている。原産地は中国。

〔品種〕……………

〔習性〕………

〔歴史〕…………………

〔養殖〕…………

〔金魚に関する言葉〕…………

〔資料2〕 牧野さんが訪れた図書館の本棚に付いている表示板

10 哲学 ㊓	東洋思想 心理学
70 芸術・美術 ㋐	美術史 日本画 版画
40 自然科学 ㋒	天文学 生物学
90 文学 ㋔	日本文学 詩歌 作品集
60 産業 ㋑	農業 園芸
30 社会	風俗習慣 社会・家庭生活の習俗

2021年度

解 答 と 解 説

《2021年度の配点は解答用紙集に掲載してあります。》

<数学解答>

1 (1) 40　(2) -11　(3) $6a-2b$
(4) $x=-4$, $y=5$　(5) $3\sqrt{6}$
(6) $x=\frac{-9\pm\sqrt{53}}{2}$

2 (1) ウ　(2) $a-3b\leqq5$　(3) 96π (cm²)
(4) $\frac{5}{36}$　(5) 右図

3 (1) $y=x+4$　(2) ① 24(cm²)
② $-\frac{3}{2}$, $-\frac{11}{2}$

4 (1) (a) ウ　(b) エ　(c) 解説参照　(2) $\sqrt{2}$ (cm)

5 (1) (ア) $4n$　(イ) $4n-3$　(2) 解説参照　(3) 7(組)

<数学解説>

1 (数・式の計算，連立方程式，平方根，二次方程式)

(1) 同符号の2数の積の符号は正で，絶対値は2数の絶対値の積だから，$-5\times(-8)=(-5)\times(-8)=+(5\times8)=40$

(2) 四則をふくむ式の計算の順序は，指数→かっこの中→乗法・除法→加法・減法となる。$(-2)^3=(-2)\times(-2)\times(-2)=-8$だから，$-9+(-2)^3\times\frac{1}{4}=-9+(-8)\times\frac{1}{4}=-9+(-2)=-11$

(3) 分配法則を用いて$\frac{1}{3}(6a-9b)=\frac{1}{3}\times6a-\frac{1}{3}\times9b=2a-3b$だから$(8a-5b)-\frac{1}{3}(6a-9b)=(8a-5b)-(2a-3b)=8a-5b-2a+3b=6a-2b$

(4) 連立方程式$\begin{cases}2x+3y=7\cdots①\\3x-y=-17\cdots②\end{cases}$ ②をyについて解いて，$y=3x+17\cdots③$　これを①に代入して，$2x+3(3x+17)=7$　$2x+9x+51=7$　$11x=-44$　$x=-4$　これを③に代入して，$y=3\times(-4)+17=5$　よって，連立方程式の解は，$x=-4$, $y=5$

(5) $\frac{12}{\sqrt{6}}+\sqrt{42}\div\sqrt{7}=\frac{12\times\sqrt{6}}{\sqrt{6}\times\sqrt{6}}+\frac{\sqrt{42}}{\sqrt{7}}=\frac{12\sqrt{6}}{6}+\sqrt{\frac{42}{7}}=2\sqrt{6}+\sqrt{6}=3\sqrt{6}$

(6) **2次方程式$ax^2+bx+c=0$の解は，$x=\frac{-b\pm\sqrt{b^2-4ac}}{2a}$**で求められる。問題の2次方程式は，$a=1$, $b=9$, $c=7$の場合だから，$x=\frac{-9\pm\sqrt{9^2-4\times1\times7}}{2\times1}=\frac{-9\pm\sqrt{81-28}}{2}=\frac{-9\pm\sqrt{53}}{2}$

2 (資料の散らばり・代表値，不等式，円柱の表面積，確率，作図)

(1) 生徒20人が借りた本の冊数の合計は，0(冊)×3(人)＋1(冊)×5(人)＋2(冊)×6(人)＋3(冊)×3(人)＋4(冊)×2(人)＋5(冊)×1(人)＝39(冊)である。選択肢アは正しくない。資料の値の中で最も頻繁に現れる値が**最頻値**。生徒20人が借りた本の冊数の中で，6人が借りた2冊が最も頻繁に現れる値だから，最頻値は2冊である。選択肢イは正しくない。**中央値**は資料の値を大きさの順に並べたときの中央の値。生徒の人数は20人で偶数だから，借りた本の冊数の少ない方から10番目と11番目の生徒の借りた本の冊数の平均値が中央値。借りた本の冊数が1冊以下の生徒は3+5=8(人)，2冊以下の生徒は8+6=14(人)いるから，借りた本の冊数の少ない方から10番目と11番目の生徒の借りた本の冊数はどちらも2冊であり，中央値は$\frac{2+2}{2}=2$(冊)である。選択肢ウは正しい。(生徒20人が借りた本の冊数の**平均値**)=(生徒20人が借りた本の冊数の合計)÷(生徒の人数)=39÷20=1.95(冊)だから，生徒20人が借りた本の冊数の平均値より多く本を借りた生徒は6+3+2+1=12(人)である。選択肢エは正しくない。

(2)　切り取ったリボンの合計の長さは，b(m)×3(本)=$3b$(m)だから，残りの長さは，a(m)−$3b$(m)=$a-3b$(m)　これが5m以下であったから，$a-3b\leqq 5$

(3)　問題の円柱の底面積は，$\left(\frac{8}{2}\right)^2\times\pi=16\pi$(cm^2)　また，円柱を展開すると，側面は縦が円柱の高さに等しく，横が円柱の底面の円周の長さに等しい長方形になるから，側面積は，$8\times(8\times\pi)=64\pi$(cm^2)　よって，求める表面積は，(底面積)×2+(側面積)=$16\pi\times2+64\pi=96\pi$(cm^2)

(4)　大小2つのさいころを同時に1回投げるとき，全ての目の出方は6×6=36(通り)。このうち，大きいさいころの出た目の数をa，小さいさいころの出た目の数をbとするとき，$\frac{a+1}{2b}$の値が整数となるのは，$a+1$の値が$2b$の倍数となるときだから，$\frac{1+1}{2\times1}=1$，$\frac{3+1}{2\times1}=2$，$\frac{5+1}{2\times1}=3$，$\frac{3+1}{2\times2}=1$，$\frac{5+1}{2\times3}=1$の5通り。よって，求める確率は$\frac{5}{36}$

(5)　(着眼点)　**2点A，Dから等しい距離にある点は，線分ADの垂直二等分線上にある。また，角をつくる2辺から距離が等しい点は，角の二等分線上にある**から，辺AC，BCが，ともに円Oに接するということは，円の中心Oは∠ACBの二等分線上にある。

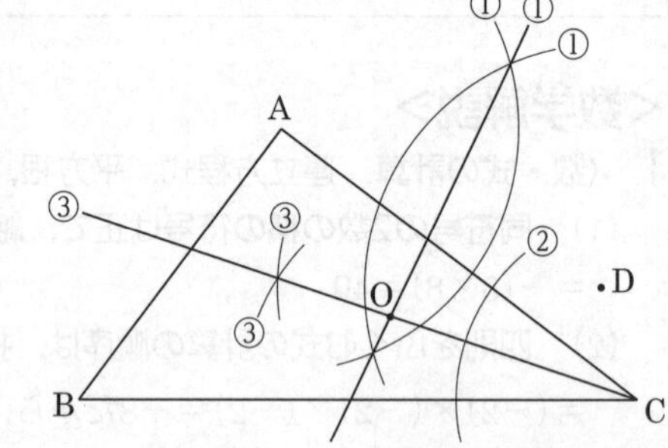

(作図手順)　次の①～③の手順で作図する。
①　点A，Dをそれぞれ中心として，交わるように半径の等しい円を描き，その交点を通る直線(線分ADの垂直二等分線)を引く。②　点Cを中心とした円を描き，辺AC，BC上に交点をつくる。③　②でつくったそれぞれの交点を中心として，交わるように半径の等しい円を描き，その交点と点Cを通る直線(∠ACBの二等分線)を引き，線分ADの垂直二等分線との交点をOとする。

3 (図形と関数・グラフ)

(1)　点A，Bは$y=\frac{1}{2}x^2$上にあるから，そのy座標はそれぞれ$y=\frac{1}{2}\times(-2)^2=2$，$y=\frac{1}{2}\times4^2=8$　よって，A(−2，2)，B(4，8)　直線ℓの傾き$=\frac{8-2}{4-(-2)}=1$　これより，直線ℓの式を$y=x+b$とおくと，点Aを通るから，$2=-2+b$　$b=4$　直線ℓの式は，$y=x+4$

(2)　①　直線ℓとy軸との交点をEとすると，直線ℓの切片が4であることからE(0，4)　点Cが原点にあるとき，△ABC=△AEC+△BEC=$\frac{1}{2}$×OE×(点Aのx座標の絶対値)+$\frac{1}{2}$×OE×(点Bのx座標の絶対値)=$\frac{1}{2}\times4\times2+\frac{1}{2}\times4\times4=12$(cm^2)　**平行四辺形ABCDの面積は，対角線ACによって二等分される**から，求める平行四辺形ABCDの面積は，△ABC×2=12×2=24(cm^2)

②　点Cのx座標をcとするとC$\left(c,\ \frac{1}{2}c^2\right)$　ただし，$-2<c<4$　また，点Cを通りy軸に平行な直線と直線ℓとの交点をFとするとF(c，$c+4$)　よって，△ABC=△AFC+△BFC=$\frac{1}{2}$×CF×(点

Cのx座標－点Aのx座標)＋$\frac{1}{2}$×CF×(点Bのx座標－点Cのx座標)＝$\frac{1}{2}$×CF×{(点Cのx座標－点Aのx座標)＋(点Bのx座標－点Cのx座標)}＝$\frac{1}{2}$×CF×(点Bのx座標－点Aのx座標)＝$\frac{1}{2}$×$\left\{(c+4)-\frac{1}{2}c^2\right\}\times\{4-(-2)\}=-\frac{3}{2}c^2+3c+12$(cm²)　これが，平行四辺形ABCDの面積の半分の$\frac{15}{2}$cm²になればいいから，$-\frac{3}{2}c^2+3c+12=\frac{15}{2}$　整理して，$c^2-2c-3=0$　$(c+1)(c-3)=0$　$-2<c<4$より，$c=-1$，3　これより，平行四辺形ABCDの面積が15cm²となるときの点Cの座標はC$\left(-1,\ \frac{1}{2}\times(-1)^2\right)$とC$\left(3,\ \frac{1}{2}\times3^2\right)$　つまり，C$\left(-1,\ \frac{1}{2}\right)$とC$\left(3,\ \frac{9}{2}\right)$の2通りある。点Dの$y$座標を$d$とすると，AD//BC，AD＝BCより，点Aと点Dのy座標の差は，点Bと点Cのy座標の差と等しいから，点Cのy座標が$\frac{1}{2}$のとき，点Dのy座標は，$2-d=8-\frac{1}{2}$より，$d=-\frac{11}{2}$
点Cのy座標が$\frac{9}{2}$のとき，点Dのy座標は，$2-d=8-\frac{9}{2}$より，$d=-\frac{3}{2}$

4 (円の性質，相似の証明，三平方の定理，線分の長さ)

(1)　(a)　$\overset{\frown}{AD}$に対する**円周角**は等しいから，∠ACD＝∠ABDより，∠ACD＝∠DBO…(a)であることがいえる。

(b)　∠ABCと∠DOBは**錯角**の関係にあり，**平行線の錯角**…(b)**は等しい**から，仮定のCB//ODより，∠ABC＝∠DOBであることがいえる。

(c)　(例)$\overset{\frown}{AC}$に対する円周角は等しいから，∠ADC＝∠ABC…③　②，③より，∠ADC＝∠DOB…④　①，④より，2組の角がそれぞれ等しいので，△ACD∽△DBO

(2)　**直径に対する円周角は90°**だから，△ABCは∠ACB＝90°の直角三角形　△ABCに**三平方の定理**を用いると$CA=\sqrt{AB^2-CB^2}=\sqrt{(2AO)^2-CB^2}=\sqrt{(2\times2)^2-3^2}=\sqrt{7}$ (cm)　CB//ODより，**平行線と線分の比についての定理**を用いると，OE：EB＝OD：CB＝AO：CB＝2：3　$OE=OB\times\frac{OE}{OB}=AO\times\frac{OE}{OE+EB}=2\times\frac{2}{2+3}=\frac{4}{5}$(cm)　△AED∽△DEOより，AE：DE＝DE：OE　$DE^2=AE\times OE=(AO+OE)\times OE=\left(2+\frac{4}{5}\right)\times\frac{4}{5}=\frac{14\times4}{5^2}$　DE＞0より，$DE=\sqrt{\frac{14\times4}{5^2}}=\frac{2\sqrt{14}}{5}$(cm)　同様に，AE：DE＝DA：OD　$DA=AE\times OD\div DE=\frac{14}{5}\times2\div\frac{2\sqrt{14}}{5}=\sqrt{14}$(cm)　△ACD∽△DBOより，CA：BD＝DA：OD　$BD=CA\times OD\div DA=\sqrt{7}\times2\div\sqrt{14}=\sqrt{2}$ (cm)　(補足説明)△AED∽△DEOの証明　△AEDと△DEOで，共通な角より，∠AED＝∠DEO…①　△ACD∽△DBOより，∠ADC＝∠DOB　つまり，∠ADE＝∠DOE…②　①，②より，2組の角がそれぞれ等しいから，△AED∽△DEO

5 (規則性，式による証明，数の性質，方程式の応用)

(1)　各段の最大の数は，1段目から，4(＝4×1)，8(＝4×2)，12(＝4×3)，16(＝4×4)，…のように，4の倍数となっていることから，n段目の最大の数はnを用いて，$4\times n=4n$…(ア)と表される。したがって，n段目の最小の数は，最大の数よりも3小さい数だから，nを用いて，$4n-3$…(イ)と表される。

(2)　(例)m段目の最小の数は$4m-3$，n段目の2番目に大きい数は$4n-1$と表される。この2数の和は，$(4m-3)+(4n-1)=4m+4n-4=4(m+n-1)$　$m+n-1$は整数であるから，$4(m+n-1)$は4の倍数である。したがって，m段目の最小の数と，n段目の2番目に大きい数の和は，4の倍数となる。

(3)　問題の表の規則性から，最小の数がある列は，1段目から，A列→D列→C列→B列→A列→…

のようにA列→D列→C列→B列を繰り返すから，自然数mが20未満のとき，m段目の最小の数がB列にあるのは，$m=4$, 8, 12, 16のときである。また，2番目に大きい数がある列は，1段目から，C列→B列→A列→D列→C列→…のようにC列→B列→A列→D列を繰り返すから，自然数nが20未満のとき，n段目の2番目に大きい数がB列にあるのは，$n=2$, 6, 10, 14, 18のときである。前問(2)の結果より，m段目の最小の数と，n段目の2番目に大きい数の和は，$4(m+n-1)$…①　と表され，4の倍数となるから，①が12の倍数となるのは，$m+n-1$が3の倍数となるときである。$m=4$のとき，$m+n-1$が3の倍数となるのは，$m+n-1=4+n-1=n+3$より，$n=6$, 18の2組。$m=8$のとき，$m+n-1$が3の倍数となるのは，$m+n-1=8+n-1=n+7$より，$n=2$, 14の2組。$m=12$のとき，$m+n-1$が3の倍数となるのは，$m+n-1=12+n-1=n+11$より，$n=10$の1組。$m=16$のとき，$m+n-1$が3の倍数となるのは，$m+n-1=16+n-1=n+15$より，$n=6$, 18の2組。以上より，①が12の倍数となるm，nの値の組み合わせは，2+2+1+2=7(組)ある。

<英語解答>

1　No. 1　C　　No. 2　D　　No. 3　A
2　No. 1　B　　No. 2　A
3　No. 1　B　　No. 2　C
4　No. 1　①　future　　②　popular　　No. 2　①　February　　②　birthday
5　(1)　were　　(2)　hottest　　(3)　オ・エ・ア・ウ・イ　　(4)　エ・ア・オ・イ・ウ　　(5)　ア・ウ・イ・エ・オ
6　(例1) I'm sorry. When we were playing soccer in my yard, our soccer ball went into your yard. Will you get and bring it for us?
(例2) Our ball flew into your yard when we were playing soccer in my yard. It's in the tree. Can I come in and get it?
7　(1)　Ⓐ　イ　Ⓑ　ア　　(2)　①　(例) hungry　　②　エ　　(3)　①　ウ　　②　エ
8　(1)　ア　　(2)　(例) (She used it because) she wanted to remember the time with Tomomi.　　(3)　イ　　(4)　(例) English books
9　(1)　ア　　(2)　エ　　(3)　ウ　　(4)　(例) a person who takes care of people at a hospital

<英語解説>

1・2・3・4 (リスニング)

放送台本の和訳は，63ページに掲載。

5 (文法問題・会話形式：語形変化，語句の並べ換え，過去，比較，不定詞，文の構造・目的語と補語，受け身，)

(1)　A：20年前にここの周りには多くの木があった。／B：本当ですか。今は，高い建物しか見えません。<**There + be動詞 + S + 場所**>「～［場所］にSがある」20 years ago と many trees なので，過去形で主語が複数形に対するbe動詞，were が正解。

(2)　A：「明日は今月で最も暑い日になるそうです」／B：「えっ！　私は暑い日が好きではありま

せん」「最も～」<**the** + 最上級 + **of** + 複数名詞[**in** + 単数名詞]>「～で最も…」 規則変化の最上級<原級 + **-est**> hot は hottest と t が重なるので注意。

(3)　(To be a chef) is one of my dreams(.)　A:「私はこのケーキが好きです。どこであなたはそれを買ったのですか」／B:「自分自身でつくりました。シェフになるのが，私の夢の1つです」 <one + of + 複数名詞>「～のうちの1つ」 <**to** + 原形>「～すること」不定詞の名詞的用法

(4)　(What)sports do you like to (watch on TV ?)　A:「あなたはテレビでどのスポーツが見たいですか」／B:「私はしばしば野球を見ます」 疑問詞が単独ではなくて，<疑問詞 + 名詞 ～ ?>になることがあるので注意。like to watch ← 不定詞[**to** + 原形]の名詞的用法「～すること」

(5)　(It)made me interested in recycling(.)　A:「誰がこの本をあなたに紹介したのですか」／B:「ロイがしました。それで私は再利用に興味を抱くようになりました」<**make A B**>「AをBの状態にする」 <人 + **interested in** + もの>「人がものに興味を抱く」

6 (文法：条件英作文，進行形，過去，接続詞，進行形，助動詞)

蹴ったサッカーボールが他人の家の庭に生えた木に引っかかり，そのボールを取らせてもらう時のせりふを考えて，25語程度の英語で表す問題。What happened ?「何が起きたのですか」疑問詞が主語の位置にあると<疑問詞+動詞 ～ ?>の語順になる。「～がしているときに」<when +主語+ was[were]+現在分詞[原形+ -ing]> ← <**be**動詞 +現在分詞[原形+ **-ing**]>「～しているところだ」進行形　fly「飛ぶ」- flew(過去形)「～してもらえませんか」<**Will you** + 原形 ～?>「～してもよいですか」<**Can[May]** + **I** + 原形 ～?>　(解答例1：和訳)「すみません。私の庭でサッカーをしていたら，私たちのサッカーボールがあなたの庭にはいってしまいました。私たちのためにボールをとってもってきてもらえますか」(解答例2：和訳)「私の庭でサッカーをしていると，私たちのボールがあなたの庭に飛んでいってしまいました。木の中にあります。私が中に入ってとっても良いですか」

7 (短文問題：語句補充・選択・記述，語句の問題，内容真偽，表を用いた問題，形容詞，不定詞，接続詞，受け身，動名詞，比較，助動詞，進行形，間接疑問文)

(1)　(全訳)「私たちは一日に約15,000回まばたきする。各まぶたきはわずか0.3秒だ。それは，私たちは起きている際に，毎日75分間，目Ⓐイを閉じていることを意味する。私たちのほとんどが，毎分15回まばたきするが，集中しているときには，それほど頻繁にはまばたきしない。例えば，友達と話をしているときには，通常，1分間に約15回まぶたきしているが，読書をしているときには，1分間に約Ⓑア10回まばたきする。したがって，あなたはこれを読むことに集中しているので，この瞬間には，おそらくはそれほど多くはまばたきしていないだろう」

Ⓐ　まばたきは目を閉じて開ける行為を指す。したがって，1日のまばたきの時間は，起きている際の目を閉じた[close]時間に相当することから考えること。他の選択肢は次の通り。ア「捕まえる」 ウ「開ける」 エ「示す」　Ⓑ　集中すると，まばたきの回数が少なることが記されており，友人と談笑する際より，本を読む時の方が集中度が高くなることが予想されるので，友人と話をしている際のまばたき数15回より少ないものを選べばよい。**X times**「X回」

(2)　(全訳)「あなたはトマトが好きか。トマトはアンデス山脈の原産である。トマトは，16世紀に初めてヨーロッパにもたらされた。トマトは観賞用植物として用いられたので，当初は人々が食べることはなかった。トマトを食べた最初の人はイタリア出身だった。彼は非常に貧しくて，

食べるものがなかった。彼は何かを食べたかったので，トマトを食べることを決意したのである。彼はその際，トマトが非常においしくて，甘いことを知ったのだ。その後，トマトは17世紀に初めて日本にもたらされた。今日では，世界中で売られ食べられ，しばしばサラダに入れられている。トマトを毎日食べることで，長生きできるという人もいる。私たちの生活が向上したのであるから，例のイタリア人に感謝してもよいだろう」

①「イタリア出身の人物が初めてトマトを食べたのは，彼が非常に貧しくて，お腹が空いていたからである」トマトを食べた動機として本文では He had nothing to eat, ~ so he decided to eat tomatoes. と述べられている。この彼が置かれていた状況を適切に表す形容詞を考える。正解は hungry である。had nothing to eat ← ＜名詞 + 不定詞[**to** + 原形]＞「～するための[するべき]名詞」不定詞の形容詞的用法　＜～, **so**…＞「～なので…」結果を表す接続詞

②　ア「トマトはヨーロッパの原産で，アンデス山脈にもたらされた」(×)　トマトはアンデス山脈原産(第2文)で，16世紀にヨーロッパにもたらされた(第2文)のである。were brought「もたらされた」＜**be**動詞＋ 過去分詞＞「～される」受動態　イ「ヨーロッパの人々は16世紀より前に，トマトを食して楽しんだ」(×)　トマトがヨーロッパにもたらされたのが16世紀で(第3文)，観賞用植物だった(第4文)。＜enjoy + 動名詞[原形 + -ing]「～することを楽しむ」　were used「使われた」← 受動態　ウ「16世紀にトマトは初めて日本にもたらされた」(×)　日本にトマトが初めてもたらされたのは17世紀である(第9文)。　エ「毎日トマトを食べることで，寿命が長くなると言う人々がいる」(○)　最後から2文目に一致。longer「より長い」longの比較級　by eating ← ＜前置詞 + 動名詞[原形 + -ing]＞

(3)　(全訳)水族館で素晴らしい晩を

これまでに夜の水生動物をご覧になったことがありますか。水生動物は何をしているのでしょうか。食事？　睡眠？　風呂に入っている？　一緒に答えをみつけましょう。

土曜日，4月10日／午後6時から午後9時

ツアーから1つを選んでください。

	Tour A	Tour B	Tour C	Tour D
午後6時から午後6時30分	♠	♡	♣	◇
午後6時30分から午後7時	♡	♣	◇	♠
午後7時から午後7時30分	♣	◇	♠	♡

♠　魚の餌付け　♡　アザラシとの遊び　♣　ペンギンとの歩行　◇　イルカと写真撮影

☆　午後7時30分より，水中にある我がレストランにて，夕食に美味しい料理をお楽しみください。そこから魚をご覧になりお楽しみいただけます！

4月9日金曜日までに，どのツアーに参加されたいかをお伝えください。こちらにメッセージをお送りください。→ https://www.aqua.enjoy

①「アザラシと遊びたければ，ウツアーCを選ぶべきでない」アザラシとの遊びを示す♡がないのは Tour Cである。＜should not + 原形＞「～するべきでない」

②　ア「この水族館でこのイベントを6時間楽しむことができる」(×)　イベントの時間は午後6時から午後9時の3時間である。　イ「このイベントを楽しみながら，何も食べることができない」(×)　☆に，レストランの案内がある。while「～する間に」 are enjoying ← ＜**be**動詞 + 現在分詞[原形 + -ing]＞　進行形「～しているところだ」　ウ「水族館に到着してから，どのツアーに参加するか決定できる」(×)　ツアーの参加に関しては，前日の4

月9日の金曜日までにメッセージを送るように記されている。can decide which tour you will join ← 疑問文が文中に挿入されると(間接疑問文)，<疑問詞 ＋ 主語 ＋ 動詞>の語順になるので注意。← Which tour will you join？ arrive at「～に到着する」 エ「1つのツアーでは，すべての4種類の水生動物と時間を過ごすことができない」(○) 表上のどのツアーを見ても，4種類の印がついているものはないので，一致している。

8 (長文読解問題・手紙文：絵を用いた問題，英問英答・記述，内容真偽，語句補充・記述，動名詞，関係代名詞，分詞の形容詞的用法，不定詞)

(全訳) 送信者 tomomi-17@abc.jp 送信先 fusako-smile@abc.jp 7月10日，日曜日

親愛なるおばあさま

こんにちは。6年間会っていませんね。お元気ですか。私は元気ですが，最近とても忙しいです。次の日曜日にピアノのコンサートが開かれることになっているので，全力を尽くそうと思っています。

ところで，おばあちゃんがコンピューターを購入したと聞いたので，電子メールを送ることにしました。電子メールは非常に便利な道具です。お互いにとても速く連絡がとれるからです。おばあちゃんが昔アメリカで働いていることを知っています。おばあちゃんは英語をとてもうまく使うことができるので，この電子メールを英語で書いています。英語は私の好きな科目の1つで，私が仕事に就く際には，英語を用いたいと考えています。このメールは英語で文章を書く練習としてよい機会となっています。

小学生だったころ，4時間かけて母と電車でおばあちゃんの家に行ったことを覚えています。窓から美しい海が見えて楽しかった。おばあちゃんの家では，部屋に英語で書かれた多くの本があるのを見て驚きました。その時は英語が理解できませんでしたが，今はもう少し上手く，読むことができるのではないかと思います。小さいころから，私はアメリカの話を読むことが好きです。それらのいくつかは日本語で読んだことがあります。次回おばあちゃんの家へ行ったら，英語で読んでみたいと思います。

再び会えることを楽しみにしています。／トモミより

7月11日，月曜日

親愛なるトモミ

電子メールをどうもありがとう。英語で書かれたあなたの電子メールを読み，私はとてもうれしかったです。

英語は世界中の人々と意思疎通をするための素晴らしい道具です。英語を手段として，いったいあなたは何をしたいのでしょうか。その答えがあなたにアイディアを与えることになるでしょう。どうか英語を勉強し続けて，英語を読み，話して，書くことを楽しんでください。

電子メールがとても便利であるとあなたは言いましたが，私はこの手紙を手で書いています。電子メールでは不可能なことでも，手紙では可能となることが，いくつかあります。まず，手紙を書いて送るには時間がかかります。したがって，手紙を通じて私の感情をさらに深くあなたと共有することが可能となります。次に，6年前にあなたがくれた万年筆を私は使っています。というのは，あなたと過ごした時間を思い出したいからです。3番目に，封筒に押し花を入れることができます。あなたは本を読むときに，この押し花をしおりとして使うことできます。この花はガーベラです。花言葉では，ガーベラは“希望”を意味します。よって，あなたにとって良いピアノコンサートになることを私は願っているのです。

まもなくあなたに再会できることも私は望んでいます。多くの英語の本が私の部屋で私と共に，

あなたを待ち構えています。以前よりもあなたは英語をより良く運用できるので，それらを楽しむことができます。

愛をこめて，フサコ

(1) トモミが祖母宅に訪れた様子は，トモミのメールの第3段落1・2文より，電車を使い，車窓から美しい海が見えることがわかる。<enjoy ＋ 動名詞[doing]>「～して楽しむ」

(2) 英問「手紙を書くために，なぜフサコはトモミが彼女にあげたペンを使ったのか」 フサコの手紙の第3段落4文 I am using the pen you gave me six years ago, because I want to remember the time with you の下線部を参考にすること。 use[am using] the pen▼Tomomi[you] gave her[me] <名詞（＋目的格の関係代名詞）＋主語＋動詞> 関係代名詞の目的格の省略 to write「～を書くために」 不定詞[to ＋原形]の目的を表す副詞的用法「～するために」

(3) ア 「トモミはコンピューターを買って，それをフサコへ送った」(×) 記述なし。 イ 「昔，フサコは外国で働いていた」(○) トモミのメールの第2段落3文に一致。 ウ 「小学生だったころ，トモミは英語をよく理解した」(×) トモミのメールの第3段落で，小学生だったころ，祖母宅へ行き，多くの英語の本があったが，英語がよく理解できなかった(4文目)旨が記されている。 エ 「トモミが電子メールを送る際に，フサコはしおりが役に立つと感じる」(×) しおりに使える押し花を同封したことが，フサコの手紙に書かれている(第3段落)が，トモミが電子メールを送る際に，フサコがしおりを便利であると感じる，といった記載はない。

(4) 空所を含む英文は「私と共に私の部屋で多くの□が待っている」の意。トモミのメールの第3段落では，「フサコの部屋には多くの英語の本があってそれを読んでみたい」と述べられていることから考えること。 a lot of = many[much]「多くの」 I was surprised to see many books written in English <感情を表す語＋不定詞[to ＋原形]>「～して感情がわきあがる」 books written in「～で書かれた本」過去分詞の形容詞的用法<名詞＋過去分詞＋他の語句>「～された名詞」 are waiting <be動詞 ＋現在分詞[原形＋ -ing]> 進行形「～しているところだ」

9 (会話文問題：文の挿入，条件英作文，不定詞，比較，関係代名詞)

(全訳)タカシ(以下T)：こんにちは，スミス先生。質問があります。／スミス先生(以下S)：タカシ，何でしょうか[どうやってあなたを手助けできるでしょうか]。／T：私は英語の語句を学ぶことが苦手です。英単語の学び方を教えていただけませんか。／S：(1)ア通常，どのように君は英単語を覚えようとしていますか。／T：難しい英語の単語を見つけると，通常英和辞典で調べて，自分のノートに日本語の意味を書いています。／S：なるほど。では，あなたはこれまでにこれを使ったことがありますか。どうぞ。／T：いいえ，これを使ったことがありません。全て英語で書かれてあって，日本語がどこにもありませんね。(2)エこれは私のものと同じではありません。／S：あなたの英和辞書では，英単語を調べると，日本語の表現で書かれていますね[英語の表現を見つけることができます]。でも，この辞書だと，別の英語表現を読むことで，英語の語句を理解できるのです。／T：なるほど。でも，とても難しそうです。／S：心配しないでください！ たとえば，この辞書で(3)ウ'student[生徒]'という単語を見つけてみてください。／T：わかりました。ちょっと待ってくださいね…ここにありました。辞書によると'学校で勉強している人'と書かれています。なるほど，これは理解し易いですね。／S：'nurse[看護師]'はどうでしょうか。／T：わかりました。調べてみましょう。／S：ちょっと待ってください。(辞書を)見る前に，何と書かれているかを想像してみてください。／T：えーと，辞書には，(4)病院で人々を世話する人と書かれているのではないかと思います。／S：うぁー，素晴らしい推測ですね。

(1)　空所(1)を受けて，難しい英単語に遭遇したときの対処法を答えていることから考えること。英単語の学習法を尋ねるアが正解。<**how** ＋不定詞[**to** ＋原形]>「～する方法」 try to learn「学ぼうとする」← 不定詞[**to** ＋原形]の名詞的用法「～すること」他の選択肢は次の通り。イ 「どこでしばしば(英単語を学ぼうとするか)」　ウ 「通常何回(英単語を学ぼうとするか)」エ 「なぜしばしば(英単語を学ぼうとするか)」

(2)　スミス先生が勧めているのは英英辞書で，タカシが通常使用しているのは英和辞書であることから考えること。2つの辞書が違うことを述べているエが正解。the same as「～と同様」他の選択肢は次の通り。ア 「これは常に私にとって役立つ」　イ 「これは私のものより易しい」easier ← easyの比較級　ウ 「これは私にとって目新しくない」

(3)　空所(3)の発言を受けて，辞書には『学校で勉強をする人』と書かれている，と答えていることに注目すること。生徒という単語を辞書で調べるように指示するウが正解。a person who is studying ← 先行詞が人で主格の関係代名詞 <人＋ **who[that]** ＋動詞>「～する人」他の選択肢は次の通り。　ア 「(たとえば，この辞書で)‘先生’という単語を練習しなさい」イ 「(たとえば，この辞書で)‘先生’という単語を覚えなさい」　エ 「(たとえば，この辞書で)‘生徒’という単語を書きなさい」

(4)　直前のやりとりから，看護師の英語による説明が空所に当てはまることになる。語数指示である10語程度にまとめること。a person who「～する人」 take care of「～を世話する」hospital「病院」

2021年度英語　リスニングテスト

〔放送台本〕

1は，英語の対話を聞いて，最後の文に対する受け答えを選ぶ問題です。受け答えとして最も適当なものを，それぞれ問題用紙のAからDのうちから一つずつ選んで，その符号を書きなさい。なお，対話はそれぞれ2回放送します。では，始めます。

No. 1　Girl:　What did you do last night?
　　Boy:　I had a lot of homework to do.
　　Girl:　Did you finish it?

No. 2　Man:　Excuse me, but where is the station?
　　Woman:　OK. Go down this street and you will see it on your left.
　　Man:　How long does it take from here?

No. 3　Boy:　Mom, where is my English notebook? I left it on the table.
　　Mom:　Ah, I moved it before dinner. I put it by the TV.
　　Boy:　By the TV?... Oh, here it is. It’s by the window.

〔英文の訳〕

No. 1　少女：夕べあなたは何をしましたか。／少年：私には，しなければならない宿題がたくさんありました。／少女：あなたはそれを終えましたか。

〔選択肢の訳〕

A　その通りです。　B　私も同様です。　Ⓒ　はい，終えました。　D　いいえ，結構です。

No. 2　男性：すみませんが，駅はどこでしょうか。／女性：はい。この道をまっすぐに進むと，左側に見えます。／男性：ここからどのくらいかかりますか。

〔選択肢の訳〕

A　私が彼をここから連れていきます。　B　それはあなたにとって良いでしょう。

C　私はそこへバスで行こうと思います。　Ⓓ　数分間かかるでしょう。

No. 3　少年：お母さん，僕の英語のノートはどこにありますか。それを机の上に置いておいたのだけれど。／母親：あっ，それなら私が夕食前にそれを移動したわ。テレビのそばに置いたのよ。／少年：テレビのそば…あっ，ここにあった。窓のそばにありました。

〔選択肢の訳〕

Ⓐ　おそらく誰かがそれを動かしたのだわ。

B　あっ，それは食卓ではないわ。

C　あなたはそれを本当に食べたかったのかしら。

D　私があなたのためにそのテレビを買いましょう。

〔放送台本〕

2は，英語の対話又は英語の文章を聞いて，それぞれの内容についての質問に答える問題です。質問の答えとして最も適当なものを，問題用紙のAからDのうちから一つずつ選んで，その符号を書きなさい。なお，英文と質問はそれぞれ2回放送します。では，始めます。

No.1　Nanami:　Hello.

Ken:　Hi, Nanami.　How are you feeling?　You didn't come to school today. I called you to tell you about tomorrow's classes.

Nanami:　Oh, thanks, Ken.　I'm feeling better now.

Ken:　Good.　We will take pictures together in the afternoon.　If it rains, we will have English and music classes.

Nanami:　OK.　Thank you so much for telling me.

Ken:　No problem.　I hope you can come to school tomorrow.

Question:　What will they do tomorrow afternoon if the weather is good?

No. 2　Yesterday I enjoyed walking in my town with my friend from London. First, we went to the mountain to visit Nansouji Temple.　My friend loves traditional Japanese things.　We had lunch there.　Then, we went to Nanohana Park to see the beautiful flowers.　After that, we went back to the station.　Next week, we will watch a soccer game at the stadium.

Question:　Where did they eat lunch?

〔英文の訳〕

No. 1　ナナミ：もしもし。／ケン：こんにちは，ナナミ。気分はどう？　今日，学校に来なかったよね。明日の授業の件で君に話があって電話をかけたんだ。／ナナミ：あっ，ありがとう，ケン。今は気分がだいぶ良くなったわ。／ケン：それは良かった。午後，僕らは一緒に写真を撮ることになっているよ。もし雨が降れば，英語と音楽の授業となるんだ。／ナナミ：わかった。教えてくれて，どうもありがとう。／ケン：どういたしまして。明日，学校に来られると良いね。

質問：もし天候が良ければ，明日の午後，彼らは何をするだろうか。正解：写真撮影のB

No.2 昨日，ロンドンから来た私の友人と私の街を歩いて楽しんだ。まず，Nansouji(寺院名)を訪れるために山へ行った。私の友人は日本の伝統的事象を愛している。私たちはそこで昼食を食べた。そして，美しい花を見るために，Nanohana Park(公園名)へ行った。その後に，駅へ戻った。次週には，私たちはスタジアムでサッカーの試合を見ることになっている。

質問：彼らはどこで昼食を食べたか。正解：山頂にある寺院のA

〔放送台本〕

3は，英語の対話又は英語の文章を聞いて，それぞれの内容についての質問に答える問題です。質問の答えとして最も適当なものを，それぞれ問題用紙のAからDのうちから一つずつ選んで，その符号を書きなさい。なお，英文と質問はそれぞれ2回放送します。では，始めます。

No. 1 Do you want to find something new or interesting? Our park is the best for you. Now there are an art museum, a history museum, and a sports museum in our park. Next Friday, a new museum will open. It will be a computer museum, and it will be the biggest museum in the city. It will have many kinds of computers. I think that you have never seen some of them before. The park is in front of Aozora Station, and it takes only 5 minutes from there. We hope you will visit our park soon!

Question: How many museums will the park have next weekend?

No. 2 Meg: Hi, Sam. How was your weekend?

Sam: It was fun. I went to see my grandfather and stayed at his house.

Meg: Good. Did you go there with someone?

Sam: I went there with my family.

Meg: Sounds nice! Your grandfather was happy to see you, right?

Sam: Yes, but my sister had dance practice on Sunday, so she and my father had to go back home earlier than my mother and I.

Question: Who went back home early from Sam's grandfather's house?

〔英文の訳〕

No.1 何か新しい，あるいは，興味深いものを見つけたいでしょうか。私たちの公園はあなたにとって最適です。現在，私たちの公園には，美術館，歴史博物館，そして，スポーツ博物館があります。次の金曜日には，新しい博物館が開館します。それはコンピューター博物館で，町では最大の博物館になります。そこには多くの種類のコンピューターが所蔵されることになります。その中には，みなさんが見たことがないものもあるかと思います。公園はAozora 駅の正面にあり，そこ[駅]からわずか5分の場所に位置します。近いうちに私たちの公園を訪れていただければと願っています。

質問：来週末には，いくつの美術館や博物館が公園にあることになるか。

［選択肢の訳］

A 3 Ⓑ 4 C 5 D 6

No.2 メグ：こんにちは，サム。週末はどうだった。／サム：楽しかったよ。祖父に会いに行き，彼の家に泊まったのさ。／メグ：良かったわね。そこには誰かと一緒に行ったのかしら。／サム：家族と行ったよ。／メグ：素敵ね。あなたのおじいさんはあなたに会えてうれしかったのではないかしら。／サム：そうだね。でも，僕の姉[妹]は，日曜日にダンスの練習があったので，彼女と父は，母と僕よりも早く帰宅したよ。

質問：誰がサムの祖父宅から早く戻ったか。

〔選択肢の訳〕

A　サムの父と母　　B　サムと彼の姉[妹]　　Ⓒ　サムの父と姉[妹]　　D　サムと彼の父

〔放送台本〕

4は，英語の文章を聞いて，その内容について答える問題です。問題は，No. 1，No. 2の二題です。問題用紙には，それぞれの英語の文章の内容に関するまとめの文が書かれています。それらの文を完成するために，①，②にあてはまる英単語を書きなさい。ただし，□には1文字ずつ入るものとします。なお，英文はそれぞれ2回放送します。では，始めます。

No. 1　Emi wants to work at her father's restaurant in the future. Her father cooks wonderful food that is very popular. He is always very busy, because many people come to his restaurant to eat his food. So, Emi wants to help him.

No. 2　February is Tom's favorite month. He likes the cold weather and enjoys playing in the snow with his friends. He also likes May, because he was born in that month, and he can get presents from his family.

〔英文の訳〕

No.1　将来，エミは彼女の父のレストランで働きたいと思っている。彼女の父は，非常に人気のある素晴らしい食べ物を調理している。彼は常に非常に忙しい。というのは，彼の料理を食べるために，多くの人々が彼のレストランへやって来るからである。そこで，エミは彼を手助けしたいと思っている。

〔設問の訳〕

エミの夢は，彼女の父のレストランで働き，将来[future]彼を手助けすることだ。彼の料理は素晴らしくて，人気がある[popular]。彼の料理を楽しむために，多くの人々が彼のレストランへやって来る。

No.2　2月はトムの好きな月だ。彼は寒い天候が好きで，彼の友人と雪の中で遊び楽しむ。彼は5月も好きだ。彼はその月に生まれたからで，彼の家族からプレゼントをもらうことができる。

〔設問の訳〕

トムの好きな月は2月[February]だ。雪中，彼は友人と一緒に遊ぶことができる。彼は5月も好きで，彼の誕生日[birthday]がその月だからで，彼の家族が彼にプレゼントをくれる。

＜理科解答＞

1　(1)　細胞壁　(2)　銀河(系)　(3)　エ
(4)　イ

2　(1)　ウ　(2)　ウ　(3)　エ
(4)　g　地点X　h　上　i　10(m)

3　(1)　ウ　(2)　右図1　(3)　ア
(4)　(動く向き)　変化なし　(振れる幅)　小さくなった

図1
電源装置
スイッチ
コイル
U字型磁石
電流計
導線
抵抗器R_1
電圧計

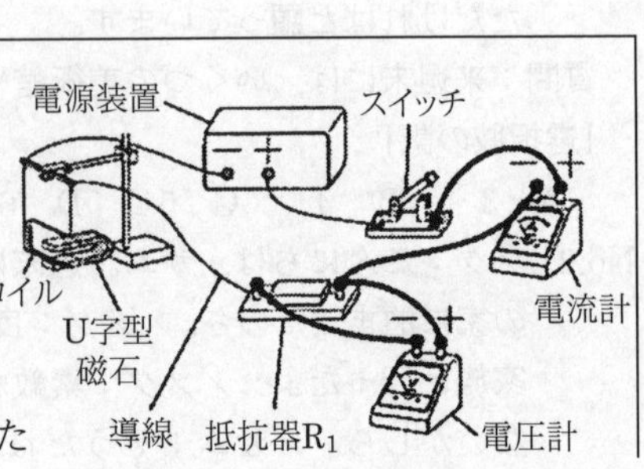

4 (1) (例)(水面からの)水の蒸発を防ぐため。　(2) ウ　(3) エ
(4) x 気孔　y 道管

5 (1) ウ　(2) イ　(3) ア　(4) ① エ　② (例)水の温度が下がると，ミョウバンの溶解度は小さくなるが，塩化ナトリウムの溶解度はあまり変化しない

6 (1) A→D→B→C　(2) (例)(地点Wを)温暖前線が通過したため，気温が上がった。
(3) エ　(4) イ

7 (1) イ　(2) $2Cu + O_2 \rightarrow 2CuO$　(3) 下図2　(4) 4.5(g)

8 (1) エ　(2) ウ　(3) ア　(4) イ

9 (1) 仕事の原理　(2) 2(N)　(3) 下図3　(4) 8(N)

図2

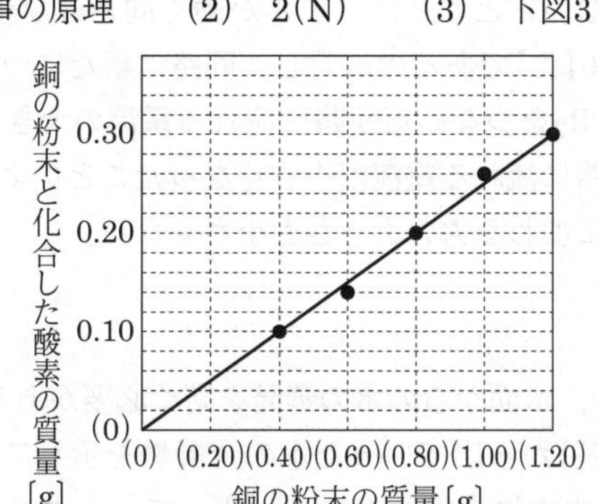

図3

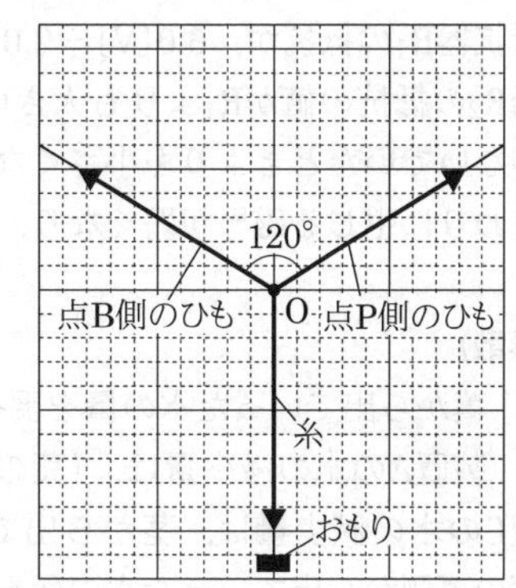

<理科解説>

1 (小問集合)

(1) 植物の細胞膜の外側にある丈夫なつくりを，細胞壁という。

(2) 数千億個の恒星の集まりを銀河といい，このうち，地球が属している銀河を銀河系という。

(3) 非電解質を選ぶ。

(4) 同じ大きさの力が加わる場合，力の加わる面の面積が小さくなるほど，加わる圧力が大きくなる。

2 (火成岩と地層)

(1) ペトリ皿Aは，急速に冷え固まったために，鉱物の結晶が大きく成長できていない。これは，**火山岩のつくりである斑状組織**のモデルと考えることができる。ペトリ皿Bは，ゆっくりと冷え固まったために，鉱物の結晶が大きく成長している。これは，**深成岩のつくりである等粒状組織**のモデルと考えることができる。

(2) 斑状組織の斑晶は，マグマが地下深くでゆっくり冷え固まってできたために，鉱物の結晶が大きく成長している。

(3) 有色鉱物が全体の半分くらいを占める岩石は，玄武岩か斑れい岩である。図3で，つくりが等粒状組織であることから，この岩石は深成岩の斑れい岩である。

(4) 火山灰の層の上面の標高を求めると，地点Wが105−20＝85〔m〕，地点Xが110−15＝95〔m〕，地点Yが95−10＝85〔m〕，地点Zが90−5＝85〔m〕となる。地点X以外の火山灰の層の標高はすべて等しく，地点Xだけがほかの地点よりも10m高くなっている。これは，断層の影響であると考えることができる。

3 (真空放電と磁界)

(1)　明るい線は電子の流れであり，－の電気を帯びている。よって，＋の電気を帯びた電極Xのほうに引かれて曲がる。

(2)　電圧計は，抵抗器R_1に対して並列につなぐ。電流計は，抵抗器R_1に直列になるようにつなぐ。

(3)　図4のコイルの断面のまわりには，A→B→C→D→Aの向きに円状の磁界が生じている。U字型磁石の磁界の向きはN極(上)からS極(下)向きなので，答えとして適当なのは，コイルの磁界が下から上向きになるA点である。

(4)　**U字型磁石の磁界の向きや電流の向きが変化することで，電流にはたらく力の向きが変化する**。実験2の②ではいずれも変化していないことから，コイルが動く向きは変化しない。また，抵抗器R_1の抵抗が，6.0〔V〕÷2.0〔A〕＝3.0〔Ω〕であるのに対し，回路に新たにつなぎ変えた抵抗器R_2の抵抗の値がR_1よりも大きいため，R_2をつないだ回路に流れる電流の大きさはR_1の抵抗をつないでいたときよりも小さくなる。回路に流れる電流が小さくなったことによって，コイルのまわりに生じる磁界が弱くなり，コイルに加わる力の大きさも小さくなる。

4 (蒸散)

(1)　葉から出ていった水の量を調べるため，水面からの水の蒸発を防ぐ必要がある。

(2)　装置Aの水の減少量は，(葉の裏側＋茎)から出ていった水の合計量を示している。また，装置Cの水の減少量は，茎から出ていった水の量を示している。よって，これらの差(A－C)は，葉の裏側から出ていった水の量を表している。1.2－0.2＝1.0〔g〕

(3)　葉の表側からの蒸散量＝装置B－装置C＝0.5－0.2＝0.3〔g〕　(2)より，葉の裏側からの蒸散量は1.0gであることから，葉の表側よりも裏側からの蒸散量のほうが大きい。また，装置Cは，茎など葉以外からの水の蒸散量を表している。

(4)　植物体内へとり入れられた水は，道管を通ってからだのすみずみまで運ばれ，おもに気孔から放出される。

5 (溶解度)

(1)　60℃ではすべてとけていたミョウバンが，40℃，20℃と温度が低くなるにつれて溶液中にとけきれなくなり，出てくる結晶の質量が増加した。このことから，水の温度が低くなるほど水にとけるミョウバンの質量は少なくなることがわかる。

(2)　水の粒子はろ紙の穴よりも大きさが小さいために，ろ紙を通り抜けることができるが，ろ紙の上に残るミョウバンの結晶は，ろ紙の穴よりも大きいために，ろ紙を通り抜けることができない。

(3)　20℃のミョウバンの水溶液は，飽和水溶液になっている。資料より，20℃におけるミョウバン飽和水溶液の質量パーセント濃度を求める。**質量パーセント濃度〔%〕＝$\frac{\text{溶質の質量〔g〕}}{\text{溶液の質量〔g〕}}$×100**より，$\frac{11.4〔g〕}{100+11.4〔g〕}\times 100 = 10.2\cdots$〔%〕

(4)　①・②　ミョウバンのように，水の温度によって溶解度が大きく変化する物質は，水溶液を冷やすことで再結晶できるが，塩化ナトリウムのように，水の温度が変化しても溶解度があまり変わらない物質は，水溶液の温度を下げても再結晶できない。そのため，熱するなどして溶媒の量を減少させることで再結晶を行う。

6 (気象)

(1)　日本付近を通過する低気圧や移動性高気圧は，**西から東**へ動くことが多い。よって，A～D

のうち，前線をともなう低気圧の移動のようすから，D→B→Cの順に移動しているとわかる。また，2月2日9時には九州付近にある大きな高気圧が見られることから，この日の21時は，この高気圧がさらに西へ移動していると考えることができる。

(2)　夜間に気温が上昇していることから，地点Wは暖気につつまれたと考えることができる。**温暖前線**が通過した地点は暖気におおわれるようになるため，地点Wを温暖前線が通過したと考えることができる。

(3)　日本列島では，低気圧の中心に向かって空気が反時計回りにふきこんでいる。

(4)　一般的に，夜間晴れている場合，最低気温は明け方に記録される。これは，地球上の熱が宇宙に放出されるために気温がしだいに下がっていくためであるが，空が雲におおわれている場合には，地球上の熱が宇宙へ放出されにくくなるため，気温は大きく下がらない。

7 (化学変化)

(1)　反応前と反応後で，異なる物質が生じるような変化を化学変化という。また，酸素と結びつく化学変化を酸化という。

(2)　化学反応式では，反応の前後で原子の組み合わせは変化するが，原子の種類と数は変化しない。また，酸素は分子で存在しているため，O_2と表記する。

(3)　銅に結びついた酸素の質量を求める。0.40gの銅に結びついた酸素の質量は，0.50－0.40＝0.10〔g〕，0.60gの銅に結びついた酸素の質量は，0.74－0.60＝0.14〔g〕，0.80gの銅に結びついた酸素の質量は，1.00－0.80＝0.20〔g〕，1.00gの銅に結びついた酸素の質量は，1.26－1.00＝0.26〔g〕，1.20gの銅に結びついた酸素の質量は，1.50－1.20＝0.30〔g〕　グラフ上の点に合わせて，縦軸の目もりの大きさを決める。

(4)　マグネシウムの質量と，マグネシウムを加熱したときにできる酸化マグネシウムの質量の比は，**マグネシウム：酸化マグネシウム＝3：(3＋2)＝3：5**となる。2.7gのマグネシウムが完全に酸化したときの質量をxgとすると，3：5＝2.7：x　x＝4.5〔g〕

8 (分解者のはたらき)

(1)　微生物は，**呼吸**によって**有機物を無機物に分解**する。

(2)　ムカデ，モグラ，ヘビは消費者に分類される。アオカビやシイタケなどの菌類や，土中の微小な生物であるシデムシやミミズ，ダンゴムシは，生物の遺骸を食べるので分解者に分類される。

(3)　分解者は，自然界の有機物を分解するはたらきに関わる生物であるが，生きるために有機物を必要とするということから，消費者であるともいえる。

(4)　自然界における炭素の流れには，二酸化炭素の形で循環する場合と，有機物として循環する場合がある。このうち，二酸化炭素はすべての生物が呼吸によって大気中に放出し，植物がこの二酸化炭素を光合成によって取り入れる。

9 (力のはたらき，力の合成と分解)

(1)　同じ重さの物体を同じ高さまで移動するとき，移動する方法が異なっていても，最終的に行う仕事の大きさは変わらない。これを，**仕事の原理**という。

(2)　動滑車を用いると，動滑車で持ち上げている**物体の重さの半分の大きさの力**で引き上げることができる。よって，実験1の③より，この物体の重さは5〔N〕×2＝10〔N〕である。一方，水中にあるときの物体を動滑車が引き上げるのに必要な力の大きさ，4〔N〕×2＝8〔N〕　浮力はこれらの差となることから，10－8＝2〔N〕と求められる。

(3) 点B側のひもにはたらく力と点P側のひもにはたらく力の合力が，おもりの重力とつり合っている。

(4) 点OからQ方向に向かって加わる力の大きさを求めればよい。△ROQにおいて，RQ：RO：OQ＝5：4：3なので，点Oからおもりを上向きに引く力の大きさ：点OからひもをQ方向に引く力の大きさ：点OからひもをR方向に引く力の大きさの比も5：4：3となる。点OをQ方向に引く力の大きさをxNとすると，点OからひもをQ方向に引く力の大きさ：点OからひもをR方向に引く力＝4：3＝x：6　x＝8〔N〕

＜社会解答＞

1 (1) アパルトヘイト　(2) ① イ　② 年代の古い順　1 ウ　2 イ　3 ア　(3) エ

2 (1) ア　(2) 知床　(3) イ　(4) ① エ　② ウ

3 (1) え　(2) (符号) A　(州名)　オセアニア(州)［大洋(州)］　(3) プランテーション　(4) (例)森林を焼いてできた灰を肥料として活用　(5) エ

4 (1) 渡来人　(2) ア　(3) (例)足利義昭を京都から追放して，室町幕府を滅亡させ　(4) Ⅰ オ　Ⅱ イ　(5) ウ

5 (1) ウ　(2) シベリア　(3) イ　(4) エ　(5) 年代の古い順　1 エ　2 ア　3 イ　4 ウ

6 (1) ア　(2) 保険　(3) (例)国債などを売買することによって通貨の量　(4) イ

7 (1) エ　(2) 代表者　(3) ウ　(4) X　3037　Y　首長［市長］

＜社会解説＞

1 (公民的分野―基本的人権・国際社会との関わり，歴史的分野―世界史－政治史，―日本史時代別－明治時代から現代，―日本史テーマ別－政治史)

(1) 南アフリカ共和国で，1990年代まで行われていた人種隔離政策は「アパルトヘイト」と呼ばれる。そこでは，異なる人種間での結婚が禁止されたり，居住区域が制限されたりしていた。1994年に，同国初の黒人大統領ネルソン・マンデラによって，アパルトヘイトは廃止された。

(2) ① 1861年から1865年に行われた，アメリカ合衆国と，その連邦組織から脱退した南部11州が結成した南部連合との戦争を南北戦争という。第16代大統領に就任したリンカンが，戦争中に「ゲティスバーグ演説」を行った。　② ア 日本国憲法が施行されたのは，1947年である。満20歳以上のすべての男女による初めての衆議院議員選挙が行われたのは，1946年である。満25歳以上の男子による衆議院議員選挙が施行されたのは，1928年である。したがって，年代の古い順に並べると，ウ→イ→アとなる。

(3) 質問1において「そう思う」「どちらかといえばそう思う」の割合の合計が最も高い国は韓国であり，グラフのBである。質問2において「そう思う」「どちらかといえばそう思う」の割合の合計が最も高い国はドイツであり，グラフのDである。質問1と質問2において「そう思う」の割合が最も高い国はアメリカ合衆国であり，グラフのCである。最も低い国は日本であり，グラフのAである。質問1と質問2において「どちらかといえばそう思わない」の割合が最も高い国はスウェーデンであり，グラフのEである。したがって，正しい組み合わせは，エである。

2 (地理的分野―日本地理―気候・地形・都市・地形図の見方)

(1) **梅雨明け後**に，**千島海流**(親潮)の**オホーツク海気団**より吹く，冷たく湿った北東風を**やませ**といい，北海道・東北地方の太平洋側に吹き付け，**冷害**をもたらす。毎年新たに手作りされ，町中に飾られる巨大で豪華絢爛な笹飾りで有名なのが，**仙台七夕**まつりである。

(2) 北海道の**世界自然遺産**といえば**知床**であり，**自然などの地域資源**を活かしながら，持続的にそれらを利用することを目指した**観光**が行われており，これを**エコツーリズム**という。知床はひらがなでも正解とされる。

(3) あは新潟県であり，冬に**降水量**の多いエである。いは群馬県であり，冬に気温が低いが乾燥して降水量の少ないウである。えは沖縄県であり，年間を通じて気温が高く一定以上の降水量がある。うは高知県であり，梅雨と台風の影響で6月から9月に降水量が極端に多いのが特徴であり，イに該当する。

(4) ① ア　この**地形図**の縮尺は2万5000分の1なので，計算すれば250(m)＝25000(cm)÷25000＝1(cm)となり，地点Aを中心とした半径250mは，地図上は地点Aを中心とした半径1cmとなる。1cm以内には寺院は1か所しかない。　イ　海上技術学校から見て，鳥島はほぼ南東の方向にある。　ウ　地点Bから見て，西の方向にあるのは発電所「☼」ではなく，工場「☼」である。ア・イ・ウともに誤りがあり，エが正しい。大島と鳥島の標高差を比べると，大島のほうが140m以上高い。　② 地点Cから，郵便局「〶」を経て，神社「⛩」のある方向と反対側に曲がり，約500m進むとにしからつ駅前に到着する。

3 (地理的分野―世界地理―地形・産業・交通)

(1) 地球上の1点と地球の中心を結ぶ直線の延長が，反対側で地球の表面と交わる点を，**対せき点**という。いわば，**地球の裏側**である。Xの地点は，東経120度・北緯20度なので，対せき点は180度－120度＝60度となり，西経60度・南緯20度のえの地点になる。

(2) 符号「この国の内陸部は…草原や砂漠が広がっている。」との一文から，4つの国の中のオーストラリアの説明であるとわかる。オーストラリアはAである。　州名　**世界の六大州**とは，**アジア州・アフリカ州・北アメリカ州・南アメリカ州・ヨーロッパ州・オセアニア州**のことを指す。オーストラリアの属しているのはオセアニア州である。大洋州でも正解とされる。

(3) **熱帯・亜熱帯**地域の広大な農地に**大量の資本**を投入し，**単一作物**を大量に栽培する大規模農法を**プランテーション**という。栽培されるのは，輸出目的で作られる商品作物である。**植民地時代**につくられたものが現在に引き継がれているものが多い。

(4) **焼き畑農業**とは，森林あるいは原野に火を入れて草や木を焼きはらい，残った**草木灰**を肥料として作物を栽培する原始的農業のことをいう。作物は，キャッサバ・タロイモ・ヤムイモなど主に自給用の作物である。**熱帯地域**では現代でも多く見られ，**熱帯林**の減少の一因となっている。以上の前半部を指定の字数にあわせて解答する。

(5) ア　中国では，「自動車の保有台数」は2倍以上に増加しているが，「電気自動車の保有台数」は2倍以上に増加してはいない。　イ　2017年において，アメリカは人口一人あたりの「自動車の保有台数」が4か国中最も多い。　ウ　2010年と2017年を比べて，日本は人口が減少している。ア・イ・ウともに誤りがあり，エが正しく表を読み取っている。

4 (歴史的分野―日本史時代別―古墳時代から平安時代・鎌倉時代から室町時代・安土桃山時代から江戸時代，―日本史テーマ別―社会史・政治史・外交史)

(1) 4～7世紀頃に朝鮮・中国から日本に移住してきた人々を**渡来人**という。武具製作・機織り・

農業などの先進技術を伝え，大和政権の軍事・政治面に大きな影響力を持った。

(2) 8世紀頃の中国は，唐の全盛期であり，平城京は唐の都である長安にならってつくられた。平城京は，長岡京を経て，794年の平安遷都が行われるまで82年間，政治の中心となった。

(3) 織田信長は，足利義昭を伴って京都に入り，義昭を室町幕府の15代将軍とした。そして1573年に義昭を京都から追放した。これにより室町幕府は滅亡した。以上を簡潔にまとめるとよい。

(4) Ⅰ ペリーが初めに浦賀に来航したのは，1853年であり，幕府は対応に苦慮したが，翌1854年に日米和親条約を結んだ。Ⅰに入るのはオである。 Ⅱ 日米修好通商条約が1858年に締結され，幕府に対して批判が強まった。安政の大獄は，1858年から1859年にかけて，大老の井伊直弼が，幕府に反対する大名・武士・公家などを処罰したできごとである。これに反発して1860年に井伊大老を殺害する桜田門外の変が起こった。Ⅱに入るのはイである。

(5) 渡来人・鉄砲・南蛮貿易・開国・欧米諸国との貿易などについて調べているので，「日本の交易について」が相応である。

5 (歴史的分野―日本史時代別－明治時代から現代，―日本史テーマ別－政治史・外交史，―世界史－政治史)

(1) 大日本帝国憲法では「貴族院ハ貴族院令ノ定ムル所ニ依リ皇族華族及勅任セラレタル議員ヲ以テ組織ス」と定められ，国民によって選ばれる衆議院に対して，上院とされた。1888年に大日本帝国憲法草案審議のため設置されたのが枢密院であり，議長・副議長・顧問官により組織された。初代議長は伊藤博文である。大日本帝国憲法に規定され，天皇の最高諮問機関として国の重要事項を審議する機関となった。内閣から独立した機関として，藩閥官僚の本拠となった。

(2) 1918年から1922年まで行われたイギリス・フランス・アメリカ・日本などによる，ロシア革命に対する軍事干渉がシベリア出兵である。「革命軍に囚われたチェコ軍団を救出する」ことを名目に共同出兵した。1922年までに連合軍は撤退した。

(3) 1900年に伊藤博文により旧自由党系の憲政党を吸収して結成された政党が，立憲政友会である。1918年に寺内正毅内閣が米騒動の鎮圧に陸軍を動員した責任をとって総辞職した後，立憲政友会第3代総裁の原敬が内閣を組織した。陸軍・海軍・外務以外のすべての大臣が立憲政友会の党員であったため，本格的政党内閣と言われた。

(4) 柳条湖で南満州鉄道が爆破され，関東軍が満州の大部分を占領する満州事変が起こったのは，1931年のことである。リットン調査団の報告に基づき，国際連盟で日本に対して撤兵の勧告案が決議されたが，全権松岡洋右は退席し，日本は勧告を受け入れることなく，1933年に国際連盟を脱退した。

(5) ア 日韓基本条約が締結され，日本と韓国の国交が正常化されたのは，1965年である。
イ 米ソを中心とした資本主義陣営と社会主義陣営の冷戦の終結により，1989年にベルリンの壁が崩壊し，1990年に東西ドイツが統一された。 ウ イギリスが1842年以来植民地にしていた香港を中国に返還することが二国間で合意され，1997年に実現した。 エ アジア・アフリカ会議がインドネシアのバンドンで開かれたのは，1955年である。したがって，年代の古い順に並べると，エ→ア→イ→ウとなる。

6 (公民的分野―経済一般・財政・国民生活)

(1) 個人などの貸し手が銀行を通して，企業などの借り手に間接的にお金を融通する方法が間接金融である。企業などの借り手が株式などを発行して，個人などの貸し手から直接的に資金を調達するのが直接金融である。

(2) **保険会社**は顧客から集めた保険料を**株式**や**債券**で運用し，そこから得られる利益を主な収益源としている。損害保険会社・医療保険会社も**金融機関**である。

(3) **日本銀行**は，**好景気**のときには，**国債**などを銀行に売る**公開市場操作**を行い，一般の銀行が保有する資金量を減らし，市場に通貨が出回りにくくする。これを**売りオペレーション**という。逆に不景気の時には，銀行が持つ国債などを買い上げ，一般の銀行が保有する資金量を増やし，市場に通貨が出回りやすくする。これを**買いオペレーション**という。以上をまとめ，国債などを売買することによって通貨の量を増減させることで景気調節をする**金融政策**を行っていることを指摘し，字数制限に注意して解答する。

(4) ア 2015年から2019年にかけて「電子マネー利用世帯の利用金額」，「電子マネー利用世帯の割合」は毎年減少していない。後段にも誤りがある。 ウ 2015年から2019年にかけて「電子マネー利用世帯の割合」は毎年減少してはいない。後段にも誤りがある。 エ 2015年から2019年にかけて「電子マネー利用世帯の利用金額」は毎年減少し続けていない。後段にも誤りがある。ア・ウ・エともに誤りがあり，イが正しく表を読み取っている。

7 (公民的分野―基本的人権・憲法の原理・国の政治の仕組み・地方自治)

(1) **日本国憲法**第13条で「すべて国民は，個人として尊重される。生命，自由及び幸福追求に対する国民の権利については，公共の福祉に反しない限り，立法その他の国政の上で，最大の尊重を必要とする。」と定められており，これを**幸福追求権**という。人がその私生活や私事をみだりに他人の目にさらされない権利を，**プライバシーの権利**という。新しい人権の一つである。現在では，名前・住所・電話番号・顔写真などの個人情報を守る権利としても考えられるようになっている。

(2) **日本国憲法前文**に「国政は，国民の厳粛な信託によるものであつて，その権威は国民に由来し，その権力は国民の代表者がこれを行使し，その福利は国民がこれを享受する。」との文があり，日本では，選挙で**代表者**を選出し，その代表者で構成される議会で物事が決定される。

(3) **最高裁判所裁判官**の適・不適を国民が審査することを**国民審査**という。各裁判官任命後の最初の**衆議院議員総選挙**の際に行われ，さらに10年経過したのちの衆議院議員総選挙の際に同様な審査を行う。**直接民主制**の一つである。衆議院の総議員定数は465名である。衆議院議員選挙に取り入れられている**小選挙区制**は，全国を289の選挙区に分け，選挙区ごとに候補者個人の名を書いて投票して，最多得票の者を当選者とし，289名を選出するものである。

(4) 地方自治における**直接請求**では，**条例**の制定・改廃を求める場合は，**有権者数**の**50分の1**以上の署名を，首長に提出することになっている。W市では人口が151，820人なので，Xは，その50分の1の3037人である。Yの提出先は首長である。市長でも正解とされる。なお，首長の解職については，**有権者の3分の1**の署名をもって，**選挙管理委員会**に直接請求することができる。

<国語解答>

一 (1) ア (2) エ (3) ㋐・㋔ (4) イ
二 (1) たずさ (2) せんりつ (3) しょうあく (4) きんせん
三 (1) 群 (2) 奏 (3) 任務 (4) 推移 (5) 博覧
四 (1) ② (2) ウ (3) イ・エ (4) ウ (5) (例)豊かな教養を備えておかなければ，困難に立ち向かう力を得ることができない。 (6) Ⅰ 命をつなぐ Ⅱ ア

五 (1) ア　(2) (a) 幼い頃　(b) イ　(c) たくさんの祝福と希望　(3) エ　(4) ウ　(5) Ⅰ (例)内面の成長にともなってものの見方や感じ方が変化する　Ⅱ 友情

六 (1) エ　(2) (a) イ　(b) (i) ア　(ii) (例)しぼることもできないくらいの深い悲しみ　(3) ウ　(4) イ　(5) 窮鳥入ルレ懐ニ時ハ、猟師モ不レ捕ラレ之ヲ。

七 (例) Bで「そうだ・まあそうだ」と回答した人の割合は約六割である。これは，謙虚さの表れだと考える。私も他人と比較して，自分の技能は得意なこととして取り上げるほどではないと思い，口には出さないからだ。

自己評価を高めるには，他人との比較ではなく，過去の自分より前進することを目指せばよい。私は英語での会話がなかなか上達しないが，少しでも以前より自分の英語が通じた体験をすると，成長を実感できるからだ。

＜国語解説＞

一 (聞き取り)

(1) 花岡さんと対話することで考えが整理され，「金魚」という幅広いテーマの中から品種でも習性でもなく，**「金魚の歴史」を調べたいという考えが見出されている。**

(2) 花岡さんは，牧野さんのレファレンスとして，牧野さんの意図を把握することが大切だ。従って，問答を繰り返す中で，**レファレンスの方向が間違った方向へ行かないよう「人と金魚の関わり」というテーマの確認をしている**のである。

(3) 前の花岡さんの発言の中に「金魚が俳句の季語になったり，浮世絵に描かれたり」とあるので，**日本文学の詩歌や美術の日本画というコーナーにある可能性**がある。

(4) 花岡さんの助言のおかげで，牧野さんは，江戸時代の人と金魚との関わりだけでなく，**新聞記事も活用して情報を集め，錦鯉ブームの背景を探って共通点を見つけるという調べ学習の道すじを建てる**ことができている。

二 (漢字の読み)

(1) 手に下げたり身につけたりして持つこと。　(2) メロディーのこと。　(3) ものごとを自分の手のひらのうちに入れるように，完全に自分のものにすること。　(4) 人の心のおくにひそんでいる，人情などに感じやすい心情。

三 (漢字の書き取り)

(1) 「群れ」は，動物や人がたくさん寄り集まっている状態。「郡」と混同しないこと。　(2) はればれと宣言すること。　(3) 「務」は「矛」の部分を「予」にしない。　(4) ものごとの様子がうつりかわること。　(5) 「博覧強記」は，はばひろく，膨大な量の本を読み，その内容をよく覚えていること。

四 (論説文―文脈把握，内容吟味，脱文・脱語補充，品詞・用法)

(1) 「ない」の識別は，自立語の形容詞か付属語の助動詞である。**形容詞なら自立語なので単独で文節を作り，文節の頭にある。助動詞なら付属語なので他の自立語の後に付く。**それぞれ文節に区切ると，①は「選択する／ことは／できないからで／ある」，③は「割れて／しまうかも／しれない」，④は「木が／倒れて／しまわないのは」で，いずれも単独で文節を作らないから付属語の助動詞。②は「そうで／ない／選択が／誤った」で，単独で文節を作るから自立語の形容詞。

(2) [a]の同義としてある直前の**「与えられる」という表現が，受身**である。[b]には，その後の「どれか一つを選ぶことができる」ようにするための方法・手段が入るが，**選ぶために必要なのは本人の意思**だ。

(3) 同段落に「選択には……『どちらともつかない選択』がある」と述べられており，**正誤の区別を明確に付けられないこと**が読み取れる。また，次段落に「よい選択をしたと思っても，選択の状況が変化するなかで不運が生じることもある」とあり，**選択の結果が流動的であること**を示している。

(4) 傍線Cの後で「根っこにあたるのが教養である」と述べているので，**目立たない状態にあること**が読み取れる。そして根をしっかり張ることで「木が倒れてしまわないのは……耐えることができる」とし，**緊急事態にこそ頼りになること**がわかる。

(5) 傍線部を具体的に書き表す問題だ。この文は条件節があり，その帰結が来る構造なので，それに従って書くと書きやすいだろう。条件節「地中に深く伸びた根でなければ」は，**「豊かな教養を身につけておかなければ」**となる。また，その帰結の「水を吸い上げることはできない」は，**「困難に打ち勝つ」ことができない**，ということになる。さらに，「日照りが続くときには」という前提を**「さまざまな困難に遭遇するとき」**という表現に置き換えたい。これらの要素を含めて指定字数でまとめればよい。

(6) 最終段落に着目する。「複数の選択肢のなかから，よりよい選択肢，さらには最善の選択肢を選択するための能力」が教養だと述べられている。複数の選択肢があるということは，**進む可能性も複数あるということ**だ。さらに，選択は(3)にもあったように**流動的であるから，時と場合によって最善の選択をすること**が望ましいのである。

五 (小説―主題・表題，情景・心情，内容吟味，脱文・脱語補充)

(1) 彩子は話し出す前に「怪訝そうに首をひねる」動作をしている。「怪訝」とは**いぶかしく思うこと**。ここから，彩子は『アンの青春』を差し出されたことが納得できていないことが読み取れる。

(2) (a) 傍線B以降，「幼い頃はぐくまれた……空気が蘇るように，いくつになっても」の文に「～ように」という直喩である表現が含まれている。　(b) 「幼い頃はぐくまれた友情もまた……取り戻せるのではないだろうか」という表現に，**二人の関係修復の可能性**が読み取れる。信じられないようなことだったので，それを魔法と称したのだ。　(c) **ダイアナの夢は「いつか必ず，たくさんの祝福と希望をお客さんに与えられるようなお店を作りたい」ということ**だ。したがって，ここでもダイアナが彩子に贈りたいのは「たくさんの祝福と希望」である。

(3) ダイアナは，彩子との関係が修復しつつあることを感じていた。そこに彩子から仕事終わりの誘いがかかったとき，お互いが向き合って距離を縮めようとしていることを感じ合ったのだ。**二人の関係が良い方向に修復される期待が高まった瞬間**だ。「不安」「緊張」といったマイナスの感情は存在しない。

(4) 辺り一面にまき散らかれた匂いは二人の友情である。友情が深まったことを示している。また，「真新しい白い紙」というのは，**まだ書かれていない状態，すなわちこれから描かれていくであろう未来のこと**だ。二人の前に友情で結ばれた未来が開けたことを示していると読み取れる。

(5) 「優れた少女小説」で始まる段落に，「あの頃は共感できなかった……自らの成長に気づかされるのだ」とある。ここから，**自分の心身の成長にともなって，ものの見方や感じ方が変わったり幅を広げたりすること**が読み取れる。これが，読み直しの本の新しい発見につながるのだ。

Ⅰ には，この読み取った内容を指示された形式に当てはめて，指定字数でまとめる。また，この文章で，何度でも呼び起こされるものとして挙げられているのは読書の楽しみ・喜びだが，ダイアナと彩子のやりとりから友情の復活も描いていると考えられる。したがって Ⅱ には「友情」が入る。

六　**(古文・漢文―大意・要旨，内容吟味，文脈把握，語句の意味，品詞・用法，表現技法・形式)**

【現代語訳】　ある小屋に立ち寄って，「宿をお借りしたい」と言ったところ，小屋の主である男が出てきて常葉を見て，「今時、夜が更けてから幼い子らを引き連れてお迷いになっているということは，謀反人の妻子でいらっしゃるのでしょう。宿をお貸しすることはできません。」と言って，男は家の中に入ってしまった。常葉の顔を流れ落ちる涙も降ってくる雪も，左右の袖をぐっしょりと濡らし，常葉は柴の網戸に顔をあて、ぬれた袖を絞りかねて立ち尽くしていた。主の妻が家の外に出てきて言うことに，「私どもは，誰かの頼りになるような身ではありませんから，謀反の人に味方したからといって，責められることはまさかないでしょう。身分の高い低いもなく同じ女同士です。お入りください。」と，常葉を家の中に入れ，あれこれともてなしたので，常葉は生き返った心地がしたのだった。

(1)　「謀反の人の妻子にてぞましますらん。叶ふまじ」とあり，**母子の身の上を怪しんでいる**。また，「まじ」は打消し推量の意味の助動詞で，叶わないだろうと，**かくまうことを拒絶**している。

(2)　(a)　「ぞ」は係り結びを起こす**係助詞**。袖が絞り切れないほど濡れている状態を**強調するため**に「ぞ」が置かれている。　(b)　しぼりかねて立ち尽くしている動作主は「常葉」である。

(c)　「雪と涙にぬれた袖を」を受ける表現としては“絞ることができない”とするのが適切だ。これに表現されている心情は，**「涙」から“深い悲しみ”を導く**ことができよう。

(3)　主の女は，「我等……よもあらじ」と，孤独な常葉の味方になることを悪いことだとは思っていない。同じ女性とし常葉の心情に理解を示し，「入らせたまへ」と世話をすることにしている。

(4)　「いやし」は**身分が低い・賤しい**という意味がある。

(5)　書き下し文と照らし合わせると，「入」と「懐」の読む順が一字逆転しているのでレ点を用いる。さらに，「之」と「捕」，「捕」と「不(ず)」もそれぞれ逆転しており，一字返って読むので，いずれもレ点を用いる。

七　**(作文)**

設問の，二段落構成という条件を厳守する。第一段落(前段)では，選んだ資料に対する考えを示す。その考えの**根拠・理由を簡潔にまとめる**。第二段落(後段)では，「自己評価の高めかた」を考察するために具体的な方法を示すように求められている。なぜその方法が良いと考えたのかという理由を説明しなければならないのだから，示す**「自己評価の高めかた」は自分の身に即した，実行可能な内容**にしよう。

2021年度国語　聞き取り検査

〔放送台本〕

(チャイム)

これから，国語の学力検査を行います。まず，問題用紙の1ページと2ページがあることを確認しますので，放送の指示に従いなさい。

(2秒空白)

では，問題用紙の1ページと2ページを開きなさい。

(3秒空白)

確認が終わったら，問題用紙を閉じなさい。1ページと2ページがない人は手を挙げなさい。

(5秒空白)

次に，解答用紙を表にし，受検番号，氏名を書きなさい。

(20秒空白)

最初は聞き取り検査です。これは，放送を聞いて問いに答える検査です。問題用紙の1ページと2ページを開きなさい。

(2秒空白)

一　これから，中学生の牧野さんが，町の図書館を訪れてレファレンスを利用している場面と，それに関連した問いを四問放送します。レファレンスとは，専門の職員が図書館の利用者に対し，資料の探し方など，調べものの支援をすることです。この場面で牧野さんは，調べ学習に必要な資料を探すために，職員の花岡さんと話をしています。1ページの〔資料1〕と〔資料2〕を見ながら放送を聞き，それぞれの問いに答えなさい。

(2秒空白)

なお，やりとりの途中，(合図音A)という合図のあと，問いを放送します。また，(合図音B)という合図のあと，場面の続きを放送します。1ページと2ページにメモをとってもかまいません。では，始めます。

牧野　こんにちは。昨日電話をいたしました，牧野です。

花岡　こんにちは。花岡といいます。牧野さんは，「金魚」について調べたいのですね。

牧野　はい。けれども，インターネットで検索しても知りたいことにたどり着かないんです。

花岡　それは「金魚」という言葉だけで探したからだと思いますよ。試しに，この百科事典で「金魚」と引いてみましょう。(2秒空白)ほら，見出し語の下に，関連する項目が書いてあるでしょう。

牧野　金魚の品種や習性なら，魚類図鑑に載っていたのですが。

花岡　調べたいことと違ったのですね。事典の項目の中で近いものはありますか。

牧野　金魚の歴史，が私のイメージに近いかな。生き物としての特徴を調べたいのではなく，いつ頃から飼われていたのかを知りたいのです。

(合図音A)

問いの(1)　花岡さんに相談をすることで，牧野さんの調べ学習にはどのような進展がありましたか。最も適当なものを，選択肢ア~エのうちから一つ選び，その符号を書きなさい。

(15秒空白)

(合図音B)

花岡　金魚の飼育がいつ始まったかを知りたいのですか。

牧野　最近日本の錦鯉が人気で，海外からも買い付けに来るというニュースを見ました。そこで，江戸時代にも金魚の飼育がはやったことを知って，興味を持ったんです。

花岡　なるほど。牧野さんが知りたいのは，人と金魚の関わりなのですね。

(合図音A)

問いの(2)　花岡さんのこの発言にはどのような意図がありますか。最も適当なものを，選択肢ア~エのうちから一つ選び，その符号を書きなさい。

(15秒空白)

(合図音B)

牧野 さっき,「日本の歴史江戸時代」という本を借りてきたのですが。

花岡 本を選ぶときには,「目次」を手がかりにするといいですよ。

牧野 この本の目次には…,「江戸幕府のしくみ」,「身分制度と武士」,などとあります。金魚とは関係なさそうですね。

花岡 人々の生活や文化に関する本を見てみたらどうでしょう。「30番」の本棚にあります。そのほか,金魚が俳句の季語になったり,浮世絵に描かれたりしていることからも,日本の人々が金魚を好んだことがよく分かるでしょうね。

(合図音A)

問いの(3) 花岡さんのアドバイスによると,牧野さんの調べたいことに関連する資料は,「30番」の本棚以外には,どのコーナーにあると考えられますか。1ページの〔資料2〕の㋐~㋔の中から適当なものを二つ選び,その符号を書きなさい。

(15秒空白)

(合図音B)

花岡 今回の調べ学習のきっかけは,最近のニュースでしたね。新聞記事も探してみますか。

牧野 そうでした。江戸時代には,どんな人たちが,どんなふうに金魚に親しんでいたかだけでなく,なぜ今,海外の人が錦鯉に関心を示すのか,ブームの背景を探ってみると,何か共通点が見つかるかもしれないですね。

(合図音A)

問いの(4) 花岡さんと牧野さんのやりとりからは,どのようなことが読み取れますか。最も適当なものを,選択肢ア~エのうちから一つ選び,その符号を書きなさい。

(5秒空白)

放送は以上です。3ページ以降も解答しなさい。

サンプル問題

★★★★★★★★★★★★★★★★★★★★★★★★★

入 試 問 題

●くわしい解説……11ページ

＜思考力を問う問題＞ 時間 60分 満点 100点

1 次の(1)～(4)の問いに答えなさい。

(1) 箱の中に赤玉3個，青玉2個，白玉1個が入っている。この箱の中から同時に2個の玉を取り出すとき，次のA～Eのことがらの起こる確率について正しく述べたものを，あとのア～オのうちからすべて選び，符号で答えなさい。

ただし，どの玉を取り出すことも同様に確からしいものとする。

> A 赤玉が2個出る
> B 赤玉と青玉が1個ずつ出る
> C 赤玉と白玉が1個ずつ出る
> D 青玉が2個出る
> E 青玉と白玉が1個ずつ出る

ア Aの起こる確率とCの起こる確率は等しい。
イ Aの起こる確率は，赤玉が1個も出ない確率より大きい。
ウ Bの起こる確率は，A，C，D，Eのどのことがらの起こる確率よりも大きい。
エ Dの起こる確率は$\frac{1}{5}$である。
オ Eの起こる確率は，A，B，C，Dのどのことがらの起こる確率よりも小さい。

(2) 右の図において，円Oは線分ABを直径とする円である。点Cは円Oの円周上の点，点Dは線分AO上の点で，∠ACD＝∠DCO，CD＝CBである。

このとき，∠CABの大きさを求めなさい。

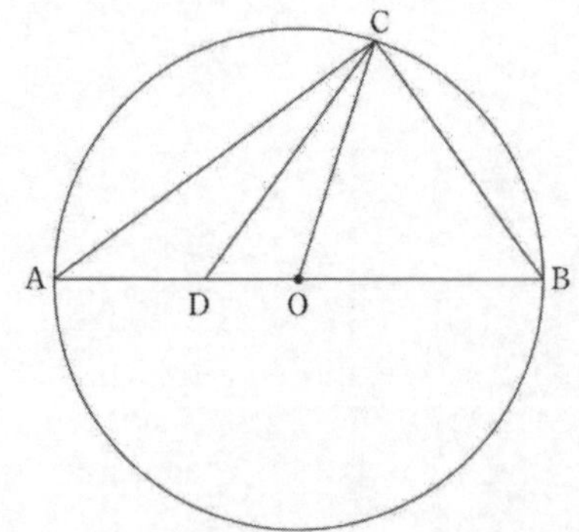

(3) 2つの関数$y=ax^2$と$y=bx-2$について，xの変域が$-2 \leqq x \leqq 4$のとき，yの変域が一致する。このとき，a，bの値を求めなさい。

ただし，aは0でない定数とし，$b<0$とする。

(4)　右の図において，点Aはy軸上の点，点Bは x 軸上の点であり，点Aのy座標は8，点Bのx座標は-8である。正方形OACBをつくり，辺OBの中点をMとする。また，辺OB上に点Pを，$\angle MAB = \angle OAP$となるようにとる。線分COと線分AB，AMとの交点をそれぞれQ，Rとするとき，次の①，②の問いに答えなさい。

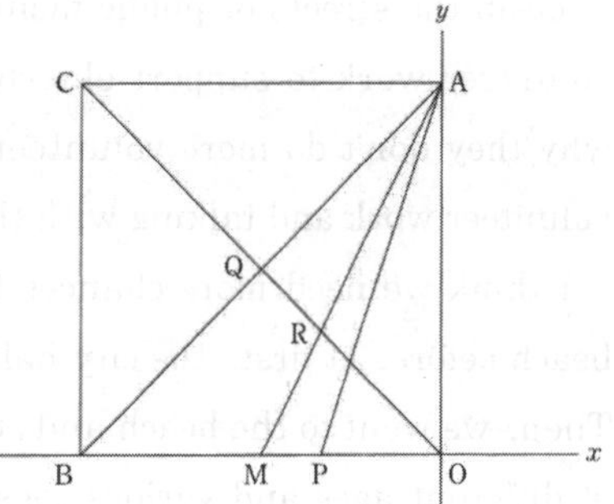

① 線分CQと線分QRの長さの比を，最も簡単な整数の比で表しなさい。

② 2点A，Pを通る直線の式を求めなさい。

2　次の英文は，中学3年生のアヤ(Aya)が英語の授業でプレゼンテーションをした原稿です。この原稿を読んで，あとの(1)～(3)の問いに答えなさい。

I'd like to talk about my last three years in junior high school, and my next three years in high school. In my junior high school life, my English lessons have been a lot of fun. In my high school life, I will try to do volunteer work and learn many things.

At first, I will talk about my wonderful English lessons. When I entered junior high school, I was not good at talking in front of people. I was afraid of making mistakes. One day, in English class, Mr. Brown told us a story about how babies learn language. They first learn by listening. Then, they start speaking the language by repeating. If you don't try to use the language, you will never be a good language user. You will never use a foreign language without making mistakes. It is an important part of learning, and you should not worry about it. No one is perfect. Now, I am not nervous about speaking in English in front of people.

Next, I will talk about doing volunteer work. Have you ever done volunteer work? Please look at this graph. This is the graph about the volunteer experience of high school students in four countries. The percentage of Japanese students who have not done any volunteer work is highest of these four countries. More than 50% of Japanese high school students have done volunteer work

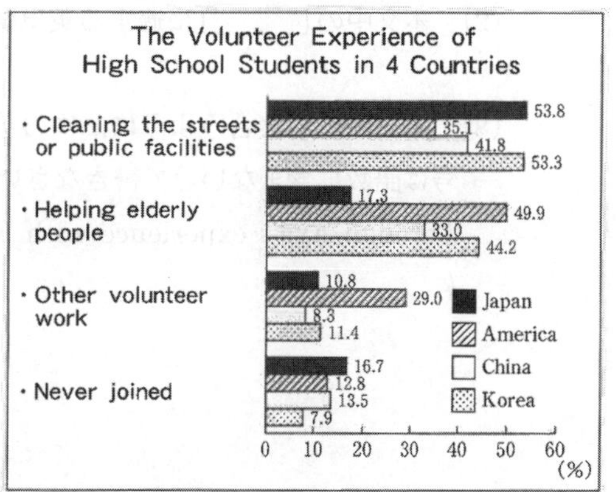

to clean the streets or public facilities. However, the percentage of students who have done volunteer work to support elderly people is [　　] than other countries. I want to know why they don't do more volunteer work to support elderly people. Maybe, they like doing volunteer work and talking with their school friends more.

I think we need more chances to talk with different kinds of people. I helped to clean a beach before. At first, the city hall worker explained why cleaning the beach was necessary. Then, we went to the beach and started cleaning. When I was cleaning, I talked with people of different ages and various jobs. Volunteer work gave me the chance to understand the meaning of working and learning many different ways of thinking.

When I enter high school next year, I will do my best at the two things I learned through these experiences. I will do more volunteer work while I am in high school. I will also try to improve my English and talk with people from other countries more. English is like a ticket that takes me to a more "active world." By talking with many people, I believe I can see things from a different point of view. I want to discover a "new Aya" by enjoying my high school life with a positive mind.

(注) graph グラフ　percentage 割合　facilities 施設　elderly people 高齢者
various さまざまな　active world 活動的な世界　discover 発見する

(1) 本文の内容と合うように，次の①，②の英文の(　　)に入る最も適当なものを，それぞれあとのア～エのうちから一つずつ選び，その符号を書きなさい。

① Aya says that (　　) is necessary to become a good language user.

ア reading many books　イ listening to your parents
ウ writing many words　エ making mistakes

② Aya thinks that doing volunteer work is important because you can learn (　　).

ア a new way of cleaning　イ many different ideas
ウ how to make chances　エ how to explain your experience

(2) 本文中の[　　]に適する英単語1語を書きなさい。

(3) 本文の内容と合うように，次の英文の(　　)に入る英語を10語以下(，：－などの符号は語数に含まない。)で書きなさい。

Through Aya's experience with English lessons and volunteer work, she learned that (　　).

3　あなたのクラスでは，卒業文集を作るにあたり，英語で作文を書くことになりました。
あなたなら Memories in My Classroom と Important Things We Have Learnedのどちらのタイトルで作文を書きますか。
いずれか一つを選んで解答欄のタイトルを◯で囲み，それを選んだ理由を含め，**あなた自身の経験**を，英語で書きなさい。
ただし，語の数は<u>30語以上</u>（．，？！などの符号は語数に含まない。）とすること。

（大問４は9ページから始まります。）

(6) サンプル 思考力を問う問題　　千葉県

あるいは少なくとも、そうした境界の壁を越えて、学問どうしが協力し合わなければ、到底問題の核心には迫れないように思われる。ここに、外から課題として押し付けられた問題の特性が示す圧力によって、科学が迎えている一つの転機がある。それは、ここ一五〇年間激化の一途を辿（たど）ってきた細分化、細分化された個々の領域の閉鎖化を、否でも反省させ、それを開放へと向かわせる圧力ということができる。

（村上陽一郎（むらかみよういちろう）『科学者とは何か』による。）

（注6）パースペクティヴ＝将来の展望。見通し。
（注7）峻別＝厳しく区別すること。
（注8）標榜＝自分の主義・主張などを公然と掲げ示すこと。
（注9）アイデンティティ＝自分という存在の独自性についての自覚。
（注10）civilize＝文明化する。近代化する。
（注11）イデオロギー＝人間の行動を決定する、根本的な物の考え方の体系。

(1) 【文章Ⅰ】中のA心は後ろに置いておけについて説明した次の文の［　　］に入る言葉を書きなさい。

> 「心を後ろに置く」とは、［　　］心のありように達することを説く教えである。

(2) 【文章Ⅰ】中にB「我見」ではなく「離見」こそ、本来私たちが人間や社会に対して持つべきものとあるが、筆者は、私たちは人間や社会に対してどうあるべきと考えているか。次の説明文の［　　］に入る言葉を書きなさい。ただし、「相手」という言葉を使って書くこと。

> 「世阿弥が「離見」によって自分の芸能をつくり上げ、人生の指針としたのと同じように、［　　］態度を持つことが私たちのあるべき姿である。

(3) 【文章Ⅱ】で取り上げられている環境問題についての筆者の意見を、【文章Ⅰ】のB「我見」ではなく「離見」こそ……持つべきものという考えをあてはめてまとめなさい。ただし、「我見の視点」と「離見の視点」の二つの言葉を使って、両者を対比させながら書くこと。

ところが、これまでの自然科学には、あるいは人文・社会科学には、どちらも、このような相互乗り入れの準備は全く出来ていない状況にあると言わなければならない。否(いや)、むしろ、現代の学問は、自然現象と、人間・社会現象とを峻別(しゅんべつ)[注7]し、その間に分業を成立させることをもって、その出発点としてきたと考えられる。自然科学は、客観性を標榜(ひょうぼう)[注8]するあまり、それを乱し、あるいは汚すような、人間的な要素が入り込むことを極度に警戒し、人間を扱う場合でさえ、それを純粋に物質系としてのみ捉えることを、自らの義務としてきた。そのような学問観は、人文・社会科学にも反映され、自らの守備範囲を、自然科学の扱わない人間現象に限定することをもって、自己のアイデンティティ[注9]として認めてきた。

この点は、西欧近代の文明観とも密接な関わりがあると私は考えている。文明という概念は、一八世紀という西欧近代の産物であるが、《civilize》[注10]という語のもともとの意味は、「人為化する」ことである。自然を、自然のままにしておくのではなく、自然を人間の都合のよいように、改変し、改良することこそ、文明という概念を支える根本的イデオロギー[注11]である。その場合に、人間自体も、自然のなかに埋没していては、自然を改変し、改良する主体者にはなれない。そこで、人間の自然からの自立・独立が要求されることになる。こうして人間は自然から切り離された存在となり、自然は、そうした主体者としての人間、あるいは行為者としての人間を排除した、客体としての自然へと変質することになった。それと同時に、そうした純粋客体としての自然を扱う自然科学が、初めて一九世紀になって成立することになったと言えるだろう。

一方、自然から独立し自立した人間は、主体者、行為者として理解された。それは、客体の世界を離れ、行為者である人間を対象とする新しい学問体系としての社会科学を誕生させ、またかつてすべてを包括していた哲学から、自然科学と社会科学とが離脱した残余が、人文学として、これも自立することになったと考えられる。これらの過程は、すべて一九世紀に起こったことであった。

こうして、自然科学は、ほとんど必然的に、自然のみを相手にして、人間、とりわけ行為する主体者としての人間を、自らの扱うべき対象から慎重かつ徹底的に排除することによって、自らを成立させ、人文学や社会科学も、同じように、自分の対象から自然を除外することによって、自分の存在を確認できるような形で成立し、約一五〇年が経過した。その経過の間に、そうした分離と分業の傾向は益々(ますます)強化され今日に至っている。

しかし、すでに見たように、環境問題は、単に、自然科学の内部での学問領域の細分化を無意味にするばかりでなく、自然科学と人文・社会科学との間の犯し難(がた)い境界をも、実質上無意味にするような働きをもっているように思われる。

(8) サンプル　思考力を問う問題　　千葉県

大和猿楽(注3)以外の芸能を非常に冷静な目で見ていました。実際に世阿弥は、近江猿楽や田楽(注4)など、大和猿楽以外の芸能がやっていることを自分たちの芸に取り入れました。自分の周りで起こっているさまざまなことを、自分とは関係のないものとして考えるのではなく、それも引き込みながら自分の芸能をつくり上げていった。自分から突き放すというよりは、常に自分もそこに関わっていくという態度です。

　たいていの場合、ある人の人気が出れば、自分は違うことをやろうと思うでしょう。ところが世阿弥は違いました。なぜそれが人気があるのかを見極めた上で、それも自らの中に取り入れた。普通なら、相手を妬んだり、あえて無視しようとするのではないかと思うところですが、考えてみるとこのクール(注5)な世阿弥の視点、すなわちB「我見」ではなく「離見」こそ、本来私たちが人間や社会に対して持つべきものなのではないか。そう思えてもくるのです。

（土屋恵一郎『世阿弥　風姿花伝』による。）

（注1）『花鏡』＝世阿弥が能の芸術論を説いた書名。

（注2）一調二機三声＝世阿弥の、発声についての基本的な考えを示したもの。音程を整え（一調）、タイミングを計り（二機）、目を閉じて息を溜めてから声を出す（三声）ということ。

（注3）猿楽＝能の古い形。大和猿楽は、世阿弥らが大和国（現在の奈良県）を中心に活躍した芸能集団を指す。同様に、近江猿楽は近江国（現在の滋賀県）に存在した集団を指す。

（注4）田楽＝日本の芸能の一つ。田植えなど農耕の際に楽に合わせて踊ったことに始まる。

（注5）クール＝落ち着いたさま。冷静。

【文章Ⅱ】次の文章は、科学者が地球温暖化の問題について述べたものである。

　では、仮に、大気圏における二酸化炭素の量が急激に増えつつあるという観察は正しいとして、そこから、将来の状況を予測するのに、われわれは、自然現象のみを対象にし、自然現象だけを考慮に入れていれば、それで済むのであろうか。明らかにそうではない。

　そうした大気圏中の二酸化炭素の量がここへきて急速に増加し始めているのが事実として、そのそもそもの原因は一体何なのであろうか。言うまでもなく、われわれ人間の活動、それも文明社会の拡大とともに、エネルギーと物質とを大量に消費する人間の社会生活、産業活動や経済活動、あるいは軍事活動や輸送・移動活動などが、その原因の中心を占めていることは明白であろう。もしそうだとすると、問題を見極め、将来の見通しを立てて行くための、考慮しなければならない必須の要件として、そのような人間の社会活動に目を向けざるを得ない。

　言い換えれば、こうした問題は、自然現象だけをパースペクティヴ(注6)に収めているだけでは本質的に不十分であって、当然のことではあるが、社会現象をも考慮の対象にしなければならないことになる。

4 次の【文章Ⅰ】、【文章Ⅱ】を読み、あとの(1)～(3)の問いに答えなさい。

【文章Ⅰ】　次の文章は、室町時代に活躍し、日本の伝統芸能の一つである能を大成した世阿弥の言葉について述べたものである。

舞に、目前心後と云ふことあり。「目を前に見て、心を後に置け」となり。(中略)**見所より見る所の風姿は、わが離見なり。しかれば、わが眼の見る所は我見なり。離見の見にはあらず。離見の見にて見る所は、すなはち見所同心の見なり。その時は、わが姿を見得するなり。**

(『花鏡』(注1) 舞声為根)

見所(観客席)から見る自分の姿を常に意識せよ。我見ではなく離見で見た時に初めて、本当の自分の姿を見極めることができる。「離見の見」は一般的に、「客観的に自分を見ることが大事だ」という意味でとらえられているように思います。私は、世阿弥の言葉をよくよく読み込んでみると、ポイントはむしろ「目前心後」にあると考えます。

先に引用した部分に続いて、世阿弥はこう書いています。

眼、まなこを見ぬ所を覚えて、左右前後を分明に案見せよ。

眼は、自分の目を見ることはできないのだから、左右前後をよく見て、自分の姿をその左右前後から見る者たちのうちに置いて、よくよく見ていなければならない。

これは実際にやろうとすると難しいことです。どうすればよいのでしょうか。

世阿弥は、目は前を見ているが、A心は後ろに置いておけと言いました。物理的に心を後ろに置くことはできないにしても、これがどういうことかは感覚的にわかるのではないでしょうか。これも、一調二機三声(注2)と同じく、自分に対する一つのブレーキです。自分を後ろから引っ張っているものがある。自分は前に出ていくのだけれど、客席との間にはある関係の力が働いていて、自分が後ろに引っ張られたり、離れたりする。そういうすべての関係の中で自分がそこに立っていると意識しなさいということです。そういう意味では、「自分のリズムだけでやるな」ということにもつながるかもしれません。見所同心、客席と一体になるように考えてやらなければいけない。自分だけで勝手に盛り上がってもだめだということです。

自分がいったいどういう位置にあるかを、心を後ろに置いて把握する。世阿弥にとってこのことは、ひとえに能の問題ではなく、人生の問題でもあったと思います。世阿弥は、自分たちがやっている

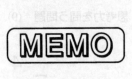

大切なことはメモしておこうネ！

サンプル問題

解答と解説

《配点は解答用紙集に掲載してあります。》

＜解　答＞

1 (1) ア，ウ　(2) 36(度)　(3) $a=-\frac{3}{8}$, $b=-1$

(4) ① 3：1　② $y=3x+8$

2 (1) ① エ　② イ　(2) (解答例) lower／smaller

(3) (例) it is important to talk with and understand other people.

3 (例1) (Memories in My Classroom)

I really enjoyed talking and studying with my friends in my classroom. I also liked having school lunch. I had a good time in my classroom. We were always happy.

(例2) (Important Things We Have Learned)

I practiced kendo very hard every day. Sometimes I wanted to give up, but my friends said to me, "Let's continue together." It is important for me to continue something.

4 (1) (例) 自分の状態を把握しようとする　(2) (例) 相手から学べることを見いだして取り入れる　(3) (例) 人間を自然から独立した存在と考え，人間の都合で自然を改変して文明を発展させる「我見の視点」にとらわれている限り，環境問題は解決しない。細分化した学問の境界を取り払い，他の領域から自分にはない視点を獲得する「離見の視点」によって，様々な学問の知見を結集することが必要である。

＜解　説＞

1 (確率，円の性質，角度，一次関数，関数$y=ax^2$，相似，線分の長さの比)

(1) 3個の赤玉を赤1，赤2，赤3，2個の青玉を青1，青2と区別すると，この箱の中から同時に2個の玉を取り出すとき，取り出し方は全部で(赤1，赤2)，(赤1，赤3)，(赤1，青1)，(赤1，青2)，(赤1，白)，(赤2，赤3)，(赤2，青1)，(赤2，青2)，(赤2，白)，(赤3，青1)，(赤3，青2)，(赤3，白)，(青1，青2)，(青1，白)，(青2，白)の15通り。このうち，赤玉が2個出るのは(赤1，赤2)，(赤1，赤3)，(赤2，赤3)の3通りだから，Aの起こる確率は$\frac{3}{15}=\frac{1}{5}$　赤玉と青玉が1個ずつ出るのは(赤1，青1)，(赤1，青2)，(赤2，青1)，(赤2，青2)，(赤3，青1)，(赤3，青2)の6通りだから，Bの起こる確率は$\frac{6}{15}=\frac{2}{5}$　赤玉と白玉が1個ずつ出るのは(赤1，白)，(赤2，白)，(赤3，白)の3通りだから，Cの起こる確率は$\frac{3}{15}=\frac{1}{5}$　青玉が2個出るのは(青1，青2)の1通りだから，Dの起こる確率は$\frac{1}{15}$　青玉と白玉が1個ずつ出るのは(青1，白)，(青2，白)の2通りだから，Eの起こる確率は$\frac{2}{15}$　赤玉が1個も出ないのは(青1，青2)，(青1，白)，(青2，白)の3通りだから，その確率は$\frac{3}{15}=\frac{1}{5}$　以上より，アとウが正しく述べたものである。

(2) 直径に対する円周角は90°だから，$\angle ACB=90°$　$\angle ACD=\angle DCO=x$とすると，△OAC

はOA＝OCの二等辺三角形であることから，∠CAB＝∠ACO＝∠ACD＋∠DCO＝$2x$ △CDBがCD＝CBの二等辺三角形であることと，△ACDの内角と外角の関係から，∠CBA＝∠CDO＝∠ACD＋∠CAB＝$x+2x=3x$ △ABCの内角の和は180°であることから，∠ACB＋∠CAB＋∠CBA＝$90+2x+3x=90+5x=180$ $x=18$ 以上より，∠CAB＝$2x=2\times18=36$(°)

(3) $b<0$より，関数$y=bx-2$は右下がりの直線であり，xの値が増加するとyの値は減少するから，yの最小値は$x=4$のとき$y=4b-2$，yの最大値は$x=-2$のとき$y=-2b-2$である。これより，関数$y=ax^2$についても，$-2\leqq x\leqq 4$におけるyの最小値は$4b-2$，yの最大値は$-2b-2$である。ここで，最小値$4b-2$は，$b<0$より$4b-2<0$であることから，関数$y=ax^2$は下に開いた放物線である。下に開いた放物線がxの変域に0を含むとき，$x=0$で最大値0，xの変域の両端の値のうち絶対値の大きい方のxの値でyの値は最小になるから，関数$y=ax^2$は$x=0$で最大値$-2b-2=0$…① $x=4$で最小値$4b-2$…② になる。①を解いて$b=-1$ これを②に代入して，$4b-2=4\times(-1)-2=-6$ よって，関数$y=ax^2$は点$(4,\ -6)$を通るから，$-6=a\times4^2=16a$より，$a=-\frac{3}{8}$である。

(4) ① 正方形の対角線はそれぞれの中点で交わるから，CQ＝$\frac{1}{2}$CO また，CA//BOより，平行線と線分の比の定理を用いると，CR：RO＝CA：MO＝2：1より，CR＝CO×$\frac{2}{2+1}$＝$\frac{2}{3}$CO

よって，CQ：QR＝CQ：(CR－CQ)＝$\frac{1}{2}$CO：$\left(\frac{2}{3}\text{CO}-\frac{1}{2}\text{CO}\right)$＝$\frac{1}{2}$CO：$\frac{1}{6}$CO＝3：1

② △AQRと△AOPで，仮定より，∠QAR＝∠OAP…㋐ ∠AOP＝90°…㋑ 正方形の対角線はそれぞれの中点で垂直に交わるから，∠AQR＝90°…㋒ ㋑，㋒より，∠AQR＝∠AOP…㋓ ㋐，㋓より，2組の角がそれぞれ等しいから，△AQR∽△AOP

よって，AO：OP＝AQ：QR＝CQ：QR＝3：1 OP＝AO×$\frac{1}{3}$＝$8\times\frac{1}{3}=\frac{8}{3}$ これよりP$\left(-\frac{8}{3},\ 0\right)$ ここで，A(0，8)より，直線APの切片は8だから，その式は$y=ax+8$とおける。

これが，点Pを通ることから，$0=a\times\left(-\frac{8}{3}\right)+8$ $a=3$ 直線APの式は$y=3x+8$である。

2 (長文読解問題・エッセイ：内容真偽，語句補充，条件英作文，動名詞，不定詞，比較，関係代名詞，現在完了)

(全訳) 私は，中学におけるこの3年間と高校での次の3年間について話をしたいと思います。私の中学校生活では，英語の授業はとても楽しかったです。高校生活では，ボランティアを行い，多くのことを学ぶように努めようと思っています。

まず，私の素晴らしい英語の授業について話しましょう。中学に入学した時には，私は人前で話すことが苦手でした。間違いを犯すことを恐れていました。ある日英語の授業で，ブラウン先生は，いかにして赤ん坊が言語を学ぶかに関する話を私たちにしてくれました。彼らはまず聞いて学ぶのです。それから，反復することで，言語を話し始めます。その言語を使おうとしなければ，あなたは決してその言語の上手い使い手にならないでしょう。間違わずに，外国語を使うことなどは決してありえません。それ[間違うこと]は，学ぶ重要な過程で，そのことについて心配すべきではありません。誰もが完全ではありません。今では，人々の前で英語を話すことに対して，私はどきどきしません。

次に，ボランティア活動(をすること)について話します。皆さんはボランティア活動をしたことがありますか？ このグラフを見て下さい。これは4か国の高校生のボランティア経験に関するグラフです。いかなるボランティア活動もしたことがない日本人学生の割合は，これらの4か国の中で最も高いのです。50%以上の日本人高校生は，通りや公共施設を清掃するボランティア活動をしたことがあります。しかし，高齢者を支援するボランティア活動を行ったことがある学生の割合は，他の国に比べて低い[少ない]のです。なぜ高齢者を支援するボランティア活動をもっとしないのか，私はその理由を知りたいと思います。おそらく，彼らはボランティア活動を行って，学校の友達ともっと話すことが好きなのでしょう。

さまざまな種類の人々と話すもっと多くの機会が私たちには必要だと思います。私は以前，海岸を清掃する手伝いをしたことがあります。まず，市役所の職員が，なぜ海岸を清掃することが必要なのか，説明してくれました。それから，私たちは海岸へ行き，清掃を始めました。私は清掃をしている時に，異なった年齢のさまざまな職種の人々と話をすることができました。ボランティア活動は，働くことや，多くの異なった考え方を学ぶことの意味を理解する機会を私に与えてくれました。

来年高校に入学した際には，これらの経験を通じて学んだ2つの事柄において，私は最善を尽くしたいと考えています。高校在学中に，私はもっとボランティア活動を行いたいと思います。また，私の英語を上達させて，他の国々から来た人々ともっと話すようにしようと思います。英語はより"活動的な世界"へ私を連れて行ってくれる切符です。多くの人々と話すことで，異なった視点から物事を見ることができる，と信じています。積極的な心構えで，高校生活を謳歌して，"新しいアヤ"を発見したいと願っています。

(1)　①「エ間違えることは，良き言語使用者になる[言語を上手く使うことができるようになる]には必要であるとアヤは言っている」第2段落の最後から第3・4文目に You will never use a foreign language without making mistakes. It is an important part of learning とある。<without ＋ 動名詞[原形 ＋ -ing]>「～しないで」 他の選択肢は次の通りだが，本文に言及ナシ。ア「多くの本を読むこと」 イ「両親の話を聞くこと」 ウ「多くの語を書くこと」 ②「アヤはボランティア活動をすることを重要だと考えている。というのは，イ多くの異なった考えを学ぶことができるからだ」第4段落最終文に，Volunteer work gave me the chance to understand the meaning of working and learning many different ways of thinking. と述べられている。他の選択肢は次の通り。ア「清掃する新しいやり方」 ウ「機会の作り方」 **<how ＋ to不定詞>「いかに～するか，～する方法」** エ「あなたの経験を説明する方法」

(2)　空所を含む文は「しかし，高齢者を支援するボランティア活動をしたことがある学生の割合は，他の国よりも□」の意。グラフより，高齢者を支援するボランティアの割合が，日本は最も低いことが明らか。よって，正解は，「低い，少ない」を意味する lower／smaller となる。 **比較級<原級 ＋ -er>** <比較級＋than other＋複数名詞>「他の～よりも…」 the percentage of students who have done ← **<先行詞[人]＋ 主格の関係代名詞 who ＋ 動詞>「～[動詞]する先行詞」 現在完了<have[has]＋ 過去分詞>(完了・経験・結果・継続)**

(3)　(解答例を含む全訳)「英語の授業とボランティア活動におけるアヤの経験を通じて，彼女が学んだのは，他の人々と話し，理解することが重要であるということ」

英語の授業とボランティア活動を通じて，共通にアヤが学んだことを本文から探すこと。第4段落の最初の文 I think we need more chances to talk with different kinds of people. あるいは，第5段落の最後から2番目の文 By talking with many people, I believe I can see things from a different point of view. などを参考にするとよい。

3　(条件英作文)

(例1全訳)　(私の教室での記憶)「私は教室で私の友人と話をしたり，勉強をしたりして本当に楽しんだ。私は給食を食べることも好きだった。私は教室で楽しい時を過ごした。私たちはいつも幸せだった。」

(例2全訳) 私たちが学んだ大切な事柄 「私は剣道を毎日懸命に練習した。ときには，あきらめたかったが，私の友人が私に『一緒に続けよう』と言った。何かを継続することが私にとっては重要である。」

4 (論説文―文脈把握，内容吟味)

(1) 「心は後ろに置いておけ」という能における世阿弥の教えを，次段落で**「自分がいったいどういう位置にあるかを，心を後ろに置いて把握する。**世阿弥にとってこのことは，ひとえに能の問題ではなく，人生の問題でもあった」と述べている。したがって，傍線Aにある「心を後ろに置く」とは，**人生において自分の置かれた状況や状態を把握しようとする心がまえ**であることがわかる。

(2) 世阿弥が「離見」によって自分の芸能を作り上げる様子を「自分の周りで起こっているさまざまなことを，自分とは関係ないものとして考えるのではなく，それも引き込みながら自分の芸能をつくり上げていった。」「なぜそれが人気があるのかを見極めた上で，それも自らの中に取り入れた。」と本文に書かれている。**ここから私たちは，自分(の芸)を高めるために，相手のよいところや学ぶべきところを見つけて，それを取り入れようとする態度**をもつという教えを得ることができる。

(3) 筆者は「環境問題は，単に，自然科学の内部での学問領域の細分化を……そうした境界の壁を越えて，学問どうしが協力し合わなければ，到底問題の核心には迫れないように思われる。」と述べている。これが筆者の意見だ。ここから，**学問の現状が「我見の視点」であること**，環境問題解決のために**学問どうしが協力し合うには「離見の視点」が求められている**ということをおさえて筆者の意見をまとめよう。まず現状だが，西欧近代文明観の影響を強く受け，**人間は自然を人間の都合で改変・改良するために自らを自然から自立・独立した存在とみなす**ようになった。自然科学では人間を純粋に物質としてのみ捉えており，一方，人文学・社会科学では自然科学の扱わない人間現象に限定して人間を扱っている。学問において相互乗り入れの準備は全く出来ていないという学問の現状がうかがえる。この**自らの扱うべき対象から相手を慎重かつ徹底的に排除している状態を生み出す「我見の視点」にとらわれている限り，環境問題は解決しない。**そこで，「離見の視点」を持つ必要性があるという結論へと向かっていく。**自分にはない相手の学ぶべき要素を得るという「離見の視点」を持って，学問どうしが協力し合い，個々の領域の境界を越えて知見を結集することが環境問題の解決のために必要だ**ということが筆者の考えである。

千葉県公立高等学校（前期選抜）

2020年度

★★★★★★★★★★★★★★★★★★★★★★★

入 試 問 題

2020年度

●くわしい解説 …… 53ページ

＜数学＞

時間　50分　　満点　100点

1　次の⑴～⑹の問いに答えなさい。

⑴　$-2+9$ を計算しなさい。

⑵　$-5^2+18\div\frac{3}{2}$ を計算しなさい。

⑶　$2(x+4y)-3\left(\frac{1}{2}x-\frac{1}{3}y\right)$ を計算しなさい。

⑷　方程式 $x-7=\frac{4x-9}{3}$ を解きなさい。

⑸　$\sqrt{50}+6\sqrt{2}-\frac{14}{\sqrt{2}}$ を計算しなさい。

⑹　$2x^2-32$ を因数分解しなさい。

2　次の⑴～⑸の問いに答えなさい。

⑴　関数 $y=-x^2$ について，x の変域が $a\leqq x\leqq b$ のとき，y の変域は $-9\leqq y\leqq 0$ である。このとき，a，b の値の組み合わせとして最も適当なものを，次の**ア**～**エ**のうちから１つ選び，符号で答えなさい。

ア　$a=-1,\ b=0$
イ　$a=-3,\ b=-1$
ウ　$a=1,\ b=3$
エ　$a=-1,\ b=3$

⑵　右の表は，あるクラスの生徒36人が夏休みに読んだ本の冊数を，度数分布表に整理したものである。
　５冊以上10冊未満の階級の相対度数を求めなさい。

階級（冊）	度数（人）
以上　未満	
0 ～ 5	11
5 ～ 10	9
10 ～ 15	7
15 ～ 20	6
20 ～ 25	3
計	36

⑶　次のページの図のように，底面がAB＝５㎝，AC＝６㎝，∠ABC＝90°の直角三角形で，高さが６㎝の三角柱がある。この三角柱の体積を求めなさい。

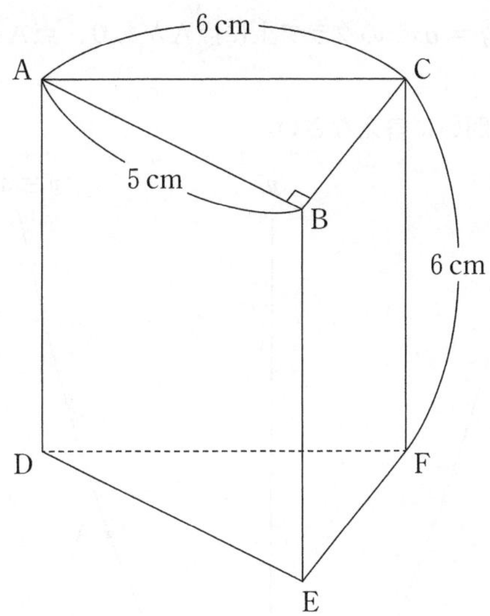

(4)　大小２つのさいころを同時に１回投げ，大きいさいころの出た目の数を a，小さいさいころの出た目の数を b とする。

このとき，$\dfrac{\sqrt{ab}}{2}$ の値が，有理数となる確率を求めなさい。

ただし，さいころを投げるとき，１から６までのどの目が出ることも同様に確からしいものとする。

(5)　下の図において，点Aは直線 ℓ 上の点，点Bは直線 ℓ 上にない点である。直線 ℓ 上に点Pをとり，∠APB＝120°となる直線BPを作図しなさい。また，点Pの位置を示す文字Pも書きなさい。

ただし，三角定規の角を利用して直線をひくことはしないものとし，作図に用いた線は消さずに残しておくこと。

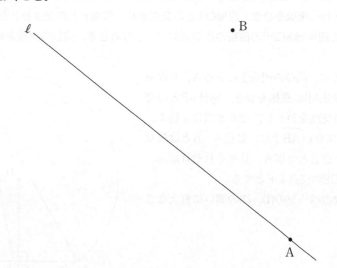

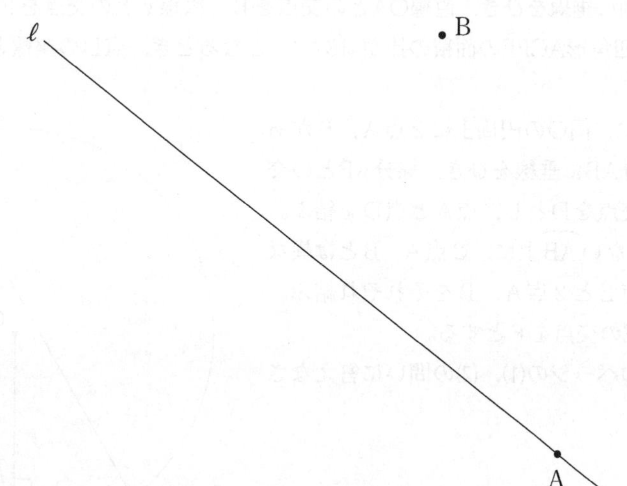

3 下の図のように，関数 $y = ax^2$ のグラフ上に点Aがあり，点Aの座標は（3，4）である。ただし，$a > 0$ とする。

このとき，次の⑴，⑵の問いに答えなさい。

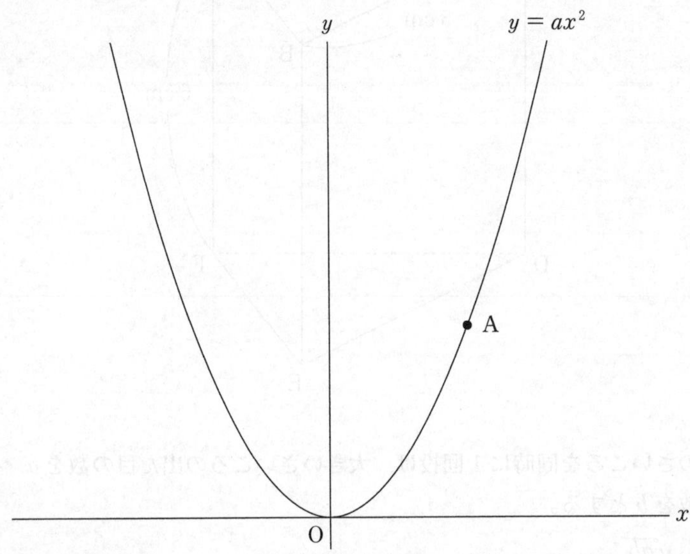

⑴ a の値を求めなさい。

⑵ x 軸上に点Bを，OA＝OB となるようにとる。
ただし，点Bの x 座標は負とする。
このとき，次の①，②の問いに答えなさい。

① 2点A，Bを通る直線の式を求めなさい。

② 原点Oを通り，直線ABに平行な直線を ℓ とする。点Aから x 軸に垂線をひき，直線 ℓ との交点をCとする。また，関数 $y = ax^2$ のグラフ上に，x 座標が3より大きい点Dをとり，点Dから x 軸に垂線をひき，直線OAとの交点をE，直線 ℓ との交点をFとする。
△AOCと四角形ACFEの面積の比が 16：9 となるとき，点Dの座標を求めなさい。

4 右の図のように，円Oの円周上に2点A，Bがある。点Oから線分ABに垂線をひき，線分ABとの交点をC，円との交点をDとし，点Aと点Dを結ぶ。また，点Dを含まない $\overset{\frown}{AB}$ 上に，2点A，Bとは異なる点Eをとり，点Eと2点A，Bをそれぞれ結ぶ。線分ABと線分DEの交点をFとする。

このとき，次のページの⑴，⑵の問いに答えなさい。

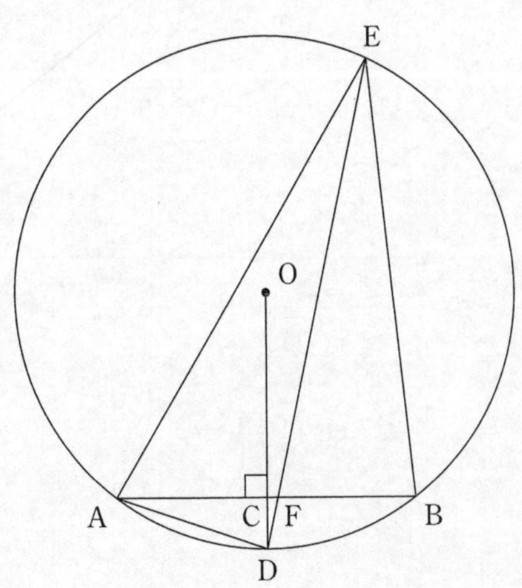

(1)　△EAD∽△EFB となることの証明を，次の ［　］ の中に途中まで示してある。

［(a)］，［(b)］ に入る最も適当なものを，下の**選択肢**の**ア**～**カ**のうちからそれぞれ１つずつ選び，符号で答えなさい。また，［(c)］ には証明の続きを書き，**証明**を完成させなさい。

ただし，［　］ の中の①～④に示されている関係を使う場合，番号の①～④を用いてもかまわないものとする。

証明

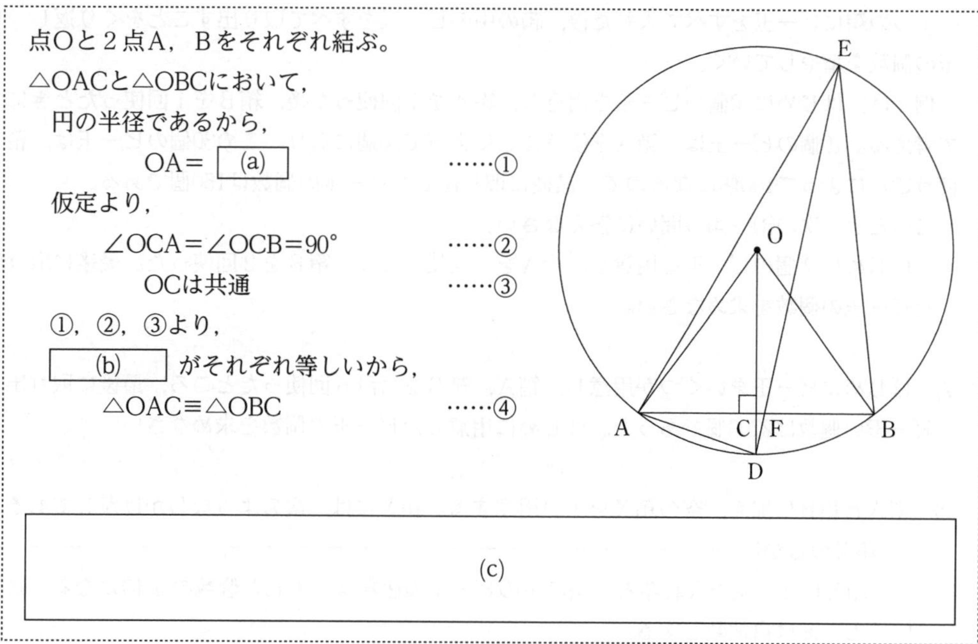

点Oと２点A，Bをそれぞれ結ぶ。

△OACと△OBCにおいて，

円の半径であるから，

OA＝ ［(a)］　……①

仮定より，

∠OCA＝∠OCB＝90°　……②

OCは共通　……③

①，②，③より，

［(b)］ がそれぞれ等しいから，

△OAC≡△OBC　……④

［(c)］

選択肢

ア　AE　**イ**　BC　**ウ**　OB　**エ**　２組の辺とその間の角

オ　直角三角形の斜辺と１つの鋭角　**カ**　直角三角形の斜辺と他の１辺

(2)　線分AEを円Oの直径とし，EB＝６㎝，AD：DE＝１：３，CF：FB＝１：８ とする。

線分OBと線分EDの交点をGとするとき，△GFBの面積を求めなさい。

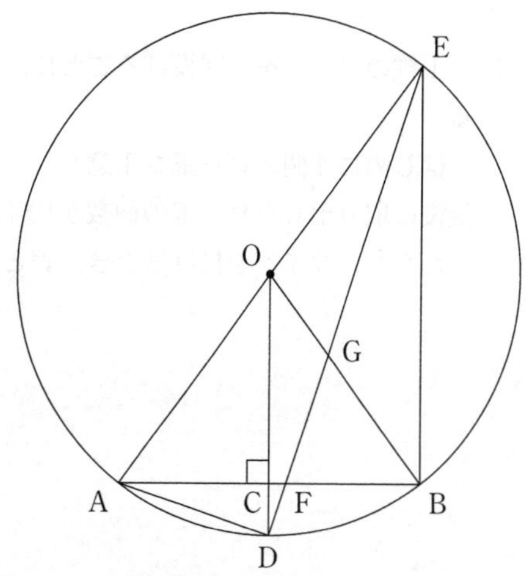

5 空(から)の箱Aと箱Bが１つずつあり，それぞれの箱には，ビー玉の個数を増やすために，次のようなしかけがしてある。

箱Aと箱Bのしかけ

・箱Aにビー玉を入れると，箱の中のビー玉の個数は，入れた個数の３倍になる。

・箱Bにビー玉を入れると，箱の中のビー玉の個数は，入れた個数の５倍になる。

１つの箱にビー玉をすべて入れた後，箱の中のビー玉をすべて取り出すことをくり返し，ビー玉の個数を増やしていく。

例えば，はじめに10個のビー玉を用意し，箱Aを１回使った後，箱Bを１回使ったときについて考える。10個のビー玉は，箱Aを使うことによって30個になり，この30個のビー玉は，箱Bを使うことによって150個になるので，最後に取り出したビー玉の個数は150個である。

このとき，次の(1)～(4)の問いに答えなさい。

(1) はじめに２個のビー玉を用意し，箱Aを２回使った後，箱Bを２回使った。最後に取り出したビー玉の個数を求めなさい。

(2) はじめにビー玉をいくつか用意し，箱A，箱Bを合計５回使ったところ，最後に取り出したビー玉の個数は2700個であった。はじめに用意したビー玉の個数を求めなさい。

(3) 箱Aと箱Bに加え，空の箱Xを１つ用意する。箱Xには，次のようなしかけがしてある。

箱Xのしかけ

・箱Xにビー玉を入れると，箱の中のビー玉の個数は，入れた個数の x 倍になる。ただし，x は自然数とする。

はじめに１個のビー玉を用意し，箱Aを２回使った後，箱Bを１回使い，さらにその後，箱Xを２回使ったところ，最後に取り出したビー玉の個数は540x 個であった。

このとき，x の値を求めなさい。ただし，答えを求める過程が分かるように，式やことばも書きなさい。

(4) １枚のコインを１回投げるごとに，表が出れば箱Aを使い，裏が出れば箱Bを使うこととする。

はじめに４個のビー玉を用意し，１枚のコインを４回投げ，箱A，箱Bを合計４回使うとき，最後に取り出したビー玉の個数が1000個をこえる確率を求めなさい。

ただし，コインを投げるとき，表と裏のどちらが出ることも同様に確からしいものとする。

＜英語＞

時間　50分　　満点　100点

1　英語リスニングテスト（放送による指示に従って答えなさい。）

No. 1	A．I'm sorry. C．Sounds good.	B．Let's see. D．You're welcome.
No. 2	A．Yes, I am. C．No, I don't.	B．I think so, too. D．See you later.
No. 3	A．I agree with you. C．No problem.	B．I'm glad to hear that. D．That's too bad.

2　英語リスニングテスト（放送による指示に従って答えなさい。）

	A	B	C	D
No. 1	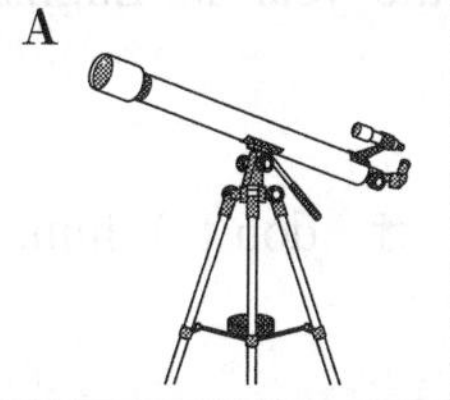	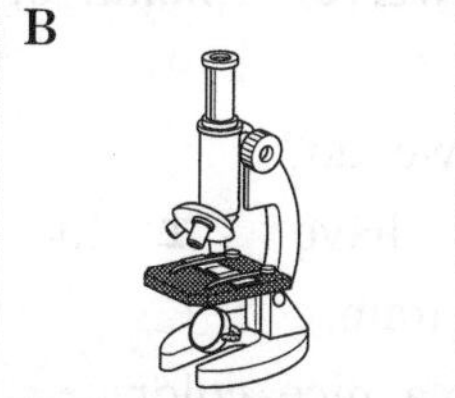		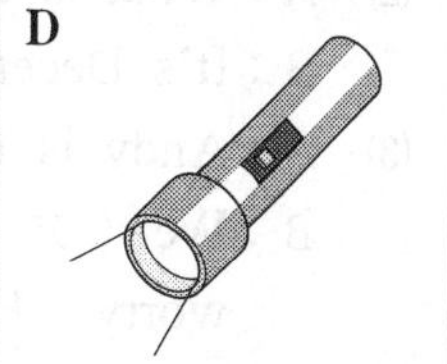

No. 2	A	B	C	D
Tomorrow	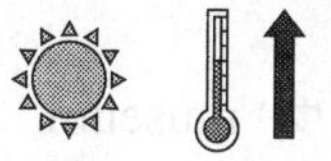			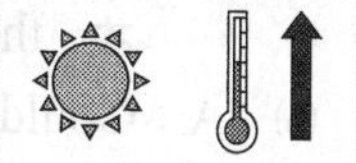
The Day After Tomorrow		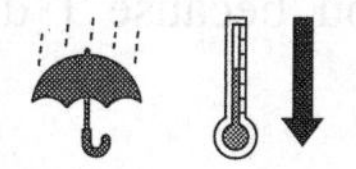		

3　英語リスニングテスト（放送による指示に従って答えなさい。）

No. 1	A．Buy a bus map. C．See a doctor.	B．Go to the train station. D．Visit the park.
No. 2	A．Because there are so many people. C．Because Allan is excited.	B．Because many people will play music. D．Because Jack is late.

4 英語リスニングテスト（放送による指示に従って答えなさい。）

No. 1	The most popular cake in Jay's cake shop is his（① b□□□□□□□□□）fruit cake. He started selling a new pineapple cake in（② □□□□□□□□）.

No. 2	Natsume Soseki was a famous writer. He wrote many（① □□□□□□□□）in his life. Before he became a writer, he（② □□□□□□□）English at a few different schools.

5 次の(1)～(5)のそれぞれの対話文を完成させなさい。

(1)，(2)については，（ ）の中の語を最も適当な形にしなさい。ただし，1語で答えること。

また，(3)～(5)については，それぞれの（ ）の中のア～オを正しい語順に並べかえ，その順序を符号で示しなさい。

(1) A : Have you ever (sing) an English song?
B : Yes, I have.

(2) A : What is the name of the (twelve) month of the year in English?
B : It's December.

(3) A : Andy is late. What should we do?
B : We（ア wait イ to ウ have エ for オ don't）him. Don't worry. He'll catch the next train.

(4) A : How about this bag? It has a nice color.
B : It looks good, but it is（ア than イ expensive ウ one エ more オ that）.

(5) A : Could you tell（ア is イ me ウ museum エ the オ where）?
B : Sorry, I can't help you because I don't live around here.

6 コリンズさん（Ms. Collins）は，送られてきたカップ（cup）の色が白ではなく黒だったので，購入したお店に電話をしました。まず店員に名前を告げた後，コリンズさんは，この場面（次のページ）で，何と言うと思いますか。その言葉を英語で書きなさい。

ただし，語の数は<u>20語以上30語以下</u>（．，？！などの符号は語数に含まない。）とすること。

7　次の(1)～(3)の英文を読んで，それぞれの問いに答えなさい。

(1) Which hand do you hold a pen with, your right hand or left hand? The hand you use to hold your pen is called your dominant hand. Most people belong to one of two groups. One is right-handed people, and the （ Ⓐ ） is left-handed people. Some researchers say that 10% of people around the world are left-handed. Researchers who studied cats found that they also have dominant "hands." Many male cats are left-handed, but most female cats are right-handed. How can you find your cat's dominant hand? You can find your cat's dominant hand if you watch which "hand" it （ Ⓑ ） first when it does something.

（注） dominant hand 利き手　belong to ～ ～に属する　right-handed 右利きの　left-handed 左利きの　researcher 研究者　male オス　female メス

本文中の（Ⓐ），（Ⓑ）に入る最も適当な語を，それぞれ次のア～エのうちから一つずつ選び，その符号を書きなさい。

Ⓐ　ア another　イ other　ウ people　エ two

Ⓑ　ア checks　イ has　ウ studies　エ uses

(2) My name is Naoki. My parents love traveling. We have been to twenty countries around the world. Last summer, we went to the United States to see my aunt, Elizabeth. After we stayed at her house for a few days, we traveled with her to a very exciting place in South America. We stayed at a hotel called the Palace of Salt. Its walls and floors were made of salt. We were surprised to see that almost everything was made of salt, including the beds, desks, and chairs in the rooms. I enjoyed swimming in the salt water pool, my parents liked the salt sauna, and my aunt loved sleeping in the salt bed. However, the best thing of all was spending time with my family. We all had a great time on the trip.

（注） South America 南アメリカ　palace 宮殿　salt 塩　including ～ ～を含めて
sauna サウナ

① 本文の内容に関する次の質問に，英語で答えなさい。

What did Naoki like the best about his trip?

② 本文の内容に合っているものを，次のア～エのうちから一つ選び，その符号を書きなさい。

ア Naoki's family traveled to South America to see his aunt.
イ Naoki stayed at his aunt's house all summer and had a great time.
ウ Naoki's family stayed at an exciting hotel in the United States.
エ Naoki was surprised that most things in the hotel were made of salt.

(3) 次は，ぶどう摘み（grape picking）のボランティアのお知らせです。

Be a Volunteer to Pick Grapes for a Day

❶ Who can be a volunteer?

We are looking for grape lovers between 14 and 65 years old.

❷ What can you take home?

To say thank you for volunteering, we will give you free grapes (2 kg) to take home.

You can:

◆ Bring your own hat and gloves, or borrow ours.
◆ Only use our scissors. Please do not bring your own.
◆ Buy more grapes.
◆ Use our delivery service.

❸ What should you do?

● Grape picking starts at 8 a.m. and finishes at 3 p.m.
● The grapes will be delicious when the branch is brown, not green.
● You should pick dark purple grapes. It is too early to pick light purple grapes.

branch

Join by calling or visiting our website!

☎ 555－987654　💻 www.grapelovers.inc

（注）grape lover　ぶどう好きな人　volunteering　ボランティアをすること　branch　枝
purple　紫　light　薄い　hat　帽子　gloves　手袋　scissors　はさみ
delivery service　配送サービス

① このお知らせの内容をもとに，次の質問の答えとして最も適当な絵を，あとのア～エのうちから一つ選び，その符号を書きなさい。

Which grapes should be delicious and be picked?

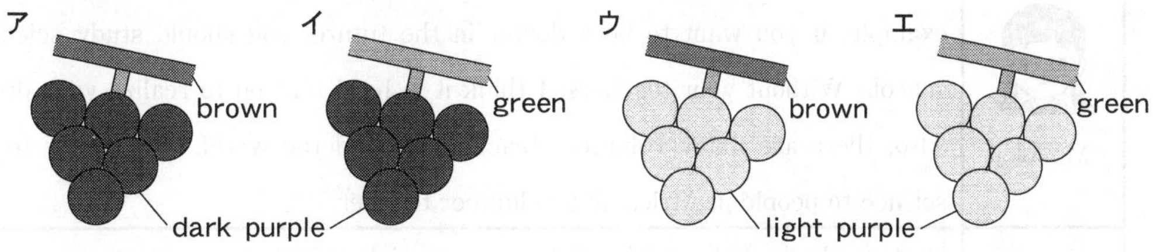

② このお知らせの内容に合っているものを，次のア～エのうちから一つ選び，その符号を書きなさい。

ア You can pick grapes for ten hours each day if you start picking at 8 a.m.
イ You can't be a volunteer for grape picking if you are fifteen years old or younger.
ウ You can buy 3kg of grapes and send them home with the delivery service.
エ You can't use your own gloves and scissors which you brought from your home.

8 ストーン先生（Mr. Stone）の授業で，中学生のアンナ（Anna），フレッド（Fred），マドカ（Madoka），トシオ（Toshio）が発表をしました。次の英文を読んで，あとの(1)～(4)の問いに答えなさい。

 Mr. Stone	Today, we're going to talk about some important （ Ⓐ ） and the people who have them. Last week, your homework was to find people who help others or who are doing something to make a better world. What do they do, and how do they help others? I believe you have some ideas. Please share them with everyone.
 Anna	Farmers work for others every day. People need food to eat, and good food helps us to stay healthy. Farmers grow lots of rice, and most of the fruits and vegetables that people eat. Some of them raise animals so that we can have milk, meat, and eggs. We can't live without farmers.

 Fred	Scientists study many things to make the world better. They try to solve problems in many ways. For example, they study about animals, food, medicine, robots, and climate change. They invent things we need. There won't be a better world without science. So, I am studying very hard to be a scientist.
 Madoka	I think teaching helps people. Education is very important for our lives. For example, if you want to be a doctor in the future, you should study science in school. Without your teachers, I think it is hard for you to realize your dream. Also, there are many volunteer teachers around the world. My sister teaches science to people in Africa as a volunteer teacher.
 Toshio	Doctors always help people. When we are sick or have an accident, we go to the hospital. Doctors can save our lives, help us to get better, and help us to stay healthy. However, there are not enough doctors here in Japan today. There are only 2.3 doctors for every 1, 000 people. In the future, I want to be a doctor to help many people.
 Mr. Stone	Thank you, everyone. I enjoyed listening to all of your ideas. There are many (Ⓐ) that people do to help others around the world. I think hard work can help to make the world better. I hope you continue to work hard in the future.

（注）stay healthy　健康を保つ　　raise ～　～を飼育する　　so that ～　～するために
climate change　気候変動　　invent ～　～を発明する　　education　教育　　accident　事故

⑴　本文中の２か所の（Ⓐ）に共通して入る，最も適当な英単語１語を書きなさい。

⑵　本文の内容に関する次の質問の答えとして最も適当なものを，あとのア～エのうちから一つ選び，その符号を書きなさい。

Which two students talked about their own dreams for the future?

ア　Anna and Madoka did.
イ　Fred and Toshio did.
ウ　Anna and Fred did.
エ　Madoka and Toshio did.

⑶　本文の内容に合っているものを，次のア～エのうちから一つ選び，その符号を書きなさい。

ア　Anna thinks farmers grow most of the fruits and vegetables that animals eat.
イ　Fred believes robots and doctors make the world better.
ウ　Madoka's sister is a volunteer teacher who teaches science abroad.
エ　Toshio said that there are only 2.3 doctors for every one hundred people in Japan.

(4)　発表後，フレッドに対してアンナから質問がありました。[　] に入る最も適当な**連続する２語**を11，12ページの本文中から抜き出して書きなさい。

Anna: What kind of problems do scientists try to solve?

Fred: Climate change is one of the biggest problems we have today. In some places, people can't grow food well because the weather is too hot and there is not enough rain.

Anna: I see. How do scientists solve this problem?

Fred: I think they can solve it by studying plants around the world. Scientists are trying to learn how to make stronger vegetables which grow with little water. With their [　　], they can help to solve a problem that climate change makes.

Anna: I understand. Thank you.

9　千葉県に住んでいるナナ（Nana）と友人のリリー（Lily）が話をしています。この対話文を読んで，(1) ～ (4) に入る最も適当な英文を，それぞれあとのア～エのうちから一つずつ選び，その符号を書きなさい。

Nana: Wow! I can't believe this.

Lily: What happened?

Nana: I won tickets for the World Baseball Summer Festival.

Lily: Really? Getting those tickets is so difficult. (1) You are very lucky.

Nana: Yes. I feel I used all my luck to get these tickets. It will never happen to me again.

Lily: Hey, Nana, that's not true. By the way, (2)

Nana: They are for the opening ceremony.

Lily: That's very exciting, but it will be very hot during the festival. I believe it will be better to watch it on TV at home.

Nana: Do you really think so? If you see it live, it will be unforgettable. Anyway, (3) But if you don't want to go, I will ask another friend.

Lily: Wait, Nana. Did you want me to come with you? Now I can go with you!

Nana: But you want to watch it on TV, right?

Lily: Yes. Ah... no. I mean I would like to see it in the stadium. (4) , so I said I liked watching it on TV.

Nana: Don't worry, Lily. I really want to go with you! Let's have fun together!

Lily: Thank you, Nana. I'm looking forward to it.

(注) by the way　ところで　opening ceremony　開会式　live　現地で，生で
unforgettable　忘れられない

(1)　ア　A lot of people are happy.　イ　A lot of people got them.
ウ　A lot of people want them.　エ　A lot of people can buy them.

(2) ア what are the tickets for?
イ what are your plans for the festival?
ウ where did you buy the tickets?
エ where will the festival be held this year?

(3) ア you could ask someone else.
イ I wanted to ask you to come with me.
ウ you should buy the tickets, too.
エ I must stay at home during the festival.

(4) ア I wanted you to go alone
イ I thought you wanted me to stay home
ウ I didn't think you wanted to go
エ I didn't think you wanted me to go with you

＜理科＞

時間　50分　満点　100点

1　次の(1)～(4)の問いに答えなさい。

(1)　無機物として最も適当なものを，次の**ア**～**エ**のうちから一つ選び，その符号を書きなさい。

ア　エタノール　**イ**　砂　糖　**ウ**　食　塩　**エ**　プラスチック

(2)　図は，千葉県内のある地点で観測された風向，風力，天気を天気図に使う記号で表したものである。このときの風向と天気として最も適当なものを，次の**ア**～**エ**のうちから一つ選び，その符号を書きなさい。

図

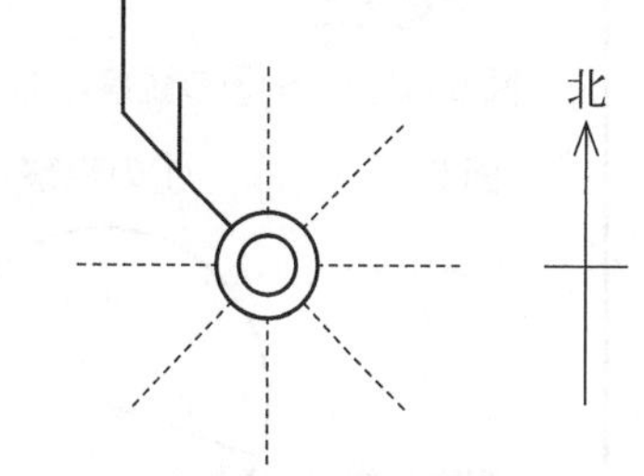

ア　風向：北西　　天気：晴　れ
イ　風向：北西　　天気：くもり
ウ　風向：南東　　天気：晴　れ
エ　風向：南東　　天気：くもり

(3)　光が，空気中からガラスの中に進むとき，ガラスの中に進む光が，空気とガラスの境界面（境界の面）で折れ曲がる現象を光の何というか。その名称を書きなさい。

(4)　エンドウを栽培して遺伝の実験を行い，分離の法則などの遺伝の規則性を見つけた人物名として最も適当なものを，次の**ア**～**エ**のうちから一つ選び，その符号を書きなさい。

ア　ダーウィン　**イ**　パスカル　**ウ**　フック　**エ**　メンデル

2　校庭や学校周辺の生物について調べるため，次の**観察１**，**２**を行いました。これに関して，あとの(1)～(4)の問いに答えなさい。

観察１

図１のように，校庭で摘(つ)み取ったアブラナの花のつくりを観察した。さらに，アブラナの花の各部分をくわしく調べるために，**図２**の双眼実体顕微鏡(そうがんじったいけんびきょう)で観察した。

図１　**図２**

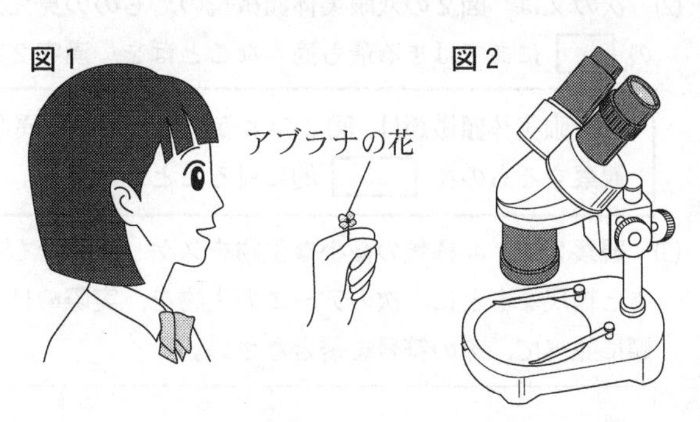

観察２

学校周辺の池で採取した水を**図３**の顕微鏡で観察し，水中で生活している微小な生物のスケッチを行った。**図４**は，スケッチした生物の一つである。また，＜手順＞にしたがって，接眼レンズおよび対物レンズを変え，同じ生物の，顕微鏡での見え方の

図３　**図４**

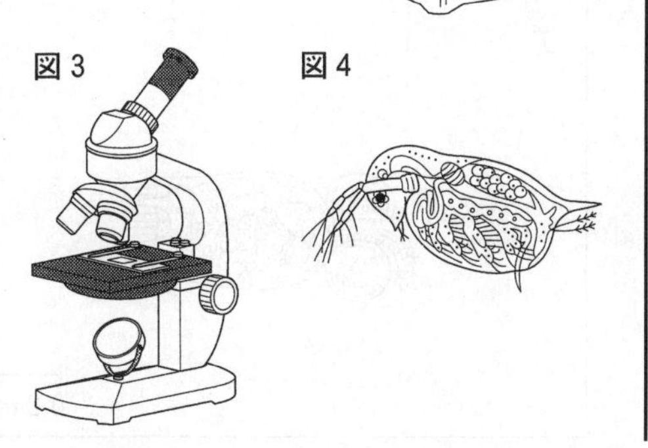

ちがいを調べた。

＜手順＞

① 最初の観察では，接眼レンズは倍率５倍，対物レンズは倍率４倍を使用した。

② 接眼レンズを倍率10倍に変え，対物レンズは①で使用した倍率４倍のまま変えずに観察したところ，①の観察のときに比べて，観察している生物の面積が４倍に拡大されて見えた。

③ 接眼レンズは②で使用した倍率10倍のまま変えずに，対物レンズを別の倍率に変えて観察したところ，①の観察のときに比べて，観察している生物の面積が25倍に拡大されて見えた。

図５は，①～③の観察における見え方のちがいを表したものである。

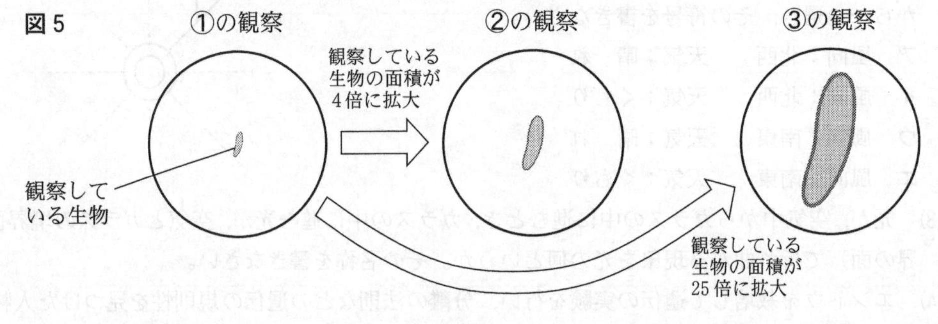

(1) **観察１**の下線部について，アブラナの花の各部分を，外側から中心の順に並べたものとして最も適当なものを，次の**ア**～**エ**のうちから一つ選び，その符号を書きなさい。

ア 花弁，がく，めしべ，おしべ　**イ** 花弁，がく，おしべ，めしべ
ウ がく，花弁，めしべ，おしべ　**エ** がく，花弁，おしべ，めしべ

(2) 次の文は，**図２**の双眼実体顕微鏡の，**ものの見え方の特徴**（とくちょう）について述べたものである。文中の［　］にあてはまる最も適当なことばを，**漢字２字**で書きなさい。

> 双眼実体顕微鏡は，図３のような顕微鏡とは異なり，プレパラートをつくる必要はなく，観察するものを［　］的に見ることができる。

(3) **観察２**で，４種類の微小な生物をスケッチしたものが，次の**ア**～**エ**である。スケッチの大きさと縮尺をもとに，次の**ア**～**エ**の生物を，実際の体の長さが長いものから短いものへ，左から順に並べて，その符号を書きなさい。

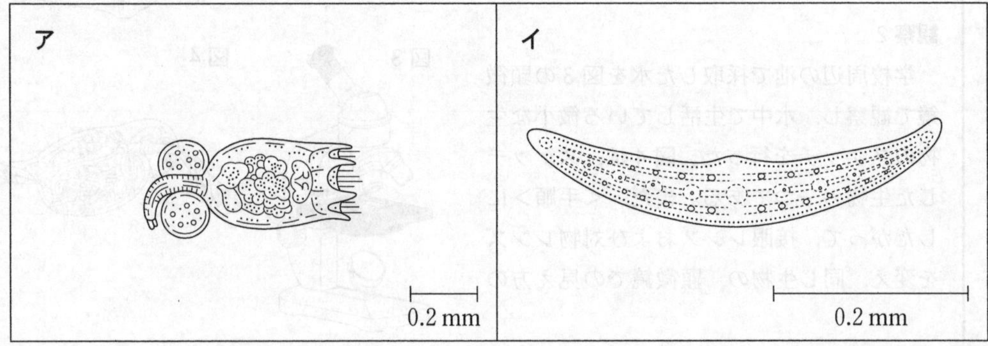

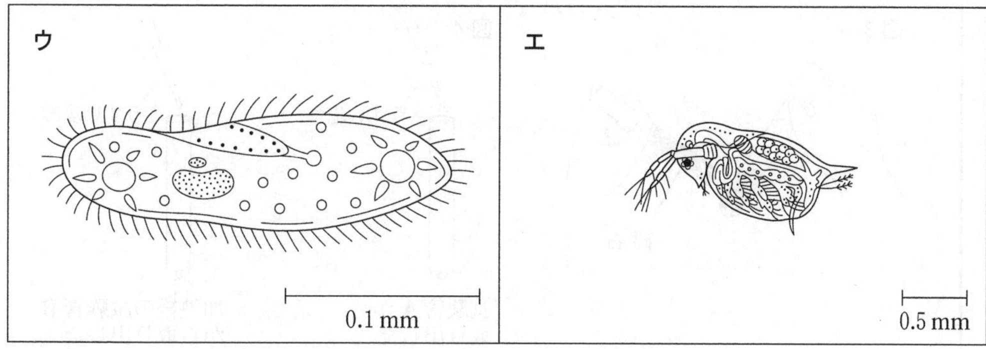

(4) 観察２の＜手順＞の③で使用した対物レンズの倍率は何倍か，書きなさい。

3 鉄と硫黄（いおう）を混ぜて加熱したときの変化を調べるため，次の**実験１**，**２**を行いました。これに関して，あとの(1)～(4)の問いに答えなさい。

実験１

① **図１**のように，鉄粉7.0ｇと硫黄4.0ｇを乳（にゅう）ばちに入れてよく混ぜ合わせた。その混合物の$\frac{1}{4}$くらいを試験管Aに，残りを試験管Bにそれぞれ入れた。

② **図２**のように，試験管Bに入れた混合物の上部を加熱し，混合物の上部が赤くなったところで加熱をやめた。その後も反応が進んで鉄と硫黄は完全に反応し，黒い物質ができた。

③ 試験管Bを十分に冷ました後，試験管A，Bに，**図３**（次のページ）のように，それぞれ磁石（じしゃく）を近づけて試験管内の物質が磁石に引きつけられるかどうかを調べた。

④ ③の試験管A，B内の物質を少量とり，それぞれ別の試験管に入れた。次に，**図４**（次のページ）のように，それぞれの試験管にうすい塩酸を数滴（すうてき）入れたところ，どちらも気体が発生した。a<u>発生した気体に，においがあるかどうか</u>を調べた。

表１（次のページ）は，**実験１**の③と④の結果をまとめたものである。

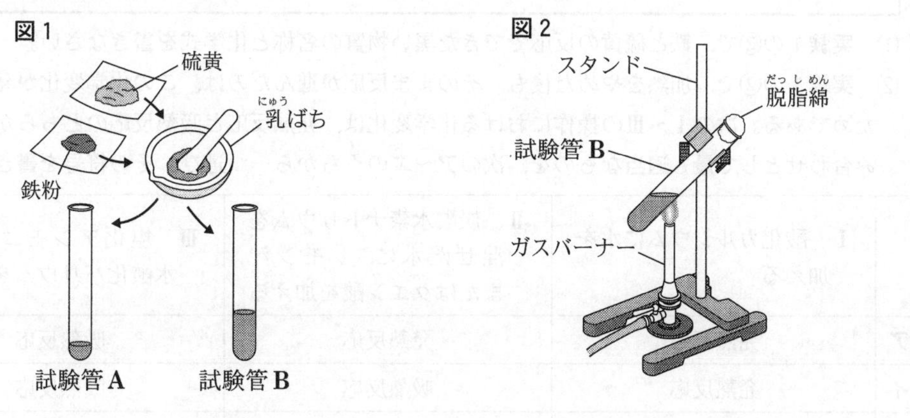

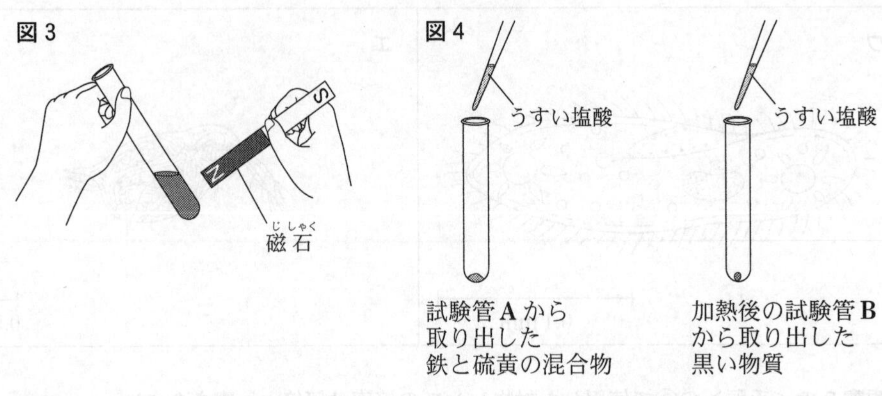

表１

	磁石を近づけたとき	うすい塩酸を数滴入れたとき
鉄と硫黄の混合物（試験管Ａ）	磁石に引きつけられた	においのない気体が発生した
加熱後の黒い物質（試験管Ｂ）	磁石に引きつけられなかった	［ x ］のようなにおいの気体が発生した

実験２

試験管Ｃ～Ｆを用意し，表２に示した質量の鉄粉と硫黄をそれぞれよく混ぜ合わせて各試験管に入れた。次に，実験１の②の試験管Ｂと同様に試験管Ｃ～Ｆを加熱したところ，試験管Ｃ，Ｄ，Ｅの鉄と硫黄は完全に反応したが，b試験管Ｆの鉄と硫黄は，完全には反応せずにどちらか一方の物質が残った。

表２

	試験管Ｃ	試験管Ｄ	試験管Ｅ	試験管Ｆ
鉄粉の質量	2.8 g	4.2 g	5.6 g	6.6 g
硫黄の質量	1.6 g	2.4 g	3.2 g	3.6 g

(1)　実験１の②で，鉄と硫黄の反応でできた黒い物質の名称と化学式を書きなさい。

(2)　実験１の②で，加熱をやめた後も，そのまま反応が進んだのは，この化学変化が発熱反応のためである。次のⅠ～Ⅲの操作における化学変化は，発熱反応と吸熱反応のどちらか。その組み合わせとして最も適当なものを，次のア～エのうちから一つ選び，その符号を書きなさい。

	Ⅰ　酸化カルシウムに水を加える	Ⅱ　炭酸水素ナトリウムを混ぜた水に，レモン汁またはクエン酸を加える	Ⅲ　塩化アンモニウムと水酸化バリウムを混ぜる
ア	発熱反応	発熱反応	吸熱反応
イ	発熱反応	吸熱反応	吸熱反応
ウ	吸熱反応	発熱反応	発熱反応
エ	吸熱反応	吸熱反応	発熱反応

(3)　**実験1**の④の下線部aについて，発生した気体のにおいをかぐ方法を簡潔に書きなさい。また，**表1**の [x] にあてはまるものとして最も適当なものを，次の**ア**～**エ**のうちから一つ選び，その符号を書きなさい。

ア　エタノール　　**イ**　くさった卵　　**ウ**　プールの消毒　　**エ**　こげた砂糖

(4)　**実験2**の下線部bについて，完全には反応せずに残った物質は鉄と硫黄のどちらか，物質名を書きなさい。また，反応せずに残った物質をのぞく，この反応でできた物質の質量は何gか，書きなさい。

4　Sさんは天体の動きを調べるため，千葉県内のある場所で，晴れた日には毎日，午後9時に北斗七星とオリオン座の位置を観測し，記録しました。これに関する先生との会話文を読んで，あとの(1)～(4)の問いに答えなさい。

Sさん：最初に観測した日の午後9時には，北斗七星は**図1**のように北の空に見えました。また，オリオン座のリゲルという恒星が，**図2**のように真南の空に見えました。その日以降の観測によって，北斗七星やオリオン座の午後9時の位置は，日がたつにつれて少しずつ移動していることがわかりました。最初に観測した日から2か月後の午後9時には，北斗七星は， [x] の図のように見えました。

図1

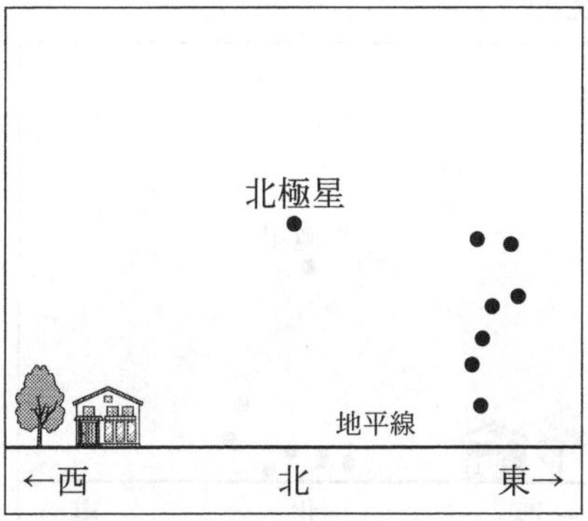

北極星
地平線
←西　北　東→

図2

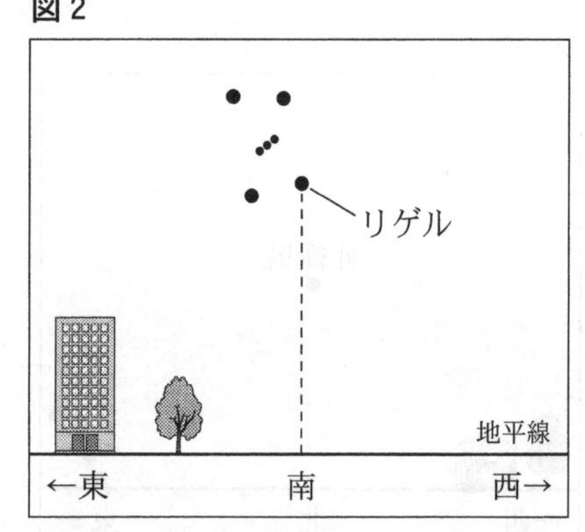

先　生：そうですね。同じ時刻に同じ場所から，同じ方向の空を観測しても，季節が変われば見ることができる星座が異なります。なぜだと思いますか。

Sさん：それは，地球が太陽のまわりを1年かかって1周しているからだと思います。以前に，この運動を地球の [y] ということを習いました。太陽，星座，地球の位置関係を考えると，地球の [y] によって，地球から見て [z] と同じ方向に位置するようになった星座は，その季節には見ることができなくなるはずです。

先　生：そうですね。その他に，星座の動きについて何か気づいたことはありますか。

Sさん：はい。同じ日の午後9時以外の時刻に観測を行うと，北斗七星やオリオン座の位置が，午後9時とは異なって見えました。

先　生：そのとおりです。同じ日に同じ場所で観測しても，時刻が変われば，その星座が見える位置が異なるのです。しっかりと観測を続けた成果ですね。

Sさん：先生，季節や時刻だけでなく，観測地が変われば見える星座が異なると聞きました。いつか海外に行って，千葉県とは異なる星空を見てみたいです。

先　生：それはいいですね。日本からは1年中地平線の下に位置するために見ることができない星座を，ぜひ観測してみましょう。

(1) 会話文中の［x］にあてはまる図として最も適当なものを，次のア～エのうちから一つ選び，その符号を書きなさい。

ア

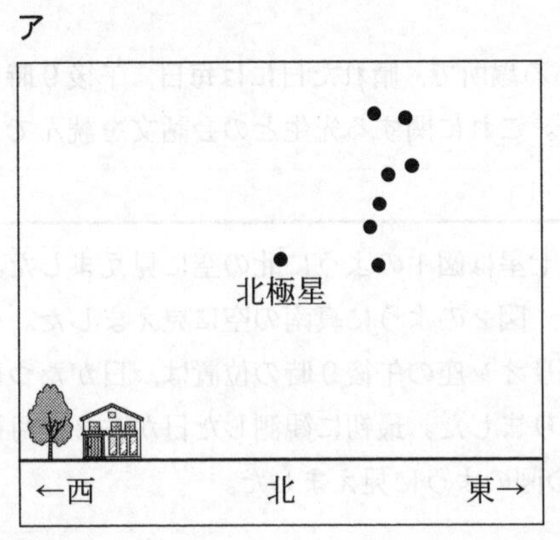

イ

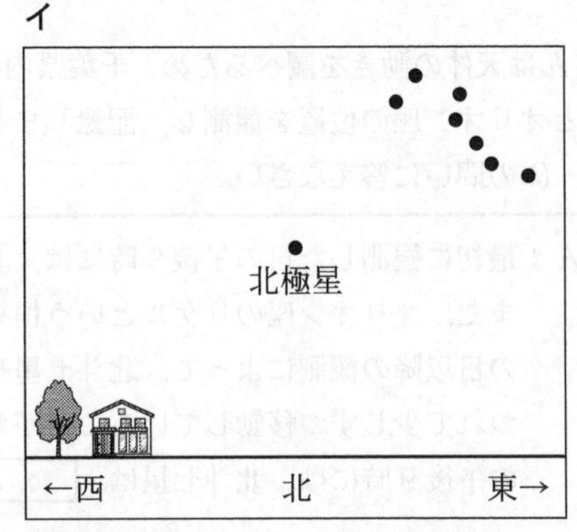

ウ

北極星

←西　北　東→

エ

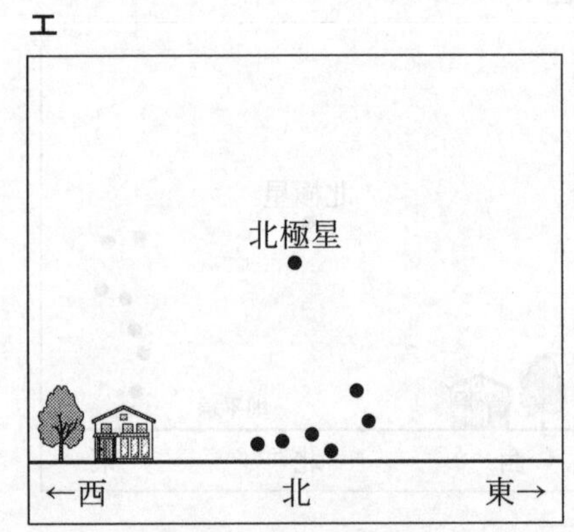

(2) 会話文中の［y］，［z］にあてはまる最も適当なことばを，それぞれ書きなさい。

(3) 最初に観測した日から1か月後および11か月後に，同じ場所から観測した場合，図2と同じようにリゲルを真南の空に見ることができる時刻として最も適当なものを，次のア～エのうちからそれぞれ一つずつ選び，その符号を書きなさい。

ア　午後7時頃　　イ　午後8時頃　　ウ　午後10時頃　　エ　午後11時頃

(4) 図1で，観測した場所での地平線から北極星までの角度を測ったところ，35°であった。また図2で，観測した場所でのリゲルの南中高度を測ったところ，47°であった。リゲルが1年中地平線の下に位置するために観測できない地域として最も適当なものを，次のア～エのうちから一つ選び，その符号を書きなさい。ただし，観測は海面からの高さが0mの場所で行うものとする。

ア　北緯82°よりも緯度が高いすべての地域　　イ　北緯55°よりも緯度が高いすべての地域

ウ　南緯82°よりも緯度が高いすべての地域　　エ　南緯55°よりも緯度が高いすべての地域

5 力のつり合いと，仕事とエネルギーについて調べるため，次の**実験１，２**を行いました。これに関して，あとの(1)～(4)の問いに答えなさい。ただし，滑車（かっしゃ）およびばねの質量，ひもの質量およびのび縮みは考えないものとし，物体と斜面（しゃめん）の間の摩擦（まさつ），ひもと滑車の間の摩擦，空気抵抗（ていこう）はないものとします。また，質量100 gの物体にはたらく重力の大きさを１Nとします。

実験１

質量が等しく，ともに２kgの物体Aと物体Bをひもでつなぎ，そのひもを滑車にかけ，物体Aを斜面上に置いた。静かに手をはなしたところ，物体A，Bがゆっくり動きだしたので，**図１**のように，物体A，Bが床から同じ高さになるように，物体Bを手で支えた。その後，ひもを切ると同時に物体Bから手をはなし，物体A，Bの運動のようすを調べた。

図１

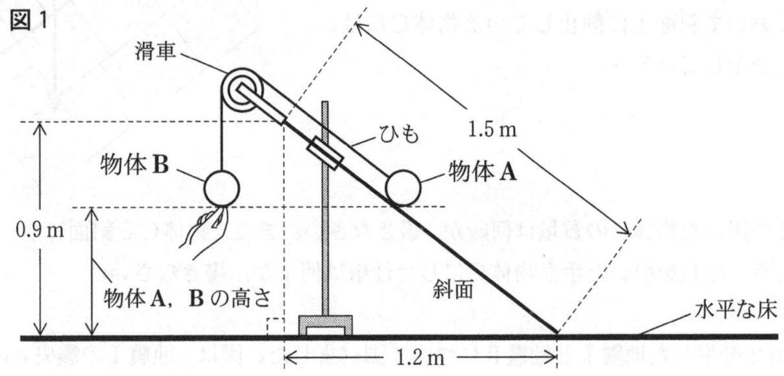

実験２

ばねの一端（たん）と物体Cをひもでつなぎ，ばねの他端を手で持ち，ばねが斜面と平行になるように，**実験１**で用いた斜面上に物体Cを置いたところ，ばねののびは６㎝であった。次に，ばねを手で引き，物体Cを斜面に沿（そ）ってゆっくり0.5m引き上げ，**図２**の位置で静止させた。物体Cが移動している間，ばねののびは，つねに６㎝であった。

使用したばねは，ばねに加えた力の大きさとばねの長さの関係が**表**のとおりである。

表

加えた力の大きさ〔N〕	0	1	2	3	4	5	6	7	8	9
ばねの長さ〔cm〕	15	16	17	18	19	20	21	22	23	24

図２

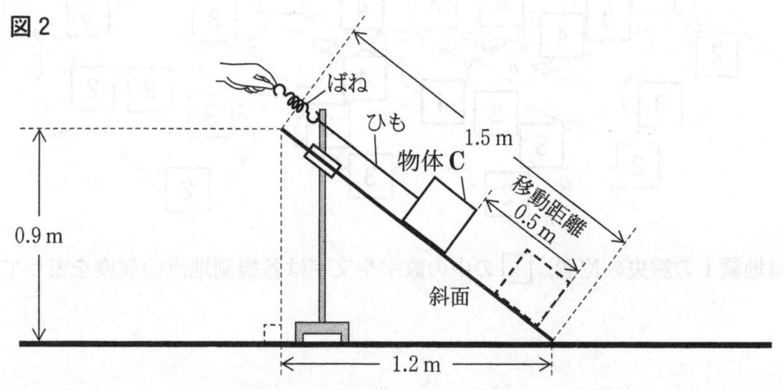

(1) **実験1**で，物体A，Bを同じ高さで静止させるためには，物体Bを何Nの力で支えればよいか，書きなさい。

(2) **実験1**で，ひもを切ると同時に物体Bから手をはなした場合，物体A，Bの高さが床から半分に達したときの，物体Aと物体Bの運動エネルギーの大きさの関係について，簡潔に書きなさい。

(3) 図3は，**実験2**で，物体Cを斜面上に静止させたときのようすを模式的に表したものである。このとき，物体Cにはたらく力を，解答用紙の図中に矢印でかきなさい。ただし，力が複数ある場合は**すべて**かき，作用点を●で示すこと。また，図3の矢印は，**実験2**において斜面上に静止している物体Cにはたらく重力を示している。

図3

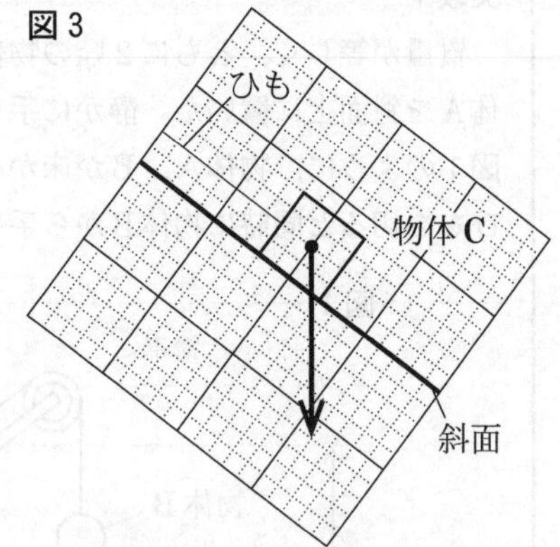

(4) **実験2**で用いた物体Cの質量は何kgか，書きなさい。また，物体Cを斜面に沿って0.5m引き上げたとき，ばねを引いた手が物体Cにした仕事は何Jか，書きなさい。

6 中国地方で発生した地震（じしん）Ⅰと地震Ⅱについて調べました。図は，地震Ⅰの震央（しんおう）×の位置と，各観測地点における震度を示しています。また表（次のページ）は，地震Ⅱで地点A～FにP波，S波が届いた時刻を表していますが，一部のデータは不明です。これに関して，あとの(1)～(3)の問いに答えなさい。

図

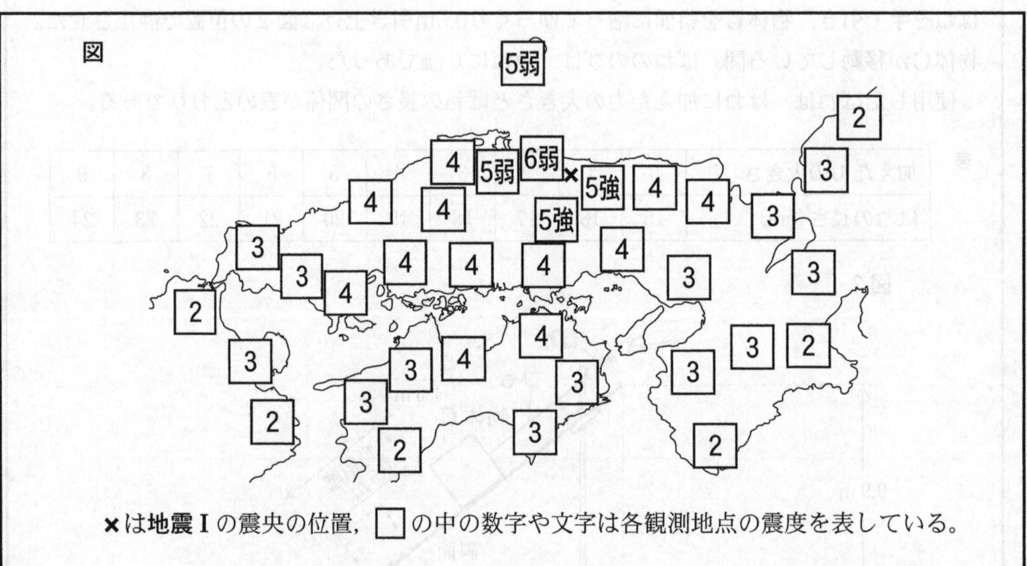

×は地震Ⅰの震央の位置，□の中の数字や文字は各観測地点の震度を表している。

表

地　点	地震Ⅱの震源（しんげん）からの距離（きょり）	地震ⅡのＰ波が届いた時刻	地震ⅡのＳ波が届いた時刻
A	40 km	午前７時19分26秒	データなし
B	56 km	データなし	午前７時19分35秒
C	80 km	午前７時19分31秒	データなし
D	100 km	データなし	午前７時19分46秒
E	120 km	午前７時19分36秒	データなし
F	164 km	データなし	午前７時20分02秒

(1)　**図**に示された各観測地点における震度から，**地震Ⅰ**についてどのようなことがいえるか。次の**ア**～**エ**のうちから最も適当なものを一つ選び，その符号を書きなさい。

ア　震央から観測地点の距離が遠くなるにつれて，震度が小さくなる傾向がある。

イ　観測された震度から，この地震のマグニチュードは，6.0よりも小さいことがわかる。

ウ　観測地点によって震度が異なるのは，土地のつくり（地盤（じばん）の性質）のちがいのみが原因である。

エ　震央付近の震度が大きいのは，震源が海底の浅いところにあることが原因である。

(2)　次の文章は，地震の波とゆれについて説明したものである。文章中の［y］，［z］にあてはまるものの組み合わせとして最も適当なものを，あとの**ア**～**エ**のうちから一つ選び，その符号を書きなさい。

> 地震が起こると［y］，Ｐ波がＳ波より先に伝わる。Ｓ波によるゆれを［z］という。

ア　y：Ｐ波が発生した後に，遅れてＳ波が発生するため　　z：初期微動（しょきびどう）

イ　y：Ｐ波が発生した後に，遅れてＳ波が発生するため　　z：主要動（しゅようどう）

ウ　y：Ｐ波とＳ波は同時に発生するが，伝わる速さがちがうため　　z：初期微動

エ　y：Ｐ波とＳ波は同時に発生するが，伝わる速さがちがうため　　z：主要動

(3)　**地震Ⅱ**について，次の①，②の問いに答えなさい。なお，Ｐ波，Ｓ波が地中を伝わる速さは，それぞれ一定であり，Ｐ波もＳ波もまっすぐ進むものとする。

①　**地震Ⅱ**が発生した時刻は午前何時何分何秒か，書きなさい。

②　**表**（次のページ）をもとに，**地震Ⅱ**の震源からの距離と，初期微動継続時間（けいぞくじかん）の関係を表すグラフを完成させなさい。また，初期微動継続時間が18秒である地点から震源までの距離として最も適当なものを，次の**ア**～**エ**のうちから一つ選び，その符号を書きなさい。

ア　約108㎞　　**イ**　約126㎞　　**ウ**　約144㎞　　**エ**　約162㎞

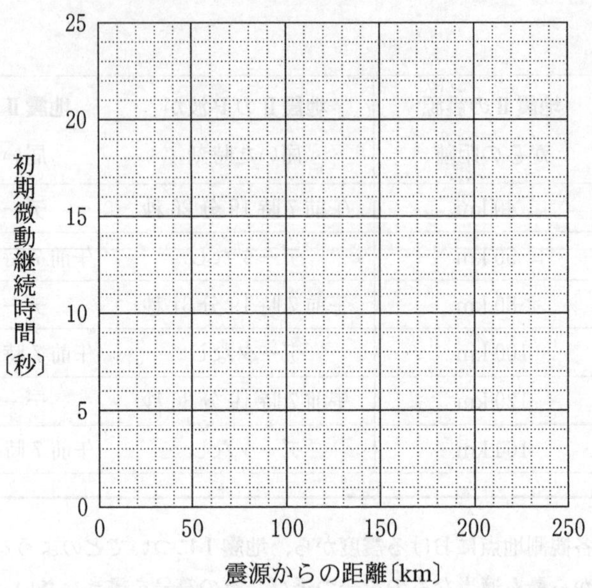

7 回路に流れる電流の大きさと，電熱線の発熱について調べるため，次の**実験１～３**を行いました。これに関して，あとの(1)～(4)の問いに答えなさい。ただし，各電熱線に流れる電流の大きさは，時間とともに変化しないものとします。

実験１

① 図１のように，電熱線Ａを用いて実験装置をつくり，発泡(はっぽう)ポリスチレンのコップに水120ｇを入れ，しばらくしてから水の温度を測ったところ，室温と同じ20.0℃だった。

② スイッチを入れ，電熱線Ａに加える電圧を6.0Ｖに保って電流を流し，水をゆっくりかき混ぜながら１分ごとに５分間，水の温度を測定した。測定中，電流の大きさは1.5Ａを示していた。

図１

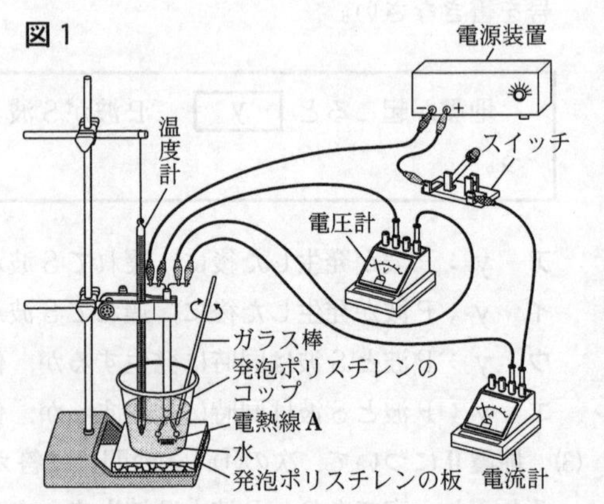

③ 図１の電熱線Ａを，発生する熱量が$\frac{1}{3}$の電熱線Ｂにかえ，水の温度を室温と同じ20.0℃にした。電熱線Ｂに加える電圧を6.0Ｖに保って電流を流し，②と同様に１分ごとに５分間，水の温度を測定した。

図２（次のページ）は，測定した結果をもとに，「電流を流した時間」と「水の上昇温度」の関係をグラフに表したものである。

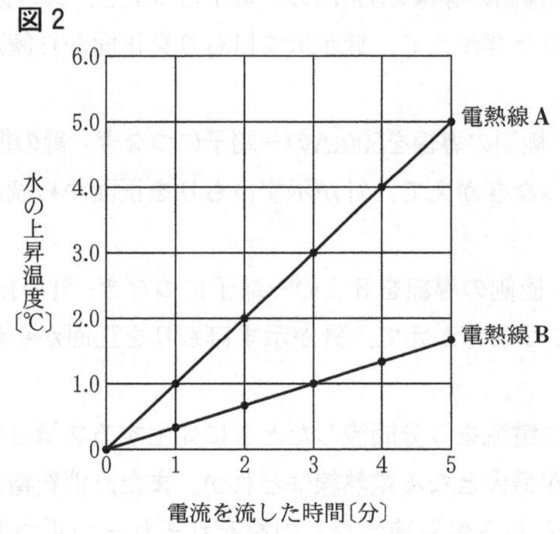

実験２

図３，図４のように，電熱線A，Bを用いて，直列回路と並列回路をつくった。それぞれの回路全体に加える電圧を6.0Vにし，回路に流れる電流の大きさと，電熱線Aに加わる電圧の大きさを測定した。その後，電圧計をつなぎかえ，電熱線Bに加わる電圧の大きさをそれぞれ測定した。

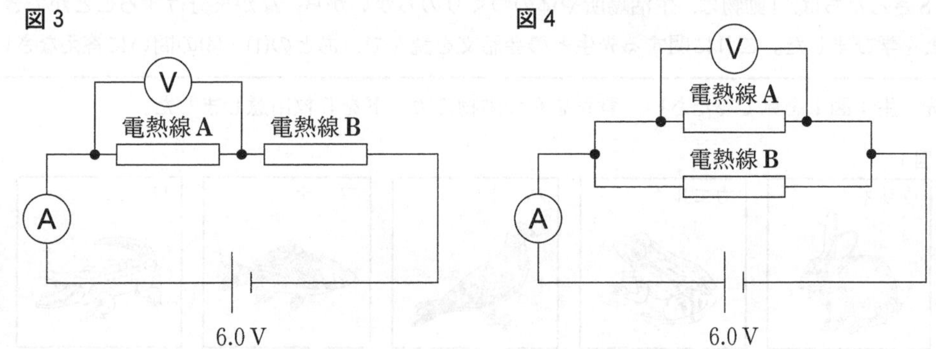

実験３

図４の回路の電熱線Bを，抵抗（電気抵抗）の値がわからない電熱線Cにかえた。その回路全体に加える電圧を5.0Vにし，回路に流れる電流の大きさと，それぞれの電熱線に加わる電圧の大きさを測定した。そのとき，電流計の目もりが示した電流の大きさは，1.5Aであった。

(1)　電流計を用いて，大きさが予想できない電流を測定するとき，電流計の－端子へのつなぎ方として最も適当なものを，次のア～エのうちから一つ選び，その符号を書きなさい。なお，用いる電流計の＋端子は１つであり，電流計の－端子は５A，500mA，50mAの３つである。

ア　はじめに，電源の－極側の導線を500mAの－端子につなぎ，針が目もり板の中央より左側にある場合は５Aの－端子につなぎかえ，右側にある場合は50mAの－端子につなぎかえて，針が示す中央付近の目もりを正面から読んで電流の大きさを測定する。

イ はじめに，電源の－極側の導線を50mAの－端子につなぎ，針の振(ふ)れが大きければ，500mA，5Aの－端子の順につなぎかえて，針が示す目もりを正面から読んで電流の大きさを測定する。

ウ はじめに，電源の－極側の導線を50mAの－端子につなぎ，針の振れが小さければ，500mA，5Aの－端子の順につなぎかえて，針が示す目もりを正面から読んで電流の大きさを測定する。

エ はじめに，電源の－極側の導線を5Aの－端子につなぎ，針の振れが小さければ，500mA，50mAの－端子の順につなぎかえて，針が示す目もりを正面から読んで電流の大きさを測定する。

(2) **実験1**で，電熱線Aに電流を5分間流したときに発生する熱量は何Jか，書きなさい。

(3) **実験2**で，消費電力が最大となる電熱線はどれか。また，消費電力が最小となる電熱線はどれか。次の**ア**～**エ**のうちから最も適当なものをそれぞれ一つずつ選び，その符号を書きなさい。

ア 図3の回路の電熱線A　**イ** 図3の回路の電熱線B
ウ 図4の回路の電熱線A　**エ** 図4の回路の電熱線B

(4) **実験3**で，電熱線Cの抵抗（電気抵抗）の値は何Ωか，書きなさい。

8 Sさんたちは，「動物は，生活場所や体のつくりのちがいから，なかま分けすることができる」ことを学びました。これに関する先生との会話文を読んで，あとの(1)～(4)の問いに答えなさい。

先　生：図1を見てください。背骨をもつ動物のカードを5枚用意しました。

図1

ウサギ

カエル

ハ ト

フ ナ
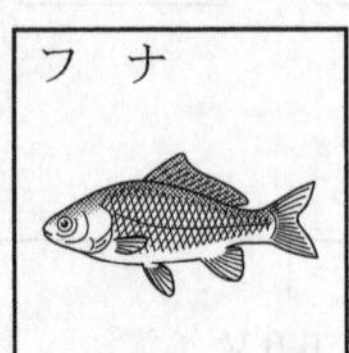

ワ ニ
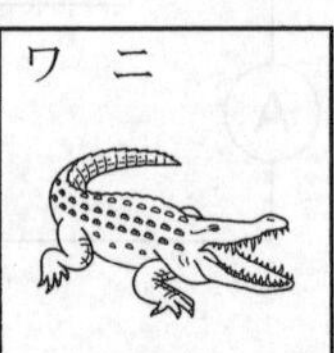

先　生：Sさん，これらのカードの動物のように，背骨をもつ動物を何といいますか。

Sさん：はい。[a]といいます。

先　生：そのとおりです。それでは，動物のいろいろな特徴(とくちょう)のちがいから，5枚のカードを分けてみましょう。

Tさん：私は「子は水中で生まれるか，陸上で生まれるか」というちがいから，図2のようにカードを分けてみました。

図2

子は水中で生まれる	子は陸上で生まれる
カエル　フ ナ	ウサギ　ハ ト　ワ ニ

Sさん：私は「変温動物か，恒温(こうおん)動物か」というちがいから，カードを分けてみました。

先　生：ふたりとも，よくできました。では次に，図3（次のページ）を見てください。これは，カエルとウサギの肺の一部を模式的に表した図です。

Tさん：ウサギの肺は，カエルの肺に比べてつくりが複雑ですね。

先　生：そうですね。ウサギのなかまの肺には，肺胞（はいほう）と呼ばれる小さな袋（ふくろ）が多くあります。肺胞の数が多いと，[b]ため，肺胞のまわりの血管で酸素と二酸化炭素の交換が効率よく行えるのです。なお，カエルやイモリのなかまは，皮ふでも呼吸を行っています。

図３

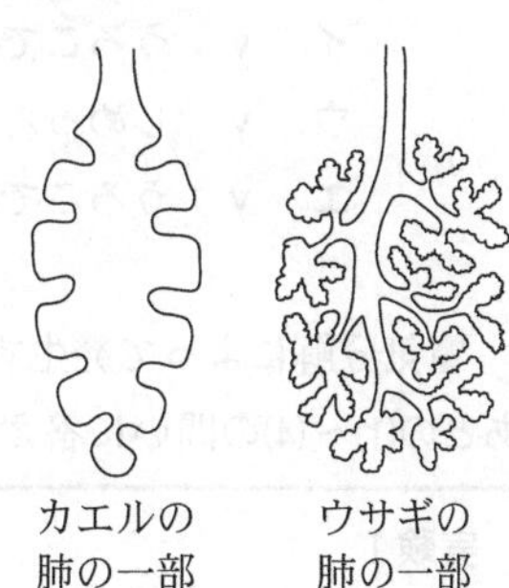

カエルの肺の一部　　ウサギの肺の一部

Sさん：イモリなら理科室で飼われていますね。外見はトカゲに似ていますが，他の特徴なども似ているのでしょうか。

先　生：確かに外見は似ていますね。イモリとトカゲの特徴を調べて，まとめてみましょう。

(1)　会話文中の[a]にあてはまる最も適当な名称を書きなさい。

(2)　会話文中の下線部について，恒温動物であるものを，次の**ア**～**オ**のうちから**すべて選び**，その符号を書きなさい。

ア　ウサギ　　**イ**　カエル　　**ウ**　ハ　ト　　**エ**　フ　ナ　　**オ**　ワ　ニ

(3)　会話文中の[b]にあてはまる内容を，「空気」ということばを用いて，簡潔に書きなさい。

(4)　**表**は，イモリとトカゲの特徴をまとめたものである。表中の[w]，[x]にあてはまるものの組み合わせとして最も適当なものを，Ⅰ群の**ア**～**エ**のうちから一つ選び，その符号を書きなさい。また，[y]，[z]にあてはまるものの組み合わせとして最も適当なものを，Ⅱ群の**ア**～**エ**のうちから一つ選び，その符号を書きなさい。

表

生物の名称	イモリ	トカゲ
外　見		
産み出された卵のようす	[w]	[x]
体表のようす	[y]	[z]
同じ分類のなかま	カエル	ワ　ニ

Ⅰ群　**ア**　w：殻（から）がある　　x：寒天のようなもので包まれている

　　　イ　w：寒天のようなもので包まれている　　x：殻がある

　　　ウ　w：殻がある　　x：殻がある

　　　エ　w：寒天のようなもので包まれている　　x：寒天のようなもので包まれている

Ⅱ群　ア　y：しめった皮ふでおおわれている　　z：うろこでおおわれている
　　　イ　y：うろこでおおわれている　　z：しめった皮ふでおおわれている
　　　ウ　y：しめった皮ふでおおわれている　　z：しめった皮ふでおおわれている
　　　エ　y：うろこでおおわれている　　z：うろこでおおわれている

9　電気分解によって発生する気体を調べるため，次の**実験1**，**2**を行いました。これに関して，あとの(1)～(4)の問いに答えなさい。

実験1

①　**図1**のように，電気分解装置にうすい塩酸を満たし，一定の電圧をかけて電流を流したところ，電極a，電極bからは，それぞれ気体が発生した。

②　1分後，電極a側，電極b側に集まった気体の体積が，**図2**のようになったところで，電源を切った。

③　電極a側のゴム栓(せん)をとり，電極a側に集まった気体の性質を調べるための操作を行った。

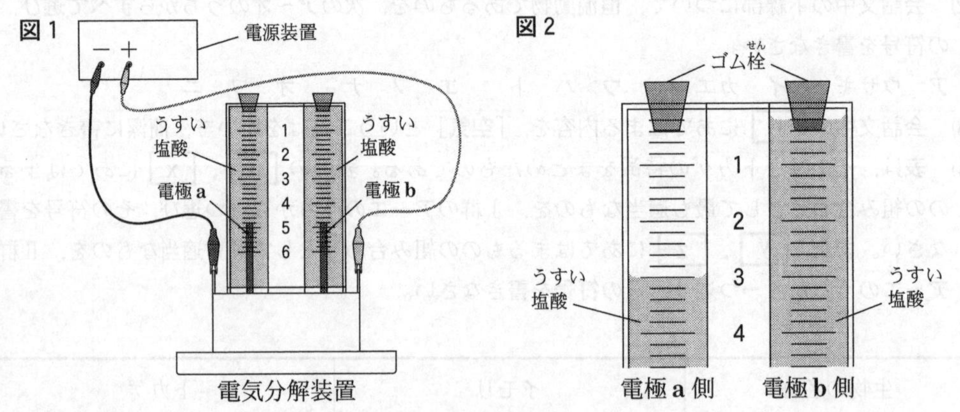

実験2

①　**図3**のように，電気分解装置に少量の水酸化ナトリウムをとかした水を満たし，一定の電圧をかけて電流を流したところ，電極c，電極dからは，それぞれ気体が発生した。

②　1分後，電極c側に集まった気体の体積が，**図4**のようになったところで，電源を切った。なお，電極d側にも気体が集まっていた。

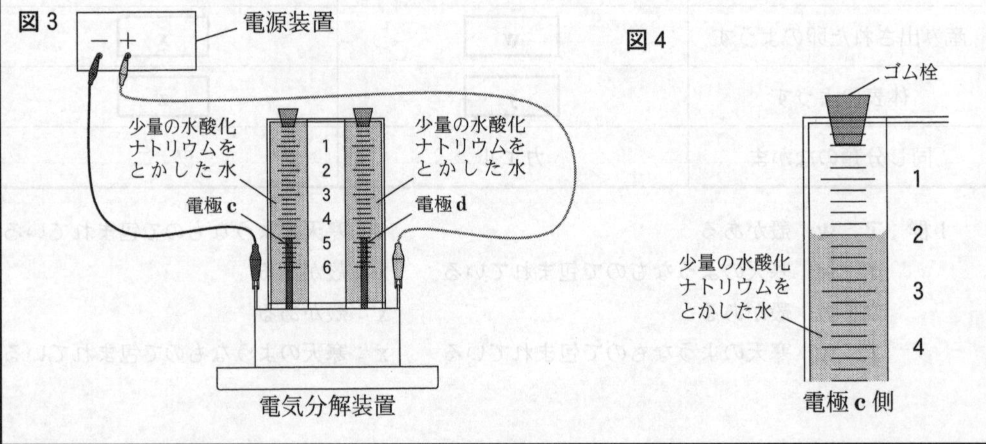

⑴　**実験１**の①で，電極ｂから発生した気体の化学式を書きなさい。

⑵　**実験１**の②で，電極ｂ側に集まった気体の体積が，電極ａ側に集まった気体に比べて少ないのはなぜか。その理由を簡潔に書きなさい。

⑶　**実験１**の③で，下線部の操作とその結果として最も適当なものを，Ⅰ群の**ア**～**エ**のうちから一つ選び，その符号を書きなさい。また，電極ａ側に集まった気体と同じ気体を発生させる方法として最も適当なものを，Ⅱ群の**ア**～**エ**のうちから一つ選び，その符号を書きなさい。

Ⅰ群　**ア**　水性ペンで色をつけたろ紙を入れると，色が消えた。
　　　イ　水でぬらした赤色リトマス紙を入れると，青色になった。
　　　ウ　火のついた線香(せんこう)を入れると，炎(ほのお)を上げて燃えた。
　　　エ　マッチの炎をすばやく近づけると，ポンと音を出して燃えた。

Ⅱ群　**ア**　石灰石(せっかいせき)に，うすい塩酸を加える。
　　　イ　うすい塩酸に，うすい水酸化ナトリウム水溶液を加える。
　　　ウ　亜鉛(あえん)に，うすい塩酸を加える。
　　　エ　二酸化マンガンに，うすい過酸化水素水を加える。

⑷　次の文は，**実験２**の②で，電極から発生した気体について述べたものである。文中の［ｘ］，［ｙ］にあてはまるものの組み合わせとして最も適当なものを，あとの**ア**～**エ**のうちから一つ選び，その符号を書きなさい。

> ［ｘ］からは，**実験１**の電極ａから発生した気体と同じ気体が発生し，電極ｄ側に集まった気体の体積は，電極ｃ側に集まった気体の体積の約［ｙ］であった。

ア　ｘ：電極ｃ　　ｙ：２倍

イ　ｘ：電極ｃ　　ｙ：$\frac{1}{2}$倍

ウ　ｘ：電極ｄ　　ｙ：２倍

エ　ｘ：電極ｄ　　ｙ：$\frac{1}{2}$倍

＜社会＞ 時間 50分 満点 100点

1 次の文章を読み，あとの⑴～⑷の問いに答えなさい。

今年の夏に，a オリンピックと b パラリンピックが東京都とその他の８道県を会場に開催されます。c 千葉県では幕張メッセ（千葉市）と釣ヶ崎（つりがさき）海岸（一宮町）を会場として８競技が行われます。d 東京でオリンピックとパラリンピックが開催されるのは，1964年以来２回目です。これらの大会の成功に向けて，千葉県でも準備が進められています。

⑴ 下線部ａに関連して，次の文章は，さちさんが，オリンピック発祥（はっしょう）の地であるギリシャの気候と農業について調べたことをまとめたレポートの一部である。文章中の ［　］ にあてはまることばとして最も適当なものを，あとのア～エのうちから一つ選び，その符号を書きなさい。

> ギリシャの地中海沿岸の地域は，夏は雨が少なく乾燥し，冬は雨が多くなるのが特徴です。このような気候を生かして，地中海式農業が行われており，［　］ がさかんです。

ア カカオやコーヒーなどの栽培　　イ やぎや乳牛の飼育と乳製品の生産

ウ ライ麦などの穀物の栽培と豚や牛の飼育　　エ ぶどうやオリーブなどの栽培

⑵ 下線部ｂに関連して，次の文章は，さちさんが，パラリンピックに向けた取り組みについて調べたことをまとめたレポートの一部である。文章中の ［　］ に共通してあてはまる適当な語を**カタカナ**で書きなさい。

> 生活に不便な物理的・心理的な「壁」をなくすことを ［　］ といいます。多くの人が使用する公共の交通機関や建造物では，体の不自由な人や高齢者でも安心して快適に過ごせるよう，［　］ 化を進めていく必要があります。

⑶ 下線部ｃに関連して，次の**ア～ウ**の文は，それぞれ千葉県に関係するできごとについて述べたものである。**ア～ウを年代の古いものから順に並べ**，その符号を書きなさい。

ア EUが発足した年に，谷津（やつ）干潟がラムサール条約登録湿地となった。

イ 日中平和友好条約が締結された年に，新東京国際空港（現在の成田国際空港）が開港した。

ウ アイヌ文化振興法が制定された年に，東京湾アクアラインが開通した。

⑷ 下線部ｄに関連して，次のページの**資料１**と**資料２**は，さちさんが，社会科の授業で「前回の東京オリンピックとパラリンピック開催前（1960年）と今回の東京オリンピックとパラリンピック開催前（2017年）の日本の状況の比較」というテーマで調べたことをまとめたレポートの一部である。**資料１**中のＡ～Ｄは，エンゲル係数，第１次産業の就業者割合，65歳以上人口の割合及び食料自給率のいずれかがあてはまり，Ｅ，Ｆは1960年，2017年のいずれかがあてはまる。**資料２**は，**資料１**から読み取ったことをまとめたものの一部である。ＢとＣが示すもの

の組み合わせとして最も適当なものを，あとのア～エのうちから一つ選び，その符号を書きなさい。

資料１　1960 年と 2017 年の日本の状況の比較

項目＼年	E	F
A	38.8(%)	23.8(%)
B	32.7(%)	3.4(%)
C	5.7(%)	27.7(%)
D	79.0(%)	38.0(%)

(注)・「エンゲル係数」とは，消費支出に占める食料費の割合のこと。
・「食料自給率」は，熱量(カロリー)ベースのものである。また，この数値は年度のものである。

(「日本国勢図会 2019/20」などより作成)

資料２　資料１から読み取ったことをまとめたものの一部

・エンゲル係数は，1960年と2017年とを比べると，３分の２程度に減少しており，暮らしが豊かになったことがわかる。
・食料自給率は，1960年と2017年とを比べると，２分の１程度に減少しており，食料の海外からの輸入が増加したことがわかる。
・第１次産業の就業者割合は，1960年と2017年とを比べると，10分の１程度に減少しており，産業構造が大きく変化したことがわかる。
・65歳以上人口の割合は，1960年と2017年とを比べると，4倍以上に増加しており，高齢化が進んだことがわかる。

ア　B：エンゲル係数　　C：食料自給率
イ　B：食料自給率　　C：第１次産業の就業者割合
ウ　B：第１次産業の就業者割合　　C：65歳以上人口の割合
エ　B：65歳以上人口の割合　　C：エンゲル係数

2　次の図を見て，あとの(1)～(4)の問いに答えなさい。

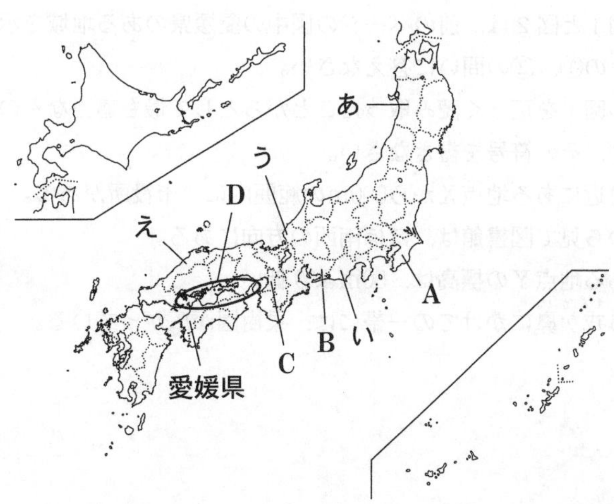

(1)　図中のあ～えの県のうち，県名と県庁所在地名が異なる県が一つだけある。その県の県名を書きなさい。

(2)　次のⅠ～Ⅲのグラフは，図中のA，B，Cの府県が含まれるそれぞれの工業地帯または工業地域の製造品出荷割合と出荷額を示したものである。Ⅰ～Ⅲのグラフがそれぞれ示している工業地帯または工業地域に含まれる府県A，B，Cと，グラフ中の a 及び b の組み合わせとして最も適当なものを，あとのア～エのうちから一つ選び，その符号を書きなさい。

製造品出荷割合（%）　　　製造品出荷額（億円）

	金属	a	b	食料品	せんい	その他	製造品出荷額（億円）
Ⅰ	20.3	13.9	38.6	16.9	0.2	10.1	114,664（2016年）
Ⅱ	20.0	36.2	17.2	11.6	1.4	13.6	314,134（2016年）
Ⅲ	9.1	69.2	6.1	4.8	0.8	10.0	551,211（2016年）

（「日本国勢図会 2019/20」より作成）

ア　Ⅰ：A　Ⅱ：B　Ⅲ：C　a：化学　b：機械
イ　Ⅰ：C　Ⅱ：A　Ⅲ：B　a：機械　b：化学
ウ　Ⅰ：A　Ⅱ：C　Ⅲ：B　a：機械　b：化学
エ　Ⅰ：B　Ⅱ：C　Ⅲ：A　a：化学　b：機械

(3)　次の文章は，わかばさんが，図中の◯で示したDの地域の交通についてまとめたレポートの一部である。文章中の □ にあてはまる適当なことばを，「移動時間」「活発」の二つの語を用いて**20字以内**（読点を含む。）で書きなさい。

> この地域では，1988年に瀬戸大橋が完成したことで，児島・坂出ルートが開通し，本州と四国が初めて陸上交通で結ばれました。その結果，本州と四国の間はフェリーから鉄道や自動車へと主たる移動手段が変化したことで， □ になりました。一方で，フェリーの航路が廃止されたり，便数が減ったりしています。

(4)　次のページの図1と図2は，前のページの図中の**愛媛県**のある地域を示したものである。これらを見て，あとの①，②の問いに答えなさい。

①　次のページの図1を正しく読み取ったことがらとして最も適当なものを，次の**ア**～**エ**のうちから一つ選び，その符号を書きなさい。

ア　宇和島駅付近にある地点Xから500mの範囲内に，市役所がある。
イ　宇和島城から見て図書館は，ほぼ南西の方向にある。
ウ　坂下津にある地点Yの標高は，50mより低い。
エ　地点Yから戎ケ鼻（えびすがはな）にかけての一帯には，果樹園が広がっている。

図１

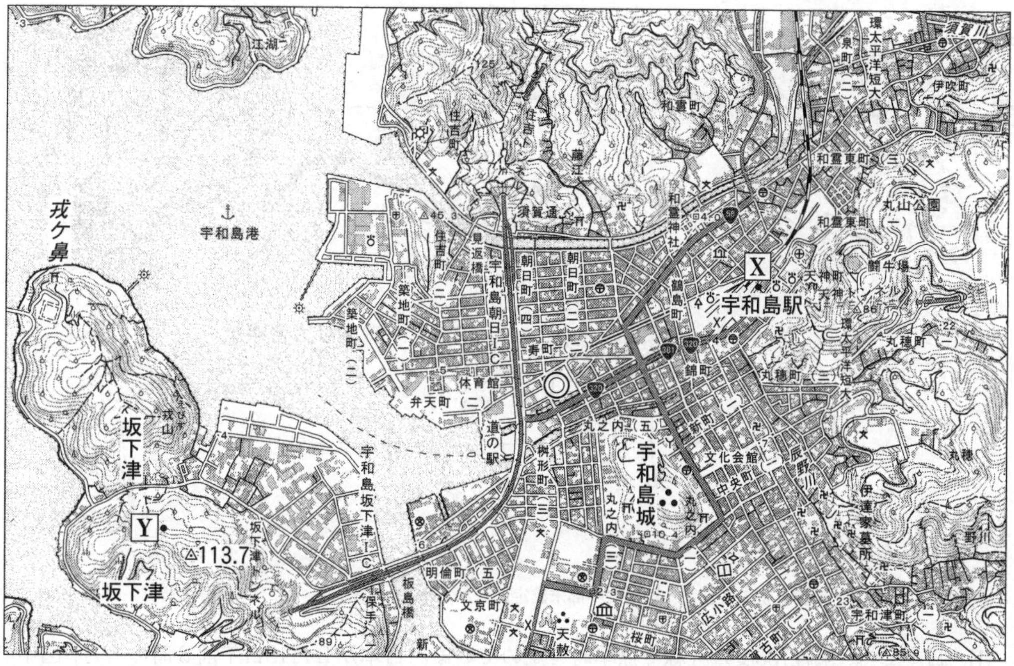

（国土地理院　平成29年発行1:25,000地形図「宇和島」原図より作成）

めもり　0　　5cm

（編集上の都合により90％に縮小してあります）

②　次の文章は，わかばさんが，下の図２中の◯で示したＺの地域の海岸線の特徴をまとめたメモの一部である。文章中の［　］に共通してあてはまる適当な語を**カタカナ３字**で書きなさい。

> この地域では，海岸線が複雑に入り組んだ［　］海岸が見られます。［　］海岸は，三陸海岸や志摩半島などでも見られます。

図２

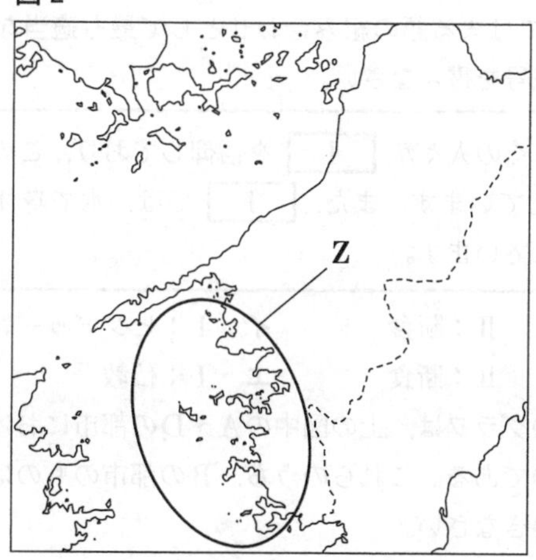

3 次の図を見て，あとの(1)～(5)の問いに答えなさい。

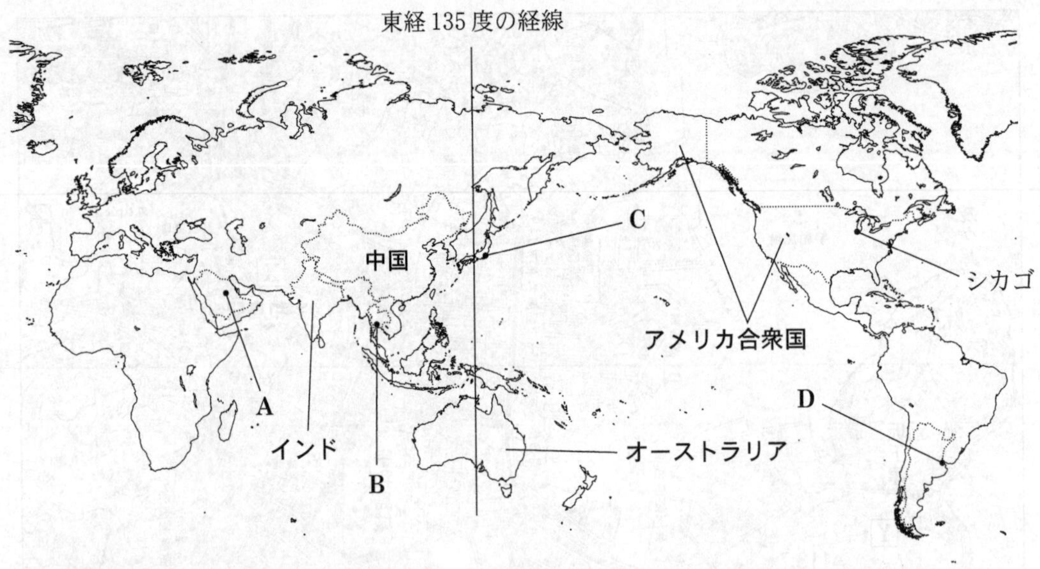

(注) 島等は省略したものもある。また，国境に一部未確定部分がある。

(1) 日本では，東経135度の経線で標準時を定めている。日本が２月15日午前８時のとき，図中のシカゴは２月14日午後５時である。シカゴの標準時を定めている経度を書きなさい。なお，東経，西経については，解答用紙の「東経」，「西経」のいずれかを◯で囲むこと。

(2) 次の文章は，図中の中国について述べたものである。文章中の ☐ に共通してあてはまる適当な語を漢字４字で書きなさい。

> この国では，1979年以降，特別な法律が適用される地域である ☐ をつくり，沿岸部のシェンチェンなどが指定された。☐ を設けた目的は，税金を軽くすることなどにより，外国の高度な技術や資金を導入して経済を発展させることであった。

(3) 次の文章は，しょうたさんが，図中のインドについてまとめたレポートの一部である。文章中の Ⅰ ，Ⅱ にあてはまる語の組み合わせとして最も適当なものを，あとの**ア**～**エ**のうちから一つ選び，その符号を書きなさい。

> インドでは，最も多くの人々が Ⅰ を信仰しており，この国の社会や人々の暮らしに大きな影響をあたえています。また，Ⅰ では，水で身体をきよめる Ⅱ とよばれる儀式が重視されています。

ア Ⅰ：ヒンドゥー教　Ⅱ：断食（だんじき）　**イ** Ⅰ：ヒンドゥー教　Ⅱ：沐浴（もくよく）
ウ Ⅰ：仏教　Ⅱ：断食　**エ** Ⅰ：仏教　Ⅱ：沐浴

(4) 次のページの**ア**～**エ**のグラフは，上の図中のA～Dの都市における月平均気温と月降水量の変化の様子を示したものである。これらのうち，Bの都市のものはどれか。最も適当なものを一つ選び，その符号を書きなさい。

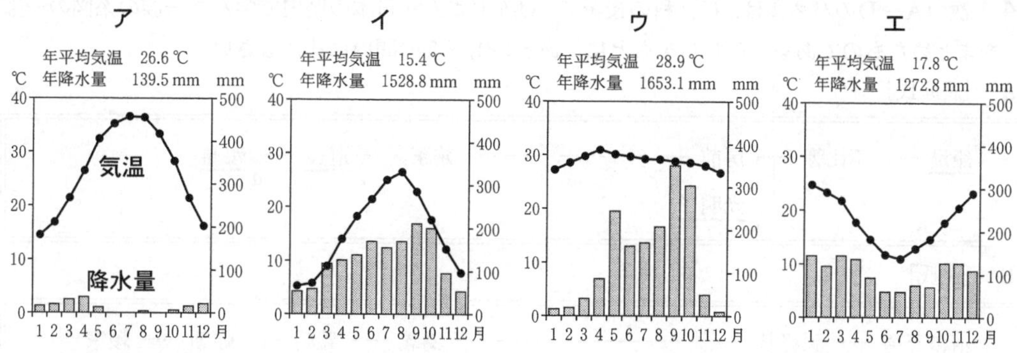

（注）ア～ウのグラフ中のデータは1981年から2010年までの平均値を示す。エのグラフ中のデータは1981年から2006年までの平均値を示す。

（「理科年表2019」より作成）

(5) 次の**資料１**は，前のページの図中のアメリカ合衆国，オーストラリア及び中国の貿易上位２品目及び貿易額を，**資料２**は，これらの国の貿易相手先上位３か国・地域を示したものである。**資料１**と**資料２**から読み取れることとして最も適当なものを，あとの**ア**～**エ**のうちから一つ選び，その符号を書きなさい。

資料１　アメリカ合衆国，オーストラリア及び中国の貿易上位２品目及び貿易額(2017年)

	輸出上位２品目		輸出総額（百万ドル）	輸入上位２品目		輸入総額（百万ドル）
	１位	２位		１位	２位	
アメリカ合衆国	機械類	自動車	1,545,609	機械類	自動車	2,407,390
オーストラリア	鉄鉱石	石炭	230,163	機械類	自動車	228,442
中　国	機械類	衣類	2,263,371	機械類	原油	1,843,793

資料２　アメリカ合衆国，オーストラリア及び中国の貿易相手先上位３か国・地域(2017年)

	輸出上位３か国・地域			輸入上位３か国・地域		
	１位	２位	３位	１位	２位	３位
アメリカ合衆国	カナダ	メキシコ	中国	中国	メキシコ	カナダ
オーストラリア	中国	日本	韓国	中国	アメリカ合衆国	日本
中　国	アメリカ合衆国	香港	日本	韓国	日本	台湾

（**資料１**，**資料２**とも，「世界国勢図会 2019/20」より作成）

ア　アメリカ合衆国は，輸出上位２品目と輸入上位２品目が同じであり，輸入総額が輸出総額を上回っている。また，貿易相手先上位３か国・地域は，中国と北アメリカ州の国である。

イ　オーストラリアの輸出と輸入の上位２品目を見るかぎり，原料や資源を輸出して工業製品を輸入している。また，貿易相手先の上位は，輸出，輸入とも日本が２位である。

ウ　中国の輸出総額は輸入総額を大きく上回り，その差額はオーストラリアの輸出総額より大きい。また，輸出上位３か国・地域は，全てアジア州の国・地域である。

エ　アメリカ合衆国とオーストラリアの輸出総額と輸入総額を比較すると，どちらもアメリカ合衆国はオーストラリアの10倍以上である。また，両国の輸入上位１位は中国である。

4 次のA～Dのパネルは，社会科の授業で，けんじさんが日本の歴史で学んだ一族の系図の一部をまとめたものである。これらをもとに，あとの(1)～(5)の問いに答えなさい。

A ［藤原氏］

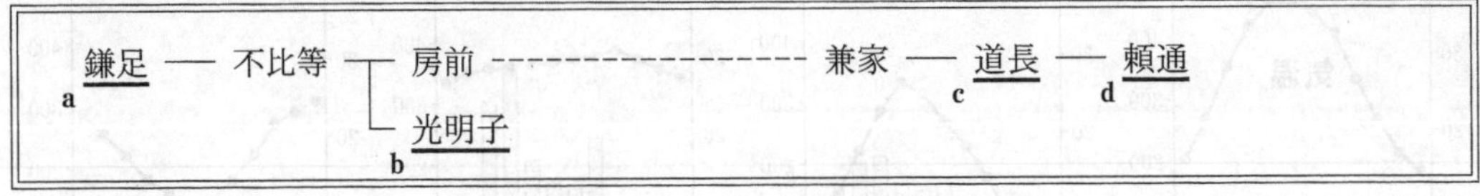

B ［源氏］

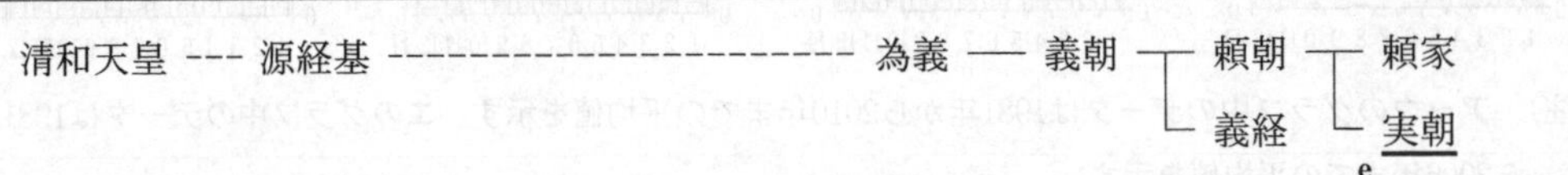

C ［足利氏］

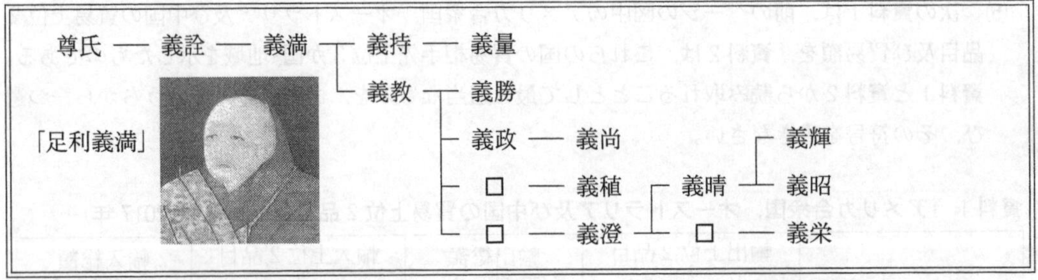

D ［徳川氏］

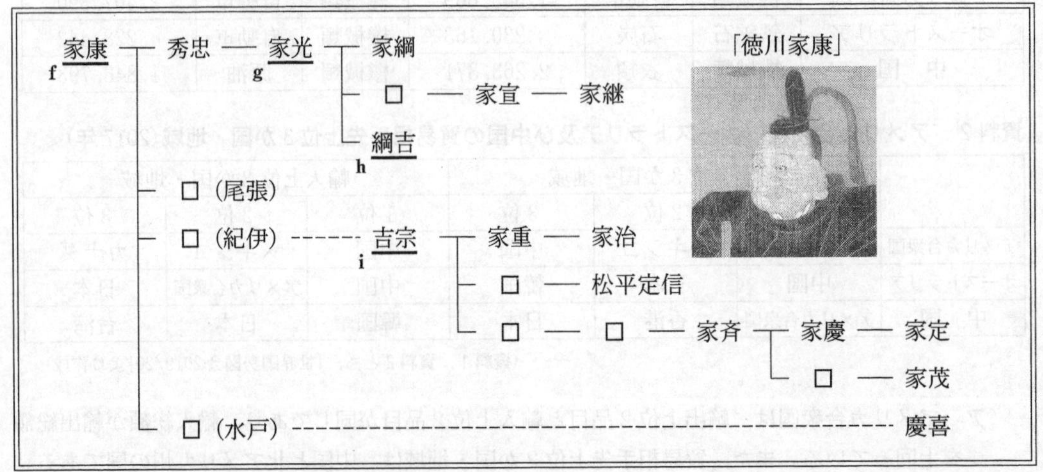

（注） 系図は左を祖先，右を子孫で表記している。──は親子関係，------は途中省略，□は人名省略を表している。

(1) Aの系図中の下線部a～dの人物やその時代について述べた文として最も適当なものを，次のア～エのうちから一つ選び，その符号を書きなさい。

ア　aは，小野妹子らを遣隋使として派遣し，蘇我馬子と協力して新しい政治を行った。

イ　bは，聖武天皇の皇后となったが，このころの文化は天平文化とよばれる。

ウ　cは，摂政・関白を長くつとめ，宇治に平等院鳳凰堂（ほうおう）を建てた。

エ　dは，平泉に本拠をおいて栄え，中尊寺金色堂を建てた。

(2)　Bの系図中の下線部eの人物が暗殺された後，大きな政治的動きが起こった。その内容について述べた次の文章中の □ にあてはまる適当なことばを，「隠岐」「朝廷」の二つの語を用いて**30字以内**（読点を含む。）で書きなさい。

源氏の将軍が絶えると，1221年に後鳥羽上皇は鎌倉幕府をたおそうとして兵を挙げた。幕府は □ を京都に置いた。

(3)　Cの系図中の足利氏が将軍であった時代に，絵入りの物語がさかんに読まれた。この物語について述べた文として最も適当なものを，次の**ア**～**エ**のうちから一つ選び，その符号を書きなさい。

ア　「浦島太郎」や「一寸法師」など，庶民を主人公にしたお伽草子（とぎぞうし）である。

イ　義理と人情の板ばさみのなかで生きる人々の姿を描いた，人形浄瑠璃（じょうるり）である。

ウ　武士や町人の生活を生き生きと描いた小説で，浮世草子（うきよぞうし）である。

エ　日本の自然や人物を描いて日本画のもとになった，大和絵（やまと絵）である。

(4)　Dの系図に関連して，次の文中のことがらが行われたときの江戸幕府の将軍として最も適当な人物を，系図中の下線部f～iのうちから一つ選び，その符号を書きなさい。

参勤交代が制度として定められ，外交ではスペイン船やポルトガル船の来航が禁止された。

(5)　次の文章は，Dの系図中の徳川氏が将軍であった時代に，イギリスで始まった変化について述べたものである。文章中の □ にあてはまる適当な語を**漢字4字**で書きなさい。

18世紀後半になると，イギリスで大量生産を行うための技術の改良や機械の発明が次々となされた。石炭を燃料とする蒸気機関が，新しい動力として使われるようになり，綿織物は工場で大量に生産されるようになった。さらに，製鉄，造船，鉄道などの産業も急速に発達し始めた。このような，工場での機械生産などの技術の向上による，社会と人々の生活の変化を □ という。

5　次のページの略年表は，社会科の授業で，明治時代以後の歴史について，二つの班がテーマを分担して調べ，まとめたものの一部である。これらを見て，あとの(1)～(5)の問いに答えなさい。

(1)　略年表中のAの時期に起こったことがらを，次の**ア**～**エ**のうちから**三つ**選び，**年代の古いものから順に**並べ，その符号を書きなさい。

ア　大日本帝国憲法が，天皇から国民にあたえるという形で発布された。

イ　伊藤博文を中心として，立憲政友会が結成された。

ウ　全国の自由民権運動の代表が大阪に集まり，国会期成同盟が結成された。

エ　大隈重信を党首として，立憲改進党がつくられた。

(2)　略年表中のBの時期に行われたことがらとして最も適当なものを，次の**ア**～**エ**のうちから一つ選び，その符号を書きなさい。

ア　官営模範工場（官営工場）として，群馬県に富岡製糸場が建てられた。

イ　北九州に官営の八幡（やはた）製鉄所がつくられ，鉄鋼の生産を始めた。

ウ　全国水平社が設立され，平等な社会の実現を目指した。

エ　関東大震災後の復興で，鉄筋コンクリートの建築物が増えた。

1班：国民の政治参加に関することがら

年　代	主なことがら
1874	民撰議院設立(の)建白書
	↕ A
1890	第一回帝国議会
	↕ B
1912	護憲運動(第一次護憲運動)
1925	普通選挙法(男子普通選挙)
	↕ E
1946	日本国憲法の公布
	↕ F
1993	55年体制が終わる

2班：世界のできごと

年　代	主なできごと
1882	三国同盟が結成される
1900	義和団事件が起こる
	↕ C
1914	第一次世界大戦が起こる
	↕ D
1939	第二次世界大戦が起こる
	↕ G
1950	朝鮮戦争が起こる
	↕ H
1990	東西ドイツが統一される

(3) 次の文章は，略年表中のCとDの時期に起こったことがらについて述べたものであり，あとの写真X，写真Yは，関連する人物である。文章中の［Ⅰ］，［Ⅱ］にあてはまる語の組み合わせとして最も適当なものを，下のア～エのうちから一つ選び，その符号を書きなさい。

> 略年表中のCの時期に，三民主義を唱えた写真Xを臨時大総統とする［Ⅰ］の建国が宣言された。略年表中のDの時期には，写真Yの［Ⅱ］の指導のもと，ソビエト政府が樹立され，1922年にソビエト社会主義共和国連邦（ソ連）が成立した。

X

Y

ア　Ⅰ：中華人民共和国　Ⅱ：スターリン　　イ　Ⅰ：中華民国　Ⅱ：スターリン
ウ　Ⅰ：中華人民共和国　Ⅱ：レーニン　　エ　Ⅰ：中華民国　Ⅱ：レーニン

(4) 次の文章は，略年表中のDの時期に起こったことがらについて述べたものである。文章中の［　］に共通してあてはまる適当な語を漢字4字で書きなさい。

> パリ講和会議では，［　］の考えがよびかけられ，東ヨーロッパの諸民族は独立を認められた。しかし，アジアやアフリカの植民地支配は続いたため，これらの地域では，それぞれの民族のことは，自分たちで決める権利があるという［　］の主張が活発になった。

(5) 略年表中のE，F及びG，Hの時期に起こったことがらについて述べたものとして最も適当なものを，次のア～エのうちから一つ選び，その符号を書きなさい。

ア　Eの時期に，米騒動により藩閥で陸軍出身の首相が退陣し，原敬の政党内閣が成立した。
イ　Fの時期に，日本の国民総生産は，資本主義国の中でアメリカにつぐ第２位となった。
ウ　Gの時期に柳条湖（リウティアオフー／りょうじょうこ）で南満州鉄道が爆破され，関東軍が満州の大部分を占領した。
エ　Hの時期に，アメリカで同時多発テロ（同時多発テロ事件）が起こり，多くの犠牲者が出た。

6　次の文章を読み，あとの(1)～(3)の問いに答えなさい。

現代の経済において，a私企業は，主に生産を担（にな）う主体として活動し，利潤（りじゅん）（利益）の獲得を目指しています。同時に，私企業は，近年のb社会の意識の変化やc「働き方改革」の流れへの対応，積極的な社会貢献など，重要な役割が期待されています。

(1) 下線部aに関連して，次の文章は，私企業の中で代表的なものとされる株式会社について述べたものの一部である。文章中の［Ⅰ］，［Ⅱ］にあてはまる適当な語を，それぞれ**漢字２字**で書きなさい。

> 株式会社は，株式を発行することで多くの人々から資本金を集めることができる。株式を購入した出資者は［Ⅰ］とよばれ，保有している株式の数に応じて，株式会社の利潤（利益）の一部を［Ⅱ］として受けとることができる。

(2) 下線部bに関連して，次のページの**資料１**と**資料２**は，就労等に関する16歳から29歳までの若者の意識調査の結果を示したものである。**資料１**と**資料２**から読み取れることとして最も適当なものを，次の**ア**～**エ**のうちから一つ選び，その符号を書きなさい。

ア　仕事を選択する際に重要視する観点において，「とても重要」と回答した者の割合と「まあ重要」と回答した者の割合の合計が最も高かったのは，「安定していて長く続けられること」である。一方，働くことに関する不安において，「とても不安」と回答した者の割合と「どちらかといえば不安」と回答した者の割合の合計が最も高かったのは，「老後の年金はどうなるか」である。

イ　仕事を選択する際に重要視する観点において，「あまり重要でない」と回答した者の割合と「まったく重要でない」と回答した者の割合の合計が最も高かったのは，「社会的評価の高い仕事であること」である。一方，働くことに関する不安において，「あまり不安ではない」と回答した者の割合と「まったく不安ではない」と回答した者の割合の合計が最も高かったのは，「勤務先の将来はどうか」である。

ウ　仕事を選択する際に重要視する観点において，「とても重要」と回答した者の割合が最も低かったのは，「特別に指示されずに，自分の責任で決められること」である。一方，働くことに関する不安において，「とても不安」と回答した者の割合が最も低かったのは，「転勤はあるか」である。

エ　仕事を選択する際に重要視する観点において，「まったく重要でない」と回答した者の割合が最も低かったのは，「福利厚生が充実していること」である。一方，働くことに関する不安において，「まったく不安ではない」と回答した者の割合が最も低かったのは，「仕事と家庭生活の両立はどうか」である。

資料１　仕事を選択する際に重要視する観点

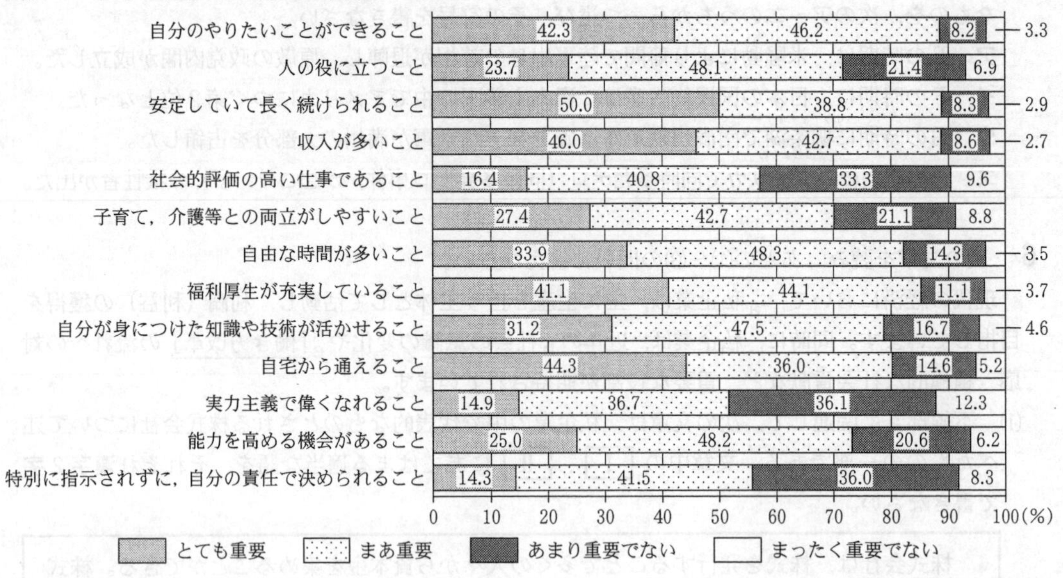

資料２　働くことに関する不安

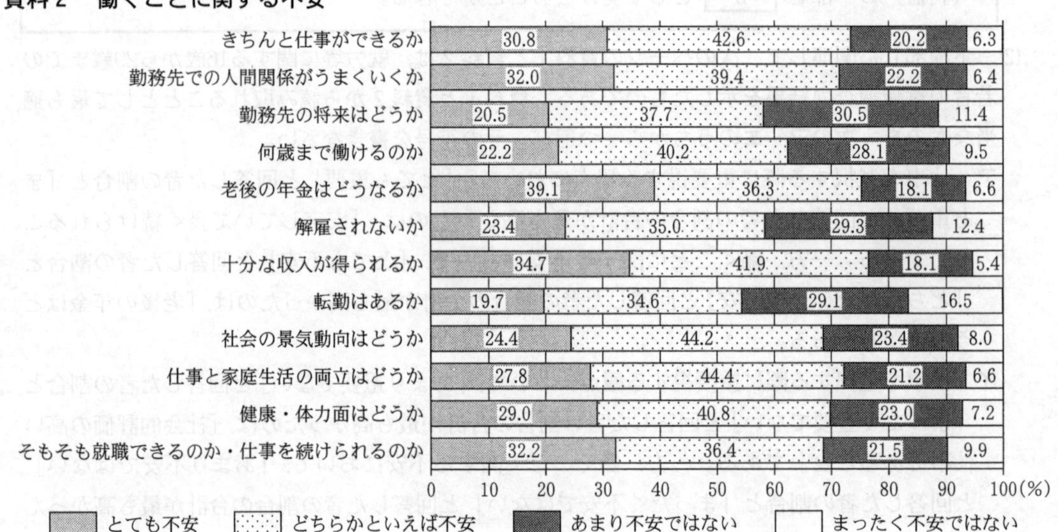

（注）　四捨五入の関係で，合計しても 100 % にならない場合がある。

（資料１，資料２とも，内閣府「平成 30 年版　子供・若者白書」より作成）

(3)　下線部 c に関連して，次のア～エの文のうち，労働者の権利に関連することがらを正しく述べているものはどれか。最も適当なものを一つ選び，その符号を書きなさい。

ア　労働基準法では，労働者は，労働組合を結成して，使用者と交渉できると定められている。

イ　労働組合法では，15歳未満の児童の使用禁止や男女同一賃金が定められている。

ウ　労働関係調整法では，１週間の労働時間は40時間以内と定められている。

エ　日本国憲法では，労働三権とよばれる団結権・団体交渉権・団体行動権が定められている。

7　次の文章を読み，あとの(1)～(3)の問いに答えなさい。

a日本国憲法において定められているように，b天皇は，c内閣の助言と承認により，国事行為を行います。また，天皇は，国事行為以外にも，国際親善のための活動など，公的な活動を行っています。

(1)　下線部aに関連して，次の**ア**～**エ**の文のうち，日本国憲法やその他の法律に定められている基本的人権に関連することがらを正しく述べているものはどれか。最も適当なものを一つ選び，その符号を書きなさい。

ア　参政権が保障されており，18歳以上の全ての国民が選挙権と被選挙権を有している。
イ　あらゆる裁判について，被告・被告人は国選弁護人を依頼することができる。
ウ　被疑者・被告人について，自白の強要は禁止されている。
エ　経済活動の自由が保障されており，いかなる場合でも，国による制約を受けることはない。

(2)　下線部bに関連して，次の文は，日本国憲法に定められている，天皇の地位について述べたものである。文中の □ に共通してあてはまる適当な語を**漢字2字**で書きなさい。

> 第1条において，「天皇は，日本国の □ であり日本国民統合の □ であって，この地位は，主権の存する日本国民の総意に基く(もとづく)。」と定められている。

(3)　下線部cに関連して，次の**資料**は，こうすけさんが，社会科の授業での発表用に作成した表を活用しながら，国会における内閣総理大臣の指名についてまとめた発表原稿の一部である。**資料**中の □ にあてはまる適当なことばを，「国会の議決」「内閣総理大臣」の二つの語を用いて**25字以内**（読点を含む。）で書きなさい。なお，「X」「Y」「Z」のいずれかの語を用いて，内閣総理大臣となる人物を示すこと。

資料　こうすけさんの発表原稿の一部

国会における内閣総理大臣の指名投票の結果

衆議院			参議院		
順	人物	得票数	順	人物	得票数
1	**X**	235	1	**Y**	125
2	**Y**	200	2	**X**	108
3	**Z**	30	3	**Z**	15

左の表を見てください。内閣総理大臣となるのは，どの人物でしょうか。衆議院で得票数が1位となったのはX，参議院で得票数が1位となったのはYです。このような指名投票の結果となった場合，日本国憲法第67条に定められているとおり，両院協議会を開催しても意見が一致しないときは，□ として指名されることとなります。

8　次の文章を読み，あとの(1)，(2)の問いに答えなさい。

国際連合は1945年に発足しました。総会をはじめとする六つの主要機関から構成され，a様々な専門機関やその他の機関と協力して，b世界の平和と安全の維持を図るために活動しています。

(1)　下線部aに関連して，次のページの文中の □ にあてはまる国際連合の機関の略称として適当な語を**アルファベットの大文字**または**カタカナ**で書きなさい。

国連児童基金（　　　）は，発展途上国の子どもたちへの支援などに取り組んでおり，世界各地で，教育などの支援活動をしている。

(2)　下線部bに関連して，次の資料は，みさとさんが，安全保障理事会について調べたことをまとめたレポートの一部である。資料中の Ⅰ ， Ⅱ にあてはまる語の組み合わせとして最も適当なものを，あとのア～エのうちから一つ選び，その符号を書きなさい。

資料　みさとさんのレポートの一部

下の写真は，国際連合の旗です。背景は青で，中央に白い紋章が描かれています。これは，世界地図のまわりを平和を意味するオリーブの枝葉で飾ったものです。国際連合の中で，世界で生じている紛争の解決を目指し，平和の維持を担当するのが安全保障理事会です。安全保障理事会は，国際連合の中でも強い権限を有しています。また，重要な問題の決定にあたっては，アメリカ合衆国，イギリス， Ⅰ ，ロシア，中国の５か国の常任理事国のうち１か国でも反対すると決定できないこととなっており，常任理事国が持つこの権利を Ⅱ とよびます。

ア　Ⅰ：フランス　　Ⅱ：拒否権　　　イ　Ⅰ：ドイツ　　Ⅱ：拒否権
ウ　Ⅰ：フランス　　Ⅱ：請願権　　　エ　Ⅰ：ドイツ　　Ⅱ：請願権

〈条件〉
① 二段落構成とし、十行以内で書くこと。
② 前段では、地元の人々に着目して【資料1】から読み取ったことをふまえ、方言の活用は地元の人々に対してどのような効果があると考えられるか、【資料2】の活用事例をもとにあなたの考えを書くこと。
③ 後段では、他の地域の人々に着目して【資料1】から読み取ったことをふまえ、方言の活用は他の地域の人々に対してどのような効果があると考えられるか、【資料2】の活用事例をもとにあなたの考えを書くこと。
④ 前段、後段とも【資料2】から選ぶ活用事例は同一のものとする。なお、どの事例を選んでも、そのこと自体が採点に影響することはありません。

〈注意事項〉
① 氏名や題名は書かないこと。
② 原稿用紙の適切な使い方にしたがって書くこと。
ただし、〰や＝などの記号を用いた訂正はしないこと。

ア　才気　**イ**　気骨　**ウ**　活気　**エ**　気質

(4)　文章中のDその事侍りについて、難波の三位入道はなぜこのようなことを言ったのか。その理由として最も適当なものを、次の**ア**～**エ**のうちから一つ選び、その符号を書きなさい。

ア　何気ない自分の発言の矛盾点を指摘されて困惑したから。
イ　筆者の発言が自分の教え方の意図に沿うものだったから。
ウ　的外れな質問であっても誠実に対応したいと思ったから。
エ　理解してもらうためには丁寧な説明が不可欠だったから。

(5)　次の文章は、中学生の久保さんが授業でこの文章を読み、Eみなかくのごとしに共感して記したものです。空欄に入る言葉を書きなさい。ただし、Ⅰ はこの文章の内容に沿って**十字以内**で、Ⅱ はそれによって得られる効果を**十五字以上、二十字以内**で書くこと。

> この話のテーマは「教え方」ですが、ここで述べられていることは「教え方」に限らず、人と接するさまざまな場面で応用できるものだと思います。たとえば自分の意見を相手に伝える時も、相手に応じて　Ⅰ　ことで、　Ⅱ　のではないかと考えました。

八　近年、「地方創生」がうたわれ、国内の各地域がそれぞれの特色を生かして活性化を図ることに注目が集まっています。その一環として、地域によって異なる方言を広報活動等に活用する例も見られます。しかし、もともと方言は、他の地域の出身者には意味が分かりにくいものも多いはずです。その方言を広く活用することには、どのような効果があるのでしょうか。次の**【資料1】**、**【資料2】**をふまえて、あとの〈条件〉にしたがい、〈注意事項〉を守って、あなたの考えを書きなさい。

【資料1】　自分が生まれ育った地域の方言を使う場面と程度

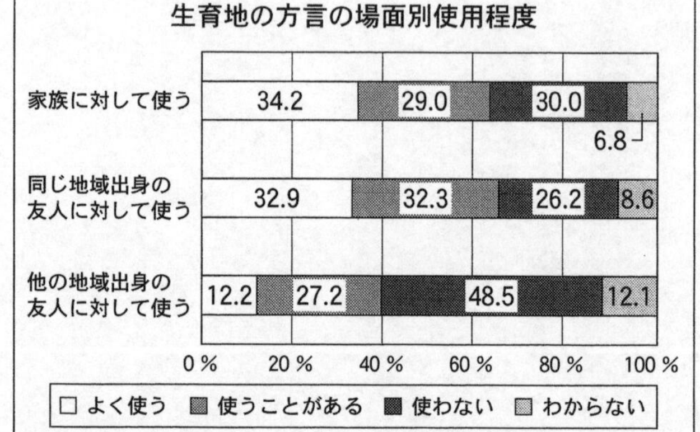

（国立国語研究所論集　田中ゆかり、林直樹、前田忠彦、相澤正夫「１万人調査からみた最新の方言・共通語意識『2015年全国方言意識Ｗｅｂ調査』の報告」より作成）

【資料2】　方言の活用事例

- 駅や空港などで観光地を紹介するポスターや看板
- 地域の特産品の品名や、それらを販売する商業施設の名前
- 会社やスポーツチームなどの団体名
- 自分の生育地以外の方言を使うこと

（例「がんばれ」などのメッセージを相手の地域の方言でおくる）

号を書きなさい。

ア 父の処世術と見えたものが、実は自分が江戸に行けるよう働きかけるためのものだったと知ったから。

イ 父の隠していた思いを知らされたことで、自分の背中を押してくれる父の真情を初めて理解したから。

ウ 長男を他家の養子に出すしかない状況に対して、父がすまないという言葉をぽつりと吐き出したから。

エ 父もまた学問を志しながら長年果たせなかった夢を、今自分に託そうとしていることが分かったから。

(4) 文章中にD鳶に生まれたことを、誇りに思います とあるが、このときの尚七の思いを説明した次の文の［　　］に入る言葉を、「……よりも……」という形を使って**十三字以内**で書きなさい。

> 自分自身は軽い身分に甘んじながら、［　　］を大切に考え、送り出してくれる父の度量の大きさをありがたく思っている。

(5) 文章中のE泣き笑いのようにゆがんで見えた は尚七の視点から描かれているが、このときの尚七について述べた次の説明文を完成させなさい。ただし、［Ⅰ］は「場所」という言葉を使って**二十五字以内**で書き、［Ⅱ］は、あとの**ア**～**エ**のうちから最も適当なものを一つ選び、その符号を書くこと。

> 尚七が父親の表情を通して見つめているものは、自分の前に開けた将来の展望だけではない。大らかで前向きな姿の裏に、［Ⅰ］という負い目を抱えて生きてきた父親の［Ⅱ］である。

ア 人生の悲哀　**イ** 激しい後悔
ウ 積年の恨み　**エ** 強い喪失感

七 次の文章を読み、あとの(1)～(5)の問いに答えなさい。

むかし(注1)難波(なんば)の三位入道殿(さんみのにふだうどの)、人に、鞠(まり)をA教へ給(たま)ひしを承(うけたまは)りしに、（蹴鞠を教えなさったのを側でうかがったところ）「手持ちは如何程(いかほど)も開きたるがよき」（手の構え方はどれだけでも）と教へられき。その次の日、又Bあらぬ人にあひて、「鞠の手持ちやう、如何程もすわりたるよき」（閉じているのがよい）と仰(おほ)せられき（おっしゃった）。是(これ)はその人のC気に対して教へかへられ侍(はべ)るにや（変えなさったのでしょうか）。後日に尋ね申し侍りしかば（尋ね申しましたところ）、「Dその事侍り。さきの人は手がすわりたりしほどに、拡(ひろ)げたるが本(もと)にてある（基本である）と教へ、のちの人は手の拡ごりたれば、すわりたるが本にてあると申せしなり」。(注2)仏の衆生(しゆじやう)の気に対して万(よろづ)の法を説き給へるも、Eみなかくのごとし（このようである）。

（『筑波問答(つくばもんどう)』による。）

（注1） 難波の三位入道殿＝蹴鞠(けまり)の名人。
（注2） 衆生＝この世のあらゆる生き物。

(1) 文章中のA教へ給ひしを現代仮名づかいに改め、**全てひらがな**で書きなさい。

(2) 文章中のBあらぬ人と同じ人物を指す別の表現を、文章中から**四字**で**抜き出して**書きなさい。

(3) 文章中のC気 の文脈上の意味を表すものとして、最も適当なものを、次の**ア**～**エ**のうちから一つ選び、その符号を書きなさい。

た。(注6)鳶(とんび)が鷹(たか)を生んだというのに、とぶ場所さえ与えてやれなんだ」

父がこのように、自分の境遇を卑下(注7)(ひげ)したことは、尚七が知るかぎり一度もなかった。細かなことを気にせず、大らかで前向きな姿は、葦兵衛が長年かかって身につけた処世術(注8)であったのかもしれない。倅に対し、長いあいだそんな負い目を抱えていたのかと、Cにわかに熱いものがこみ上げた。

「父上…私は鷹なぞではありません。私は父上と同じ鳶です。ですが、D鳶に生まれたことを、誇りに思います」

そうか、と葦兵衛は顔いっぱいに笑い皺(じわ)を広げた。陰影を落とす西日のためか、炭団(注9)(たどん)のように黒い顔は、E泣き笑いのようにゆがんで見えた。

（西條奈加(さいじょうなか)『六花落々(りっかふるふる)』による。）

(注1)　七人扶持＝武士の給与。一年間で七人分食べさせることができる米や金銭。
(注2)　滅相もございません＝とんでもないことでございます、の意。
(注3)　闊達＝心が広いさま。
(注4)　勤しむ＝勉学などにはげむ。
(注5)　箕輪家＝尚七が養子に入る代々医者の家。尚七は、藩主に会える身分でないので、小松家を出て、身分の高い家に養子に入る必要があった。
(注6)　鳶（とんび）＝鳶（とび）の口語的表現。
(注7)　卑下＝自分をあえて低い位置に引き下げてへりくだること。
(注8)　処世術＝世間の人とうまくつきあいながら生活していく手段。
(注9)　炭団＝炭の粉を丸めてかためた燃料。

(1)　文章中にA冷や汗だか脂汗だかわからぬが、手の平が急に汗ばんでくるとあるが、なぜ尚七はこのような状態になったのか。その理由として最も適当なものを、次の**ア**～**エ**のうちから一つ選び、その符号を書きなさい。

ア　望外の役目に驚き、人生の選択が自分たちの返答にかかっていることを自覚し緊張しているから。
イ　出世話には魅力を感じたが、今の自分にとっては役不足だと思われたので返答に窮しているから。
ウ　身分ゆえに努力を評価されなかった自分が藩に必要とされることは、とても恐れ多いことだから。
エ　自分が身につけた学問をついに江戸で試す機会が来たので、はやる気持ちを押さえきれないから。

(2)　文章中にB父の横顔が、ゆっくりと平伏したとあるが、このときの葦兵衛の様子を説明したものとして最も適当なものを、次の**ア**～**エ**のうちから一つ選び、その符号を書きなさい。

ア　尚七の才能を誰よりも信じる父親として、身分は低くとも息子が軽く扱われることのないよう、言外に忠常に念を押している様子。
イ　息子に与えられることになる手厚い待遇に感謝しつつも、幼い子らを抱えた一家の暮らし向きは良くならないことに苦悩する様子。
ウ　尚七に口を挟ませまいと態度で示すとともに、息子を手放す大きな決断をし忠常に一切を委ねた言葉の重みをかみしめている様子。
エ　頼みの綱の長男を養子に出すことは痛手であるが、尚七がこの話に惹かれていることを察したので私情を抑えようとしている様子。

(3)　文章中にCにわかに熱いものがこみ上げたとあるが、その理由として最も適当なものを、次の**ア**～**エ**のうちから一つ選び、その符

六　次の文章を読み、あとの(1)～(5)の問いに答えなさい。

下総古河藩の下級武士小松尚七は、いつも物事の不思議について考えてばかりで『何故なに尚七』の異名を持っている。その学問への情熱を買われて父の葦兵衛と共に江戸へ上り、古河藩重臣の鷹見十郎左衛門忠常から、藩主の若君、土井利位の御学問相手（共に学ぶ役目）になることを持ちかけられる。

「役料は(注1)七人扶持となる」

「七人扶持！」

親子が同じ顔でびっくりする。

「不足か？」

「(注2)滅相もございません」

「むろん、すべてはそなたたちの胸三寸だ。いかがであろう」

それだけ告げて、忠常は待つ姿勢をとった。

A冷や汗だか脂汗だかわからぬが、手の平が急に汗ばんでくる。拭うように、膝上の袴を握りしめた。迷っているのは、忠常の申し出に、ひどく惹かれているからだ。

この話を受ければいまの世では最高の学問を学ぶことができるのだ。身分や禄にはこだわりはないが、新たな学問への誘惑には、抗いがたいものがある。あの学問好きで(注3)闊達な利位と、そしてこの聡明な忠常とも、一緒に勉学に(注4)勤しめる。友と呼ぶには身分が違い過ぎるが、それでも何より得難いものに思えた。

だが、それは同時に、家族との別れを意味する。朗らかな母と温和な妹、元気な弟たちの顔が次々に浮かんだ。四人とも、父と自分が帰るのを、待ち焦がれているだろう。長男が他家へ行き、江戸で出仕すると言ったら、どんな顔をするだろう。

この場でこたえを出すのには、あまりにも難しい思案だった。

しばしの猶予をくれまいかと、頼むつもりで顔を上げたが、一瞬早く、葦兵衛の声がした。

「そのお話、謹んでお受けいたします」

「父上……」

忠常から念を押されても、葦兵衛の横顔は変わらなかった。

「よくぞ承服してくれた。倅殿の身は、この鷹見十郎左衛門が、しかとお預かり申す」

「なにとぞよろしく、お願い申し上げます」

B父の横顔が、ゆっくりと平伏した。

「父上、まことに良いのですか」

今夜は、父の旧知の勤番者が住まう長屋に、泊めてもらうことになっていた。長屋があるという下屋敷に向かいながら、尚七は気遣わしげな顔を向けた。

「良いも悪いも、七人扶持を断るいわれがあるものか。おまえの扶持の七倍、わしの三倍近くになるのだぞ」

「……父上」

「むろん養子に行く上は、扶持米も(注5)箕輪家のものではあるが、やはり縁者に七人扶持がいるというのは、いざというとき心強い」

現金なこたえに、尚七はがっくりきたが、どうやら照れかくしであったようだ。

下屋敷は、大川を越えた深川にある。ひときわ人の多い両国橋を渡りながら、西日が星のように照り返す川面を、葦兵衛はながめていた。

「おまえには、ずっとすまないと思っていた」

橋が終わると、ぽつりと言った。

「これほど学問の才に恵まれながら、生かしてやることができなかっ

（注3）コミュニティ＝地域社会。共同体。

(1) 文章中にAモノローグであるおしゃべりとダイアローグとしての対話の大きな違いとあるが、これについて次の(a)、(b)の問いに答えなさい。

(a)「モノローグであるおしゃべり」を説明したものとして最も適当なものを、次の**ア**～**エ**のうちから一つ選び、その符号を書きなさい。

ア 感じたことをそのまま表現し、相手と感情を共有する行為。
イ 相手の反応を考慮せず、思いや考えを自分本位に語る行為。
ウ やりとりをうまく進めるために、思いついた順に話す行為。
エ 情報を正確に理解させるため、相手の目を見て述べる行為。

(b)「ダイアローグとしての対話」を説明した次の文の Ⅰ 、 Ⅱ に入る言葉を文章中から**抜き出して**それぞれ書きなさい。ただし、 Ⅰ は**五字**、 Ⅱ は**十二字**で抜き出すこと。

> ある話題について話すとき、相手は自分とは Ⅰ の他者であるから、話す者は相手に対して常に Ⅱ を要することばの活動のこと。

(2) 文章中にB話題に関する他者の存在の有無とあるが、なぜ筆者はこれを重視しているのか。その理由として最も適当なものを、次の**ア**～**エ**のうちから一つ選び、その符号を書きなさい。

ア 話し手が取り上げた話題について聞き手がどの程度知っているかによって、対話の発展する度合いが大きく変化するから。
イ 思わず相手を引き込むような興味深い話題の提供が聞き手に対する礼儀であり、対話の雰囲気のよしあしを左右するから。
ウ 相手の反応を想定しながら選んだ話題である方が話し手も熱が入るので、対話が成立しているかどうかの目安になるから。
エ 主体的に関わっていける話題であることが聞き手にとって意義のあることであり、対話が進展するかいなかに関わるから。

(3) 文章中にC相互関係構築のためのことばの活動とあるが、これを説明したものとして最も適当なものを、次の**ア**～**エ**のうちから一つ選び、その符号を書きなさい。

ア 人の関心をひく話題を持ち出してことばを交わし合うことで、日常生活や仕事上の人間関係を円滑にすること。
イ 自己満足的な語りに終始することなく、相手にも思いのままに語ることを促すことばが対話を進展させること。
ウ ことばのやりとりを通して相手の考えとの間に共通点や相違点を見いだして、互いの理解につなげていくこと。
エ 交渉を重ねて意見の異なる相手にも納得してもらうことで、自分の話術を使い思い通りの人間関係を築くこと。

(4) 文章から読みとれる筆者の考えについてまとめた次の説明文を完成させなさい。ただし、 Ⅰ に入る言葉を自分の言葉で**七字以内**で書き、 Ⅱ は文章中から**十三字**で**抜き出して**書くこと。

> 対話によって相手の価値観を受け止めることとは、相手との Ⅰ ことである。さらに、対話は相手がどのようなコミュニティとかかわっているかという背景も含め、 Ⅱ 行為なので、対話を通じて相互の背景どうしが接点を持ち、相手の社会の複雑さを受け入れることになる。

(5) 文章中の D に入る言葉として最も適当なものを、次の**ア**～**エ**のうちから一つ選び、その符号を書きなさい。

ア 自分の特性を省みること　**イ** 自分の人生を生きること
ウ 他者を促し交渉すること　**エ** 他者とともに生きること

を語りはじめ、それぞれに感じていることや思っていることを吐き出すと、お互いなんだかすっきりして、なんとなく満足する。こういうストレス発散の点では、おしゃべりもそれなりの効果をもっていますが、その次の段階にはなかなか進めません。

　このように、いわゆるおしゃべりの多くは、かなり自己完結的な世界の話ですから、そのままでは、それ以上の発展性がないのです。その意味では、おしゃべりは、相手に向かって話しているように見えても、実際は、モノローグ（独り言）に近いわけでしょう。表面的には、ある程度、やりとりは進むように見えますが、それは、対話として成立しません。ここにAモノローグであるおしゃべりとダイアローグとしての対話の大きな違いがあるといえます。

　ちょっと余談になりますが、カルチャーセンターの講演会や大学の講義などでも、こうしたモノローグはよく見られます。本来、聴衆や学生に語りかけているはずなのだけれど、実際は、自分の関心事だけを自己満足的にとうとうと話している、これはまさにモノローグの世界ですね。

　これに対して、ダイアローグとしての対話は、常に他者としての相手を想定したものなのです。自分の言っていることが相手に伝わるか、伝わらないか、どうすれば伝わるか、なぜ伝わらないのか、そうしたことを常に考えつづけ、相手に伝えるための最大限の努力をする、その手続きのプロセス(注2)が対話にはあります。

　対話成立のポイントはむしろ、B話題に関する他者の存在の有無なのではないかとわたしは考えます。実際のやりとりに他者がいるかどうかだけではなく、話題そのものについても「他者がいる話題」と「いない話題」があるということなのです。つまり、その話題は、他者にとってどのような意味を持つかということが対話の進展には重要だということです。

　したがって、ダイアローグとしての対話行為は、モノローグのおしゃべりを超えて、他者存在としての相手の領域に大きく踏み込む行為なのです。

　言い換えれば、一つの話題をめぐって異なる立場の他者に納得してもらうために語るという行為だともいえますし、ことばによって他者を促し交渉を重ねながら少しずつ前にすすむという行為、すなわち、人間ならだれにでも日常の生活や仕事で必要なC相互関係構築のためのことばの活動だといえるでしょう。

　では、このようなダイアローグとしての対話によって人は何を得ることができるのでしょうか。あるいは、今、対話について考えることは、わたしたちにとってどのような意味を持つのでしょうか。

　まずあなたは対話ということばの活動によって相手との人間関係をつくっています。

　その人間関係は、あなたと相手の二人だけの関係ではなく、それぞれの背負っている背景とつながっています。

　その背景は、それぞれがかかわっているコミュニティ(注3)と深い関係があります。

　相手との対話は、他者としての異なる価値観を受け止めることと同時に、コミュニティとしての社会の複数性、複雑さをともに引き受けることにつながります。

　だからこそ、このような対話の活動によって、人は社会の中で、［D］を学ぶのです。

（細川英雄（ほそかわひでお）『対話をデザインする─伝わるとはどういうことか』による。）

（注1）巷＝世の中。世間。

（注2）プロセス＝事が進んできた順序。過程。

「必ず其の根本を固くす。」というでしょう。

佐藤さん　なるほど。私もできれば基礎から知りたいです。

高橋さん　その姿勢は大事ですね。では、ここまで終わらせたらお茶にしましょう。お気に入りのケーキもあるのよ。

佐藤さん　先輩のお気に入りのケーキをC食べられるとはうれしいです。頑張ります。

(1) 文章中の［　］に入る言葉として最も適当なものを、次のア～エのうちから一つ選び、その符号を書きなさい。

ア　苦しまぎれ　　イ　その場しのぎ

ウ　安うけあい　　エ　なりゆきまかせ

(2) 文章中のAしませんを、しっかりできるようになるこつはとの関係が適切になるように書き改めなさい。

(3) 文章中にB木の長きを求むる者は、必ず其の根本を固くす。とあるが、こう読めるように、次の「求木之長者、必固其根本。」に返り点をつけなさい。

求木之長者、必固其根本。

(4) 文章中のC食べられるとはを謙譲語を用いた表現に直し、一文節で書きなさい。

五　次の文章を読み、あとの(1)～(5)の問いに答えなさい。

今、対話とは何かと考えると、どのように説明できるでしょうか。とても簡単にいえば、「相手と話すこと」ということになるでしょうか。

しかし、一方的に相手に話しかけても、その相手がこちらの言っていることに耳を傾けてくれるかどうかは、だれも保証できません。

相手の目をしっかり見て、きちんと語りかけること、(注1)巷（ちまた）の話し方講座等ではこんなアドバイスがあるかもしれません。そのとき、しばしば出るのは、「思ったことを感じるままに話してはダメだ」という意見ですね。思ったことを感じるままに話すと、お互いに感情的になってしまい、解決すべきことがなかなかうまく運ばない等々。

しかし、「思ったことを感じるままに話す」ことそれ自体が悪いことだとは、わたしは決して思いません。むしろ「思ったことを感じるままに話すべき」であるとさえ思うほどです。

ただ一つ、思ったことを感じるままに話すと、それがおしゃべりになってしまうという大きな課題があります。

ここでいう「おしゃべり」とは、相手に話しているように見えながら、実際は、相手のことを考えない活動だからです。少しむずかしくいうと、他者不在の言語活動なのです。

でも、相手があって話をしているのだから、他者不在とはいえないのではないかという質問も出そうですね。

たしかに、おしゃべりをしているときは、相手に向かって話しかけてはいますが、ほとんどの場合、何らかの答えや返事を求めて話しているのではなく、ただ自分の知っている情報を独りよがりに話しているだけではないでしょうか。そこでは、他者としての相手の存在をほぼ無視してしゃべっているわけです。だからこそ、思ったことを感じるままに話すことには注意が必要なのです。

「あのことが、うれしい、悲しい、好きだ、嫌いだ」というように、自分の感覚や感情をそのままことばにして話していても、相手は、「へえー、そうですか」と相槌（あいづち）を打つだけ。今度は相手も自分の思い

(3)（問いを放送します。）

［選択肢］

ア　人にものを貸すという動作に注目し、同じテーマを扱った句を集めることにより自分の説明に説得力を持たせようとしている。

イ　聞き手から疑問をあげてもらい、それに対して説明を加えることで自分の調べてきたことの確かさを印象づけようとしている。

ウ　あるはずのものがないという意外性に気づいてもらうことで、聞き手が俳句にしかない独特の表現を味わえるよう導いている。

エ　ほかの句で春雨がどのようなイメージで使われているか共有した上で、子規の句の情景を聞き手にも考えさせようとしている。

(4)（問いを放送します。）

〈佐山さんの説明の続き〉

> 雨の中には、□雨と言えるものもあり、人によって捉え方が変わることがあります。ですから、天気予報では伝え方を工夫しているのです。

二

次の(1)～(4)の――の漢字の読みを、**ひらがな**で書きなさい。

(1) 髪飾りの映える女性。

(2) 着物に足袋の風流ないでたち。

(3) 大型楽器が貸与される。

(4) 塗料が剥落する。

三

次の(1)～(5)の――のカタカナの部分を**漢字**に直して、楷書で書きなさい。

(1) 雲が低くタれこめる。

(2) 荒れた大地をタガヤす。

(3) 模擬店のシュウエキを寄付した。

(4) 会員トウロクの手続きをする。

(5) 事件をシンショウボウダイに書き立てる。

四

次の文章は、中学生の佐藤さんが、放課後に先輩の高橋さんの家で、宿題のアドバイスをしてもらっている場面の会話です。これを読み、あとの(1)～(4)の問いに答えなさい。

佐藤さん　先輩、この問題の答えは「ア」でいいですか。

高橋さん　ちょっと見せてください。違いますね。

佐藤さん　それでは「イ」でしょうか。正解は何ですか。

高橋さん　記号だけわかっても理解したことにならないでしょう。

佐藤さん　明日の授業で私が答えることになっているので、間違えたくないのです。

高橋さん　私の好きな言葉に、「魚を与えれば一日は食べられる。魚の捕り方を教えれば一生食べていける。」があります。□ではだめということです。

佐藤さん　わかりました。どのように解くのかを教えてください。

高橋さん　ちょっと待って。この問題を解くにはまず、前提としてその前の問いがわかっていることが必要なのだけれど…。こちらも間違っているみたいですね。

佐藤さん　そこは私が答える問題ではないのですが…。

高橋さん　だめですよ。しっかりできるようになるこつは、基礎をおろそかにAしません。「B木の長きを求むる者は、

＜国語＞

時間　五〇分　満点　一〇〇点

【注意】各ページの全ての問題について、解答する際に字数制限がある場合には、句読点や「 」などの符号も字数に数えること。

一　これから、木野中学校の国語の時間に、佐山さんが俳句について調べてきたことを発表している場面と、それに関連した問いを四問放送します。発表は、下の〈プリント〉のように、佐山さんが調べてきたことをまとめたものを、クラス全員に配り終えたところから始まります。〈プリント〉を見ながら放送を聞き、それぞれの問いに答えなさい。

（放送が流れます。）

⑴（問いを放送します。）

［選択肢］

ア　ことわざや伝説に基づく呼び名。

イ　俳句や短歌と相性の良い呼び名。

ウ　雨の降り方を表している呼び名。

エ　降雨の領域を示している呼び名。

⑵（問いを放送します。）

［選択肢］

ア　穏やかに降る雨の中をゆったりと心地よく散策をする様子。

イ　温かな雨にぬれて歩くうちに悲しみが癒やされていく様子。

ウ　音もなく降る雨に涙を紛らわせて人知れず泣いている様子。

エ　雨の日に下駄をはく自分の姿におかしみを覚えている様子。

〈プリント〉

俳句学習　発表プリント　3年　佐山　みどり

雨にまつわる俳句

雨にまつわる俳句を集めて紹介したいと思います。

◇春雨やゆるい下駄かす奈良の宿　与謝蕪村（よさぶそん）

◇春雨や家鴨（あひる）よちよち門（かど）歩き　小林一茶（こばやしいっさ）

◇人に貸して我に傘なし春の雨　正岡子規（まさおかしき）

◇夕立つや逃げまどふ蝶（てふ）が草のなか　種田山頭火（たねださんとうか）

♪参考資料　雨の呼び名の例

五月雨　鉄砲雨　緑雨

にわか雨　慈雨　菜種梅雨

霧雨　黒雨　夕立

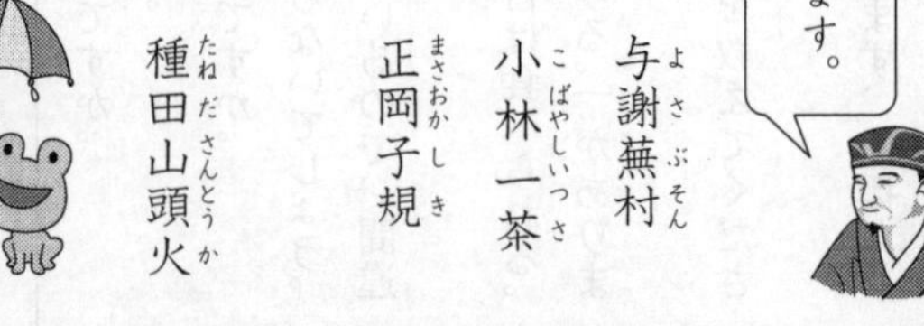

前期選抜

2020年度

解答と解説

《2020年度の配点は解答用紙集に掲載してあります。》

<数学解答>

1 (1) 7　(2) -13　(3) $\frac{1}{2}x+9y\left[\frac{x+18y}{2}\right]$
(4) $x=-12$　(5) $4\sqrt{2}$　(6) $2(x+4)(x-4)$

2 (1) エ　(2) 0.25　(3) $15\sqrt{11}$(cm^3)　(4) $\frac{2}{9}$
(5) 右図

3 (1) $a=\frac{4}{9}$　(2) ① $y=\frac{1}{2}x+\frac{5}{2}$　② $\left(\frac{15}{4}, \frac{25}{4}\right)$

4 (1) (a) ウ　(b) カ　(c) 解説参照
(2) $\frac{24}{13}$(cm^2)

5 (1) 450(個)　(2) 4(個)　(3) 解説参照
(4) $\frac{5}{16}$

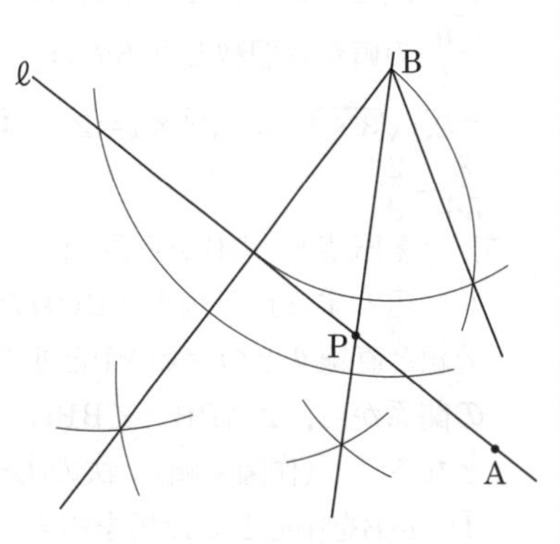

<数学解説>

1 (数・式の計算，一次方程式，平方根，因数分解)

(1) 異符号の2数の和の符号は絶対値の大きい方の符号で，絶対値は2数の絶対値の大きい方から小さい方をひいた差だから，$-2+9=(-2)+(+9)=+(9-2)=+7=7$

(2) 四則をふくむ式の計算の順序は，指数→乗法・除法→加法・減法の順だから，$-5^2+18\div\frac{3}{2}=-25+18\times\frac{2}{3}=-25+12=-13$

(3) 分配法則を用いて　$2(x+4y)=2\times x+2\times 4y=2x+8y$, $3\left(\frac{1}{2}x-\frac{1}{3}y\right)=3\times\frac{1}{2}x-3\times\frac{1}{3}y=\frac{3}{2}x-y$　だから　$2(x+4y)-3\left(\frac{1}{2}x-\frac{1}{3}y\right)=(2x+8y)-\left(\frac{3}{2}x-y\right)=2x+8y-\frac{3}{2}x+y=2x-\frac{3}{2}x+8y+y=\left(2-\frac{3}{2}\right)x+(8+1)y=\frac{1}{2}x+9y$

(4) 方程式　$x-7=\frac{4x-9}{3}$　の両辺に3をかけて　$(x-7)\times 3==\frac{4x-9}{3}\times 3$　$3x-21=4x-9$　$3x-4x=-9+21$　$-x=12$　よって，$x=-12$

(5) $\sqrt{50}=\sqrt{2\times 5^2}=5\sqrt{2}$，$\frac{14}{\sqrt{2}}=\frac{14\times\sqrt{2}}{\sqrt{2}\times\sqrt{2}}=\frac{14\sqrt{2}}{2}=7\sqrt{2}$　だから，$\sqrt{50}+6\sqrt{2}-\frac{14}{\sqrt{2}}=5\sqrt{2}+6\sqrt{2}-7\sqrt{2}=(5+6-7)\sqrt{2}=4\sqrt{2}$

(6) 共通な因数2をくくり出して，$2x^2-32=2(x^2-16)$　乗法公式$(a+b)(a-b)=a^2-b^2$より，$2(x^2-16)=2(x^2-4^2)=2(x+4)(x-4)$

2 (関数$y=ax^2$，資料の散らばり・代表値，三平方の定理，体積，確率，作図)

(1) 選択肢イ，ウの場合，xの変域に0を含まないから，yの最大値は0にならない。選択肢イ，ウは適当ではない。関数$y=ax^2$がxの変域に0を含むときのyの変域は，$a<0$ならxの変域の両端の値のうち絶対値の大きい方のxの値でyの値は最小になる。選択肢アの場合，$x=-1$で最小値

$y=-(-1)^2=-1$，選択肢エの場合，$x=3$で最小値$y=-3^2=-9$である。よって，選択肢エが適当である。

(2)　**相対度数**$=\dfrac{\textbf{各階級の度数}}{\textbf{度数の合計}}$　度数の合計は36，5冊以上10冊未満の**階級**の度数は9だから，5冊以上10冊未満の階級の相対度数は$\dfrac{9}{36}=0.25$

(3)　△ABCに**三平方の定理**を用いると　$BC=\sqrt{AC^2-AB^2}=\sqrt{6^2-5^2}=\sqrt{11}cm$　よって，問題の三角柱の体積は　底面積×高さ$=\left(\dfrac{1}{2}\times AB\times BC\right)\times CF=\left(\dfrac{1}{2}\times5\times\sqrt{11}\right)\times6=15\sqrt{11}cm^3$

(4)　大小2つのさいころを同時に1回投げるとき，全ての目の出方は6×6＝36通り。このうち，$\dfrac{\sqrt{ab}}{2}$の値が**有理数**となるのは，$\sqrt{ab}$の値が**自然数**となるときで，$\sqrt{1\times1}=1$，$\sqrt{1\times4}=2$，$\sqrt{2\times2}=2$，$\sqrt{3\times3}=3$，$\sqrt{4\times1}=2$，$\sqrt{4\times4}=4$，$\sqrt{5\times5}=5$，$\sqrt{6\times6}=6$の8通り。よって，求める確率は$\dfrac{8}{36}=\dfrac{2}{9}$

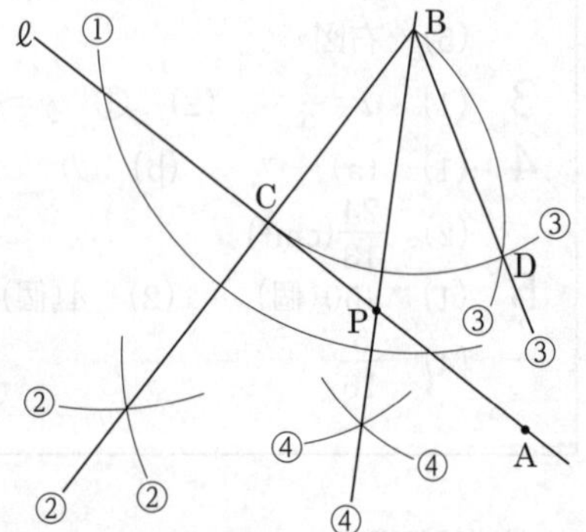

(5)　(着眼点)　点Bから直線ℓへ垂線BCを引き，線分BCを一辺とする正三角形△BCDを作図する。∠CBDの二等分線と直線ℓとの交点をPとすると，△BCPの**内角と外角の関係**から，∠APB＝∠BPC＋∠CBP＝90°＋30°＝120°となる。　(作図手順)　次の①～④の手順で作図する。

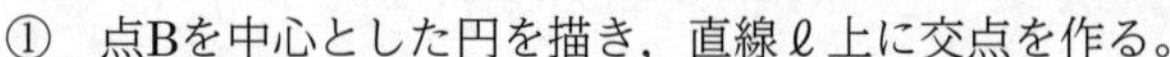

①　点Bを中心とした円を描き，直線ℓ上に交点を作る。

②　①で作ったそれぞれの交点を中心として，交わるように半径の等しい円を描き，その交点と点Bを通る直線(点Bから直線ℓに引いた垂線)を引き，直線ℓとの交点をCとする。　③　点B，Cをそれぞれ中心として，交わるように半径の等しい円を描き，その交点をDとし(正三角形BCD)，半直線BDを引く。　④　点C，Dをそれぞれ中心として，交わるように半径の等しい円を描き，その交点と点Bを通る直線(∠CBDの二等分線)を引き，直線ℓとの交点をPとする。(ただし，解答用紙には点C，Dの表記は不要である。)

3　(図形と関数・グラフ)

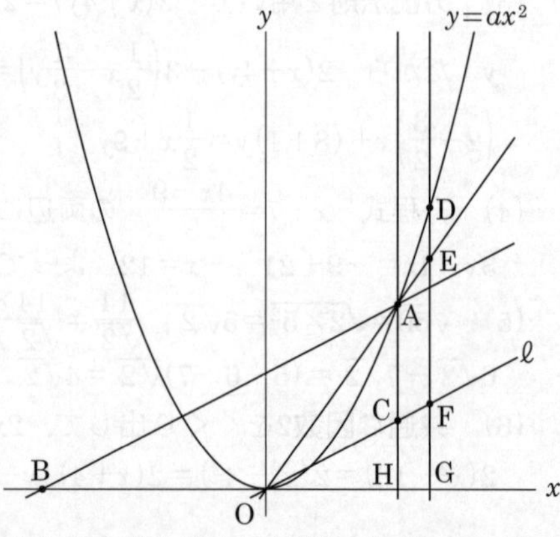

(1)　$y=ax^2$は点A(3，4)を通るから，$4=a\times3^2$
$9a=4$　$a=\dfrac{4}{9}$

(2)　①　点Aからx軸へ垂線AHを引き，△AOHに三平方の定理を用いると　$OA=\sqrt{OH^2+AH^2}=\sqrt{3^2+4^2}=5$　よって，OA＝OBより点B(−5，0)
これより，直線ABの傾きは　$\dfrac{4-0}{3-(-5)}=\dfrac{1}{2}$　だから，直線ABの式を　$y=\dfrac{1}{2}x+b$　とおくと，点Aを通ることから，$4=\dfrac{1}{2}\times3+b$　$b=\dfrac{5}{2}$　以上より，直線ABの式は　$y=\dfrac{1}{2}x+\dfrac{5}{2}$

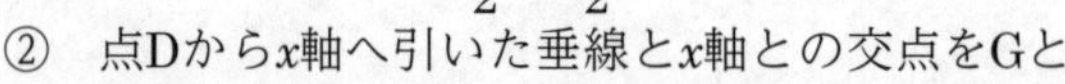

②　点Dからx軸へ引いた垂線とx軸との交点をGとする。AH//DGより，△AOC∽△EOFである。△AOCと四角形ACFEの面積の比が16：9となるとき，△AOCと△EOFの面積の比は16：(16＋9)＝16：25となるから，△AOCと△EOFの**相似比**は$\sqrt{16}:\sqrt{25}=4:5$であり，OH：OG＝OC：OF＝4：5　$OG=\dfrac{5}{4}OH=\dfrac{5}{4}\times3=\dfrac{15}{4}$
よって，点Dのx座標は$\dfrac{15}{4}$であり，点Dは$y=\dfrac{4}{9}x^2$上にあるから，そのy座標は　$y=\dfrac{4}{9}\times\left(\dfrac{15}{4}\right)^2$

$=\frac{25}{4}$ 点Dの座標は $D\left(\frac{15}{4},\ \frac{25}{4}\right)$

4 (図形の証明, 合同・相似, 円の性質, 三平方の定理, 面積)

(1) (a) 辺OAと辺OBは円Oの半径でもあるから, OA＝OBであることがいえる。

(b) △OACと△OBCは, ②より直角三角形であり, ①より斜辺がそれぞれ等しく, ③よりOC＝OCで他の1辺がそれぞれ等しいから, △OAC≡△OBCであることがいえる。

(c) (解答例) △EADと△EFBにおいて, ④より, ∠AOD＝∠BOD…⑤ **1つの弧に対する円周角は, その弧に対する中心角の半分であるから**, $\angle AED=\frac{1}{2}\angle AOD$…⑥ $\angle FEB=\frac{1}{2}\angle BOD$…⑦ ⑤, ⑥, ⑦より, ∠AED＝∠FEB…⑧ また, **$\overset{\frown}{AE}$に対する円周角は等しい**ので, ∠ADE＝∠FBE…⑨ ⑧, ⑨より, 2組の角がそれぞれ等しいので, △EAD∽△EFB

(2) **直径に対する円周角は90°**だから, ∠ABE＝90° また, ∠ACO＝90°だからOD//EB。**平行線と線分の比についての定理**より, DF：FE＝CF：FB＝1：8…① △EAD∽△EFB…② より, FB：EB＝AD：DE＝1：3 $FB=\frac{1}{3}EB=\frac{1}{3}\times6=2$cm △EFBに三平方の定理を用いると $FE=\sqrt{FB^2+EB^2}=\sqrt{2^2+6^2}=2\sqrt{10}$cm ①より, $DF=\frac{1}{8}FE=\frac{1}{8}\times2\sqrt{10}=\frac{\sqrt{10}}{4}$cm ②より, AE：ED＝FE：EB $AE=\frac{ED\times FE}{EB}=\frac{(FE+DF)\times FE}{EB}=\frac{\left(2\sqrt{10}+\frac{\sqrt{10}}{4}\right)\times2\sqrt{10}}{6}=\frac{15}{2}$cm 平行線と線分の比についての定理より, $DG:GE=OD:EB=\frac{AE}{2}:EB=\frac{15}{4}:6=45:72$…③ また, ①より, DF：FE＝1：8＝13：104…④ だから, ③, ④より, DF：FG：GE＝13：(45－13)：72＝13：32：72 以上より, △GFBと△EFBで, **高さが等しい三角形の面積比は, 底辺の長さの比に等しい**から, $\triangle GFB=\frac{FG}{FE}\triangle EFB=\frac{FG}{FG+GE}\left(\frac{1}{2}\times FB\times EB\right)=\frac{32}{32+72}\left(\frac{1}{2}\times2\times6\right)=\frac{24}{13}cm^2$

5 (規則性, 方程式の応用, 確率)

(1) 箱Aを2回, 箱Bを2回使うので, $2個\times3^2\times5^2=450個$

(2) 2700を**素因数分解**すると, $2700=2^2\times3^3\times5^2=4\times3^3\times5^2$より, はじめに4個のビー玉を用意し, 箱Aを3回, 箱Bを2回使ったことがわかる。

(3) (解答例) 箱Aを2回, 箱Bを1回, 箱Xを2回使うので, $1\times3^2\times5\times x^2=540x$ これを解くと, $45x^2-540x=0$ $x^2-12x=0$ $x(x-12)=0$ $x=0,\ 12$ xは自然数だから, $x=12$

(4) 1枚のコインを4回投げるとき, 表と裏の出方は全部で, 2×2×2×2＝16通り。このうち, 最後に取り出したビー玉の個数が1000個をこえるのは, 表が1回, 裏が3回出る$4個\times3^1\times5^3=1500$個の場合と, 裏が4回出る$4個\times5^4=2500$個の場合の2通り。表が1回, 裏が3回出るのは, (1回目, 2回目, 3回目, 4回目)＝(表, 裏, 裏, 裏), (裏, 表, 裏, 裏), (裏, 裏, 表, 裏), (裏, 裏, 裏, 表)の4通り, 裏が4回出るのは, (1回目, 2回目, 3回目, 4回目)＝(裏, 裏, 裏, 裏)の1通りだから, 求める確率は$\frac{4+1}{16}=\frac{5}{16}$

<英語解答>

1 No. 1 D　No. 2 A　No. 3 B
2 No. 1 C　No. 2 D
3 No. 1 B　No. 2 A

4 No. 1 ① beautiful ② January No. 2 ① stories ② taught

5 (1) sung (2) twelfth (3) オ→ウ→イ→ア→エ (4) エ→イ→ア→オ→ウ
(5) イ→オ→エ→ウ→ア

6 (例1)I bought a white cup yesterday, but you sent me a black one. Can you send me a white cup?
(例2)I bought a white cup with a star on it from your Internet shop on June 4. I was sad to find the cup was black. What should I do?

7 (1) Ⓐ イ Ⓑ エ (2) ① (例)He liked spending time with his family (the best about his trip). ② エ (3) ① ア ② ウ

8 (1) jobs (2) イ (3) ウ (4) hard work

9 (1) ウ (2) ア (3) イ (4) エ

<英語解説>

1・2・3・4 (リスニング)

放送台本の和訳は，61ページに掲載。

5 (会話文・文法問題：語形変化，語句の並べ換え，現在完了，助動詞，比較，間接疑問文，動名詞)

(1) A「英語の歌を今までに歌ったことがありますか」／B「はい，あります」現在完了の疑問文<**Have[Has]**＋ 主語 ＋ 過去分詞～ **?**> sing の過去分詞形 → sung

(2) A「英語で12番目の月の名前は何ですか」／B「12月です」 順番を表すのは序数(first, second, third…)。twelve の序数はtwelfth。

(3) (We)don't have to wait for(him.) A「アンディが遅れるって。どうしたら良いかなあ」／B「彼を待つ必要はないわ。心配しないで。彼は次の電車に乗るでしょうからね」<**have [has] to do**の否定形>「～する必要がない」 wait for～「～を待つ」

(4) (～ but it is)more expensive than that one(.) A「このかばんはどうかしら。素敵な色ね」／B「見た目は良いけれど，あれよりも高いね」<比較級＋ **than**>「より～」長い語の比較級 → <**more** ＋ 原級> one → 名詞の代用[＝ a[an]＋単数名詞]ここでは bagの代用。 How about ～？「～はどうですか」

(5) (Could you tell)me where the museum is(?) A「美術[博物]館がどこにあるか教えていただけますか」／B「すいません，この近くに住んでいないので，お力になれません」 Could you ～？「～していただけませんか」(依頼) 疑問文を他の文に組み入れる場合(間接疑問文)は，<疑問詞＋主語＋動詞>の語順になるので注意。(Where is the museum ? → ～ tell me where the museum is ～ ?)

6 (条件英作文：過去)

(和訳) 店員「もしもし，コリンズさんですね。どうなさいましたか」／コリンズ(例1)「私は昨日，白いカップを購入しましたが，黒いものが送られてきました。白いカップを送っていただけませんか。／(例2)「6月4日に貴社のインターネットショップで星が付いた白いカップを購入しました。カップが黒だったので，ショックでした。どうしたらよいですか」 **How can I help you? ＝ May[Can] I help you?**「ご用件を承りましょうか」語数制限(20語～30語)を留意すること。「買う」buy → bought「送る」send → sent(過去形)「星の付いた」with a star How can I help you?「(店員が客に対して)いらっしゃいませ／何にいたしましょうか(困っている人に対して)どうなさいましたか／」

7 **(短文読解問題・論説文・紹介文・資料読解：語句補充・選択，英問英答・記述，内容真偽，絵・図を用いた問題，関係代名詞，間接疑問文，比較，不定詞，分詞，受け身，助動詞，動名詞)**

(1) (和訳)あなたは右手と左手のどちらの手でペンを握るか。ペンを握るために用いる手は，利き手と呼ばれる。ほとんどの人々は2つの集団のうち1つに属する。一つは右利きの人々で，Ⓐもう一方は左利きの人々だ。一部の研究者によると，世界中の人々の10％が左利きであるとのことだ。猫を調査した研究者たちは，猫にも利き'手'があることを突きとめた。雄猫の多くは左利きだが，ほとんどの雌猫は右利きである。あなたの飼い猫の利き手をどのようにして知ることができるのだろうか。猫が何かをなす際に，まずどちらの'手' を猫がⒷ使うかを見れば，飼い猫の利き手がわかるのである。

Ⓐ one ~ the other …「一方は～，他方は…」 Ⓑ usesを用いて「猫がものごとをする際に，使う'手'を確認すれば，利き手がわかる」とすれば，自然な文脈となる。if you watch which hand ▼ it uses **目的格の関係代名詞の省略＜先行詞＋(目的格の関係代名詞)＋主語＋動詞＞ 疑問文を他の文に組み入れる場合**(間接疑問文)は，**＜疑問詞＋主語＋動詞＞**の語順になる。Which hand does it use ? → ~ which hand it uses ~

(2) (和訳)私の名前はナオキです。私の両親は旅行をすることが好きです。私たちは世界中の20カ国を訪問したことがあります。この前の夏には，私の叔母のエリザベスに会いにアメリカ合衆国へ行きました。数日彼女の家に滞在した後に，私たちは彼女と一緒に南アメリカの非常にわくわくするような地を旅行してまわりました。私たちは塩の宮殿と呼ばれるホテルに滞在しました。その壁や床は塩で作られていました。部屋のベッド，机や椅子を含む，ほぼすべてのものが塩から作られていることを知り，私たちは驚きました。私は塩水のプールで泳ぐことを楽しみ，私の両親は塩のサウナを好み，塩で出来たベッドで寝ることは叔母にとっては大のお気に入りとなりました。しかしながら，あらゆることの中で最も良かったことは，私の家族と時間を共有したことでした。その旅行を私たちはみんな楽しんだのです。

① 質問「ナオキが彼の旅で何を最も気に入ったか」最後から2番目の文の内容を参考に答えること。(模範解答和訳)「彼は彼の家族と時間を過ごすことが(彼の旅行に関して最も)気に入った」like the best about his trip ← **best = good/wellの最上級「最も良い，最も良く」**ここではwellの最上級。副詞の最上級の場合にはtheを省略することが可能。

② ア 「ナオキの家族は，叔母に会うために南アメリカに行った」(×) 第4文から，叔母はアメリカに在住していることがわかるので，不可。to see「会うために」←「～するために」**目的を表す不定詞の副詞的用法** イ「ナオキはひと夏ずっと彼の叔母の元に滞在して，楽しい時を過ごした」(×) 第5文に，数日間，叔母の家に滞在した後に，南アメリカを旅したことが記されているので，不一致。 ウ 「ナオキの家族はアメリカ合衆国で心ときめくようなホテルに滞在した」(×) 本文において，アメリカのホテルに滞在した記述はないので，不可。**exciting「(人を)興奮させる」**(参考)**excited「(人が)興奮した」** エ「そのホテルのほとんどのものが塩で出来ているので驚いた」(○) 第6文以降の記述に一致。＜人＋ be動詞＋ surprised that～＞「人が～という理由で驚いている」＜be動詞 ＋ made of ＋ ～＞「～で出来ている(質の変化なし)」(参考)be made from(質の変化あり)← **＜be動詞＋過去分詞＞受け身「～されている，～される」**

(3)　(和訳)タイトル：終日ブドウを収穫するボランティアになって下さい　❶誰がボランティアになれるか？　私たちは14歳から45歳までのブドウを愛する人を探しています。❷何を自宅に持ち帰れるか？　ボランティア活動に対する感謝の意を表すために，自宅に持ち帰るための無料のブドウを2キロ進呈します。❸何をしなければならないか？　●ブドウの収穫は午前8時に始まり，午後3時に終わります。●枝が緑でなくて，茶色になると，ブドウは美味しくなります。●濃い紫色のブドウを収穫するべきです。薄い紫色のブドウは摘むには早すぎます。

可能なこと： ◆自分自身の帽子や手袋を持参するか、あるいは、私たちの(用意した)ものを借りること。 ◆私たちのハサミだけを使用してください。自分自身のものは持参しないで下さい。 ◆もっと多くのブドウの購入。 ◆(私たちの)宅配サービスの利用。

参加するには，電話をするか，あるいは，我々のウェブサイトを見て下さい。
電話番号：555−987654　www.grapelovers.inc

①　質問：「どのブドウが美味しくて収穫するべきか」美味で収穫するのに適したブドウの特徴については，❸の第2・3番目の文で，枝が茶色で濃い紫色のブドウと述べられていることを参考にすること。**should**「～するべきだ，～するはずだ」　<助動詞＋be＋過去分詞>　助動詞を含んだ文の受け身。

②　ア 「午前8時に収穫を始めれば，毎日10時間ブドウを摘むことができる」(×)　❸の最初の文で，収穫は午前8時から午後3時と説明されており，最大でも7時間なので，不一致。start picking ← 動名詞 **doing**「～すること」　イ 「15歳以下だと，ブドウを収穫するボランティアになることができない」(×)　❶で，ボランテイアができる年齢として，14歳から45歳とあるので，不可。younger「より若い」← young の比較級　～ old or younger「～歳以下」
ウ「3キロのブドウを購入して，宅配サービスを利用して自宅に送ることができる」(○)　❷で2キロまでは無料で進呈するとあるが，一方で，可能なことの第3・4番目で，より多くのブドウを購入することができて，宅配の利用もできる，と記されているので，一致する。エ「自宅から持参した自分自身の手袋とハサミを用いることはできない」(×)　可能なことの第1・2番目で，帽子と手袋を持参するか，借りることもできるが，ハサミに関してはブドウ園で用意したものだけを使うこと，と記述されているので，不一致。~your own gloves and scissors which you brought ~ <先行詞＋目的格の関係代名詞＋主語＋動詞>

8　**(長文読解問題・発表形式：語句補充・記述，英問英答・選択，内容真偽，不定詞，関係代名詞，比較，文の構造<目的語と補語>)**

(和訳)ストーン先生：今日は，(いくつかの)重要なⒶ仕事と，それらに従事している人々に関して，話すことにしましょう。先週，君らの宿題では，他の人々を手助けするか，あるいは，より良い世の中にすることに関与している人々を探すことになっていました。(彼らは)何をして，どのようにして他の人々を助けていますか。みなさんはきっとある種の見解を抱いていることと思います。そのことをみんなに紹介してください。／アンナ：農民は毎日他の人々のために働いています。人々にとっては，食べる食糧が必要で，良い食品は私たちが健康を維持する手助けとなっています。人々が食べる多くの米やほとんどの果物，そして野菜は，農民により栽培されています。牛乳，肉，そして卵を食べることができるように，動物を飼育している農民もいます。農民がいなければ，私たちは生きることができません。／フレッド：科学者は世の中をより良くするために多くのことを研究しています。彼らは多くのやり方で問題を解決しようとしています。例えば，彼らは動物，食料，薬，ロボット，そして，気象の変化について研究しています。彼らは我々が必要なものを考案します。科学がなければ，より良い世の中は存在しないでしょう。だから，私は科学者になるために懸命に勉強しています。／マドカ：教育[教えること]は人々を助けることになると私は考えます。教育は私たちの生活にとって非常に重要です。例えば，将来あなたは医者になりたければ，学校で科学を勉強しなければなりません。教師が存在しなければ，(あなたの)夢を実現するのは困難である，と私は考えます。また，世界中には多くのボランティア教師がいます。私の姉はボランティア教師として，アフリカの人々に科学を教えています。／トシオ：医師は人々を常に救っています。私たちが病気になったり，事故に遭遇したりすると，病院へ行きます。医師は，私たちの生命を救い，私たちが病気やけがから回復する手助けをして，私たちが健康を維持することを支援します。しかしながら，現在日本には，十分な医師がいません。1000名に対してわずか2.3名の医師しか存在しません。将来，多くの人々を手助けするために，私は医師になりたいと思います。／ストーン先生：みなさん，どうもありがとうございます。みなさんの話を全て聞き，有意義でした。世界中には，他人を助けるために行われている数多くのⒶ仕事があります。勤労により，世の中が改善されうる，と私は考えています。将来，みなさんには勤勉，勤労に努め続けて欲しいと願っています。

(1)　(　Ⓐ　)には文脈上，「仕事」に相当する語が当てはまることがわかる。注意すべきは，2番目の空所の直前には many があるので，数えられる名詞 job の複数形 jobs が正解。work は「仕事」という意味では単数扱いで，ここには挿入不可。

(2)　質問：「どの2人の学生が，将来に対する自身の夢について語っていたか」フレッドは最後のせりふで「科学者になるために懸命に勉強するつもりだ」と述べており，トシオは最後に「多くの人々を手助けするために医師になりたい」と発言しているので，正解はイ。(選択肢)ア)アンナとマドカが行った。(×)／イ)フレッドとトシオが行った。(○)／ウ)アンナとフレッドが行った。(×)／エ)マドカとトシオが行った。(×)　**不定詞(to＋動詞の原形)の名詞的用法「～すること」　不定詞(to＋動詞の原形)の副詞的用法(目的)「～するために」**

(3)　ア　「動物が食べる果物や野菜のほとんどを農民が栽培しているとアンナは考えている」(×)「動物が食べる」という箇所が誤り。most of the fruits and vegetables that animals eat 目的格の関係代名詞　イ　「ロボットと医者が世の中をより良くするものとフレッドは信じている」(×)　ロボットは科学者の研究対象としては言及されているが，ロボットが世の中を良くしているとは述べられていないので，不一致。 make the world better　**better「よりよい，よりよく」← good/wellの比較級　make AB「AをBの状態にする」**　ウ「マドカの姉は外国で科学を教えているボランティア教師だ」(○)　マドカの最後のせりふに合致している。a volunteer teacher who teaches science 主格の関係代名詞　エ「日本には100名の人々に対してわずか2.3名の医師しかいないとトシオは述べた」(×)　トシオの最後から2番目のせりふによると，1000名に対して2.3名の医師しか存在しないということなので，不一致。**<There + be動詞＋ S ＋場所>「Sは～にある」**

(4)　(和訳)アンナ：科学者はどのような種類の問題を解決しようとしているのですか。／フレッド：気候変動は，今日，私たちが抱えている最も深刻な問題の1つです。ある地域では，食物が上手く栽培できません。というのは，天候が暑すぎたり，十分に雨が降らなかったりするからです。／アンナ：なるほど。どのようにして科学者はこの問題を解決しているのですか。／フレッド：世界中の植物を研究することで，そのことは解消できるかと私は思います。少ない水分で育つようなより強い植物の栽培方法を科学者は学ぼうと努めています。勤労・勤勉により，気象変化がもたらす問題を解決する手助けになりうるのです。／アンナ：わかりました。ありがとうございます。
2番目のストーン先生のせりふのうち，最後の2文を参考にすること。より良い世の中の実現には hard work が必要で，ストーン先生は生徒に勤労・勤勉の継続を望んでいる。with「～で，を使って，を持って」(道具・手段・材料・所有・携帯)

9 (会話文問題：文の挿入，前置詞，受け身，接続詞，不定詞)

(和訳)　ナナ(以下N)：わぁ！　信じられない。／リリー(以下L)：どうしたの？／N：ワールド・ベースボール・サマー・フェスティバル[世界野球夏季大会]の券が当たったのよ。／L：本当に？　それらの券を入手するのはとても難しいのよね。(1)ウ多くの人がそれを欲しがっているわ。あなたはとても運が良いのね。／N：ええ，そうね。これらの券を得るのに，私は持ちうるすべての運を使い果たしてしまった気がするわ。もう2度と起きないわね。／L：ねえ，ナナ，それは違うわ。ところで，(2)アそれらの券は何に対するものかしら。／N：開会式の券よ。／L：それは，とてもわくわくするわね。でも，大会期間中はとても暑くなるでしょうね。家のテレビで見た方がきっと良いわね。／N：あなたは本当にそう思うのかしら。もし直に見れば，それは忘れられなくなるでしょうね。ともかく，(3)イ私はあなたに一緒に来て欲しいと思っていたのよ。でもあなたが行きたくないなら，別の友達を誘うことにするわ。／L：ちょっと待って，ナナ。あなたは私と行きたかったわけ？　それじゃあ，あなたと行けるわ。／N：でも，あなたはテレビで見たいのよね？／L：ええ，あっ…，いいえ。競技場で見たいということなの。(4)エ私が一緒に行くことをあなたが望んでいるとは考えてもいなかったわ。だから，テレビで見たいと言ったのよ。／N：心配しないで，リリー。私は本当にあなたと行きたいのよ！　一緒に楽しみましょうね。／L：ありがとう，ナナ。とても楽しみだわ。

(1)　空所の前後で，券の入手が困難であり，入手できたのは運が良い，と述べられているので，正解のウ以外，文脈上当てはまらない。他の選択肢は次の通り。ア「多くの人々が幸せだわ」イ「多くの人がそれを手に入れたのよ」エ「多くの人々がそれを買うことが出来るのよ」a lot of「多くの」

(2)　空所の後で，「開会式のため」と答えているので，券の用途を尋ねる表現が当てはまる。よって，正解はア。他の選択肢は次の通り。イ「大会中のあなたの計画は何かしら？」　ウ「どこで券を買ったのかしら？」エ「今年はどこで大会が開催されるのかしら？」<What ＋ be動詞 ＋ 主語 ＋ for ?> forはここでは「何のため？」用途を尋ねる表現。will be held ← <助動詞 ＋ be ＋ 過去分詞> 助動詞を含む受け身

(3)　後続文が，**逆説の接続 but**「しかし」で始まり，「でも，行きたくないなら，別の人を誘う」と述べられている点に注目。つまり，空所には，「一緒に行くことを望む」文意を示す英文が当てはまる。正解はイ。他の選択肢は次の通り。ア「あなたは他の人を誘うことができたのよ」／エ「大会期間中には，私は家にいなければならないの」観戦を誘うナナのせりふとしてはいずれもふさわしくない。ウ「あなたも券を買うべきだわ」ナナ自身は券を購入したわけではないので，不適。too「同様に」

(4)　空所の後の「だから，テレビで見たいと発言したの」から，発言の根拠にふさわしい選択肢を選ぶこと。正解はエ。他の選択肢は次の通り。ア「あなたには一人で行って欲しかったの」／イ「私が家に留まることをあなたが望んでいると思ったの」「テレビで見た方が良い」とリリーが述べたのは，競技場で観戦することを誘われる前で，いずれの表現も不自然。ウ「あなたが行きたかったとは思わなかったわ」券が当たって喜んでいるナナに対する発言としては不適。<want ＋人＋ to ＋原形>「人に～して欲しい」 ～, **so** …「～である，だから…」<根拠＋

接続詞 so ＋ 結論>

2020年度英語　リスニングテスト

〔放送台本〕

これから，英語の学力検査を行います。

1は，英語の対話を聞いて，最後の文に対する受け答えを選ぶ問題です。受け答えとして最も適当なものを，問題用紙のAからDのうちから一つずつ選んで，その符号を書きなさい。なお，対話はそれぞれ2回放送します。では，始めます。

No. 1　Woman:　Excuse me.　Can I borrow your pen?
　Man:　Of course.　Here you are.
　Woman:　Thank you.

No. 2　Mr. Jones:　Come in, please.
　Emma:　Hello, Mr. Jones.
　Mr. Jones:　Hi, Emma.　Are you ready to begin your speech?

No. 3　Amanda:　Hi, Mike.　How are you?
　Mike:　Fine, thanks, Amanda.　You look very happy today.
　Amanda:　Do I?　I just got a letter from my best friend in the U.S.

〔英文の訳〕

No.1　女性：すみませんが，あなたのペンを借りることができますか。／男性：もちろんです。はい，どうぞ。／女性：ありがとうございます。
〔選択肢の訳〕A　すみません[気の毒です]。／B　えーっと，確か…。／C　良さそうですね。／Ⓓ　どういたしまして。

No.2　ジョーンズ先生：中に入って下さい。／エマ：こんにちは，ジョーンズ先生。／ジョーンズ先生：やあ，エマ。(あなたの)スピーチを始める準備はできていますか。
〔選択肢の訳〕Ⓐ　はい，できています。／B　私もそう思います。／C　いいえ，していません。／D　後で会いましょう。
Are you ～？とbe動詞の文で尋ねられているので，be動詞で答えているA(Yes, I am.)が正解で，C(No, I don't.)は不可。

No.3　アマンダ：あら，マイク。元気かしら。／マイク：うん，調子は良いよ，ありがとう，アマンダ。今日の君はとてもうれしそうだね。／アマンダ：そうかしら？　たった今，アメリカにいる親友から手紙を受け取ったところなのよ。
〔選択肢の訳〕A　君と同意見だよ。／Ⓑ　それを聞いてうれしいなあ。／C　問題ないよ。／D　それはお気の毒だね。

〔放送台本〕

2は，英語の対話又は英語の文章を聞いて，それぞれの内容についての質問に答える問題です。質問の答えとして最も適当なものを，問題用紙のAからDのうちから一つずつ選んで，その符号を書きなさい。なお，英文と質問はそれぞれ2回放送します。では，始めます。

No. 1　Man:　Hello.　May I help you?

Girl: I want to buy... something. I will use it in my science lesson tomorrow, but I don't know how to say it in English.

Man: I see. What can you say about it?

Girl: Well, I can use it to make something bigger. No... I mean, everything looks bigger when I look through it. I can look at a flower with it in the school garden. Also, it can be put in a small bag.

Man: OK. I think I understand. I will get it for you.

Question: What does the girl want to buy?

No. 2 This is Radio Chiba. Here's the weather. Spring will come just for a day. It will be the warmest day of the month tomorrow. It's going to be sunny all day and the wind will not be strong. But the day after tomorrow, it's going to be cold again. This cold weather will continue for the next three or four days. It's not going to be rainy, but the wind will be strong the day after tomorrow.

Question: How will the weather be tomorrow and the day after tomorrow?

〔英文の訳〕

No.1 男性：こんにちは。ご用件をうけたまわりましょうか。／少女：私には買いたいものがあって…。明日の理科の授業でそれを使うのですが，英語で何と言ってよいかわかりません。／男性：なるほど。それについて何か説明できますか。／少女：そうですね，ものを拡大するためにそれを使います。いいえ，それを通してみると，すべてのものがより大きく見えるという意味です。それを使って，学校の庭にある花を見ることが可能です。また，それは小さな鞄にも収納できます。／男性：はい。わかったと思います。それをお持ちしましょう。 質問：少女は何を買いたいのか。 正解は，拡大鏡[虫眼鏡]のイラストC。

No.2 こちらはラジオ千葉です。天気(概要)についてお伝えしましょう。春の陽気は1日だけ訪れるでしょう。明日は，今月で最も温かくなるでしょう。1日中，日差しがあり，風は強く吹かないでしょう。でも，あさっては再び寒くなるでしょう。この寒波は3，4日間続くでしょう。あさっては，雨は降りませんが，風は強くなる見込みです。 質問：明日，そして，あさっての天気は，どのようになるか。

〔放送台本〕

3は，英語の対話又は英語の文章を聞いて，それぞれの内容についての質問に答える問題です。質問の答えとして最も適当なものを，問題用紙のAからDのうちから一つずつ選んで，その符号を書きなさい。なお，英文と質問はそれぞれ2回放送します。では，始めます。

No. 1 Man: Excuse me. Can you help me? I think I'm lost. Where am I on this map?

Woman: Let's see. You are right here, between the hospital and the bike shop.

Man: Where can I get a bus to the train station?

Woman: Here. You can catch a bus in front of the park. Keep going on this street, and turn right at the next corner. Go straight down Orange Street, and you'll be there.

Man:　Thank you so much.
Woman:　I'm happy I could help. Have a nice day.
Question:　What does the man want to do?

No. 2　Welcome to our special show by Jack Williams. This evening, as you already know, Allan Gordon, another great musician of our time, will join the show. This will be the first time for Jack and Allan to play music together! We know you are very excited, but we are sorry to tell you that the show will start a little late because there are so many people here. Please wait a little longer. Thank you.
Question:　Why will the show start late?

〔英文の訳〕

No.1　男性：すみません。ちょっとよろしいでしょうか。道に迷ったみたいなのです。この地図のどこにいるのでしょうか？／女性：そうですね。ちょうどここです。病院と自転車店の間です。／男性：(鉄道の)駅に行くバスには，どこから乗車すれば良いですか。／女性：ここですよ。公園の前でバスに乗ることができます。この通りをまっすぐに進んで，次の角で右折して下さい。オレンジ通りを直進すれば，そこ[バス停]に着きますよ。／男性：どうもありがとうございます。／女性：お役に立ててうれしいです。良い一日をお過ごしください。　質問：男性は何をしたいのか。

〔選択肢の訳〕 A　バス路線図を購入する。／Ⓑ　(鉄道の)駅に行く。／C　医者に診察してもらう。／D　公園を訪れる。

No.2　ジャック・ウィリアムズ出演の特別ショーにようこそいらっしゃいました。今宵は，皆さんが既にご存知のように，もう一人の現在の偉大な音楽家であるアラン・ゴードンが出演します。ジャックとアランが音楽を共演するのは初めてとなります。皆さんが非常に楽しみにしているのは承知しておりますが，残念ですが，とても多くの人が(この場所に)殺到しており，ショーは少し遅れての開演となりますことをお伝えしなければなりません。どうかもう少しお待ちください。(ご清聴を)ありがとうございます。　質問：なぜショーは遅れて開演するのか。

〔選択肢の訳〕 Ⓐ　とても多くの人々がいるから。／B　多くの人が音楽を演奏するので。／C　アレンが興奮しているので。／D　ジャックが遅れているから。

〔放送台本〕

4は，英語の文章を聞いて，その内容について答える問題です。問題は，No. 1，No. 2の二題です。問題用紙には，それぞれの英語の文章の内容に関するまとめの文が書かれています。それらの文を完成するために，①，②にあてはまる英単語を書きなさい。ただし，□には1文字ずつ入るものとします。なお，英文はそれぞれ2回放送します。では，始めます。

No. 1　Jay opened a cake shop nine years ago. His shop's most popular cake is fruit cake, and everyone says it's beautiful. He always tries to make many new kinds of cake. He just started selling a new pineapple cake in January. He hopes that people will like it.

No. 2　Natsume Soseki was a famous Japanese writer. He is best known for his books, such as *Kokoro*, *Botchan*, and *I am a Cat*. He wrote many stories in his life. Before he became a writer, he was an English teacher at a few different schools.

〔英文の訳〕

No.1　ジェイは9年前にケーキ屋を開業した。彼のケーキショップで最も人気のあるケーキはフルーツケーキで，みんながすばらしいと言う。彼は常に多くの種類のケーキを作ろうとしている。彼は1月に新たなパイナップルケーキを売り始めたばかりだ。彼は人々が気に入ってくれることを願っている。

〔設問の英語の訳〕　ジェイのケーキショップで最も人気のあるのは素晴らしい[beautiful]フルーツケーキだ。彼は1月[January]に新しいパイナップルケーキを販売し始めた。

No.2　夏目漱石は有名な日本人作家だ。彼は，『こころ』，『坊ちゃん』，『吾輩は猫である』等の彼の著作で最もよく知られている。彼は生涯多くの物語を著わした。彼は作家になる前に，いくつかの異なった学校で英語教師であった。

〔設問の英語の訳〕　夏目漱石は有名な作家だった。彼は生涯多くの物語[stories]を書いた。彼は作家になる前に，いくつかの異なった学校で英語を教えていた[taught]。

＜理科解答＞

1　(1)　ウ　(2)　イ　(3)　屈折　(4)　エ

2　(1)　エ　(2)　立体[的]　(3)　エ(→)ア(→)イ(→)ウ　(4)　10[倍]

3　(1)　(名称)　硫化鉄　(化学式)　FeS　(2)　イ

(3)　(方法)　手であおいでかぐ。　(x)　イ

(4)　(物質名)　鉄　(質量)　9.9[g]

4　(1)　イ　(2)　(y)　公転　(z)　太陽

(3)　(1か月後)　ア　(11か月後)　エ　(4)　ア

5　(1)　8[N]　(2)　(物体Aと物体Bの運動エネルギーの大きさは)同じである。　(3)　右図1

(4)　(質量)　1[kg]　(仕事)　3[J]

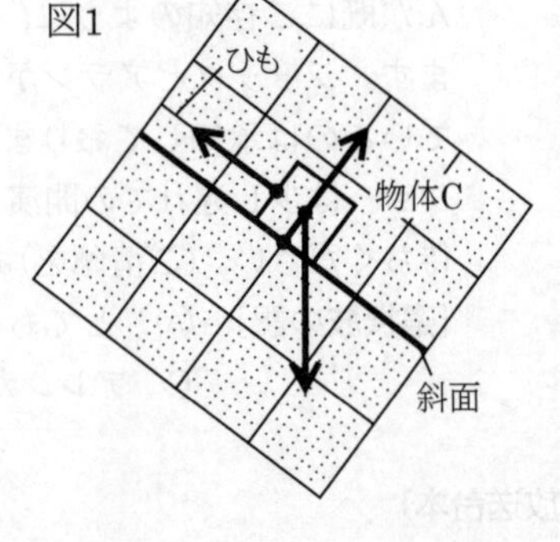

6　(1)　ア　(2)　エ　(3)　①　(午前)7(時)19(分)21(秒)

②　(グラフ)　右図2　(符号)　ウ

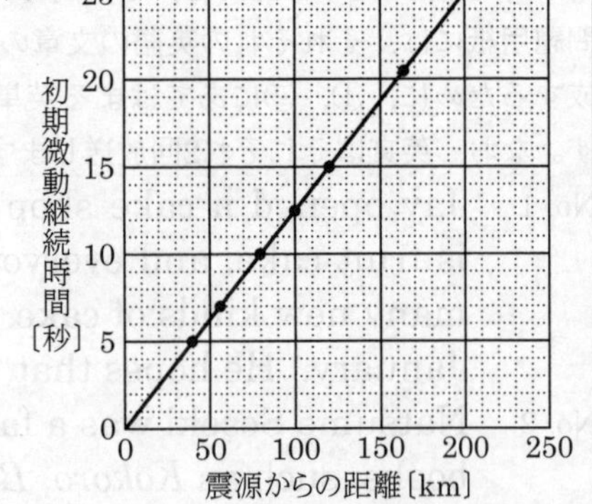

7　(1)　エ　(2)　2700[J]　(3)　(最大)　ウ

(最小)　ア　(4)　20[Ω]

8　(1)　脊椎動物[セキツイ動物]　(2)　ア，ウ

(3)　空気とふれる表面積が大きくなる

(4)　(Ⅰ群)　イ　(Ⅱ群)　ア

9　(1)　Cl_2　(2)　発生した気体は水に溶けやすいため。

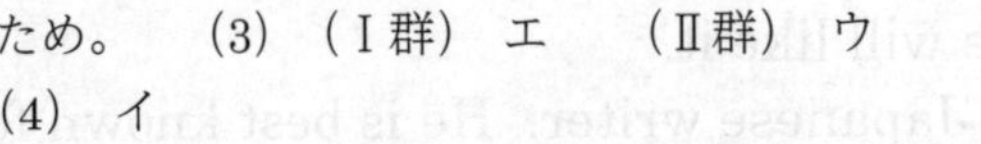
(3)　(Ⅰ群)　エ　(Ⅱ群)　ウ

(4)　イ

＜理科解説＞

1 (小問集合)

(1) 加熱したときに燃え，二酸化炭素を発生させる物質が有機物なので，それ以外の物質を選ぶ。

(2) 風向は，風がふいてくる方向(矢羽根が立っている方位)で表す。

(3) 光は，空気やガラス，水など異なる物質に斜めに入射するとき，その境界面で折れ曲がって進む。

(4) メンデルは，エンドウを使った実験を行い，遺伝に関するいくつかの法則を発見した。

2 (生物の観察)

(1) アブラナの花では，外側から順に，がく，花弁，おしべ，めしべがついている。

(2) 双眼実体顕微鏡は両目で観察するため，観察するものが立体的に見える。

(3) 各生物の横のおよその長さを求めると，アは0.2mmの約3倍でおよそ0.6mm。イは0.2mmの約2倍でおよそ0.4mm。ウは0.1mmの約2倍でおよそ0.2mm。エは0.5mmの約3倍でおよそ1.5mmである。

(4) ①のときの倍率は，5×4＝20〔倍〕で，①，②より，倍率が2倍になると，生物の大きさが2^2＝4〔倍〕になることがわかる。よって③では，①に比べて面積が25倍になっていることから，顕微鏡の倍率は①のときの5倍の100倍であり，接眼レンズは10倍を使っているので，対物レンズの倍率は，100〔倍〕÷10＝10〔倍〕となる。

3 (化合)

(1) **鉄＋硫黄→硫化鉄**の化学変化が起こる。化学反応式は，Fe＋S→FeS　となる。

(2) Ⅰは発熱反応で，周囲に熱を放出するため温度が上がる。Ⅱ，Ⅲは吸熱反応で，周囲から熱をうばうことで反応が進むため，温度が下がる。

(3) 硫化鉄にうすい塩酸を加えると，腐卵臭をもつ硫化水素が発生する。気体の中には有毒なものもあるので，においをかぐときは手であおぐようにして，少量の気体のにおいをかぐようにする。

(4) 鉄と硫黄は，7：4の質量の比で完全に化合することから，試験管Fで，硫黄3.6gと完全に反応する鉄をxgとすると，鉄：硫黄＝7：4＝x：3.6　x＝6.3より，鉄6.3 gが反応し，6.6−6.3＝0.3〔g〕が余る。よって，反応によって生じた硫化鉄の質量は，反応した硫黄と鉄の質量の和になるので，6.3＋3.6＝9.9〔g〕となる。

4 (天体)

(1) 北の空の星を同じ時刻に観察すると，北極星を中心に，**1か月で30度**ずつ反時計回りに移動する。よって，2か月後では，30°×2〔か月〕＝60°反時計回りに移動して見える。

(2) 地球の公転によって，太陽の動き方は1年を通して変化して見える。

(3) 南の空の星は，1か月後の同時刻には，西に30度移動して見える。**星は1時間たつと，東から西に15°ずつ動いていく**ので，30°÷15°＝2〔時間〕かけて30°を移動する。よって，1か月後の同じ位置に，その星が見えるのは，午後9時の2時間前の午後7時頃となる。11か月後の同時刻には，星は30°×11＝330°西に移動して見える。つまり，360°−330°＝30°東に移動して見える。星は，あと15°×2〔時間〕＝30°動けば，最初に観測した日の午後9時の位置に移動してくるので，午後9時の2時間後の午後11時頃となる。

(4) リゲルは，北緯35°の日本において，南中高度が47°に見える。リゲルが1年中見えなくなるためには，日本における南中高度47°の高さが地平線と重なる地域を考えればよい。その地点の地平線は，日本の南の地平線と北の地平線をそれぞれ47°ずつ北方向へ傾けた角度となる。また**北極星の高度は緯度と同じ**であり，この地点では地平線が北へさらに47°傾くので，日本で北の35°の高さの空に見えていた北極星は，この地点では35＋47＝82°の高度となる。このような地域は，北緯82°の地点にあり，それよりも緯度の高い地域でリゲルを見ることができなくなる。

5 (力のつり合い，ばね，仕事とエネルギー)

(1)　(物体Bがひもを引く力)＝(物体Aの斜面に沿う力)となるように，物体Bを手で支える。物体Aの斜面に沿う力の大きさは，$20〔\mathrm{N}〕\times\dfrac{0.9〔\mathrm{m}〕}{1.5〔\mathrm{m}〕}=12〔\mathrm{N}〕$　物体Bがひもを引く力を12Nにするためには，20－12＝8〔N〕の力で物体Bを支えればよい。

(2)　**運動エネルギーは位置エネルギーから移り変わったもの**であり，位置エネルギーは物体の高さに比例する。同じ高さにあった物体AとBの高さがいずれも半分になったことから，位置エネルギーは半減し，その分がともに運動エネルギーに変換している。よって，運動エネルギーの大きさはともに等しい。

(3)　物体Cには，重力がはたらいている。この重力は，斜面に垂直な方向と斜面に沿った方向に分解されるが，このうち斜面を垂直におす力は垂直抗力とつり合っている。また，物体Cの斜面に沿う力はひもが物体Cを引く力とつり合っている。これらのつり合う力を作図する。

(4)　このばねは，1Nで1cmのびるので，6cmのびるには1〔N〕×6〔cm〕＝6〔N〕の力でひけばよい。また，物体Cは，斜面に沿って0.5m引き上げられることで，床からの高さが$0.9〔\mathrm{m}〕\times\dfrac{0.5〔\mathrm{m}〕}{1.5〔\mathrm{m}〕}=0.3〔\mathrm{m}〕$まで引き上げられる。**仕事〔J〕＝力の大きさ〔N〕×力の向きに動かした距離〔m〕**より，物体Cにした仕事は，6〔N〕×0.5〔m〕＝3〔J〕　仕事の原理より，物体Cの重力をxNとすると，3〔J〕＝x〔N〕×0.3〔m〕　x＝10〔N〕　よって，物体Cの質量は，10N＝1000g＝1kgと求められる。

6 (地震)

(1)　図から，×で表された震央から離れるにしたがって，震度が小さくなっていることが読み取れる。

(2)　P波とS波は同時に発生するが，P波のほうが，S波よりも速いため，P波がS波よりも速く伝わる。P波によるゆれを初期微動，S波によるゆれを主要動という。

(3)　①　地点AとCの記録より，P波は，80－40＝40〔km〕の距離を31－26＝5〔s〕で伝わっていることから，P波の秒速は，40〔km〕÷5〔s〕＝8〔km/s〕　よって，震源から地点Aまで伝わるのにかかる時間は，40〔km〕÷8〔km/s〕＝5〔s〕より5秒。よって，地震発生時刻は，午前7時19分26秒の5秒前の，午前7時19分21秒となる。　②　地点BとDの記録を使ってS波が伝わる秒速を求めると，(100－56)〔km〕÷(46－35)〔s〕＝4〔km/s〕　震源から40kmの地点AにP波が届くのにかかる時間は40〔km〕÷8〔km/s〕＝5〔s〕　S波が届くのにかかる時間は40〔km〕÷4〔km/s〕＝10〔s〕　よって，震源からの距離が40kmの地点での初期微動継続時間は，10－5＝5〔s〕より，5秒。同様に，地点B，Cの初期微動継続時間を求めると，地点Bが7秒，地点Cが10秒となり，**初期微動継続時間と震源からの距離が比例**していることがわかる。よって，初期微動継続時間が18秒の地点の震源からの距離$x$kmを求めると，40：5＝x：18　x＝144〔km〕より，144km。

7 (電流とそのはたらき)

(1)　電流計に過大な電流が流れるのを防ぐため，回路に流れる電流の大きさが予想できないときは，最も大きな値の－端子(5A)を用いる。

(2) 発熱量〔J〕＝電力〔W〕×電流を流した時間〔s〕より，(6.0×1.5)〔W〕×(60×5)〔s〕＝2700〔J〕

(3) 電力〔W〕＝電圧〔V〕×電流〔A〕より，消費する電流と電圧の値が大きいほど電力は大きく，電力が大きいほど発熱量も大きくなる。また，電熱線Aの抵抗は，6.0〔V〕÷1.5〔A〕＝4〔Ω〕　電熱線Bは，発熱量が電熱線Aの$\frac{1}{3}$であることから，6.0Vの電圧が加わったときに流れる電流は，1.5Aの$\frac{1}{3}$で，1.5〔A〕×$\frac{1}{3}$＝0.5〔A〕　よって，電熱線Bの電気抵抗は，6.0〔V〕÷0.5〔A〕＝12〔Ω〕　次に，図3の回路の全抵抗は，4＋12＝16〔Ω〕　この回路全体に6.0Vの電圧が加わったときに回路を流れる電流は，6.0〔V〕÷16〔Ω〕＝0.375〔A〕　よって，図3の電熱線A, Bが消費する電力は，電熱線Aが(0.375×4)〔V〕×0.375〔A〕＝0.5625〔W〕，電熱線Bが，(0.375×12)〔V〕×0.375〔A〕＝1.6875〔W〕　図4の電熱線A, Bが消費する電力は，電熱線Aが6.0〔V〕×1.5〔A〕＝9〔W〕，電熱線Bが，6〔V〕×(6÷12)〔A〕＝3〔W〕　よって，消費する電力の大きさが最大になるのが，図4の電熱線A，最小になるのが図3の電熱線Aとなる。

(4) 電熱線Aの抵抗は4Ωであることから，5.0Vの電圧を加えたときに電熱線Aに流れる電流は，5.0〔V〕÷4〔Ω〕＝1.25〔A〕　実験3では回路に1.5A流れたことから，電熱線Cに流れる電流は，1.5－1.25＝0.25〔A〕　よって，電熱線Cの抵抗は，5.0〔V〕÷0.25〔A〕＝20〔Ω〕

8 (動物の分類)

(1) 背骨をもつ動物を，セキツイ動物という。

(2) 鳥類，ホニュウ類の動物が，恒温動物である。

(3) 肺胞が多くあることで，血液と空気がふれる面積が大きくなり，気体の交換効率が良くなる。

(4) イモリは両生類なので，殻のない卵をうみ，体表はしめったうすい皮ふでおおわれている。トカゲはハチュウ類なので，殻のある卵をうみ，体表はうろこでおおわれている。

9 (電気分解とイオン，水の電気分解，気体の性質)

(1) 塩化水素→塩素＋水素の反応が起こり，陽極に塩素，陰極に水素が生じる。

(2) 電極aには水素，電極bには塩素が生じる。水素は水にとけにくいが，塩素は水によくとけるため，電極にたまる塩素の体積は非常に少ない。

(3) 電極aにたまった気体は水素である。水素であることを確認するには，その気体が燃えるかどうかを確かめればよい。

(4) 実験2では水の電気分解を行っており，電極c(陰極)から水素，電極d(陽極)から酸素が発生する。また，水素と酸素は，体積の比が水素：酸素＝2：1になるように発生する。

<社会解答>

1 (1) エ　(2) バリアフリー　(3) (年代の古い順) 1 イ　2 ア　3 ウ
(4) ウ

2 (1) 島根(県)　(2) ウ　(3) 移動時間が短縮され，人や物の流れが活発
(4) ① エ　② リアス

3 (1) 西経90度　(2) 経済特区　(3) イ　(4) ウ　(5) ア

4 (1) イ　(2) 後鳥羽上皇を破って隠岐に流し，朝廷を監視するため六波羅探題
(3) ア　(4) g　(5) 産業革命

5 (1) (年代の古い順) 1 ウ　2 エ　3 ア　(2) イ　(3) エ
(4) 民族自決　(5) イ
6 (1) Ⅰ 株主　Ⅱ 配当　(2) ウ　(3) エ
7 (1) ウ　(2) 象徴　(3) 衆議院の議決が国会の議決となり，Xが内閣総理大臣
8 (1) UNICEF[ユニセフ]　(2) ア

<社会解説>

1 (地理的分野―世界地理－産業，―日本地理－人口，公民的分野―基本的人権，歴史的分野―日本史時代別－明治時代から現代，―日本史テーマ別－外交史・政治史，―世界史－政治史)

(1) **地中海沿岸部**では，冬でも温暖で雨が多く，夏は高温で乾燥する。これが**地中海性気候**であり，スペイン・イタリア・ギリシャ等では，夏は乾燥に強いオレンジやオリーブやブドウなどの作物を栽培し，温暖湿潤な冬は小麦を栽培するという**地中海式農業**を行っている。

(2) 障壁となるものを取り除くことで，生活しやすくしようという考え方を「**バリアフリー**」という。もともとは建築用語として，道路や建築物の入口の段差などを除去することを意味していたが，現在では，物理的な障壁以外に，社会的・制度的・心理的なバリアの除去という意味で用いられている。

(3) ア　**EU**が発足したのは，1993年である。　イ　**日中平和友好条約**が締結されたのは，1978年である。　ウ　**アイヌ文化振興法**が制定されたのは，1997年である。したがって，年代の古い順は，1番目イ，2番目ア，3番目ウとなる。

(4) Bでは，FがEの約10分の1であり，1960年から2017年にかけての**第1次産業**の就業者割合の減少が見てとれる。Cでは，FがEの4倍以上であり，1960年から2017年にかけての**高齢化**の進展が見てとれる。なお，Aは**エンゲル係数**の変化であり，Dは**食料自給率**の変化である。

2 (地理的分野―日本地理－都市・工業・交通・地形図の見方・地形)

(1) あ・い・う・えは，それぞれ秋田県・静岡県・福井県・島根県である。秋田県の県庁所在地は秋田市，静岡県の県庁所在地は静岡市，福井県の県庁所在地は福井市である。県名と**県庁所在地名**が異なるのは島根県であり，県庁所在地は松江市である。

(2) Aは**京葉工業地域**，Bは**中京工業地帯**，Cは**阪神工業地帯**である。出荷額順に並べると中京工業地帯，阪神工業地帯，京葉工業地域の順となるので，Ⅰが京葉工業地域，Ⅱが阪神工業地帯，Ⅲが中京工業地帯となる。中京工業地帯で出荷額が突出して多いのは**機械**(輸送用機械)なので，aが機械である。よって，正解はウである。

(3) 主たる移動手段がフェリーから鉄道や自動車となったことで，移動時間が大幅に短縮されたことを指摘する。また，それによって人や物の流れが活発になったことを指摘する。

(4) ① ア　地点Xと市役所「◎」の距離は，地図上でほぼ4cmである。地形図は25,000分の1地形図なので，計算すれば4cm×25000＝100000cm＝1000mであり，500mの範囲内ではない。
イ　宇和島城から見て，図書館「🕮」は南西ではなく南東の方角にある。　ウ　地形図は25,000分の1地形図なので，**等高線**は10mごとに引かれている。地点Yの標高は，50m以上である。
エ　地点Yから戎ヶ鼻の方向には，果樹園の地図記号「♁」が見られる。よって，エが正しい。
② 起伏の多い山地が，海面上昇や地盤沈下により海に沈むことによって形成された地形であり，海岸線が複雑に入り組んで，多数の島が見られる地形を，**リアス海岸**という。日本では，東北地方の**三陸海岸**が代表的である。他に，三重県にある志摩半島，福井県にある若狭湾等がある。

3 (**地理的分野―世界地理－地形・産業・人々のくらし・気候・貿易**)

(1)　地球は24時間で360度自転するので，**経度15度で1時間の時差**となる。シカゴと日本の時差は15時間であるから，経度差は225度となる。東経とは，本初子午線の通るロンドンのグリニッジ天文台から，東へ経度を180度はかるものである。西経とは，グリニッジ天文台から西へ経度を180度はかるものである。日本の**標準時子午線**は東経135度であるから，シカゴは西経90度となる。

(2)　中国では，1970年代末から，経済開放政策により，華南の沿岸部に**経済特区**を設け，法的・行政的に特別な地位を与え，重点的に開発した。広東省の深圳・珠海・汕頭，福建省の厦門等が代表的な経済特区である。

(3)　インドで最も多く信仰されているのは**ヒンドゥー教**である。ヒンドゥー教では**沐浴**を行うことで，罪を流し功徳を増すと信じられており，ガンジス川等での沐浴が行われている。

(4)　Bの都市は**赤道**下に近いため，年間を通して気温が30度近い。**雨温図**のウである。

(5)　オーストラリアの貿易相手国の輸入上位3か国のうち，アメリカ合衆国が2位，日本は3位であるため，イは誤りである。中国の輸出上位3か国のうち，1位はアメリカ合衆国であり，アジアの国ではないため，ウは誤りである。アメリカ合衆国とオーストラリアの輸出総額を比較すると，アメリカ合衆国はオーストラリアの10倍以上ではないため，エは誤りである。イ・ウ・エのどれも誤りであり，アが正しい。

4 (**歴史的分野―日本史時代別－古墳時代から平安時代・鎌倉時代から室町時代・安土桃山時代から江戸時代，―日本史テーマ別－政治史・文化史・外交史，―世界史－社会史**)

(1)　アは，**聖徳太子**についての記述である。ウの**平等院鳳凰堂**を建立したのは，**藤原頼通**である。エは，**奥州藤原氏**についての記述である。イが正しい。**藤原不比等**の娘である**光明子**は，**聖武天皇**の皇后となった。この時代に花開いた文化を**天平文化**という。

(2)　**承久の乱**では，幕府が**後鳥羽上皇**に対して圧倒的な勝利を収め，上皇を**隠岐**に流したことを指摘する。また，乱後まもなく，幕府が朝廷の動きを監視するために**六波羅探題**を京都に設置したことを指摘する。

(3)　イ　**人形浄瑠璃**は，義太夫節の浄瑠璃を三味線で語るのに合わせて人形を操る演劇で，江戸時代に成立した芸能の一つである。　ウ　**浮世草子**は，江戸時代の上方を中心とした，**井原西鶴**により代表される文芸である。　エ　**大和絵**は，平安時代の**国風文化**の時代に成立した和風の絵画のことである。イ・ウ・エのどれも他の文化についての説明で，室町時代の絵入りの物語として正しいのは，アの**お伽草子**である。

(4)　それまで慣習的に行われていた**参勤交代**を，**武家諸法度**の中で明文化して制度化し，**鎖国**政策を進めたのは，**江戸幕府の3代将軍徳川家光**である。

(5)　18世紀後半の**イギリス**に始まる，**綿工業**での手工業に替わる**機械**の発明，さらに**蒸気機関**の出現とそれに伴う**石炭の利用**という，生産技術の革新とエネルギーの変革，およびそれによりもたらされた社会と人々の生活の変化を**産業革命**という。

5 (**歴史的分野―日本史時代別－明治時代から現代，―日本史テーマ別－政治史・社会史・外交史・経済史，―世界史－政治史**)

(1)　イの**立憲政友会**の結成は1900年のことであり，Aの時期に起こったことではない。アの**大日本帝国憲法**が発布されたのは，1889年のことである。ウの**国会期成同盟**が結成されたのは1880年のことである。エの**立憲改進党**がつくられたのは，1882年のことである。年代の古い順に並べると，1番目ウ，2番目エ，3番目アとなる。

(2)　アの**富岡製糸場**が建てられたのは，1872年のことである。ウの**全国水平社**が設立されたのは，1922年のことである。エの**関東大震災**が起こったのは，1923年のことである。ア・ウ・エのどれもBの時期に行われたことがらではない。イの**八幡製鉄所**がつくられたのが，1901年のことであり，Bの時期に行われたこととして適当である。

(3)　写真Xは**孫文**である。孫文は清朝下で，民族主義・民権主義・民生主義の**三民主義**を唱えて，革命を指導した。孫文を臨時大総統とする**中華民国**は，1912年に成立した。これが**辛亥革命**である。写真Yは**レーニン**である。レーニンは**ソビエト政府**樹立を主導し，1922年には**ソビエト社会主義共和国連邦**が成立した。

(4)　1919年から1920年まで，**第一次世界大戦**の講和会議として開催された**パリ会議**は，**アメリカ大統領ウィルソン**の十四カ条の原則の柱となる**国際協調・民族自決**の精神で進められた。民族自決とは，それぞれの民族のことは自分たちで決める権利があるという考え方であり，**植民地**における**独立運動**を活発化させた。

(5)　ア　**米騒動**により**寺内正毅首相**が退陣し，**原敬**を首相とする**立憲政友会**の**本格的政党内閣**が成立したのは，1918年であり，Eの時期ではない。　ウ　**柳条湖**で**南満州鉄道**が爆破され，**関東軍**が満州の大部分を占領する**満州事変**が起こったのは，1931年のことであり，Gの時期ではない。　エ　アメリカで**同時多発テロ事件**が起こり，3000人近い死者が出たのは，2001年のことであり，Hの時期ではない。ア・ウ・エのどれも時期が異なる。　イ　日本の**国民総生産**が，西ドイツを抜いて資本主義国の中で第2位となったのは，1968年のことであり，Fの時期に起こったことである。

6 (公民的分野―経済一般・国民生活と社会保障)

(1)　Ⅰ　企業の株を買って投資した人のことを**株主**という。　Ⅱ　企業が株主に利益を分配することを**配当**といい，株主が保有する株数に比例して分配される。配当の金額は，**株主総会**の議決によって決定される。

(2)　働くことに関する不安において，「とても不安」と回答した者の割合と「どちらかといえば不安」と回答した者の割合の合計が最も高かったのは，「十分な収入が得られるか」であり，アは誤りである。仕事を選択する際に重要視する観点において，「あまり重要でない」と回答した者の割合と「まったく重要でない」と回答した者の割合の合計が最も高かったのは，「実力主義で偉くなれること」であり，イは誤りである。仕事を選択する際に重要視する観点において，「まったく重要でない」と回答した者の割合の最も低かったのは，「収入が多いこと」であり，エは誤りである。資料1と資料2から読みとれることとして最も適当なのは，ウである。

(3)　ア　労働者が，**労働組合**を結成して，使用者と交渉できると定めているのは，**労働基準法**ではなく，**労働組合法**である。　イ　15歳未満の児童の使用禁止や男女同一賃金を定めているのは，労働組合法ではなく，労働基準法である。　ウ　1週間の労働時間を40時間以内と定めているのは，**労働関係調整法**ではなく，労働基準法である。ア・イ・ウのどれも誤りであり，エが正しい。憲法第28条に，**労働三権**についての規定がある。

7 (公民的分野―基本的人権・憲法の原理・国の政治の仕組み)

(1)　ア　18歳以上の全ての国民が**被選挙権**を有してはいない。　イ　被告が**国選弁護人**を依頼することができるのは，**刑事事件**においてだけである。　エ　**経済活動の自由**は保障されているが，**公共の福祉**に反する場合は，国による制約を受けることになる。ア・イ・エのどれも誤りであり，ウが正しい。憲法第38条に「何人も，**自己に不利益な供述**を強要されない。」との規定がある。

(2) **大日本帝国憲法**では，「大日本帝国ハ万世一系ノ天皇之ヲ統治ス」「天皇ハ**国ノ元首**ニシテ統治権ヲ総攬シ(以下略)」と明記されていたが，**日本国憲法**では「天皇は，**日本国の象徴**であり**日本国民統合の象徴**であって，この地位は，主権の存する日本国民の総意に基く。」と規定されている。

(3) **内閣総理大臣の指名**については，憲法第67条に「衆議院と参議院とが異なった指名の議決をした場合に，(中略)両議院の協議会を開いても意見が一致しないとき，(中略)衆議院の議決を国会の議決とする。」との規定があるので，衆議院の議決が国会の議決となり，この場合，衆議院で得票数1位となったXが内閣総理大臣となる。いわゆる**衆議院の優越**の一例である。

8 (公民的分野―国際社会との関わり)

(1) 1946年に，**第二次世界大戦**で被災した子どもたちに対し，緊急支援を行うために設立された国際機関が，**UNICEF(ユニセフ)**である。現在は，おもに発展途上国の子どもに対し，予防接種の普及，食料・医薬品などの提供や，教育・職業訓練などの援助を行っている。

(2) **国際連合**の**安全保障理事会**では，アメリカ合衆国・イギリス・フランス・ロシア・中国の5か国の**常任理事国**が1か国でも反対すると，決議ができないことになっている。常任理事国は**拒否権**を持っていることになる。

＜国語解答＞

一 (1) ウ　(2) ア　(3) エ　(4) (例)めぐみの

二 (1) は　(2) たび　(3) たいよ　(4) はくらく

三 (1) 垂　(2) 耕　(3) 収益　(4) 登録　(5) 針小棒大

四 (1) イ　(2) (例)しないことです　(3) 求(ムル)二木之(の)長(キヲ)一者(ハ)、必(ズ)固(クス)二其(ノ)根本(ヲ)一。
(4) いただけるとは

五 (1) (a) イ　(b) Ⅰ 異なる立場　Ⅱ 伝えるための最大限の努力　(2) エ
(3) ウ　(4) Ⅰ (例)違いを認める　Ⅱ 相手の領域に大きく踏み込む　(5) エ

六 (1) ア　(2) ウ　(3) イ　(4) (例)家のことよりも尚七の将来
(5) Ⅰ (例)息子に学問の才を生かせる場所を与えてやれなかった　Ⅱ ア

七 (1) おしえたまいし　(2) のちの人　(3) エ　(4) イ　(5) Ⅰ (例)伝え方を変える　Ⅱ (例)自分の意見を相手にわかってもらいやすい

八 (例) 資料1から，家族や同じ地域出身の友人など身近な人々の間で方言を使うことが多いと分かる。だから地域の特産品や商業施設の名前が方言であると，地元の人々が産物を誇りに思い，郷土愛を深める効果があると思う。
　一方，他の地域の人々に方言を使うことは少ないと分かる。だが，特産品や施設の名前に方言を使い，その意味に興味を持ってもらうことで，他の地域の人々にもその土地や人人への親近感を抱かせる効果が期待できる。

＜国語解説＞

一 (聞き取り)

(1) 香川さんは「『黒雨』は空が暗くなるイメージ」があると述べている。同様に雨の名前が持つイメージを考えてみると,「にわか雨」は思いもよらずさっと降り,「鉄砲雨」は突然襲うように猛烈な勢いの降り方を表している。つまり,**雨の降り方を表している**と考えられる。

(2)　降る雨が「夕立」であったら,ゆるい下駄でゆったりとは歩けない。「春雨」だからこそ,ゆったりと歩ける。そして,ゆったり歩くから,「ゆるい下駄」で良いのだ。この様子が描かれている。

(3) まず,与謝蕪村の句と同様に,**「春雨」を挙げている**。そして,「『春雨』が読み解くヒントになる」と述べていることから,**「春雨」のイメージから,子規の句を読解することを聞き手に促している**。

(4)　「慈」の字は,“いつくしむ”意である。熟語で字のイメージを見てみると,「慈愛」は可愛いがること,「慈善」はめぐむこと,「慈悲」はあわれむことである。ここから,**「慈雨」とは,天からの恵み深い雨**と捉えられよう。

二 (漢字の読み)

(1)　よく調和すること。　(2)　足袋は熟字訓で,「たび」と読む。　(3)　貸すこと。
(4)　壁土や厚く塗った塗料などが,ひびが入ったりしてはがれて落ちること。

三 (漢字の書き取り)

(1)「垂」は,総画数8画。　(2)「耕す」は,送り仮名に注意する。**訓読みで「たがや・す」**,音読みで「コウ」。　(3)「益」の上の部分は「ツ」ではなく,「ソ」。二画で書く。　(4)「録」は,かねへん。　(5)　小さいことを大げさに言うこと。

四 (会話・議論・発表,漢文―脱語補充,文と文節,敬語・その他)

(1)　□の前に「一生」とある。一生を肯定するのだから,**一瞬ではないという文脈**にしなければならない。

(2)　波線「しっかりできるようになるこつは」を主語にする場合の述語を答える。これは連文節なので,述語をとらえるためにポイントになる一文節をおさえる。**主語の一文節は「こつは」**であり,**主述の関係としては「なにが～だ」の型になる**から,「～ことです。」とするのがよい。

(3)　書き下し文と漢文そのものを照らし合わせると,「求」は「長」の後まで読めない字で,同様に「固」は「本」の後に読むようになっている。ともに,**二字以上返って読むので一・二点を用いる**。

(4)「食べられる」を単語に区切ると,“食べ・られる”となる。**「食べる」の謙譲語は「いただく」**だ。また,**「られる」は可能の意味の助動詞**だから,いただくことができるという意味の一語にしなくてはならない。したがって,この二つを合わせて「いただける」とすればよい。

五 (論説文―大意・要旨,内容吟味,文脈把握,脱文・脱語補充)

(1)　(a)「たしかに…」で始まる段落に,「ほとんどの場合……**独りよがりに話しているだけ」「相手の存在をほぼ無視して**」とある。これを表現したものは,イの選択肢にある「自分本位」という語が適切である。　(b)　ダイアローグの説明は、「これに対して、ダイアローグとしての対話……」の段落から始まる。この段落こそがダイアローグとしての対話についての説明部分である。□Ⅱ□には,常にどのような活動が行なわれているかを入れればよく,「相手に伝えるための最大限の努力をする」と抜き出せよう。また,**相手が“自分と違う他者”であるという文脈**になるように□Ⅰ□に,適語を補えばよい。“違う”という意味の表現を探すと,「言い換えれば…」

で始まる段落に「一つの話題をめぐって異なる立場の他者に」とあるので，ここから抜き出す。

(2) モノローグかダイアローグになるかは，対話が成立するかどうかによって変わる。傍線Bのある段落に「その話題は，他者にとってどのような意味をもつかということが対話の進展には重要だ」とある。**他者が意味を感じれば主体的に関わるようになり対話が成立する**のだ。ダイアローグは，「他者存在としての相手の領域に大きく踏み込む行為」となる。

(3) 「相互関係構築のためのことばの活動」とは，「相手との人間関係をつくって」いくための対話を指す。**対話を重ねることで，相手の考えを知り、共通点も相違点も把握することで相手を理解できる。**そうして，相手とさまざまな人間関係作られていくのである。

(4) Ⅰ には，その前置きにある「相手の価値観を受け止めることとは」の文脈をふまえて，補う言葉を考える。「価値観」という語は，文中で「相手との対話は，他者としての異なる価値観を受け止めること」と出てくる。したがって，空欄には相手との考えや立場には**差があること，違いがあることを認めることだ**とわかるような内容が補えればよい。Ⅱ には，対話行為がどのような行為かを抜き出せばよく，「相手の領域に大きく踏み込む行為」とある部分を用いる。

(5) 人が社会の中で何を学ぶのかおさえる。前段落に「コミュニティとしての社会の複数性，複雑さをともに引き受けること」とある。この**「複数性」「ともに」という語句から，人は社会の中で他者と共存する生き物であること**が読み取れる。したがって，学ぶべきことは「ともに生きること」だ。

六 (小説—主題・表題，情景・心情，内容吟味，脱文・脱語補充)

(1) 忠常の「七人扶持」という提案は，親子にとって「滅相もございません」と答えるほど、身に余る内容だった。**その提案への返答によって，これからの人生が大きく変わる。**これを自覚している尚七の心中が「この場で「こたえを出すのには，あまりにも難しい思案だった」と述べられていることから選択肢が選べる。

(2) 傍線部の前にも，葦兵衛の横顔は「変わらなかった」と表現されている。何者にも動かされまいとする葦兵衛の強い覚悟が伺える。**ゆっくり平伏すると全身に負担がかかり，その動作の全てに意識が行きわたる。**従って，ここでは長男を手放すという大きな決断をした自分の言葉をかみしめていると読み取れる。

(3) 傍線Cの前の「おまえにはずっとすまないと思っていた」と始まる父の言葉を聞いてにわかに熱いものがこみ上げたのだ。そこには，今まで知らなかった父の思いが語られている。**優れた才能を持ちつつもそれを生かしてやれなかった申し訳なさがあり，それゆえこの機会に背中を押してやりたいという親心**を知ったのである。

(4) 指示にある「…より…」という形式をふまえると，比較する二点が必要だ。まず，**葦兵衛が大切にしているのは尚七の将来のこと，出世のこと**だ。そして，何を犠牲にしてまで息子の将来を大切に思うかと言えば，**"家"のことより**，ということになる。尚七自身，返答に窮した時に，この二つの間で迷っていたことからも答えを導けよう。

(5) Ⅰ に補う葦兵衛のかかえている負い目は，彼の言葉の中から読み取れる。「これほど学問の才に恵まれながら，生かしてやることができなかった。…とぶ場所さえ与えてやれなんだ。」とある部分だ。ここを用いて，指定字数でまとめればよい。また，Ⅱ を選ぶためには，葦兵衛の心情をおさえる。葦兵衛を苦しめているのは，**思うようにならなかった人生を思う気持ちだ。**大らかな性格からも，**人生という大きな運命を受け入れていることがわかり，それゆえに人間の思うようには進まぬ人生を嘆いている**のである。「後悔」「恨み」といった感情ではない。

七 (古文―大意・要旨，文脈把握，脱文・脱語補充，仮名遣い)

【現代語訳】　むかし，難波の三位入道殿という蹴鞠の名人が，人に蹴鞠を教えなさったのを側でうかがったところ，「手の構え方はどれだけでも，開いておくのがよい。」と教えられた。その次の日，また別の人に会って，「鞠の手の持ち方は，どれだけでも，閉じているのがよい。」とおっしゃった。これは，(教えられる)その人の気質によって教え方を変えなさったのでしょうか。後日，尋ね申し上げましたところ，「そのとおりだ。前の人は手が縮こまっていたので広げておくのが基本であると教え，後の人には手が広がっていたので，狭めるようにするのが基本だと申し上げたのだ。」と(おっしゃった)。仏さまがこの世のあらゆる生き物の気質に対して，さまざまな方法をお説きなさるのも，このようなわけである。

(1)　語中の「は・ひ・ふ・へ・ほ」は，現代仮名遣いでは「わ・い・う・え・お」にする。

(2)　傍線B「あらぬ人」とは，入道が蹴鞠を教えた二人のうち，後に教えた者のことである。

(3)　入道は，**相手の性格や性質**，癖などを見極めて教えている。それをふまえて選択肢を選ぶ。

(4)　筆者の問いは「是はその人の気に対して教へかへられ侍るにや」ということだ。入道の答えを読めば，入道の教え方の意図に一致していることがわかる。

(5)　入道が人に応じて教え方を変えていることをふまえると，[Ⅰ]には**“伝え方を変える”という内容**が補える。そして，それによって入道がうまく教えられたように，**相手に自分の気持ちをうまく伝えられる**という内容を[Ⅱ]に補えばよい。

八 (作文)

作文のテーマは「方言を広く活用することの効果」である。条件が箇条書きで4つ出ているので，適切に対応させて書き進めよう。条件④で「活用事例は同一のものとする」という指示が出ているので，**先にどの事例を用いるかを決めてしまう**とよい。そのうえで，地元の人に用いる際の効果と他の地域の人に与える効果を，それぞれ考察すれば，考えの軸がぶれることなく，まとめられよう。

2020年度国語　聞き取り検査

〔放送台本〕

(チャイム)

これから，国語の学力検査を行います。まず，問題用紙の1ページと2ページがあることを確認しますので，放送の指示に従いなさい。

(2秒空白)

では，問題用紙の1ページと2ページを開きなさい。

(3秒空白)

確認が終わったら，問題用紙を閉じなさい。1ページと2ページがない人は手を挙げなさい。

(10秒空白)

次に，解答用紙を表にし，受検番号，氏名を書きなさい。

(20秒空白)

最初は聞き取り検査です。これは，放送を聞いて問いに答える検査です。問題用紙の1ページと2ページを開きなさい。

(4秒空白)

一　これから，木野(きの)中学校の国語の時間に，佐山さんが俳句について調べてきたことを発表している場面と，それに関連した問いを四問放送します。発表は，1ページの〈プリント〉のように，佐山さんが調べてきたことをまとめたものを，クラス全員に配り終えたところから始まります。〈プリント〉を見ながら放送を聞き，それぞれの問いに答えなさい。

(2秒空白)

なお，やりとりの途中，(合図音A)という合図のあと，問いを放送します。また，(合図音B)という合図のあと，場面の続きを放送します。

1ページと2ページにメモをとってもかまいません。では，始めます。

佐山　私は，雨にまつわる俳句を調べてきました。今配ったプリントを見てください。この中で私が特に好きなのは，与謝蕪村の俳句，「春雨やゆるい下駄かす奈良の宿」です。修学旅行で行った奈良の雰囲気にとても似合っていて，気に入りました。

香川　はい。感想を言っていいですか。

佐山　香川さん，どうぞ。

香川　「ゆるい下駄」というところが，ちょっとおもしろいと思ったのですが，「春雨」と何の関係があるのでしょう。

佐山　ほかの言葉だったら，私たちの感じ方は変わるでしょうか。プリントの中に，雨の呼び名も調べて載せましたので，見てください。

香川　「緑雨」は文字からすると，新緑の季節に降る雨なのかな。でも，「黒雨」は空が暗くなるイメージがわきます。そうすると，すべての雨の名前が季節を表しているのではなさそうですね。

(合図音A)

問いの(1)　佐山さんが〈プリント〉で紹介した雨の名前の中には，「季節」以外にどのようなことがらを表した呼び名があると考えられますか。最も適当なものを，選択肢ア～エのうちから一つ選び，その符号を書きなさい。

(15秒空白)

(合図音B)

佐山　たとえば，夏に降る雨として「夕立」があげられます。種田山頭火の句と見比べてみてください。突然夕立が降ってきたとき，もし「ゆるい下駄」を履いていたら…

香川　雨宿りしたくても，脱げてしまって走れないからずぶ濡れになってしまうでしょうね。

佐山　だから「春雨」は，ほかのどんな言葉でもよいというわけではなく，そのイメージが「ゆるい下駄」を履いて「奈良」の町並みを歩く作者と結びついて，俳句の情景を表していると思うのです。

(合図音A)

問いの(2)　佐山さんたちの会話から，与謝蕪村の句において「ゆるい下駄」と「春雨」はどのような情景を表していると考えられますか。最も適当なものを，選択肢ア～エのうちから一つ選び，その符号を書きなさい。

(15秒空白)

(合図音B)

佐山　次に紹介する句は，正岡子規の「人に貸して我に傘なし春の雨」です。

香川　雨が降っているのに，傘がないことを話題にしているのが面白いですね。

佐山　「我に傘なし」ということを，作者はどう感じているのでしょうか。ここでも「春雨」が読み解くヒントになると私は思います。

(合図音A)

問いの(3)　佐山さんは，ここまでのやりとりから，正岡子規の俳句を説明するためにどのような工夫をしていると考えられますか。最も適当なものを，選択肢ア～エのうちから一つ選び，その符号を書きなさい。

(18秒空白)

(合図音B)

香川　ひと口に雨といっても，日本人はいろいろな呼び名をつけて，雨に対して豊かなイメージを持っているのですね。

佐山　天気予報によると，明日は天気が下り坂で，雨が降るそうです。みんなは，雨が降ると行事や部活動が中止になって残念がるけれど，天気予報では「天気が悪くなる」と言う表現を避ける傾向があります。プリントに載せた雨の呼び名の「慈雨」に注目してください。「慈雨」の「慈」は「慈愛」や「慈養」の「慈」という漢字です。つまり…

(合図音A)

問いの(4)　佐山さんが，「慈雨」という言葉を使って説明しようとしていることは何ですか。〈佐山さんの説明の続き〉の空欄に入る言葉を五字以内で書きなさい。

(5秒空白)

放送は以上です。以降の問題も解答しなさい。

千葉県公立高等学校（後期選抜）

2020年度

★★★★★★★★★★★★★★★★★★★★★★★

入　試　問　題

2020年度

●くわしい解説……51ページ

＜数学＞

時間　40分　　満点　100点

1　次の(1)～(6)の問いに答えなさい。

(1)　$6\times(-3)$ を計算しなさい。

(2)　$9-(-4)^2\times\frac{5}{8}$ を計算しなさい。

(3)　$a^2b\times21b\div7a$ を計算しなさい。

(4)　連立方程式 $\begin{cases}0.2x+1.5y=4\\ x-3y=-1\end{cases}$ を解きなさい。

(5)　$\frac{12}{\sqrt{3}}-3\sqrt{6}\times\sqrt{8}$ を計算しなさい。

(6)　二次方程式 $x^2+5x+5=0$ を解きなさい。

2　次の(1)～(5)の問いに答えなさい。

(1)　ある美術館の入館料は，おとな１人が a 円，中学生１人が b 円である。

このとき，不等式 $2a+3b>2000$ が表している数量の関係として最も適当なものを，次の**ア**～**エ**のうちから１つ選び，符号で答えなさい。

ア　おとな２人と中学生３人の入館料の合計は，2000円より安い。

イ　おとな２人と中学生３人の入館料の合計は，2000円より高い。

ウ　おとな２人と中学生３人の入館料の合計は，2000円以下である。

エ　おとな２人と中学生３人の入館料の合計は，2000円以上である。

(2)　下の表は，あるクラスの生徒30人のハンドボール投げの記録を度数分布表に整理したものである。

この30人のハンドボール投げの記録の最頻値（さいひんち）（モード）を求めなさい。

階級(m)	度数(人)
以上　未満	
10 ～ 15	4
15 ～ 20	7
20 ～ 25	9
25 ～ 30	8
30 ～ 35	2
計	30

(3)　右の図で，3点A，B，Cは円Oの円周上にある。∠ACB＝32°，∠OBC＝49° であるとき，∠xの大きさを求めなさい。

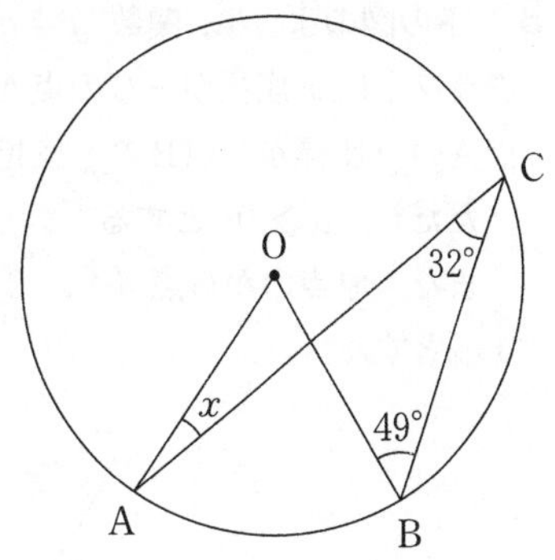

(4)　下の図のように，－5，－2，－1，3，6，10の整数が1つずつ書かれた6枚のカードがある。この6枚のカードをよくきって，同時に2枚ひく。

このとき，ひいた2枚のカードに書かれた数の平均値が，自然数になる確率を求めなさい。

ただし，どのカードをひくことも同様に確からしいものとする。

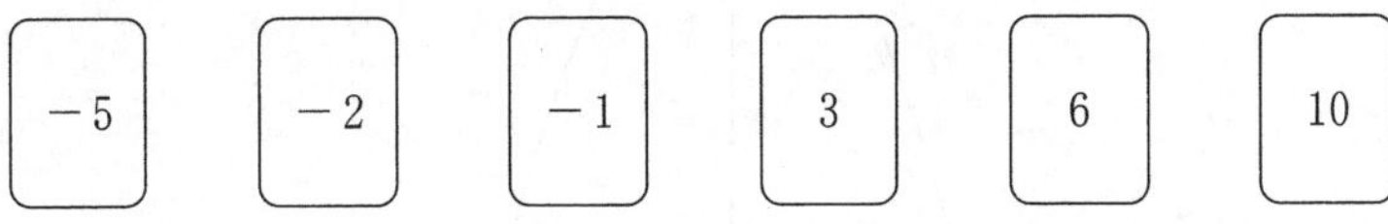

(5)　**図1**は，点Oを頂点とし，線分ABを底面の直径とする円錐(えんすい)である。母線OBの中点をPとする。点Aから円錐の側面にそって，点Pを通るように糸を1周巻きつけて点Aに戻す。

図2は，この円錐の側面の展開図であり，点A′は組み立てたときに点Aと重なる点である。

点Pを通る糸の長さが最も短くなるとき，その糸のようすを**図2**に作図しなさい。また，点Pの位置を示す文字Pも書きなさい。

ただし，三角定規の角を利用して直線をひくことはしないものとし，作図に用いた線は消さずに残しておくこと。

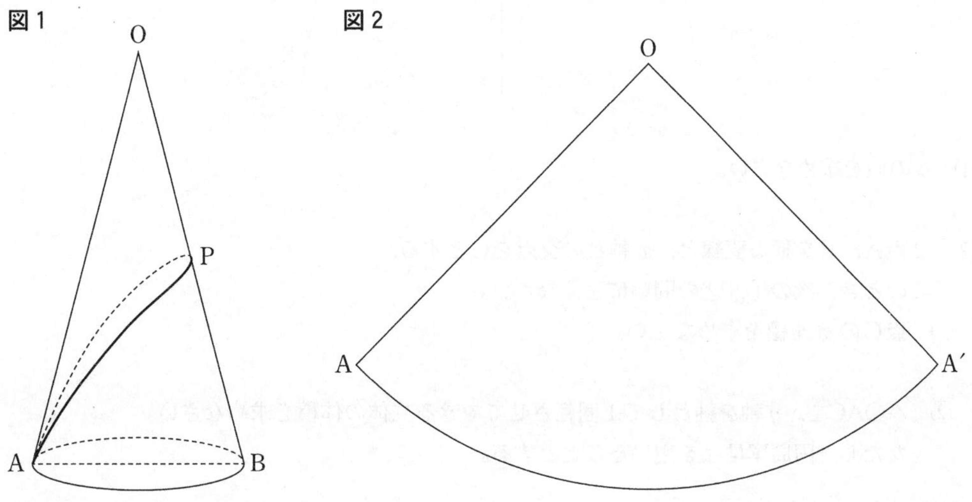

3　下の図のように，関数 $y=ax^2$ のグラフと，関数 $y=-x^2$ のグラフがある。関数 $y=ax^2$ のグラフ上に x 座標が－２の点Aがあり，関数 $y=-x^2$ のグラフ上に x 座標が３の点Bがある。点Aの y 座標が，点Bの y 座標より10大きいとき，次の⑴，⑵の問いに答えなさい。

ただし，$a>0$ とする。

また，原点Oから点（１，０）までの距離及び原点Oから点（０，１）までの距離をそれぞれ１㎝とする。

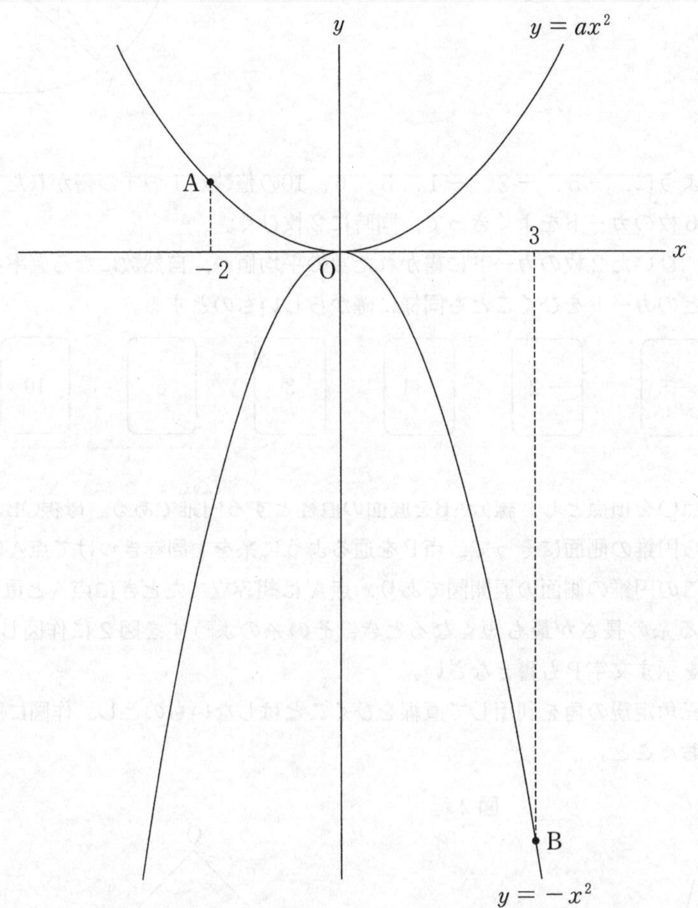

⑴　a の値を求めなさい。

⑵　２点A，Bを通る直線と，x 軸との交点をCとする。
このとき，次の①，②の問いに答えなさい。

①　点Cの x 座標を求めなさい。

②　△OACを，y 軸を軸として１回転させてできる立体の体積を求めなさい。
ただし，円周率は π を用いることとする。

4　右の図のように，AC＝BC の二等辺三角形ABCがある。辺AB上に２点A，Bと異なる点Dをとり，∠BCA＝∠DCE，CD＝CE となるように点Eをとる。ただし，辺ACと線分DEは交わるものとする。また，点Aと点Eを結ぶ。

　このとき，次の(1)，(2)の問いに答えなさい。

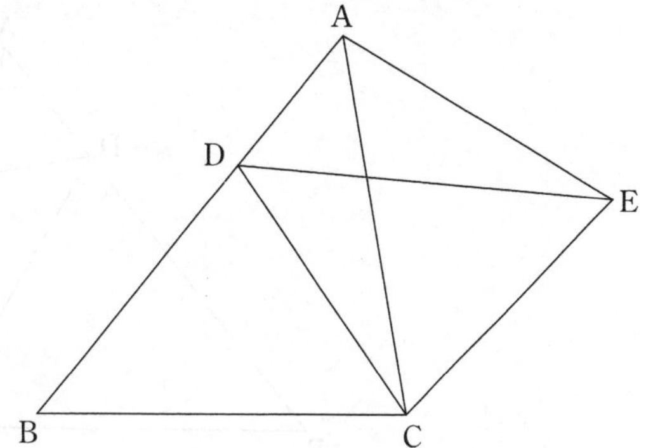

(1)　直線ACが∠BAEの二等分線となることの証明を，次の［　　］の中に途中まで示してある。

　［(a)］，［(b)］に入る最も適当なものを，下の**選択肢**の**ア**～**カ**のうちからそれぞれ１つずつ選び，符号で答えなさい。また，［(c)］には証明の続きを書き，**証明**を完成させなさい。

　ただし，［　　］の中の①～⑤に示されている関係を使う場合，番号の①～⑤を用いてもかまわないものとする。

証明

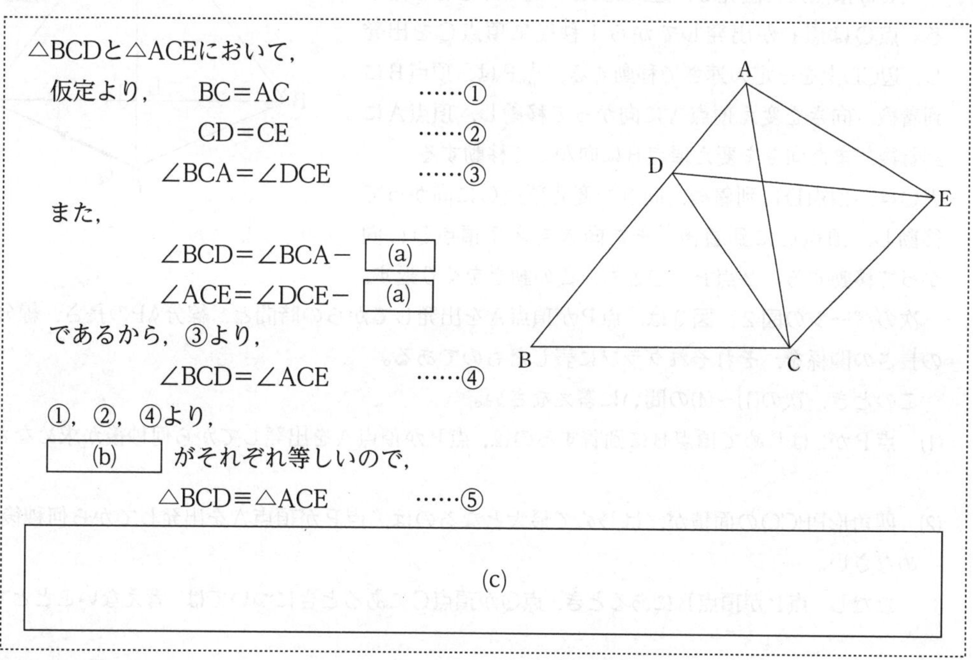
△BCDと△ACEにおいて，

仮定より，　BC＝AC　　……①

　　　　　　CD＝CE　　……②

　　　　∠BCA＝∠DCE　　……③

また，

∠BCD＝∠BCA－［(a)］

∠ACE＝∠DCE－［(a)］

であるから，③より，

∠BCD＝∠ACE　　……④

①，②，④より，

［(b)］がそれぞれ等しいので，

△BCD≡△ACE　　……⑤

［(c)］

選択肢

ア	∠BCE	**イ**	∠DAC	**ウ**	∠DCA
エ	３組の辺	**オ**	２組の辺とその間の角	**カ**	１組の辺とその両端の角

(2)　∠CAE＝50°，∠ACD＝20°，CD＝４㎝，AC＝a㎝ とする。

　このとき，△ACEの面積を，aを用いて表しなさい。

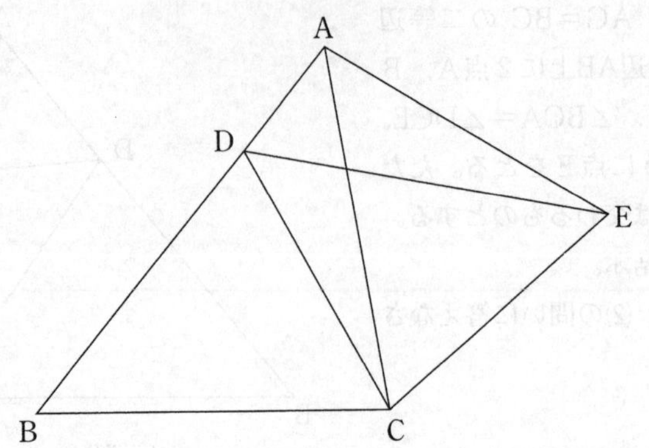

5　図１は，AB＝AD，CB＝CD の四角形ABCDであり，線分ACと線分BDの交点をＥとすると，AC⊥BD，BE＝DE が成り立つ。また，BD＝24㎝ とする。

点Ｐは頂点Ａを出発し，辺AB上を一定の速さで移動する。点Ｑは点Ｐが出発してから１秒後に頂点Ｃを出発し，辺CD上を一定の速さで移動する。点Ｐは，頂点Ｂに到着後，向きを変え頂点Ａに向かって移動し，頂点Ａに到着後，また向きを変え頂点Ｂに向かって移動する。点Ｑは，頂点Ｄに到着後，向きを変え頂点Ｃに向かって移動し，頂点Ｃに到着後，また向きを変え頂点Ｄに向かって移動する。２点Ｐ，Ｑとも，この動きをくり返す。

図１

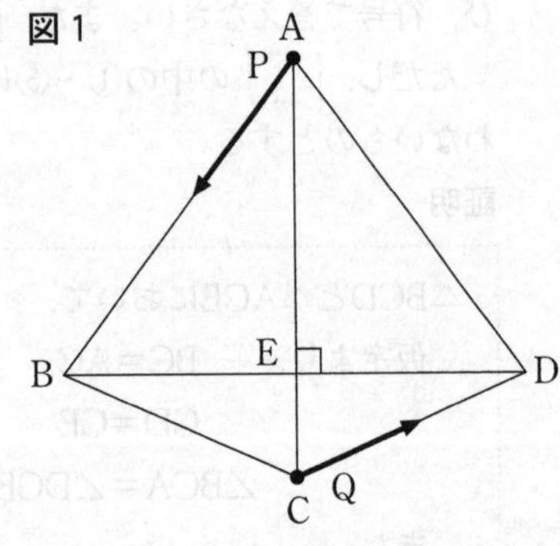

次のページの図２，図３は，点Ｐが頂点Ａを出発してからの時間と，線分APの長さ，線分CQの長さの関係を，それぞれグラフに表したものである。

このとき，次の⑴～⑷の問いに答えなさい。

⑴　点Ｐが，はじめて頂点Ｂに到着するのは，点Ｐが頂点Ａを出発してから何秒後か求めなさい。

⑵　四角形PBCQの面積が，はじめて最大となるのは，点Ｐが頂点Ａを出発してから何秒後か求めなさい。

ただし，点Ｐが頂点Ｂにあるとき，点Ｑが頂点Ｃにあるときについては，考えないこととする。

⑶　線分ＡＣの長さを求めなさい。

⑷　点Ｐが頂点Ａを出発してから x 秒後の△APCの面積をＳ㎠，△AQCの面積をＴ㎠とする。

このとき，次の①，②の問いに答えなさい。

ただし，点Ｐが頂点Ａにあるときは $\mathrm{S}=0$，点Ｑが頂点Ｃにあるときは $\mathrm{T}=0$ とする。

①　$0 \leqq x \leqq 20$ のとき，Ｓを x を用いて表しなさい。

②　$14 \leqq x \leqq 20$ のとき，$\mathrm{S}=\mathrm{T}$ となる x の値を求めなさい。

図 2

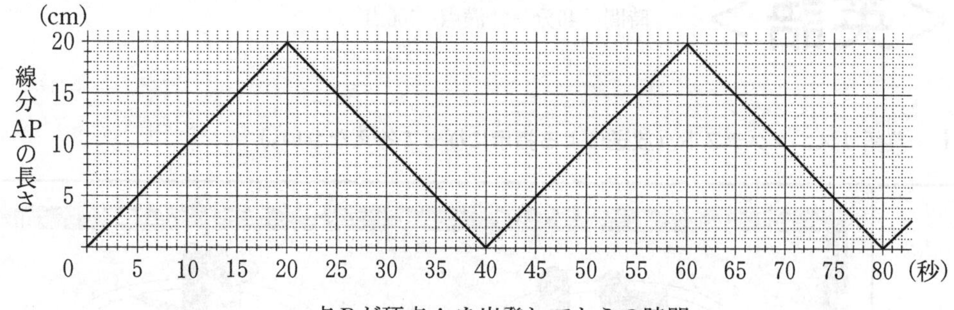
(cm)
20
15
10
5
0
線分APの長さ
5 10 15 20 25 30 35 40 45 50 55 60 65 70 75 80 (秒)
点Pが頂点Aを出発してからの時間

図 3

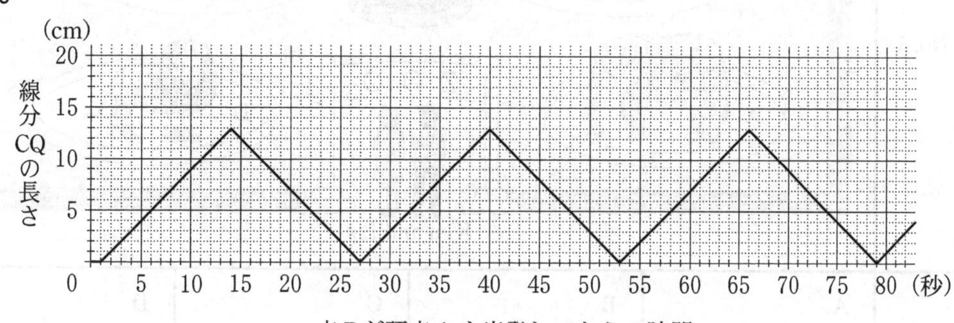
(cm)
20
15
10
5
0
線分CQの長さ
5 10 15 20 25 30 35 40 45 50 55 60 65 70 75 80 (秒)
点Pが頂点Aを出発してからの時間

＜英語＞

時間　40分　　満点　100点

1　英語リスニングテスト（放送による指示に従って答えなさい。）

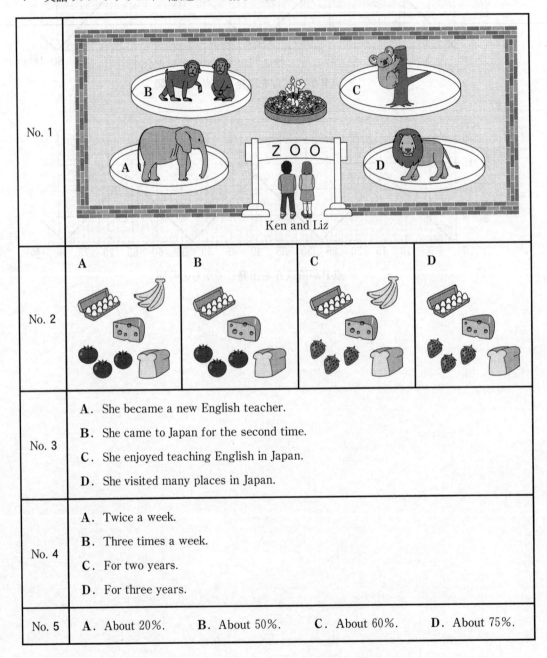

No. 1	ZOO / A / B / C / D / Ken and Liz
No. 2	A　B　C　D
No. 3	A．She became a new English teacher. B．She came to Japan for the second time. C．She enjoyed teaching English in Japan. D．She visited many places in Japan.
No. 4	A．Twice a week. B．Three times a week. C．For two years. D．For three years.
No. 5	A．About 20%.　B．About 50%.　C．About 60%.　D．About 75%.

2　英語リスニングテスト（放送による指示に従って答えなさい。）

Alexander Bus Trips

Ticket Number：*DPH*（① ＿＿＿＿＿＿）

Name：*Mary*（② □□□□□□□）

3　次の⑴～⑶のそれぞれの対話文を完成させなさい。ただし，（　）の中のア～オを正しい語順に並べかえ，その順序を符号で示しなさい。

⑴　A：I went to London last summer.
　　B：Really?　I（ア before　イ been　ウ there　エ never　オ have）.

⑵　A：Can you tell me who Bob is?
　　B：The（ア man　イ next　ウ standing　エ tall　オ to）Laura is Bob.

⑶　A：These（ア sent　イ the　ウ are　エ Mom　オ letters）to me when I was thirteen years old.
　　B：What did she write to you?

4　次の**質問**に対し，あなたの考えを英語で書き，**答え**を完成させなさい。

Ⓐは，I think so, too. またはI don't think so. のいずれか一方を選んで◯で囲み，Ⓑには，Ⓐを説明する内容の英文を書くこと。

ただし，Ⓑについては，**15語程度**（．，？！などの符号は語数に含まない。）とし，２文以上になってもよい。

質問　Some people say that it is better for students to walk to school than to go by bike.　What do you think about this?

答え　Ⓐ｛I think so, too. / I don't think so.｝　Ⓑ（　　　　　　　　　　　　　　　　　　　）

5　次の⑴，⑵の問いに答えなさい。

⑴　次の英文を読んで，あとの問いに答えなさい。

There are many kinds of butterflies in the world.　You may be surprised if you see one with numbers on its wings.　Some scientists write numbers on butterflies' wings to learn how far they can fly.　If you catch a butterfly which has numbers on its wings, you can（ Ⓐ ）the numbers with those scientists by phone or e-mail.　Then the scientists will ask where and when you caught it.　From that information, the scientists can learn where the butterflies flew, and when they arrived there.　Some butterflies from Japan are even found in distant places like Taiwan.　How were those butterflies able to fly such a long way?　How do they have so much energy in such small bodies? There are many things that we don't know about them, but you can help (Ⓑ) if you find one with numbers on its wings.

(注) butterfly チョウ　wing 羽根　distant 遠い　Taiwan 台湾

本文中の（Ⓐ），（Ⓑ）に入る最も適当な語を，それぞれ次のア～エのうちから一つずつ選び，その符号を書きなさい。

Ⓐ ア choose　イ mean　ウ share　エ watch

Ⓑ ア butterflies　イ scientists　ウ Taiwan　エ yourself

(2) 次の旅行のパンフレットを読んで，あとの①，②の問いに答えなさい。

Information

Niue is a small island, and may be one of the smallest countries in the world. It is about 2, 400 km northeast of New Zealand. Niue is 20 hours behind Japan. It is usually warm all year. Niuean and English are spoken there. There are about 1, 500 people on this island.

Did you know?

◆Niue has beautiful beaches, and good places for swimming and surfing.

◆You can see whales and dolphins.

◆Rugby is the most popular sport.

◆Niue has only 14 villages.

◆The people of Niue are very friendly and kind to visitors.

Welcome to the island country of...
Niue

Are you looking for a warm place to visit? It's easy to travel to Niue. Niue is only 3 hours and 30 minutes from New Zealand by plane. Please call us now. Your life won't be the same!

Niue AP Travel

☎ (555)−6483

(注) Niue ニウエ（国名）　northeast 北東　New Zealand ニュージーランド
Niuean ニウエ語　surfing サーフィン　whale クジラ　rugby ラグビー

① このパンフレットの内容に関する次の質問に，英語で答えなさい。

What time and day is it in Niue if it is 6 p.m. on Tuesday in Japan?

② このパンフレットの内容に合っているものを，次のア～エのうちから一つ選び，その符号を書きなさい。

ア From New Zealand, it is not difficult to fly to Niue.
イ The largest village in Niue has only 1,500 people who speak Niuean.
ウ Niue is a warm island country, so the visitors are very friendly.
エ Surfing is more popular than any other sport in Niue.

6 次の英文は，大学生のジェイソン（Jason）が，ある中学校でプラスチック汚染（plastic pollution）についてスピーチをした原稿です。この原稿を読んで，あとの(1)～(5)の問いに答えなさい。

Hello, everyone. My name is Jason. I am nineteen years old. Today, I am going to talk about plastic pollution. Let's start with ①this picture. Plastic is made from oil. If you look around, you can find many plastic products. For example, plastic is used to make bottles, bags, straws, toys, computers, and even clothes. Plastic is useful because it can be different colors, shapes, and sizes.

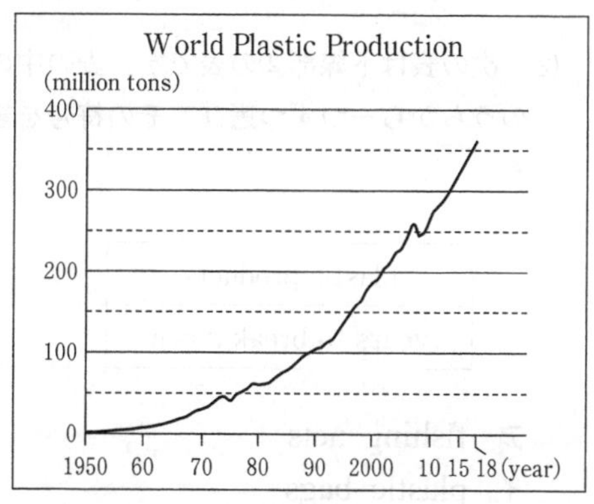

Production of plastic began about 150 years ago. In the 1950s, products made from plastic became very popular. People were happy to use them every day. As this graph shows, the production of plastic has increased since then. World plastic production in 1977 was only 50 million tons. It became 100 million tons in 1989, and 200 million tons in 2002. It was over 350 million tons in 2018. The number is still growing each year.

Many plastic products are used only once, then thrown away. Much of this plastic waste can be found in the oceans later. Look at ②this table. When plastic waste goes into the ocean, it stays there for a long time. For example, plastic bottles take more than 400 years to break down. Plastic bags don't take as long as plastic bottles to break down, but it still takes about the same number of years as my age. Fishing nets take the longest to break down among the three. Many sea animals and birds eat plastic waste by mistake. Because of this, many of them die. Scientists say there will be more plastic in the ocean than fish by 2050.

The situation of plastic pollution is getting worse, so we have to do something to stop it. This is my message to you. You should understand how much plastic you use every day, and think about how to use less. Don't use too many plastic bags, bottles, or straws. If you use them, do your best to recycle them. Finally, you should bring your own bag when you go shopping. I believe our efforts will help to save the ocean. From this year, 2020, let's say "NO" to plastic pollution!

（注） product 製品　straw ストロー　production 生産（量）　the 1950s 1950年代
graph グラフ　million tons 百万トン　throw ~ away ~を捨てる　waste ごみ
ocean 大洋，海　table 表　break down 分解される　fishing net 魚網
by mistake 間違えて　worse より悪く　less より少なく

(1) 下線部①の絵として最も適当なものを，次のア～エから一つ選び，その符号を書きなさい。

ア　イ　ウ　エ

(2) 次の表は下線部②の表です。表の中のⒶ～Ⓒに入る最も適当なものを，それぞれ下のア～ウのうちから一つずつ選び，その符号を書きなさい。ただし，同じ符号を二度選んではいけません。

plastic products	Ⓐ	Ⓑ	Ⓒ
years to break down	20	450	600

ア fishing nets
イ plastic bags
ウ plastic bottles

(3) 本文の内容に関する次の質問に，英語で答えなさい。

Why do many sea animals and birds die?

(4) 本文の内容と合うように，次の英文の（　）に最も適当な英単語１語を本文中から抜き出して書きなさい。

Jason told the students that we should recycle plastic more and try to (　) using it so much to save the ocean.

(5) 本文（グラフを含む）の内容に合っているものを，次のア～エのうちから一つ選び，その符号を書きなさい。

ア People have worried about plastic pollution for more than 150 years.
イ In 2015, plastic production was more than 350 million tons.
ウ People use most plastic products many times and throw them away.
エ Scientists say that there will be more plastic in the sea than fish in 30 years.

7　中学生のベン（Ben）とお父さんが話をしています。この対話文を読んで，(1)～(4)に入る最も適当な英文を，それぞれあとのア～エのうちから一つずつ選び，その符号を書きなさい。

Father: Hi, Ben. You look serious. What are you doing?
Ben: I am doing my homework. I have to write a speech about my motto by next week, but [(1)] Do you have a motto, Dad?
Father: Good question. Well, I think my favorite motto is [(2)] I always keep this in mind.
Ben: That's nice. How did you get this motto?
Father: Well, I learned it from your mother. As you know, she is always smiling. She makes our family happy. I believe if you are always smiling, bad things go away.
Ben: I feel the same. Do you mean [(3)]
Father: That's right. You should always think positively. If you are always thinking negatively, you can't enjoy your life. You'll never find a rainbow if you're looking down.
Ben: Wow! That's cool, Dad.
Father: What? [(4)]
Ben: Yes, you did! Thank you for your advice.

（注） motto　モットー（日常生活における努力の目標として掲げる言葉）
keep ～ in mind　～を心にとめておく　positively　前向きに　negatively　後ろ向きに
rainbow　虹

(1) ア I have just finished writing it.
イ I have a good motto to write.
ウ I don't know the meaning of "motto."
エ I don't have any ideas.

(2) ア "Seeing is believing."
イ "Smiling makes you happy."
ウ "Learn by doing."
エ "Practice makes perfect."

(3) ア we shouldn't use my idea?
イ we shouldn't worry too much?
ウ I should look for my mother?
エ I should write my speech now?

(4) ア Did you find your motto by yourself?
イ Did you start thinking positively?
ウ Did I say something cool?
エ Did I say something wrong?

＜理科＞

時間　40分　満点　100点

1　Sさんは，休日に博物館で化石の展示を観察しました。これに関する先生との会話文を読んで，あとの⑴～⑷の問いに答えなさい。

Sさん：先日博物館で，図1のようなデスモスチルスの歯の化石を観察しました。

先　生：それはよい経験をしましたね。地球の歴史は，見つかる化石などのちがいをもとにして，いくつかの時代に区分されています。これを地質年代といいます。デスモスチルスは，新生代という地質年代に生きていた生物であり，示準化石として用いられます。

図1

1 cm

Sさん：貴重な化石なのですね。私も野外で，岩石の中から化石を見つけてみたいです。

先　生：化石を見つけたいのであれば，地層として堆積したものが固められてできた岩石を観察すると良いですね。千葉県には新生代の地層が広く分布しており，絶滅した貝などの化石が多く見つかっています。

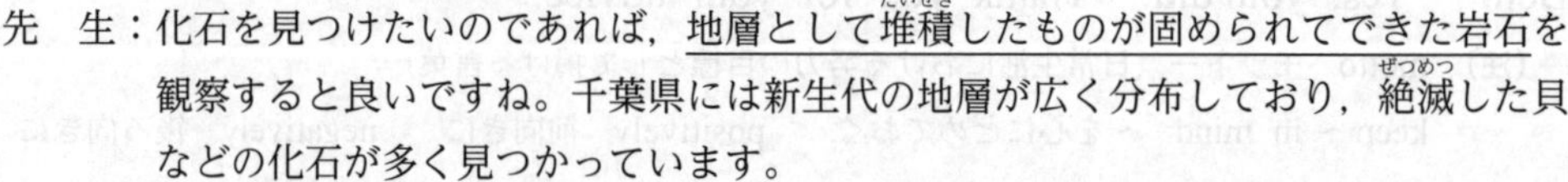

Sさん：そうなのですね。千葉県では，新生代以外の地質年代の化石も見つかっていますか。

先　生：はい。図2は，銚子市にある中生代の地層から見つかった化石です。何かわかりますか。

Sさん：これは［　m　］という海の生物の化石ですね。

先　生：そのとおりです。北海道では，中生代の海の地層から恐竜の全身の化石が発見されたのですよ。

Sさん：すごいですね。恐竜が生きていた中生代にできた千葉県の地層がどのようなものか，今度見学に行きたいと思います。

図2

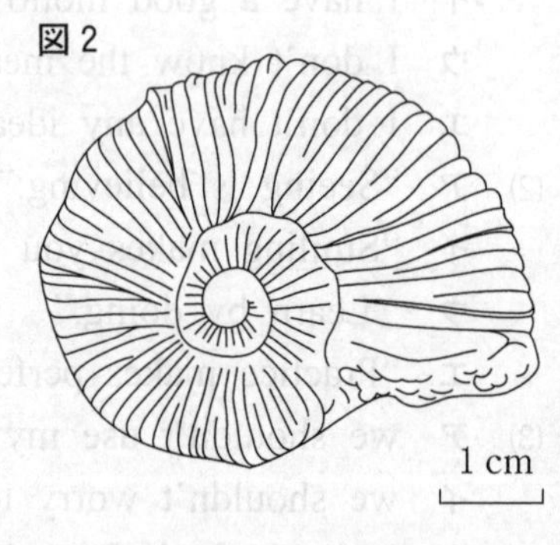

1 cm

⑴　下線部のような岩石として適当でないものを，次のア～エのうちから一つ選び，その符号を書きなさい。

ア　れき岩　　イ　砂　岩　　ウ　安山岩　　エ　チャート

⑵　会話文中の［　m　］にあてはまる生物として最も適当なものを，次のア～エのうちから一つ選び，その符号を書きなさい。

ア　フズリナ　　イ　アンモナイト　　ウ　ビカリア　　エ　サンヨウチュウ

⑶　次のページの図3は，互いに離れた場所にある露頭A～Cのようすを模式的に表したもので

あり，図３中の貝の絵は，それぞれの地層にふくまれる貝の化石の種類を示している。これらの地域には，古い順に時代Ⅰ～Ⅳという異なる時代にできた地層があることが，示準化石などからわかっている。なお，露頭Ｂでは時代Ⅳの地層を観察することができなかった。図３中の貝の化石のうち，示準化石として最も適当なものを，あとのア～エのうちから一つ選び，その符号を書きなさい。

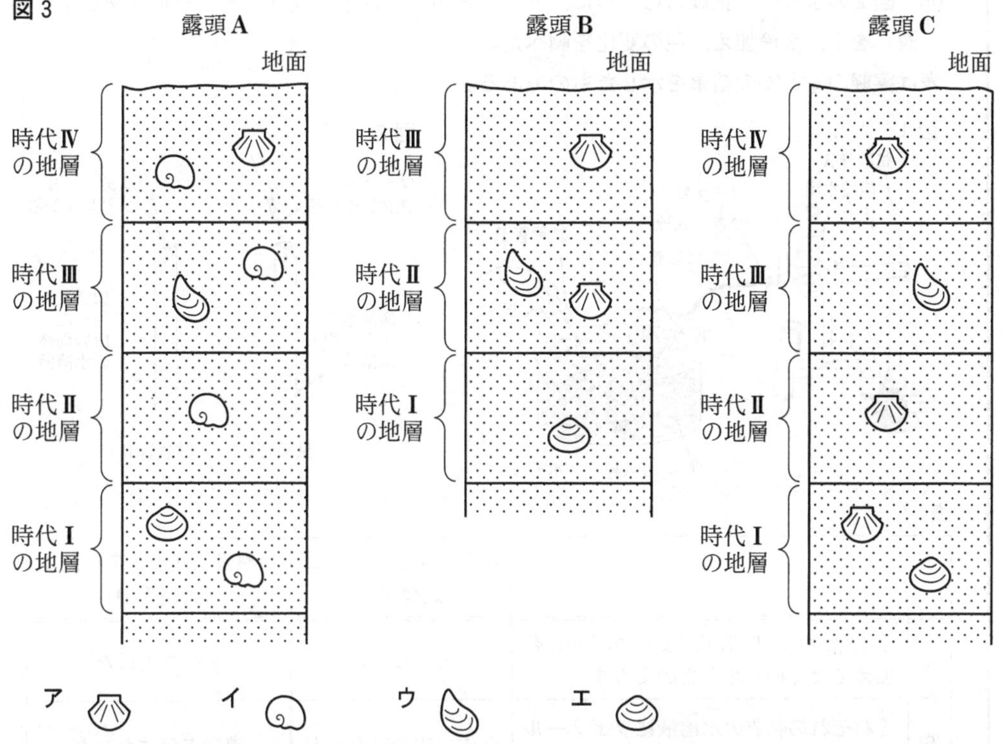

(4)　化石には示相化石とよばれるものがある。示相化石からは何が推定できるか，15字以内（読点を含む。）で書きなさい。

2　炭酸水素ナトリウムを加熱したときの変化について調べるため，次の**実験**を行いました。これに関して，あとの(1)～(4)の問いに答えなさい。

実験

①　次のページの図１のように，炭酸水素ナトリウム1.5ｇをかわいた試験管Ａに入れ，加熱したところ，気体が発生した。ガラス管から試験管１本分程度の気体が出た後，引きつづき，ガラス管から出てきた気体を試験管Ｂに集め，水中でゴム栓をした。

②　さらに加熱しつづけたところ，気体が発生しなくなったので，ガラス管を水そうの水から出した後，加熱をやめた。試験管Ａ内に白い固体が残り，試験管Ａの口の内側に液体がついていた。

③　①で気体を集めた試験管Ｂに，石灰水を加えてよく振ったところ，石灰水は白くにごった。

④ 試験管Aが十分に冷えてから，ガラス管つきゴム栓を外し，試験管Aの口の内側についた液体に m 紙をつけたところ， n になった。

⑤ 試験管Cには炭酸水素ナトリウムを，試験管Dには試験管Aの加熱後に残った白い固体を，それぞれ0.5g入れた。次に，試験管C，Dに，同じ温度の水5mLをそれぞれ加えてよく振り，とけ方のちがいを調べた。

⑥ 図2のように，試験管C，Dに，フェノールフタレイン液（フェノールフタレイン溶液）を1，2滴(てき)加え，色の変化を調べた。

表は実験の⑤と⑥の結果を示したものである。

図1

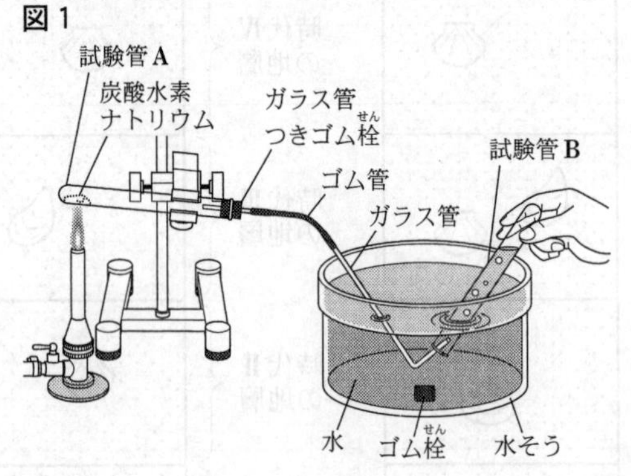

図2

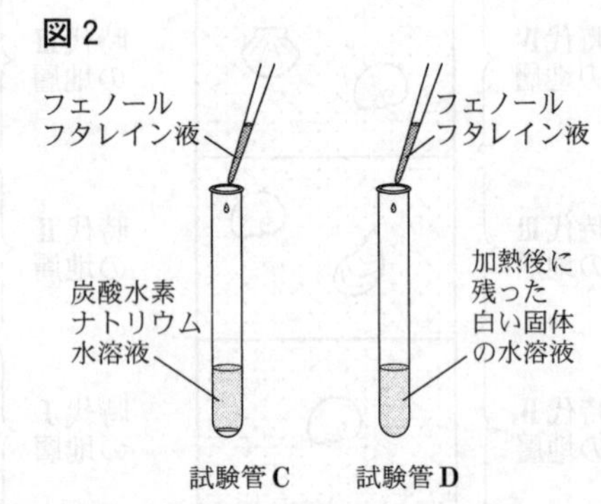

表

		炭酸水素ナトリウム（試験管C）	加熱後に残った白い固体（試験管D）
⑤	それぞれの物質0.5gに水5mLを加えてよく振ったときのようす	とけ残った	すべてとけた
⑥	それぞれの物質の水溶液(すいようえき)にフェノールフタレイン液を加えたときのようす	うすい赤色になった	濃(こ)い赤色になった

⑴ 次の文は，実験の②で，下線部の操作をした理由について述べたものである。文中の v にあてはまる内容を簡潔に書きなさい。

加熱していた試験管Aに v ことを防ぐため。

⑵ 実験の④の結果から，加熱後の試験管Aの口の内側についた液体は水であることがわかった。文中の m ， n にあてはまるものの組み合わせとして最も適当なものを，次のア～エのうちから一つ選び，その符号を書きなさい。

ア m：青色リトマス　n：青色から赤色
イ m：赤色リトマス　n：赤色から青色
ウ m：塩化コバルト　n：青色から赤色
エ m：塩化コバルト　n：赤色から青色

⑶ 次のページの文は，表に示された結果からわかることについて述べたものである。文中の w ， x にあてはまるものの組み合わせとして最も適当なものを，あとのア～エのうちか

ら一つ選び，その符号を書きなさい。

> 加熱後に残った白い固体は，炭酸水素ナトリウムよりも水に [w] ，加熱後に残った白い固体の水溶液は，炭酸水素ナトリウム水溶液よりも強い [x] である。

ア　w：とけやすく　　x：酸　性
イ　w：とけやすく　　x：アルカリ性
ウ　w：とけにくく　　x：酸　性
エ　w：とけにくく　　x：アルカリ性

(4)　次の化学反応式は，**実験**で，炭酸水素ナトリウムを加熱したときの化学変化を表したものである。[y] にあてはまる数を書きなさい。また，[z] にあてはまる化学式を書きなさい。なお，$NaHCO_3$は炭酸水素ナトリウムの化学式であり，Na_2CO_3は加熱後に残った白い固体の化学式である。

$$\boxed{y}\ NaHCO_3 \longrightarrow Na_2CO_3 + \boxed{z} + H_2O$$

3　ヒトのだ液のはたらきについて調べるため，次の**実験**を行いました。これに関して，あとの(1)～(4)の問いに答えなさい。

実験

①　**図1**のように，試験管A，Bには，0.5%のデンプン水溶液(すいようえき)を10mLずつと，水でうすめただ液を2mLずつ入れ，それぞれ混ぜ合わせた。試験管C，Dには，0.5%のデンプン水溶液を10mLずつと，水を2mLずつ入れ，それぞれ混ぜ合わせた。

次に，**図2**のように，試験管A～Dをビーカー内の約40℃の湯に10分間つけた。

②　ビーカーから試験管A～Dを取り出し，**図3**（次のページ）のように，試験管A，Cにはヨウ素液（ヨウ素溶液）を数滴(すうてき)加えて，デンプンの有無を調べた。また，試験管B，Dにはベネジクト液（ベネジクト溶液）を少量加えて，麦芽糖(ばくがとう)（ブドウ糖が2つつながったもの）の有無を調べた。なお，試験管B，Dにはベネジクト液を加えた後，どちらの試験管にも同じ<u>ある操作</u>を行った。**表**（次のページ）は，**実験**の結果をまとめたものである。

図1

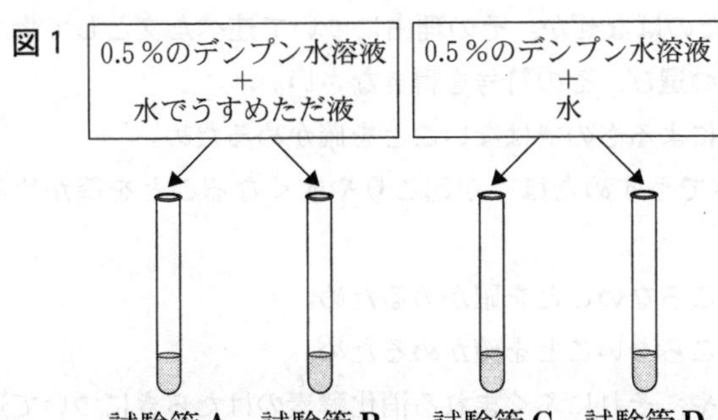

図2

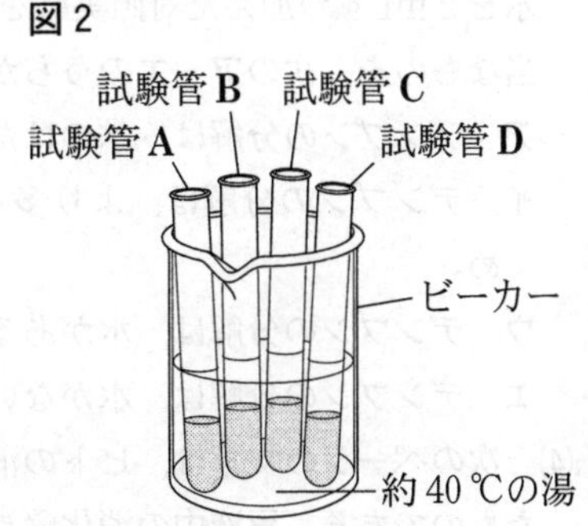

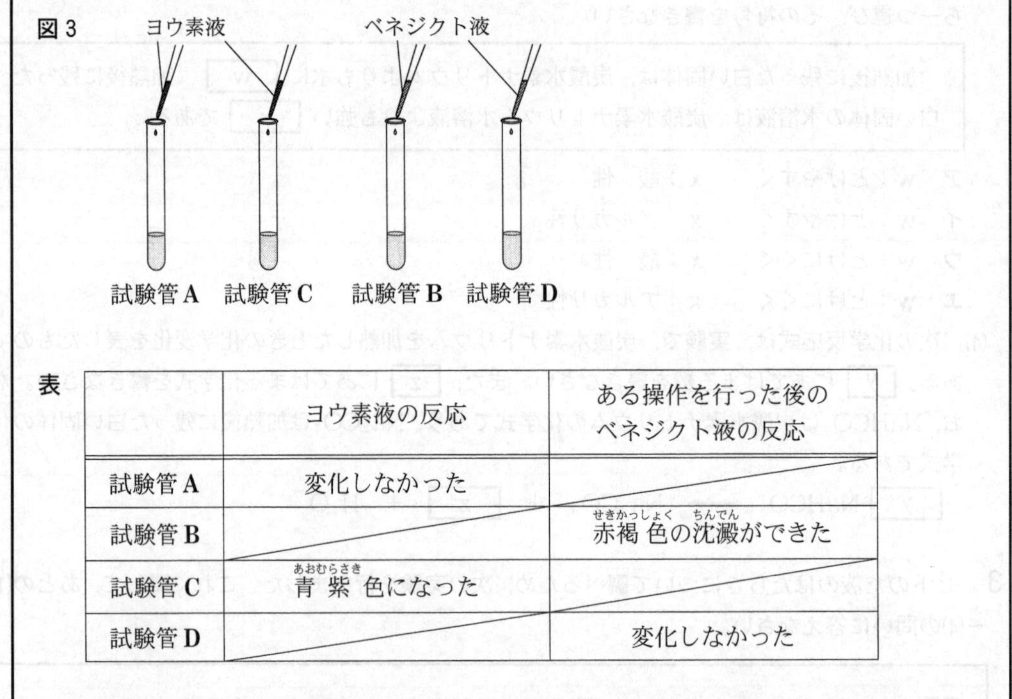

表

	ヨウ素液の反応	ある操作を行った後のベネジクト液の反応
試験管A	変化しなかった	
試験管B		赤褐色の沈殿ができた
試験管C	青紫色になった	
試験管D		変化しなかった

⑴　実験の②の下線部について，ある操作とは，どのような操作か，簡潔に書きなさい。

⑵　次の文章は，実験の結果からわかることについて述べたものである。文章中の［w］～［z］にあてはまる試験管として最も適当なものを，あとのア～エのうちからそれぞれ一つずつ選び，その符号を書きなさい。

> ［w］と［x］の結果を比べると，［w］ではデンプンが分解されたことがわかる。また，［y］と［z］の結果を比べると，［y］に麦芽糖ができたことがわかる。

ア　試験管A　　イ　試験管B　　ウ　試験管C　　エ　試験管D

⑶　試験管A，Bには，水でうすめただ液を2mLずつ加えたことに対して，試験管C，Dには，水を2mLずつ加えた対照実験を行ったのはなぜか。その理由について述べた文として最も適当なものを，次のア～エのうちから一つ選び，その符号を書きなさい。

ア　デンプンの分解は，水のはたらきによるものではないことを確かめるため。

イ　デンプンの分解は，より多くの水でうすめたほうが起こりやすくなることを確かめるため。

ウ　デンプンの分解は，水があると起こらないことを確かめるため。

エ　デンプンの分解は，水がないと起こらないことを確かめるため。

⑷　次のページの文章は，ヒトの消化液や，それにふくまれる消化酵素のはたらきについて述べたものである。胃液中の消化酵素および，すい液中の消化酵素が分解する物質について述べた文として最も適当なものを，あとのア～エのうちからそれぞれ一つずつ選び，その符号を書きなさい。ただし，物質Ⅰ，物質Ⅱは，一方がタンパク質で，もう一方が脂肪である。

胆汁は，物質Ⅰを水に混ざりやすい状態にする。また，小腸の壁の消化酵素は，物質Ⅱやデンプンが分解されたものを，さらに小さな物質に分解する。

ア　物質Ⅰのみを分解する。　　イ　物質Ⅱのみを分解する。
ウ　物質Ⅰ，物質Ⅱを分解する。　　エ　物質Ⅰ，物質Ⅱ，デンプンを分解する。

4　台車の運動について調べるため，次の**実験**１，２を行いました。これに関して，あとの(1)～(4)の問いに答えなさい。ただし，台車と水平な机の間の摩擦，台車と斜面の間の摩擦，紙テープと記録タイマーの間の摩擦，空気抵抗，紙テープの質量は考えないものとします。

実験１

図１のように，１秒間に50回打点する記録タイマーを水平な机の上に固定し，記録タイマーに通した紙テープの一端を台車に取り付けた。記録タイマーのスイッチを入れ，台車を矢印の方向に手で静かに押した後，その手をはなした。

このときの台車の運動のようすを，記録タイマーで紙テープに記録した。**図２**は，打点が重ならずはっきりと判別できる点を基準点とし，記録された紙テープを基準点から５打点ごとに切り，時間の経過の順に①～⑧として，左から台紙にはりつけたものである。

図１

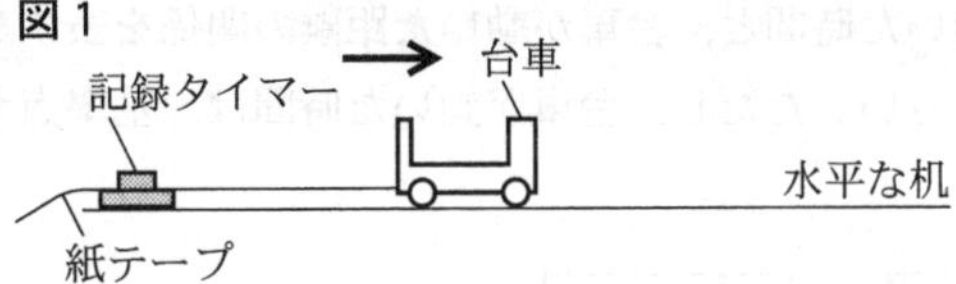

図２

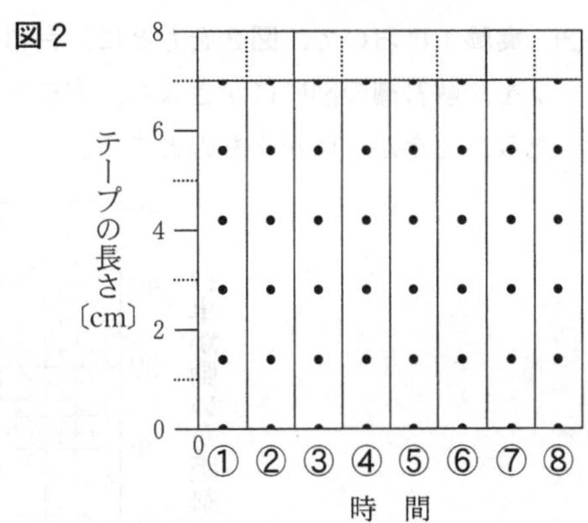

実験２

図３のように，１秒間に50回打点する記録タイマーを斜面上に固定し，記録タイマーに通した紙テープの一端を台車に取り付けた。台車の先端を斜面上のＡ点にあわせて置き，記録タイマーのスイッチを入れると同時に，台車を支えた手を静かにはなしたところ，台車は速さを増し，斜面を下った。

図３

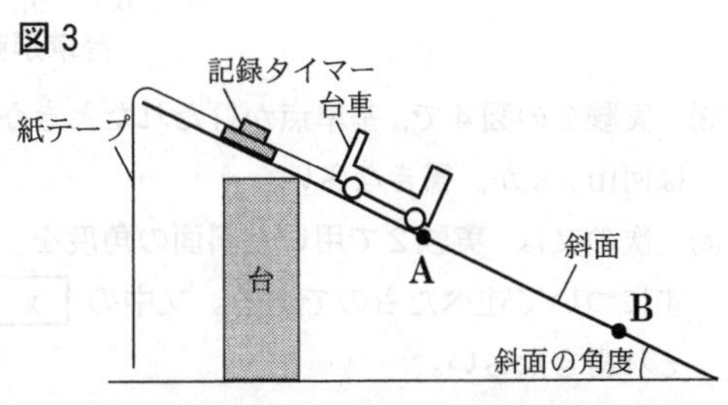

このとき，台車の先端がＢ点を通過するまでの，台車の運動のようすを，記録タイマーで紙テープに記録した。図４（次のページ）は，**実験１**と同様に，記録された紙テープを基準

点から５打点ごとに切り，時間の経過の順に①～⑧として，左から台紙にはりつけたものである。

図４

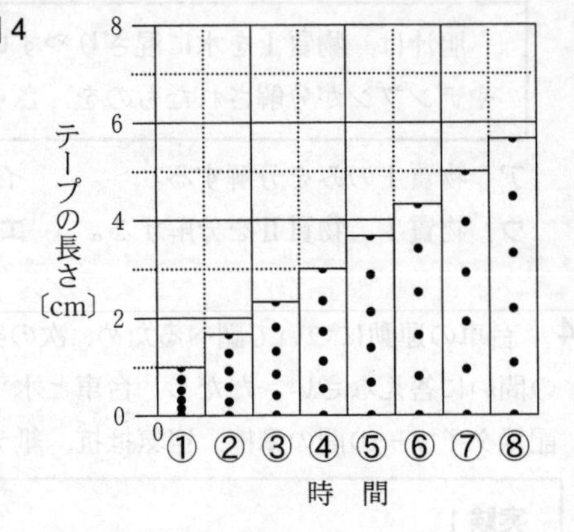

(1)　**実験１**で，手をはなした後の台車には，どのような力がはたらいているか。次のア～エのうちから最も適当なものを一つ選び，その符号を書きなさい。

ア　重力
イ　重力と垂直抗力（こうりょく）
ウ　重力と垂直抗力と運動している向きの力
エ　垂直抗力と運動している向きの力

(2)　**実験１**において，**図２**をもとに，台車が動いた時間と，台車が動いた距離の関係を表すグラフを，解答欄の図中にかき入れ，完成させなさい。ただし，台車が動いた時間は，基準点が打たれたときからはかるものとする。

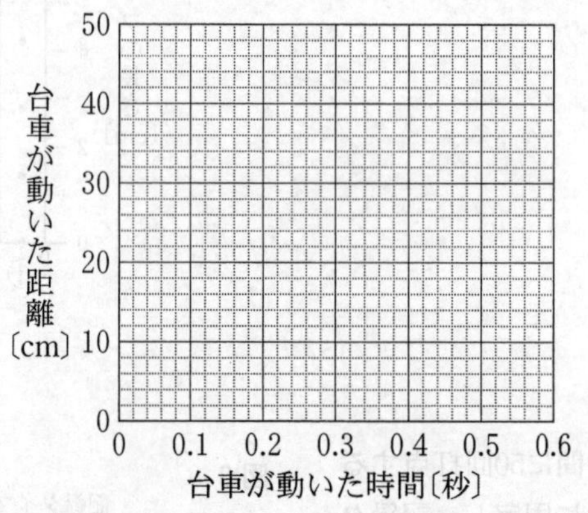

(3)　**実験２**の**図４**で，基準点が打たれたときから，0.6秒後から0.7秒後までの，台車の平均の速さは何m／sか，書きなさい。

(4)　次の文は，**実験２**で用いた斜面の角度を，10°大きくしたときの，斜面上の台車の運動のようすについて述べたものである。文中の［x］，［y］にあてはまる最も適当なことばを，それぞれ書きなさい。

> 斜面の角度が大きくなると，台車にはたらく重力の大きさは［x］が，台車にはたらく重力の，斜面に平行な分力の大きさが［y］ので，台車の先端がＢ点を通過するときの速さは速くなる。

5　Sさんたちは，自然界における生物どうしのつながりを，２つのテーマについて調べ，発表しました。これに関する会話文を読んで，あとの(1)～(3)の問いに答えなさい。

Sさん：これから発表を始めます。私は，ある地域における，生物の個体数の増減について調べました。この地域には草食動物と，それを食べるヤマネコなどの肉食動物がおり，その数量のつり合いが保たれていました。そこに1880年ごろ，他の地域から持ちこまれたカンジキウサギが野生化して急激に増え，ヤマネコの数に大きな影響（えいきょう）を与えました。図１は，そのカンジキウサギとヤマネコの個体数の増減について，まとめたパネルです。

図１

①　カンジキウサギが野生化し，個体数が増えた。
②　カンジキウサギを食物として，ヤマネコの個体数が増えた。
③　カンジキウサギが食べる草の不足や，ヤマネコによる捕食によって，カンジキウサギの個体数が減った。
④　食物が不足したヤマネコは，個体数が減った。
⑤　ヤマネコに食べられることが少なくなり，カンジキウサギの個体数が増えた。
⑥　②に戻り，②～⑤の変化がくり返されるようになった。

長い時間ののち，もとの状態とはちがう，食べる・食べられるの関係ができた。

カンジキウサギとヤマネコ

Tさん：もともとその場所にすんでいた生物に，影響がおよぶことがあるのですね。
Sさん：はい。その地域に本来はいなかったが，[x] によって持ちこまれ，定着した生物を，[y] といいます。
先　生：そうですね。この [y] については，千葉県内でも問題になっているようです。では次にTさん，発表をお願いします。
Tさん：はい。私は，分解されにくい物質が食物とともに生物に取りこまれ，高い濃度（のうど）で体内に蓄積（ちくせき）される現象を調べました。これを生物 [z] といいます。
先　生：そうですね。発表を続けてください。
Tさん：図２は，Ｌ湖という湖に流入した殺虫剤（さちゅうざい）の，生物体内における濃度をまとめたものです。単位のppmは100万分の１を表すので，Ｌ湖にすむ大型の魚の体重を１kgとすると，この魚の体内には2.05mgの殺虫剤がふくまれていることになります。

図２

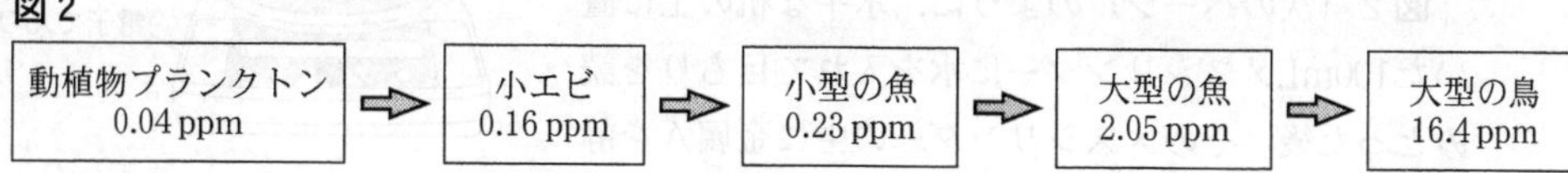

Sさん：食物連鎖の上位の生物ほど，殺虫剤の体内の濃度は高くなっていますね。
先　生：そのとおりです。みなさん，よく調べましたね。

(1) 会話文中の x ， y にあてはまるものの組み合わせとして最も適当なものを，次のア～エのうちから一つ選び，その符号を書きなさい。

ア　x：自然がもたらす災害　y：消費者
イ　x：自然がもたらす災害　y：外来種
ウ　x：人間の活動　y：消費者
エ　x：人間の活動　y：外来種

(2) 図１で，②～⑤の変化がくり返されるようになったとき，カンジキウサギとヤマネコの個体数やその増減を説明している文として最も適当なものを，次のア～エのうちから一つ選び，その符号を書きなさい。

ア　個体数はカンジキウサギのほうが多く，カンジキウサギが減ると，続いてヤマネコも減る。
イ　個体数はカンジキウサギのほうが多く，ヤマネコが減ると，続いてカンジキウサギも減る。
ウ　個体数はヤマネコのほうが多く，カンジキウサギが減ると，続いてヤマネコも減る。
エ　個体数はヤマネコのほうが多く，ヤマネコが減ると，続いてカンジキウサギも減る。

(3) Tさんの発表について，次の(a)，(b)の問いに答えなさい。

(a) 会話文中の z にあてはまる最も適当なことばを，書きなさい。

(b) 会話文中の下線部について，体内に取りこまれた殺虫剤が分解されたり体外に排出されたりすることはないものとしたとき，図２における大型の鳥は，Ｌ湖にすむ大型の魚を何匹食べたことになるか。次のア～エのうちから最も適当なものを一つ選び，その符号を書きなさい。ただし，大型の鳥の体重を1.5kg，大型の魚の体重を400ｇとし，大型の鳥は大型の魚のみを丸ごと食べているものとする。また，Ｌ湖以外に殺虫剤が流入した湖などはないものとする。

ア　4匹　イ　8匹　ウ　30匹　エ　40匹

6　物質の密度について調べるため，次の**実験１**，２を行いました。金属Ａ～Ｃは，アルミニウム，鉄，銅のいずれかで，プラスチックＤ～Ｆは，ポリスチレン，PET（ポリエチレンテレフタラート），ポリプロピレンのいずれかです。これに関して，あとの(1)～(4)の問いに答えなさい。ただし，液体の密度は，水が1.0 g／cm³，エタノールが0.79 g／cm³，食塩水が1.2 g／cm³とします。また，1 mLは1 cm³です。

実験１

① 図１のように，金属Ａの質量を電子てんびんで測定した。

② 図２（次のページ）のように，水平な机の上に置いた100mLメスシリンダーに水を入れて目もりを読みとった後，そのメスシリンダーの中に金属Ａを静かに入れて再び目もりを読みとった。

図１

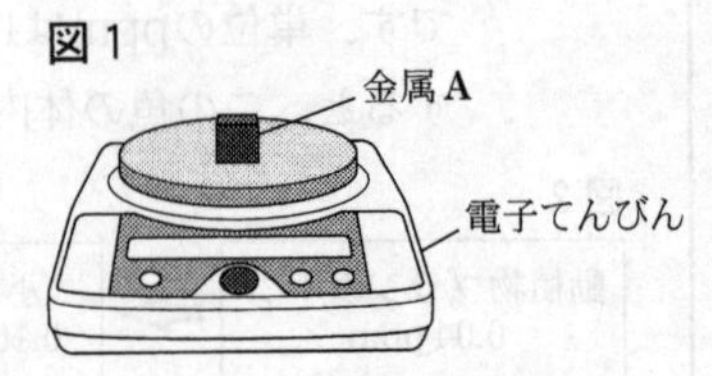

③　金属B，金属Cについても，金属Aと同様に①，②の操作をそれぞれ行った。

表1は，実験1の結果をまとめたものである。

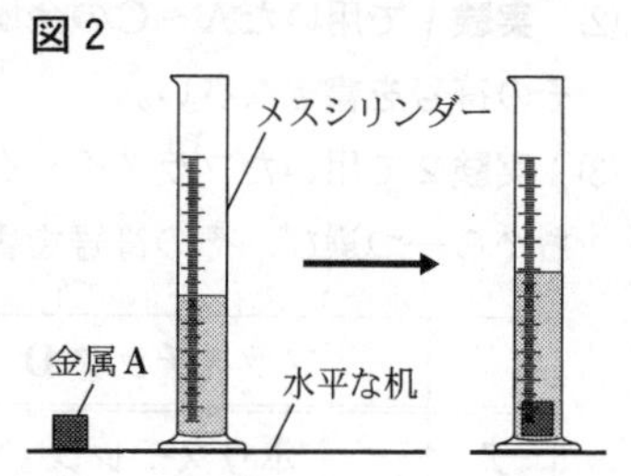

表1

	質量〔g〕	金属を入れる前のメスシリンダーの目もりの読み〔mL〕	金属を入れた後のメスシリンダーの目もりの読み〔mL〕
金属A	24.3	50.0	59.0
金属B	27.0	50.0	53.0
金属C	23.7	50.0	53.0

実験2

水，エタノール，食塩水をそれぞれビーカーに200mLずつ入れ，図3のように，立方体で同じ体積のプラスチックD～Fをピンセットではさみ，液体中に入れてから静かにはなし，プラスチックが浮く(う)か沈む(しず)かを観察した。

表2は，実験2の結果をまとめたものであり，表3は，実験2で用いたプラスチックの密度を示したものである。

表2

	プラスチックD	プラスチックE	プラスチックF
水	浮　く	沈　む	沈　む
エタノール	沈　む	沈　む	沈　む
食塩水	浮　く	沈　む	浮　く

表3

	密度〔g/cm^3〕
ポリスチレン	1.05
PET	1.38
ポリプロピレン	0.91

(1)　図4は，100mLメスシリンダーに水を入れ，液面と同じ高さに目の位置を合わせて見たときの，液面のようすを模式的に示したものである。このメスシリンダーで水を50.0mLはかりとるには，水をあと何mL加えればよいか。次のア～エのうちから最も適当なものを一つ選び，その符号を書きなさい。

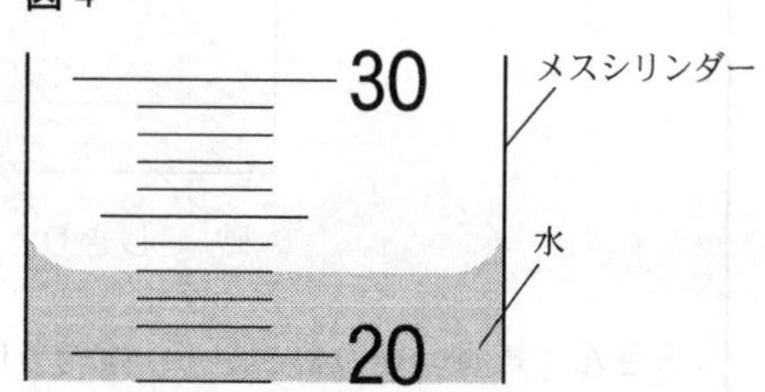

ア　23.0mL　　イ　24.0mL　　ウ　26.0mL　　エ　27.0mL

(2) 実験１で用いたＡ～Ｃの金属を，密度の大きいものから小さいものへ，左から順番に並べて，その符号を書きなさい。

(3) 実験２で用いたプラスチックＤ～Ｆの組み合わせとして最も適当なものを，次のア～エのうちから一つ選び，その符号を書きなさい。

	プラスチックＤ	プラスチックＥ	プラスチックＦ
ア	ポリスチレン	PET	ポリプロピレン
イ	ポリスチレン	ポリプロピレン	PET
ウ	ポリプロピレン	ポリスチレン	PET
エ	ポリプロピレン	PET	ポリスチレン

(4) 実験１，２で用いた，金属Ａ～ＣまたはプラスチックＤ～Ｆについて述べた文として適当でないものを，次のア～エのうちから一つ選び，その符号を書きなさい。

ア 金属Ａ～Ｃは電流を流さない性質があり，磁石（じしゃく）に引きつけられる。

イ 金属Ａ～Ｃは展性（てんせい）や延性（えんせい）があり，熱を伝えやすい。

ウ プラスチックＤ～Ｆは石油などを原料にしてつくられ，さまざまな製品に用いられる。

エ プラスチックＤ～Ｆは燃えると，二酸化炭素を発生する。

7 Ｓさんは，陸と海の間の大気の動きについて調べるため，次の**実験**を行いました。これに関する先生との会話文を読んで，あとの(1)～(4)の問いに答えなさい。

実験

図１のように，水そうの底の部分をしきりで２つに分け，片側に砂，もう片側に砂と同じ温度で同じ量の水を入れ，透明（とうめい）なふたをして水そう全体に日光を当てた。しばらく置き，しきりの上に火をつけた線香（せんこう）を立てたところ，煙（けむり）は砂の上のほうに流れて上昇（じょうしょう）した後，ふた付近を水の上のほうに移動して下降した。

図１

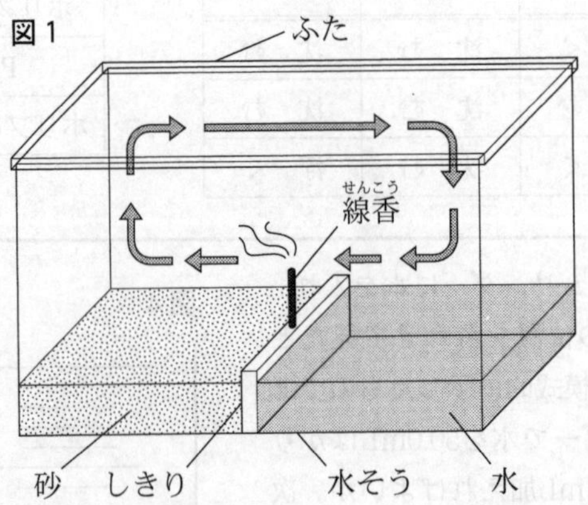

Ｓさん：線香の煙の動きから，水そう内の空気には，図１の矢印のような流れができたことがわかりました。なぜこのような流れができたのですか。

先　生：それは，砂と水ではあたたまり方がちがうからです。砂と水に日光が当たると，［x］のほうが先に温度が高くなり，［x］の上にある空気のほうが密度が［y］なって上昇し，気圧が低くなるので，水そうの底付近の空気が［x］のほうに流れこみます。晴れた日の昼，海岸付近では，このようなしくみで風がふくことがあり，海風（うみかぜ）といいます。

Sさん：この実験の砂は陸，水は海を表していたのですね。ところで海風は，海面上の水蒸気をふくんで，陸に向かって水蒸気を運んでいるのですか。

先　生：それはおもしろい点に注目しましたね。海風が陸上の空気の湿度（しつど）に影響（えいきょう）を与えているのか，湿度を観測するとわかるかもしれません。

Sさん：a<u>乾湿計（かんしつけい）を用いて</u>，海風がふく日とふかない日について，陸上の湿度を調べてみます。

先　生：いいですね。それでは次に，夏と冬の風のちがいを考えてみましょう。冬には大陸と海洋のどちらも低温になりますが，より冷たくなるほうの地表付近が高気圧になります。こうしてできた高気圧から気圧が低いほうに向かってふくのが［z］です。夏は冬とは逆向きにふきます。

Sさん：［z］は，日本の天気に大きな影響を与えると習いました。

先　生：そのとおりです。さらに，b<u>気団の勢力の変化も，天気に大きな影響を与えます</u>。図2は日本付近のおもな気団を模式的に示しています。気団の天気への影響を調べてみましょう。

図2

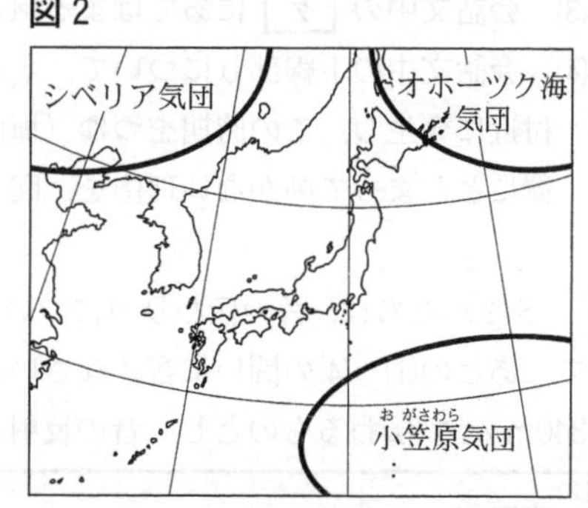

(1)　会話文中の［x］，［y］にあてはまるものの組み合わせとして最も適当なものを，次のア～エのうちから一つ選び，その符号を書きなさい。

ア　x：砂　　y：小さく
イ　x：砂　　y：大きく
ウ　x：水　　y：小さく
エ　x：水　　y：大きく

(2)　会話文中の下線部aについて，ある陸上の地点に設置した乾湿計の示度（しど）（目もりの読み）が図3のようになっているとき，この地点の湿度は何％か，書きなさい。なお，図3の①，②は，一方が乾球温度計，もう一方が湿球温度計を表し，温度の単位は℃である。また，表は湿度表の一部である。

（図3，表は次のページにあります。）

図3

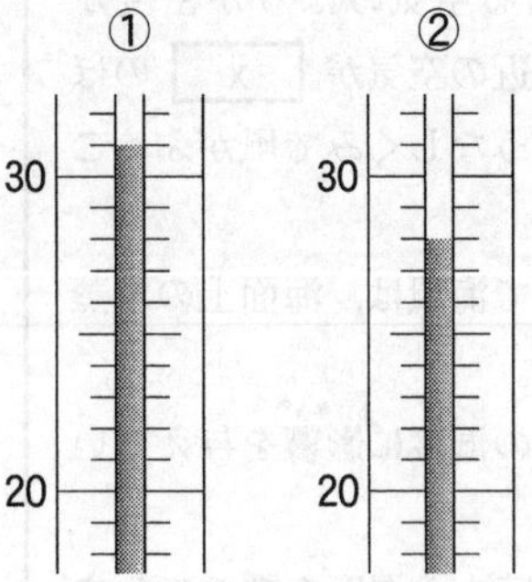

表

乾球温度計の示度（目もりの読み）〔℃〕	乾球温度計と湿球温度計との示度（目もりの読み）の差〔℃〕										
	0.0	0.5	1.0	1.5	2.0	2.5	3.0	3.5	4.0	4.5	5.0
32	100	96	93	89	86	82	79	76	73	70	66
31	100	96	93	89	86	82	79	75	72	69	66
30	100	96	92	89	85	82	78	75	72	68	65
29	100	96	92	89	85	81	78	74	71	68	64
28	100	96	92	88	85	81	77	74	70	67	64
27	100	96	92	88	84	81	77	73	70	66	63
26	100	96	92	88	84	80	76	73	69	65	62
25	100	96	92	88	84	80	76	72	68	65	61

(3) 会話文中の z にあてはまる風として最も適当な名称を書きなさい。

(4) 会話文中の下線部bについて，5月中旬（ちゅうじゅん）から7月下旬にかけて停滞前線（ていたいぜんせん）（梅雨前線（ばいうぜんせん））が日本付近に発生し，この時期をつゆ（梅雨）という。つゆの時期に，停滞前線が長い間ほぼ同じ位置にとどまって動かない理由を，**図2の気団の名称**を用いて，簡潔に書きなさい。

8 Sさんたちは，音の伝わり方について調べるため，次の**実験1**，**2**を行いました。これに関して，あとの(1)～(4)の問いに答えなさい。ただし，音は妨（さまた）げられることなく，空気中を一定の速さ340m/sで伝わるものとし，音の反射は考えないものとします。

実験1

先　生：振動（しんどう）し，音を発しているものを x といい，音さや行政無線放送のスピーカーなどがあります。

Sさん：以前，音は空気や水などが振動することで伝わると習いました。

先　生：そうです。それでは，図1のような装置を用いて，音さを鳴らして出た音をオシロスコープで調べてみましょう。

Sさん：音さを鳴らすと，図2のような音の波形が表示されました。

先　生：そうですね。他の音さでも調べてみましょう。

図1

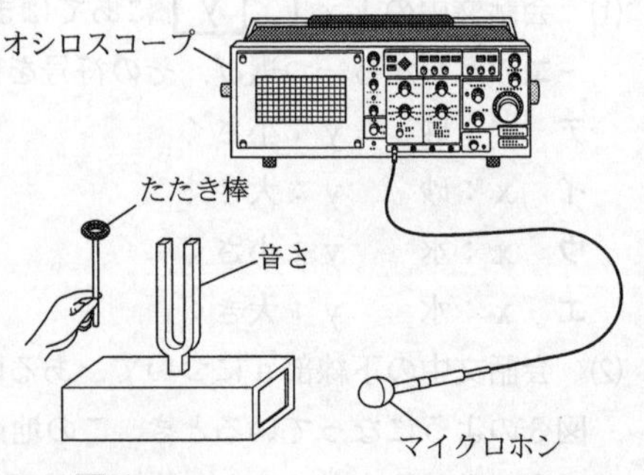

図2

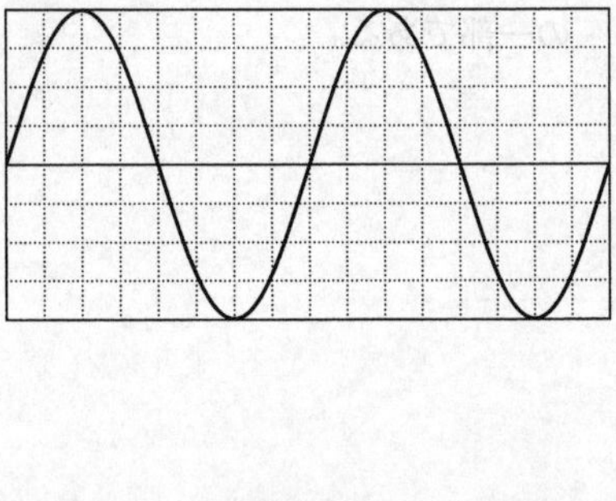

実験２

Ｓさんは，<方法>のように，Ａ～Ｅさんと，正午に流れ始める行政無線放送のチャイムのスピーカーの位置を調べた。なお，スピーカーは１つである。

<方法>

1　Ａ～Ｅさんは，同じ高さの５地点にて，それぞれチャイムが聞こえ始めた時刻を記録する。

2　Ａ～Ｅさんがチャイムを聞いた地点を，**図３**の地図上に，それぞれ地点Ａ～Ｅとして記録する。

3　**図４**のように，**図３**の上に方眼用紙を重ね，地点Ａ～Ｅを記入し，スピーカーの位置を求める。ただし，方眼用紙の１目もりは，170mを表し，スピーカーと地点Ａ～Ｅは，同一水平面上にあるものとする。また，**図４**の地点Ｏ～Ｒは，Ｓさんがスピーカーの位置を予想した地点である。

図３

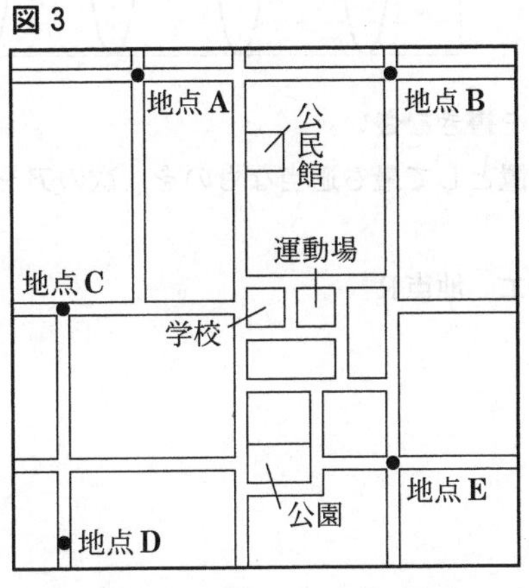

図４

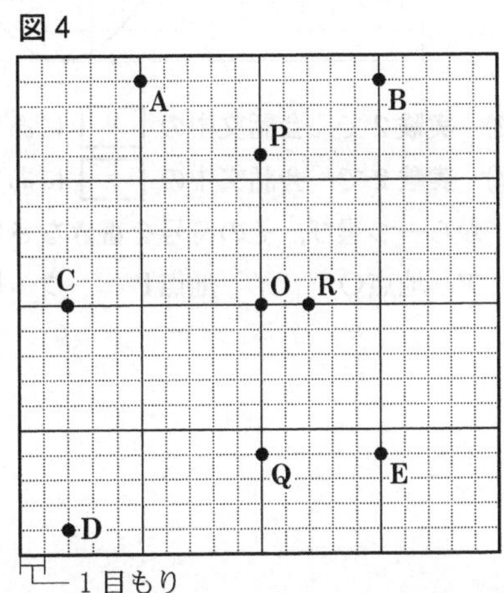

先　生：みなさんが，それぞれいた地点では，正午から何秒後にチャイムが聞こえ始めましたか。

Ｃさん：私がいた地点Ｃでは，5.0秒後に聞こえ始めました。

Ｄさん：私の地点では，8.5秒後でした。

Ｂさん：Ｃさんがいた地点からスピーカーの位置までの直線距離と，Ｄさんがいた地点からスピーカーの位置までの直線距離の差は，[y] mですね。

先　生：そうなりますね。

Ｅさん：私の地点では，6.5秒後でした。

Ａさん：私とＢさんは，チャイムが同時刻に聞こえ始めました。

Ｓさん：みんなの結果をまとめると，チャイムが流れるスピーカーの位置は，[z] となります。

先　生：そのとおりです。みなさん，よく調べましたね。

(1)　**実験１**で，会話文中の [x] にあてはまる最も適当なことばを書きなさい。

(2)　振動数が，**実験１**で使用した音さの$\frac{1}{2}$倍である音さを鳴らして出た音を，オシロスコープで調べたときの波形として最も適当なものを，次の**ア**～**エ**のうちから一つ選び，その符号を書きなさい。ただし，**ア**～**エ**の縦軸，横軸の１目もりの大きさは，**図２**と同じものとする。

ア

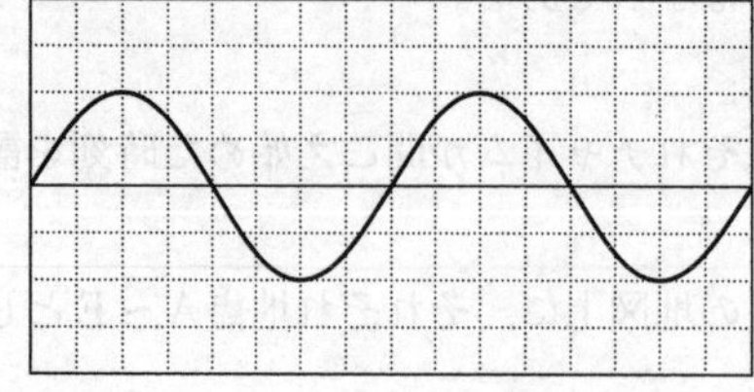

イ

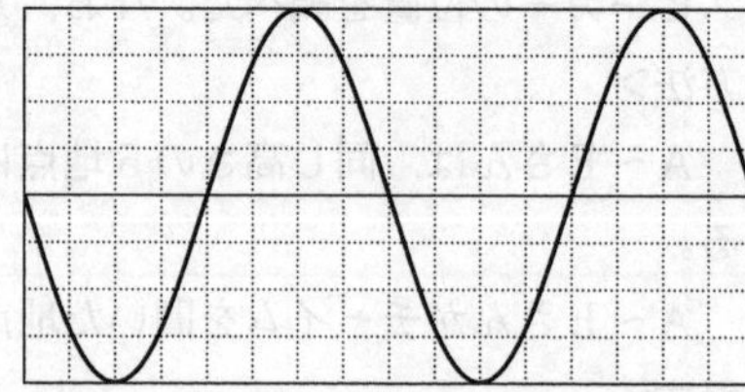

ウ

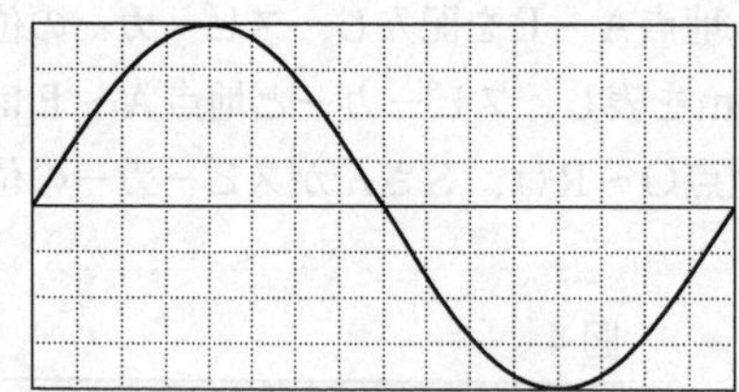

エ

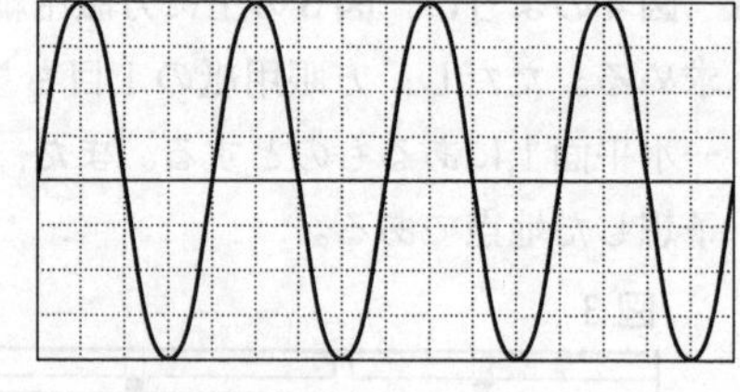

(3)　**実験２**で，会話文中の［y］にあてはまる数を書きなさい。

(4)　**実験２**で，会話文中の［z］にあてはまる位置として最も適当なものを，次の**ア**～**エ**のうちから一つ選び，その符号を書きなさい。

ア　地点O　**イ**　地点P　**ウ**　地点Q　**エ**　地点R

＜社会＞

時間　40分　　満点　100点

1　次の文章を読み，あとの(1)～(3)の問いに答えなさい。

千葉県の鍛冶（かじ）職人が伝統的な技法で製作する鎌，鍬（くわ），包丁などの刃物・手道具類のことを「千葉（ちば）工匠具（こうしょうぐ）」とよびます。a江戸時代の印旛沼（いんば）の開発事業などの過程で，これらの製作技法が発展したとされています。「千葉工匠具」は，平成29年にb経済産業大臣の指定を受けて，千葉県では「房州うちわ」に次いで２件目となるc国の伝統的工芸品となりました。

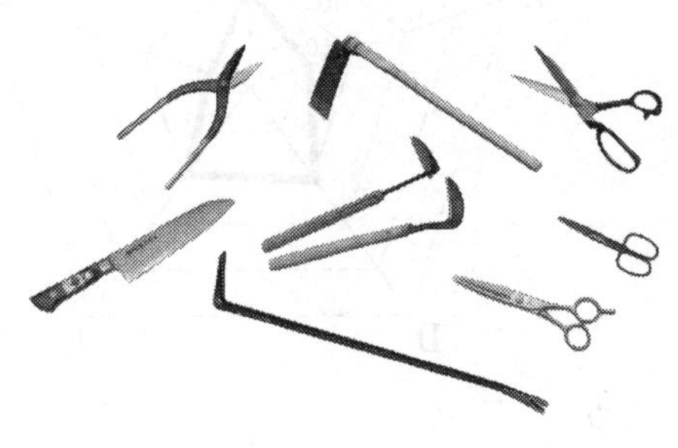

（注）　鍛冶とは，金属を打ちきたえて器具を作ること。

(1)　下線部aに関連して，次の文章は，あきこさんが，ある歴史上の人物について調べたことをまとめたレポートの一部である。文章中の［　　］にあてはまる人物として最も適当なものを，あとの**ア**～**エ**のうちから一つ選び，その符号を書きなさい。

> 18世紀後半に老中となった［　　］は，商工業者が株仲間を作ることを奨励したり，長崎での貿易を活発にするため，海産物の輸出をうながしたりして，経済の活性化に力を入れました。また，印旛沼の干拓を始めた人物としても知られています。

ア　田沼意次　　**イ**　水野忠邦　　**ウ**　松平定信　　**エ**　上杉治憲（はるのり）（鷹山（ようざん））

(2)　下線部bに関連して，次の文章は，ただしさんが，経済産業大臣及び経済産業省について調べたことをまとめたレポートの一部である。文章中の［　　］に共通してあてはまる適当な語を**漢字３字**で書きなさい。

> 経済産業大臣は，経済産業省の最高責任者です。経済産業省は日本の経済・産業の発展と資源・エネルギーに関する仕事を通して，日本をより豊かな国とすることを目指して活動しています。一般的に，経済産業省などの行政機関で日常の仕事を担（にな）う人々を［　　］とよびます。日本国憲法では，「すべて［　　］は，全体の奉仕者であって，一部の奉仕者ではない。」と定められています。

(3)　下線部cに関連して，次のページの**ア**～**エ**のグラフは，国の伝統的工芸品の指定品目の多い京都府，新潟県及び沖縄県の３府県と，私たちにゆかりのある千葉県の，製造品出荷額等（A），農業産出額（B），人口（C），第３次産業の有業者割合（D）及び総面積（E）の５種類のデータについて示したものである。また，それぞれのデータは全国平均を100としたときの値に換算して作成したものである。**ア**～**エ**のグラフのうち，千葉県にあてはまるものはどれか。最も適当なものを一つ選び，その符号を書きなさい。

ア

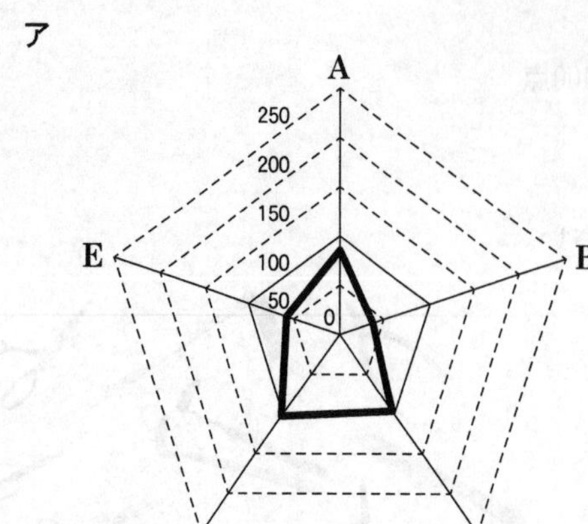

イ

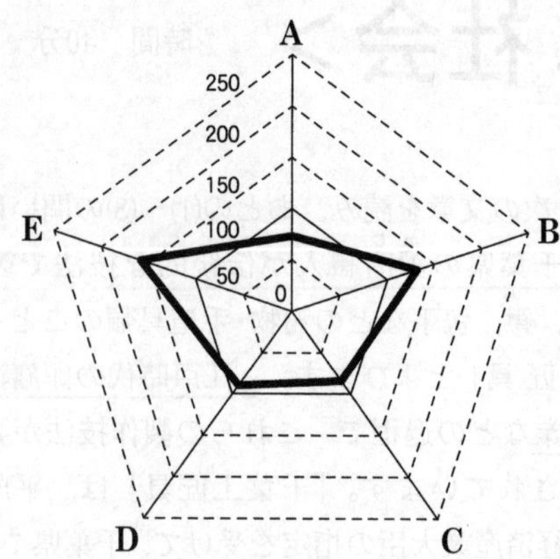

ウ

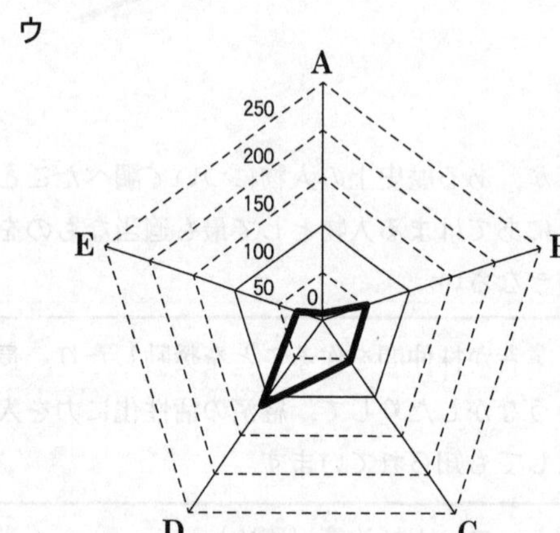

エ

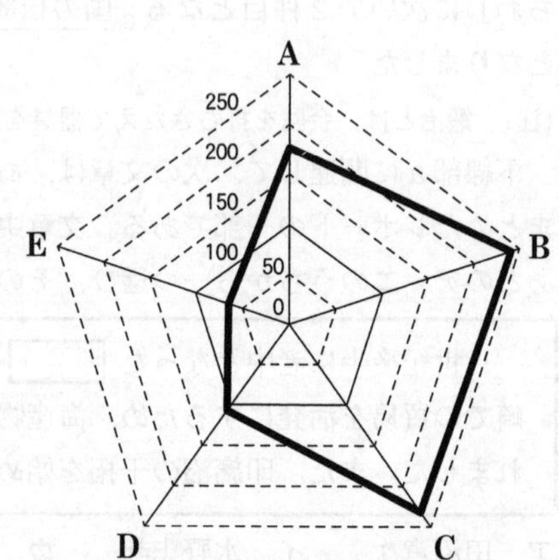

（注）製造品出荷額等は2016年，農業産出額は2016年，人口は2017年，第３次産業の有業者割合は2017年，総面積は2017年の数値である。

（「データでみる県勢2019」より作成）

2 次の図を見て，あとの(1)～(4)の問いに答えなさい。

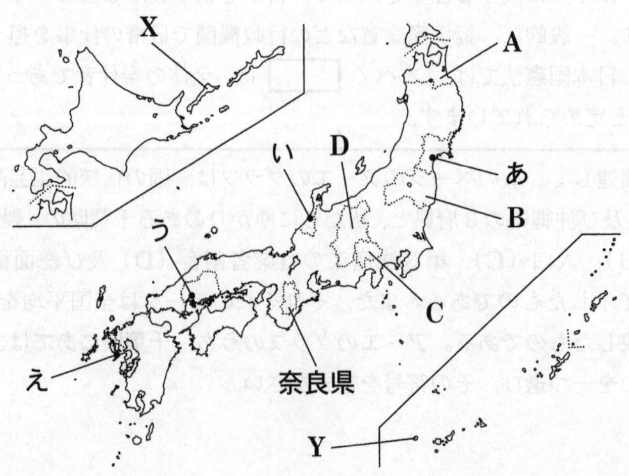

(1) 次の文章は，図中のXとYが示す島について述べたものである。文章中の［Ⅰ］，［Ⅱ］にあてはまる語の組み合わせとして最も適当なものを，あとの**ア**～**エ**のうちから一つ選び，その符号を書きなさい。

> Xは［Ⅰ］で，北方領土の一部である。また，Yは［Ⅱ］で，日本の国土の西端に位置している。

ア　Ⅰ：色丹島（しこたん）　Ⅱ：与那国島（よなぐに）
イ　Ⅰ：国後島（くなしり）　Ⅱ：与那国島
ウ　Ⅰ：色丹島　Ⅱ：沖ノ鳥島
エ　Ⅰ：国後島　Ⅱ：沖ノ鳥島

(2) 次の文章は，あつひろさんが，右の写真の都市についてまとめたレポートの一部である。この都市を図中の**あ**～**え**のうちから一つ選び，その符号を書きなさい。また，文章中の［　］にあてはまる適当な都市名を書きなさい。

> この都市は，第二次世界大戦で原子爆弾が投下され，大きな被害を受けた［　］市です。平和記念公園では，毎年8月6日に平和記念式典が開かれます。

(3) 次の**資料**は，りんごの収穫量上位4県の全国のりんごの収穫量に占める割合を示したグラフであり，**資料**中の［Ⅰ］，［Ⅱ］の県は，図中のA～Dの県のいずれかがあてはまる。また，あとの文章は，**資料**中の［Ⅰ］の県について述べたものである。［Ⅰ］～［Ⅲ］にあてはまるものの組み合わせとして最も適当なものを，下の**ア**～**エ**のうちから一つ選び，その符号を書きなさい。

資料　りんごの収穫量上位4県の全国のりんごの収穫量に占める割合（2017年）

Ⅰ	Ⅱ	山形	岩手	その他
56.6％	20.3％	6.4％	5.4％	11.4％

（注）　割合の合計は，四捨五入の関係で100％とならない。

（「データでみる県勢 2019」より作成）

> ［Ⅰ］県は，夏のすずしい気候を生かしたりんごの栽培がさかんで，全国の収穫量の半分以上を占めている。この県では，伝統的工芸品として［Ⅲ］が知られている。

ア　Ⅰ：A　Ⅱ：C　Ⅲ：会津塗（あいづぬり）
イ　Ⅰ：B　Ⅱ：C　Ⅲ：津軽塗（つがるぬり）
ウ　Ⅰ：A　Ⅱ：D　Ⅲ：津軽塗
エ　Ⅰ：B　Ⅱ：D　Ⅲ：会津塗

(4) 次のページの地形図は，前のページの図中の**奈良県**のある地域を示したものである。この地形図を正しく読み取ったことがらとして最も適当なものを，あとの**ア**～**エ**のうちから一つ選び，その符号を書きなさい。

（編集上の都合により90％に縮小してあります）

（国土地理院　平成29年発行1：25,000「畝傍山」原図より作成）

ア　A地点一帯には，畑が広がっている。

イ　B地点とC地点の標高では，C地点の方が100m以上高い。

ウ　飛鳥駅付近の交番と高松塚古墳の直線距離は，500m以内である。

エ　石舞台古墳のほぼ北西方向に，村役場がある。

3　次の図を見て，あとの(1)～(4)の問いに答えなさい。

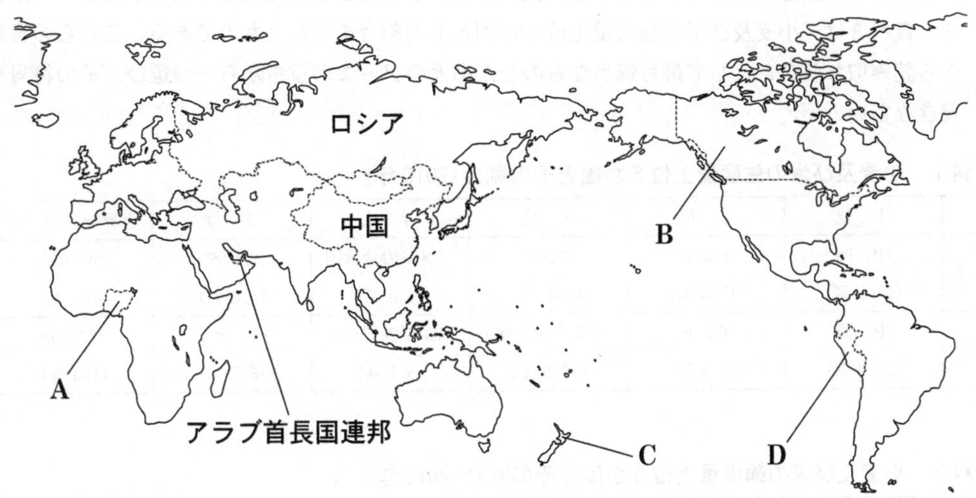

（注）　島等は省略したものもある。また，国境に一部未確定部分がある。

(1)　次の文は，図中のロシアについて述べたものである。文中の［Ⅰ］，［Ⅱ］にあてはまる語の組み合わせとして最も適当なものを，あとの**ア～エ**のうちから一つ選び，その符号を書きなさい。

> ロシアは，［Ⅰ］をはさんでヨーロッパからアジアにまたがる広大な国で，［Ⅱ］とよばれる針葉樹林が広がっている。

ア　Ⅰ：アルプス山脈　　Ⅱ：タイガ
イ　Ⅰ：ウラル山脈　　Ⅱ：タイガ
ウ　Ⅰ：アルプス山脈　　Ⅱ：ツンドラ
エ　Ⅰ：ウラル山脈　　Ⅱ：ツンドラ

(2)　次の文章は，なつよさんが，図中のアラブ首長国連邦についてまとめたレポートの一部である。文章中の［　　］にあてはまる適当な都市名を，**カタカナ３字**で書きなさい。

> ペルシア湾（ペルシャ湾）に面した砂漠の中に位置する［　　］には，石油で得た豊富な資金を使って，高層ビルなどが建設されてきました。2019年12月現在，世界で最も高いビル（828m）があります。リゾートとしても有名で，外国人観光客やアジアからの出かせぎ労働者が増えています。

(3)　次の文章は，図中のA～Dの国のうち，いずれかの国の様子について述べたものである。この文章はどの国について述べたものか。最も適当なものを一つ選び，その符号を書きなさい。

> この国は，主にイギリスからの移民によって国づくりが進められたが，先住民（先住民族）であるマオリの人々の文化と，移住してきた人々の子孫の文化の，両方を尊重する政策をとっている。農牧業では，羊の飼育がさかんである。

⑷　次の**資料１**は，前のページの図中の中国が生産量世界１位である，小麦及び米の生産量上位５か国とその割合を示したものである。**資料２**は，小麦及び米の輸出量上位５か国とその割合を，**資料３**は，小麦及び米の輸入量上位５か国とその割合を示したものである。これらの資料から読み取れることとして最も適当なものを，あとの**ア**～**エ**のうちから一つ選び，その符号を書きなさい。

資料１　小麦及び米の生産量上位５か国とその割合（2016 年）

	１位	２位	３位	４位	５位	世界計（千トン）
小麦	中国 (17.8 %)	インド (12.3 %)	ロシア (9.8 %)	アメリカ合衆国 (8.4 %)	カナダ (4.3 %)	749,015 (100 %)
米	中国 (27.9 %)	インド (21.6 %)	インドネシア (10.5 %)	バングラデシュ (6.7 %)	ベトナム (5.7 %)	756,158 (100 %)

資料２　小麦及び米の輸出量上位５か国とその割合（2016 年）

	１位	２位	３位	４位	５位	世界計（千トン）
小麦	ロシア (13.8 %)	アメリカ合衆国 (13.1 %)	カナダ (10.7 %)	フランス (10.0 %)	オーストラリア (8.8 %)	183,648 (100 %)
米	タイ (24.5 %)	インド (24.5 %)	ベトナム (12.9 %)	パキスタン (9.8 %)	アメリカ合衆国 (8.2 %)	40,266 (100 %)

資料３　小麦及び米の輸入量上位５か国とその割合（2016 年）

	１位	２位	３位	４位	５位	世界計（千トン）
小麦	インドネシア (5.7 %)	エジプト (4.7 %)	アルジェリア (4.5 %)	イタリア (4.2 %)	スペイン (3.8 %)	183,903 (100 %)
米	中国 (9.2 %)	ベナン (3.8 %)	コートジボワール (3.4 %)	インドネシア (3.4 %)	サウジアラビア (3.2 %)	38,225 (100 %)

（**資料１**～**資料３**は「世界国勢図会 2019/20」より作成）

ア　小麦の生産量上位５か国のうち，小麦の輸出量上位５か国に入っているのは３か国である。残りの２か国は，小麦の輸入量上位５か国の中に入っている。

イ　米の生産量上位５か国は全てアジア州の国であり，米の輸出量上位４か国も全てアジア州の国である。米の輸入量上位５か国にはアフリカ州の国は入っていない。

ウ　小麦の生産量上位５か国で小麦の輸入量上位５か国に入っている国はないが，米の生産量上位５か国の中には米の輸入量上位５か国に入っている国が２か国ある。

エ　小麦も米も生産量上位５か国で，それぞれ世界全体の生産量の過半数を生産している。また，輸出量及び輸入量についても，同様に上位５か国でそれぞれ世界全体の過半数を占めている。

4　次のA～Dのカードは，社会科の授業で，りょうこさんが，日本の歴史上の人物について調べ，まとめたものの一部である。これらを見て，あとの(1)～(5)の問いに答えなさい。

A

［菅原道真］

894年，[Ⅰ]について派遣の停止を訴えて認められました。学問に優れ，右大臣になりましたが，[Ⅱ]に追いやられ，そこで亡（な）くなりました。

B

［平清盛］

保元の乱，平治の乱に勝利して政治の実権を握り，武士で初めて太政大臣となりました。一族で高位高官を独占して，栄華を極めました。

C

［雪舟］

中国にわたって多くの絵画技法を学び，帰国しました。日本の各地を訪れ，墨一色で自然などを描く水墨画を完成させました。

D

［松尾芭蕉（ばしょう）］

俳諧（俳句）で新しい作風を生み出し，芸術性を高めました。<u>このころ上方（かみがた）では，都市の繁栄を背景として町人を担（にな）い手とする文化</u>が栄えました。

(1)　Aのカード中の[Ⅰ]，[Ⅱ]にあてはまる語の組み合わせとして最も適当なものを，次のア～エのうちから一つ選び，その符号を書きなさい。

ア　Ⅰ：遣隋使　Ⅱ：胆沢城（いさわじょう）　　**イ**　Ⅰ：遣隋使　Ⅱ：大宰府（だざいふ）

ウ　Ⅰ：遣唐使　Ⅱ：胆沢城　　**エ**　Ⅰ：遣唐使　Ⅱ：大宰府

(2)　Bのカードに関連して，次の**資料**は，ある文学作品の冒頭の部分であり，あとの文は，りょうこさんがまとめたレポートの一部である。文中の[　　]にあてはまる語として最も適当なものを，次のページの**ア**～**エ**のうちから一つ選び，その符号を書きなさい。

資料

祇園精舎（ぎおんしょうじゃ）の鐘の声，諸行無常の響きあり。
娑羅双樹（しゃらそうじゅ）（沙羅双樹）の花の色，盛者必衰（じょうしゃひっすい）のことわりをあらわす。
おごれる人も久しからず，ただ春の夜の夢のごとし。
たけき者もついにはほろびぬ，ひとえに風の前の塵（ちり）に同じ。

りょうこさんがまとめたレポートの一部

この作品は「＿＿」であり，琵琶法師（びわほうし）によって語り伝えられ，広まっていきました。

ア　方丈記
イ　徒然草
ウ　平家物語
エ　源氏物語

(3)　次の文章は，Cのカードと同じ時代の様子について述べたものである。文章中の＿＿にあてはまる適当なことばを，「下剋上」の語を用いて，15字以内（読点を含む。）で書きなさい。

　応仁の乱以後，室町時代の後半は地方に戦乱が広がった。下の身分の者が上の身分の者を，実力でたおして地位をうばう＿＿が各地で争いを続け，戦国時代といわれた。

(4)　次の文章は，Dのカード中の下線部について述べたものである。文章中の Ⅰ ，Ⅱ にあてはまる語の組み合わせとして最も適当なものを，あとのア～エのうちから一つ選び，その符号を書きなさい。

　大阪は商業の中心地として栄え，諸藩が大阪に置いた Ⅰ では，年貢米や特産物が取り引きされた。また，京都は古くからの都として，学問や文化の中心であった。17世紀の末から18世紀の初めにかけての，上方の町人たちを主な担い手とする文化は Ⅱ とよばれる。

ア　Ⅰ：蔵屋敷　　Ⅱ：元禄文化
イ　Ⅰ：両替商　　Ⅱ：元禄文化
ウ　Ⅰ：蔵屋敷　　Ⅱ：化政文化
エ　Ⅰ：両替商　　Ⅱ：化政文化

(5)　Dのカードに関連して，松尾芭蕉が生きた17世紀に起こった世界のことがらとして最も適当なものを，次のア～エのうちから一つ選び，その符号を書きなさい。

ア　アメリカでは，イギリスに対する独立戦争が起こり，独立宣言が発表された。
イ　イギリスでは，名誉革命により新しい国王をむかえ，権利の章典（権利章典）が発布された。
ウ　インドでは，イギリスの支配に不満をもつ人々により，インド大反乱が起こった。
エ　フランスでは，フランス革命後に軍人のナポレオンが権力をにぎり，皇帝となった。

5　次の略年表は，社会科の授業で，としひろさんが，外交官として活躍した杉原千畝(ちうね)について調べ，まとめたものの一部である。これを見て，あとの(1)～(4)の問いに答えなさい。

年代	主なできごと
1900	岐阜県で生まれる
	↕ A
1924	外務省書記生として採用される
	↕ B
1939	カウナス（リトアニア）の日本領事館につとめる（1940年まで）
	↕ C
1947	外務省を退官する
	↕ D
1969	イスラエル政府宗教大臣より勲章を受ける
1986	86歳で亡(な)くなる

(1)　略年表中のAの時期の日本の動きを，次の**ア**～**エ**のうちから**三つ**選び，年代の**古いものから順に並べ**，その符号を書きなさい。

ア　アメリカの仲介によって，ロシアとポーツマス条約を結んだ。

イ　ロシアの勢力拡大に対抗するため，日英同盟を結んだ。

ウ　「満州国」を承認しない国際連盟に反発して，脱退を通告した。

エ　中国に対して二十一か条の要求を行い，大部分を認めさせた。

(2)　次の文章は，略年表中のBとCの時期に起こったことがらについて，としひろさんがまとめたレポートの一部である。文章中の □ に共通してあてはまる適当な語を**カタカナ3字**で書きなさい。

> ドイツでは，第一次世界大戦の賠償金と失業者の増大に苦しむ中，ヒトラーの率いるナチ党（ナチス）が選挙で支持を得て，1933年に政権をにぎりました。ヒトラーは，国民の言論・思想の自由をうばい，人種差別思想を唱えて □ 人などを迫害しましたが，軍備の拡張によって景気を回復させたので，多くの国民はナチ党（ナチス）を支持しました。杉原千畝は，迫害から逃れるためにリトアニアの日本領事館にやってきた □ 人にビザを発行し，出国できるようにしました。このころ， □ 人の少女アンネ・フランクも迫害を受けて隠れ家での生活を送り，その日々を日記につづりました。

(3)　次の文章は，略年表中のCの時期に日本で起こったことがらについて述べたものである。文章中の Ⅰ ， Ⅱ にあてはまる語の組み合わせとして最も適当なものを，次のページの**ア**～**エ**のうちから一つ選び，その符号を書きなさい。

> 日中戦争のなかで，1940年に［Ⅰ］内閣が「挙国一致」を目標として，新体制運動を進めた。政党は解散して，新たに結成された［Ⅱ］に合流した。

ア　Ⅰ：近衛文麿（このえふみまろ）　Ⅱ：労働組合　　イ　Ⅰ：東条英機　Ⅱ：労働組合
ウ　Ⅰ：近衛文麿　Ⅱ：大政翼賛会　　エ　Ⅰ：東条英機　Ⅱ：大政翼賛会

(4)　次のア～エのカードは，明治時代以降の日本の様子についてまとめたものの一部である。これらのうち，略年表中のDの時期に起こったことがらについてまとめたものはどれか。最も適当なものを一つ選び，その符号を書きなさい。

ア　ラジオ放送が始まり，国内外のできごとが全国に伝えられるようになった。

イ　テレビ・電気洗濯機などの家庭電化製品が普及し，暮らしが便利になった。

ウ　欧米と同じ太陽暦が採用され，１週間を７日とすることが定められた。

エ　グローバル化が進み，インターネットが広く普及するようになった。

6　次の文章を読み，あとの(1)～(3)の問いに答えなさい。

政府の行う経済活動のことを財政とよびます。家計や企業から集めた a 税金を主な収入源として，社会資本の整備や社会保障など，社会全体にとって必要な支出を行っています。また，b 景気を調整して経済を安定化させる役割も担（にな）っています。しかし，c 財政赤字の問題をどのように解決するかが課題とされています。

(1)　下線部ａに関連して，次の文章は，所得税と消費税の比較について述べたものの一部である。文章中の［Ⅰ］～［Ⅳ］にあてはまる語の組み合わせとして最も適当なものを，あとのア～エのうちから一つ選び，その符号を書きなさい。

> 直接税である［Ⅰ］税は，所得が多いほど高い税率が適用されるため，［Ⅱ］性のある税金だとされている。一方，間接税である［Ⅲ］税は，所得が少ないほど所得に占める税負担の割合が高くなる傾向があるため，［Ⅳ］性のある税金だとされている。

ア　Ⅰ：所得　Ⅱ：累進　Ⅲ：消費　Ⅳ：逆進
イ　Ⅰ：消費　Ⅱ：累進　Ⅲ：所得　Ⅳ：逆進
ウ　Ⅰ：所得　Ⅱ：逆進　Ⅲ：消費　Ⅳ：累進
エ　Ⅰ：消費　Ⅱ：逆進　Ⅲ：所得　Ⅳ：累進

(2)　下線部ｂに関連して，次の文章は，景気変動（景気循環）について述べたものの一部である。文章中の［Ｘ］，［Ｙ］にあてはまる適当な語を，それぞれ**漢字２字**で書きなさい。

> 一般的に，市場（しじょう）経済においては，社会全体の経済活動や所得の水準が好調な［Ｘ］と，逆にそれが低下する［Ｙ］とが交互にくり返されると考えられている。このことを景気変動（景気循環）とよぶ。

(3) 下線部cに関連して，次の文章は，社会科の授業で，あきこさんたちの班が，下の資料を見ながら「日本の国債残高と国債依存度」について話し合っている場面の一部である。文章中の［　　］にあてはまるものとして最も適当なものを，次のページのア～エのうちから一つ選び，その符号を書きなさい。

> あきこさん：この資料を見ると，日本の国債残高と国債依存度の移り変わりは，特徴がずいぶんと違うことがわかるね。
> ただしさん：確かにそうだね。例えば，資料から，［　　］ということがわかるね。では，今後の日本の財政状況について，どのように考えれば良いのかな。
> なつよさん：歳出を増やさないようにするのも大切だけど，税収を増やすことを考えるのも大切だと思うな。両方の視点から取り組むことが，大切だと思うよ。

資料　日本の国債残高と国債依存度の推移（1979 年度～2018 年度）

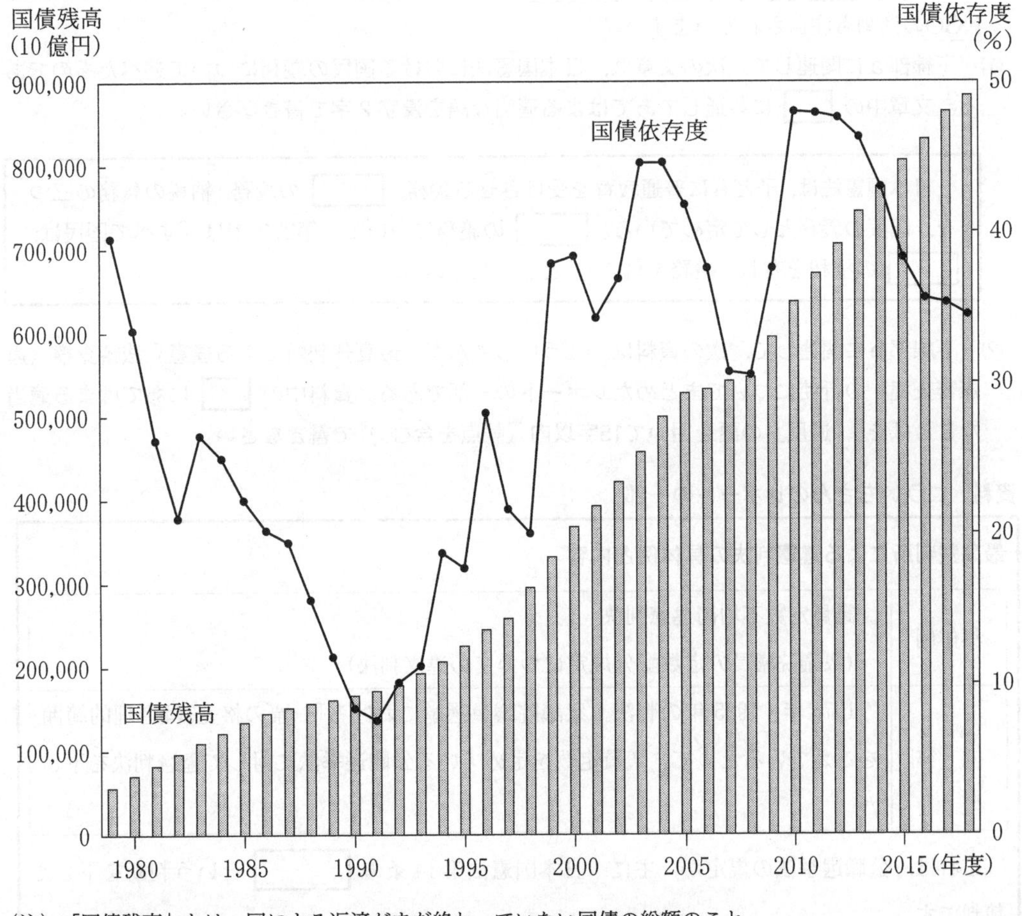

(注)・「国債残高」とは，国による返済がまだ終わっていない国債の総額のこと。
・「国債依存度」とは，国の歳入総額に占める国債による歳入割合のこと。

（総務省統計局「第六十八回日本統計年鑑　平成31年」などより作成）

ア　2018年度は20年前の1998年度と比べると，国債残高が5倍以上になったが，国債依存度は30%台でほぼ変わっていない

イ　1979年度から2018年度の間で最も国債依存度が高かった年度の国債残高は，その10年前の国債残高の3倍以上になっている

ウ　1979年度から2018年度において，前年度よりも国債依存度が低下した年度は20以上あるが，国債残高は常に増え続けている

エ　2010年度以降，毎年度，国債依存度が低下しており，2011年度以降，毎年度，国債残高は減少している

7　次の文章を読み，あとの(1)～(3)の問いに答えなさい。

人間は生まれながらにして，自由に人間らしく生きる権利である基本的人権を有しています。同時に，社会生活を支え，秩序を守っていくという a義務も伴います。私たちの基本的人権を守る上で，b「憲法の番人」とよばれる最高裁判所は，重要な役割を担っています。また，近年では，c NGOの活動も注目されています。

(1)　下線部aに関連して，次の文章は，日本国憲法における国民の義務について述べたものである。文章中の □ に共通してあてはまる適当な語を**漢字2字**で書きなさい。

> 日本国憲法は，子どもに普通教育を受けさせる義務，□ の義務，納税の義務の三つを，国民の義務として定めている。□ の義務について，第27条では「すべて国民は，□ の権利を有し，義務を負ふ。」と記されている。

(2)　下線部bに関連して，次の資料は，こういちさんが，最高裁判所による違憲立法審査権（違憲審査権）の行使についてまとめたレポートの一部である。**資料**中の □ にあてはまる適当なことばを，「違反」の語を用いて**15字以内（読点を含む。）**で書きなさい。

資料　こういちさんのレポートの一部

最高裁判所による違憲判決の具体例と内容

具体例	議員定数不均衡違憲判決 （衆議院議員の定数配分規定についての違憲判決）
内　容	1976年・1985年の判決。衆議院議員選挙における「一票の格差」は合理的範囲をこえているとして，議員定数を定めている公職選挙法に対して違憲判決を下した。

これは，公職選挙法の規定が，主に，日本国憲法第14条の □ という判断を下した裁判です。

(3)　下線部cに関連して，次のページの**ア**～**エ**の文のうち，NGOについて説明しているものはどれか。最も適当なものを一つ選び，その符号を書きなさい。

ア　政府によって行われる，技術援助を含む発展途上国への開発支援のことである。

イ　人権保障の実現など，様々な課題の解決に向けて活動する非政府組織のことである。

ウ　核保有国以外の国が，新たに核兵器を持つことを禁じる条約のことである。

エ　各国の利害を調整しながら，自由な国際貿易を目指す国際機関のことである。

梅原さん　Ａと Ｂの和歌には、共通点があるのではないでしょうか。Ａの「忘られぬ」という思いはＢの「　Ⅰ　」という痛切な表現と相通ずるものがあると思います。

富田さん　「忘られぬ」とはどういう心情だったのか気になります。

梅原さん　Ａの和歌は「恋」という題であるけれども、まだ六歳だからこそ、似通った感情である「　Ⅱ　」に　Ⅲ　詠んだのが「忘られぬ」で伝えたかったことだったのではないでしょうか。

富田さん　なるほど、Ｂの和歌を手がかりにＡの和歌の真意を探ってみると、より深く味わえそうですね。

ア　おりまぜて
イ　なぞらえて
ウ　あてつけて
エ　すりかえて

七　外国人観光客が年々増加し、二〇一八年には三一〇〇万人以上が日本を訪れました。来日した観光客の中には、ごみ箱の設置数が少ないという感想をもつ人もいます。アメリカのニューヨーク市のような大都市では、一区画ごとに大きなごみ箱が設置されていることから、日本でも街の中にごみ箱を多く設置しようという次のような意見があります。このことについて、あとの〈条件〉にしたがい、〈注意事項〉を守って、あなたの考えを書きなさい。

〈日本でも街の中にごみ箱を多く設置しようという意見の例〉

ごみ箱は街の中に多く設置してある方が便利でよい。出掛けた先で、ごみをずっと持ち歩くのは楽なことではないので、人目のつかない場所にごみが捨てられるおそれがある。しかし、ごみ箱が多く設置してあれば所定の場所に捨てることができ、結果としてきれいな景観の維持につながる。

〈条件〉

① **一段落構成**とし、**七行以内**で書くこと。
② 「ごみ箱をあまり設置しない方がよい」という立場に立った上で、これまでの経験をふまえながら〈日本でも街の中にごみ箱を多く設置しようという意見の例〉に反対する意見となるように書くこと。

〈注意事項〉

① 氏名や題名は書かないこと。
② 原稿用紙の適切な使い方にしたがって書くこと。
ただし、〜〜や＝＝などの記号を用いた訂正はしないこと。

ウ　踊り手の動きを実践する

エ　作家の立場になって書く

(5)　文章中にD両立できない無茶なことをやるのが、翻訳だとも言えます とあるが、どういうことか。このことを具体的に述べた次の説明文の□に入る言葉を、文章中の語句を使って書きなさい。ただし、「作品」という言葉を二回使い、「……役目と……役目」の形で、**十五字以上、二十五字以内**で書くこと。

> バレエや水泳において、ひとりの人間が見る者（第三者）でありながら踊り手や泳者（当事者）でもあるということは物理的に成り立たない。しかし翻訳は□の二役を同時に成し遂げる行為である。

六　次の文章を読み、あとの(1)～(3)の問いに答えなさい。

昔、京都より、六歳になりける女子の人に勝れて賢を選び給ひ、（六歳になった女子で、とりわけ賢い子を）やむごとなき御方の御側の御相手として、（身分の高いお方の身近に使える召使い）吾嬬の国の大江戸に下りてありけるに、（女子は東の国の江戸にくだっていたが）恋といふ題にて歌詠めと仰せ言ありければ、（主人からお言葉があったので）

A　見し事のなければそれと知らねども忘られぬをや恋といふらむと（恋というのでしょうか）

詠みける。

また、時鳥(注1)といふ題にて歌詠めと仰せ言ありければ、

B　子はあづま父は都のくもゐ路(注2)に待つほととぎす鳴くほととぎすと

詠みて奉りければ、（詠んでさしあげたところ）都の父を思ふ真心の歌をめでさせ給ひ、その六歳の女子を都の父のもとにかへし給ふとぞ。

（『奇談雑史』による。）

（注1）　時鳥＝鳥の一種。鋭い声で鳴くことで知られる。

（注2）　くもゐ路＝空や雲の中の道。鳥や月、天女などが通るとされた。

(1)　文章中の くもゐ を現代仮名づかいに改め、**全てひらがな**で書きなさい。

(2)　Aの和歌がどのようにして詠まれたかを説明したものとして最も適当なものを、次の**ア～エ**のうちから一つ選び、その符号を書きなさい。

ア　見たことがないわけではないと曖昧な表現にして詠んだ。

イ　直接会ったこともない人なので想像を頼りにして詠んだ。

ウ　主人に遠慮して何のことだか知らないふりをして詠んだ。

エ　自分自身がまだ体験していないこととして率直に詠んだ。

(3)　中学生の富田さんが授業でこの場面を読み、友人の梅原さんと意見交換をしている次の会話文を完成させなさい。ただし、Ⅰ と Ⅱ はそれぞれ文章中から**抜き出して**、Ⅰ は**七字**、Ⅱ は**八字**で書くこと。また、Ⅲ は、あとの**ア～エ**のうちから最も適当なものを一つ選び、その符号を書きなさい。

> 富田さん　この女子の賢さはBの和歌に表れているなと思いました。まだ六歳なのに、たった三十一文字の和歌で人の心を動かし、望みをかなえることができたのですから。

やその奥にあるものをつぶさに見て読み解きながら、なおかつ一緒に踊るのが翻訳者です。ある優雅な姿勢をとるには、体のどこの筋がぴんと引っ張られるか、関節をどんなふうに曲げているか、腰のどのあたりに負荷がかかっているか、踊り手と同じではないにせよ、擬似体験をすることになります。水泳にたとえれば、スイマーの泳ぎの解説をしながら一緒に泳ぐようなものです。そんなことは、④物理的に両立できないと思われるかもしれませんが、そのとおりです。D両立できない無茶なことをやるのが、翻訳だとも言えます。

（鴻巣友季子『翻訳ってなんだろう？　あの名作を訳してみる』による。）

（注1）インプット＝知識や情報などを取り入れること。
（注2）アウトプット＝内にたくわえたものを外に出すこと。
（注3）精読＝細かな点まで注意深く読むこと。
（注4）文体＝その作者にみられる特有な文章表現上の特色。
（注5）『嵐が丘』『風と共に去りぬ』『灯台へ』『アッシャー家の崩壊』＝いずれも十九世紀から二十世紀にかけてイギリスやアメリカで発表された小説の題名。

(1) 文章中の〰〰①〜④の**四つ**の語のうち、**活用しない自立語**である**副詞**を一つ指摘し、その符号を書きなさい。

(2) 文章中のA原文の一語一句をあなたの読解と日本語を通して、まるごと書き直していくわけですを説明したものとして最も適当なものを、次の**ア**〜**エ**のうちから一つ選び、その符号を書きなさい。

ア　原文の内容が日本人に通じない場合もあるので、翻訳者が自分の言葉で内容を書き換えて翻訳すること。

イ　原文を日本語に移しかえるだけでなく、翻訳者が読みとった内容を反映させた文章を書こうとすること。

ウ　翻訳者が原文を読んで理解し感じとったことを書き加え、全く別の新しい作品に生まれ変わらせること。

エ　原文を詳しく調べ、間違いを直し欠点を補いながら翻訳することによって作品の魅力を増大させること。

(3) 文章中にBわからなさをまじまじと見つめるとあるが、その内容を具体的に説明したものとして最も適当なものを、次の**ア**〜**エ**のうちから一つ選び、その符号を書きなさい。

ア　語句の意味をそのまま訳語に置き換えただけでは意味が通らない箇所について検討すること。

イ　文章の意味が正しく伝わらない原因となっている作者の文体の癖を見抜いて対策を練ること。

ウ　他者が書いた文章を自分が異国の言葉で書き直してしまうことのスリルを存分に味わうこと。

エ　どんな知識や情報を集めれば一語一句まで正確に訳すことができるのか見通しを立てること。

(4) 文章中にC体を張って読んでみてとあるが、その効果について述べた次の説明文を完成させなさい。ただし、Ⅰ、Ⅲは文章中からそれぞれ**六字**で**抜き出して**書き、Ⅱはあとの**ア**〜**エ**のうちから最も適当なものを一つ選び、その符号を書くこと。

> 「体を張って読む」とは、ただ読むのではなく、作品の文章や内容を［Ⅰ］ことである。翻訳者は別な言語に移す行為を通して［Ⅱ］という擬似体験をすることになるので、文章の奥にある［Ⅲ］や工夫などに気づくことができるのである。

［Ⅱの選択肢］
ア　泳者の体の負荷を感じる
イ　評論家の視点で解説する

(4) 文章中から、雪子が気づかなかった事実を重ねて指摘する薫の話し方が、**比喩を使って表現されている一文を抜き出して、はじめの五字**を書きなさい。

(5) 文章中のE突き進んでいく空間の中、揺らぐ足に力を込めるについて、雪子の心の揺らぎに注目してまとめたとき、次の文章の［Ⅰ］、［Ⅱ］に入る言葉として最も適当なものを、あとの**ア**～**エ**のうちからそれぞれ一つずつ選び、その符号を書きなさい。

> その日、その場所であること、その人でなければできないことに［Ⅰ］と思いつつ、ライブの一曲目にメインステージに立つメンバーが3D映像だと気づかなかった雪子は、［Ⅱ］。いやおうなしに運ばれていく電車の中で、不安定さを抱えた自分を何とか保とうとしている様子を表している。

［［Ⅰ］の選択肢］
ア かけがえのない価値がある　**イ** はかなく消える美学がある
ウ 仲間と味わう一体感がある　**エ** 誰もが憧れる独創性がある

［［Ⅱ］の選択肢］
ア 薫と自分のどちらの正しさも信じていない
イ 薫に対して芽生えた不信感を拭い去れない
ウ 薫の思い描く世界に対し異を唱えきれない
エ 薫に自分の間違いを認めて素直に謝れない

五 次の文章を読み、あとの(1)～(5)の問いに答えなさい。

研究者や評論者は作品を読んで、自分の論文なり批評なりを書きますが、翻訳者も原文を読みこんで解釈をします。翻訳とは一種の批評なのです。しかし翻訳者が書くのは、その作品の論評ではありません。作品そのものを書くのです。他者が書いた文章を読んで(注1)インプットするだけでなく、それを今度は自分の言葉で(注2)アウトプットする。A原文の一語一句をあなたの読解と日本語を通して、まるごと書き直していくわけです。だから翻訳とは〝体を張った読書〟だと言えるでしょう。翻訳とはその作品の当事者、実践者になりながら読むこと。

「批評が作品へのかぎりない接近だとすれば、翻訳はその作品を体験することである」と言ったのは、フランスの有名な翻訳学者アントワーヌ・ベルマンでした。この「他者の言葉を生きる」スリルは(注3)精読するだけでは味わえないものです。声優さんの仕事の楽しさと少し似ているかもしれません。

さらに言えば、作品のテクスト（書かれている文章とその内容）を、翻訳を通して「体感」することで、自分にとってよくわかる部分、わからない部分が、より①明確に見えてくる効用もあると思います。原文や訳文を読んでいるとき、「なんだか妙な表現でひっかかる」とか「さっきとつじつまが合わない」などと思いながらも、読み進めることがありませんか？　翻訳では、そうした箇所も飛ばすわけにはいかないので、そのBわからなさをまじまじと見つめることになります。

さらに、その英文を日本語という別な言語に移す行為を通すと、その作家の文体の(注4)癖が浮き彫りになったり、かくれた意図（皮肉、ジョーク、あるいは気遣い……）が現れてきたり、作中人物の意外な性格が②露わになったりするでしょう。

わたしも(注5)『嵐が丘』や『風と共に去りぬ』『灯台へ』『アッシャー家の崩壊』を訳して＝C体を張って読んでみて、初めて気づいたことがたくさんありました。

たとえて言えば、バレエダンサーの動きやそれが表現するものを③つぶさに見て批評するのが舞踏評論家なら、バレエダンサーの動き

「何してんの、電車出ちゃうところだったじゃん」
いきなり動き止めないでよ、と笑いながら、薫ちゃんが私の手首からてのひらを離す。私は「ごめん」と呟き(つぶや)ながら、E突き進んでいく空間の中、揺らぐ足に力を込める。
電車は混んでいた。はじめは全然座れなかったけれど、一度乗り換え駅を経ると、座席が徐々に空いてきた。地元の駅まであと四駅となったところで、やっと、二人並んで座ることができた。
窓の外を、景色が流れていく。
電車は、私たちを、中学三年生が自分の力だけでは到底辿り着け(たど)なかったような場所からよく見知った町まで帰してくれる。車を運転することができる大人じゃないと行けなかったような場所まで、私たち子どもを運んでくれる。

（朝井(あさい)リョウ『ままならないから私とあなた』による。）

（注1）光流ちゃん＝バンド『Over』のピアノ担当で作曲家でもある。雪子の憧れの存在。
（注2）渡邊くん＝雪子たちと小学校で同じクラスだった背の高い男子。
（注3）セットリスト＝コンサートなどで演奏された曲順。
（注4）千秋楽＝演劇・相撲などの興行の最終日。
（注5）『Over××』＝バンド『Over』のツアーのメインタイトル。「××」の部分はツアーごとに異なり、最終日に発表される。
（注6）Human＝人間らしいさま。人間味のあるさま。人間的。

(1) 文章中にA薫ちゃんは、私の首からぶら下がっている……言ったとあるが、この時の薫の心情として最も適当なものを、次のア～エのうちから一つ選び、その符号を書きなさい。

ア 自分は早々にタオルをしまったが、まだタオルを掛けたままの雪子に対して、特定の物にこだわりを持つことに疑問を抱いている。

イ 自分は早々にタオルをしまい、いつまでも首に掛けたままの雪子に対して、大切なグッズを無雑作に扱うことに疑問を抱いている。

ウ 自分は早々にタオルをしまい、雪子がタオルを外さず街の中でも『Over』のファンであることを示していることに疑問を抱いている。

エ 自分は早々にタオルをしまったが、雪子がライブが終わってもタオルを外さず身だしなみに無頓着であることに疑問を抱いている。

(2) 文章中にB風に散らされた髪の毛を、耳にかけるとあるが、この動作を境に、雪子にはどのような心情の変化がみられるか。最も適当なものを、次のア～エのうちから一つ選び、その符号を書きなさい。

ア 薫の理路整然とした口調に心を乱されたものの、何とか自分の考えを言葉に表すことで、少しずつ心の平静を取り戻していった。

イ 薫のつぶやきが雪子の反応など求めない独り言であるにもかかわらず、どうしても薫に自分の考えを理解してもらいたくなった。

ウ 薫の言葉に触発され、自分の抱いていた違和感が言葉となって口をついて出たことにより、はっきりと意識されるものになった。

エ 薫のライブに対する感想が冷淡であることに納得がいかず、自分の感激を否定されてはたまらないという警戒心が生まれてきた。

(3) 文章中にC電車へ乗りこんでいく薫を見た雪子のD足が動かないという場面があるが、その理由を二人の様子を対比させてまとめた次の文の Ⅰ 、 Ⅱ に入る言葉を、文章中の言葉を使って書きなさい。ただし、どちらも「未来」という言葉を使い、 Ⅰ は十五字以内で書き、 Ⅱ は二十字以内で書くこと。

> Ⅰ 薫に対し、雪子自身は Ⅱ と考えていたから。

集とか、音楽室に行かないと練習できないピアノとか」

特急電車から振り落とされた風に、髪の毛を乱される。

「(注2)渡邊(わたなべ)くんにしか消せない黒板とか」

薫ちゃんの声だけが、風に吹き飛ばされずに、その場に残る。

「その場所じゃなきゃ手に入らないとか、その人じゃなきゃできないとか、そういうのって意味あるのかな」

特急電車が見えなくなる。

「どこでも、誰でもできるようになったほうが、便利でいいのに」

本当に、独り言なのかもしれない。私の反応なんて、求めていないのかもしれない。だけど私は、自然に口を開いていた。

「違うと思う」

B<u>風に散らされた髪の毛を、耳にかける。</u>視界から邪魔なものが消えた。

「特に今日みたいなライブって、その日その場所じゃなきゃ、その人の生演奏だからこそっていう感動があると思う。今日のセット(注3)リストだって、家でひとりで曲聴いててもこんな気持ちにならなかっただろうし」

――私には、私にしか弾けない、私にしか作れない曲が必ずあります。

光流ちゃんの言葉が、突然、私の頭の中でだけ蘇(よみがえ)った。私は、どんどん小さくなっていく自分の声を、街の雑音のような距離感で捉える。

「やっぱり、生演奏だからこそ、ライブだからこその楽しさってあるよ」

「気づいてなかったのに？」

薫ちゃんが、私の言葉を遮るように言う。

「一曲目、メインステージにいるメンバーが3D映像だって気づいてなかったのに？」

新しいパンにバターを塗るように、新しいノートの一ページ目に丁寧に文字を書くように、言う。

一曲目、3D映像で現れた『Over』のメンバーたち。私は見抜けなかった。

中盤の定番曲、モニター内のステージ上に現れた、会場の客たち。みんな、それだけで大喜びだった。

今日のライブは、ツアーの千秋楽(注4)だった。最後に発表された『Over×(注5)Human×』(注6)の××の部分。

Over Humanが、今回のツアーのテーマだった。

「私ね」

薫ちゃんの声と同時に、電車が私の五感に入り込んできた。

「今日のいろんな演出見て、Overは、メンバーがそこにいなくても、お客さんがそこにいなくても、ライブっていうものが実現できる未来を目指してるのかなって思った」

電車が止まった。快速だ。たくさんの人が降りてくる。

「それってすごいことだなって。だって、遠くて行けないとか、お金がないとか関係なく、いつでもどこでもOverのライブが楽しめるってことだもん」

薫ちゃんが、C<u>電車へ乗りこんでいく。</u>

一足先に、未来へ進むように。

電車のベルが鳴る。D<u>足が動かない。</u>

「ユッコ？」

光の中から、薫ちゃんがこちらを見ている。

この未来に、乗り遅れてもいいかもしれない――そう思った途端、薫ちゃんが私の手を握った。

際に茶碗一杯分を食べたとしても問題は解決しないから。

エ　茶碗一杯分の食品廃棄は食品ロス全体の量の三割程度に過ぎないが、世界の食糧問題を考えると無視できない量だから。

(3)（問いを放送します。）

［選択肢］

ア　食品ロスの削減は消費者・販売者双方で取り組めるということ。

イ　食品ロスの増加は食糧援助量と密接な関係があったということ。

ウ　食品ロスは法律などで規制する以外に改善策がないということ。

エ　食品ロスは今では食糧不足以上に深刻な問題であるということ。

(4)（問いを放送します。）

［選択肢］

ア　冷蔵庫の中の食材をチェックすることがどのように役に立つのですか。

イ　食材を無駄なく用いるアイディア料理はどのようなものがありますか。

ウ　家庭では食べ残しを減らすためにどのような献立の工夫ができますか。

エ　世界の国々では食品ロスをどのように削減しているか知っていますか。

二

次の(1)～(4)の――の漢字の読みを、ひらがなで書きなさい。

(1) 穏やかな日和。

(2) 必要以上の作業を強いる。

(3) 足がすくむような戦慄をおぼえた。

(4) 緩急自在な演奏に魅せられる。

三

次の(1)～(5)の――のカタカナの部分を漢字に直して、楷書で書きなさい。

(1) 雑草がオい茂る。

(2) 豊かにコえた大地に種をまく。

(3) 稲などのコクモツを刈り取る。

(4) 銀行のコウザから預金を引き出す。

(5) 紅茶にカクザトウを一つ入れる。

四

次の文章を読み、あとの(1)～(5)の問いに答えなさい。

中学三年生の「私」（雪子（ゆきこ））と薫（かおる）は幼なじみの親友で、ピアノの好きな雪子は高校の音楽科への進学を目指し、数学が得意な薫はプログラミングに興味を持っている。夏休みに二人で人気のバンド『Over（オーバー）』のライブに出かけた帰り道、人気のポップコーン店の前の長い行列を見た薫は、レシピ化してコンビニで売った方がもうかるのに、とひとりごとのようにつぶやく。そして二人は駅に着いた。

電車を待つホームに隣同士並ぶと、A薫ちゃんは、私の首からぶら下がっているタオルを見ながら、また、ひとりごとのように言った。

「このタオルも、会場限定のやつ買おうと思ったら、めちゃくちゃ並ぶんだよね」

薫ちゃんは、いつのまにか、首にかけていた自分のタオルをカバンの中に片付けている。

「私、たまに思うの」

電車を一本、やり過ごす。特急ではなく、快速に乗らなくてはならない。

「会場限定タオルとか、(注1)光流（ひかる）ちゃんじゃないと弾けない曲とか、超並ばないと買えないポップコーンとか、資料室でしか借りられない問題

＜国語＞

時間　四〇分　満点　一〇〇点

【注意】各ページの全ての問題について、解答する際に字数制限がある場合には、句読点や「　」などの符号も字数に数えること。

一　これから、望（のぞみ）中学校の総合的な学習の時間に、前田さんと小川さんの班が「食の大切さ」について、学習の計画を立てている場面と、それに関連した問いを四問放送します。下の〈資料1〉、〈資料2〉を見ながら放送を聞き、それぞれの問いに答えなさい。

（放送が流れます。）

(1)（問いを放送します。）

〔選択肢〕

ア　お弁当やお総菜の種類について調べるべきだということ。

イ　食と健康の関係性について調べる必要があるということ。

ウ　作物を育てる大変さの方が主題にふさわしいということ。

エ　生活習慣という話題はテーマから外れているということ。

(2)（問いを放送します。）

〔選択肢〕

ア　日本の全国民がそれぞれ茶碗（ちゃわん）一杯分の食品を捨てずに食べたとすると、食糧援助の二倍近くの量を消費してしまうから。

イ　茶碗一杯分のご飯をきちんと食べることで食べ残しによる廃棄は無くなるが、食品ロスの他の要因には影響しないから。

ウ　茶碗の例は日本の食品ロス全体の量を換算したものであり、実

〈資料1〉

食品ロスをめぐる現状

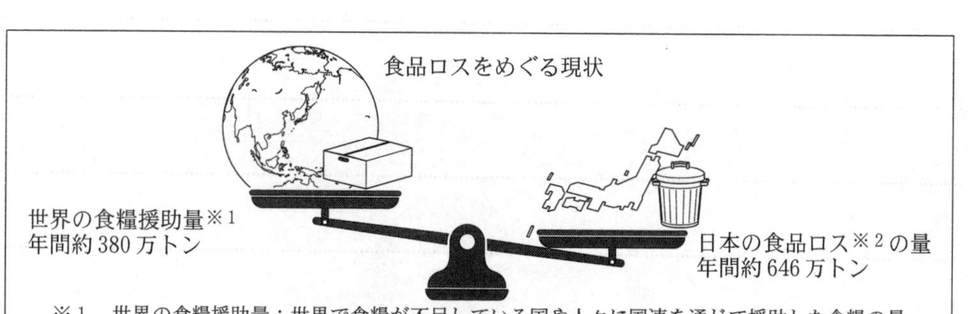

※1　世界の食糧援助量：世界で食糧が不足している国や人々に国連を通じて援助した食糧の量
※2　食品ロス：本来は食べることができるのに廃棄されたもの

消費者庁消費者政策課「食品ロス削減関係参考資料」(平成31年3月8日版)より作成

〈資料2〉

家庭における食品ロスの内訳

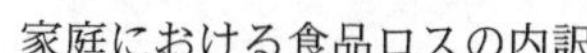

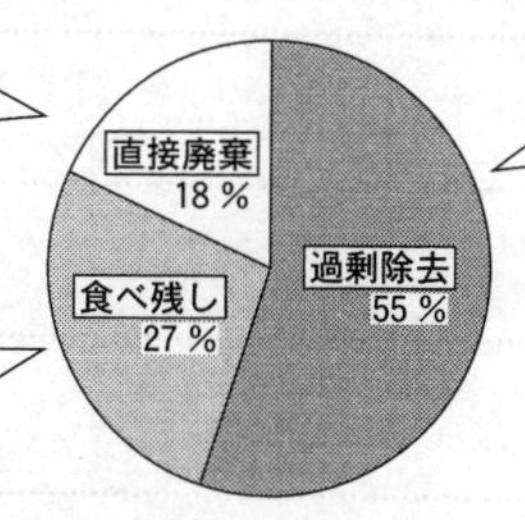

消費期限切れや賞味期限切れにより、食事として使用・提供されずにそのまま廃棄してしまうこと。

食事として使用・提供されたが、食べ残しとして廃棄してしまうこと。

にんじんの皮を厚くむきすぎるなどして、食べられる部分まで過剰に除去して廃棄してしまうこと。

消費者庁「食品ロス削減：啓発用パンフレット(基礎編)」(平成28年11月版)より作成

大切なことはメモしておこうネ！

T.G

後期選抜

2020年度
解 答 と 解 説

《2020年度の配点は解答用紙集に掲載してあります。》

<数学解答>

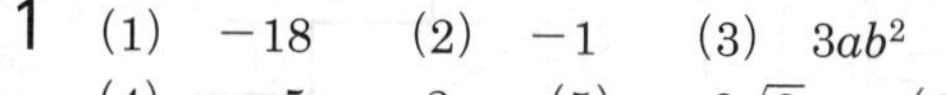

1 (1) -18 (2) -1 (3) $3ab^2$
(4) $x=5$, $y=2$ (5) $-8\sqrt{3}$ (6) $x=\frac{-5\pm\sqrt{5}}{2}$

2 (1) イ (2) 22.5(m) (3) 17(度) (4) $\frac{4}{15}$
(5) 右図

3 (1) $a=\frac{1}{4}$ (2) ① $-\frac{3}{2}$ ② $\frac{7}{4}\pi$ (cm^3)

4 (1) (a) ウ (b) オ (c) 解説参照
(2) $\sqrt{3}\,a$(cm^2)

5 (1) 20(秒後) (2) 40(秒後) (3) 21(cm)
(4) ① $S=\frac{63}{10}x$ ② $x=\frac{180}{11}$

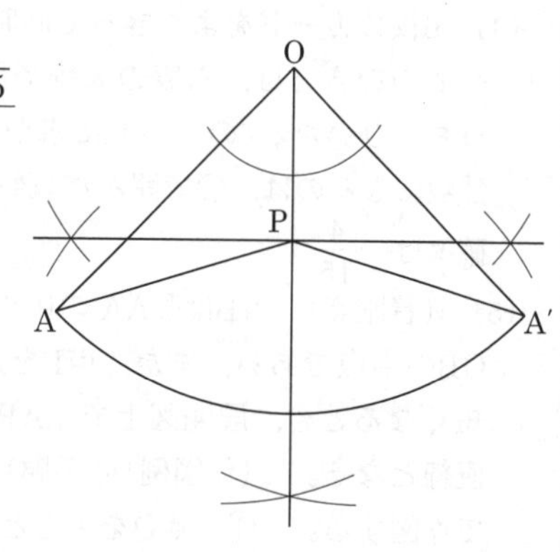

<数学解説>

1 (数・式の計算，連立方程式，平方根，二次方程式)

(1) 異符号の2数の積の符号は負で，絶対値は2数の絶対値の積だから，$6\times(-3)=-(6\times3)=-18$

(2) 四則をふくむ式の計算の順序は，指数→かっこの中→乗法・除法→加法・減法 となる。
$(-4)^2=(-4)\times(-4)=16$ だから $9-(-4)^2\times\frac{5}{8}=9-16\times\frac{5}{8}=9-\frac{16\times5}{8}=9-10=-1$

(3) $a^2b\times21b\div7a=a^2b\times21b\times\frac{1}{7a}=\frac{a^2b\times21b}{7a}=3ab^2$

(4) $\begin{cases}0.2x+1.5y=4\cdots①\\x-3y=-1\cdots②\end{cases}$ ①×10，②×5より，$\begin{cases}2x+15y=40\cdots③\\5x-15y=-5\cdots④\end{cases}$ ③＋④より，$7x=35$
$x=5$ これを②に代入して，$5-3y=-1$ $-3y=-1-5=-6$ $y=2$ よって，連立方程式の解は，$x=5$，$y=2$

(5) $\frac{12}{\sqrt{3}}$の分母を**有理化**して，$\frac{12}{\sqrt{3}}=\frac{12\times\sqrt{3}}{\sqrt{3}\times\sqrt{3}}=\frac{12\sqrt{3}}{3}=4\sqrt{3}$ また，$3\sqrt{6}\times\sqrt{8}=3\sqrt{6\times8}=3\sqrt{48}=3\sqrt{3\times4^2}=3\times4\sqrt{3}=12\sqrt{3}$ だから，$\frac{12}{\sqrt{3}}-3\sqrt{6}\times\sqrt{8}=4\sqrt{3}-12\sqrt{3}=(4-12)\sqrt{3}=-8\sqrt{3}$

(6) **2次方程式$ax^2+bx+c=0$の解は，$x=\frac{-b\pm\sqrt{b^2-4ac}}{2a}$**で求められる。問題の2次方程式は，$a=1$，$b=5$，$c=5$の場合だから，$x=\frac{-5\pm\sqrt{5^2-4\times1\times5}}{2\times1}=\frac{-5\pm\sqrt{25-20}}{2}=\frac{-5\pm\sqrt{5}}{2}$

2 (不等式，資料の散らばり・代表値，角度，確率，作図)

(1) 不等式$2a+3b>2000$に関して，$2a$は，a円×2人＝$2a$ より，おとな2人の入館料の合計を表す。また，$3b$は，b円×3人＝$3b$ より，中学生3人の入館料の合計を表すから，$2a+3b$は，おとな2人と中学生3人の入館料の合計を表す。よって，不等式$2a+3b>2000$は，おとな2人と中学生3人の入館料の合計が，2000円より高いことを表す。

(2)　**度数分布表**の中で**度数**の最も多い**階級**の**階級値**が**最頻値**だから，度数が9人で最も多い20m以上25m未満の階級の階級値　$\frac{20+25}{2}=22.5$m　が最頻値。

(3)　線分ACと線分BOの交点をDとする。弧ABに対する**中心角と円周角の関係**から，∠AOB＝2∠ACB＝2×32°＝64°　△BCDの**内角と外角の関係**から，∠ADB＝∠DBC＋∠DCB＝49°＋32°＝81°　△AODの内角と外角の関係から，∠x＝∠ADB－∠AOD＝81°－64°＝17°

(4)　6枚のカードをよくきって同時に2枚ひくとき，すべてのひき方は，右表の太線で囲んだ15通り。このうち，ひいた2枚のカードに書かれた数の平均値が自然数になるのは，○で囲んだ4通り。よって，求める確率は　$\frac{4}{15}$

	−5	−2	−1	3	6	10
−5		−3.5	−3	−1	0.5	2.5
−2			−1.5	0.5	②	④
−1				①	2.5	4.5
3					4.5	6.5
6						⑧
10						

(5)　(着眼点)　点Bは弧AA′の中点であり，点Pは線分OBの中点である。また，点Pを通る糸の長さが最も短くなるとき，展開図上で糸APと糸PA′はそれぞれ直線となる。　(作図例1の手順)　次の①～④の手順で作図する。　①　点Oを中心とした円を描き，線分OA, OA′上に交点を作る。　②　①で作ったそれぞれの交点を中心として，交わるように半径の等しい円を描き，その交点と点Oを通る直線(∠AOA′の二等分線)を引き，弧AA′との交点をQとする。　③　点O, Qをそれぞれ中心として，交わるように半径の等しい円を描き，その交点を通る直線(線分OQの**垂直二等分線**)を引き，線分OQとの交点(線分OQの中点)をPとする。　④　線分AP, PA′を引く。(ただし，解答用紙には点Qの表記は不要である。)

(作図例2の手順)　次の①～④の手順で作図する。
①　線分AA′を引く。　②　点A, A′をそれぞれ中心として，交わるように半径の等しい円を描き，その交点と点Oを通る直線(点Oから線分AA′に引いた垂線)を引き，弧AA′との交点をQとする。　③　点O, Qをそれぞれ中心として，交わるように半径の等しい円を描き，その交点を通る直線(線分OQの垂直二等分線)を引き，線分OQとの交点(線分OQの中点)をPとする。　④　線分AP, PA′を引く。(ただし，解答用紙には点Qの表記は不要である。)

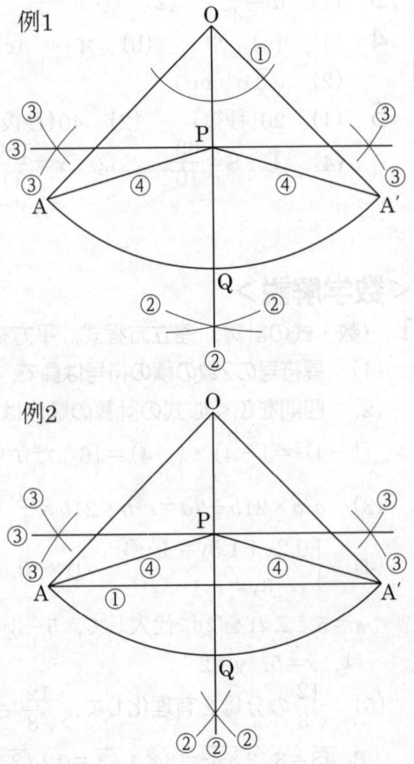

3　(図形と関数・グラフ)

(1)　点Aは$y=ax^2$上にあるから，そのy座標は$y=a\times(-2)^2=4a$　また，点Bは$y=-x^2$上にあるから，そのy座標は　$y=-3^2=-9$　以上より，A$(-2,\ 4a)$，B$(3,\ -9)$　問題の条件より，点Aのy座標が，点Bのy座標より10大きいから，$4a=-9+10=1$　$a=\frac{1}{4}$

(2)　①　前問(1)の結果より，A$(-2,\ 1)$，B$(3,\ -9)$　2点A，Bを通る直線の式は，傾き＝

$\frac{-9-1}{3-(-2)}=\frac{-10}{5}=-2$　なので，$y=-2x+b$とおいて点Aの座標を代入すると，$1=-2\times(-2)+b$　$b=-3$　よって，直線ABの式は　$y=-2x-3$…(i)　x軸上にある点のy座標は0だから，点Cのx座標は(i)式に$y=0$を代入して，$0=-2x-3$　$x=-\frac{3}{2}$

② 直線ABとy軸との交点をDとすると，(i)式よりD(0, −3)　また，点Aからy軸へ垂線AEを引くとE(0, 1)　△OACを，y軸を軸として1回転させてできる立体は，底面の半径がAE，高さがDEの円錐から，底面の半径がAE，高さがOEの円錐と，底面の半径がCO，高さがDOの円錐を除いたものだから，その体積は　$\frac{1}{3}\times\pi\times AE^2\times DE-\frac{1}{3}\times\pi\times AE^2\times OE-\frac{1}{3}\times\pi\times CO^2\times DO=\frac{1}{3}\pi(AE^2\times DE-AE^2\times OE-CO^2\times DO)=\frac{1}{3}\pi\{AE^2(DE-OE)-CO^2\times DO\}=\frac{1}{3}\pi(AE^2\times DO-CO^2\times DO)=\frac{1}{3}\pi(AE^2-CO^2)\times DO=\frac{1}{3}\pi\left\{2^2-\left(\frac{3}{2}\right)^2\right\}\times 3=\frac{7}{4}\pi\,\text{cm}^3$

4 (図形の証明，三平方の定理，面積)

(1) (a) 仮定より，∠BCA＝∠DCE…③　また，∠BCD＝∠BCA−∠DCA…⑧，∠ACE＝∠DCE−∠DCA…⑨　⑧と⑨で，∠DCAが共通であることと，③より，∠BCD＝∠ACE…④ であることがいえる。

(b) △BCDと△ACEにおいて，①，②，④より，2組の辺とその間の角がそれぞれ等しいので，△BCD≡△ACEであることがいえる。

(c) (例) ⑤より，∠DBC＝∠EAC…⑥　△ABCは，AC＝BCの二等辺三角形であるから，∠BAC＝∠DBC…⑦　⑥，⑦より，∠BAC＝∠EAC　したがって，直線ACは∠BAEの二等分線である。

(2) 前問(1)の結果より，△BCD≡△ACE，∠BAC＝∠EACだから，△ACE＝△BCD，∠BAC＝∠EAC＝50°　△ABCは，AC＝BCの二等辺三角形だから，∠BCA＝180°−2∠BAC＝180°−2×50°＝80°　∠BCD＝∠BAC−∠ACD＝80°−20°＝60°　点Dから辺BCへ垂線DHを引くと，△DCHは30°，60°，90°の直角三角形で，3辺の比は$2:1:\sqrt{3}$ だから,$DH=\frac{\sqrt{3}}{2}CD=\frac{\sqrt{3}}{2}\times 4=2\sqrt{3}$ cm　以上より，$\triangle ACE=\triangle BCD=\frac{1}{2}\times BC\times DH=\frac{1}{2}\times AC\times DH=\frac{1}{2}\times a\times 2\sqrt{3}=\sqrt{3}\,a\text{cm}^2$

5 (動点，関数とグラフ)

(1) 問題図2より，点Pが，はじめて頂点Bに到着するのは，点Pが頂点Aを出発してから20秒後であることがわかる。また，AB＝AD＝20cmであることもわかる。

(2) 四角形PBCQの面積が最大となるのは，点Pが頂点Aに，点Qが頂点Dに同時に到着するときで，はじめて四角形PBCQの面積が最大となるのは，問題図2，3より，点Pが頂点Aを出発してから40秒後であることがわかる。

(3) 問題の条件より，$BE=DE=\frac{BD}{2}=\frac{24}{2}=12$cm　また，問題図3より，CB＝CD＝13cmであることがわかる。△ABEと△BCEで三平方の定理を用いると，$AC=AE+CE=\sqrt{AB^2-BE^2}+\sqrt{CB^2-BE^2}=\sqrt{20^2-12^2}+\sqrt{13^2-12^2}=\sqrt{(20+12)(20-12)}+\sqrt{(13+12)(13-12)}=\sqrt{32\times 8}+\sqrt{25\times 1}=16+5=21$cm

(4) ① 点Pから線分ACへ垂線PSを引くと，PS//BDだから，平行線と線分の比についての定理より，PS：BE＝AP：AB　$PS=\frac{BE\times AP}{AB}=\frac{12\times AP}{20}=\frac{3}{5}AP$　よって，$S=\triangle APC=\frac{1}{2}\times AC\times PS=\frac{1}{2}\times 21\times\frac{3}{5}AP=\frac{63}{10}AP$…(i)　$0\leqq x\leqq 20$のとき，問題図2のグラフは2点(0, 0)，(20, 20)

を通る直線だから，AP＝x　これを(i)に代入して，$S=\frac{63}{10}x$…(ii)

② 点Qから線分ACへ垂線QTを引くと，QT//BDだから，平行線と線分の比についての定理より，QT：DE＝CQ：CD　$QT=\frac{DE\times CQ}{CD}=\frac{12\times CQ}{13}=\frac{12}{13}CQ$　よって，$T=\triangle AQC=\frac{1}{2}\times AC\times QT=\frac{1}{2}\times 21\times\frac{12}{13}CQ=\frac{126}{13}CQ$…(iii)　$14\leqq x\leqq 20$のとき，問題図3のグラフは2点(14, 13), (20, 7)を通る直線だから，$CQ=-x+27$　これを(iii)に代入して，$T=\frac{126}{13}(-x+27)$…(iv)　$14\leqq x\leqq 20$のとき，S＝Tとなるxの値は，(ii), (iv)より，$\frac{63}{10}x=\frac{126}{13}(-x+27)$　$x=\frac{180}{11}$

<英語解答>

1 No. 1　A　　No. 2　B　　No. 3　D　　No. 4　A　　No. 5　C

2 ①　049638　②　Vaughan

3 (1)　オ→エ→イ→ウ→ア　(2)　エ→ア→ウ→イ→オ　(3)　ウ→イ→オ→エ→ア

4 ［解答例1］ Ⓐ　I think so, too.　Ⓑ　They can talk with their friends. It's difficult to talk when they ride their bikes.

［解答例2］ Ⓐ　I don't think so.　Ⓑ　We can go to school faster by bike. It gives us more time to study.

5 (1)　Ⓐ　ウ　Ⓑ　イ　(2)　①　(It's) 10 p.m. (on) Monday.　②　ア

6 (1)　エ　(2)　Ⓐ　イ　Ⓑ　ウ　Ⓒ　ア　(3)　Because they eat plastic waste (by mistake).　(4)　stop　(5)　エ

7 (1)　エ　(2)　イ　(3)　イ　(4)　ウ

<英語解説>

1・2 (リスニング)

放送台本の和訳は，59ページに掲載。

3 (文法問題：語句の並べ換え，現在完了，分詞の形容詞的用法)

(1)　(I) have never been there before(.)　(和訳)　A：「私はこの前の夏にロンドンへ行きました」／B：「本当ですか？　私はこれまでそこに行ったことがありません」現在完了<**have**［**has**］＋過去分詞>(完了・経験・継続・結果)現在完了形の否定は **not**／**never** を**have**［**has**］の後ろに置く。**have**［**has**］**been**(**to**〜)「〜へ行ったことがある」

(2)　(The) tall man standing next to(Laura is Bob.)　(和訳)　A：「誰がボブであるか，私に教えてくれますか」／B：「ローラの隣に立っている背の高い男性がボッブです」現在分詞の形容詞的用法<名詞 ＋ 現在分詞［**doing**］＋ 他の語句>「〜している名詞」next to「〜の隣」

(3)　(These) are the letters▼Mom sent (to me when I was thirteen years old.)　(和訳)　A：「これらが，私が13歳だった時に，母が私に送ってくれた手紙です」／B：「彼女はあなたに何と書いたのですか」<名詞［先行詞］＋(目的格の関係代名詞)＋ 主語 ＋ 動詞>「主語が動詞する名詞［先行詞］」目的格の関係代名詞は省略可能。

4 (文法問題：条件英作文)

質問：学生は自転車よりも歩いて通学した方が良いという人々がいる。このことに関して，あなたはどう思うか。(模範解答和訳)(解答例1) Ⓐ「わたしもそう思う」 Ⓑ「彼(女)らは友達と話すことができる。自転車に乗っている時には，話すことが難しい」 (解答例2) Ⓐ「私はそう思わない」 Ⓑ「自転車だと，より速く学校へ行くことができる。そうすることで，勉強をする時間が増える」

質問に対して，同意見か，反対意見かの立場，および，その理由を明確にして，15語程度という語数制限を守り，英文を完成させること。

5 (長文読解問題・論説文・資料読解：語句補充・選択，英問英答・記述，内容真偽，関係代名詞，接続詞，不定詞，比較)

(1) (和訳) 世界には多くの種類のチョウがいる。羽に番号が付いたものを見かければ，あなたは驚くかもしれない。どのくらい遠くまで飛ぶかを知るために，チョウの羽に番号を記入する科学者が存在する。もしあなたが羽に番号が付いているチョウを捕まえたら，電話，あるいは，電子メールを通じて，そのような科学者と番号(に関する情報)Ⓐを共有することが可能となる。そして，科学者はどこで，いつ，それを捕まえたかということについて，あなたに尋ねることになるだろう。その情報により，当該するチョウは，どこを飛翔して，いつその地に到達したかを，科学者が知ることができる。日本由来のチョウの中には，台湾のような離れた地で発見されることさえある。そのような長距離を，どのようにしてそれらのチョウは移動することができたのだろうか。そのような小さな体に，どうすればそんなに多くのエネルギーを蓄えることができるのか。チョウに関しては，知られていないことは多いが，羽に番号の付いたチョウを発見すれば，それはⒷ科学者を手助けすることになる。

空所Ⓐ 「飛翔距離を掌握するために，チョウに番号を付ける科学者がいる」→ 「羽に番号が付いているチョウを捕まえたら，科学者と～で，番号(Ⓐ)ことが可能だ」飛翔距離を調査する目的で，番号の記したチョウの発見者と，科学者がそのような情報をどうしたいのか，という観点から考える。正解はウshare「共有する」。a butterfly which has「～を有したチョウ」主格の関係代名詞他の選択肢は次の通り。ア「選ぶ」 イ「意味する」 エ「見る」

空所Ⓑ 「チョウには未知な点が多いが，羽に番号のあるチョウを発見すれば，それは(Ⓑ)を手助けする」 番号が付されたチョウは，その飛翔距離を知ろうとする科学者の研究目的を支援することになるので，正解はイscientists「科学者」。many things that you don't know「あなたの知らない多くのこと」目的格の関係代名詞。他の選択肢は次の通り。ア「チョウ」チョウ自身の手助けになるという記述はない。 ウ「台湾」 エ「あなた自身」

(2) (和訳)

情報	知っていましたか？
ニウエは小さな島で，世界で最も小さな国々の1つだ。ニウエはニュージーランドのおよそ北東2400キロメートルに位置する。ニウエの時刻は，日本と比較すると，20時間だけ遅い。通常，年間を通じて温暖である。そこでは，ニウエ語と英語が話されている。この島にはおよそ1500名が暮らしている。	◆ニウエには，美しい海岸と水泳やサーフィンに適した場所がある。◆クジラやイルカを見ることができる。◆ラグビーが最も人気のあるスポーツだ。◆ニエウにはわずか14村しかない。◆ニウエの人々はとても友好的で，訪問者に対して親切である。
1島国へようこそ ニウエ	

1あなたは温暖な訪問地を探していないか。ニエウに行くのは簡単。飛行機でニュージーランドからわずか3時間30分。電話を。あなたの人生は今まで通りではなくなる! ニウエ AP 旅行　電話(555)-6483

① 質問「日本で，火曜日の午後6時だとすると，ニウエでは何曜日の何時か」本文の情報の欄で，Niue is 20 hours behind Japan.(ニウエは日本より20時間だけ遅い／Information)と述べられている。従って，「月曜日の午後10時」と英語で答えること。**if** 条件を表す接続詞「もし～ならば」

② ア 「ニュージーランドからニウエに飛行機で移動するのは困難ではない」(○)　最後の欄で，「ニウエへは飛行機でニュージーランドからわずか3時間30分で簡単だ」と述べられている。**<It is ＋ 形容詞 ＋ 不定詞[to do]>**「～するのは…だ」　イ 「ニウエの最も大きな村には，ニウエ語を話す人がわずか1500人しかいない」(×)　言語に関しては，ニウエ語と英語が併用されている(Information)という記述はあるが，「この島には[国土全体で]1500名暮らしている」(Information)と述べられているので，不可。largest「最も大きい」← largeの最上級　1500 people who speak「～を話す1500人の人々」主格の関係代名詞　ウ 「ニウエは温暖な島国なので，訪問者は親切である」親切なのは訪問者(visitors)ではなくて，ニウエの住人(the people of Niue)である。← The people of Niue are ～ kind to visitors.(Did you know ?)**<～, so …>**「～，それで[だから]…」　エ 「ニウエでは，サーフィンは他のいかなるスポーツよりも人気がある」最も人気があるのはラグビーである。(Rugby is the most popular ～／Did you know?) more [most]popular「より[最も]人気がある」← 長い語の比較級[最上級]　**<more[most]＋ 原級>**　**<S ＋ 比較級 ＋ than any other ＋ 単数名詞>**「Sは他のいかなる～よりも…だ／Sは最も…だ」

6 **(長文読解問題・論説文：絵・表・グラフを用いた問題，英問英答・記述，語句補充・選択・記述，内容真偽，比較，助動詞，動名詞，不定詞，現在完了形，受け身，未来，前置詞)**

(和訳)　こんにちは。皆さん。私の名前はジェイソンです。19歳です。今日は，プラスティック汚染について話そうと思います。①この絵から始めましょう。プラスティックは石油から出来ています。周囲を見回せば，多くのプラスティック製品を見つけることができます。例えば，プラスティックは，(ペット)ボトル，袋，ストロー，おもちゃ，コンピューター，そして，服を作る際にも用いられています。プラスティックは，違った色に彩色でき，そして，異なった形や大きさに成形できるので，便利です。

プラスティックが生産されるようになったのは，およそ150年前でした。1950年代には，プラスティックから作られた製品は，非常に人気を博しました。人々は毎日それを使い，満足していたのです。このグラフが示すように，プラスティックの生産はそれ以来ずっと増え続けてきました。1977年時点では，世界中のプラスティックの生産(量)は，わずか5000万トンでした。1989年には1億トンとなり，2002年には2億トンに達しました。2018年には3億5000万トンを超えたのです。その数字はいまだに毎年増加しています。

多くのプラスティック製品は，わずか1度のみ使用された後に，捨て去られます。こういったプラスティック廃棄物の多くは，後になり，海で見かけことがありえるのです。②この表を見て下さい。プラスティックごみが海にたどり着くと，長い間そこに留まります。例えば，プラスティック製の(ペット)ボトルは，分解されるのに400年以上を要するのです。ビニール袋は，プラスティック製の(ペット)ボトルほど，分解するのに時間はかかりませんが，それでも私の年齢とほぼ同じ年数を必要とします。魚網が3つの中で分解するのに最も時間がかかります。海洋生物や鳥の多くが，あやまってプラスティックのゴミを食べてしまいます。このことが原因で，魚の多くが死んでしまうのです。2050年までには，海には魚より多くのプラスティックが存在することになるだろう，と語っている科学者もいます。

プラスティック汚染の状況は悪化の一途なので，それを制御するためには，私たちは何かをしなければなりません。このことが私のみなさんに対するメッセージです。毎日いかに多くのプラスティックを使用しているかということを，みなさんは認識するべきで，使用量を今より減らす方法について，考えなければなりません。ビニール袋，プラスティック製の(ペット)ボトル，あるいは，ストローを使いすぎてはいけません。もし使うのであれば，再生利用するように最善を尽くしてください。最後に，買い物に行く際には，自身の袋を持参するべきです。私たちの努力が海洋を救う手助けになる，と私は信じています。今年，2020年から，プラスティック汚染に「いいえ」を突きつけましょう。

(1)　下線部①「この絵を見て下さい」に続き，プラスティック製品は原料が石油で，いかにプラスティック製品が世にあふれているか，ということが説明されているので，正解はエ。

(2)　プラスティック製品の分解(break down)に要する年数に関しては，第3段落第5文から第7文を参考にすること。プラスティックボトル → 400年以上 → 450年／ビニール袋 → ジェイソンの年齢とほぼ同じ年数(設問文でジェイソンは大学生であるとの記述アリ)→ 20年／魚網 → 最も年数を要する → 600年　<もの ＋ take(s) ＋ 期間 ＋ to do>「ものが～するのに…の期間を要する」 **more than**「～以上」<the same ＋ 名詞 ＋ as>「～と同じくらいの…」take the longest(years)「最も長い」← long の最上級

(3)　質問「なぜ多くの海洋生物と鳥が死ぬのか」第3段落最後から第2・3文目の参考にすること。(模範解訳)「それらが誤ってプラスティック廃棄物を食べてしまうから」by mistake「誤って」 <**because of** ＋名詞(相当語句)>「～が理由で」

(4)　「もっとプラスティックを再生利用するべきで，海洋を救うために，それをそんなに多く使うことをやめることを試みなければならない，とジェイソンは学生に語った」第4段落第3～5文目において，プラスティック製品の使用量や使用する機会を減らすことやリサイクルを呼び掛けている。よって，空所には「止める」に相当する stop が当てはまる。**should**「～するべきだ／きっと～だろう」 **more**「もっと多く(の)」 **many／much**の比較級　try to do「～しようとする」 <**stop** ＋ 動名詞[**doing**]>「～することを止める」 to save the earth「地球を守るために」不定詞の副詞的用法(目的)「～するために」

(5)　ア「人々はおよそ150年以上の間，プラスティック汚染に悩んできた」(×) 150年前に，プラスティック製品の生産が始まった(第2段落最初の文)のであって，選択肢のような記述はない。have worried ← 現在完了<**have[has]**＋ 過去分詞>(完了・経験・継続・結果) **more than**「～以上」／イ「2015年にプラスティックの生産は3億5000万トン以上だった」(×)3億5000万トンを超えたのは，2018年である。(グラフ及び第2段落後ろから第2番目)／ウ「人々はほとんどのプラスティィク製品を何度も使って，それを捨てる」(×)ほとんどのプラスティック製品は1度しか使われない。(第3段落最初の文)are used ← 受け身<**be**動詞 ＋ 過去分詞>「～される」 ～ **times**「～回」 cf. once「1回」 throw away「捨てる」／エ「30年後には，海洋には魚よりプラスティックが多くなるだろう，と述べる科学者がいる」(○)第3段落最終文に一致。 <There will be ＋ S>「Sがあるだろう」 <**in** ＋ 時間・年・月・日など>「～経過すると[のうちに]」 by「～までには」

7　(会話文問題：文の挿入，接続詞，現在完了，動名詞，不定詞，文の構造[目的語と補語]，助動

詞，代名詞，形容詞)

(和訳)　父(以下F)：やあ，ベン。真剣に何かに打ち込んでいるようだね。何をしているのかな。／ベン(以下B)：宿題をしています。来週までに，自分のモットーについてスピーチを書かなければならないのですが，(1)エ(何を書いたら良いか)全く思いつきません。お父さんにはモットーがありますか。／F：いい質問だね。そうだなあ，私の好きなモットーは(2)イ'笑うことで，相手を幸せな気分にさせる'かな。いつもそのことは心に留めるようにしているよ。／B：それは良いですね。そのモットーはどのようにして知りえたのですか。／F：そうだね，それは君のお母さんから学んだものだよ。知っての通り，彼女はいつも笑顔を絶やさないよね。彼女は私達家族を幸せにしてくれている。いつも笑うことで，悪いことが去っていくのではないか，と私は信じている。／B：僕も同様に感じます。(3)イ僕たちは心配しすぎるべきではないということを言っているのですか。／F；その通りだよ。常に前向きに考えるべきだね。いつも後ろ向きに考えていると，自身の生活を楽しむことができない。下を向いていれば，虹を見つけることは決してできない。／B：わあ！お父さん，格好良い。／F：何だって？ (4)ウ何か気の利いたことを言ったかなあ。／B：ええ，言いましたよ。助言をありがとうございます。

(1)「モットーについてスピーチを書かなければならないが，(1)。お父さんにはモットーがあるか」という文脈から考えること。正解はエ「考えが思いつかない」。他の選択肢は次の通り。ア「ちょうどそれを書き終えた」(×)／イ「私には書くべき良いモットーがある」ア・イ共に，逆説の接続詞 **but**「しかし」を含む先行する発言につながらない。／ウ「モットーの意味がわからない」(×) 次に続く父親への質問にうまくつながらない。have just finished writing「ちょうど書き終えた」← 現在完了<**have[has]**＋ 過去分詞>(完了・結果・経験・継続) writing ← 動名詞[**doing**]「～すること」 a good motto to write「書くのに良いモットー」← 不定詞の形容詞的用法 <名詞 ＋ 不定詞[**to do**]>「～するための[するべき]名詞」

(2)　後続の父の発言で，笑顔の効果について述べられていることから，正解はイ「笑いは相手を幸せにする」。他の選択肢は次の通り。ア「見ることは信じることだ(百聞は一見にしかず)」(×)／ウ「やることで学べ[試行錯誤]」(×)／エ「練習により，完成させる[習うより慣れよ]」(×) 動名詞[原形 ＋ **-ing**]「～すること」 **make A B**「AをBの状態にする」

(3)　父：「笑うことで悪いことが去っていく」 → ベン：同感だ。「(3)ということか？」→ 父：「その通り。前向きでいるべきだ」以上の文脈から，正解はイ「心配しすぎるべきでない」。他の選択肢は次の通り。ア「自分の考えを用いるべきではないのか」(×)／ウ「母親を探すべきですか」(×)look for「～を探す」／エ「今，自分のスピーチを書くべきですか」(×) **should**「～するべきだ／きっと～するはずだ」

(4)　空所(4)に対して，ベンは you で答えており，youで尋ねる疑問文アとイは不可。空所(4)の前で「格好いい」とベンは述べていて，(4)を受けて，再度 Yes, you did！と肯定で答えているので，否定的な内容のエは不可。選択肢の意味は次の通り。ア「あなたは自分自身でモットーを見つけたか」(×) **by oneself**「ひとりで／独力で」／イ「あなたは前向きに考え始めたか」(×)／ウ「私は何か格好良いことを言ったか」(◯)／エ「私は何かまちがったことを言ったか」(×)something cool[wrong]「何か格好良い[まちがった]こと」←<-thing ＋ 形容詞>順番に注意。

2020年度英語　リスニングテスト

〔放送台本〕

1は，英語の対話又は英語の文章を聞いて，それぞれの内容についての質問に答える問題です。質問の答えとして最も適当なものを，問題用紙のAからDのうちから一つずつ選んで，その符号を書きなさい。なお，英文と質問はそれぞれ2回放送します。では，始めます。

No. 1 Liz: What animal do you want to see, Ken?
Ken: I want to see the lion because I like lions. How about you, Liz?
Liz: Hmm... I like koalas. But I want to see the elephant first.
Ken: OK. I agree. Let's go and see the animal on the left first. Then we'll go to see the monkeys.
Liz: Sure. We'll see your favorite animal last, then.
Question: Which animal will they go and see first?

No. 2 Tom: What should we buy for lunch, Mom?
Mother: We need bread, cheese, and eggs. Do you want to eat tomatoes?
Tom: Tomatoes? Not so much. Look! These strawberries look so good.
Mother: Listen, Tom. We don't need strawberries because we have bananas at home. Go and get some tomatoes for me, please.
Tom: OK. I will.
Question: Which picture shows everything they will buy?

No. 3 Hello. My name is Kelly. I'll be your new English teacher. I came to Japan last week. This is my second time in Japan. I first came to Japan when I was ten. That was fifteen years ago. I enjoyed visiting many places across Japan at that time. Now I'm back, and I'm very happy.
Question: What did Kelly do fifteen years ago?

No. 4 Jenny: Hi, Paul. I heard you can play the guitar.
Paul: Yes, Jenny. I practice every Friday and Sunday.
Jenny: How long have you played it?
Paul: I've played it for two years... no, three years.
Jenny: I'm sure you're a good player. Can you play it for me now?
Paul: Oh, I'm going to play at the school festival next week. Please come!
Question: How often does Paul practice the guitar?

No. 5 Water is life. Some people say that you can live without food for a month. But you can only live for three or four days without water. Actually, about 55% of a woman's body is water. A man's body has about 5% more. A baby's body is about 75% water. People may die if they lose 20% of the water in their bodies. So, it's important to drink a lot of water every day.
Question: How much water does a man have in his body?

〔英文の訳〕

No.1　リズ(以下L)：ケン，あなたはどの動物を見たいですか。／ケン(以下K)：僕はライオンが好きなので，ライオンを見たいですね。リズ，あなたはどうですか。／L：そうですね…，私はコアラが好きです。でも，まず，ゾウを見たいわ。／K：いいですよ。賛成です。まず，左手のその動物を見に行きましょう。そして，サルを見に行くことになります。／L：わかりました。それでは，あなたの好きな動物は最後に見ることになりますね。

質問：まずどの動物を彼らは最初に見に行くのか。

No.2　トム(以下T)：お母さん，昼ごはんには，何を買ったら良い？／母(以下M)：パンとチーズ，そして，卵が必要だわ。トマトは食べたいかしら。／T：トマト？　それほどでもないよ。見て！　あのイチゴは美味しそう。／M：ちょっといいかしら，トム。家にはバナナがあるので，イチゴは必要ないわ。(私に)トマトを取って来てね。／T：わかった。取って来るよ。

質問：彼らが購入する[商品]すべてを表しているのはどの絵か。

No.3　こんにちは。私の名前はケリーです。私が皆さんの新しい英語の先生になります。私は先週日本に来ました。日本で過ごすのは今回で2度目となります。10歳の時に，私は初めて日本に来ました。それは15年前となります。当時は，日本中の多くの場所を訪問して楽しかったです。今，(日本に)戻ってくることができて，とてもうれしく思います。

質問：15年前にケリーは何をしたか。

〔選択肢の訳〕　A　彼女は新しい英語の先生になった。　B　彼女は2度目の来日を果たした。　C　彼女は日本で英語を教えることを楽しんだ。　Ⓓ　彼女は日本の多くの場所を訪ねた。

No.4　ジェニー(以下J)：ねえ，ポール。あなたがギターを弾けるということを聞いたわ。／ポール(以下P)：そうだよ，ジェニー。金曜日と日曜日はいつも練習をしているよ。／J：どのくらいギターを弾いているのかしら。／P：2年間弾いているかなあ…，いや，3年間だね。／J：きっとあなたは(ギターが)上手なのでしょうね。今，私のために弾いてくれないかしら。／P：来週，文化[学園]祭で演奏することになっているよ。ぜひ(聞きに)来てくださいね。

質問：ポールはどのくらいの頻度[間隔]でギターを練習しているか。

〔選択肢の訳〕　Ⓐ　週に2回。　B　週に3回。　C　2年間。　D　3年間。

No.5　水は生命だ。人は1か月間食べ物なしで生きていけると言う人々がいる。しかし，水なしでは，人はわずか3日間，あるいは，4日間しか生きることができない。実際，女性の体のおよそ55%は水で構成されている。男性の体はさらに5%多く(の水分を)有している。赤ん坊の体は約75%が水分である。人間は体内の20%の水分が失われると，死に至る可能性がある。だから，毎日十分の水分を摂取することは重要である。

質問：男性は体内にどのくらい水を有しているか。

〔選択肢の訳〕　A　約20%。　B　約50%。　Ⓒ　約60%。　D　約75%。

〔放送台本〕

2は，英語の対話を聞いて，数字と英単語を答える問題です。この対話では女性が話した内容について男性がメモを取っています。①にはあてはまる数字を，②にはあてはまる英単語1語を書いてそのメモを完成させなさい。ただし，＿には数字が1つずつ，□には1文字ずつ入るものとします。なお，対話は2回放送します。では，始めます。

Man:　This is Alexander Bus Trips. May l help you?

Woman:　I bought a bus ticket from you, but I would like to change the date to

March 7.

Man:　Sure. Could you tell me the number on your ticket and your name, please?

Woman:　My number is DPH049638. My name is Mary Vaughan. V-a-u-g-h-a-n.

Man:　Thank you. I'll change the date for you now.

〔英文の訳〕

男性(以下M)：こちらはアレクサンダー・バス・観光です。ご用件を伺います。／女性(以下W)：貴社でバスの切符を購入したのですが，日付を3月7日に変更したいのですが。／M：かしこまりました。お持ちの切符の番号とお名前をお聞かせいただけますか。／W：私の(切符の)番号はDPH049638です。私の名前はメアリ・ヴォーガンです。V-a-u-g-h-a-nです。／M：ありがとうございました。すぐに，日にちを変更させていただきます。

<理科解答>

1 (1) ウ　(2) イ　(3) エ　(4) 地層が堆積した当時の環境(が推定できる)

2 (1) 水が逆流する　(2) ウ　(3) イ　(4) y 2　z CO_2

3 (1) (沸とう石を加えて，ガスバーナーで)加熱する。
(2) w ア　x ウ　y イ　z エ　(3) ア
(4) (胃液中の消化酵素) イ　(すい液中の消化酵素) エ

4 (1) イ　(2) 右図　(3) 0.5〔m/s〕
(4) x 変わらない　y 大きくなる

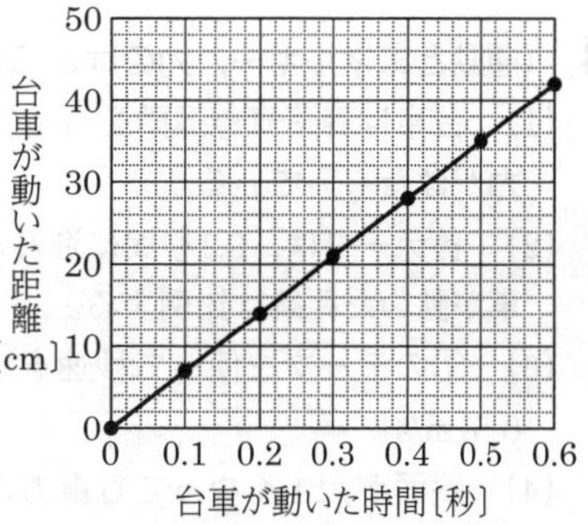

台車が動いた距離〔cm〕(0, 10, 20, 30, 40, 50)
台車が動いた時間〔秒〕(0, 0.1, 0.2, 0.3, 0.4, 0.5, 0.6)

5 (1) エ　(2) ア　(3) (a) 生物　濃縮
(b) ウ

6 (1) エ　(2) B→C→A　(3) エ　(4) ア

7 (1) ア　(2) 79〔%〕　(3) 季節風〔モンスーン〕　(4) 勢力がほぼ同じ〔つり合っている〕オホーツク海気団と小笠原気団がぶつかっているから。

8 (1) 音源〔発音体〕　(2) ウ　(3) 1190〔m〕　(4) イ

<理科解説>

1 (地層)

(1) 堆積岩以外の岩石を選ぶ。安山岩はマグマが冷えることによってできた火成岩である。

(2) 図2は，中生代に代表される**示準化石**のアンモナイトである。

(3) アとイは時代Ⅰ~Ⅳの地層，ウは時代Ⅱ，Ⅲの地層，エは時代Ⅰの地層のみに確認できる。示準化石には，短い期間広い範囲に生息していた生物の化石が適している。

(4) **示相化石**は，限られた環境でしか生息できない生物の化石が適している。

2 (分解)

(1)　加熱をやめると装置内の気体の体積が減少するため，ガラス管をそのままにしておくと水そうの水が試験管内に逆流してしまう。

(2)　水の検出には，**塩化コバルト紙**を用いて，青色から赤色に変化することを確かめる。

(3)　フェノールフタレイン液は，アルカリ性の強さを調べることができる。濃い赤色を示すほど，アルカリ性が強い。

(4)　化学反応式では，矢印の左右で，原子の種類と数が等しくなるようにする。

3 (だ液のはたらき)

(1)　麦芽糖をふくむ液体にベネジクト液を加えて加熱すると，赤褐色の沈殿を生じる。

(2)　デンプンが分解されたかどうかを調べるには，ヨウ素液を使ってデンプンの有無を調べている結果どうしを比べる。麦芽糖ができたかどうかはベネジクト液によって調べるので，試験管BとDの結果を比べる。

(3)　試験管AとBは，だ液を入れたかどうかが異なっている。試験管AとBで結果が違った場合，その原因は水ではなく，だ液であることがわかる。

(4)　胆汁は脂肪(物質Ⅰ)と消化液を混ざりやすくするはたらきをする。小腸の壁の消化酵素は，タンパク質(物質Ⅱ)やデンプンが分解されたものをさらに分解し，最終的にアミノ酸やブドウ糖に変える。胃液はタンパク質の消化に関わっており，すい液は，デンプン，タンパク質，脂肪すべての消化に関わる。

4 (運動とエネルギー，力のはたらき)

(1)　台車は等速直線運動を行っているので，進行方向には力がはたらいていない。重力と**垂直抗力**がはたらいている。

(2)　各テープは，0.1秒間に進んだ距離を表している。等速直線運動では，台車が動いた時間と台車が動いた距離は比例する。

(3)　⑦のテープを使って秒速を求める。0.1秒間で5cm進んでいることから，0.05〔m〕÷0.1〔s〕＝0.5〔m/s〕

(4)　斜面が大きくなっても重力の大きさ自体は変わらないが，斜面に平行な分力は斜面の角度によって変化するため，斜面の角度が大きくなることで，斜面に平行な分力も大きくなる。

5 (食物連鎖，生物のつり合い)

(1)　人間の活動によって新たに持ち込まれ定着した生物を，外来種という。本来その地域に生息していなかったため，その地域の生物の個体数の変化に大きく影響を及ぼしてしまう危険性がある。

(2)　食べる側の生物の個体数よりも，食べられる側の生物の個体数のほうが多い。そのため，カンジキウサギの個体数のほうがヤマネコよりも多く，カンジキウサギの個体数の増減にヤマネコの個体数は影響を受ける。

(3)　(a)　食物連鎖の下位の生物に蓄積されていた殺虫剤などの物質は，食物連鎖の上位の生物に食べられることで，より上位の動物の体内に次々と蓄積される。　(b)　大型の鳥1羽あたりにふくまれる殺虫剤の濃度は，$16.4〔\text{ppm}〕\times\frac{1.5〔\text{kg}〕}{1〔\text{kg}〕}=24.6〔\text{ppm}〕$　大型の魚1匹あたりにふくまれる殺虫剤の濃度は，$2.05〔\text{ppm}〕\times\frac{0.4〔\text{kg}〕}{1〔\text{kg}〕}=0.82〔\text{ppm}〕$　よって，大型の鳥1羽が食べた大型の

魚は，24.6÷0.82＝30〔匹〕

6 （物質の区別，密度）

（1）　50.0－23.0＝27.0〔mL〕

（2）　密度〔g/cm³〕＝$\frac{\text{質量〔g〕}}{\text{体積〔cm}^3\text{〕}}$より，それぞれの密度は，金属Aが$\frac{24.3\text{〔g〕}}{59.0-50.0\text{〔cm}^3\text{〕}}$＝2.7〔g/cm³〕

金属Bが$\frac{27.0\text{〔g〕}}{53.0-50.0\text{〔cm}^3\text{〕}}$＝9.0〔g/cm³〕　金属Cが＝$\frac{23.7\text{〔g〕}}{53.0-50.0\text{〔cm}^3\text{〕}}$7.9〔g/cm³〕

（3）　表3より，水に浮くプラスチックDは，密度が水の密度1.0g/cm³よりも小さいポリプロピレンである。プラスチックEとFのうち，Fが食塩水には浮くことから，EとFの密度を比べるとFのほうが小さいことがわかる。よって，ポリスチレンがプラスチックF，プラスチックEがPETである。

（4）　**金属はすべて電流を流す**。また，磁石に引きつけられる性質は，一部の金属にしか見られない。

7 （気象）

（1）　砂と水では，砂のほうがあたたまりやすい。あたたまった空気は密度が小さくなって上昇する。

（2）　図3の①が乾球温度計で示度が31.0℃，②が湿球温度計で示度が28.0℃である。2つの温度計の示度の差は3.0℃なので，表を用いて乾球温度計の示度が31の行，乾球温度計と湿球温度計との示度の差が3.0の列の交差した欄の値を読みとる。

（3）　夏は海洋上，冬は大陸上に高気圧ができる。そのため，夏と冬では季節風の向きが逆になる。

（4）　小笠原気団とオホーツク海気団は，ともにつゆの時期に停滞前線ができる原因になる気団である。この2つの気団の境界には，東西にのびる帯状の雲ができる。また，この2つの気団は勢力がほぼ等しいため，停滞前線が長い間同じ位置にとどまって動かなくなる。

8 （音の性質）

（1）　音を出すものを音源，または，発音体という。

（2）　波の高さは変わらないが，一定時間における波の数が半分になる。

（3）　CさんとDさんが聞いた音には8.5－5.0＝3.5〔s〕より，3.5秒の差があることから，340〔m/s〕×3.5〔s〕＝1190〔m〕より，音源から1190mの距離のちがいがある。

（4）　AさんとBさんは同時に聞こえ始めたことから，スピーカーは地点O，地点Pまたは，地点Qのいずれかにある。また，スピーカーからの直線距離は，Cさん<Eさん<Dさんの順に遠くなる。この条件を満たすのは，地点Pである。

＜社会解答＞

1　（1）　ア　（2）　公務員　（3）　エ

2　（1）　イ　（2）　（符号）　う　（都市名）　広島（市）　（3）　ウ　（4）　エ

3　（1）　イ　（2）　ドバイ　（3）　C　（4）　ウ

4　（1）　エ　（2）　ウ　（3）　下剋上の風潮が広がり，戦国大名　（4）　ア　（5）　イ

5　（1）　年代の古い順　1　イ　2　ア　3　エ　（2）　ユダヤ(人)　（3）　ウ　（4）　イ

6　（1）　ア　（2）　X　好況　Y　不況　（3）　ウ

7　（1）　勤労　（2）「法の下の平等」に違反している　（3）　イ

<社会解説>

1　(歴史的分野―日本史時代別－安土桃山時代から江戸時代，―日本史テーマ別－政治史，公民的分野―憲法の原理，地理的分野―日本地理－工業・農林水産業・人口)

(1)　18世紀後半に**老中**となり，**株仲間**を積極的に奨励して営業の独占権を認めるかわりに，**運上金**を納めさせるなど商工業者の力を利用して，幕府の財政を立て直そうとしたのは，**田沼意次**である。田沼意次は，長崎貿易にも力を入れ，**俵物**と呼ばれる海産物の干物を輸出するなどして，貿易黒字を生み出した。また，**印旛沼**の干拓による農地の拡大につとめた。

(2)　国や**地方公共団体**などの職員として，広く国民に対して，平等に働くことを活動目的とし，営利を目的としない仕事を担う職業を**公務員**という。日本国憲法第15条2項は「すべて公務員は，**全体の奉仕者**であって，一部の奉仕者ではない。」と定めている。

(3)　千葉県は，製造品出荷額は全国第6位であり，4府県のうちでは最も多い。農業産出額では，全国第4位であり，4府県のうちでは最も多い。人口は全国第6位であり，4府県のうちでは最も多い。したがって，ア～エのうち，エが千葉県である。なお，4府県のうち，総面積の一番小さいのは沖縄県であり，ウが沖縄県である。4府県のうち，総面積の一番大きいのが新潟県であり，イが新潟県である。残るアが京都府である。

2　(地理的分野―日本地理－日本の国土・都市・農林水産業・工業・地形図の見方)

(1)　Xは**北方領土**のうち，**択捉島**についで面積の大きい**国後島**である。Yは南西諸島八重山列島の島である**与那国島**であり，東経123度に位置する。

(2)　1945年8月6日に**原子爆弾**が投下されたのは**広島市**であり，写真には**原爆ドーム**も写っている。広島市の位置は，**う**である。なお，長崎市に原子爆弾が投下されたのは，8月9日である。

(3)　りんごの収穫量の第1位は青森県，第2位は長野県である。青森県では，伝統的工芸品として漆器の津軽塗が知られている。津軽塗の成立は江戸時代中期にさかのぼるとされる。

(4)　ア　A地点一帯に広がっているのは，畑「∨」ではなく水田「॥」である。　イ　**地形図**は25,000分の1地形図なので，**等高線**は10mごとに引かれている。B地点とC地点の標高差はほとんどなく，100m以上ではない。　ウ　飛鳥駅付近の交番「X」と高松塚古墳の直線距離は，地図上でほぼ3cmである。地形図は25,000分の1地形図なので，計算すれば3cm×25000＝75000cm＝750mであり，500m以内ではない。ア・イ・ウとも地形図を正しく読みとってはいない。エが正しい。石舞台古墳から見て，村役場「○」は，ほぼ北西の方向にある。

3　(地理的分野―世界地理－地形・都市・人々のくらし・産業・貿易)

(1)　ロシアを南北に縦断し，ヨーロッパとアジアを地理的に分けるのが，**ウラル山脈**である。ヨーロッパ中央部を東西に横切る，ヨーロッパ最大の山脈が，**アルプス山脈**である。シベリアの内陸部に発達する，針葉樹を主体とする森林を，**タイガ**という。**ツンドラ**は，タイガ地帯の北方にあり，地下に**永久凍土**が広がり，ほとんど木が生えない降水量の少ない地域のことをいう。

(2)　**アラブ首長国連邦**の**首都**は**アブダビ**であるが，より発展している都市が**ドバイ**である。豊富な石油資源をもとに，経済的に大発展した都市となっており，日系企業も多く進出している。

(3)　**マオリ**は，13世紀から14世紀に南太平洋から移ってきた，**ニュージーランド**の**先住民**である。ニュージーランドは，1840年に**イギリス**の**植民地**となり，イギリスから多くの**移民**が入植した。イギリスから独立したのは1907年のことである。現代も，マオリの文化とイギリスからの移民の文化の両方を尊重する政策をとっている。

(4)　ア　小麦の生産量上位5か国は，中国・インド・ロシア・アメリカ合衆国・カナダである。

このうち小麦の輸出量上位5か国に入っているのは，ロシア・アメリカ合衆国・カナダであり，前段は正しい。残りの2か国，中国・インドは小麦の輸入量上位5か国の中に入っておらず，後段は正しくない。　イ　米の生産量・輸出量について述べた前段は正しい。米の輸入量上位5か国には，アフリカ州の国であるベナン・コートジボワールが入っており，後段は正しくない。　エ　小麦・米の生産量について述べた前段は正しい。輸出量及び輸入量については，上位5か国で世界全体の過半数を占めてはいない。ア・イ・エのどれも誤りを含んでおり，ウが正しい。

4 (歴史的分野―日本史時代別－古墳時代から平安時代・鎌倉時代から室町時代・安土桃山時代から江戸時代，―日本史テーマ別－政治史・文化史・社会史，―世界史－政治史)

(1)　**文章博士**だった**菅原道真**は，宇多天皇に重用され，9世紀末に，2世紀半続いてきた**遣唐使の派遣を中止**することを建言し認められた。続く醍醐天皇の治世で，**右大臣**の位についた道真は，謀反を企てているとされて，**左大臣藤原時平**によって，大宰員外帥として**大宰府**に左遷された。

(2)「祇園精舎の鐘の声，諸行無常の響きあり」で始まるのは，12世紀の平家の栄枯盛衰を描いた**軍記物語**である**「平家物語」**である。作者については諸説あるが，**信濃前司行長**説が有力である。Bのカードに示される**平清盛**が，**太政大臣**となり栄華を極めた時から，平氏一門が**壇ノ浦**で滅亡するまでの，約20年間を主題としている。

(3)　下の身分の者が上の身分の者を実力で倒すことを**下剋上**という。この下剋上の風潮が広がったのが，**応仁の乱**以後である。こうして，下の身分から成り上がった者や，**守護大名**出身の者からなる**戦国大名**が相争う，ほぼ1世紀にわたる**戦国時代**が到来した。

(4)　江戸時代に，諸藩が年貢米や特産物を売りさばくために設けた，倉庫と取引所を兼ねたものが，**蔵屋敷**である。**大阪**のものが代表的であるが，江戸・京都・長崎などにもあった。17世紀末から18世紀の初めにかけての，特に**上方**(京都・大阪)を中心として展開した町人文化を，5代将軍徳川綱吉の元禄年間が最盛期となるので，**元禄文化**という。19世紀前期の，文化・文政時代に，江戸を中心として展開した文化は，**化政文化**という。

(5)　ア　1775年に始まった，アメリカ植民地がイギリスから独立する戦いが，**独立戦争**である。1776年にアメリカ合衆国が**独立宣言**を発表した。　ウ　1857年にインドで起きた，イギリスの植民地支配に対する民族的反乱が，**インド大反乱**である。　エ　**フランス革命**は1789年に起こり，その後の混乱の中から，**ナポレオン**が**皇帝位**についたのは，1804年のことである。ア・ウ・エのどれも他の時期に起こったことである。イが，17世紀の出来事として正しい。1688年，イギリス議会がジェームズ2世を追放し，オランダからウィレム3世とメアリ2世を迎えて国王とし，翌年**「権利の章典」**を制定した。これが**名誉革命**である。

5 (歴史的分野―日本史時代別－明治時代から現代，―日本史テーマ別－外交史・政治史・社会史，―世界史－政治史)

(1) ウ　日本が**国際連盟を脱退**したのは，1933年のことであり，Aの時期には当てはまらない。　ア　日本が，アメリカの仲介により，**日露戦争**の講和条約である**ポーツマス条約**を結んだのは，1905年のことである。　イ　**日英同盟**を結んだのは，1902年のことである。　エ　中国に対して**二十一か条の要求**を行ったのは，**第一次世界大戦中**の1915年のことである。年代の古い順に並べると，1番目イ，2番目ア，3番目エとなる。

(2)　1933年にドイツで政権を握った**ナチス**は，ドイツ人を「優れた人種」であるとする一方，**ユダヤ人**を「劣った人種」であると見なし，ドイツ国内にいるユダヤ人への迫害を開始した。

(3)　**日中戦争**の長期化に伴って，1940年に，**近衛文麿首相**とその側近によって組織された「**挙国**

一致」のための官製国民統制組織が，**大政翼賛会**である。各政党は解党してこれに参加した。

(4)　ア　**ラジオ放送**が始まったのは，1920年代のことである。ウ　**太陽暦**が採用されたのは，1870年代のことである。エ　**インターネット**が広く普及したのは，1990年代である。ア・ウ・エとも別の時期のことであり，Dの時期に起こったこととしては，イが正しい。1950年代後半に，白黒テレビ・洗濯機・冷蔵庫の家電3品目が広く普及し始め，**「三種の神器」**といわれた。

6　(公民的分野―財政・経済一般)

(1)　**所得税**は**直接税**であり，富を再分配し，**所得格差**を是正するために，所得が多いほど高い税率が適用されるため，**累進性**があるといわれる。**消費税**は**間接税**であり，所得の低い人ほど，所得に対する税負担の割合が高くなる傾向があり，**逆進性**のある税金だとされる。消費税には，景気の影響を受けにくい，公平性があるなどのメリットがある。

(2)　X　**景気循環**の一局面で，雇用量・生産量などの拡大，物価水準・賃金水準・利子率などの上昇がみられる，景気の良いことを**好況**という。　Y　景気循環の一局面で，雇用量・生産量などの縮小，物価・賃金や利子率などが低い水準を続ける，経済が停滞している状態を**不況**という。

(3)　ア　2018年度は1998年度と比べると**国債残高**は3倍弱であり，**国債依存度**は，1998年度で20％前後だったのが30％台に上昇している。　イ　1979年度から2018年度の間で，最も国債依存度が高かった年度は2010年度であるが，2010年度の国債残高は，その10年前の2000年度の国債残高の2倍弱である。　エ　2010年度以降も，国債依存度は上昇したり，低下したりを繰り返している。また，国債残高は毎年度増加している。ア・イ・エのどれも誤りであり，ウが正しい。

7　(公民的分野―憲法の原理・三権分立・国際社会との関わり)

(1)　**大日本帝国憲法**における国民の義務は，**兵役の義務**と**納税の義務**であったが，**日本国憲法**では，**子供に教育を受けさせる義務**，**納税の義務**と，**勤労の義務**が国民の**三大義務**となっている。勤労を義務とする憲法は，世界でもまれである。

(2)　日本国憲法第14条は，「すべて国民は，法の下に平等であって，人種，信条，性別，社会的身分又は門地により，政治的，経済的又は社会的関係において，差別されない。」と定めている。**公職選挙法**は，**議員定数**を定めているが，人口の増減により，選挙区によって一定以上の**一票の格差**が生じる状態となっているので，**「法の下の平等」**に違反していると，**最高裁判所**が判断したことを指摘する。

(3)　アの，政府によって行われる技術援助を含む発展途上国への開発支援とは，政府開発援助のことであり，略称はODAである。ウは，**核兵器の不拡散に関する条約**であり，略称はNPTである。エの，自由な国際貿易を目指す国際機関とは，**世界貿易機関**であり，略称はWTOである。イが正しい。様々な課題の解決に向けて活動する**非政府組織**のことをNGO (non-governmental organizations)という。

＜国語解答＞

一　(1) エ　(2) ウ　(3) ア　(4) イ
二　(1) ひより　(2) し　(3) せんりつ　(4) かんきゅうじざい

三 (1) 生　(2) 肥　(3) 穀物　(4) 口座　(5) 角砂糖
四 (1) ア　(2) ウ　(3) Ⅰ (例)一足先に未来へ進んでいくような　Ⅱ (例)未来に乗り遅れてもいいかもしれない　(4) 新しいパン　(5) Ⅰ ア　Ⅱ ウ
五 (1) ③　(2) イ　(3) ア　(4) Ⅰ「体感」する　Ⅱ エ　Ⅲ かくれた意図　(5) (例)作品を批評する役目と作品そのものを書く役目
六 (1) くもい　(2) エ　(3) Ⅰ 鳴くほととぎす　Ⅱ 都の父を思ふ真心　Ⅲ イ
七 (例) 街の中にあまりごみ箱を設置しない方がよい。安易に捨てられる場所があると余計にごみが増え，処理をする費用や手間が増えることになるからだ。駅の構内は，ごみ箱の数は少なくても，ホームがごみであふれていることはない。自分の出したごみは責任を持って持ち帰るべきだと思う。

<国語解説>

一 (聞き取り)

(1) **小川さんの「朝ご飯を抜いたり，生活が不規則になったりする人」の生活習慣問題についての発言**に着目する。小川さんの発言が「食の大切さ」というテーマから外れていることを指摘したいのである。

(2) 資料にある天秤の右側は**「日本の食品ロス」全体量であり，ご飯だけではない**。先生は例えとしてお茶碗一杯のご飯を挙げたにすぎないのだ。

(3) 先生は「買い物の前に冷蔵庫の中をチェックすることや食べきれる量しか作らないこと」という**消費者の取り組み**と，「持ち帰る容器を飲食店が準備」「食品廃棄に罰金を払う法律」という**販売者側の取り組みの両方**を示している。

(4) 二人が栄養士さんに聞きたいことは，「家の人にも**興味を持ってもらえる**ような提案」だ。そして，**その目的は食品ロス**への対策である。それをふまえるとイの「無駄なく」と「アイデア料理」という要素が含まれている選択肢が適切である。

二 (漢字の読み)

(1) その日の空模様。　(2) 嫌がっていたり出来ないと分かっているのに，無理にやらせること。　(3) こわさのために震えること。　(4) **「緩急」は対の意味の語を組み合わせた熟語**。ゆるいこととききびしいこと。遅いことと速いこと。

三 (漢字の書き取り)

(1) 草木が大きくなって茂ること。　(2) 「肥」の部首は，にくづき。訓読みが「こ・える」，音読みが「ヒ」。　(3) 「穀」は，画数が多いので，しっかり書く。1画目からは「土」ではなく「士」，6画目からは「木」ではなく**「禾」**である。　(4) 「口座」は「講座」との混用に注意する。(5) 「糖」は，こめへん。

四 (小説－情景・心情，内容吟味，脱文・脱語補充)

(1) このタオルは「会場限定」のものだ。このあとも，薫は曲，問題集，ピアノ，黒板などを挙げて“～じゃなきゃできない”という**特定のものにこだわりを持つことに対し，「そういうのって意味あるのかな」と疑問を抱いている**。これをふまえて選択肢を選ぶ。

(2)　傍線Bのあとに「視界から邪魔なものが消えた」とある。この描写から，**色々な思いがあった心の中からも余計なものが消え，自分の気持ちが明確になったこと**が読み取れる。

(3)　傍線Cの直後「一足先に，未来へ進むように」は薫の描写だから，ここを用いて Ⅰ を補う。また， Ⅱ には，雪子の心中描写を答えればよく，傍線Dの後の「この未来に，乗り遅れてもいいかもしれない」とある部分を用いる。ともに，**条件の語である「未来」という語を含んでいる**ので見つけやすいはずだ。

(4)　雪子が気づかなかった事実は，一曲目のメンバーが3D映像だったことだ。それを指摘した薫の「一曲目，メインステージに……」という言葉の後に，「新しいパンに**バターを塗るように，**新しいノートの一ページ目に丁寧に**文字を書くように，**言う。」と比喩を用いて薫の言動を表現している。

(5)　 Ⅰ は，「その人でなければできないこと」をどうとらえるか，を考えればよい。選択肢の中では，「かけがえのない価値がある」というのが適切である。 Ⅱ は，雪子の薫に対しての心情を読み取る。「～じゃなきゃ」と特定のものにこだわりを持つ雪子に対して，薫はそうしたことにこだわらない考えを持っている。**自分より一足先の未来を歩いているような薫の考えはおそらく間違っておらず，自分とは異なるものにもかかわらず，否定できない**のである。

五 (論説文－大意・要旨，内容吟味，文脈把握，脱文・脱語補充，品詞・用法)

(1)　波線③「つぶさに」は，副詞。**活用のない自立語**である。それ以外は，形容動詞である。

(2)　翻訳は，外国語を日本語に移す行為のみならず，「自分の言葉でアウトプットする」「その作品の当事者，実践者になりながら読む」ことだと述べている。従って，この二点を含んだ選択肢にする。

(3)　傍線B「まじまじと見つめる」という行為は，言い換えれば**“深く掘り下げる”“考える”“分析する”**といえる。選択肢で言えば，「意味が通らない箇所について検討する」というのが適切だ。

(4)　筆者は，翻訳する際，「作品のテクストを，翻訳を通して『体感』する」と述べている。 Ⅰ には，ここから抜き出した語句を入れればよい。 Ⅱ に入る語句は，**「擬似体験」と書かれた箇所のある最終段落の内容をふまえて選ぶ**。翻訳をする場合であるから，作家の立場を擬似体験するというのが文脈として適切だ。また， Ⅲ には，文章の奥にあるものを入れればよい。深く読み込んでいく，つまりまじまじとみつめると，「その作家の文体の癖が浮き彫りになったり，かくれた意図が現れてきたり」するとある。ここから，「かくれた意図」を抜き出せよう。

(5)　本文の冒頭に**「翻訳とは一種の批評なのです。」**とあるので，**作品を批評する役目が一つ目の役目**である。そしてもう一つは，最終段落のたとえの内容をふまえて読み取ろう。バレエダンサーの場合は「一緒に踊る」，水泳の場合は「一緒に泳ぐ」とあるから，**翻訳の場合は“一緒に書く”ということになる。従って，作品を書く役目が二つ目**となる。この二つの役目を軸にして，指定字数でまとめればよい。

六 (古文―大意・要旨，文脈把握，脱文・脱語補充，仮名遣い)

【現代語訳】　昔、京都から、六歳になった女子で，とりわけ賢い子をお選びになり，身分の高いお方の身近に仕える召使いとして，女子は東の国の江戸にくだっていたが，恋という題で歌を詠めと主人からお言葉があったので，

(恋を)見たことがないのでそういうものだとわからないのだけれど，
(あの人のことを)忘れられないこの気持ちを恋というのでしょうか。

と詠んだそうだ。

また，ほととぎすという題で歌を詠めと主人からお言葉があったので，

子は東国にいて，その父親は都の空に続く道で(子の帰りを)待っているほととぎすです。

そして，その父親を恋しがって(都の空に向かって)鳴く子のほととぎすがいます。

と詠んでさしあげたところ，都の父のことを思う真心の歌を(主人が)お褒めになり，その六歳の女子を都の父親のもとへお返しになったということだ。

(1) 「ゐ・ゑ・を」は，現代仮名遣いでは「い・え・お」にする。

(2) 「見し事のなければそれと知らねども」とあることから，未経験の内容を詠んだことがわかる。

(3) Ⅰ は，「忘れられぬ」思いと共通するものを表現した語句が入る。Bの歌は，**東国にて都の父を忘れられない子の思い**を詠んでいる。したがって，**都の父を思い，恋しくて鳴くほととぎす**と相通じるということになる。次に，Ⅱ は，Bの歌に詠まれている思いを答えればよい。地の文に「都の父を思ふ真心」とあるので，これを抜き出す。このように，「恋」と「都の父を思ふ真心」を似通った感情と捉えているので，Ⅲ には，**それと似た構造・性質を持ったものと見なして扱う意味の「なぞらえる」**を補う。

七 (作文)

作文のテーマは指定されている。要するに**「街の中にごみ箱を設置すべきではない」**ということだ。考えを主張するならば，その根拠を示さねばならない。経験の中から，説得力のある理由を導き出して，根拠にしたい。**ごみ箱を設置しないことのメリット**を述べても良いし，**ごみ箱を設置することで生じるデメリット**を挙げるようにして，提示された意見に対抗してもよいだろう。経験や根拠ばかりを書いてしまうとまとめにつながらない。自分の考えを明確に示すことが最も大切なポイントだ。簡潔な作文を書くように心がけよう。

2020年度国語　聞き取り検査

〔放送台本〕

(チャイム)

これから，国語の学力検査を行います。まず，問題用紙の1ページと2ページがあることを確認しますので，放送の指示に従いなさい。

(2秒空白)

では，問題用紙の1ページと2ページを開きなさい。

(3秒空白)

確認が終わったら，問題用紙を閉じなさい。1ページと2ページがない人は手を挙げなさい。

(10秒空白)

次に，解答用紙を表にし，受検番号，氏名を書きなさい。

(20秒空白)

最初は聞き取り検査です。これは，放送を聞いて問いに答える検査です。問題用紙の1ページと2ページを開きなさい。

(4秒空白)

一　これから，望(のぞみ)中学校の総合的な学習の時間に，前田さんと小川さんの班が「食の大切さ」について，学習の計画を立てている場面と，それに関連した問いを四問放送します。1ページの〈資料1〉，〈資料2〉を見ながら放送を聞き，それぞれの問いに答えなさい。

(2秒空白)

なお，やりとりの途中，(合図音A)という合図のあと，問いを放送します。また，(合図音B)という合図のあと，場面の続きを放送します。

1ページと2ページにメモをとってもかまいません。では，始めます。

前田　授業でお米を育てたことを覚えている？　収穫までにすごく手間がかかって，そんなに大変だなんて思ってもみなかった。

小川　今はお店に行けば何でも揃っているから，食の大切さが見えにくくなっているのかも知れないね。

前田　たくさんのお弁当やお総菜が並んでいるものね。期限切れになって捨てられてしまうのは問題よね。

小川　それに，いつでも食べられるっていう安心感があるから，つい朝ご飯を抜いたり，生活が不規則になったりする人もいるみたいだよね。それも問題だな。

前田　ちょっと待って。私たちのテーマは「食の大切さ」なのだから……

(合図音A)

問いの(1)　このあと，前田さんはどのようなことを指摘したと考えられますか。最も適当なものを，選択肢ア～エのうちから一つ選び，その符号を書きなさい。

(15秒空白)

(合図音B)

小川　それならさっき前田さんが言った問題から食の大切さを見直そうよ。以前，売れ残った恵方巻を捨てているニュースが話題になったよね。

前田　たくさん捨てられていて驚いたわ。先生，日本ではどれくらいの量の食品が捨てられているのでしょうか。

先生　〈資料1〉を見てください。日本では六百四十六万トンの食品ロスがありました。これは国民一人ずつが，毎日お茶碗一杯分のご飯を捨てているのと同じくらいの量です。世界の食糧援助量と比べても，その多さがわかりますね。次に〈資料2〉を見てください。家庭における食品ロスの内訳です。捨てられる理由と割合がわかりますね。

小川　もったいないな。みんなが毎日お茶碗一杯分のご飯を捨てずにきちんと食べれば食品ロスはなくなるのに。

前田　本当にそうかな。資料をもっとよく確認してみようよ。

(合図音A)

問いの(2)　前田さんがこのように発言した理由として，最も適当なものを，選択肢ア～エのうちから一つ選び，その符号を書きなさい。

(18秒空白)

(合図音B)

小川　私たちに何かできることはないですか。

先生　そうですね。買い物の前に冷蔵庫の中をチェックすることや食べきれる量しか作らないことを消費者庁はすすめています。

前田　日本以外の国はどうですか。

先生　アメリカでは食べきれなかった料理を持ち帰る容器を飲食店が準備しています。フランスでは大きな食料品店が食品廃棄に罰金を払う法律があります。

小川　先生のおかげて物事を幅広い視点でとらえることができました。

（合図音A）

問いの(3)　小川さんのいう「幅広い視点」とはどのようなことですか。最も適当なものを，選択肢ア～エのうちから一つ選び，その符号を書きなさい。

（15秒空白）

（合図音B）

小川　前田さん，僕たちの班では食品ロスの問題に焦点をあてていこうよ。

前田　〈資料2〉で一番割合が多い項目に注目して，効果的なアプローチをしていきたいね。

小川　学校の栄養士さんに質問させてもらって，家の人にも興味を持ってもらえるような提案をしていくまとめにしようよ。

（合図音A）

問いの(4)　このあと，二人が栄養士さんにする質問として，最も適当なものを，選択肢ア～エのうちから一つ選び，その符号を書きなさい。

（5秒空白）

放送は以上です。以降の問題も解答しなさい。

大切なことはメモしておこうネ！

解答用紙集

○月×日 △曜日 天気(合格日和)

◆ご利用のみなさまへ

＊解答用紙の公表を行っていない学校につきましては、弊社の責任において、解答用紙を制作いたしました。

＊編集上の理由により一部縮小掲載した解答用紙がございます。

＊編集上の理由により一部実物と異なる形式の解答用紙がございます。

人間の最も偉大な力とは、その一番の弱点を克服したところから生まれてくるものである。――カール・ヒルティ――

東京学参株式会社

※ 145％に拡大していただくと，解答欄は実物大になります。

＊受検番号欄は裏面にもあります。

受検番号			
⓪	⓪	⓪	⓪
①	①	①	①
②	②	②	②
③	③	③	③
④	④	④	④
⑤	⑤	⑤	⑤
⑥	⑥	⑥	⑥
⑦	⑦	⑦	⑦
⑧	⑧	⑧	⑧
⑨	⑨	⑨	⑨

令和６年度 本検査 学力検査

数学　解答用紙

氏名	

解答上の注意事項

1　マーク式で解答する問題は，◯の中を正確に塗りつぶすこと。
2　記述式で解答する問題は，解答欄からはみ出さないように書くこと。
3　答えを直すときは，きれいに消して，消しくずを残さないこと。

良い例	悪い例
●	線　小さい　はみ出し　丸囲み　レ点　うすい

1			
(1)	①		※解答欄は裏面
	②		※解答欄は裏面
	③		※解答欄は裏面
(2)	①		㋐ ㋑ ㋒ ㋓
	②	あ	⊖ ⓪ ① ② ③ ④ ⑤ ⑥ ⑦ ⑧ ⑨
		い	⊖ ⓪ ① ② ③ ④ ⑤ ⑥ ⑦ ⑧ ⑨
		う	⊖ ⓪ ① ② ③ ④ ⑤ ⑥ ⑦ ⑧ ⑨
(3)	①		㋐ ㋑ ㋒ ㋓
	②	え	⊖ ⓪ ① ② ③ ④ ⑤ ⑥ ⑦ ⑧ ⑨
		お	⊖ ⓪ ① ② ③ ④ ⑤ ⑥ ⑦ ⑧ ⑨
(4)	①		㋐ ㋑ ㋒ ㋓
	②	か	⊖ ⓪ ① ② ③ ④ ⑤ ⑥ ⑦ ⑧ ⑨
		き	⊖ ⓪ ① ② ③ ④ ⑤ ⑥ ⑦ ⑧ ⑨
		く	⊖ ⓪ ① ② ③ ④ ⑤ ⑥ ⑦ ⑧ ⑨
(5)	①	け	⊖ ⓪ ① ② ③ ④ ⑤ ⑥ ⑦ ⑧ ⑨
		こ	⊖ ⓪ ① ② ③ ④ ⑤ ⑥ ⑦ ⑧ ⑨
	②	さ	⊖ ⓪ ① ② ③ ④ ⑤ ⑥ ⑦ ⑧ ⑨
		し	⊖ ⓪ ① ② ③ ④ ⑤ ⑥ ⑦ ⑧ ⑨
(6)	①	す	⊖ ⓪ ① ② ③ ④ ⑤ ⑥ ⑦ ⑧ ⑨
		せ	⊖ ⓪ ① ② ③ ④ ⑤ ⑥ ⑦ ⑧ ⑨
	②	そ	⊖ ⓪ ① ② ③ ④ ⑤ ⑥ ⑦ ⑧ ⑨
		た	⊖ ⓪ ① ② ③ ④ ⑤ ⑥ ⑦ ⑧ ⑨
(7)	①	ち	⊖ ⓪ ① ② ③ ④ ⑤ ⑥ ⑦ ⑧ ⑨
	②		※解答欄は裏面

2			
(1)	①	つ	⊖ ⓪ ① ② ③ ④ ⑤ ⑥ ⑦ ⑧ ⑨
		て	⊖ ⓪ ① ② ③ ④ ⑤ ⑥ ⑦ ⑧ ⑨
	②	と	⊖ ⓪ ① ② ③ ④ ⑤ ⑥ ⑦ ⑧ ⑨
		な	⊖ ⓪ ① ② ③ ④ ⑤ ⑥ ⑦ ⑧ ⑨
		に	⊖ ⓪ ① ② ③ ④ ⑤ ⑥ ⑦ ⑧ ⑨
(2)		ぬ	⊖ ⓪ ① ② ③ ④ ⑤ ⑥ ⑦ ⑧ ⑨
		ね	⊖ ⓪ ① ② ③ ④ ⑤ ⑥ ⑦ ⑧ ⑨

3		
(1)	(a)	㋐ ㋑ ㋒ ㋓ ㋔ ㋕
	(b)	㋐ ㋑ ㋒ ㋓ ㋔ ㋕
	(c)	㋐ ㋑ ㋒ ㋓ ㋔ ㋕
(2)		※解答欄は裏面
(3)	の	⊖ ⓪ ① ② ③ ④ ⑤ ⑥ ⑦ ⑧ ⑨
	は	⊖ ⓪ ① ② ③ ④ ⑤ ⑥ ⑦ ⑧ ⑨

4			
(1)	①	ひ	⊖ ⓪ ① ② ③ ④ ⑤ ⑥ ⑦ ⑧ ⑨
	②	ふ	⊖ ⓪ ① ② ③ ④ ⑤ ⑥ ⑦ ⑧ ⑨
		へ	⊖ ⓪ ① ② ③ ④ ⑤ ⑥ ⑦ ⑧ ⑨
	③	ほ	⊖ ⓪ ① ② ③ ④ ⑤ ⑥ ⑦ ⑧ ⑨
		ま	⊖ ⓪ ① ② ③ ④ ⑤ ⑥ ⑦ ⑧ ⑨
(2)	(a)		※解答欄は裏面
	(b)		※解答欄は裏面
(3)		み	⊖ ⓪ ① ② ③ ④ ⑤ ⑥ ⑦ ⑧ ⑨
		む	⊖ ⓪ ① ② ③ ④ ⑤ ⑥ ⑦ ⑧ ⑨
		め	⊖ ⓪ ① ② ③ ④ ⑤ ⑥ ⑦ ⑧ ⑨

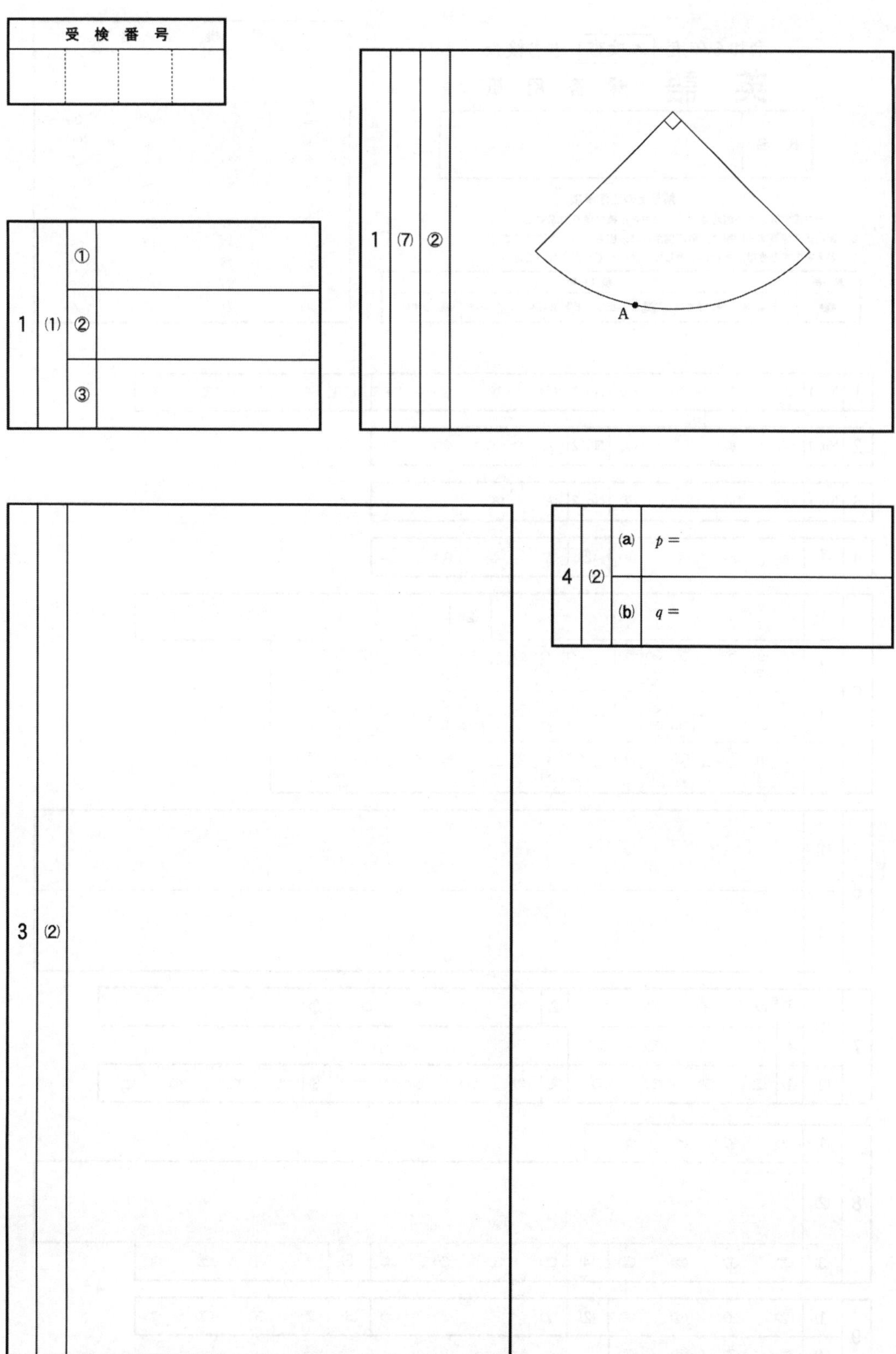

受	検	番	号

1	(1)	①	
		②	
		③	

1	(7)	②	

3	(2)	

4	(2)	(a)	$p =$
		(b)	$q =$

※ 152％に拡大していただくと，解答欄は実物大になります。

令和６年度 本検査 学力検査

英語 解答用紙

氏名	

受検番号			
⓪①②③④⑤⑥⑦⑧⑨	⓪①②③④⑤⑥⑦⑧⑨	⓪①②③④⑤⑥⑦⑧⑨	⓪①②③④⑤⑥⑦⑧⑨

解答上の注意事項

1　マーク式で解答する問題は，○ の中を正確に塗りつぶすこと。
2　記述式で解答する問題は，解答欄からはみ出さないように書くこと。
3　答えを直すときは，きれいに消して，消しくずを残さないこと。

良い例	悪い例
●	線　小さい　はみ出し　丸囲み　レ点　うすい

1	No. 1	Ⓐ Ⓑ Ⓒ Ⓓ	No. 2	Ⓐ Ⓑ Ⓒ Ⓓ	No. 3	Ⓐ Ⓑ Ⓒ Ⓓ

2	No. 1	Ⓐ Ⓑ Ⓒ Ⓓ	No. 2	Ⓐ Ⓑ Ⓒ Ⓓ

3	No. 1	Ⓐ Ⓑ Ⓒ Ⓓ	No. 2	Ⓐ Ⓑ Ⓒ Ⓓ

4	①	Ⓐ Ⓑ Ⓒ Ⓓ	②	Ⓐ Ⓑ Ⓒ Ⓓ

5		
	(1)	(2)
	(3)	㋐㋑㋒㋓㋔ → ㋐㋑㋒㋓㋔ → ㋐㋑㋒㋓㋔ → ㋐㋑㋒㋓㋔ → ㋐㋑㋒㋓㋔
	(4)	㋐㋑㋒㋓㋔ → ㋐㋑㋒㋓㋔ → ㋐㋑㋒㋓㋔ → ㋐㋑㋒㋓㋔ → ㋐㋑㋒㋓㋔
	(5)	㋐㋑㋒㋓㋔ → ㋐㋑㋒㋓㋔ → ㋐㋑㋒㋓㋔ → ㋐㋑㋒㋓㋔ → ㋐㋑㋒㋓㋔

6	
	(1)
	(2)

7							
(1)	①	㋐ ㋑ ㋒ ㋓	②	㋐ ㋑ ㋒ ㋓	③	
	④	㋐ ㋑ ㋒ ㋓				
(2)	①	㋐ ㋑ ㋒ ㋓	②	㋐ ㋑ ㋒ ㋓	③	㋐ ㋑ ㋒ ㋓

8						
(1)	㋐ ㋑ ㋒ ㋓					
(2)						
(3)	㋐ ㋑ ㋒ ㋓	(4)	㋐ ㋑ ㋒ ㋓	(5)	㋐ ㋑ ㋒ ㋓

9						
(1)	㋐ ㋑ ㋒ ㋓	(2)	㋐ ㋑ ㋒ ㋓	(3)	㋐ ㋑ ㋒ ㋓
(4)	㋐ ㋑ ㋒ ㋓				

※ 145％に拡大していただくと，解答欄は実物大になります。

＊受検番号欄は裏面にもあります。

令和６年度 本検査 学力検査

理科 解答用紙

氏名	

受	検	番	号
⓪①②③④⑤⑥⑦⑧⑨	⓪①②③④⑤⑥⑦⑧⑨	⓪①②③④⑤⑥⑦⑧⑨	⓪①②③④⑤⑥⑦⑧⑨

解答上の注意事項

1 マーク式で解答する問題は，◯の中を正確に塗りつぶすこと。
2 記述式で解答する問題は，解答欄からはみ出さないように書くこと。
3 答えを直すときは，きれいに消して，消しくずを残さないこと。

良い例	悪い例
●	線　小さい　はみ出し　丸囲み　レ点　うすい

1		
	(1)	㋐ ㋑ ㋒ ㋓
	(2)	
	(3)	㋐ ㋑ ㋒ ㋓
	(4)	前線

2		
	(1)	㋐ ㋑ ㋒ ㋓
	(2)	㋐ ㋑ ㋒ ㋓
	(3)	㋐ ㋑ ㋒ ㋓
	(4)	㋐ ㋑ ㋒ ㋓

3		
	(1)	※解答欄は裏面
	(2)	㋐㋑㋒ → ㋐㋑㋒ → ㋐㋑㋒
	(3)	
	(4)	㋐ ㋑ ㋒ ㋓

4		
	(1)	㋐ ㋑ ㋒ ㋓
	(2)	㋐ ㋑ ㋒ ㋓
	(3)	
	(4)	㋐ ㋑ ㋒ ㋓

5		
	(1)	㋐ ㋑ ㋒ ㋓
	(2)	㋐ ㋑ ㋒ ㋓
	(3)	㋐ ㋑ ㋒ ㋓
	(4)	※解答欄は裏面

6			
	(1)		㋐ ㋑ ㋒ ㋓
	(2)	①	N
		②	N
	(3)		※解答欄は裏面

7		
	(1)	㋐ ㋑ ㋒ ㋓
	(2)	㋐ ㋑ ㋒ ㋓
	(3)	㋐ ㋑ ㋒ ㋓
	(4)	y　　m　z　　m

8		
	(1)	※解答欄は裏面
	(2)	※解答欄は裏面
	(3)	㋐ ㋑ ㋒ ㋓
	(4)	g

9		
	(1)	
	(2)	㋐ ㋑ ㋒ ㋓
	(3)	㋐㋑㋒㋓ → ㋐㋑㋒㋓ → ㋐㋑㋒㋓ → ㋐㋑㋒㋓
	(4)	㋐ ㋑ ㋒ ㋓

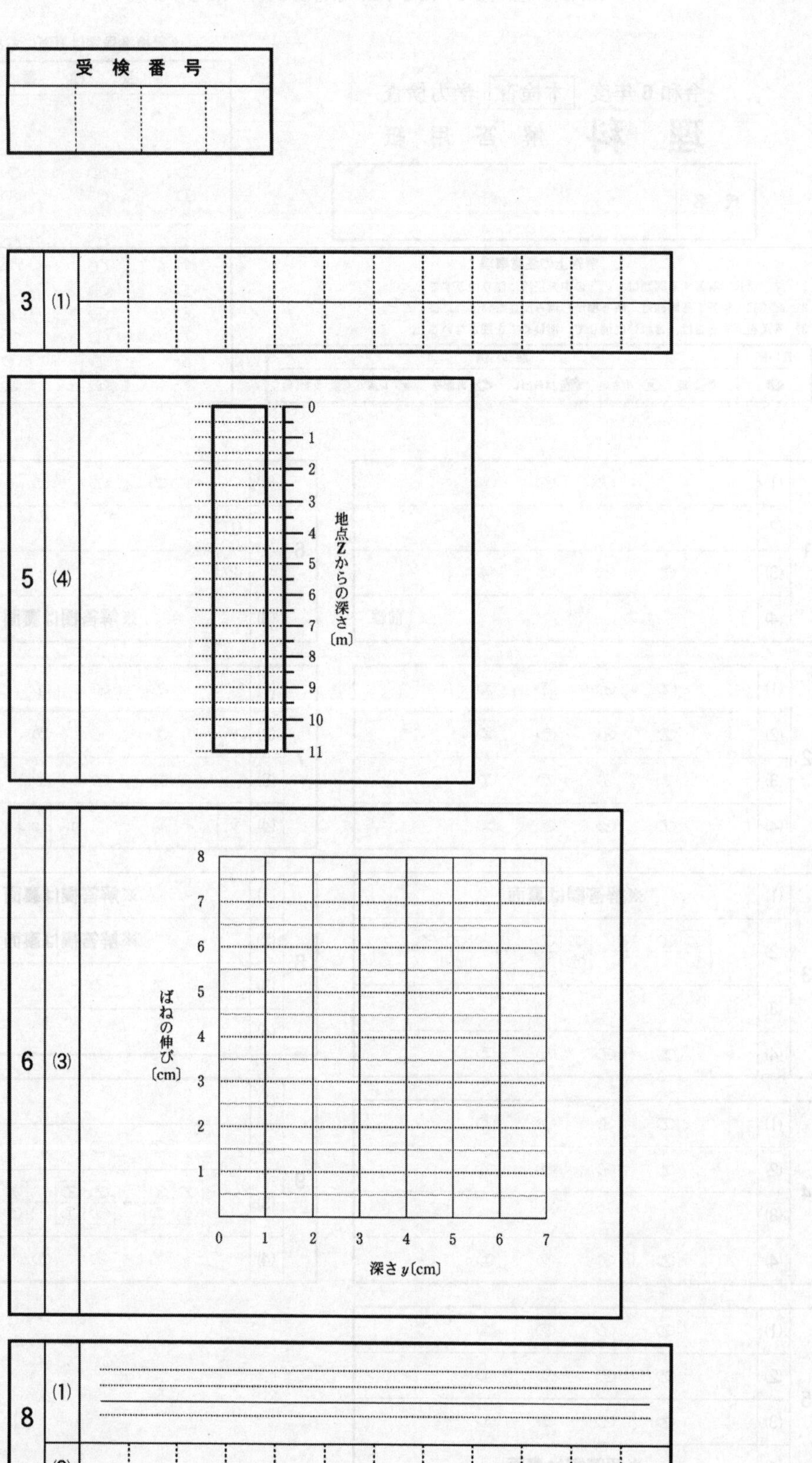

受検番号
3
(1)
5
(4)
0
1
2
3
4
5
6
7
8
9
10
11
地点Zからの深さ〔m〕
6
(3)
ばねの伸び〔cm〕
8
7
6
5
4
3
2
1
0
1
2
3
4
5
6
7
深さ y〔cm〕
8
(1)
(2)

※ 149％に拡大していただくと，解答欄は実物大になります。

令和６年度 本検査 学力検査

社　会　解 答 用 紙

氏　名	

受　検　番　号			
⓪	⓪	⓪	⓪
①	①	①	①
②	②	②	②
③	③	③	③
④	④	④	④
⑤	⑤	⑤	⑤
⑥	⑥	⑥	⑥
⑦	⑦	⑦	⑦
⑧	⑧	⑧	⑧
⑨	⑨	⑨	⑨

解答上の注意事項

1　マーク式で解答する問題は，◯の中を正確に塗りつぶすこと。
2　記述式で解答する問題は，解答欄からはみ出さないように書くこと。
3　答えを直すときは，きれいに消して，消しくずを残さないこと。

良い例	悪い例
●	線　小さい　はみ出し　丸囲み　レ点　うすい

1		
	(1)	㋐ ㋑ ㋒ ㋓
	(2)	㋐ ㋑ ㋒ ㋓
	(3)	㋐㋑㋒ → ㋐㋑㋒ → ㋐㋑㋒
	(4)	

2			
	(1)		㋐ ㋑ ㋒ ㋓
	(2)	A	㋐ ㋑ ㋒ ㋓
		C	㋐ ㋑ ㋒ ㋓
	(3)		
	(4)	①	㋐ ㋑ ㋒ ㋓
		②	㋐ ㋑ ㋒ ㋓

3			
	(1)	I	Ⓐ Ⓑ Ⓒ Ⓓ
		II	㋐ ㋑ ㋒ ㋓
	(2)		㋐ ㋑ ㋒ ㋓
	(3)		
	(4)		㋐ ㋑ ㋒ ㋓
	(5)		㋐ ㋑ ㋒ ㋓

4		
	(1)	㋐ ㋑ ㋒ ㋓
	(2)	㋐ ㋑ ㋒ ㋓
	(3)	㋐ ㋑ ㋒ ㋓
	(4)	
	(5)	

5		
	(1)	㋐ ㋑ ㋒ ㋓
	(2)	
	(3)	㋐ ㋑ ㋒ ㋓
	(4)	㋐㋑㋒㋓ → ㋐㋑㋒㋓ → ㋐㋑㋒㋓
	(5)	㋐ ㋑ ㋒ ㋓

6		
	(1)	㋐ ㋑ ㋒ ㋓
	(2)	
	(3)	㋐ ㋑ ㋒ ㋓

7		
	(1)	㋐ ㋑ ㋒ ㋓ ㋔ ㋕
	(2)	
	(3)	㋐ ㋑ ㋒ ㋓

8		
	(1)	㋐ ㋑ ㋒ ㋓
	(2)	㋐ ㋑ ㋒ ㋓

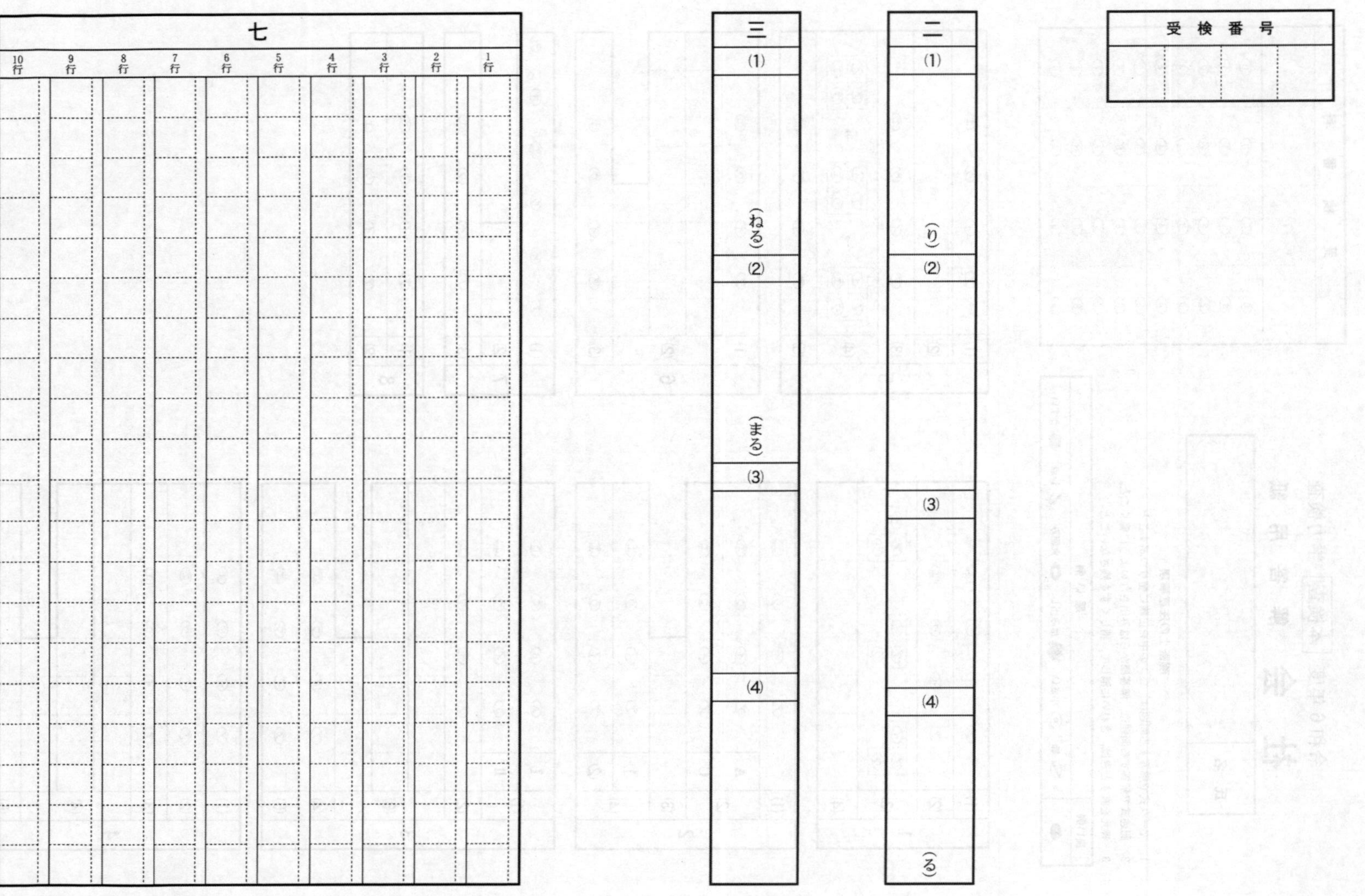
受検番号
二 (1) (り) (2) (3) (4) (る)
三 (1) (ねる) (2) (まる) (3) (4)
七 1行 2行 3行 4行 5行 6行 7行 8行 9行 10行

千葉県公立高校　２０２４年度

※１５６％に拡大していただくと，解答欄は実物大になります。

令和６年度 本検査 学力検査

国語 解答用紙

＊受検番号欄は裏面にもあります。

受検番号			
⓪①②③④⑤⑥⑦⑧⑨	⓪①②③④⑤⑥⑦⑧⑨	⓪①②③④⑤⑥⑦⑧⑨	⓪①②③④⑤⑥⑦⑧⑨

氏名

解答上の注意事項

1 マーク式で解答する問題は，◯の中を正確に塗りつぶすこと。
2 記述式で解答する問題は，解答欄からはみ出さないように書くこと。
3 答えを直すときは，きれいに消して，消しくずを残さないこと。

良い例	悪い例
●	線　丸囲み　小さい　レ点　はみ出し　うすい

一
(1) ㋐ ㋑ ㋒ ㋓　(2) ㋐ ㋑ ㋒ ㋓
(3) ㋐ ㋑ ㋒ ㋓　(4) ㋐ ㋑ ㋒ ㋓

二　※解答欄は裏面

三　※解答欄は裏面

四
(1) ㋐ ㋑ ㋒ ㋓　(2) ㋐ ㋑ ㋒ ㋓
(3) Ⅰ ㋐ ㋑ ㋒ ㋓ ㋔　Ⅱ ㋐ ㋑ ㋒ ㋓ ㋔　Ⅲ ㋐ ㋑ ㋒ ㋓ ㋔
(4) ㋐ ㋑ ㋒ ㋓ ㋔
(5) (a) ㋐ ㋑ ㋒ ㋓
(b) 30 35
(6) ㋐ ㋑ ㋒ ㋓

五
(1) ㋐ ㋑ ㋒ ㋓　(2) ㋐ ㋑ ㋒ ㋓　(3) ㋐ ㋑ ㋒ ㋓
(4) ㋐ ㋑ ㋒ ㋓　(5) ㋐ ㋑ ㋒ ㋓
(6) (a) Ⅰ 10　Ⅱ 5
(b) 30 40

六
(1)
(2) ㋐ ㋑ ㋒ ㋓　(3) ㋐ ㋑ ㋒ ㋓　(4) ㋐ ㋑ ㋒ ㋓
(5) (a) ㋐ ㋑ ㋒ ㋓
(b) 30 35

七　※解答欄は裏面

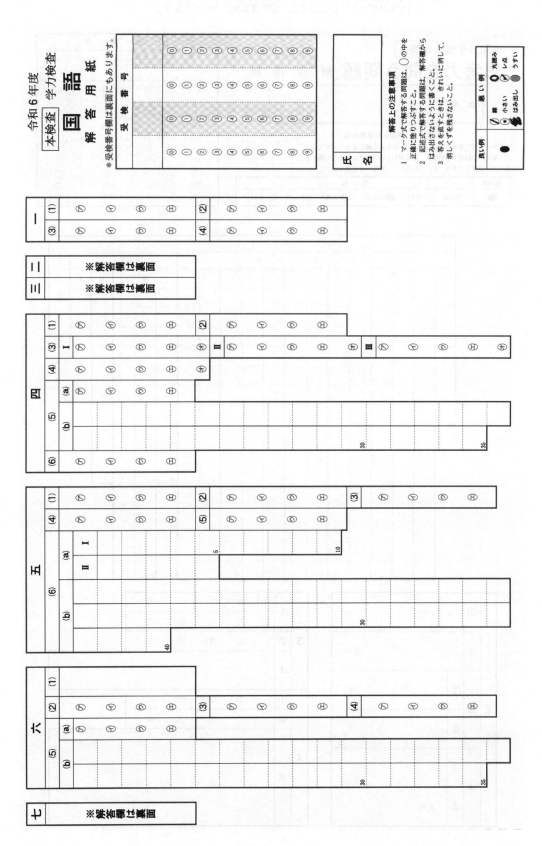

※ 156%に拡大していただくと，解答欄は実物大になります。

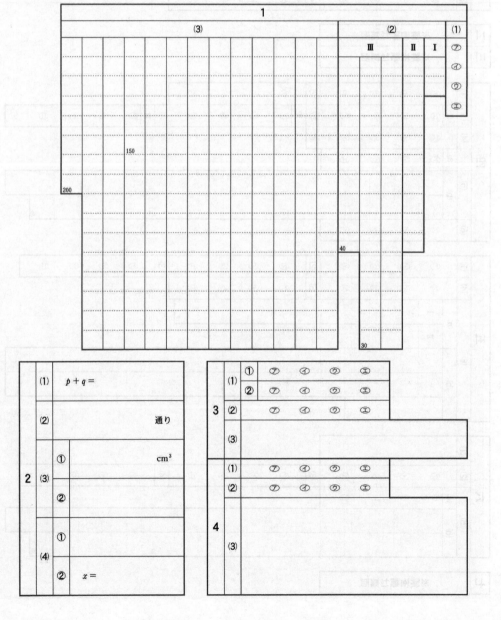

令和６年度 本検査

思考力を問う問題 解答用紙

氏名	

受検番号			
⓪①②③④⑤⑥⑦⑧⑨	⓪①②③④⑤⑥⑦⑧⑨	⓪①②③④⑤⑥⑦⑧⑨	⓪①②③④⑤⑥⑦⑧⑨

解答上の注意事項

1　マーク式で解答する問題は，◯の中を正確に塗りつぶすこと。
2　記述式で解答する問題は，解答欄からはみ出さないように書くこと。
3　答えを直すときは，きれいに消して，消しくずを残さないこと。

良い例	悪い例
●	線　小さい　はみ出し　丸囲み　レ点　うすい

1

(1) ㋐ ㋑ ㋒ ㋓

(2) Ⅰ　Ⅱ　Ⅲ　(30)(40)

(3) (150)(200)

2			
(1)		$p+q=$	
(2)			通り
(3)	①		cm^3
	②		
(4)	①		
	②	$x=$	

3						
(1)	①	㋐	㋑	㋒	㋓	
	②	㋐	㋑	㋒	㋓	
(2)		㋐	㋑	㋒	㋓	
(3)						

4					
(1)	㋐	㋑	㋒	㋓	
(2)	㋐	㋑	㋒	㋓	
(3)					

2024年度入試配点表 (千葉県)

数学	1	2	3	4	計
	(1) 各5点×3 他 各3点×12	各5点×3	(2) 6点 他 各5点×2((1)完答)	各3点×6	100点

英語	1	2	3	4	5	計
	各3点×3	各3点×2	各3点×2	各3点×2	各3点×5 ((3)～(5)各完答)	100点
	6	7	8	9		
	各4点×2	各3点×7	(5) 5点 他 各3点×4	各3点×4		

理科	1	2	3	4	5	計
	各3点×4	(1)・(2) 各2点×2 他 各3点×2	(1)・(4) 各3点×2 他 各2点×2	(1)・(3) 各2点×2 他 各3点×2	(1)・(2) 各2点×2 他 各3点×2	100点
	6	7	8	9		
	(1) 2点 (2) 各3点×2 (3) 4点	各3点×4 ((4)完答)	各3点×4	各3点×4		

社会	1	2	3	4	5	6	7	8	計
	各3点×4 ((2)・(3)各完答)	各3点×5 ((2)・(4)①各完答)	(3) 4点 他 各3点×4 ((1)完答)	(4) 4点 他 各3点×4	各3点×5 ((4)完答)	(2) 4点 他 各3点×2	(2) 4点 他 各3点×2	各3点×2	100点

国語	一	二	三	四	五	六	七	計
	各2点×4	各2点×4	各2点×4	(1) 2点 (5)(b) 6点 他 各3点×5 ((3)・(4)各完答)	(6)(a) 各2点 ×2, (b) 4点 他 各3点×5	(1) 2点 (5)(b) 4点 他 各3点×4	12点	100点

思考力を問う問題	1	2	3	4	計
	(1) 6点 (2)Ⅰ・Ⅱ 各3点×2 Ⅲ 6点 (3) 15点	(1)・(3)①・(4)① 各6点×3 他 各5点×3	各4点×4	(3) 10点 他 各4点×2	100点

※ 118%に拡大していただくと，解答欄は実物大になります。

令和５年度
本検査　学力検査　**数　学　解 答 用 紙**

答えは，全てこの解答用紙に書き，解答用紙だけ提出しなさい。

1	(1)	①	②	③	
	(2)	①		②	
	(3)	①		②	
	(4)	①	cm	②	cm^3
	(5)	①	通り	②	
	(6)	①		②	$a =$
	(7)	O　A　B			
2	(1)	①		②	
	(2)	(　　　，　　　)			

<table>
<tr><td rowspan="3">3</td><td>(1)</td><td colspan="7">(a) ／ (b) ／ (c) 度</td></tr>
<tr><td>(2)</td><td colspan="7"></td></tr>
<tr><td>(3)</td><td colspan="7">cm</td></tr>
<tr><td rowspan="3">4</td><td rowspan="2">(1)</td><td>①</td><td>(a)</td><td>点</td><td>(b)</td><td>通り</td><td>(c)</td><td>点</td></tr>
<tr><td>②</td><td>(d)</td><td>$c =$</td><td>(e)</td><td colspan="3">M =</td></tr>
<tr><td>(2)</td><td colspan="7"></td></tr>
</table>

受検番号		氏　名		得　点	

※ 118%に拡大していただくと，解答欄は実物大になります。

令和５年度
本検査　学力検査　**英　語**　解　答　用　紙

答えは，全てこの解答用紙に書き，解答用紙だけ提出しなさい。

1	No. 1		No. 2		No. 3	
2	No. 1		No. 2			
3	No. 1		No. 2			

4	No. 1	①	t
		②	
	No. 2	①	
		②	

5	(1)	
	(2)	
	(3)	
	(4)	
	(5)	

6	(1)	
	(2)	

7	(1)	①	
		②	
		③	
		④	
	(2)	①	
		②	

8	(1)	
	(2)	
	(3)	
	(4)	

9	(1)		(2)		(3)	
	(4)					

受検番号		氏　名		得　点	

※ 118％に拡大していただくと，解答欄は実物大になります。

令和５年度
本検査　学力検査　**理　科　解 答 用 紙**

答えは，全てこの解答用紙に書き，解答用紙だけ提出しなさい。

1	(1)		(2)		
	(3)		(4)		
2	(1)	点			
	(2)	(a)	x	N	(c)
			y	g	
		(b)		cm	
3	(1)	v		w	
	(2)		(3)		
	(4)				
4	(1)				
	(2)		(3)		
	(4)	y		z	g
5	(1)		(2)		
	(3)				
	(4)				

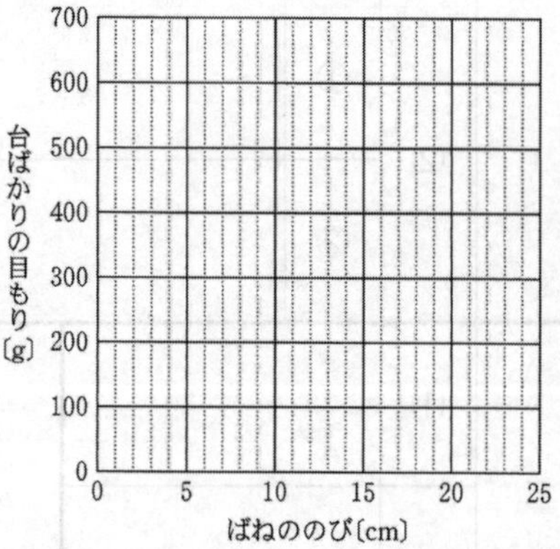

6	(1)				
	(2)	x		y	
	(3)			(4)	

7	(1)										
	(2)					(3)					
	(4)	y				z					

8	(1)			(2)	
	(3)	y		(4)	A B
		z			

9	(1)				
	(2)				
	(3)	花		符号	
	(4)	x		y	

受検番号		氏　名		得　点	

※ 118%に拡大していただくと，解答欄は実物大になります。

令和5年度

本検査　学力検査　**社　会　解 答 用 紙**

答えは，全てこの解答用紙に書き，解答用紙だけ提出しなさい。

1	(1)	年代の古い順	1	2	3
		符　号			
	(2)				
	(3)				
	(4)	千葉県		埼玉県	
2	(1)	県			
	(2)				
	(3)				
	(4)	①			
		②			
3	(1)	Ⅰ		Ⅱ	
	(2)				
	(3)				
	(4)				
	(5)				
4	(1)				
	(2)				
	(3)	年代の古い順	1	2	3
		符　号			
	(4)				
	(5)				

5	(1)										
	(2)	年代の古い順	1	2	3						
		符　　号									
	(3)	I		Ⅱ							
	(4)										
	(5)										
6	(1)										
	(2)										
	(3)	A		B		C		D			
7	(1)	I		Ⅱ		Ⅲ					
	(2)										
	(3)										
8	(1)	I		Ⅱ		Ⅲ		Ⅳ			
	(2)										

受検番号		氏　名		得　点	

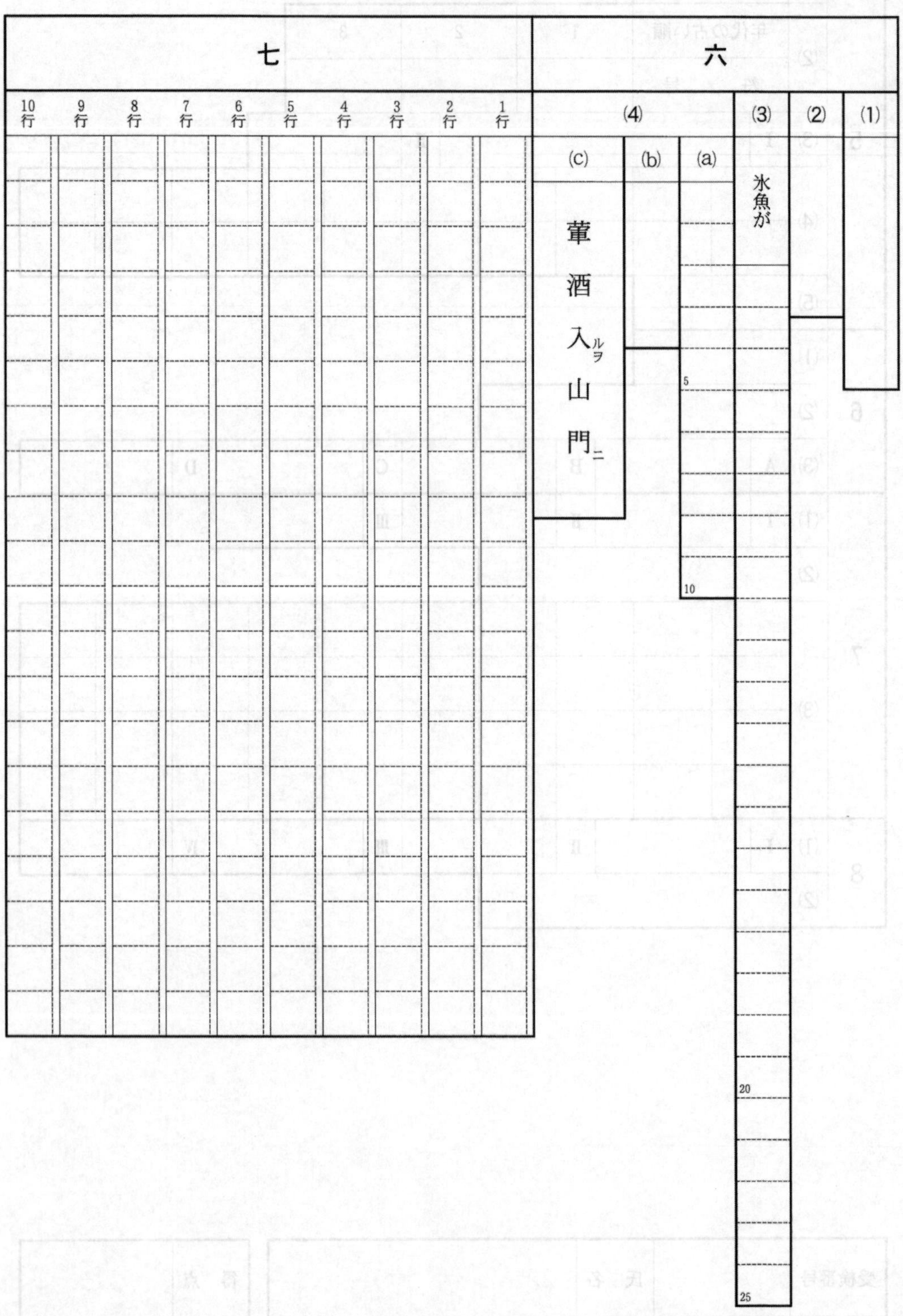
六
(1)
(2)
(3)
氷魚が
(4)
(a)
(b)
(c)
葦酒入ルヲ山門ニ
七
1行
2行
3行
4行
5行
6行
7行
8行
9行
10行

※ 125％に拡大していただくと，解答欄は実物大になります。

令和五年度

本検査　学力検査

国語　解答用紙

答えは、全てこの解答用紙に書き、解答用紙だけ提出しなさい。
解答する際に字数制限がある場合には、句読点や「」などの符号も字数に数えること。

受検番号

氏　名

得　点

一　(1)　(2)　(3)　(4)

二　(1)　(いて)　(2)　(む)　(3)　(な)　(4)　(な)

三　(1)　(い)　(2)　(む)　(3)　(4)　(5)

四　(1)　(2)　(3)　①　②　③　④　⑤　⑥　(4)　Ⅰ　Ⅱ　(5)　Ⅰ　Ⅱ　Ⅲ　15　20　(6)

五　(1)　(2)　Ⅰ　Ⅱ　(3)　(4)　(5)　(a)　Ⅰ　Ⅱ　(b)　(c)　X　Y　30　40

※ 116%に拡大していただくと，解答欄は実物大になります。

令和5年度

本検査

思考力を問う問題　解答用紙①

大問1（1ページから4ページまで）の答えは，全てこの解答用紙①に書き，解答用紙②，③と一緒に提出しなさい。解答する際に字数制限がある場合には，句読点や「　」などの符号も字数に数えること。

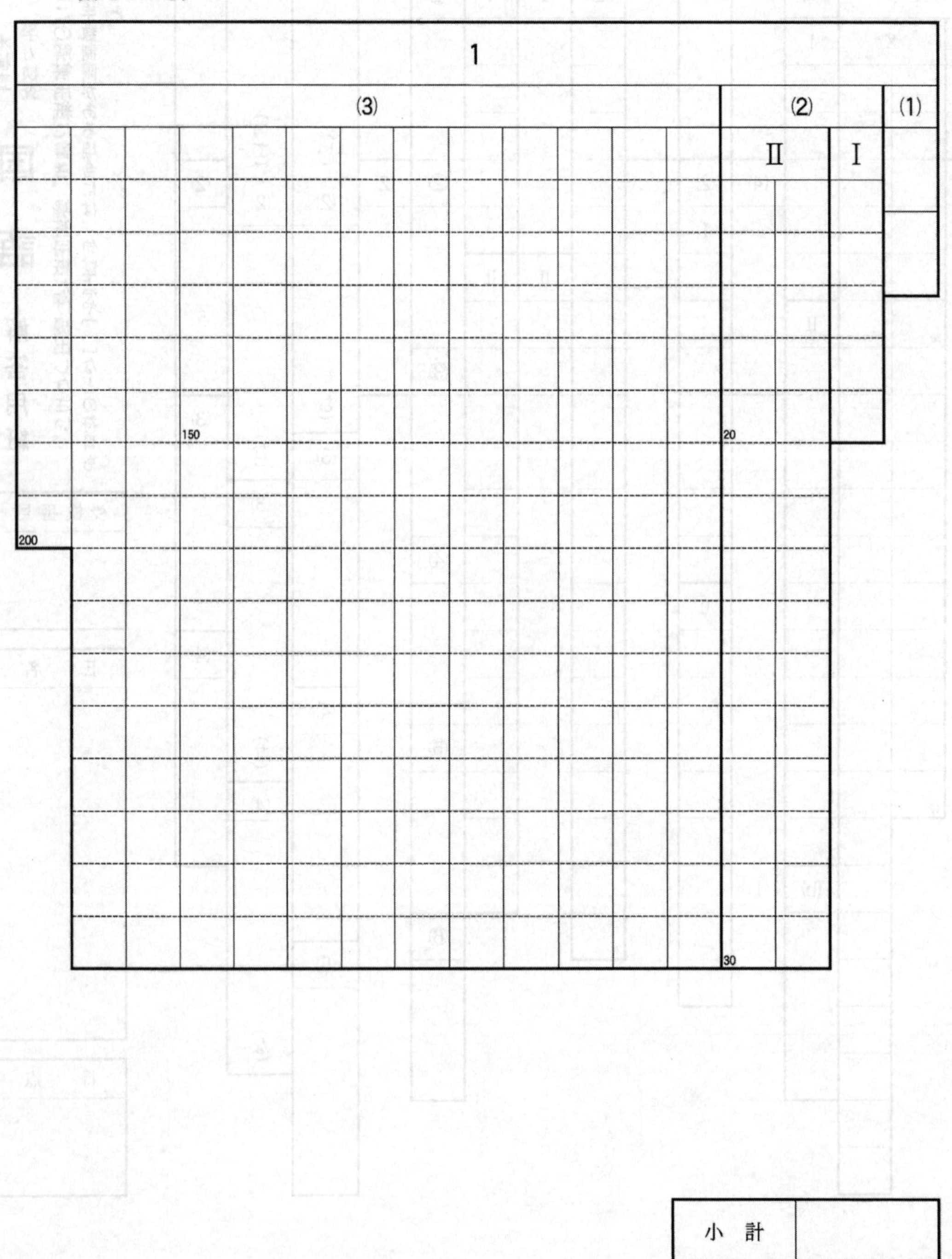

小計

令和５年度
本検査

思考力を問う問題　解答用紙②

大問２（５ページから８ページまで）の答えは，全てこの解答用紙②に書き，解答用紙①，③と一緒に提出しなさい。

<table>
<tr><td rowspan="7">2</td><td rowspan="2">(1)</td><td colspan="2">$a =$</td></tr>
<tr><td colspan="2">$b =$</td></tr>
<tr><td>(2)</td><td colspan="2"></td></tr>
<tr><td rowspan="2">(3)</td><td>①</td><td>cm</td></tr>
<tr><td>②</td><td>cm^2</td></tr>
<tr><td rowspan="2">(4)</td><td>①</td><td></td></tr>
<tr><td>②</td><td></td></tr>
</table>

小　計	

令和５年度
本検査

思考力を問う問題　解答用紙③

大問３，４（９ページから11ページまで）の答えは，全てこの解答用紙③に書き，解答用紙①，②と一緒に提出しなさい。

3	(1)	→ → →
	(2)	① ② ③
	(3)	
4	(1)	
	(2)	

小　計	

2023年度入試配点表（千葉県）

数学	1	2	3	4	計
	(1) 各5点×3 (7) 6点 他 各3点×10 ((6)②完答)	各5点×3	(2) 6点 他 各5点×2 ((1)完答)	(1)① 各2点×3 他 各4点×3	100点

英語	1	2	3	4	5	計
	各3点×3	各3点×2	各3点×2	各3点×4	各3点×5 ((3)～(5)各完答)	100点
	6	7	8	9		
	各4点×2	各3点×6	(3) 4点 他 各3点×3	(4) 4点 他 各3点×3		

理科	1	2	3	4	5	計
	各3点×4	各3点×4 ((2)(a)完答)	(1)・(3) 各2点×2 他 各3点×2 ((1)完答)	(1)・(3) 各2点×2 他 各3点×2 ((4)完答)	(1)・(2) 各2点×2 他 各3点×2	100点
	6	7	8	9		
	各3点×4 ((2)完答)	各3点×4 ((4)完答)	(1)・(4) 各2点×2 他 各3点×2 ((3)完答)	各3点×4 ((3)・(4)各完答)		

社会	1	2	3	4	5	6	7	8	計
	各3点×4 ((1)・(4)各完答)	(3) 4点 各3点×4	各3点×5 ((1)完答)	各3点×5 ((3)完答)	(4) 4点 他 各3点×4 ((2)・(3)各完答)	(3) 4点 他 各3点×2 ((3)完答)	(3) 4点 他 各3点×2 ((1)完答)	各3点×2 ((1)完答)	100点

国語	一	二	三	四	五	六	七	計
	各2点×4	各2点×4	各2点×5	(3)・(6) 各3点 ×2 (5)Ⅲ 4点 他 各2点×6	(5)(c)X 4点 (5)(c)Y 3点 他 各2点×8	(1)・(2) 各2点 ×2 (3) 4点 他 各3点×3	12点	100点

思考力を問う問題	1	2	3	4	計
	(3) 15点 他 各6点×3((1)完答)	(1) 各3点×2 (3)①・(4)① 各6点×2 他 各5点×3((2)完答)	(3) 10点 他 各4点×4	各4点×2	100点

※ 118%に拡大していただくと，解答欄は実物大になります。

令和４年度

本検査　学力検査　**数学　解答用紙**

答えは，全てこの解答用紙に書き，解答用紙だけ提出しなさい。

1	(1)	①	②	③
	(2)	① cm²	② cm
	(3)	① 回	② $a=$
	(4)	① 個	②
	(5)	$a=$	$b=$
	(6)	①	② cm
	(7)	A, B, C	
2	(1)	$a=$	(2)
	(3)		

3	(1)	(a)	(b)	(c)
	(2)			
	(3)			

4	(1)	(a)	(b)
	(2)		
	(3)		秒後
	(4)		回
	(5)		度

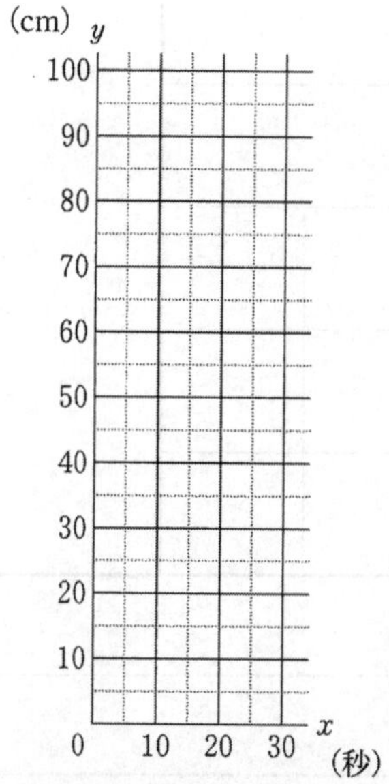

(cm) y
100
90
80
70
60
50
40
30
20
10
0 10 20 30 x (秒)

受検番号		氏　名		総得点	

千葉県公立高校　2022年度

※118%に拡大していただくと，解答欄は実物大になります。

令和４年度
本検査　学力検査　**英　語**　解答用紙

答えは，全てこの解答用紙に書き，解答用紙だけ提出しなさい。

1	No. 1		No. 2		No. 3	
2	No. 1		No. 2			
3	No. 1		No. 2			

4	No. 1	①	
		②	d
	No. 2	①	
		②	

5	(1)	
	(2)	
	(3)	
	(4)	
	(5)	

6	

7	(1)	①	
		②	
		③	
		④	
	(2)	①	
		②	
8	(1)		
	(2)		
	(3)		
	(4)		
9	(1)		
	(2)		
	(3)		
	(4)		

受検番号		氏　名	

総得点	

※ 118%に拡大していただくと，解答欄は実物大になります。

令和 4 年度
本検査　学力検査

理　科　解 答 用 紙

答えは，全てこの解答用紙に書き，解答用紙だけ提出しなさい。

1	(1)	N	(2)	
	(3)		(4)	
2	(1)			
	(2)		(3)	
	(4)	特徴Ⅱ	特徴Ⅳ	
3	(1)		(2)	
	(3)	① x　g	y	倍
		②		
4	(1)		(3)	
	(2)	m		
		n		
	(4)	%		
5	(1)	の法則	(2)	図2　図3
	(3)	(a)　J		
		(b)		

6	(1)		
	(2)	水星	土星
	(3)		(4) 惑星B / 惑星C
7	(1)		(3)
	(2)	x	
		y　cm	
	(4)	cm	
8	(1)		(2)
	(3)	反応	符号
	(4)		
9	(1)		
	(2)		
	(3)		
	(4)		

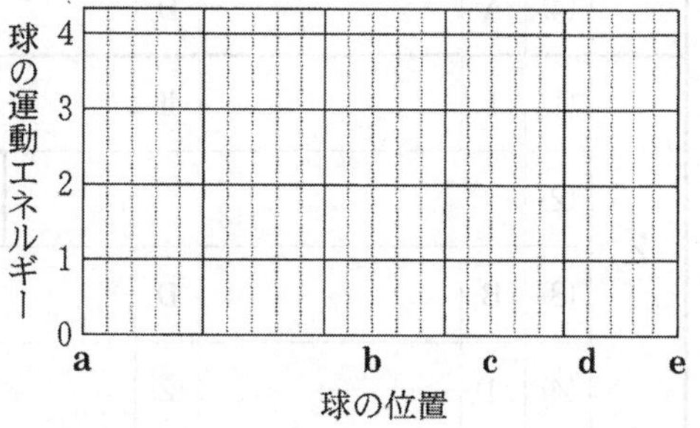

受検番号		氏　名		総得点	

※118%に拡大していただくと，解答欄は実物大になります。

令和４年度
本検査　学力検査　**社　会　解　答　用　紙**

答えは，全てこの解答用紙に書き，解答用紙だけ提出しなさい。

1	(1)				
	(2)				
	(3)	年代の古い順	1	2	3
		符　　号			
	(4)	A		D	
2	(1)	I		II	市
	(2)				
	(3)	B		D	
	(4)	①		②	
3	(1)				
	(2)				
	(3)	I		II	山脈
	(4)				
	(5)				
4	(1)	年代の古い順	1	2	3
		符　　号			
	(2)				
	(3)				
	(4)	I		II	
	(5)				

5	(1)				
	(2)				
	(3)				
	(4)	年代の古い順	1	2	3
		符　号			
	(5)				
6	(1)	I		II	
	(2)				
	(3)				
7	(1)				
	(2)				
	(3)				
8	(1)				
	(2)				

受検番号		氏　名		総得点	

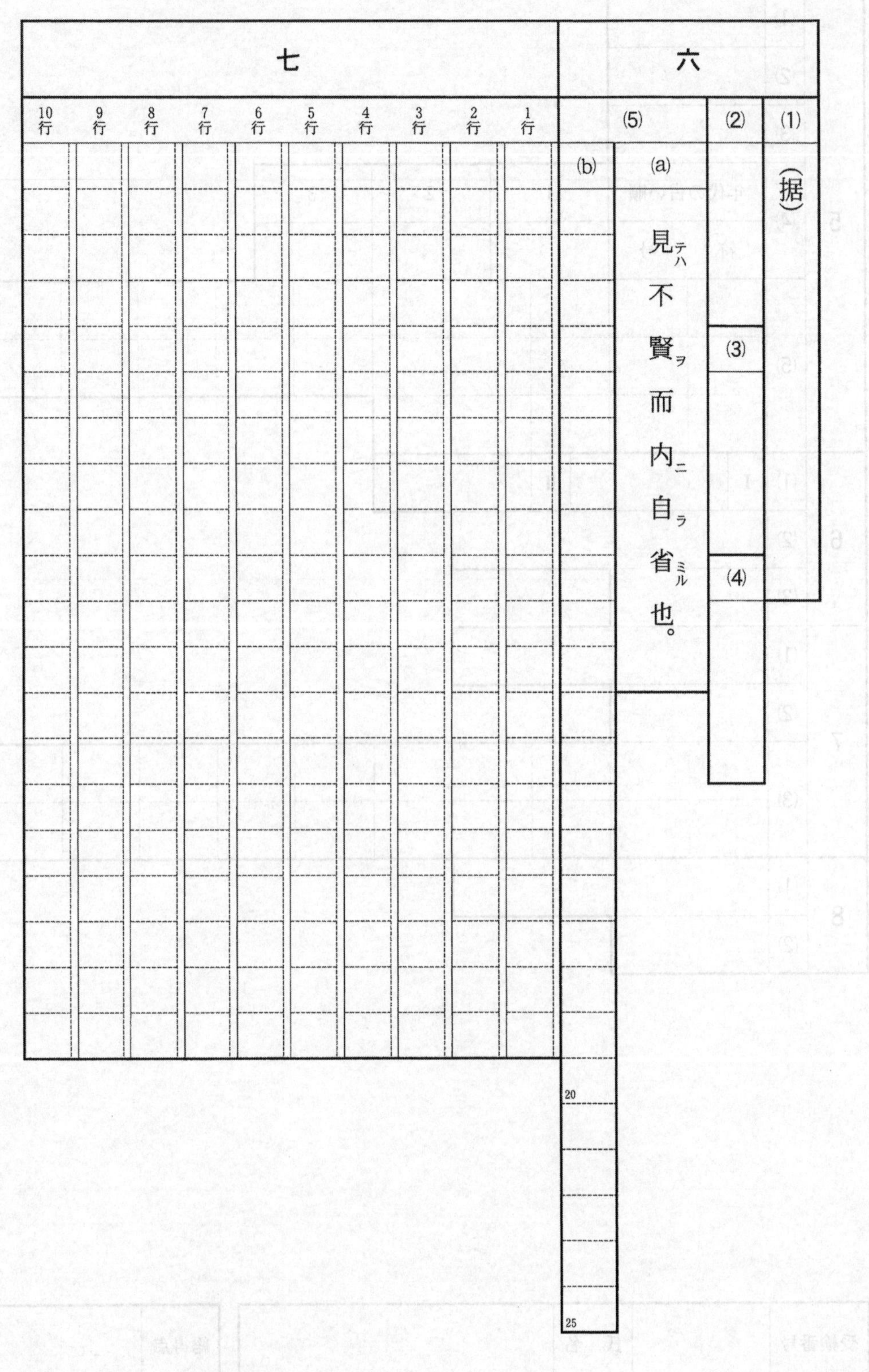

六

(1) （据）

(2)

(3)

(4)

(5) (a) 見テハ不賢ヲ而内ニ自ラ省ミル也。

(b)

七

1行 2行 3行 4行 5行 6行 7行 8行 9行 10行

※ 125％に拡大していただくと，解答欄は実物大になります。

令和四年度
本検査
学力検査

国語 解答用紙

答えは、全てこの解答用紙に書き、解答用紙だけ提出しなさい。
解答する際に字数制限がある場合には、句読点や「　」などの符号も字数に数えること。

一 (1) (2) (3) (4)

二 (1)（める） (2) (3) (4)（な）

三 (1)（げる） (2)（べ） (3) (4) (5)

四 (1) (2) (3) Ⅰ Ⅱ 5 10 (4) Ⅰ Ⅱ Ⅲ 5 10 15 (5)

五 (1) (2) (3) (4) Ⅰ Ⅱ Ⅲ 5 10 (5) (a) (b) (c) 20 25

受検番号

氏名

総得点

※ 116%に拡大していただくと，解答欄は実物大になります。

令和４年度
本検査

思考力を問う問題　解答用紙 ①

<table>
<tr><td rowspan="3">1</td><td>(1)</td><td colspan="2">時速　　　　km</td><td>(2)</td><td></td></tr>
<tr><td>(3)</td><td>①</td><td>度</td><td>②</td><td>cm</td></tr>
<tr><td>(4)</td><td>①</td><td></td><td>②</td><td>（　　　，　　　）</td></tr>
</table>

小　計	

令和４年度
本検査

思考力を問う問題　解答用紙②

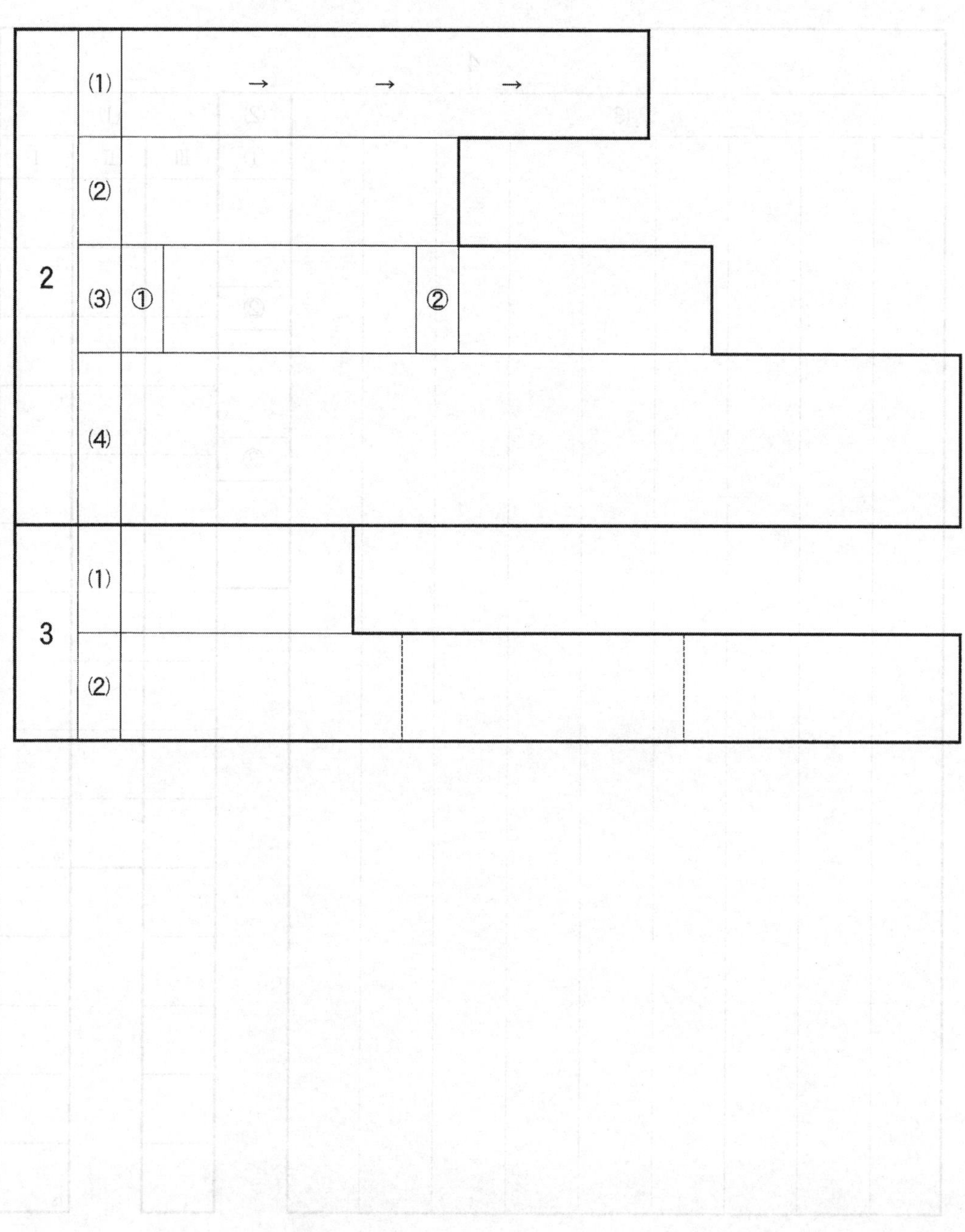

2	(1)	→ → →
	(2)	
	(3)	① ②
	(4)	
3	(1)	
	(2)	

小　計	

令和４年度
本検査

思考力を問う問題　解答用紙 ③

4					
(3)	(2)		(1)		
	①	Ⅲ	Ⅱ	Ⅰ	
	②				
	③				

小　計	

2022 年度入試配点表 (千葉県)

数学	1	2	3	4	計
	(1) 各5点×3 (7) 6点 他 各3点×10 ((3)②完答)	各5点×3	(2) 6点 他 各5点×2 ((1)完答)	各3点×6	100点

英語	1	2	3	4	5	計
	各3点×3	各3点×2	各3点×2	各3点×4	各3点×5 ((3)~(5)各完答)	100点
	6	7	8	9		
	8点	各3点×6	(2) 4点 他 各3点×3	(4) 4点 他 各3点×3		

理科	1	2	3	4	5	計
	各3点×4	各3点×4 ((4)完答)	(1)・(2) 各2点×2 他 各3点×2 ((1)・(3)①各完答)	(1)・(2) 各2点×2 他 各3点×2 ((2)完答)	(1)・(2) 各2点×2 他 各3点×2 ((2)完答)	100点
	6	7	8	9		
	各3点×4 ((2)・(4)各完答)	各3点×4 ((2)完答)	(1)・(2) 各2点×2 他 各3点×2 ((3)完答)	各3点×4		

社会	1	2	3	4	5	6	7	8	計
	各3点×4 ((3)・(4)各完答)	各3点×5 ((1)・(3)各完答)	(4) 4点 他 各3点×4 ((3)完答)	各3点×5 ((1)・(4)各完答)	(5) 4点 他 各3点×4 ((4)完答)	(3) 4点 他 各3点×2 ((1)完答)	(3) 4点 他 各3点×2	各3点×2	100点

国語	一	二	三	四	五	六	七	計
	各2点×4	各2点×4	各2点×5	(1)~(3)Ⅰ 各2点×3 他 各4点×4	(4)Ⅲ・(5)c 各4点×2 他 各2点×7	(1) 2点 (5)b 4点 他 各3点×4	12点	100点

思考力を問う問題	1	2	3	4	計
	(1)・(2) 各5点×2 他 各6点×4	(4) 9点 他 各4点×4	各4点×2	(2) 6点 (3) 18点 他 各3点×3 ((2)完答)	100点

千葉県公立高校　2021年度

※ 120%に拡大していただくと，解答欄は実物大になります。

令和３年度

本検査　学力検査　**数学　解答用紙**

答えは，全てこの解答用紙に書き，解答用紙だけ提出しなさい。

1	(1)		(2)	
	(3)		(4)	$x=$ 　　, $y=$
	(5)		(6)	$x=$
2	(1)		(2)	
	(3)	cm²	(4)	
	(5)	A, B, C, D		
3	(1)			
	(2)	① cm²	②	

4	(1)	(a)	(b)
		(c)	
	(2)	cm	

5	(1)	(ア)	(イ)
	(2)		
	(3)	組	

受検番号		氏　名		総得点	

※ 119%に拡大していただくと，解答欄は実物大になります。

令和３年度
本検査　学力検査　**英語**　解答用紙

答えは，全てこの解答用紙に書き，解答用紙だけ提出しなさい。

1	No. 1		No. 2		No. 3	
2	No. 1		No. 2			
3	No. 1		No. 2			

4	No. 1	①	
		②	
	No. 2	①	
		②	

5	(1)	
	(2)	
	(3)	
	(4)	
	(5)	

6	

7	(1)	Ⓐ		Ⓑ	
	(2)	①			
		②			
	(3)	①			
		②			
8	(1)				
	(2)				
	(3)				
	(4)				
9	(1)		(2)		(3)
	(4)				

受検番号		氏　名		総得点	

※ 118％に拡大していただくと，解答欄は実物大になります。

令和３年度
本検査　学力検査　**理　科　解答用紙**

答えは，全てこの解答用紙に書き，解答用紙だけ提出しなさい。

大問	小問	解答欄	小問	解答欄
1	(1)		(2)	系
	(3)		(4)	
2	(1)		(2)	
	(3)			
	(4)	g　　h　　i　　m		
3	(1)		(2)	電源装置　スイッチ　電流計　コイル　U字型磁石　導線　抵抗器R_1　電圧計
	(3)			
	(4)	動く向き		振れる幅
4	(1)			
	(2)		(3)	
	(4)	x		y
5	(1)		(2)	
	(3)			
	(4) ①			
	(4) ②			

6	(1)	→ → →	
	(2)		
	(3)		(4)

7	(1)		(2)
	(3)		(4) g

銅の粉末と化合した酸素の質量〔g〕

0 0.20 0.40 0.60 0.80 1.00 1.20

銅の粉末の質量〔g〕

8	(1)		(2)
	(3)		(4)

9	(1)		(2) N
	(3)		(4) N

120°

点B側のひも O 点P側のひも

糸

おもり

受検番号		氏 名		総得点	

※ 119%に拡大していただくと，解答欄は実物大になります。

令和３年度
本検査　学力検査　**社　会**　解答用紙

答えは，全てこの解答用紙に書き，解答用紙だけ提出しなさい。

1	(1)					
	(2)	①				
		②	年代の古い順	1	2	3
			符　　号			
	(3)					
2	(1)					
	(2)					
	(3)					
	(4)	①		②		
3	(1)					
	(2)	符　　号		州　　名	州	
	(3)					
	(4)					
	(5)					
4	(1)					
	(2)					
	(3)					
	(4)	I		II		
	(5)					

5	(1)				
	(2)				
	(3)				
	(4)				
	(5)	年代の古い順	1	2	3	4
		符　　号				

6	(1)	
	(2)	
	(3)	
	(4)	

7	(1)			
	(2)			
	(3)			
	(4)	X		Y

受検番号		氏　名		総得点	

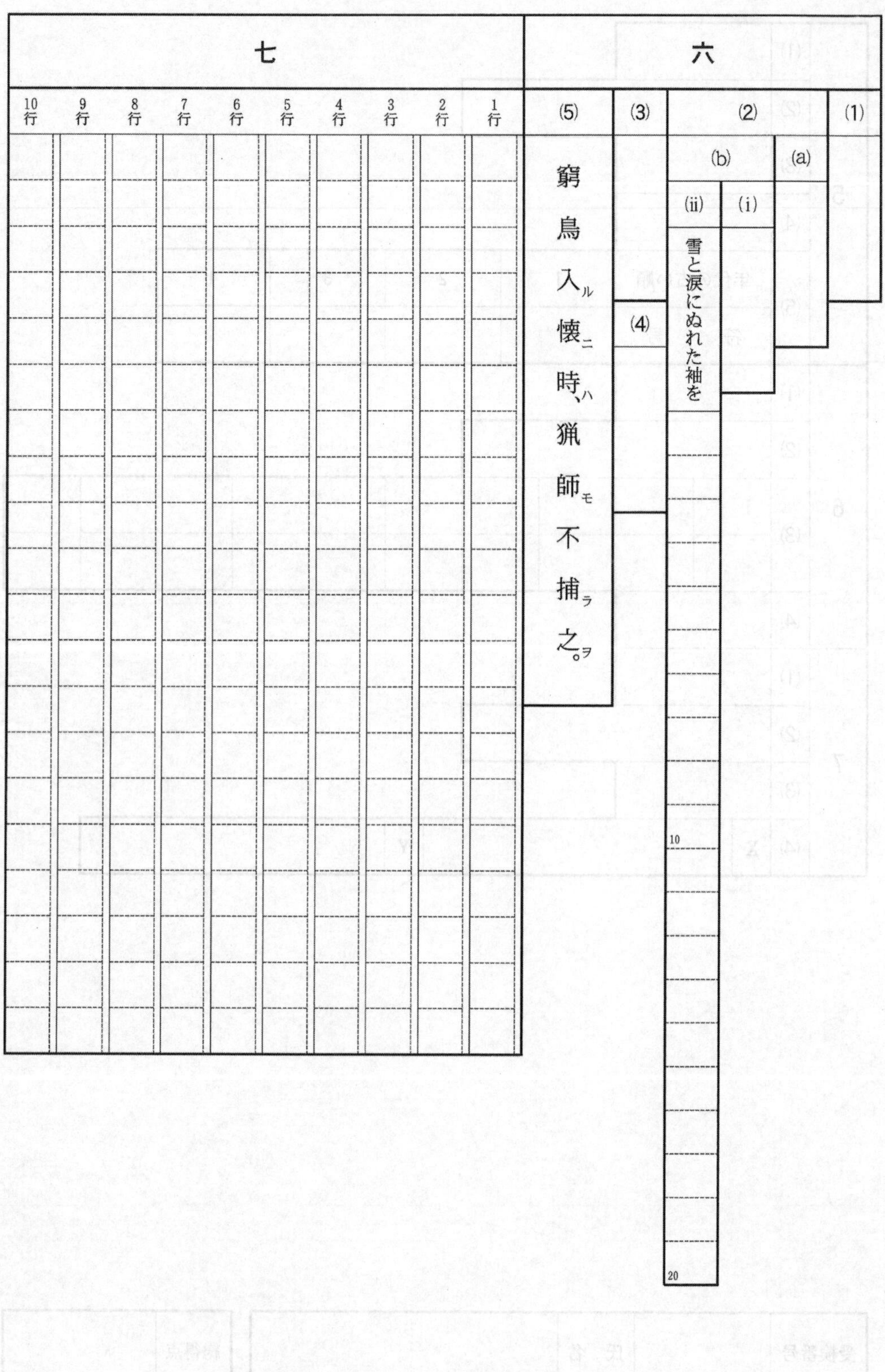

六
(1)
(2)
(a)
(b)
(i)
(ii)
雪と涙にぬれた袖を
10
20
(3)
(4)
(5)
窮鳥入ル懐ニ時ハ、猟師モ不捕ラ之ヲ。
七
1行
2行
3行
4行
5行
6行
7行
8行
9行
10行

※ 128％に拡大していただくと，解答欄は実物大になります。

令和三年度

本検査 学力検査

国語　解答用紙

答えは、全てこの解答用紙に書き、解答用紙だけ提出しなさい。
解答する際に字数制限がある場合には、句読点や「　」などの符号も字数に数えること。

受検番号

氏　名

総得点

一　(1)　(2)　(3)　(4)

二　(1)（えて）　(2)　(3)　(4)

三　(1)（れ）　(2)（する）　(3)　(4)　(5)

四　(1)　(2)　(3)　(4)　(5) 人間は　25　40　(6) Ⅰ　Ⅱ

五　(1)　(2) (a)　(b)　(c)　(3)　(4)　(5) Ⅰ　20　25　Ⅱ

※ 125%に拡大していただくと，解答欄は実物大になります。

サンプル

令和３年度
本検査

思考力を問う問題　解答用紙 ①

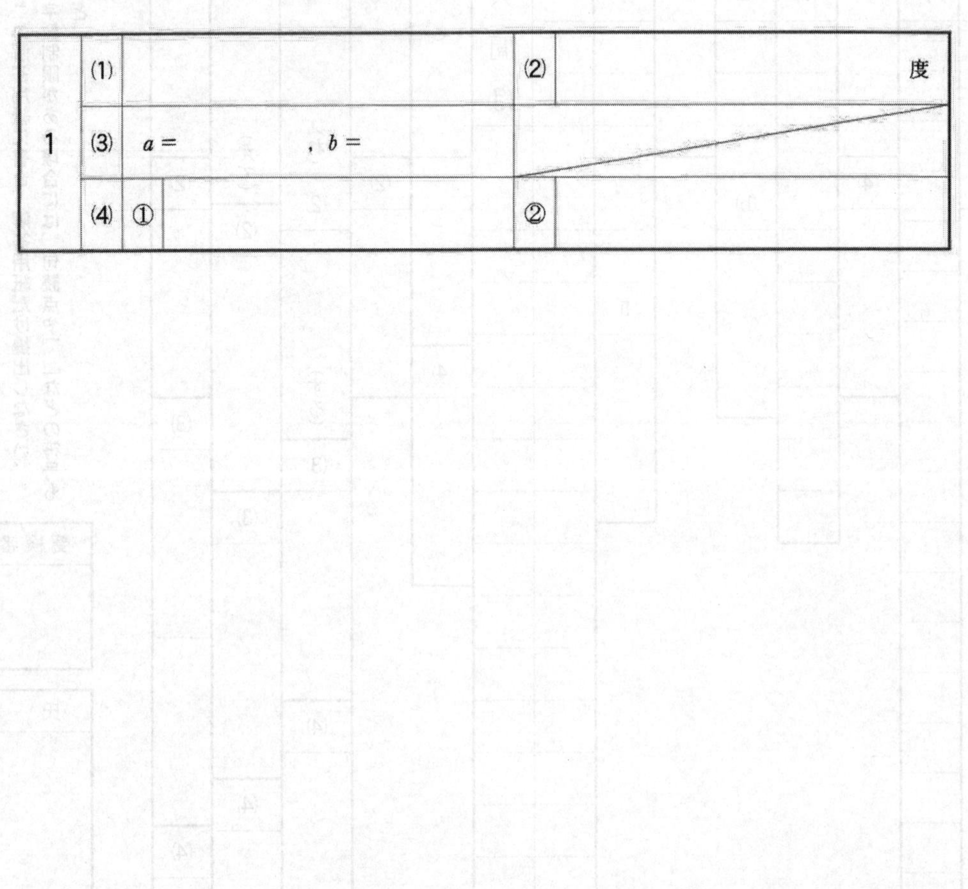

1	(1)		(2)	度
	(3)	$a=$ 　　　, $b=$		
	(4)	①	②	

小　計	

サンプル

令和3年度 本検査

思考力を問う問題　解答用紙②

<table>
<tr><td rowspan="3">2</td><td>(1)</td><td>①</td><td></td><td>②</td><td></td></tr>
<tr><td>(2)</td><td colspan="4"></td></tr>
<tr><td>(3)</td><td colspan="4"></td></tr>
<tr><td>3</td><td colspan="5">Memories in My Classroom ／ Important Things We Have Learned</td></tr>
</table>

小計	

サンプル

令和３年度
本検査

思考力を問う問題　解答用紙③

4		
(3)	(2)	(1)

小　計	

2021 年度入試配点表（千葉県）

数学	1	2	3	4	5	計
	各5点×6	各5点×5	各5点×3 ((2)②完答)	(1)(c)　6点 (2)　5点 他　各2点×2	(2)　4点 (3)　5点 他　各3点×2	100点

英語	1	2	3	4	5	計
	各3点×3	各3点×2	各3点×2	各3点×4	各3点×5 ((3)~(5)各完答)	100点
	6	7	8	9		
	8点	各3点×6	(2)　4点 他　各3点×3	(4)　4点 他　各3点×3		

理科	1	2	3	4	5	計
	各3点×4	各3点×4 ((4)完答)	各3点×4 ((4)完答)	各3点×4 ((4)完答)	各2点×5	100点
	6	7	8	9		
	(1)・(2)　各2点×2 他　各3点×2 ((1)完答)	各3点×4	(1)・(2)　各2点×2 他　各3点×2	(1)・(2)　各2点×2 他　各3点×2		

社会	1	2	3	4	5	6	7	計
	各3点×4 ((2)②完答)	各3点×5	(4)　4点 他 各3点×4 ((2)完答)	(3)　4点 他 各3点×4 ((4)完答)	各3点×5 ((5)完答)	(3)　4点 他 各3点×3	(4) 4点(完答) 他 各3点×3	100点

国語	一	二	三	四	五	六	七	計
	各2点×4 ((3)完答)	各2点×4	各2点×5	(1)・(2) 各2点×2 (5)　4点 他　各3点×5	(2)c・(3)・(4) 各3点×3 (5)Ⅰ　4点 他 各2点×4	(2)b(ii)　4点 (3)・(4) 各3点×2 他　各2点×4	12点	100点

思考力を問う問題	1	2	3	4	計
	各7点×5 ((1)完答)	(3)　10点 他　各4点×3	10点	(1)　7点 (2)　8点 (3)　18点	100点

※この解答用紙は 116％に拡大していただきますと，実物大になります。

令和２年度
前期選抜　学力検査　**数　学**　解　答　用　紙

答えは，全てこの解答用紙に書き，解答用紙だけ提出しなさい。

1	(1)		(2)	
	(3)		(4)	$x=$
	(5)		(6)	
2	(1)		(2)	
	(3)	cm^3	(4)	
	(5)	ℓ B A		
3	(1)	$a=$		
	(2)	①	②	（　　　，　　　）

4	(1)	(a)	(b)
		(c)	
	(2)	cm^2	

5	(1)	個	(2)	個
	(3)			
	(4)			

受検番号		氏　名		総得点	

※この解答用紙は116％に拡大していただきますと，実物大になります。

令和２年度
前期選抜　学力検査　**英　語**　解答用紙

答えは，全てこの解答用紙に書き，解答用紙だけ提出しなさい。

1	No. 1		No. 2		No. 3	
2	No. 1		No. 2			
3	No. 1		No. 2			

4	No. 1	①	b
		②	
	No. 2	①	
		②	

5	(1)	
	(2)	
	(3)	
	(4)	
	(5)	

6	

7	(1)	Ⓐ		Ⓑ	
	(2)	①			
		②			
	(3)	①			
		②			

8	(1)	
	(2)	
	(3)	
	(4)	

9	(1)		(2)		(3)		(4)	

受検番号		氏　名	

総得点	

※この解答用紙は116%に拡大していただきますと，実物大になります。

令和２年度
前期選抜　学力検査　**理　科**　解 答 用 紙

答えは，全てこの解答用紙に書き，解答用紙だけ提出しなさい。

1	(1)		(2)	
	(3)		(4)	
2	(1)		(2)	的
	(3)	→　→　→	(4)	倍
3	(1)	名称	化学式	
	(2)			
	(3)	方法	x	
	(4)	物質名	質量	g
4	(1)			
	(2)	y	z	
	(3)	1か月後　11か月後	(4)	
5	(1)	N		
	(2)			
	(3)		(4)	質量　kg 仕事　J

6	(1)			(2)	
	(3)	①	午前　　時　　分　　秒		
		②	グラフ		符号

7	(1)			(2)	J
	(3)	最大	最小	(4)	Ω

8	(1)			(2)	
	(3)				
	(4)	Ⅰ群		Ⅱ群	

9	(1)				
	(2)				
	(3)	Ⅰ群		Ⅱ群	
	(4)				

受検番号		氏　名		総得点	

※この解答用紙は116％に拡大していただきますと，実物大になります。

令和２年度
前期選抜　学力検査　**社　会**　解答用紙

答えは，全てこの解答用紙に書き，解答用紙だけ提出しなさい。

1	(1)				
	(2)				
	(3)	年代の古い順	1	2	3
		符　号			
	(4)				
2	(1)	県			
	(2)				
	(3)				
	(4)	①	②		
3	(1)	東経 ・ 西経　度			
	(2)				
	(3)				
	(4)				
	(5)				
4	(1)				
	(2)				
	(3)				
	(4)				
	(5)				

5	(1)	年代の古い順	1	2	3
		符　　号			
	(2)				
	(3)				
	(4)				
	(5)				
6	(1)	I		II	
	(2)				
	(3)				
7	(1)				
	(2)				
	(3)				
8	(1)				
	(2)				

受検番号		氏　名		総得点	

八	七	六
10行 9行 8行 7行 6行 5行 4行 3行 2行 1行	(5) Ⅱ Ⅰ (1) (2) (3) (4)	(5) Ⅱ Ⅰ (4) (1) (2) (3)

※この解答用紙は133％に拡大していただきますと，実物大になります。

令和二年度　前期選抜 学力検査

国語　解答用紙

答えは、全てこの解答用紙に書き、解答用紙だけ提出しなさい。
解答する際に字数制限がある場合には、句読点や「」などの符号も字数に数えること。

受検番号

氏名

総得点

一
(1)
(2)
(3)
(4)

二
(1) (える)
(2)
(3)
(4)

三
(1) (れ)
(2) (す)
(3)
(4)
(5)

四
(1)
(2)
(3) 求ムル木之長キヲ者ハ、必ズ固クス其ノ根本ヲ。
(4)

五
(1) (a) (b) Ⅰ Ⅱ
(2)
(3)
(4) Ⅰ Ⅱ
(5)

※この解答用紙は116％に拡大していただきますと，実物大になります。

令和２年度
後期選抜　学力検査　**数　学**　解答用紙

答えは，全てこの解答用紙に書き，解答用紙だけ提出しなさい。

1	(1)		(2)	
	(3)		(4)	$x =$ ， $y =$
	(5)		(6)	$x =$
2	(1)		(2)	m
	(3)	度	(4)	
	(5)	O, A, A′		
3	(1)	$a =$		
	(2)	①	②	cm^3

<table>
<tr><td rowspan="3">4</td><td rowspan="2">(1)</td><td>(a)</td><td>(b)</td></tr>
<tr><td colspan="2">(c)
A, B, C, D, E</td></tr>
<tr><td>(2)</td><td>cm²</td><td></td></tr>
<tr><td rowspan="4">5</td><td>(1)</td><td>秒後</td><td rowspan="3"></td></tr>
<tr><td>(2)</td><td>秒後</td></tr>
<tr><td>(3)</td><td>cm</td></tr>
<tr><td>(4)</td><td>① S =</td><td>② x =</td></tr>
</table>

受検番号		氏　名		総得点	

※この解答用紙は116％に拡大していただきますと，実物大になります。

令和２年度
後期選抜　学力検査　**英　語**　解答用紙

答えは，全てこの解答用紙に書き，解答用紙だけ提出しなさい。

1	No. 1		No. 2			
	No. 3		No. 4		No. 5	

2	①							
	②							

3	(1)					
	(2)					
	(3)					

4	Ⓐ	{ I think so, too. / I don't think so. }
	Ⓑ	( )

5	(1)	Ⓐ	
		Ⓑ	
	(2)	①	
		②	

6	(1)						
	(2)	Ⓐ		Ⓑ		Ⓒ	
	(3)						
	(4)						
	(5)						

7	(1)		(2)		(3)		(4)	

受検番号		氏　名	

総得点	

※この解答用紙は116％に拡大していただきますと，実物大になります。

令和２年度
後期選抜　学力検査　**理　科**　解答用紙

答えは，全てこの解答用紙に書き，解答用紙だけ提出しなさい。

1	(1)		(2)	
	(3)			
	(4)			が推定できる
2	(1)			
	(2)		(3)	
	(4)	y	z	
3	(1)			
	(2)	w　x	y　z	
	(3)			
	(4)	胃液中の消化酵素	すい液中の消化酵素	
4	(1)			
	(2)	台車が動いた距離〔cm〕 0 10 20 30 40 50 / 台車が動いた時間〔秒〕 0 0.1 0.2 0.3 0.4 0.5 0.6	(3)	m/s
	(4)	x	y	

5	(1)			(2)	
	(3)	(a)	生物	(b)	
6	(1)				
	(2)	→ →			
	(3)			(4)	
7	(1)			(2)	%
	(3)				
	(4)				
8	(1)			(2)	
	(3)	m		(4)	

受検番号		氏　名			総得点	

※この解答用紙は116%に拡大していただきますと，実物大になります。

令和２年度
後期選抜　学力検査　**社　会**　解答用紙

答えは，全てこの解答用紙に書き，解答用紙だけ提出しなさい。

1	(1)	
	(2)	
	(3)	
2	(1)	
	(2)	符号　　　都市名　　　市
	(3)	
	(4)	
3	(1)	
	(2)	
	(3)	
	(4)	
4	(1)	
	(2)	
	(3)	
	(4)	
	(5)	

5	(1)	年代の古い順	1	2	3
		符　号			
	(2)	人			
	(3)				
	(4)				
6	(1)				
	(2)	X		Y	
	(3)				
7	(1)				
	(2)				
	(3)				

受検番号		氏　名		総得点	

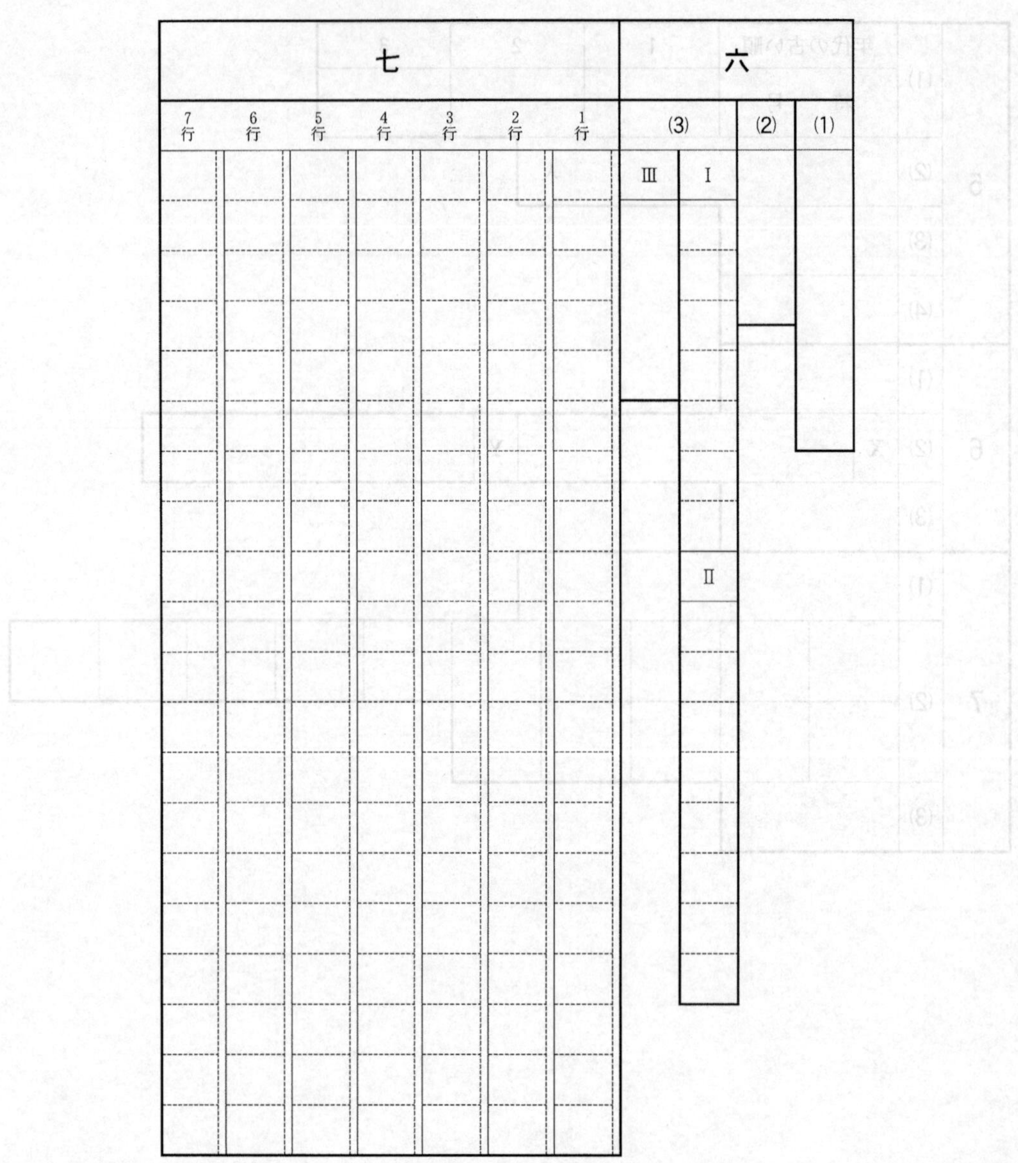
七
六
1行
2行
3行
4行
5行
6行
7行
(1)
(2)
(3)
Ⅰ
Ⅱ
Ⅲ

千葉県公立高校（後期選抜）　2020年度

※この解答用紙は133％に拡大していただきますと，実物大になります。

令和二年度　後期選抜 学力検査

国語　解答用紙

答えは、全てこの解答用紙に書き、解答用紙だけ提出しなさい。
解答する際に字数制限がある場合には、句読点や「　」などの符号も字数に数えること。

受検番号

氏　名

総得点

一　(1)　(2)　(3)　(4)

二　(1)　(2)（いる）　(3)　(4)

三　(1)（い）　(2)（えた）　(3)　(4)　(5)

四　(1)　(2)　(3) Ⅰ　Ⅱ 15 20　(4)　(5) Ⅰ　Ⅱ

五　(1)　(2)　(3)　(4) Ⅰ　Ⅱ　Ⅲ　(5) 15 25

2020 年度入試配点表 (千葉県・前期)

数学	1	2	3	4	5	計
	各5点×6	各5点×5	各5点×3	(1)(c) 6点 (2) 5点 他 各2点×2	(3) 4点 (4) 5点 他 各3点×2	100点

英語	1	2	3	4	5	計
	各3点×3	各3点×2	各3点×2	各3点×4	各3点×5 ((3)~(5)各完答)	100点
	6	7	8	9		
	8点	(2)① 4点 他 各3点×5	(1) 4点 他 各3点×3	各3点×4		

理科	1	2	3	4	5	計
	各3点×4	各3点×4 ((3)完答)	(1)・(3) 各2点×3 他 各3点×2 ((1)・(4)各完答)	各3点×4 ((2)・(3)各完答)	各3点×4 ((4)完答)	100点
	6	7	8	9		
	(1)・(2) 各2点×2 他 各3点×2 ((3)②完答)	(1)・(2) 各2点×2 他 各3点×2 ((3)完答)	(1)・(2) 各2点×2 他 各3点×2 ((2)・(4)各完答)	(1)・(2) 各2点×2 他 各3点×2 ((3)完答)		

社会	1	2	3	4	5	6	7	8	計
	各3点×4 ((3)完答)	(3) 4点 他 各3点×4	各3点×5	(2) 4点 他 各3点×4	各3点×5 ((1)完答)	(1)4点(完答) 他 各3点×2	(3) 4点 他 各3点×2	各3点×2	100点

国語	一	二	三	四	五	六	七	八	計
	(4) 4点 他 各2点×3	各2点×4	各2点×5	各2点×4	(1)(a)・(2)・ (3)・(5) 各2点×4 他 各3点×4	(4)・(5)Ⅰ 各4点×2 他 各3点×4	各2点×6	12点	100点

2020年度入試配点表（千葉県・後期）

数学	1	2	3	4	5	計
	各5点×6	各6点×5	(1)　4点 他　各3点×2	(1)(c)　6点 (2)　5点 他　各2点×2	各3点×5	100点

英語	1	2	3	4	5	6	7	計
	各4点×5	各4点×2	各4点×3	8点	各4点×4	各4点×5	各4点×4	100点

理科	1	2	3	4	計
	各3点×4	各3点×4 ((4)完答)	(4)　各2点×2 他　各3点×3 ((2)完答)	(4)　各2点×2 他　各3点×3	100点
	5	6	7	8	
	各3点×4	(2)　4点 他　各3点×4	(4)　4点 他　各3点×3	各3点×4	

社会	1	2	3	4	5	6	7	計
	(2)　4点 他　各3点×2 ((2)完答)	各4点×4 ((2)完答)	(1)　3点 他　各4点×3	(1)　3点 他　各4点×4	各4点×4 ((2)完答)	各4点×3 ((2)完答)	各4点×3	100点

国語	一	二	三	四	五	六	七	計
	各3点×4	各2点×4	各2点×5	(5)Ⅰ・Ⅱ 各4点×2 他　各3点×5	(5)　5点 他　各3点×6	(1)　2点 他　各3点×4	10点	100点

MEMO

大切なことはメモしておこうネ！

T.G

〈ダウンロードコンテンツについて〉

本問題集のダウンロードコンテンツ、弊社ホームページで配信しております。現在ご利用いただけるのは「2025年度受験用」に対応したもので、**2025年3月末日**までダウンロード可能です。弊社ホームページにアクセスの上、ご利用ください。
※配信期間が終了いたしますと、ご利用いただけませんのでご了承ください。

千葉県公立高校　2025年度

ISBN978-4-8141-3262-1

[発行所] 東京学参株式会社
〒153-0043　東京都目黒区東山2-6-4

書籍の内容についてのお問い合わせは右のQRコードから　⇒

※書籍の内容についてのお電話でのお問い合わせ、本書の内容を超えたご質問には対応できませんのでご了承ください。

2024年5月13日　初版